마하반야바라밀다경 13

摩訶般若波羅蜜多經 13

마하반야바라밀다경 13
摩訶般若波羅蜜多經 13

三藏法師 玄奘 漢譯 | 釋 普雲 國譯

혜안

역자의 말

보운

　사문(沙門)으로써 일으켰던 발원에 충실하고자 현상계에 존재하고 한 유정으로써 현재의 삶의 과정을 통하여 살펴보는 역할은 대중들과 많은 동질성을 지녔고 또한 많은 이질성을 지닌 범행자(梵行者)의 길을 걷고 있고, 세월의 변화도 잊고 하루하루를 떠나보내는 스스로의 모습을 관조하면서, 삼장의 번역과 유통을 위하여 신심과 원력으로 역경(譯經)을 수행의 의지처로 삼아서 일생을 내던졌던 고금(古今)의 역경사(譯經師)들께서 지녔던 고뇌와 열정의 삶에 공경스럽게 머리 숙여 예경 올린다.
　이전에 역자의 말을 써내려 갔던 시간도 어느덧 3개월을 넘겼고, 『마하반야바라밀다경(대품반야경)』의 번역을 시작하였던 시간도 16개월이 넘어가고 있다. 처음으로 번역을 시작하면서 계획하였던 기간은 3년이었으나, 역경의 과정에서 여러 어려움이 일어났던 가운데에서도 불·보살님들의 가피로 많은 고통을 겪지 않고 장애를 극복하고 있다. 역경의 시간을 보내면서 가끔은 다가오는 여유로운 틈새의 시간에 나를 괴롭혔던 번민의 하나는 세존의 다르마를 전법(傳法)하던 중요한 방편이었던 법보(法寶)가 언제부터 수행의 우선순위에서 뒤로 밀려났는가를 사유해야 하는 세간의 관점에 대한 의문점이다.
　물론 지금에 존재하는 나도 역시 전생에 수행자로써 이러한 세간의 관점을 열정적으로 지지(支持)하였거나, 이와 같지는 않았을지라도 어느 한 부분에서는 이러한 문제들을 수수방관(袖手傍觀)하였던 것은 아닐까? 번역의 과정에서 『대품반야경』의 400권에 결집된 「상제보살품(常啼菩薩品)」과 같은 여러 인연사(因緣事)를 번역하면서 엄습하는 고통과 번민이

옛일의 과실(過失)을 가리키는 듯하다. 율장인 『근본설일체유부비나야(根本說一切有部毘奈耶)』, 『십송율(十誦律)』, 『마하승기율(摩訶僧祇律)』, 『팔리율』 등에서도 같은 형태가 계속하여 반복되고 있으므로 전생의 업장(業障)을 세심하게 관찰하여 보건대, 세존의 가르침과 어긋나는 사유(思惟)와 위의(威儀)를 적은 대중들의 이익과 안락을 위하여 자신의 합리화를 주장하였던 사례들이 많이 존재하였다고 추정된다.

　세간의 대세(大勢)를 사문의 한 사람으로서 변화시킬 수는 없었을지라도 치열한 고뇌와 구체적인 행위가 필요하지는 않았을까? 현재에 마주하는 장애와 고뇌의 인연이 모두 수행자로서 선업(善業)이 부족하였던 허물이라는 사유가 뇌리에 깊이 자리잡고 있으므로, 불보살님들의 현전(現前)에서 우치(愚癡)한 사문이 과거에 지었던 불선업(不善業) 등을 참회하면서 뜨거운 회한의 눈물로 예경 올린다.

　인간으로서 한 생을 살아가는 과정은 단순하지 않은 것인데, 어느덧 서쪽 하늘을 향하여 나아가는 삶의 불꽃은 육십을 지나고 있는데 스스로가 발원하였던 세존의 은혜에 보답하는 전법(傳法)과 역할은 점차로 작게 보인다. 스스로가 일으켰던 사문의 아상(我相)에 계박(繫縛)되어 세간의 빠른 변화와 불법의 쇠퇴라는 변화의 물결에 적절하게 대치(對治)하지 못하였으므로 번역의 과정에서 전생부터 전해지는 오류를 답습하면서 고통을 받지 않는 것일까? 누구든지 삶의 연속성의 가운데에서 전생의 과실(過失)과 현재의 과오(過誤)를 참회하였더라도 불·보살님들을 마주하고서 스스로는 당당하다고 외칠 수 있는 자는 누구일까?

　불법과 인연을 맺은 세월도 40년의 세월이 흘렀는데 비로소 지금에 이르러서 삼장의 교학에서 체계를 정립하고 있고 수행자의 위의가 구족되고 있으며, 세간의 역동적인 변화와 수행에서 자성을 평등하고 객관적으로 관찰할 수 있는 사유의 힘이 증장하고 있다. 지나온 삶의 뒷자락을 돌이켜보니, '북녘의 붉은 저녁노을을 벗삼아서 북쪽으로 날아가는 앞의 기러기가 나의 행보(行步)를 가리키는 것은 아닐까? 서녘의 붉은 노을에 의지하여 하루의 일과를 마치고 수레를 끌면서 고단한 삶의 흔적을 어둠

속으로 담아가고 있었던 농부의 뒷모습이 나의 행보(行步)를 가리키는 것은 아닐까?'라고 한 자락의 생각을 일으키면서 수행자로서 허공의 새 발자국과 같은 삶을 추구하였던 젊은 시절에 노트의 한 페이지에 적었던 글귀를 다시 덮는다.

  지금의 이 자리에서 주어진 시간을 수용하는 것은 수행자로서의 행보에 의지처가 되어줄 것이고, 여러 세월에 걸쳐서 이어져 왔던 불·보살님들의 가피도 현재의 삶의 노트에 한 페이지를 채울 것이다. 또한 지금까지의 사문으로서 사부대중에게 받아왔던 은혜도 재의 삶의 노트에 한 페이지를 채울 것이다. 지금도 계속되고 있는 『마하반야바라밀다경(대품반야경)』의 역경불사에는 많은 신심과 원력이 담겨있으므로, 번역과 출판을 위하여 동참하신 사부대중들은 현세에서 스스로가 소원에서 무한한 이익을 얻고, 세간에서 생겨나는 삼재팔난의 장애에서 벗어나기를 발원드리며, 이미 생(生)의 인연을 마치신 영가들께서는 아미타불의 극락정토에 왕생하시기를 발원드린다.

  현재까지의 역경과 출판을 위하여 항상 후원과 격려를 보내주시는 은사이신 세영 스님께 깊은 감사를 드리고, 또한 많은 시간에 걸쳐서 보시와 후원을 아끼지 않는 죽림불교문화연구원의 사부대중들께 감사드리면서, 이 불사에 동참하신 분들께 불·보살들의 가호(加護)가 항상 가득하기를 발원하면서 감사의 글을 마친다.

불기 2569년(2025) 3월 중분(中分)의 장야(長夜)에
서봉산 자락의 죽림불교문화연구원에서
사문 보운이 삼가 적다

출판에 도움을 주신 분들

고 도丘	도 선丘	남이슬	남종구	허 민	허 승
이기순	오예린	오희승	이영자	이명기	김명옥
홍태의	조영우	김선미	국윤부	양정모	
유해관靈駕	김수목靈駕	황하갑靈駕			

차 례

역자의 말 5

출판에 도움을 주신 분들 8

일러두기 14

해제(解題) 17

1. 성립과 한역 17
2. 설처(說處)와 결집(結集) 20
3. 각 품(品)의 권수와 구성 22

초분 初分

마하반야바라밀다경 제361권 33
    61. 다문불이품(多問不二品)(11) 33

마하반야바라밀다경 제362권 55
    61. 다문불이품(多問不二品)(12) 55

마하반야바라밀다경 제363권 75

61. 다문불이품(多問不二品)(13) 75
62. 실설품(實說品)(1) 96

마하반야바라밀다경 제364권 102
62. 실설품(實說品)(2) 102

마하반야바라밀다경 제365권 125
62. 실설품(實說品)(3) 125
63. 교편행품(巧便行品)(1) 135

마하반야바라밀다경 제366권 146
63. 교편행품(巧便行品)(2) 146
64. 변학도품(遍學道品)(1) 163

마하반야바라밀다경 제367권 167
64. 변학도품(遍學道品)(2) 167

마하반야바라밀다경 제368권 188
64. 변학도품(遍學道品)(3) 188

마하반야바라밀다경 제369권 213
64. 변학도품(遍學道品)(4) 213

마하반야바라밀다경 제370권 237
64. 변학도품(遍學道品)(5) 237

마하반야바라밀다경 제371권 259
64. 변학도품(遍學道品)(6) 259

마하반야바라밀다경 제372권　280
　　64. 변학도품(遍學道品)(7)　280
　　65. 삼점차품(三漸次品)(1)　282

마하반야바라밀다경 제373권　302
　　65. 삼점차품(三漸次品)(2)　302
　　66. 무상무득품(無相無得品)(1)　316

마하반야바라밀다경 제374권　322
　　66. 무상무득품(無相無得品)(2)　322

마하반야바라밀다경 제375권　339
　　66. 무상무득품(無相無得品)(3)　339

마하반야바라밀다경 제376권　355
　　66. 무상무득품(無相無得品)(4)　355

마하반야바라밀다경 제377권　377
　　66. 무상무득품(無相無得品)(5)　377

마하반야바라밀다경 제378권　404
　　66. 무상무득품(無相無得品)(6)　404
　　67. 무잡법의품(無雜法義品)(1)　407

마하반야바라밀다경 제379권　426
　　67. 무잡법의품(無雜法義品)(2)　426
　　68. 제공덕상품(諸功德相品)(1)　436

마하반야바라밀다경 제380권 447
　　68. 제공덕상품(諸功德相品)(2) 447

마하반야바라밀다경 제381권 470
　　68. 제공덕상품(諸功德相品)(3) 470

마하반야바라밀다경 제382권 494
　　68. 제공덕상품(諸功德相品)(4) 494

마하반야바라밀다경 제383권 515
　　68. 제공덕상품(諸功德相品)(5) 515
　　69. 제법평등품(諸法平等品)(1) 531

마하반야바라밀다경 제384권 535
　　69. 제법평등품(諸法平等品)(2) 535

마하반야바라밀다경 제385권 557
　　69. 제법평등품(諸法平等品)(3) 557

마하반야바라밀다경 제386권 576
　　69. 제법평등품(諸法平等品)(4) 576
　　70. 불가동품(不可動品)(1) 586

마하반야바라밀다경 제387권 595
　　70. 불가동품(不可動品)(2) 595

마하반야바라밀다경 제388권 615
　　70. 불가동품(不可動品)(3) 615

마하반야바라밀다경 제389권 631
　　70. 불가동품(不可動品)(4)   631

마하반야바라밀다경 제390권 652
　　70. 불가동품(不可動品)(5)   652
　　71. 성숙유정품(成熟有情品)(1)   669

일러두기

1. 이 책의 저본(底本)은 고려대장경(高麗大藏經) 1권부터 결집된 『마하반야바라밀다경(大般若波羅蜜多經)』이다.

2. 원문은 600권으로 구성되어 있으나 이 책에서는 각 권수를 표시하되 30권을 한 권의 책으로 편집하여 번역하였다.

3. 번역의 정밀함을 기하기 위해 여러 시대와 왕조에서 각각 결집된 여러 한역대장경을 대조하고 비교하며 번역하였다.

4. 원문은 현장 삼장의 번역을 충실하게 따랐으나, 반복되는 용어를 생략하였던 용어에서는 번역자가 생략 이전의 본래의 용어로 통일하여 번역하였다.

5. 원문에 나오는 '필추(苾芻)', '필추니(苾芻尼)' 등의 용어는 음사(音寫)이므로 현재에 사용하는 '비구(比丘)', '비구니(比丘尼)'라고 번역하였다.

6. 원문에서의 이전의 번역과는 다른 용어가 사용되고 있으므로 원문을 존중하여 저본의 용어로 번역하였다.
   예) 보시·지계·인욕·정진·선정·지혜바라밀다 → 보시(布施)·정계(淨戒)·안인(安忍)·정진(精進)·정려(靜慮)·반야바라밀다(般若波羅蜜多), 축생 → 방생(傍生), 아귀→ 귀계(鬼界)

7. 원문에서 사용되고 있으나, 현재의 용어와 많이 다른 경우는 현재 용어로 번역하였고, 생략되거나, 어휘가 변화된 용어도 현재의 용어를 사용하여 번역하였다.
   예) 루(漏) → 번뇌, 악취(惡趣) → 악한 세계, 여래(如來)·응(應)·정등각(正等覺) → 여래·응공·정등각, 수량(壽量) → 수명, 성판(成辦) → 성취

8. 원문에서 사용한 용어 중에 현재와 음가(音價)가 다르게 변형된 사례가 많이 발견된다. 원문의 뜻을 최대한 살려 번역하였으나 현저하게 의미가 달라진 용어의 경우 현재 사용하는 용어로 바꾸어 번역하였다.
   예) 우파색가(鄔波索迦)→ 우바색가, 나유다(那庾多)→ 나유타(那庾多)
9. 앞에서와 같이 동일한 문장이 계속하여 반복되는 경우에는 원문에서 내지(乃至)라는 용어가 사용되고 있는데, 현재의 의미로 해석하여 '…… 나아가 ……' 또는 '나아가'의 형태로 바꾸어 번역하였다.

해제(解題)

1. 성립과 한역

이 경전의 범명(梵名)은 Mahāprajñāpāramitā Sūtra이다. 모두 600권으로 결집되었고, 여러 반야부의 경전들을 집대성하고 있다. 선행연구에서 대략 AD.1~200년경에 성립되었다고 연구되고 있으며, 인도의 쿠샨 왕조 시대에 남인도에서 널리 사용되었다고 추정되고, 뒤에 북인도에서 대중화되었으며, 산스크리트어로 많은 부분이 남아있다.

본 번역의 저본은 고려대장경에 수록된 『대반야바라밀다경(大般若波羅蜜多經)』으로 당(唐)의 현장(玄奘)이 방주(方州)의 옥화궁사(玉華宮寺)에서 659년 또는 660년에 번역을 시작하여 663년에 번역한 경전이고, 당시까지 번역된 경전과 현장이 새롭게 번역한 경전들을 모두 함께 수록하고 있다.

중국에서 반야경의 유통은 동한(東漢)의 지루가참(支婁迦讖)이 역출(譯出)한 『도행반야경(道行般若經)』 10권을 번역하였던 것이 확인할 수 있는 최초의 사례이다. 이후에 삼국시대의 오(吳)나라 지겸(支謙)은 『대명도무극경(大明度無極經)』 6권으로 중역(重譯)하여 완성하였으며, 축법호(竺法護)는 『광찬반야바라밀경(光贊般若波羅蜜經)』 10권을 번역하였고, 조위(曹魏)의 사문 주사행(朱士行)이 감로(甘露) 5년(260)에 우전국(于闐國)에서 이만송대품반야범본(二萬頌大品般若梵本)을 구하여 무라차(無羅叉)와 함께 『방광반야바라밀경(放光般若波羅蜜經)』 20권으로 번역하였으며, 요진(姚秦)의 구마라집(鳩摩羅什)은 홍시(弘始) 6년(404)에 대품이만송(大品二萬頌)의 『마하반야바라밀경(摩訶般若波羅蜜經)』을 중역하였고, 홍시(弘始) 10년(408)에 『마하반야바라밀경(摩訶般若波羅蜜經)』과 『금강반야경(金剛般若經)』 등을 역출(譯出)하였으며, 북위(北魏) 영평(永平) 2년(509)에 보리유지(菩提流支)는 『금강반야경(金剛般若經)』 1권을 역출하였다.

용수보살이 주석한 대지도론에서는 "또 삼장(三藏)에는 올바른 30만의 게송(偈)이 있고, 아울러 960만의 설(言)이 있으나, 마하연은 너무 많아서 무량하고 무한하다. 이와 같아서 「반야바라밀품(般若波羅密品)」에는 2만2천의 게송이 있고, 「대반야품(大般若品)」에는 10만의 게송이 있다."라고 전하고 있고, 세친(世親)이 저술하고 보리유지가 번역한 『금강선론(金剛仙論)』에서는 "8부(八部)의 반야가 있는데, 분별한다면 『대반야경초(大般若經初)』는 10만의 게송이고, 『대품반야경(大品般若經)』은 2만 5천의 게송이며, 『대반야경제삼회(大般若經第三會)』는 1만 8천의 게송이고, 『소품반야경(小品般若經)』은 8천의 게송이며, 『대반야경제오회(大般若經第五會)』는 4천의 게송이고, 『승천왕반야경(勝天王般若經)』은 2천 5백의 게송이며, 『문수반야경(文殊般若經)』은 6백의 게송이고, 『금강경(金剛經)』은 3백의 게송이다."라고 주석하고 있다.

본 경전의 다른 명칭으로는 『대반야경(大般若經)』, 『대품반야경(大品般若經)』, 또는 6백부반야(六百部般若)라고 불린다. 6백권의 390품이고 약 4백6십만의 한자로 결집되어 있으므로 현재 전하는 경장과 율장 및 논장의 가운데에서 가장 방대한 분량이다.

반야경의 한역본을 살펴보면 중복되는 명칭이 경전을 제외하더라도 여러 소경(小經)의 형태로 번역되었던 것을 살펴볼 수 있다. 그 사례를 살펴보면 『방광반야경(放光般若經)』(20卷), 『광찬경(光贊經)』(10卷), 『마하반야바라밀경(摩訶般若波羅蜜經)』(27卷), 『도행반야경(道行般若經)』(10卷), 『대명도경(大明度經)』(6卷), 『마하반야초경(摩訶般若鈔經)』(5卷), 『소품반야바라밀경(小品般若波羅蜜經)』(10卷), 『불설불모출생삼법장반야바라밀다경(佛說佛母出生三法藏般若波羅蜜多經)』(25卷), 『불설불모보덕장반야바라밀경(佛說佛母寶德藏般若波羅蜜經)』(3卷), 『성팔천송반야바라밀다일백팔명진실원의다라니경(聖八千頌般若波羅蜜多一百八名眞實圓義陀羅尼經)』, 『승천왕반야바라밀경(勝天王般若波羅蜜經)』(7卷), 『문수사리소설마하반야바라밀경(文殊師利所說摩訶般若波羅蜜經)』(2卷), 『문수사리소설반야바라밀경(文殊師利所說般若波羅蜜經)』, 『불설유수보살무상청정분위경(佛說濡首菩薩無上淸淨分衛經)』(2卷), 『금강반야바라밀경(金剛般若波羅密經)』, 『금강능단반야바라밀경(金剛能斷般若波羅蜜經)』, 『불설능단금강반야바라밀다경(佛說能斷金剛般若波羅蜜多經)』, 『실상반야바라밀경(實相般若波羅蜜經)』, 『금강정유가이취반야경(金剛頂瑜伽理趣般若經)』, 『불설변조반야바라밀경(佛說遍照般若波羅蜜經)』, 『대락금강불공진실삼마야경(大樂金剛不空眞實三麽耶經)』, 『불설최상근본대락금강불공삼매대교왕경(佛說最上根本大樂金剛不空三昧大教王經)』(7卷), 『불설인왕반야바라밀경(佛說仁王般若波羅蜜經)』(2卷), 『인왕호국반야바라밀다경(仁王護國般若波羅蜜多經)』(2卷), 『불설요의반야바라밀다경(佛說了義般若波羅蜜多經)』, 『불설오십송성반야바라밀경(佛說五十頌聖般若波羅蜜經)』, 『불설제석반야바라밀다심경(佛說帝釋般若波羅蜜多心經)』, 『마하반야바라밀대명주경(摩訶般若波羅蜜大明呪經)』, 『반야바라밀다심경(般若波羅蜜多心經)』, 『보편지장반야바라밀다심경(普遍智藏般若波羅蜜多心經)』, 『당범번대자음반야바라밀다심경(唐梵飜對字音般若波羅蜜多心經)』, 『불설성불모반야바라밀다경(佛說聖佛母般若波羅蜜多經)』, 『불설성불모소자반야바라밀다경(佛說聖佛母小字般若波羅蜜多經)』, 『불설관상불모반야바라밀다보살경(佛說觀想佛母般若波羅蜜多菩薩經)』, 『불설개각자성반야바라밀다경(佛說開覺自性般若波羅蜜多經)』(4卷), 『대승이취육바라밀다경(大乘理趣六波羅蜜多經)』(10卷) 등의 독립된 경전으로 다양하게 번역되었다.

2. 설처(說處)와 결집(結集)

마하반야바라밀다경의 결집은 4처(處) 16회(會)로 구성되어 있는데, 제1회에서 제6회까지와 제15회는 왕사성의 영취산에서, 제7회에서 제9회까지와 제11회에서 제14회까지는 사위성의 기원정사에서, 제10회는 타화자재천 왕궁에서, 제16회는 왕사성의 죽림정사에서 이루어졌으며, 표로 구성한다면 아래와 같다.

九部般若	四處	『大般若經』의 卷數	특기사항(別稱)
上品般若	鷲峰山	初會79品(1~400卷)	十萬頌般若
中品般若		第二會85品(401~478卷)	二萬五千頌般若, 大品般若經
		第三會31品(479~537卷)	一萬八千頌般若
下品般若		第四會29品(538~555卷)	八千頌般若, 小品般若經
		第五會24品(556~565卷)	四千頌般若
天王般若		第六會17品(566~573卷)	勝天王般若經
文殊般若	給孤獨園	第七會(574~575卷, 曼殊室利分)	七百頌般若, 文殊說般若經
那伽室利般若		第八會(576卷, 那伽室利分)	濡首菩薩經
金剛般若		第九會(577卷, 能斷金剛分)	三百頌般若, 金剛經
理趣般若	他化自在天	第十會(578卷, 般若理趣分)	理趣百五十頌, 理趣般若經
六分般若	給孤獨園	第十一會(579卷~583卷, 布施波羅蜜多分)	五波羅蜜多經
		第十二會(584卷~588卷, 戒波羅蜜多分)	
		第十三會(589卷, 安忍波羅蜜多分)	
		第十四會(590卷, 精進波羅蜜多分)	
	鷲峰山	第十五會(591~592卷, 靜慮波羅蜜多分)	
	竹林精舍	第十六會(593~600卷, 般若波羅蜜多分)	善勇猛般若經

제1회는 범어로는 Śatasāhasrikāprajñāpāramitāsūtra이고, 제1권~제400권의 10만송으로 결집되고 있으며, 79품으로 이루어져 있고, 전체의

3분의 2에 해당하는 분량이다. 현장에 의해 처음으로 번역되었으므로 이역본이 없다.

제2회는 범어로는 Pañcaviṁśatisāhasrikāprajñāpāramitā sūtra이고, 제401권~제478권의 2만5천송(大品般若)으로 결집되고 있으며, 85품으로 이루어져 있고, 제1회와 비교하여 「상제보살품(常啼菩薩品)」과 「법용보살품(法涌菩薩品)」의 두 품이 생략되어 있다. 이역본으로『방광반야바라밀경(放光般若波羅蜜經)』,『마하반야바라밀경(摩訶般若波羅蜜經)』,『광찬경(光讚經)』등이 있다.

제3회는 범어로는 Aṣṭādaśasāhasrikāprajñāpāramitā sūtra이고, 제479권~제537권의 1만8천송으로 결집되고 있으며, 31품으로 이루어져 있고, 제2회와 같이 「상제보살품」과 「법용보살품」이 생략되어 있다.

제4회는 범어로 Aṣṭasāhasrikāsūtra이고, 제538권~제555권의 8천송(小品般若)으로 결집되고 있으며, 29품으로 이루어져 있다.

제5회는 범어로 Aṣṭasāhasrikāprajñāpāramitā sūtra이고, 제556권~제565권의 8천송(小品般若)으로 결집되고 있으며, 24품으로 이루어져 있다. 반야경은 큰 위력이 있어서 그 자체가 신비한 주문이라고 설하면서 수지하고 독송하는 것을 강조하였다. 이역본으로는『마하반야초경(摩訶般若鈔經)』,『도행반야경(道行般若經)』,『대명도경(大明度經)』,『마하반야바라밀경(小品般若經)』, 시호 역의『불모출생삼장반야바라밀다경』, 법현 역의『불모보덕반야바라밀다경』, 시호 역의『성팔천송반야바라밀다일백팔명진실원의다라니경』등이 있다.

제6회는 범어로 Devarājapravaraprajñāpāramitā sūtra이고, 제566권~제573권으로 결집되고 있으며, 17품으로 이루어져 있다. 이역본으로『승천왕반야바라밀경(勝天王般若波羅蜜經)』이 있다.

제7회는 범어로는 Saptaśatikāprajñāpāramitā sūtra이고, 제574~제575권으로 결집되고 있으며, 7백송이다. 만수실리분(曼殊室利分)이라고도 부르는데, 만수실리는 문수사리를 가리킨다. 이역본으로『문수사리소설마하반야바라밀경(文殊師利所說摩訶般若波羅蜜經)』,『문수사리소설반야바라밀경(文殊師利所說般若波羅蜜經)』이 있다.

제8회는 범어로는 Nāgaśrīparipṛcchā sūtra이고, 제576권으로 결집되고 있으며, 5백송이다. 이역본으로『불설유수보살무상청정분위경(佛說濡首菩薩無上淸淨分衛經)』이 있다.

제9회는 범어로 Vajracchedikāprajñāpāramitā sūtra이고, 제577권으로 결집되고 있으며, 능단금강분(能斷金剛分)이라 한다. 이역본으로 구마라집·보리유지·진제가 각각 번역한『금강반야바라밀경』과 현장이 번역한『능단금강반야바라밀다경』, 의정(義淨)이 번역한『불설능단금강반야바라밀다경』이 있다.

제10회는 1백50송이며, 범어로는 Adhyardhaśatikāprajñāpāramitā sūtra이고, 제578권으로 결집되고 있으며, 1백50송이고, 반야이취분(般若理趣分)이라고 부른다. 이역본으로『실상반야바라밀경(實相般若波羅蜜經)』,『금강정유가이취반야경(金剛頂瑜伽理趣般若經)』,『변조반야바라밀경(遍照般若波羅蜜經)』,『최상근본금강불공삼매대교왕경(最上根本金剛不空三昧大教王經)』등이 있다.

제11회부터 제15회까지는 범어로는 Pañcapāramitānirdeśa이고 1천8백송이다. 제16회는 범어로 Suvikrāntavikramiparipṛcchāprajñāpāramitā sūtra이고, 2천1백송이다. 구체적으로 살펴보면, 제11회는 제579권~제583권의 보시바라밀다분이고, 제12회는 제584권~제588권의 정계바라밀다분이며, 제13회는 제589권의 안인바라밀다분이고, 제14회는 제590권의 정진바라밀다분이며, 제15회는 제591권~제592권의 정려바라밀다분이고, 제16회는 제593권~제600권의 반야바라밀다분으로 결집되어 있다.

3. 각 품(品)의 권수와 구성

『마하반야바라밀다경』의 결집은 4처(處) 16회(會)로 구성되어 있으나,

설법(說法)에 따른 분량에서 매우 많은 차이를 보여주고 있다. 이러한 차이는 각 법문의 내용과 대상에 따른 차이를 반영하고 있는데, 표를 통하여 600권에 수록된 각각의 품(品)과 분(分)을 살펴보면 다음과 같다.

법회(法會)	구분(區分)	설법의 분류	수록권수(收錄卷數)	특기사항
初會	緣起品	第1-1~2	1~2권	서문 수록
	學觀品	第2-1~2	3~4권	
	相應品	第3-1~4	4~7권	
	轉生品	第4-1~3	7~9권	
	贊勝德品	第5	10권	
	現舌相品	第6	10권	
	敎誡敎授品	第7-1~26	11~36권	
	勸學品	第8	36권	
	無住品	第9-1~2	36~37권	
	般若行相品	第10-1~4	38~41권	
	譬喩品	第11-1~4	42~45권	
	菩薩品	第12-1~2	45~46권	
	摩訶薩品	第13-1~3	47~49권	
	大乘鎧品	第14-1~3	49~51권	
	辨大乘品	第15-1~6	51~56권	
	贊大乘品	第16-1~6	56~61권	
	隨順品	第17	61권	
	無所得品	第18-1~10	61~70권	
	觀行品	第19-1~5	70~74권	
	無生品	第20-1~2	74~75권	
	淨道品	第21-1~2	75~76권	
	天帝品	第22-1~5	77~81권	
	諸天子品	第23-1~2	81~82권	
	受敎品	第24-1~3	82~83권	
	散花品	第25	84권	
	學般若品	第26-1~5	85~89권	
	求般若品	第27-1~10	89~98권	
	嘆衆德品	第28-1~2	98~99권	
	攝受品	第29-1~5	99~103권	
	校量功德品	第30-1~66	103~169권	
	隨喜迴向品	第31-1~5	169~172권	
	贊般若品	第32-1~10	172~181권	
	謗般若品	第33	181권	

難信解品	第34-1~103	182~284권	
贊清淨品	第35-1~3	285~287권	
着不着相品	第36-1~6	287~292권	
說般若相品	第37-1~5	292~296권	
波羅蜜多品	第38-1~2	296~297권	
難聞功德品	第39-1~6	297~304권	
魔事品	第40-1~2	304~305권	
佛母品	第41-1~4	305~308권	
不思議等品	第42-1~3	308~310권	
辦事品	第43-1~2	310~311권	
衆喩品	第44-1~3	311~313권	
眞善友品	第45-1~4	313~316권	
趣智品	第46-1~3	316~318권	
眞如品	第47-1~7	318~324권	
菩薩住品	第48-1~2	324~325권	
不退轉品	第49-1~3	326~328권	
巧方便品	第50-1~3	328~330권	
願行品	第51-1~2	330~331권	
殑伽天品	第52	331권	
善學品	第53-1~5	331~335권	
斷分別品	第54-1~2	335~336권	
巧便學品	第55-1~5	337~341권	
願喩品	第56-1~2	341~342권	
堅等贊品	第57-1~5	342~346권	
囑累品	第58-1~2	346~347권	
無盡品	第59-1~2	347~348권	
相引攝品	第60-1~2	349~350권	
多問不二品	第61-1~13	350~363권	
實說品	第62-1~3	363~365권	
巧便行品	第63-1~2	365~366권	
遍學道品	第64-1~7	366~372권	
三漸次品	第65-1~2	372~373권	
無相無得品	第66-1~6	373~378권	
無雜法義品	第67-1~2	378~379권	
諸功德相品	第68-1~5	379~383권	
諸法平等品	第69-1~4	383~386권	
不可動品	第70-1~5	386~390권	
成熟有情品	第71-1~4	390~393권	
嚴淨佛土品	第72-1~2	393~394권	
淨土方便品	第73-1~2	394~395권	

	無性自性品	第74-1~2	395~396권	
	勝義瑜伽品	第75-1~2	396~397권	
	無動法性品	第76	397권	
	常啼菩薩品	第77-1~2	398~399권	
	法湧菩薩品	第78-1~2	399~400권	
	結勸品	第79	400권	
第二會	緣起品	第1	401권	서문 수록
	歡喜品	第2	402권	
	觀照品	第3-1~4	402~405권	
	無等等品	第4	405권	
	舌根相品	第5	405권	
	善現品	第6-1~3	406~408권	
	入離生品	第7	408권	
	勝軍品	第8-1~2	408~409권	
	行相品	第9-1~2	409~410권	
	幻喩品	第10	410권	
	譬喩品	第11	411권	
	斷諸見品	第12	411권	
	六到彼岸品	第13-1~2	411~412권	
	乘大乘品	第14	412권	
	無縛解品	第15	413권	
	三摩地品	第16-1~2	413~414권	
	念住等品	第17-1~2	414~415권	
	修治地品	第18-1~2	415·416권	
	出住品	第19-1~2	416~417권	
	超勝品	第20-1~2	417~418권	
	無所有品	第21-1~3	418~420권	
	隨順品	第22	420권	
	無邊際品	第23-1~4	420~423권	
	遠離品	第24-1~2	423~424권	
	帝釋品	第25-1~2	425~426권	
	信受品	第26	426권	
	散花品	第27-1~2	426~427권	
	授記品	第28	427권	
	攝受品	第29-1~2	427~428권	
	窣堵波品	第30	428권	
	福生品	第31	429권	
	功德品	第32	429권	
	外道品	第33	429권	
	天來品	第34-1~2	429~430권	

設利羅品	第35	430권	
經文品	第36-1~2	431~432권	
隨喜迴向品	第37-1~2	432~433권	
大師品	第38	434권	
地獄品	第39-1~2	434~435권	
清淨品	第40	436권	
無摽幟品	第41-1~2	436~437권	
不可得品	第42	437권	
東北方品	第43-1~3	438~440권	
魔事品	第44	440권	
不和合品	第45-1~2	440~441권	
佛母品	第46-1~2	441~442권	
示相品	第47-1~2	442~443권	
成辦品	第48	444권	
船等喻品	第49-1~2	444~445권	
初業品	第50-1~2	445~446권	
調伏貪等品	第51	446권	
眞如品	第52-1~3	446~448권	
不退轉品	第53	448권	
轉不退轉品	第54	449권	
甚深義品	第55-1~2	449~450권	
夢行品	第56	451권	
願行品	第57	451권	
殑伽天品	第58	451권	
習近品	第59	452권	
增上慢品	第60-1~3	452~454권	
同學品	第61-1~2	454~455권	
同性品	第62-1~2	455~456권	
無分別品	第63	456권	
堅非堅品	第64-1~2	456~457권	
實語品	第65-1~2	457~458권	
無盡品	第66	458권	
相攝品	第67	459권	
巧便品	第68-1~4	459~463권	
樹喩品	第69	463권	
菩薩行品	第70	464권	
親近品	第71	464권	
遍學品	第72-1~2	464~465권	
漸次品	第73-1~2	465~466권	
無相品	第74-1~2	466~467권	

	無雜品	第75-1~2	467~468권	
	衆德相品	第76-1~4	468~471권	
	善達品	第77-1~3	471~473권	
	實際品	第78-1~2	473~474권	
	無闕品	第79-1~2	474~475권	
	道土品	第80	476권	
	正定品	第81	477권	
	佛法品	第82	477권	
	無事品	第83	478권	
	實說品	第84	478권	
	空性品	第85	478권	
第三會	緣起品	第1	479권	서문 수록
	舍利子品	第2-1~4	479~482권	
	善現品	第3-1~17	482~498권	
	天帝品	第4-1~3	498~500권	
	現窣堵波品	第5-1~3	500~502권	
	稱揚功德品	第6-1~2	502~503권	
	佛設利羅品	第7	503권	
	福聚品	第8-1~2	503~504권	
	隨喜迴向品	第9-1~2	504~505권	
	地獄品	第10-1~2	505~506권	
	嘆淨品	第11-1~2	506~507권	
	贊德品	第12	507권	
	陀羅尼品	第13-1~2	508~509권	
	魔事品	第14	509권	
	現世間品	第15	510권	
	不思議等品	第16	511권	
	譬喩品	第17	511권	
	善友品	第18	512권	
	眞如品	第19-1~2	513~514권	
	不退相品	第20-1~2	514~515권	
	空相品	第21-1~3	515~517권	
	殑伽天品	第22	517권	
	巧便品	第23-1~4	517~520권	
	學時品	第24	520권	
	見不動品	第25-1~2	521~522권	
	方便善巧品	第26-1~4	523~526권	
	慧到彼岸品	第27	527권	
	妙相品	第28-1~5	528~532권	
	施等品	第29-1~4	532~535권	

	佛國品	第30-1~2	535~536권	
	宣化品	第31-1~2	536~537권	
第四會	妙行品	第1-1~2	538~539권	서문 수록
	帝釋品	第2	539권	
	供養窣堵波品	第3-1~3	539~541권	
	稱揚功德品	第4	541권	
	福門品	第5-1~2	541~542권	
	隨喜迴向品	第6-1~2	543~544권	
	地獄品	第7	544권	
	清淨品	第8	545권	
	讚歎品	第9	545권	
	總持品	第10-1~2	545~546권	
	魔事品	第11-1~2	546~547권	
	現世間品	第12	547권	
	不思議等品	第13	547권	
	譬喻品	第14	548권	
	天贊品	第15	548권	
	眞如品	第16-1~2	548~549권	
	不退相品	第17	549권	
	空相品	第18-1~2	549~550권	
	深功德品	第19	550권	
	殑伽天品	第20	550권	
	覺魔事品	第21-1~2	551권	
	善友品	第22-1~2	551~552권	
	天主品	第23	552권	
	無雜無異品	第24	552권	
	迅速品	第25-1~2	552~553권	
	幻喻品	第26	553권	
	堅固品	第27-1~2	553~554권	
	散花品	第28	554권	
	隨順品	第29	555권	
第五會	善現品	第1	556권	서문 수록
	天帝品	第2	556권	
	窣堵波品	第3	557권	
	神呪品	第4	557권	
	設利羅品	第5	558권	
	經典品	第6	558권	
	迴向品	第7	558권	
	地獄品	第8	559권	
	清淨品	第9	559권	

	不思議品	第10-1~2	559~560권	
	魔事品	第11	560권	
	眞如品	第12	560권	
	甚深相品	第13	560~561권	
	船等喩品	第14	561권	
	如來品	第15-1~2	561~562권	
	不退品	第16	562권	
	貪行品	第17-1~2	562~563권	
	姉妹品	第18	563권	
	夢行品	第19	563권	
	勝意樂品	第20	564권	
	修學品	第21	564권	
	根栽品	第22-1~2	564~565권	
	付囑品	第23	565권	
	見不動佛品	第24	565권	
第六會	緣起品	第1	566권	서문 수록
	通達品	第2	566권	
	顯相品	第3	567권	
	法界品	第4-1~2	567~568권	
	念住品	第5	568권	
	法性品	第6	569권	
	平等品	第7	570권	
	現相品	第8	570권	
	無所得品	第9	571권	
	證勸品	第10	571권	
	顯德品	第11	572권	
	現化品	第12	572권	
	陀羅尼品	第13	572권	
	勸誡品	第14-1~2	572~573권	
	二行品	第15	573권	
	讚歎品	第16	573권	
	付囑品	第17	573권	
第七會	曼殊室利分	第1~2	574~575권	서문 수록
第八會	那伽室利分	第1	576권	서문 수록
第九會	能斷金剛分	第1	577권	서문 수록
第十會	般若理趣分	第1	578권	서문 수록
第十一會	施波羅蜜多分	第1~5	579~583권	서문 수록
第十二會	淨戒波羅蜜多分	第1~5	584~588권	서문 수록
第十三會	忍波羅蜜多分	第1	589권	서문 수록
第十四會	精進波羅蜜多分	第1	590권	서문 수록

| 第十五會 | 靜慮波羅蜜多分 | 第1~2 | 591~592권 | 서문 수록 |
| 第十六會 | 般若波羅蜜多分 | 第1~8 | 593~600권 | 서문 수록 |

따라서 마하반야바라밀다경은 설법의 내용을 따라서 각각 다른 결집의 형태를 보여주고 있으며, 매우 방대하였던 까닭으로 반야계통의 경전인 『소품반야경』, 『금강반야경』, 『반야심경』 등에 비교하여 많이 연구되지 않고 있다. 그러나 『고려대장경』의 처음에 『마하반야바라밀다경』을 배치하고 있는 것은 한국불교에서는 『마하반야바라밀다경』의 사상적인 위치가 매우 중요하였다고 추정할 수 있다.

초분
初分

마하반야바라밀다경 제361권

61. 다문불이품(多問不二品)(11)

세존께서 말씀하셨다.

"선현이여. 보살마하살이 반야바라밀다를 수행하는 때에 제법(諸法)의 자상(自相)이 모두 공하다고 상응하여 관찰하는 까닭으로 수학하느니라. 이와 같이 선현이여, 보살마하살이 반야바라밀다를 수행하는 때에 색(色)에서 제행(諸行)이 만약 있거나, 만약 없다는 (생각을)[1] 일으켜서 짓지 않는 까닭으로 수학하고, 수(受)·상(想)·행(行)·식(識)에서도 제행이 만약 있거나, 만약 없다는 생각을 일으켜서 짓지 않는 까닭으로 수학하느니라.

선현이여. 보살마하살이 반야바라밀다를 수행하는 때에 제법의 자상이 모두 공하다고 상응하여 관찰하는 까닭으로 수학하느니라. 이와 같이 선현이여, 보살마하살이 반야바라밀다를 수행하는 때에 안처(眼處)에서 제행이 만약 있거나, 만약 없다는 생각을 일으켜서 짓지 않는 까닭으로 수학하고, 이(耳)·비(鼻)·설(舌)·신(身)·의처(意處)에서도 제행이 만약 있거나, 만약 없다는 생각을 일으켜서 짓지 않는 까닭으로 수학하느니라.

선현이여. 보살마하살이 반야바라밀다를 수행하는 때에 제법의 자상이 모두 공하다고 상응하여 관찰하는 까닭으로 수학하느니라. 이와 같이 선현이여, 보살마하살이 반야바라밀다를 수행하는 때에 색처(色處)에서 제행이 만약 있거나, 만약 없다는 생각을 일으켜서 짓지 않는 까닭으로

---

1) 원문에는 없으나, 문장의 원활한 번역을 위하여 삽입하여 번역하였다.

수학하고, 성(聲)·향(香)·미(味)·촉(觸)·법처(法處)에서도 제행이 만약 있거나, 만약 없다는 생각을 일으켜서 짓지 않는 까닭으로 수학하느니라.

　선현이여. 보살마하살이 반야바라밀다를 수행하는 때에 제법의 자상이 모두 공하다고 상응하여 관찰하는 까닭으로 수학하느니라. 이와 같이 선현이여. 보살마하살이 반야바라밀다를 수행하는 때에 안계(眼界)에서 제행이 만약 있거나, 만약 없다는 생각을 일으켜서 짓지 않는 까닭으로 수학하고, 이(耳)·비(鼻)·설(舌)·신(身)·의계(意界)에서도 제행이 만약 있거나, 만약 없다는 생각을 일으켜서 짓지 않는 까닭으로 수학하느니라.

　선현이여. 보살마하살이 반야바라밀다를 수행하는 때에 제법의 자상이 모두 공하다고 상응하여 관찰하는 까닭으로 수학하느니라. 이와 같이 선현이여. 보살마하살이 반야바라밀다를 수행하는 때에 색계(色界)에서 제행이 만약 있거나, 만약 없다는 생각을 일으켜서 짓지 않는 까닭으로 수학하고, 성(聲)·향(香)·미(味)·촉(觸)·법계(法界)에서도 제행이 만약 있거나, 만약 없다는 생각을 일으켜서 짓지 않는 까닭으로 수학하느니라.

　선현이여. 보살마하살이 반야바라밀다를 수행하는 때에 제법의 자상이 모두 공하다고 상응하여 관찰하는 까닭으로 수학하느니라. 이와 같이 선현이여. 보살마하살이 반야바라밀다를 수행하는 때에 안식계(眼識界)에서 제행이 만약 있거나, 만약 없다는 생각을 일으켜서 짓지 않는 까닭으로 수학하고, 이(耳)·비(鼻)·설(舌)·신(身)·의식계(意識界)에서도 제행이 만약 있거나, 만약 없다는 생각을 일으켜서 짓지 않는 까닭으로 수학하느니라.

　선현이여. 보살마하살이 반야바라밀다를 수행하는 때에 제법의 자상이 모두 공하다고 상응하여 관찰하는 까닭으로 수학하느니라. 이와 같이 선현이여. 보살마하살이 반야바라밀다를 수행하는 때에 안촉(眼觸)에서 제행이 만약 있거나, 만약 없다는 생각을 일으켜서 짓지 않는 까닭으로 수학하고, 이(耳)·비(鼻)·설(舌)·신(身)·의촉(意觸)에서도 제행이 만약 있거나, 만약 없다는 생각을 일으켜서 짓지 않는 까닭으로 수학하느니라.

　선현이여. 보살마하살이 반야바라밀다를 수행하는 때에 제법의 자상이 모두 공하다고 상응하여 관찰하는 까닭으로 수학하느니라. 이와 같이 선현이여. 보살마하살이 반야바라밀다를 수행하는 때에 안촉(眼觸)을 인연으로 생겨난 여러 수에서 제행이 만약 있거나, 만약 없다는 생각을 일으켜서 짓지 않는 까닭으로 수학하고, 이(耳)·비(鼻)·설(舌)·신(身)·의촉(意觸)을 인연으로 생겨난 여러 수에서도 제행이 만약 있거나, 만약 없다는 생각을 일으켜서 짓지 않는 까닭으로 수학하느니라.

선현이여. 보살마하살이 반야바라밀다를 수행하는 때에 제법의 자상이 모두 공하다고 상응하여 관찰하는 까닭으로 수학하느니라. 이와 같이 선현이여. 보살마하살이 반야바라밀다를 수행하는 때에 지계(地界)에서 제행이 만약 있거나, 만약 없다는 생각을 일으켜서 짓지 않는 까닭으로 수학하고, 수(水)·화(火)·풍(風)·공(空)·식계(識界)에서도 제행이 만약 있거나, 만약 없다는 생각을 일으켜서 짓지 않는 까닭으로 수학하느니라.

선현이여. 보살마하살이 반야바라밀다를 수행하는 때에 제법의 자상이 모두 공하다고 상응하여 관찰하는 까닭으로 수학하느니라. 이와 같이 선현이여. 보살마하살이 반야바라밀다를 수행하는 때에 무명(無明)에서 제행이 만약 있거나, 만약 없다는 생각을 일으켜서 짓지 않는 까닭으로 수학하고, 행(行)·식(識)·명색(名色)·육처(六處)·촉(觸)·수(受)·애(愛)·취(取)·유(有)·생(生)·노사(老死)의 수탄고우뇌(愁歎苦憂惱)에서도 제행이 만약 있거나, 만약 없다는 생각을 일으켜서 짓지 않는 까닭으로 수학하느니라.

선현이여. 보살마하살이 반야바라밀다를 수행하는 때에 제법의 자상이 모두 공하다고 상응하여 관찰하는 까닭으로 수학하느니라. 이와 같이 선현이여. 보살마하살이 반야바라밀다를 수행하는 때에 보시바라밀다(布施波羅蜜多)에서 제행이 만약 있거나, 만약 없다는 생각을 일으켜서 짓지 않는 까닭으로 수학하고, 정계(淨戒)·안인(安忍)·정진(精進)·정려(靜慮)·반야바라밀다(般若波羅蜜多)에서도 제행이 만약 있거나, 만약 없다는 생각을 일으켜서 짓지 않는 까닭으로 수학하느니라.

선현이여. 보살마하살이 반야바라밀다를 수행하는 때에 제법의 자상이 모두 공하다고 상응하여 관찰하는 까닭으로 수학하느니라. 이와 같이 선현이여. 보살마하살이 반야바라밀다를 수행하는 때에 내공(內空)에서 제행이 만약 있거나, 만약 없다는 생각을 일으켜서 짓지 않는 까닭으로 수학하고, 외공(外空)·내외공(內外空)·공공(空空)·대공(大空)·승의공(勝義空)·유위공(有爲空)·무위공(無爲空)·필경공(畢竟空)·무제공(無際空)·산공(散空)·무변이공(無變異空)·본성공(本性空)·자상공(自相空)·공상공(共相空)·일체법공(一切法空)·불가득공(不可得空)·무성공(無性空)·자성공(自性空)·무성자성공(無性自性空)에서도 제행이 만약 있거나, 만약 없다는 생각을 일으켜서 짓지 않는 까닭으로 수학하느니라.

선현이여. 보살마하살이 반야바라밀다를 수행하는 때에 제법의 자상이 모두 공하다고 상응하여 관찰하는 까닭으로 수학하느니라. 이와 같이 선현이여. 보살마하살이 반야바라밀다를 수행하는 때에 진여(眞如)에서 제행이 만약 있거나, 만약 없다는 생각을 일으켜서 짓지 않는 까닭으로 수학하고, 법계(法界)·법성(法性)·불허망성(不虛妄性)·불변이성(不變異性)·평등성(平等性)·이생성(離生性)·법정(法定)·법주(法住)·실제(實際)·허공계(虛空界)·부사의계(不思議界)에서도 제행이 만약 있거나, 만약 없다는 생각을 일으켜서 짓지 않는 까닭으로 수학하느니라.

선현이여. 보살마하살이 반야바라밀다를 수행하는 때에 제법의 자상이 모두 공하다고 상응하여 관찰하는 까닭으로 수학하느니라. 이와 같이 선현이여. 보살마하살이 반야바라밀다를 수행하는 때에 고성제(苦聖諦)에서 제행이 만약 있거나, 만약 없다는 생각을 일으켜서 짓지 않는 까닭으로 수학하고, 집(集)·멸(滅)·도성제(道聖諦)에서도 제행이 만약 있거나, 만약 없다는 생각을 일으켜서 짓지 않는 까닭으로 수학하느니라.

선현이여. 보살마하살이 반야바라밀다를 수행하는 때에 제법의 자상이 모두 공하다고 상응하여 관찰하는 까닭으로 수학하느니라. 이와 같이 선현이여. 보살마하살이 반야바라밀다를 수행하는 때에 4념주(四念住)에서 제행이 만약 있거나, 만약 없다는 생각을 일으켜서 짓지 않는 까닭으로 수학하고, 4정단(四正斷)·4신족(四神足)·5근(五根)·5력(五力)·7등각지(七

等覺支)·8성도지(八聖道支)에서도 제행이 만약 있거나, 만약 없다는 생각을 일으켜서 짓지 않는 까닭으로 수학하느니라.

선현이여. 보살마하살이 반야바라밀다를 수행하는 때에 제법의 자상이 모두 공하다고 상응하여 관찰하는 까닭으로 수학하느니라. 이와 같이 선현이여. 보살마하살이 반야바라밀다를 수행하는 때에 4정려(四靜慮)에서 제행이 만약 있거나, 만약 없다는 생각을 일으켜서 짓지 않는 까닭으로 수학하고, 4무량(四無量)·4무색정(四無色定)에서도 제행이 만약 있거나, 만약 없다는 생각을 일으켜서 짓지 않는 까닭으로 수학하느니라.

선현이여. 보살마하살이 반야바라밀다를 수행하는 때에 제법의 자상이 모두 공하다고 상응하여 관찰하는 까닭으로 수학하느니라. 이와 같이 선현이여. 보살마하살이 반야바라밀다를 수행하는 때에 8해탈(八解脫)에서 제행이 만약 있거나, 만약 없다는 생각을 일으켜서 짓지 않는 까닭으로 수학하고, 8승처(八勝處)·9차제정(九次第定)·10변처(十遍處)에서도 제행이 만약 있거나, 만약 없다는 생각을 일으켜서 짓지 않는 까닭으로 수학하느니라.

선현이여. 보살마하살이 반야바라밀다를 수행하는 때에 제법의 자상이 모두 공하다고 상응하여 관찰하는 까닭으로 수학하느니라. 이와 같이 선현이여. 보살마하살이 반야바라밀다를 수행하는 때에 일체의 삼마지문(三摩地門)에서 제행이 만약 있거나, 만약 없다는 생각을 일으켜서 짓지 않는 까닭으로 수학하고, 일체의 다라니문(陀羅尼門)에서도 제행이 만약 있거나, 만약 없다는 생각을 일으켜서 짓지 않는 까닭으로 수학하느니라.

선현이여. 보살마하살이 반야바라밀다를 수행하는 때에 제법의 자상이 모두 공하다고 상응하여 관찰하는 까닭으로 수학하느니라. 이와 같이 선현이여. 보살마하살이 반야바라밀다를 수행하는 때에 공해탈문(空解脫門)에서 제행이 만약 있거나, 만약 없다는 생각을 일으켜서 짓지 않는 까닭으로 수학하고, 무상(無相)·무원해탈문(無願解脫門)에서도 제행이 만약 있거나, 만약 없다는 생각을 일으켜서 짓지 않는 까닭으로 수학하느니라.

선현이여. 보살마하살이 반야바라밀다를 수행하는 때에 제법의 자상이 모두 공하다고 상응하여 관찰하는 까닭으로 수학하느니라. 이와 같이 선현이여. 보살마하살이 반야바라밀다를 수행하는 때에 5안(五眼)에서 제행이 만약 있거나, 만약 없다는 생각을 일으켜서 짓지 않는 까닭으로 수학하고, 6신통(六神通)에서도 제행이 만약 있거나, 만약 없다는 생각을 일으켜서 짓지 않는 까닭으로 수학하느니라.

선현이여. 보살마하살이 반야바라밀다를 수행하는 때에 제법의 자상이 모두 공하다고 상응하여 관찰하는 까닭으로 수학하느니라. 이와 같이 선현이여. 보살마하살이 반야바라밀다를 수행하는 때에 여래(佛)의 10력(十力)에서 제행이 만약 있거나, 만약 없다는 생각을 일으켜서 짓지 않는 까닭으로 수학하고, 4무소외(四無所畏)·4무애해(四無礙解)·대자(大慈)·대비(大悲)·대희(大喜)·대사(大捨)·18불불공법(十八佛不共法)에서도 제행이 만약 있거나, 만약 없다는 생각을 일으켜서 짓지 않는 까닭으로 수학하느니라.

선현이여. 보살마하살이 반야바라밀다를 수행하는 때에 제법의 자상이 모두 공하다고 상응하여 관찰하는 까닭으로 수학하느니라. 이와 같이 선현이여. 보살마하살이 반야바라밀다를 수행하는 때에 무망실법(無忘失法)에서 제행이 만약 있거나, 만약 없다는 생각을 일으켜서 짓지 않는 까닭으로 수학하고, 항주사성(恒住捨性)에서도 제행이 만약 있거나, 만약 없다는 생각을 일으켜서 짓지 않는 까닭으로 수학하느니라.

선현이여. 보살마하살이 반야바라밀다를 수행하는 때에 제법의 자상이 모두 공하다고 상응하여 관찰하는 까닭으로 수학하느니라. 이와 같이 선현이여. 보살마하살이 반야바라밀다를 수행하는 때에 일체지(一切智)에서 제행이 만약 있거나, 만약 없다는 생각을 일으켜서 짓지 않는 까닭으로 수학하고, 도상지(道相智)·일체상지(一切相智)에서도 제행이 만약 있거나, 만약 없다는 생각을 일으켜서 짓지 않는 까닭으로 수학하느니라.

선현이여. 보살마하살이 반야바라밀다를 수행하는 때에 제법의 자상이 모두 공하다고 상응하여 관찰하는 까닭으로 수학하느니라. 이와 같이 선현이여. 보살마하살이 반야바라밀다를 수행하는 때에 예류과(預流果)에서 제행이 만약 있거나, 만약 없다는 생각을 일으켜서 짓지 않는 까닭으로 수학하고, 일래(一來)·불환(不還)·아라한과(阿羅漢果)에서도 제행이 만약 있거나, 만약 없다는 생각을 일으켜서 짓지 않는 까닭으로 수학하느니라.

선현이여. 보살마하살이 반야바라밀다를 수행하는 때에 제법의 자상이 모두 공하다고 상응하여 관찰하는 까닭으로 수학하느니라. 이와 같이 선현이여. 보살마하살이 반야바라밀다를 수행하는 때에 독각(獨覺)의 보리(菩提)에서 제행이 만약 있거나, 만약 없다는 생각을 일으켜서 짓지 않는 까닭으로 수학하느니라. 선현이여. 보살마하살이 반야바라밀다를 수행하는 때에 제법의 자상이 모두 공하다고 상응하여 관찰하는 까닭으로 수학하느니라. 이와 같이 선현이여. 보살마하살이 반야바라밀다를 수행하는 때에 일체의 보살마하살(菩薩摩訶薩)의 행(行)에서 제행이 만약 있거나, 만약 없다는 생각을 일으켜서 짓지 않는 까닭으로 수학하느니라.

선현이여. 보살마하살이 반야바라밀다를 수행하는 때에 제법의 자상이 모두 공하다고 상응하여 관찰하는 까닭으로 수학하느니라. 이와 같이 선현이여. 보살마하살이 반야바라밀다를 수행하는 때에 제불(諸佛)의 무상정등보리(無上正等菩提)에서 제행이 만약 있거나, 만약 없다는 생각을 일으켜서 짓지 않는 까닭으로 수학하느니라."

구수(具壽) 선현이 세존께 아뢰어 말하였다.

"세존이시여. 어찌하여 보살마하살이 반야바라밀다를 행하는 때에, 제법의 자상이 모두 공하다고 상응하여 관찰하는 까닭으로 수학합니까?"

세존께서 말씀하셨다.

"선현이여. 보살마하살이 반야바라밀다를 행하는 때에, 색은 색의 상(相)이 공하다고 상응하여 관찰하는 까닭으로 수학하고, 수·상·행·식은 수·상·행·식의 상이 공하다고 상응하여 관찰하는 까닭으로 수학하느니라. 이와 같이 선현이여. 보살마하살이 반야바라밀다를 행하는 때에,

제법의 자상이 모두 공하다고 상응하여 관찰하는 까닭으로 수학하느니라.

선현이여. 보살마하살이 반야바라밀다를 행하는 때에, 안처는 안처의 상이 공하다고 상응하여 관찰하는 까닭으로 수학하고, 이·비·설·신·의처는 이·비·설·신·의처의 상이 공하다고 상응하여 관찰하는 까닭으로 수학하느니라. 이와 같이 선현이여. 보살마하살이 반야바라밀다를 행하는 때에, 제법의 자상이 모두 공하다고 상응하여 관찰하는 까닭으로 수학하느니라.

선현이여. 보살마하살이 반야바라밀다를 행하는 때에, 색처는 색처의 상이 공하다고 상응하여 관찰하는 까닭으로 수학하고, 성·향·미·촉·법처는 성·향·미·촉·법처의 상이 공하다고 상응하여 관찰하는 까닭으로 수학하느니라. 이와 같이 선현이여. 보살마하살이 반야바라밀다를 행하는 때에, 제법의 자상이 모두 공하다고 상응하여 관찰하는 까닭으로 수학하느니라.

선현이여. 보살마하살이 반야바라밀다를 행하는 때에, 안계는 안계의 상이 공하다고 상응하여 관찰하는 까닭으로 수학하고, 이·비·설·신·의계는 이·비·설·신·의계의 상이 공하다고 상응하여 관찰하는 까닭으로 수학하느니라. 이와 같이 선현이여. 보살마하살이 반야바라밀다를 행하는 때에, 제법의 자상이 모두 공하다고 상응하여 관찰하는 까닭으로 수학하느니라.

선현이여. 보살마하살이 반야바라밀다를 행하는 때에, 색계는 색계의 상이 공하다고 상응하여 관찰하는 까닭으로 수학하고, 성·향·미·촉·법계는 성·향·미·촉·법계의 상이 공하다고 상응하여 관찰하는 까닭으로 수학하느니라. 이와 같이 선현이여. 보살마하살이 반야바라밀다를 행하는 때에, 제법의 자상이 모두 공하다고 상응하여 관찰하는 까닭으로 수학하느니라.

선현이여. 보살마하살이 반야바라밀다를 행하는 때에, 안식계는 안식계의 상이 공하다고 상응하여 관찰하는 까닭으로 수학하고, 이·비·설·신·의식계는 이·비·설·신·의식계의 상이 공하다고 상응하여 관찰하는 까닭으로 수학하느니라. 이와 같이 선현이여. 보살마하살이 반야바라밀다를 행하는 때에, 제법의 자상이 모두 공하다고 상응하여 관찰하는 까닭으로 수학하느니라.

선현이여. 보살마하살이 반야바라밀다를 행하는 때에, 안촉은 안촉의 상이 공하다고 상응하여 관찰하는 까닭으로 수학하고, 이·비·설·신·의촉은 이·비·설·신·의촉의 상이 공하다고 상응하여 관찰하는 까닭으로 수학하느니라. 이와 같이 선현이여. 보살마하살이 반야바라밀다를 행하는 때에, 제법의 자상이 모두 공하다고 상응하여 관찰하는 까닭으로 수학하느니라.

선현이여. 보살마하살이 반야바라밀다를 행하는 때에, 안촉을 인연으로 생겨난 여러 수는 안촉을 인연으로 생겨난 여러 수의 상이 공하다고 상응하여 관찰하는 까닭으로 수학하고, 이·비·설·신·의촉을 인연으로 생겨난 여러 수는 이·비·설·신·의촉을 인연으로 생겨난 여러 수의 상이 공하다고 상응하여 관찰하는 까닭으로 수학하느니라. 이와 같이 선현이여. 보살마하살이 반야바라밀다를 행하는 때에, 제법의 자상이 모두 공하다고 상응하여 관찰하는 까닭으로 수학하느니라.

선현이여. 보살마하살이 반야바라밀다를 행하는 때에, 지계는 지계의 상이 공하다고 상응하여 관찰하는 까닭으로 수학하고, 수·화·풍·공·식계는 수·화·풍·공·식계의 상이 공하다고 상응하여 관찰하는 까닭으로 수학하느니라. 이와 같이 선현이여. 보살마하살이 반야바라밀다를 행하는 때에, 제법의 자상이 모두 공하다고 상응하여 관찰하는 까닭으로 수학하느니라.

선현이여. 보살마하살이 반야바라밀다를 행하는 때에, 무명은 무명의 상이 공하다고 상응하여 관찰하는 까닭으로 수학하고, 행·식·명색·육처·촉·수·애·취·유·생·노사의 수탄고우뇌는 행, 나아가 노사의 수탄고우뇌의 상이 공하다고 상응하여 관찰하는 까닭으로 수학하느니라. 이와 같이 선현이여. 보살마하살이 반야바라밀다를 행하는 때에, 제법의 자상이 모두 공하다고 상응하여 관찰하는 까닭으로 수학하느니라.

선현이여. 보살마하살이 반야바라밀다를 행하는 때에, 보시바라밀다는 보시바라밀다의 상이 공하다고 상응하여 관찰하는 까닭으로 수학하고, 정계·안인·정진·정려·반야바라밀다는 정계, 나아가 반야바라밀다의 상이 공하다고 상응하여 관찰하는 까닭으로 수학하느니라. 이와 같이 선현이여. 보살마하살이 반야바라밀다를 행하는 때에, 제법의 자상이 모두 공하다고 상응하여 관찰하는 까닭으로 수학하느니라.

선현이여. 보살마하살이 반야바라밀다를 행하는 때에, 내공은 내공의 상이 공하다고 상응하여 관찰하는 까닭으로 수학하고, 외공·내외공·공공·대공·승의공·유위공·무위공·필경공·무제공·산공·무변이공·본성공·자상공·공상공·일체법공·불가득공·무성공·자성공·무성자성공은 외공, 나아가 무성자성공의 상이 공하다고 상응하여 관찰하는 까닭으로 수학하느니라. 이와 같이 선현이여. 보살마하살이 반야바라밀다를 행하는 때에, 제법의 자상이 모두 공하다고 상응하여 관찰하는 까닭으로 수학하느니라.

선현이여. 보살마하살이 반야바라밀다를 행하는 때에, 진여는 진여의 상이 공하다고 상응하여 관찰하는 까닭으로 수학하고, 법계·법성·불허망성·불변이성·평등성·이생성·법정·법주·실제·허공계·부사의계는 법계, 나아가 부사의계의 상이 공하다고 상응하여 관찰하는 까닭으로 수학하느니라. 이와 같이 선현이여. 보살마하살이 반야바라밀다를 행하는 때에, 제법의 자상이 모두 공하다고 상응하여 관찰하는 까닭으로 수학하느니라.

선현이여. 보살마하살이 반야바라밀다를 행하는 때에, 고성제는 고성제의 상이 공하다고 상응하여 관찰하는 까닭으로 수학하고, 집·멸·도성제는 집·멸·도성제의 상이 공하다고 상응하여 관찰하는 까닭으로 수학하느니라. 이와 같이 선현이여. 보살마하살이 반야바라밀다를 행하는 때에, 제법의 자상이 모두 공하다고 상응하여 관찰하는 까닭으로 수학하느니라.

선현이여. 보살마하살이 반야바라밀다를 행하는 때에, 4념주는 4념주의 상이 공하다고 상응하여 관찰하는 까닭으로 수학하고, 4정단·4신족·5근·5력·7등각지·8성도지는 4정단, 나아가 8성도지의 상이 공하다고 상응하여 관찰하는 까닭으로 수학하느니라. 이와 같이 선현이여. 보살마하살이 반야바라밀다를 행하는 때에, 제법의 자상이 모두 공하다고 상응하여 관찰하는 까닭으로 수학하느니라.

선현이여. 보살마하살이 반야바라밀다를 행하는 때에, 4정려는 4정려의 상이 공하다고 상응하여 관찰하는 까닭으로 수학하고, 4무량·4무색정은 4무량·4무색정의 상이 공하다고 상응하여 관찰하는 까닭으로 수학하느니라. 이와 같이 선현이여. 보살마하살이 반야바라밀다를 행하는 때에, 제법의 자상이 모두 공하다고 상응하여 관찰하는 까닭으로 수학하느니라.

선현이여. 보살마하살이 반야바라밀다를 행하는 때에, 8해탈은 8해탈의 상이 공하다고 상응하여 관찰하는 까닭으로 수학하고, 8승처·9차제정·10변처는 8승처·9차제정·10변처의 상이 공하다고 상응하여 관찰하는 까닭으로 수학하느니라. 이와 같이 선현이여. 보살마하살이 반야바라밀다를 행하는 때에, 제법의 자상이 모두 공하다고 상응하여 관찰하는 까닭으로 수학하느니라.

선현이여. 보살마하살이 반야바라밀다를 행하는 때에, 일체의 삼마지문은 일체의 삼마지문의 상이 공하다고 상응하여 관찰하는 까닭으로 수학하고, 일체의 다라니문은 일체의 다라니문의 상이 공하다고 상응하여 관찰하는 까닭으로 수학하느니라. 이와 같이 선현이여. 보살마하살이 반야바라밀다를 행하는 때에, 제법의 자상이 모두 공하다고 상응하여 관찰하는 까닭으로 수학하느니라.

선현이여. 보살마하살이 반야바라밀다를 행하는 때에, 공해탈문은 공해탈문의 상이 공하다고 상응하여 관찰하는 까닭으로 수학하고, 무상·무원해탈문은 무상·무원해탈문의 상이 공하다고 상응하여 관찰하는 까닭으로 수학하느니라. 이와 같이 선현이여. 보살마하살이 반야바라밀다를 행하는 때에, 제법의 자상이 모두 공하다고 상응하여 관찰하는 까닭으로 수학하느니라.

선현이여. 보살마하살이 반야바라밀다를 행하는 때에, 5안은 5안의 상이 공하다고 상응하여 관찰하는 까닭으로 수학하고, 6신통은 6신통의 상이 공하다고 상응하여 관찰하는 까닭으로 수학하느니라. 이와 같이 선현이여. 보살마하살이 반야바라밀다를 행하는 때에, 제법의 자상이 모두 공하다고 상응하여 관찰하는 까닭으로 수학하느니라.

선현이여. 보살마하살이 반야바라밀다를 행하는 때에, 여래의 10력은 여래의 10력의 상이 공하다고 상응하여 관찰하는 까닭으로 수학하고, 4무소외·4무애해·대자·대비·대희·대사·18불불공법은 4무소외, 나아가 18불불공법의 상이 공하다고 상응하여 관찰하는 까닭으로 수학하느니라. 이와 같이 선현이여. 보살마하살이 반야바라밀다를 행하는 때에, 제법의 자상이 모두 공하다고 상응하여 관찰하는 까닭으로 수학하느니라.

선현이여. 보살마하살이 반야바라밀다를 행하는 때에, 무망실법은 무망실법의 상이 공하다고 상응하여 관찰하는 까닭으로 수학하고, 항주사성은 항주사성의 상이 공하다고 상응하여 관찰하는 까닭으로 수학하느니라. 이와 같이 선현이여. 보살마하살이 반야바라밀다를 행하는 때에, 제법의 자상이 모두 공하다고 상응하여 관찰하는 까닭으로 수학하느니라.

선현이여. 보살마하살이 반야바라밀다를 행하는 때에, 일체지는 일체지의 상이 공하다고 상응하여 관찰하는 까닭으로 수학하고, 도상지·일체상지는 도상지·일체상지의 상이 공하다고 상응하여 관찰하는 까닭으로 수학하느니라. 이와 같이 선현이여. 보살마하살이 반야바라밀다를 행하는 때에, 제법의 자상이 모두 공하다고 상응하여 관찰하는 까닭으로 수학하느니라.

선현이여. 보살마하살이 반야바라밀다를 행하는 때에, 예류과는 예류과의 상이 공하다고 상응하여 관찰하는 까닭으로 수학하고, 일래·불환·아라한과는 일래·불환·아라한과의 상이 공하다고 상응하여 관찰하는 까닭으로 수학하느니라. 이와 같이 선현이여. 보살마하살이 반야바라밀다를 행하는 때에, 제법의 자상이 모두 공하다고 상응하여 관찰하는 까닭으로 수학하느니라.

선현이여. 보살마하살이 반야바라밀다를 행하는 때에, 독각의 보리는 독각의 보리의 상이 공하다고 상응하여 관찰하는 까닭으로 수학하느니라. 이와 같이 선현이여. 보살마하살이 반야바라밀다를 행하는 때에, 제법의 자상이 모두 공하다고 상응하여 관찰하는 까닭으로 수학하느니라. 선현이여. 보살마하살이 반야바라밀다를 행하는 때에, 일체의 보살마하살의 행은 일체의 보살마하살의 행의 상이 공하다고 상응하여 관찰하는 까닭으로 수학하느니라. 이와 같이 선현이여. 보살마하살이 반야바라밀다를 행하는 때에, 제법의 자상이 모두 공하다고 상응하여 관찰하는 까닭으로 수학하느니라.

선현이여. 보살마하살이 반야바라밀다를 행하는 때에, 제불의 무상정등보리는 제불의 무상정등보리의 상이 공하다고 상응하여 관찰하는 까닭으로 수학하느니라. 이와 같이 선현이여. 보살마하살이 반야바라밀다를 행하는 때에, 제법의 자상이 모두 공하다고 상응하여 관찰하는 까닭으로 수학하느니라."

구수 선현이 세존께 아뢰어 말하였다.
"세존이시여. 만약 색은 색의 상이 공하고, 수·상·행·식은 수·상·행·식의 상이 공하다면, 어찌하여 보살마하살은 마땅히 반야바라밀다를 수행합니까? 세존이시여. 만약 안처는 안처의 상이 공하고, 이·비·설·신·의처는 이·비·설·신·의처의 상이 공하다면, 어찌하여 보살마하살은 마땅히 반야바라밀다를 수행합니까? 세존이시여. 만약 색처는 색처의 상이 공하고, 성·향·미·촉·법처는 성·향·미·촉·법처의 상이 공하다면, 어찌하여 보살마하살은 마땅히 반야바라밀다를 수행합니까?

세존이시여. 만약 안계는 안계의 상이 공하고, 이·비·설·신·의계는 이·비·설·신·의계의 상이 공하다면, 어찌하여 보살마하살은 마땅히 반야바라밀다를 수행합니까? 세존이시여. 만약 색계는 색계의 상이 공하고, 성·향·미·촉·법계는 성·향·미·촉·법계의 상이 공하다면, 어찌하여 보살마하살은 마땅히 반야바라밀다를 수행합니까? 세존이시여. 만약 안식계는 안식계의 상이 공하고, 이·비·설·신·의식계는 이·비·설·신·의식계의 상이 공하다면, 어찌하여 보살마하살은 마땅히 반야바라밀다를 수행합니까?

세존이시여. 만약 안촉은 안촉의 상이 공하고, 이·비·설·신·의촉은 이·비·설·신·의촉의 상이 공하다면, 어찌하여 보살마하살은 마땅히 반야바라밀다를 수행합니까? 세존이시여. 만약 안촉을 인연으로 생겨난 여러 수는 안촉을 인연으로 생겨난 여러 수의 상이 공하고, 이·비·설·신·의촉을 인연으로 생겨난 여러 수는 이·비·설·신·의촉을 인연으로 생겨난 여러 수의 상이 공하다면, 어찌하여 보살마하살은 마땅히 반야바라밀다를 수행합니까?

　세존이시여. 만약 지계는 지계의 상이 공하고, 수·화·풍·공·식계는 수·화·풍·공·식계의 상이 공하다면, 어찌하여 보살마하살은 마땅히 반야바라밀다를 수행합니까? 세존이시여. 만약 무명은 무명의 상이 공하고, 행·식·명색·육처·촉·수·애·취·유·생·노사의 수탄고우뇌는 행, 나아가 노사의 수탄고우뇌의 상이 공하다면, 어찌하여 보살마하살은 마땅히 반야바라밀다를 수행합니까?

　세존이시여. 만약 보시바라밀다는 보시바라밀다의 상이 공하고, 정계·안인·정진·정려·반야바라밀다는 정계, 나아가 반야바라밀다의 상이 공하다면, 어찌하여 보살마하살은 마땅히 반야바라밀다를 수행합니까? 세존이시여. 만약 내공은 내공의 상이 공하고, 외공·내외공·공공·대공·승의공·유위공·무위공·필경공·무제공·산공·무변이공·본성공·자상공·공상공·일체법공·불가득공·무성공·자성공·무성자성공은 외공, 나아가 무성자성공의 상이 공하다면, 어찌하여 보살마하살은 마땅히 반야바라밀다를 수행합니까?

　세존이시여. 만약 진여는 진여의 상이 공하고, 법계·법성·불허망성·불변이성·평등성·이생성·법정·법주·실제·허공계·부사의계는 법계, 나아가 부사의계의 상이 공하다면, 어찌하여 보살마하살은 마땅히 반야바라밀다를 수행합니까? 세존이시여. 만약 고성제는 고성제의 상이 공하고, 집·멸·도성제는 집·멸·도성제의 상이 공하다면, 어찌하여 보살마하살은 마땅히 반야바라밀다를 수행합니까? 세존이시여. 만약 4념주는 4념주의 상이 공하고, 4정단·4신족·5근·5력·7등각지·8성도지는 4정단, 나아가

8성도지의 상이 공하다면, 어찌하여 보살마하살은 마땅히 반야바라밀다를 수행합니까?

세존이시여. 만약 4정려는 4정려의 상이 공하고, 4무량·4무색정은 4무량·4무색정의 상이 공하다면, 어찌하여 보살마하살은 마땅히 반야바라밀다를 수행합니까? 세존이시여. 만약 8해탈은 8해탈의 상이 공하고, 8승처·9차제정·10변처는 8승처·9차제정·10변처의 상이 공하다면, 어찌하여 보살마하살은 마땅히 반야바라밀다를 수행합니까? 세존이시여. 만약 일체의 삼마지문은 일체의 삼마지문의 상이 공하고, 일체의 다라니문은 일체의 다라니문의 상이 공하다면, 어찌하여 보살마하살은 마땅히 반야바라밀다를 수행합니까?

세존이시여. 만약 공해탈문은 공해탈문의 상이 공하고, 무상·무원해탈문은 무상·무원해탈문의 상이 공하다면, 어찌하여 보살마하살은 마땅히 반야바라밀다를 수행합니까? 세존이시여. 만약 5안은 5안의 상이 공하고, 6신통은 6신통의 상이 공하다면, 어찌하여 보살마하살은 마땅히 반야바라밀다를 수행합니까? 세존이시여. 만약 여래의 10력은 여래의 10력의 상이 공하고, 4무소외·4무애해·대자·대비·대희·대사·18불불공법은 4무소외, 나아가 18불불공법의 상이 공하다면, 어찌하여 보살마하살은 마땅히 반야바라밀다를 수행합니까?

세존이시여. 만약 무망실법은 무망실법의 상이 공하고, 항주사성은 항주사성의 상이 공하다면, 어찌하여 보살마하살은 마땅히 반야바라밀다를 수행합니까? 세존이시여. 만약 일체지는 일체지의 상이 공하고, 도상지·일체상지는 도상지·일체상지의 상이 공하다면, 어찌하여 보살마하살은 마땅히 반야바라밀다를 수행합니까? 세존이시여. 만약 예류과는 예류과의 상이 공하고, 일래·불환·아라한과는 일래·불환·아라한과의 상이 공하다면, 어찌하여 보살마하살은 마땅히 반야바라밀다를 수행합니까?

세존이시여. 만약 독각의 보리는 독각의 보리의 상이 공하다면, 어찌하여 보살마하살은 마땅히 반야바라밀다를 수행합니까? 세존이시여. 만약 일체의 보살마하살의 행은 일체의 보살마하살의 행의 상이 공하다면,

어찌하여 보살마하살은 마땅히 반야바라밀다를 수행합니까? 세존이시여. 만약 제불의 무상정등보리는 제불의 무상정등보리의 상이 공하다면, 어찌하여 보살마하살은 마땅히 반야바라밀다를 수행합니까?"

세존께서 말씀하셨다.

"선현이여. 만약 보살마하살이 모두 수행하는 것이 없다면 이것이 반야바라밀다를 수행하는 것이니라."

구수 선현이 다시 세존께 아뢰어 말하였다.

"세존이시여. 무슨 인연으로 보살마하살이 모두 수행하는 것이 없다면 이것이 반야바라밀다를 수행하는 것입니까?"

세존께서 말씀하셨다.

"선현이여. 오히려 이러한 반야바라밀다는 얻을 수 없으므로 보살마하살도 역시 얻을 수 없고, 수행하는 것도 얻을 수 없느니라. 만약 능히 수행하는 자이거나, 만약 오히려 이것의 수행이었거나, 만약 수행하는 처소도 모두 얻을 수 없느니라. 이러한 까닭으로 선현이여. 보살마하살이 모두 수행하는 것이 없다면, 이것이 반야바라밀다를 수행하는 것이니, 그 가운데에서 일체의 희론(戲論)으로써 얻을 수 없는 까닭이니라."

구수 선현이 다시 세존께 아뢰어 말하였다.

"세존이시여. 만약 보살마하살이 모두 행하는 것이 없는 이것이 반야바라밀다의 수행이라면, 처음으로 업을 수행하는 보살마하살은 어떻게 마땅히 반야바라밀다를 수행해야 합니까?"

세존께서 말씀하셨다.

"선현이여. 보살마하살은 초발심부터 상응하여 일체법에서 얻을 것이 없다고(無所得) 항상 수학해야 하느니라. 선현이여. 이 보살마하살이 보시를 수행하는 때에 얻을 수 없는 것으로써 방편으로 삼아서 보시를 상응하여 수행해야 하고, 정계·안인·정진·정려·반야를 수행하는 때에 얻을 수 없는 것으로써 방편으로 삼아서 정계, 나아가 반야에 상응하여 수행해야 하느니라.

선현이여. 이 보살마하살이 내공에 안주하는 때에 얻을 수 없는 것으로써 방편으로 삼아서 내공에 상응하여 안주해야 하고, 외공·내외공·공공·대공·승의공·유위공·무위공·필경공·무제공·산공·무변이공·본성공·자상공·공상공·일체법공·불가득공·무성공·자성공·무성자성공을 안주하는 때에 얻을 수 없는 것으로써 방편으로 삼아서 외공, 나아가 무성자성공에 상응하여 안주해야 하느니라.

선현이여. 이 보살마하살이 진여에 안주하는 때에 얻을 수 없는 것으로써 방편으로 삼아서 진여에 상응하여 안주해야 하고, 법계·법성·불허망성·불변이성·평등성·이생성·법정·법주·실제·허공계·부사의계에 안주하는 때에 얻을 수 없는 것으로써 방편으로 삼아서 법계, 나아가 부사의계에 상응하여 안주해야 하느니라. 선현이여. 이 보살마하살이 4념주를 수행하는 때에 얻을 수 없는 것으로써 방편으로 삼아서 4념주에 상응하여 수행해야 하고, 4정단·4신족·5근·5력·7등각지·8성도지를 수행하는 때에 얻을 수 없는 것으로써 방편으로 삼아서 4정단, 나아가 8성도지에 상응하여 수행해야 하느니라.

선현이여. 이 보살마하살이 고성제에 안주하는 때에 얻을 수 없는 것으로써 방편으로 삼아서 고성세에 상응하여 안주해야 하고, 집·멸·도성제에 안주하는 때에 얻을 수 없는 것으로써 방편으로 삼아서 집·멸·도성제에 상응하여 안주해야 하느니라. 선현이여. 이 보살마하살이 4정려를 수행하는 때에 얻을 수 없는 것으로써 방편으로 삼아서 4정려를 상응하여 수행해야 하고, 4무량·4무색정을 수행하는 때에 얻을 수 없는 것으로써 방편으로 삼아서 4무량·4무색정에 상응하여 수행해야 하느니라.

선현이여. 이 보살마하살이 공해탈문을 수행하는 때에 얻을 수 없는 것으로써 방편으로 삼아서 공해탈문에 상응하여 수행해야 하고, 무상·무원해탈문을 수행하는 때에 얻을 수 없는 것으로써 방편으로 삼아서 무상·무원해탈문에 상응하여 수행해야 하느니라. 선현이여. 이 보살마하살이 8해탈을 수행하는 때에 얻을 수 없는 것으로써 방편으로 삼아서 8해탈에 상응하여 수행해야 하고, 8승처·9차제정·10변처를 수행하는 때에 얻을 수 없는 것으로써 방편으로 삼아서 8승처·9차제정·10변처에 상응하여 수행해야 하느니라.

선현이여. 이 보살마하살이 삼마지문을 수행하는 때에 얻을 수 없는 것으로써 방편으로 삼아서 삼마지문에 상응하여 수행해야 하고, 다라니문을 수행하는 때에 얻을 수 없는 것으로써 방편으로 삼아서 다라니문에 상응하여 수행해야 하느니라. 선현이여. 이 보살마하살이 5안을 수행하는 때에 얻을 수 없는 것으로써 방편으로 삼아서 5안에 상응하여 수행해야 하고, 6신통을 수행하는 때에 얻을 수 없는 것으로써 방편으로 삼아서 6신통에 상응하여 수행해야 하느니라.

선현이여. 이 보살마하살이 여래의 10력을 수행하는 때에 얻을 수 없는 것으로써 방편으로 삼아서 여래의 10력에 상응하여 수행해야 하고, 4무소외·4무애해·대자·대비·대희·대사·18불불공법을 수행하는 때에 얻을 수 없는 것으로써 방편으로 삼아서 4무소외, 나아가 18불불공법에 상응하여 수행해야 하느니라. 선현이여. 이 보살마하살이 무망실법을 수행하는 때에 얻을 수 없는 것으로써 방편으로 삼아서 무망실법에 상응하여 수행해야 하고, 항주사성을 수행하는 때에 얻을 수 없는 것으로써 방편으로 삼아서 항주사성에 상응하여 수행해야 하느니라.

선현이여. 이 보살마하살이 일체지를 수행하는 때에 얻을 수 없는 것으로써 방편으로 삼아서 일체지에 상응하여 수행해야 하고, 도상지·일체상지를 수행하는 때에 얻을 수 없는 것으로써 방편으로 삼아서 도상지·일체상지에 상응하여 수행해야 하느니라."

구수 선현이 다시 세존께 아뢰어 말하였다.
"세존이시여. 어떻게 분별한다면 얻을 수 있는 것이라고 이름하고, 무엇을 분별한다면 얻을 수 없는 것이라고 이름합니까?"

세존께서 말씀하셨다.
"선현이여. 여러 유정들이 둘이라는 것은 얻을 수 있다고 이름하고, 무이(無二)라는 것은 얻을 수 없다고 이름하느니라."

"세존이시여. 어떻게 분별한다면 둘이 있다고 이름하고, 무엇을 분별한다면 무이라고 이름합니까?"

"선현이여. 여러 눈(眼)과 여러 모양(色)은 둘이 되고, 여러 귀(耳)와 여러 소리(聲)는 둘이 되며, 여러 코(鼻)와 여러 냄새(香)는 둘이 되고, 여러 혀(舌)와 여러 맛(味)은 둘이 되며, 여러 몸(身)과 여러 감촉(觸)은 둘이 되고, 여러 뜻과 여러 법은 둘이 되느니라.

유색(有色)과 무색(無色)은 둘이 되고, 유견(有見)과 무견(無見)은 둘이 되며, 유대(有對)와 무대(無對)는 둘이 되고, 유루(有漏)와 무루(無漏)는 둘이 되며, 유위(有爲)와 무위(無爲)는 둘이 되고, 세간(世間)과 출세간(出世間)은 둘이 되며, 생사(生死)와 열반(涅槃)은 둘이 되고, 이생(異生)과 법이생(法異生)은 둘이 되며, 예류법(預流法)과 예류(預流)는 둘이 되고, 일래법(一來法)과 일래는 둘이 되며, 불환법(不還法)과 불환은 둘이 되고, 아라한법(阿羅漢法)과 아라한은 둘이 되며, 독각(獨覺)의 보리(菩提)와 독각은 둘이 되고, 보살마하살(菩薩摩訶薩)의 행(行)과 보살마하살은 둘이 되고, 제불(諸佛)의 무상정등보리(無上正等菩提)와 제불은 둘이 되느니라. 이와 같이 일체의 희론이 있다면 모두 둘이 있다고 이름하느니라.

선현이여. 눈이 아니고 모양도 아니라면 무이(無二)가 되고, 귀가 아니고 소리도 아니라면 무이가 되며, 코가 아니고 냄새도 아니라면 무이가 되고, 혀가 아니고 맛도 아니라면 무이가 되며, 몸이 아니고 감촉도 아니라면 무이가 되고, 뜻이 아니고 법도 아니라면 무이가 되느니라.

유색이 아니고 무색도 아니라면 무이가 되고, 유견이 아니고 무견도 아니라면 무이가 되며, 유대가 아니고 무대도 아니라면 무이가 되고, 유루가 아니고 무루도 아니라면 무이가 되며, 유위가 아니고 무위도 아니라면 무이가 되고, 세간이 아니고 출세간도 아니라면 무이가 되며, 생사가 아니고 열반도 아니라면 무이가 되고, 이생이 아니고 법이생도 아니라면 무이가 되며, 예류법이 아니고 예류도 아니라면 무이가 되고, 일래법이 아니고 일래도 아니라면 무이가 되며, 불환법이 아니고 불환도 아니라면 무이가 되고, 아라한법이 아니고 아라한도 아니라면 무이가 되며, 독각의 보리가 아니고 독각도 아니라면 무이가 되고, 보살마하살의 행이 아니고 보살마하살도 아니라면 무이가 되고, 제불의 무상정등보리가 아니고 제불도 아니라면 무이가 되느니라. 이와 같이 일체의 희론을 벗어났다면 모두 무이라고 이름하느니라."

구수 선현이 다시 세존께 아뢰어 말하였다.
"세존이시여. 오히려 얻을 수 있는 것(有所得)을 까닭으로 얻을 수 없는 것(無所得)으로 삼습니까? 얻을 수 없는 것을 까닭으로 얻을 수 없는 것을 삼습니까?"

세존께서 말씀하셨다.
"선현이여. 얻을 수 있는 것을 까닭으로 얻을 수 없는 것을 삼는 것이 아니고, 얻을 수 없는 것을 까닭으로 얻을 수 없는 것을 삼는 것도 아니니라. 그렇지만 얻을 수 있는 것과 얻을 수 없는 것이 평등한 성품이라면, 이것을 얻을 수 없는 것이라고 이름하느니라. 이와 같이 선현이여. 보살마하살은 얻을 수 있는 것과 얻을 수 없는 것인 평등한 성품의 가운데에서 상응하여 정근하면서 수학해야 하느니라. 선현이여. 보살마하살이 이와 같이 수학하는 때에, 반야바라밀다의 얻을 수 없는 것의 의취(義趣)를 수학한다면 여러 과실을 벗어났다고 이름하느니라."

구수 선현이 다시 세존께 아뢰어 말하였다.
"세존이시여. 만약 보살마하살이 반야바라밀다를 행하는 때에, 얻을 수 있는 것에 집착하지 않고 얻을 수 없는 것에도 집착하지 않고서 이 보살마하살이 반야바라밀다를 수행한다면, 어찌 한 지위에서 한 지위에 이르면서 점차로 원만해진다고 말합니까? 만약 한 지위에서 한 지위에 이르면서 점차로 원만해지지 않았는데, 어찌하여 마땅히 구하였던 것인 무상정등보리를 증득합니까?"

세존께서 말씀하셨다.
"선현이여. 보살마하살이 반야바라밀다를 행하는 때에, 얻을 수 있는 것의 가운데에서 반야바라밀다를 수행하여 한 지위에서 한 지위에 이르면서 점차로 원만해져서 무상정등보리를 증득하는 것이 아니고, 역시 얻을 수 없는 것의 가운데에서 반야바라밀다를 수행하여 한 지위에서 한 지위에 이르면서 점차로 원만해져서 무상정등보리를 증득하는 것이 아니니라. 왜 그러한가? 선현이여. 반야바라밀다는 얻을 수 없는 까닭이고, 무상정등보리도 얻을 수 없는 까닭이며, 능히 반야바라밀다를 수행하는 자·수행하는 처소·수행하는 때도 얻을 수 없는 까닭이고, 이러한 얻을 수 없는 법도 역시 얻을 수 없는 까닭이니라. 선현이여. 보살마하살은 마땅히 이와 같이 반야바라밀다를 수행해야 하느니라."

구수 선현이 다시 세존께 아뢰어 말하였다.

"세존이시여. 만약 반야바라밀다는 얻을 수 없고, 무상정등보리도 얻을 수 없으며, 능히 반야바라밀다를 수행하는 자·수행하는 처소·수행하는 때도 얻을 수 없다면, 어떻게 보살마하살이 반야바라밀다를 수행하는 때에 일체법에서 항상 안락하게 결택(決擇)하겠습니까? 이를테면 이것은 색이고, 이것은 수·상·행·식이라고 결택하겠습니까? 이것은 안처이고, 이것은 이·비·설·신·의처라고 결택하겠습니까? 이것은 색처이고, 이것은 성·향·미·촉·법처라고 결택하겠습니까? 이것은 안계이고, 이것은 이·비·설·신·의계라고 결택하겠습니까?

이것은 색계이고, 이것은 성·향·미·촉·법계라고 결택하겠습니까? 이것은 안식계이고, 이것은 이·비·설·신·의식계라고 결택하겠습니까? 이것은 안촉이고, 이것은 이·비·설·신·의촉이라고 결택하겠습니까? 이것은 안촉을 인연으로 생겨난 여러 수이고, 이것은 이·비·설·신·의촉을 인연으로 생겨난 여러 수라고 결택하겠습니까? 이것은 지계이고, 이것은 수·화·풍·공·식계라고 결택하겠습니까? 이것은 무명이고, 이것은 행·식·명색·육처·촉·수·애·취·유·생·노사의 수탄고우뇌라고 결택하겠습니까?

이것은 보시바라밀다이고, 이것은 정계·안인·정진·정려·반야바라밀다라고 결택하겠습니까? 이것은 내공이고, 이것은 외공·내외공·공공·대공·승의공·유위공·무위공·필경공·무제공·산공·무변이공·본성공·자상공·공상공·일체법공·불가득공·무성공·자성공·무성자성공이라고 결택하겠습니까? 이것은 진여이고, 이것은 법계·법성·불허망성·불변이성·평등성·이생성·법정·법주·실제·허공계·부사의계라고 결택하겠습니까? 이것은 4념주이고, 이것은 4정단·4신족·5근·5력·7등각지·8성도지라고 결택하겠습니까?

　이것은 고성제이고, 이것은 집·멸·도성제라고 결택하겠습니까? 이것은 4정려이고, 이것은 4무량·4무색정이라고 결택하겠습니까? 이것은 공해탈문이고, 이것은 무상·무원해탈문이라고 결택하겠습니까? 이것은 8해탈이고, 이것은 8승처·9차제정·10변처라고 결택하겠습니까? 이것은 삼마지문이고, 이것은 다라니문이라고 결택하겠습니까? 이것은 5안이고, 이것은 6신통이라고 결택하겠습니까? 이것은 여래의 10력이고, 이것은 4무소외·4무애해·대자·대비·대희·대사·18불불공법이라고 결택하겠습니까?

　이것은 무망실법이고, 이것은 항주사성이라고 결택하겠습니까? 이것은 일체지이고, 이것은 도상지·일체상지라고 결택하겠습니까? 이것은 예류과이고, 이것은 일래·불환·아라한과라고 결택하겠습니까? 이것은 독각의 보리이고, 이것은 일체의 보살마하살의 행이며, 이것은 제불의 무상정등보리라고 결택하겠습니까?"

마하반야바라밀다경 제362권

61. 다문불이품(多問不二品)(12)

세존께서 말씀하셨다.

"선현이여. 보살마하살이 반야바라밀다를 수행하는 때에, 비록 제법에서 항상 안락하게 결택(決擇)하였더라도, 색을 얻을 수 없고 역시 수·상·행·식도 얻을 수 없으며, 안처는 얻을 수 없고 역시 이·비·설·신·의처도 얻을 수 없으며, 색처를 얻을 수 없고 역시 성·향·미·촉·법처도 얻을 수 없으며, 안계를 얻을 수 없고 역시 이·비·설·신·의계도 얻을 수 없으며, 색계를 얻을 수 없고 역시 성·향·미·촉·법계도 얻을 수 없으며, 안식계를 얻을 수 없고 역시 이·비·설·신·의시계도 얻을 수 없으며, 안촉을 얻을 수 없고 역시 이·비·설·신·의촉도 얻을 수 없으며,

안촉을 인연으로 생겨난 여러 수는 얻을 수 없고 역시 이·비·설·신·의촉을 인연으로 생겨난 여러 수도 얻을 수 없으며, 지계를 얻을 수 없고 수·화·풍·공·식계도 얻을 수 없으며, 무명을 얻을 수 없고 행·식·명색·육처·촉·수·애·취·유·생·노사의 수탄고우뇌도 얻을 수 없으며, 보시바라밀다를 얻을 수 없고 정계·안인·정진·정려·반야바라밀다도 얻을 수 없으며, 내공을 얻을 수 없고 외공·내외공·공공·대공·승의공·유위공·무위공·필경공·무제공·산공·무변이공·본성공·자상공·공상공·일체법공·불가득공·무성공·자성공·무성자성공도 얻을 수 없으며,

진여를 얻을 수 없고 법계·법성·불허망성·불변이성·평등성·이생성·법정·법주·실제·허공계·부사의계도 얻을 수 없으며, 4념주를 얻을 수

없고 4정단·4신족·5근·5력·7등각지·8성도지도 얻을 수 없으며, 고성제를 얻을 수 없고 집·멸·도성제도 얻을 수 없으며, 4정려를 얻을 수 없고 4무량·4무색정도 얻을 수 없으며, 공해탈문을 얻을 수 없고 무상·무원해탈문도 얻을 수 없으며, 8해탈을 얻을 수 없고 8승처·9차제정·10변처도 얻을 수 없으며, 삼마지문을 얻을 수 없고 다라니문을 얻을 수 없으며, 5안을 얻을 수 없고 6신통도 얻을 수 없으며,

여래의 10력을 얻을 수 없고 4무소외·4무애해·대자·대비·대희·대사·18불불공법도 얻을 수 없으며, 무망실법을 얻을 수 없고 항주사성을 얻을 수 없으며, 일체지를 얻을 수 없고 도상지·일체상지도 얻을 수 없으며, 예류과를 얻을 수 없고 일래·불환·아라한과도 얻을 수 없으며, 독각의 보리를 얻을 수 없고 일체의 보살마하살의 행도 얻을 수 없으며, 제불의 무상정등보리도 얻을 수 없느니라.”

구수 선현이 다시 세존께 아뢰어 말하였다.
“세존이시여. 보살마하살이 반야바라밀다를 수행하는 때에, 만약 색을 얻을 수 없고 역시 수·상·행·식도 얻을 수 없으며, 안처를 얻을 수 없고 역시 이·비·설·신·의처도 얻을 수 없으며, 색처를 얻을 수 없고 역시 성·향·미·촉·법처도 얻을 수 없으며, 안계를 얻을 수 없고 역시 이·비·설·신·의계도 얻을 수 없으며, 색계를 얻을 수 없고 역시 성·향·미·촉·법계도 얻을 수 없으며, 안식계를 얻을 수 없고 역시 이·비·설·신·의식계도 얻을 수 없으며, 안촉을 얻을 수 없고 역시 이·비·설·신·의촉도 얻을 수 없으며,

안촉을 인연으로 생겨난 여러 수는 얻을 수 없고 역시 이·비·설·신·의촉을 인연으로 생겨난 여러 수도 얻을 수 없으며, 지계를 얻을 수 없고 수·화·풍·공·식계도 얻을 수 없으며, 무명을 얻을 수 없고 행·식·명색·육처·촉·수·애·취·유·생·노사의 수탄고우뇌도 얻을 수 없으며, 보시바라밀다를 얻을 수 없고 정계·안인·정진·정려·반야바라밀다도 얻을 수 없으며, 내공을 얻을 수 없고 외공·내외공·공공·대공·승의공·유위공·무위공·필

경공·무제공·산공·무변이공·본성공·자상공·공상공·일체법공·불가득공·무성공·자성공·무성자성공도 얻을 수 없으며,

진여를 얻을 수 없고 법계·법성·불허망성·불변이성·평등성·이생성·법정·법주·실제·허공계·부사의계도 얻을 수 없으며, 4념주를 얻을 수 없고 4정단·4신족·5근·5력·7등각지·8성도지도 얻을 수 없으며, 고성제를 얻을 수 없고 집·멸·도성제도 얻을 수 없으며, 4정려를 얻을 수 없고 4무량·4무색정도 얻을 수 없으며, 공해탈문을 얻을 수 없고 무상·무원해탈문도 얻을 수 없으며, 8해탈을 얻을 수 없고 8승처·9차제정·10변처도 얻을 수 없으며, 삼마지문을 얻을 수 없고 다라니문도 얻을 수 없으며, 5안을 얻을 수 없고 6신통도 얻을 수 없으며,

여래의 10력을 얻을 수 없고 4무소외·4무애해·대자·대비·대희·대사·18불불공법도 얻을 수 없으며, 무망실법을 얻을 수 없고 항주사성을 얻을 수 없으며, 일체지를 얻을 수 없고 도상지·일체상지도 얻을 수 없으며, 예류과를 얻을 수 없고 일래·불환·아라한과도 얻을 수 없으며, 독각의 보리를 얻을 수 없고 일체의 보살마하살의 행도 얻을 수 없으며, 제불의 무상정등보리도 얻을 수 없다면, 어떻게 능히 보시·정계·안인·정진·정려·반야바라밀다를 원만하게 할 수 있겠습니까?

만약 보시·정계·안인·정진·정려·반야바라밀다를 원만하게 하지 못한다면, 어떻게 보살마하살의 정성이생(正性離生)의 지위에 능히 들어가겠습니까? 만약 보살마하살의 정성이생의 지위에 능히 들어가지 못한다면, 어떻게 불국토를 능히 청정하게 장엄하겠습니까? 만약 불국토를 청정하게 장엄하지 못한다면, 어떻게 유정들을 능히 성숙시키겠습니까? 만약 유정들을 성숙시키지 못한다면 어떻게 일체지지(一切智智)를 능히 얻겠습니까?

만약 일체지지를 얻지 못한다면 어떻게 정법륜을 굴리면서 능히 여러 불사(佛事)를 짓겠습니까? 만약 정법륜을 굴리면서 능히 여러 불사를 짓지 못한다면, 어떻게 무량한 백천 구지(俱胝)·나유다(那庾多)의 제유정의 부류들을 생사의 많은 고통에서 해탈시키고 항상 즐거운 열반을 증득하

게 하겠습니까?"

세존께서 말씀하셨다.

"선현이여. 보살마하살은 색을 위한 까닭으로 반야바라밀다를 수행하지 않고, 수·상·행·식을 위한 까닭으로 반야바라밀다를 수행하지 않느니라. 선현이여. 보살마하살은 안처를 위한 까닭으로 반야바라밀다를 수행하지 않고, 이·비·설·신·의처를 위한 까닭으로 반야바라밀다를 수행하지 않느니라. 선현이여. 보살마하살은 색처를 위한 까닭으로 반야바라밀다를 수행하지 않고, 성·향·미·촉·법처를 위한 까닭으로 반야바라밀다를 수행하지 않느니라.

선현이여. 보살마하살은 안계를 위한 까닭으로 반야바라밀다를 수행하지 않고, 이·비·설·신·의계를 위한 까닭으로 반야바라밀다를 수행하지 않느니라. 선현이여. 보살마하살은 색계를 위한 까닭으로 반야바라밀다를 수행하지 않고, 성·향·미·촉·법계를 위한 까닭으로 반야바라밀다를 수행하지 않느니라. 선현이여. 보살마하살은 안식계를 위한 까닭으로 반야바라밀다를 수행하지 않고, 이·비·설·신·의식계를 위한 까닭으로 반야바라밀다를 수행하지 않느니라.

선현이여. 보살마하살은 안촉을 위한 까닭으로 반야바라밀다를 수행하지 않고, 이·비·설·신·의촉을 위한 까닭으로 반야바라밀다를 수행하지 않느니라. 선현이여. 보살마하살은 안촉을 인연으로 생겨난 여러 수를 위한 까닭으로 반야바라밀다를 수행하지 않고, 이·비·설·신·의촉을 인연으로 생겨난 여러 수를 위한 까닭으로 반야바라밀다를 수행하지 않느니라.

선현이여. 보살마하살은 지계를 위한 까닭으로 반야바라밀다를 수행하지 않고, 수·화·풍·공·식계를 위한 까닭으로 반야바라밀다를 수행하지 않느니라. 선현이여. 보살마하살은 무명을 위한 까닭으로 반야바라밀다를 수행하지 않고, 행·식·명색·육처·촉·수·애·취·유·생·노사의 수탄고우뇌를 위한 까닭으로 반야바라밀다를 수행하지 않느니라. 선현이여. 보살마하살은 보시바라밀다를 위한 까닭으로 반야바라밀다를 수행하지 않고, 정계·안인·정진·정려·반야바라밀다를 위한 까닭으로 반야바라밀다를 수행하지 않느니라.

선현이여. 보살마하살은 내공을 위한 까닭으로 반야바라밀다를 수행하지 않고, 외공·내외공·공공·대공·승의공·유위공·무위공·필경공·무제공·산공·무변이공·본성공·자상공·공상공·일체법공·불가득공·무성공·자성공·무성자성공을 위한 까닭으로 반야바라밀다를 수행하지 않느니라. 선현이여. 보살마하살은 진여를 위한 까닭으로 반야바라밀다를 수행하지 않고, 법계·법성·불허망성·불변이성·평등성·이생성·법정·법주·실제·허공계·부사의계를 위한 까닭으로 반야바라밀다를 수행하지 않느니라.

선현이여. 보살마하살은 4념주를 위한 까닭으로 반야바라밀다를 수행하지 않고, 4정단·4신족·5근·5력·7등각지·8성도지를 위한 까닭으로 반야바라밀다를 수행하지 않느니라. 선현이여. 보살마하살은 고성제를 위한 까닭으로 반야바라밀다를 수행하지 않고, 집·멸·도성제를 위한 까닭으로 반야바라밀다를 수행하지 않느니라. 선현이여. 보살마하살은 4정려를 위한 까닭으로 반야바라밀다를 수행하지 않고, 4무량·4무색정을 위한 까닭으로 반야바라밀다를 수행하지 않느니라.

선현이여. 보살마하살은 공해탈문을 위한 까닭으로 반야바라밀다를 수행하지 않고, 무상·무원해탈문을 위한 까닭으로 반야바라밀다를 수행하지 않느니라. 선현이여. 보살마하살은 8해탈을 위한 까닭으로 반야바라밀다를 수행하지 않고, 8승처·9차제정·10변처를 위한 까닭으로 반야바라밀다를 수행하지 않느니라. 선현이여. 보살마하살은 삼마지문을 위한 까닭으로 반야바라밀다를 수행하지 않고, 다라니문을 위한 까닭으로 반야바라밀다를 수행하지 않느니라.

선현이여. 보살마하살은 5안을 위한 까닭으로 반야바라밀다를 수행하지 않고, 6신통을 위한 까닭으로 반야바라밀다를 수행하지 않느니라. 선현이여. 보살마하살은 여래의 10력을 위한 까닭으로 반야바라밀다를 수행하지 않고, 4무소외·4무애해·대자·대비·대희·대사·18불불공법을 위한 까닭으로 반야바라밀다를 수행하지 않느니라. 선현이여. 보살마하살은 무망실법을 위한 까닭으로 반야바라밀다를 수행하지 않고, 항주사성을 위한 까닭으로 반야바라밀다를 수행하지 않느니라.

선현이여. 보살마하살은 일체지를 위한 까닭으로 반야바라밀다를 수행하지 않고, 도상지·일체상지를 위한 까닭으로 반야바라밀다를 수행하지 않느니라. 선현이여. 보살마하살은 예류과를 위한 까닭으로 반야바라밀다를 수행하지 않고, 일래·불환·아라한과를 위한 까닭으로 반야바라밀다를 수행하지 않느니라. 선현이여. 보살마하살은 독각의 보리를 위한 까닭으로 반야바라밀다를 수행하지 않느니라.

선현이여. 보살마하살은 일체의 보살마하살의 행을 위한 까닭으로 반야바라밀다를 수행하지 않느니라. 선현이여. 보살마하살은 제불의 무상정등보리를 위한 까닭으로 반야바라밀다를 수행하지 않느니라."

구수 선현이 다시 세존께 아뢰어 말하였다.

"세존이시여. 보살마하살은 무슨 일을 위한 까닭으로 반야바라밀다를 수행합니까?"

세존께서 말씀하셨다.

"선현이여. 보살마하살은 위하는 것이 없는 까닭으로 반야바라밀다를 수행하느니라. 왜 그러한가? 선현이여. 일체법은 위하는 것이 없고(無所爲) 짓는 것도 없으며(無所作), 반야바라밀다도 위하는 것이 없고 짓는 것도 없으며, 무상정등보리도 위하는 것이 없고 짓는 것도 없으며, 보살마하살도 위하는 것이 없고 짓는 것도 없느니라. 이와 같이 선현이여. 보살마하살은 위하는 것이 없고 짓는 것도 없는 것으로써 방편으로 삼아서 반야바라밀다를 수행하느니라."

구수 선현이 다시 세존께 아뢰어 말하였다.

"세존이시여. 만약 일체법이 모두 위하는 것이 없고 짓는 것도 없다면 상응하여 3승의 차별을 안립(安立)시키지 못하는데 이를테면, 성문승이거나, 만약 독각승이거나 만약 무상승(無上乘)입니다."

세존께서 말씀하셨다.

"선현이여. 위하는 것이 없고 짓는 것이 없는 법으로 안립시켜서 얻는 것이 아니고, 반드시 위하는 것이 있고 짓는 것이 있는 법으로 안립시켜서 얻는 것도 아니니라. 왜 그러한가? 선현이여. 제유정들이 어리석어서 들은 것이 없는 이생(異生)이라면, 색에 집착하고 역시 수·상·행·식에도 집착하며, 안처에 집착하고 역시 이·비·설·신·의처에 집착하며, 색처에 집착하고 역시 성·향·미·촉·법처에도 집착하며, 안계에 집착하고 역시 이·비·설·신·의계에도 집착하며, 색계에 집착하고 역시 성·향·미·촉·법계에도 집착하느니라.

안식계에 집착하고 역시 이·비·설·신·의식계에도 집착하며, 안촉에 집착하고 역시 이·비·설·신·의촉에도 집착하며, 안촉을 인연으로 생겨난 여러 수에 집착하고 역시 이·비·설·신·의촉을 인연으로 생겨난 여러 수에도 집착하며, 지계에 집착하고 역시 수·화·풍·공·식계에도 집착하며, 무명에 집착하고 역시 행·식·명색·육처·촉·수·애·취·유·생·노사의 수탄고우뇌에도 집착하며, 보시바라밀다에 집착하고 역시 정계·안인·정진·정려·반야바라밀다에도 집착하느니라.

내공에 집착하고 역시 외공·내외공·공공·대공·승의공·유위공·무위공·필경공·무제공·산공·무변이공·본성공·자상공·공상공·일체법공·불가득공·무성공·자성공·무성자성공에도 집착하며, 진여에 집착하고 역시 법계·법성·불허망성·불변이성·평등성·이생성·법정·법주·실제·허공계·부사의계에도 집착하며, 4념주에 집착하고 역시 4정단·4신족·5근·5력·7등각지·8성도지에도 집착하며, 고성제에 집착하고 역시 집·멸·도성제에도 집착하며, 4정려에 집착하고 역시 4무량·4무색정에도 집착하느니라.

공해탈문에 집착하고 역시 무상·무원해탈문에도 집착하며, 8해탈에 집착하고 역시 8승처·9차제정·10변처에도 집착하며, 삼마지문에 집착하고 역시 다라니문에도 집착하며, 5안에 집착하고 역시 6신통에도 집착하며, 여래의 10력에 집착하고 역시 4무소외·4무애해·대자·대비·대희·대사·18불불공법에도 집착하며, 무망실법에 집착하고 역시 항주사성에도 집착하며, 일체지에 집착하고 역시 도상지·일체상지에도 집착하며, 예류과에 집착하고 역시 일래·불환·아라한과에도 집착하며, 독각의 보리에 집착하고, 일체의 보살마하살의 행에 집착하며, 제불무상정등보리에 집착하느니라.

선현이여. 이러한 여러 어리석은 범부(愚夫)들이 들은 것이 없는 이생(異生)이라면 오히려 집착하는 까닭으로, 색을 생각하여 색을 얻고 수·상·행·식을 생각하여 수·상·행·식을 얻으며, 안처를 생각하여 안처를 얻고 이·비·설·신·의처를 생각하여 이·비·설·신·의처를 얻으며, 색처를 생각하여 색처를 얻고 성·향·미·촉·법처를 생각하여 성·향·미·촉·법처를 얻으며, 안계를 생각하여 안계를 얻고 이·비·설·신·의계를 생각하여 이·비·설·신·의계를 얻으며, 색계를 생각하여 색계를 얻고 성·향·미·촉·법계를 생각하여 성·향·미·촉·법계를 얻으며,

안식계를 생각하여 안식계를 얻고 이·비·설·신·의식계를 생각하여 이·비·설·신·의식계를 얻으며, 안촉을 생각하여 안촉을 얻고 이·비·설·신·의촉을 생각하여 이·비·설·신·의촉을 얻으며, 안촉을 인연으로 생겨난 여러 수를 생각하여 안촉을 인연으로 생겨난 여러 수를 얻고 이·비·설·신·의촉을 인연으로 생겨난 여러 수를 생각하여 이·비·설·신·의촉을 인연으로 생겨난 여러 수를 얻으며,

지계를 생각하여 지계를 얻고 수·화·풍·공·식계를 생각하여 수·화·풍·공·식계를 얻으며, 무명을 생각하여 무명을 얻고 행·식·명색·육처·촉·수·애·취·유·생·노사의 수탄고우뇌를 생각하여 행, 나아가 노사의 수탄고우뇌를 얻으며, 보시바라밀다를 생각하여 보시바라밀다를 얻고 정계·안인·정진·정려·반야바라밀다를 생각하여 정계, 나아가 반야바라밀다를 얻으며,

내공을 생각하여 내공을 얻고 외공·내외공·공공·대공·승의공·유위공·무위공·필경공·무제공·산공·무변이공·본성공·자상공·공상공·일체법공·불가득공·무성공·자성공·무성자성공을 생각하여 외공, 나아가 무

성자성공을 얻으며, 진여를 생각하여 진여를 얻고 법계·법성·불허망성·불변이성·평등성·이생성·법정·법주·실제·허공계·부사의계를 생각하여 법계, 나아가 부사의계를 얻으며, 고성제를 생각하여 고성제를 얻고 집·멸·도성제를 생각하여 집·멸·도성제를 얻으며,

4념주를 생각하여 4념주를 얻고 4정단·4신족·5근·5력·7등각지·8성도지를 생각하여 4정단, 나아가 8성도지를 얻으며, 8해탈을 생각하여 8해탈을 얻고 8승처·9차제정·10변처를 생각하여 8승처·9차제정·10변처를 얻으며, 일체의 삼마지문을 생각하여 일체의 삼마지문을 얻고 일체의 다라니문을 생각하여 일체의 다라니문을 얻으며, 공해탈문을 생각하여 공해탈문을 얻고 무상·무원해탈문을 생각하여 무상·무원해탈문을 얻으며, 5안을 생각하여 5안을 얻고 6신통을 생각하여 6신통을 얻으며,

여래의 10력을 생각하여 여래의 10력을 얻고 4무소외·4무애해·대자·대비·대희·대사·18불불공법을 생각하여 4무소외, 나아가 18불불공법을 얻으며, 무망실법을 생각하여 무망실법을 얻고 항주사성을 생각하여 항주사성을 얻으며, 일체지를 생각하여 일체지를 얻고 도상지·일체상지를 생각하여 도상지·일체상지를 얻으며, 예류과를 생각하여 예류과를 얻고 일래·불환·아라한과를 생각하여 일래·불환·아라한과를 얻으며,

독각의 보리를 생각하여 독각의 보리를 얻고, 일체의 보살마하살의 행을 생각하여 일체의 보살마하살의 행을 얻으며, 제불의 무상정등보리를 생각하여 제불의 무상정등보리를 얻느니라.

선현이여. 이러한 여러 어리석은 범부들이 들은 것이 없는 이생이라면, '색은 진실로 얻을 수 있고 수·상·행·식도 역시 진실로 얻을 수 있으므로, 나는 마땅히 결정적으로 무상정등보리를 증득하고서 여러 유정들의 생사(生死)의 여러 고통에서 해탈시켜서 구경에 항상 즐거운 열반을 얻게 하겠다. 안처는 진실로 얻을 수 있고 이·비·설·신·의처도 역시 진실로 얻을 수 있으므로, 나는 마땅히 결정적으로 무상정등보리를 증득하고서 여러 유정들의 생사의 여러 고통에서 해탈시켜서 구경에 항상 즐거운

열반을 얻게 하겠다.
 색처는 진실로 얻을 수 있고 성·향·미·촉·법처도 역시 진실로 얻을 수 있으므로, 나는 마땅히 결정적으로 무상정등보리를 증득하고서 여러 유정들의 생사의 여러 고통에서 해탈시켜서 구경에 항상 즐거운 열반을 얻게 하겠다. 안계는 진실로 얻을 수 있고 이·비·설·신·의계도 역시 진실로 얻을 수 있으므로, 나는 마땅히 결정적으로 무상정등보리를 증득하고서 여러 유정들의 생사의 여러 고통에서 해탈시켜서 구경에 항상 즐거운 열반을 얻게 하겠다.
 색계는 진실로 얻을 수 있고 성·향·미·촉·법계도 역시 진실로 얻을 수 있으므로, 나는 마땅히 결정적으로 무상정등보리를 증득하고서 여러 유정들의 생사의 여러 고통에서 해탈시켜서 구경에 항상 즐거운 열반을 얻게 하겠다. 안식계는 진실로 얻을 수 있고 이·비·설·신·의식계도 역시 진실로 얻을 수 있으므로, 나는 마땅히 결정적으로 무상정등보리를 증득하고서 여러 유정들의 생사의 여러 고통에서 해탈시켜서 구경에 항상 즐거운 열반을 얻게 하겠다.
 안촉은 진실로 얻을 수 있고 이·비·설·신·의촉도 역시 진실로 얻을 수 있으므로, 나는 마땅히 결정적으로 무상정등보리를 증득하고서 여러 유정들의 생사의 여러 고통에서 해탈시켜서 구경에 항상 즐거운 열반을 얻게 하겠다. 안촉을 인연으로 생겨난 여러 수는 진실로 얻을 수 있고 이·비·설·신·의촉을 인연으로 생겨난 여러 수도 역시 진실로 얻을 수 있으므로, 나는 마땅히 결정적으로 무상정등보리를 증득하고서 여러 유정들의 생사의 여러 고통에서 해탈시켜서 구경에 항상 즐거운 열반을 얻게 하겠다.
 지계는 진실로 얻을 수 있고 수·화·풍·공·식계도 역시 진실로 얻을 수 있으므로, 나는 마땅히 결정적으로 무상정등보리를 증득하고서 여러 유정들의 생사의 여러 고통에서 해탈시켜서 구경에 항상 즐거운 열반을 얻게 하겠다. 무명은 진실로 얻을 수 있고 행·식·명색·육처·촉·수·애·취·유·생·노사의 수탄고우뇌도 역시 진실로 얻을 수 있으므로, 나는 마땅히 결정적으로 무상정등보리를 증득하고서 여러 유정들의 생사의 여러 고통에서 해탈시켜서 구경에 항상 즐거운 열반을 얻게 하겠다.
 보시바라밀다는 진실로 얻을 수 있고 정계·안인·정진·정려·반야바라밀다도 역시 진실로 얻을 수 있으므로, 나는 마땅히 결정적으로 무상정등보리를 증득하고서 여러 유정들의 생사의 여러 고통에서 해탈시켜서 구경에 항상 즐거운 열반을 얻게 하겠다. 내공은 진실로 얻을 수 있고 외공·내외공·공공·대공·승의공·유위공·무위공·필경공·무제공·산공·무변이공·본성공·자상공·공상공·일체법공·불가득공·무성공·자성공·무성자성공도 역시 진실로 얻을 수 있으므로, 나는 마땅히 결정적으로 무상정등보리를 증득하고서 여러 유정들의 생사의 여러 고통에서 해탈시켜서 구경에 항상 즐거운 열반을 얻게 하겠다.
 진여는 진실로 얻을 수 있고 법계·법성·불허망성·불변이성·평등성·이생성·법정·법주·실제·허공계·부사의계도 역시 진실로 얻을 수 있으므로, 나는 마땅히 결정적으로 무상정등보리를 증득하고서 여러 유정들의 생사의 여러 고통에서 해탈시켜서 구경에 항상 즐거운 열반을 얻게 하겠다. 고성제는 진실로 얻을 수 있고 집·멸·도성제도 역시 진실로 얻을 수 있으므로, 나는 마땅히 결정적으로 무상정등보리를 증득하고서 여러 유정들의 생사의 여러 고통에서 해탈시켜서 구경에 항상 즐거운 열반을 얻게 하겠다.
 4념주는 진실로 얻을 수 있고 4정단·4신족·5근·5력·7등각지·8성도지도 역시 진실로 얻을 수 있으므로, 나는 마땅히 결정적으로 무상정등보리를 증득하고서 여러 유정들의 생사의 여러 고통에서 해탈시켜서 구경에 항상 즐거운 열반을 얻게 하겠다. 4정려는 진실로 얻을 수 있고 4무량·4무색정도 역시 진실로 얻을 수 있으므로, 나는 마땅히 결정적으로 무상정등보리를 증득하고서 여러 유정들의 생사의 여러 고통에서 해탈시켜서 구경에 항상 즐거운 열반을 얻게 하겠다.
 8해탈은 진실로 얻을 수 있고 8승처·9차제정·10변처도 역시 진실로 얻을 수 있으므로, 나는 마땅히 결정적으로 무상정등보리를 증득하고서 여러 유정들의 생사의 여러 고통에서 해탈시켜서 구경에 항상 즐거운 열반을 얻게 하겠다. 일체의 삼마지문은 진실로 얻을 수 있고 일체의 다라니문도 역시 진실로 얻을 수 있으므로, 나는 마땅히 결정적으로 무상정등보리를 증득하고서 여러 유정들의 생사의 여러 고통에서 해탈시켜서 구경에 항상 즐거운 열반을 얻게 하겠다.

공해탈문은 진실로 얻을 수 있고 무상·무원해탈문도 역시 진실로 얻을 수 있으므로, 나는 마땅히 결정적으로 무상정등보리를 증득하고서 여러 유정들의 생사의 여러 고통에서 해탈시켜서 구경에 항상 즐거운 열반을 얻게 하겠다. 5안은 진실로 얻을 수 있고 6신통도 역시 진실로 얻을 수 있으므로, 나는 마땅히 결정적으로 무상정등보리를 증득하고서 여러 유정들의 생사의 여러 고통에서 해탈시켜서 구경에 항상 즐거운 열반을 얻게 하겠다.

여래의 10력은 진실로 얻을 수 있고 4무소외·4무애해·대자·대비·대희·대사·18불불공법도 역시 진실로 얻을 수 있으므로, 나는 마땅히 결정적으로 무상정등보리를 증득하고서 여러 유정들의 생사의 여러 고통에서 해탈시켜서 구경에 항상 즐거운 열반을 얻게 하겠다. 무망실법은 진실로 얻을 수 있고 항주사성도 역시 진실로 얻을 수 있으므로, 나는 마땅히 결정적으로 무상정등보리를 증득하고서 여러 유정들의 생사의 여러 고통에서 해탈시켜서 구경에 항상 즐거운 열반을 얻게 하겠다.

일체지는 진실로 얻을 수 있고 도상지·일체상지도 역시 진실로 얻을 수 있으므로, 나는 마땅히 결정적으로 무상정등보리를 증득하고서 여러 유정들의 생사의 여러 고통에서 해탈시켜서 구경에 항상 즐거운 열반을 얻게 하겠다. 예류과는 진실로 얻을 수 있고 일래·불환·아라한과도 역시 진실로 얻을 수 있으므로, 나는 마땅히 결정적으로 무상정등보리를 증득하고서 여러 유정들의 생사의 여러 고통에서 해탈시켜서 구경에 항상 즐거운 열반을 얻게 하겠다.

독각의 보리는 진실로 얻을 수 있으므로, 나는 마땅히 결정적으로 무상정등보리를 증득하고서 여러 유정들의 생사의 여러 고통에서 해탈시켜서 구경에 항상 즐거운 열반을 얻게 하겠다. 일체의 보살마하살의 행은 진실로 얻을 수 있으므로, 나는 마땅히 결정적으로 무상정등보리를 증득하고서 여러 유정들의 생사의 여러 고통에서 해탈시켜서 구경에 항상 즐거운 열반을 얻게 하겠다. 제불의 무상정등보리는 진실로 얻을 수 있으므로, 나는 마땅히 결정적으로 무상정등보리를 증득하고서 여러 유정들의 생사의 여러 고통에서 해탈시켜서 구경에 항상 즐거운 열반을 얻게 하겠다.'라고 이렇게 생각을 짓느니라.

선현이여. 이 여러 어리석은 범부들이 들은 것이 없는 이생이라면 전도(顚倒)된 인연으로 이와 같은 생각을 짓고, 나아가서 곧 여래를 비방하게 되느니라. 왜 그러한가? 선현이여. 여래가 5안으로써 색을 구하더라도 오히려 얻을 수 없고 수·상·행·식을 구하더라도 역시 오히려 얻을 수 없는데, 만약 결정적으로 마땅히 무상정등보리를 증득하고서 더불어 유정들을 생사의 여러 고통에서 해탈시켜서 구경에 항상 즐거운 열반을 획득(獲得)시키는 것이 있었더라도, 이러한 처소는 없느니라.

선현이여. 여래가 5안으로써 안처를 구하더라도 오히려 얻을 수 없고 이·비·설·신·의처를 구하더라도 역시 오히려 얻을 수 없는데, 만약 결정적으로 마땅히 무상정등보리를 증득하고서 더불어 유정들을 생사의 여러 고통에서 해탈시켜서 구경에 항상 즐거운 열반을 획득시키는 것이 있었더라도, 이러한 처소는 없느니라.

선현이여. 여래가 5안으로써 색처를 구하더라도 오히려 얻을 수 없고 성·향·미·촉·법처를 구하더라도 역시 오히려 얻을 수 없는데, 만약 결정적으로 마땅히 무상정등보리를 증득하고서 더불어 유정들을 생사의 여러 고통에서 해탈시켜서 구경에 항상 즐거운 열반을 획득시키는 것이 있었더라도, 이러한 처소는 없느니라.

선현이여. 여래가 5안으로써 안계를 구하더라도 오히려 얻을 수 없고 이·비·설·신·의계를 구하더라도 역시 오히려 얻을 수 없는데, 만약 결정적으로 마땅히 무상정등보리를 증득하고서 더불어 유정들을 생사의 여러 고통에서 해탈시켜서 구경에 항상 즐거운 열반을 획득시키는 것이 있었더라도, 이러한 처소는 없느니라.

　선현이여. 여래가 5안으로써 색계를 구하더라도 오히려 얻을 수 없고 성·향·미·촉·법계를 구하더라도 역시 오히려 얻을 수 없는데, 만약 결정적으로 마땅히 무상정등보리를 증득하고서 더불어 유정들을 생사의 여러 고통에서 해탈시켜서 구경에 항상 즐거운 열반을 획득시키는 것이 있었더라도, 이러한 처소는 없느니라.

　선현이여. 여래가 5안으로써 안식계를 구하더라도 오히려 얻을 수 없고 이·비·설·신·의식계를 구하더라도 역시 오히려 얻을 수 없는데, 만약 결정적으로 마땅히 무상정등보리를 증득하고서 더불어 유정들을 생사의 여러 고통에서 해탈시켜서 구경에 항상 즐거운 열반을 획득시키는 것이 있었더라도, 이러한 처소는 없느니라.

　선현이여. 여래가 5안으로써 안촉을 구하더라도 오히려 얻을 수 없고 이·비·설·신·의촉을 구하더라도 역시 오히려 얻을 수 없는데, 만약 결정적으로 마땅히 무상정등보리를 증득하고서 더불어 유정들을 생사의 여러 고통에서 해탈시켜서 구경에 항상 즐거운 열반을 획득시키는 것이 있었더라도, 이러한 처소는 없느니라.

　여래가 5안으로써 안촉을 인연으로 생겨난 여러 수를 구하더라도 오히려 얻을 수 없고 이·비·설·신·의촉을 인연으로 생겨난 여러 수를 구하더라도 역시 오히려 얻을 수 없는데, 만약 결정적으로 마땅히 무상정등보리를 증득하고서 더불어 유정들을 생사의 여러 고통에서 해탈시켜서 구경에 항상 즐거운 열반을 획득시키는 것이 있었더라도, 이러한 처소는 없느니라.

　여래가 5안으로써 지계를 구하더라도 오히려 얻을 수 없고 수·화·풍·공·식계를 구하더라도 역시 오히려 얻을 수 없는데, 만약 결정적으로 마땅히 무상정등보리를 증득하고서 더불어 유정들을 생사의 여러 고통에서 해탈시켜서 구경에 항상 즐거운 열반을 획득시키는 것이 있었더라도, 이러한 처소는 없느니라.

여래가 5안으로써 무명을 인연으로 생겨난 여러 수를 구하더라도 오히려 얻을 수 없고 행·식·명색·육처·촉·수·애·취·유·생·노사의 수탄고우뇌를 구하더라도 역시 오히려 얻을 수 없는데, 만약 결정적으로 마땅히 무상정등보리를 증득하고서 더불어 유정들을 생사의 여러 고통에서 해탈시켜서 구경에 항상 즐거운 열반을 획득시키는 것이 있었더라도, 이러한 처소는 없느니라.

여래가 5안으로써 보시바라밀다를 구하더라도 오히려 얻을 수 없고 정계·안인·정진·정려·반야바라밀다를 구하더라도 역시 오히려 얻을 수 없는데, 만약 결정적으로 마땅히 무상정등보리를 증득하고서 더불어 유정들을 생사의 여러 고통에서 해탈시켜서 구경에 항상 즐거운 열반을 획득시키는 것이 있었더라도, 이러한 처소는 없느니라.

여래가 5안으로써 내공을 구하더라도 오히려 얻을 수 없고 외공·내외공·공공·대공·승의공·유위공·무위공·필경공·무제공·산공·무변이공·본성공·자상공·공상공·일체법공·불가득공·무성공·자성공·무성자성공을 구하더라도 역시 오히려 얻을 수 없는데, 만약 결정적으로 마땅히 무상정등보리를 증득하고서 더불어 유정들을 생사의 여러 고통에서 해탈시켜서 구경에 항상 즐거운 열반을 획득시키는 것이 있었더라도, 이러한 처소는 없느니라.

여래가 5안으로써 진여를 구하더라도 오히려 얻을 수 없고 법계·법성·불허망성·불변이성·평등성·이생성·법정·법주·실제·허공계·부사의계를 구하더라도 역시 오히려 얻을 수 없는데, 만약 결정적으로 마땅히 무상정등보리를 증득하고서 더불어 유정들을 생사의 여러 고통에서 해탈시켜서 구경에 항상 즐거운 열반을 획득시키는 것이 있었더라도, 이러한 처소는 없느니라.

여래가 5안으로써 고성제를 구하더라도 오히려 얻을 수 없고 집·멸·도성제를 구하더라도 역시 오히려 얻을 수 없는데, 만약 결정적으로 마땅히 무상정등보리를 증득하고서 더불어 유정들을 생사의 여러 고통에서 해탈시켜서 구경에 항상 즐거운 열반을 획득시키는 것이 있었더라도, 이러한 처소는 없느니라.

여래가 5안으로써 4념주를 구하더라도 오히려 얻을 수 없고 4정단·4신족·5근·5력·7등각지·8성도지를 구하더라도 역시 오히려 얻을 수 없는데, 만약 결정적으로 마땅히 무상정등보리를 증득하고서 더불어 유정들을 생사의 여러 고통에서 해탈시켜서 구경에 항상 즐거운 열반을 획득시키는 것이 있었더라도, 이러한 처소는 없느니라.

여래가 5안으로써 4정려를 구하더라도 오히려 얻을 수 없고 4무량·4무색정을 구하더라도 역시 오히려 얻을 수 없는데, 만약 결정적으로 마땅히 무상정등보리를 증득하고서 더불어 유정들을 생사의 여러 고통에서 해탈시켜서 구경에 항상 즐거운 열반을 획득시키는 것이 있었더라도, 이러한 처소는 없느니라.

여래가 5안으로써 8해탈을 구하더라도 오히려 얻을 수 없고 8승처·9차제정·10변처를 구하더라도 역시 오히려 얻을 수 없는데, 만약 결정적으로 마땅히 무상정등보리를 증득하고서 더불어 유정들을 생사의 여러 고통에서 해탈시켜서 구경에 항상 즐거운 열반을 획득시키는 것이 있었더라도, 이러한 처소는 없느니라.

여래가 5안으로써 일체의 삼마지문을 구하더라도 오히려 얻을 수 없고 일체의 다라니문을 구하더라도 역시 오히려 얻을 수 없는데, 만약 결정적으로 마땅히 무상정등보리를 증득하고서 더불어 유정들을 생사의 여러 고통에서 해탈시켜서 구경에 항상 즐거운 열반을 획득시키는 것이 있었더라도, 이러한 처소는 없느니라.

여래가 5안으로써 공해탈문을 구하더라도 오히려 얻을 수 없고 무상·무원해탈문을 구하더라도 역시 오히려 얻을 수 없는데, 만약 결정적으로 마땅히 무상정등보리를 증득하고서 더불어 유정들을 생사의 여러 고통에서 해탈시켜서 구경에 항상 즐거운 열반을 획득시키는 것이 있었더라도, 이러한 처소는 없느니라.

여래가 5안으로써 5안을 구하더라도 오히려 얻을 수 없고 6신통을 구하더라도 역시 오히려 얻을 수 없는데, 만약 결정적으로 마땅히 무상정등보리를 증득하고서 더불어 유정들을 생사의 여러 고통에서 해탈시켜서 구경에 항상 즐거운 열반을 획득시키는 것이 있었더라도, 이러한 처소는 없느니라.

여래가 5안으로써 여래의 10력을 구하더라도 오히려 얻을 수 없고 4무소외·4무애해·대자·대비·대희·대사·18불불공법을 구하더라도 역시 오히려 얻을 수 없는데, 만약 결정적으로 마땅히 무상정등보리를 증득하고서 더불어 유정들을 생사의 여러 고통에서 해탈시켜서 구경에 항상 즐거운 열반을 획득시키는 것이 있었더라도, 이러한 처소는 없느니라.

여래가 5안으로써 무망실법을 구하더라도 오히려 얻을 수 없고 항주사성을 구하더라도 역시 오히려 얻을 수 없는데, 만약 결정적으로 마땅히 무상정등보리를 증득하고서 더불어 유정들을 생사의 여러 고통에서 해탈시켜서 구경에 항상 즐거운 열반을 획득시키는 것이 있었더라도, 이러한 처소는 없느니라.

여래가 5안으로써 일체지를 구하더라도 오히려 얻을 수 없고 도상지·일체지를 구하더라도 역시 오히려 얻을 수 없는데, 만약 결정적으로 마땅히 무상정등보리를 증득하고서 더불어 유정들을 생사의 여러 고통에서 해탈시켜서 구경에 항상 즐거운 열반을 획득시키는 것이 있었더라도, 이러한 처소는 없느니라.

여래가 5안으로써 예류과를 구하더라도 오히려 얻을 수 없고 일래·불환·아라한과를 구하더라도 역시 오히려 얻을 수 없는데, 만약 결정적으로 마땅히 무상정등보리를 증득하고서 더불어 유정들을 생사의 여러 고통에서 해탈시켜서 구경에 항상 즐거운 열반을 획득시키는 것이 있었더라도, 이러한 처소는 없느니라.

여래가 5안으로써 독각의 보리를 구하더라도 오히려 얻을 수 없는데, 만약 결정적으로 마땅히 무상정등보리를 증득하고서 더불어 유정들을 생사의 여러 고통에서 해탈시켜서 구경에 항상 즐거운 열반을 획득시키는 것이 있었더라도, 이러한 처소는 없느니라. 여래가 5안으로써 일체의 보살마하살의 행을 구하더라도 오히려 얻을 수 없는데, 만약 결정적으로 마땅히 무상정등보리를 증득하고서 더불어 유정들을 생사의 여러 고통에서 해탈시켜서 구경에 항상 즐거운 열반을 획득시키는 것이 있었더라도, 이러한 처소는 없느니라.

　여래가 5안으로써 제불의 무상정등보리를 구하더라도 오히려 얻을 수 없는데, 만약 결정적으로 마땅히 무상정등보리를 증득하고서 더불어 유정들을 생사의 여러 고통에서 해탈시켜서 구경에 항상 즐거운 열반을 획득시키는 것이 있었더라도, 이러한 처소는 없느니라.”

　구수 선현이 다시 세존께 아뢰어 말하였다.
　"세존이시여. 만약 제여래·응공·정등각께서 모두 5안으로써 색을 구하더라도 얻을 수 없고 수·상·행·식을 구하더라도 역시 얻을 수 없으며, 안처를 구하더라도 얻을 수 없고 이·비·설·신·의처를 구하더라도 역시 얻을 수 없으며, 색처를 구하더라도 얻을 수 없고 성·향·미·촉·법처를 구하더라도 역시 얻을 수 없으며, 안계를 구하더라도 얻을 수 없고 이·비·설·신·의계를 구하더라도 역시 얻을 수 없으며, 색계를 구하더라도 얻을 수 없고 성·향·미·촉·법계를 구하더라도 역시 얻을 수 없으며, 안식계를 구하더라도 얻을 수 없고 이·비·설·신·의식계를 구하더라도 역시 얻을 수 없으며,

　안촉을 구하더라도 얻을 수 없고 이·비·설·신·의촉을 구하더라도 역시 얻을 수 없으며, 안촉을 인연으로 생겨난 여러 수를 구하더라도 얻을 수 없고 이·비·설·신·의촉을 인연으로 생겨난 여러 수를 구하더라도 역시 얻을 수 없으며, 지계를 구하더라도 얻을 수 없고 수·화·풍·공·식계를 구하더라도 역시 얻을 수 없으며, 무명을 구하더라도 얻을 수 없고 행·식·명색·육처·촉·수·애·취·유·생·노사의 수탄고우뇌를 구하더라도 역시 얻을 수 없으며, 보시바라밀다를 구하더라도 얻을 수 없고 정계·안인·정진·정려·반야바라밀다를 구하더라도 역시 얻을 수 없으며,

　내공을 구하더라도 얻을 수 없고 외공·내외공·공공·대공·승의공·유위공·무위공·필경공·무제공·산공·무변이공·본성공·자상공·공상공·일

체법공·불가득공·무성공·자성공·무성자성공을 구하더라도 역시 얻을 수 없으며, 진여를 구하더라도 얻을 수 없고 법계·법성·불허망성·불변이성·평등성·이생성·법정·법주·실제·허공계·부사의계를 구하더라도 역시 얻을 수 없으며, 4념주를 구하더라도 얻을 수 없고 집·멸·도성제를 구하더라도 역시 얻을 수 없으며, 고성제를 구하더라도 얻을 수 없고 법계·법성·불허망성·불변이성·평등성·이생성·법정·법주·실제·허공계·부사의계를 구하더라도 역시 얻을 수 없으며,

4정려를 구하더라도 얻을 수 없고 4무량·4무색정을 구하더라도 역시 얻을 수 없으며, 공해탈문을 구하더라도 얻을 수 없고 무상·무원해탈문을 구하더라도 역시 얻을 수 없으며, 8해탈을 구하더라도 얻을 수 없고 8승처·9차제정·10변처를 구하더라도 역시 얻을 수 없으며, 삼마지문을 구하더라도 얻을 수 없고 다라니문을 구하더라도 역시 얻을 수 없으며, 5안을 구하더라도 얻을 수 없고 6신통을 구하더라도 역시 얻을 수 없으며, 여래의 10력을 구하더라도 얻을 수 없고 4무소외·4무애해·대자·대비·대희·대사·18불불공법을 구하더라도 역시 얻을 수 없으며,

무망실법을 구하더라도 얻을 수 없고 항주사성을 구하더라도 역시 얻을 수 없으며, 일체지를 구하더라도 얻을 수 없고 도상지·일체상지를 구하더라도 역시 얻을 수 없으며, 예류과를 구하더라도 얻을 수 없고 일래·불환·아라한과를 구하더라도 역시 얻을 수 없으며, 독각의 보리를 구하더라도 얻을 수 없고, 보살마하살의 행을 구하더라도 역시 얻을 수 없으며, 제불의 무상정등보리를 구하더라도 얻을 수 없는 까닭이라면,

제유정의 부류들도 얻을 수 없으므로, 곧 결정적으로 무상정등보리를 증득하는 것도 없고, 더불어 유정들을 생사의 여러 고통에서 해탈시켜서 구경에 항상 즐거운 열반을 획득시키는 것도 없을 것인데, 어찌하여 세존께서는 무상정등보리를 증득하시고 유정들을 삼취(三聚)로 차별하여 안립시키는데 이를테면, 정성정취(正性定聚)[1]·사성정취(邪性定聚)[2]·부

---

1) 산스크리트어 samyaktva-niyata-rāśi의 번역이고, 일반적으로 '정정취(正定聚)'라고 말하며, 견혹(見惑)을 끊고서 반드시 열반에 이르는 부류를 가리킨다.

정취(不定聚)³⁾라고 하십니까?"

세존께서 말씀하셨다.

"선현이여. 내가 5안으로써 여실(如實)하게 관찰하였으므로, 결정적으로 무아(無我)의 무상정등보리를 능히 증득하였고, 유정들을 삼취(三聚)로 차별하여 안립시키나니 이를테면, 정성정취·사성정취·부정취이니라. 그렇지만 제유정들이 우치(愚癡)하고 전도(顚倒)되었으므로 진실하지 않은 법에서 진실한 법이라는 생각을 일으켰고, 진실하지 않은 유정에서 진실한 유정이라는 생각을 일으켰으므로, 내가 그들의 허망한 집착을 떠나보내고 없애기 위하여 세속을 의지하여 설하였을지라도, 승의(勝義)⁴⁾에 의지하여 설하지 않았느니라."

---

2) 산스크리트어 mithyātva-niyata-rāśi의 번역이고, 일반적으로 '사정취(邪定聚)'를 말하며, 오역죄(五逆罪)를 범하여 반드시 지옥에 떨어질 부류를 가리킨다.
3) 산스크리트어 aniyata의 번역이고, 열반에 이르거나, 지옥에 떨어지는 것이 아직 정해지지 않은 부류를 가리킨다.
4) 산스크리트어 paramārtha의 번역이고, 바라밀다(波羅密多)를 다르게 부르는 말이다.

마하반야바라밀다경 제363권

61. 다문불이품(多問不二品)(13)

구수 선현이 다시 세존께 아뢰어 말하였다.
"세존이시여. 승의(勝義)에 안주한다면 무상정등보리를 증득합니까?"
"아니니라. 선현이여."
"세존이시여. 전도(顚倒)에 안주한다면 무상정등보리를 증득합니까?"
"아니니라. 선현이여."
"세존이시여. 만약 승의에 안주하더라도 무상정등보리를 증득하는 것이 아니고, 역시 전도에 안주하더라도 무상정등보리를 증득하는 것이 아니라면, 장차 세존께서도 무상성능보리를 증득하지 못하시는 것이 없습니까?"
"아니니라. 선현이여. 내가 비록 무상정등보리를 증득하였으나, 그렇지만 유위계(有爲界)에 안주하지 않고 무위계(無爲界)에도 안주하지 않느니라. 선현이여. 제여래께서 변화(變化)시켰던 자는 비록 유위계에 안주하지 않고 역시 무위계에도 안주하지 않으나, 떠나가고 돌아오며 앉고 서 있는 일 등이 있는 것과 같으니라. 선현이여. 이렇게 변화시켰던 자가 만약 보시바라밀다를 수행하였거나, 정계·안인·정진·정려·반야바라밀다를 수행하였거나,

이렇게 변화시켰던 자가 만약 내공에 안주하였거나, 외공·내외공·공공·대공·승의공·유위공·무위공·필경공·무제공·산공·무변이공·본성공·자상공·공상공·일체법공·불가득공·무성공·자성공·무성자성공에 안주

하였거나, 이렇게 변화시켰던 자가 만약 진여에 안주하였거나, 법계·법성·불허망성·불변이성·평등성·이생성·법정·법주·실제·허공계·부사의계에 안주하였거나, 이렇게 변화시켰던 자가 만약 4념주를 수행하였거나, 4정단·4신족·5근·5근·5력·7등각지·8성도지를 수행하였거나, 이렇게 변화시켰던 자가 만약 고성제에 안주하였거나, 집·멸·도성제에 안주하였거나,

 이렇게 변화시켰던 자가 만약 4정려를 수행하였거나, 4무량·4무색정을 수행하였거나, 이렇게 변화시켰던 자가 만약 공해탈문을 수행하였거나, 무상·무원해탈문을 수행하였거나, 이렇게 변화시켰던 자가 만약 8해탈을 수행하였거나, 8승처·9차제정·10변처를 수행하였거나, 이렇게 변화시켰던 자가 일체의 삼마지문을 수행하였거나, 일체의 다라니문을 수행하였거나, 이렇게 변화시켰던 자가 5안을 수행하였거나, 6신통을 수행하였거나,

 이렇게 변화시켰던 자가 여래의 10력을 수행하였거나, 4무소외·4무애해·대자·대비·대희·대사·18불불공법을 수행하였거나, 이렇게 변화시켰던 자가 무망실법을 수행하였거나, 항주사성을 수행하였거나, 이렇게 변화시켰던 자가 일체지를 수행하였거나, 도상지·일체상지를 수행하였거나, 이렇게 변화시켰던 자가 무상정등보리를 증득하고서 미묘한 법륜을 굴리면서 일체의 불사를 지었거나, 이렇게 변화시켰던 자가 다시 무량한 유정들을 변화시켜서 둘러싸여서 그 가운데에서 정생정취(正性定聚) 등의 삼취의 차별을 건립하였다면, 선현이여. 그대의 생각은 어떠한가? 이 제여래께서 변화시켰던 자가 진실로 떠나가고 돌아오는 것이 있고 나아가 다니고 서 있는 것이 있으며, 수행하여 무상정등보리를 증득하고서 미묘한 법륜을 굴리면서 일체의 불사를 짓고, 유정들을 차별하여 삼취로 안립시키겠는가?"

 "아닙니다. 세존이시여. 아닙니다. 선서(善逝)시여."

 세존께서 말씀하셨다.

 "선현이여. 여래도 역시 그와 같아서 일체법이 모두 변화와 같다고 아시고 일체법이 모두 변화와 같다고 설하느니라. 비록 짓는 것이 있더라

도 진실함이 없고, 비록 유정을 멸도(滅度)하시더라도 멸도되는 자가 없으므로, 변화시켰던 자가 변화한 유정을 멸도시키는 것과 같으니라. 이와 같아서 선현이여. 보살마하살이 반야바라밀다를 수행한다면 제불께서 변화시켰던 자와 상응하게 같으므로, 비록 하였던 것이 있었더라도 집착함이 없느니라."

구수 선현이 다시 세존께 아뢰어 말하였다.
"세존이시여. 만약 일체법이 모두 변화와 같고, 여래도 그와 같다면 여래와 변화시켰던 사람(化人)과 무슨 차별이 있습니까?"
세존께서 말씀하셨다.
"여래와 변화시켰던 사람과 더불어 일체법 등은 차별이 없느니라. 왜 그러한가? 선현이여. 여래(佛)께서 지었던 업을 여래께서 변화시켰던 사람도 역시 능히 지을 수 있는 까닭이니라."
선현이 아뢰어 말하였다.
"설사, 여래께서 존재하지 않더라도 세존께서 변화시켰던 사람이 능히 업을 지을 수 있습니까?"
"능히 짓느니라."
선현이 아뢰었다.
"그 일은 무엇입니까?"
세존께서 말씀하셨다.
"선현이여. 과거의 세상에서 한 분의 여래·응공·정등각께서 존재하셨고 선적혜(善寂惠)라고 이름하셨느니라. 스스로가 상응하여 멸도시킬 자를 모두 이미 멸도시켰으므로, 이때 여래의 수기를 감당할 보살이 없었으므로 마침내 한 여래를 변화로 지으셨고(化作) 세간에 안주시켰으며, 스스로는 무여의열반계(無餘依大涅槃界)에 들어가셨느니라. 그때 그 변화시켰던 여래(化佛)께서 반 겁(半劫)의 가운데에서 여러 불사를 지었으며, 반 겁이 이미 지났으므로, 한 보살마하살에게 수기를 주었고, 열반에 들어가시는 것을 나타내셨느니라.

이때 천인·인간·아소락 등은 모두 '그 여래께서는 지금 열반에 들어가셨다고 논평하였으나, 그렇지만 변화시켰던 여래께서는 진실로 생겨났거나 소멸하시지 않았다.'라고 말하였느니라. 이와 같이 선현이여. 보살마하살이 반야바라밀다를 수행한다면, 상응하여 제법이 모두 변화와 같다고 믿어야 하느니라."

구수 선현이 다시 세존께 아뢰어 말하였다.
"세존이시여. 여래의 색신(色身)이 변화시켰던 여래와 다르지 않더라도 어찌 능히 진실하고 청정한 복전(福田)을 짓겠습니까? 만약 제유정들이 해탈을 위한 까닭으로 여래의 처소에서 공경하고 공양한다면 그 복취(福聚)는 끝이 없고(無盡), 나아가 최후(最後)에 무여의열반계에 들어갑니다. 이와 같이 만약 해탈을 위한 까닭으로 변화시켰던 여래께 공양하였던 것이 있다면, 획득하는 복취도 역시 상응하여 끝이 없어야 하고, 나아가 최후에 무여의열반계에 들어가야 합니다."

세존께서 말씀하셨다.
"선현이여. 여래의 색신(色身)이 오히려 법성(法性)을 까닭으로 능히 천인·인간·아소락 등에게 청정한 복전을 짓는 것과 같이, 변화시켰던 여래도 역시 법성을 까닭으로 능히 천인·인간·아소락 등에게 청정한 복전을 짓느니라. 여래의 색신이 다른 사람의 공양을 받는다면 그 시주(施主)[1]들이 궁극적으로 생사의 틈새(生死際)에서 그 복취가 끝이 없는 것과 같이, 변화시켰던 여래께서도 다른 사람의 공양을 받는다면 그 시주들도 궁극적으로 생사의 틈새에서 그 복취가 끝이 없느니라.

선현이여. 또한 여래와 변화시켰던 여래께 공양하여 얻는 복덕은 제쳐두고서, 만약 선남자와 선여인 등이 여래의 처소에서 자비스럽고 공경하는 마음을 일으켜서 사유(思惟)하고 억념(憶念)하였다면, 이 선남자와 선여인 등의 선근(善根)은 끝이 없고, 나아가 최후에 고통의 변제(邊際)[2]를

---

[1] 산스크리트어 dāna-pati의 번역이고, '단나(檀那)', '단월(檀越)' 등으로 음사한다. 사찰과 승가의 일상생활에 필요한 보시를 행하는 사람을 가리킨다.

지을 것이니라. 선현이여. 다시 자비스럽고 공경하는 마음으로써 여래를 사유하고 억념하여 획득하는 복취는 제쳐두고서, 만약 선남자와 선여인 등이 여래를 위하여 공양하였거나, 아래로 이르기까지 한 송이의 꽃을 수용하여 허공에 뿌렸다면, 이 선남자와 선여인 등의 선근은 끝이 없고, 나아가 최후에 고통의 변제를 지을 것이니라.

선현이여. 다시 여래를 위하여 공양하였거나, 아래로 이르러서 한 송이의 꽃을 수용하여 허공에 뿌려서 획득하는 복취는 제쳐두고서, 만약 선남자와 선여인 등이 아래로 이르기까지 한 번을 '나모 불타(南無佛陀)'라고 불렀더라도, 이 선남자와 선여인 등의 선근은 끝이 없고, 나아가 최후에 고통의 변제를 지을 것이니라. 이와 같이 선현이여. 여래의 처소에서 공경하고 공양한다면 이와 같은 등의 공덕과 이익을 획득하는데, 그 양은 헤아리기 어려우니라. 이와 같은 까닭으로 선현이여. 여래와 변화시켰던 여래의 색신 등은 차별이 없는데, 제법의 법성을 적정한 양으로 삼는 까닭이라고 마땅히 알아야 하느니라.

이와 같이 선현이여. 보살마하살은 상응하여 제법의 법성으로써 적정한 분량을 삼아서 반야바라밀다를 수행해야 하느니라. 선교방편으로 제법의 법성에 들어갔다면 세법에서 법성을 무너뜨리지 않아야 하는데 이를테면, '이것은 반야바라밀다이고 이것은 반야바라밀다의 법성이며, 이것은 정려·정진·안인·정계·보시바라밀다이고 이것은 정려, 나아가 보시바라밀다의 법성이며, 이것은 내공이고 이것은 내공의 법성이며, 이것은 외공·내외공·공공·대공·승의공·유위공·무위공·필경공·무제공·산공·무변이공·본성공·자상공·공상공·일체법공·불가득공·무성공·자성공·무성자성공이고 이것은 외공, 나아가 무성자성공의 법성이며,
이것은 진여이고 이것은 진여의 법성이며, 이것은 법계·법성·불허망성·불변이성·평등성·이생성·법정·법주·실제·허공계·부사의계이고 이것은 법계, 나아가 부사의계의 법성이며, 이것은 4념주이고 이것은 4념주의

---

2) 시간과 공간 또는 정도 등에서 끝부분을 말한다.

법성이며, 이것은 4정단·4신족·5근·5력·7등각지·8성도지이고 이것은 4정단, 나아가 8성도지의 법성이며, 이것은 고성제이고 이것은 고성제의 법성이며, 이것은 집·멸·도성제이고 이것은 집·멸·도성제의 법성이며, 이것은 4정려이고 이것은 4정려의 법성이며, 이것은 4무량·4무색정이고 이것은 4무량·4무색정의 법성이며,

이것은 8해탈이고 이것은 8해탈의 법성이며, 이것은 8승처·9차제정·10변처이고 이것은 8승처·9차제정·10변처의 법성이며, 이것은 일체의 삼마지문이고 일체의 삼마지문의 법성이며, 이것은 일체의 다라니문이고 이것은 일체의 다라니문의 법성이며, 이것은 공해탈문이고 이것은 공해탈문의 법성이며, 이것은 무상·무원해탈문이고 이것은 무상·무원해탈문의 법성이며, 이것은 5안이고 이것은 5안의 법성이며, 이것은 6신통이고 이것은 6신통의 법성이며, 이것은 여래의 10력이고 이것은 여래의 10력의 법성이며, 이것은 4무소외·4무애해·대자·대비·대희·대사·18불불공법이고 이것은 4무소외, 나아가 18불불공법의 법성이며,

이것은 무망실법이고 이것은 무망실법의 법성이며, 이것은 항주사성이고 이것은 항주사성의 법성이며, 이것은 일체지이고 이것은 일체지의 법성이며, 이것은 도상지·일체상지이고 이것은 도상지·일체상지의 법성이며, 이것은 예류과이고 이것은 예류과의 법성이며, 이것은 일래·불환·아라한과이고 이것은 일래·불환·아라한과의 법성이며, 이것은 독각의 보리이고 이것은 독각의 보리의 법성이며, 이것은 일체의 보살마하살의 행이고, 이것은 일체의 보살마하살의 행의 법성이며, 이것은 제불의 무상정등보리이고 이것은 제불의 무상정등보리의 법성이다.'라고 분별하지 않아야 하느니라.

선현이여. 보살마하살이 반야바라밀다를 수행하였다면 상응하여 이와 같이 제법의 법성을 차별하여 분별하고서 법성을 무너뜨리지 않아야 하느니라."

구수 선현이 다시 세존께 아뢰어 말하였다.

"세존이시여. 만약 보살마하살이 제법의 법성을 상응하여 무너뜨리지 않아야 한다면, 어찌하여 세존께서는 스스로가 제법의 법성을 무너뜨리십니까? 이를테면, 세존께서는 '이것은 색이고 이것은 수·상·행·식이며, 이것은 안처이고 이것은 이·비·설·신·의처이며, 이것은 색처이고 이것은 성·향·미·촉·법처이며, 이것은 안계이고 이것은 이·비·설·신·의계이며, 이것은 색계이고 이것은 성·향·미·촉·법계이며, 이것은 안식계이고 이것은 이·비·설·신·의식계이며, 이것은 안촉이고 이것은 이·비·설·신·의촉이며, 이것은 안촉을 인연으로 생겨난 여러 수이고 이것은 이·비·설·신·의촉을 인연으로 생겨난 여러 수이며,

이것은 지계이고 이것은 수·화·풍·공·식계이며, 이것은 무명이고 이것은 지어감·의식·이름과 행·식·명색·육처·촉·수·애·취·유·생·노사의 수탄고우뇌이며, 이것은 내법(內法)이고 이것은 외법(外法)이며, 이것은 선법(善法)이고 이것은 불선법(不善法)이며, 이것은 유루법(有漏法)이고 이것은 무루법(無漏法)법이며, 이것은 세간법(世間法)이고 이것은 출세간법(出世間法)이며, 이것은 공법(共法)이고 이것은 불공법(不共法)이며, 이것은 유쟁법(有諍法)이고 이것은 무쟁법(無諍法)이며, 이것은 유위법(有爲法)이고 이섯은 부위법(無爲法)이니라.'라고 항상 설하셨습니다. 세존께서는 이미 이와 같은 법 등을 설하셨는데, 장차 스스로가 제법의 법성을 무너뜨리셨던 것이 없겠습니까?"

세존께서 말씀하셨다.

"선현이여. 내가 스스로가 제법의 법성을 무너뜨렸던 것이 아니고, 다만 명자(名字)와 상(相)의 방편으로써 가립(假立)으로 제법의 법성을 설하면서 유정들이 제법의 법성은 차별이 없다는 이치에 깨달아서 들어가게 하느니라. 이러한 까닭으로 선현이여. 나는 일찍이 제법의 법성을 무너뜨리지 않았느니라."

구수 선현이 다시 세존께 아뢰어 말하였다.

"세존이시여. 만약 세존께서 다만 명자와 상으로써 제법의 법성을 널리 설(宣說)하시어 제유정들에게 깨달아서 들어가게 하신다면, 어찌하

여 세존께서는 명자도 없고 상도 없는 법에서 명자와 상으로써 설하면서 다른 사람을 깨달아 들어가게 하십니까?"

세존께서 말씀하셨다.

"선현이여. 나는 세속을 따라서 가립(假立)한 명자와 상을 방편으로 제법의 법성을 널리 설하더라도 집착이 없느니라. 선현이여. 여러 어리석은 범부들은 고성제 등을 들었다면 명자와 상에 집착하므로 가립으로 설한다고 알지 못하는 것과 같으나, 제여래와 여래(佛)의 제자들은 고성제 등을 들었더라도 명자와 상에 집착하지 않으며, 그렇지만 세속을 따라서 설하더라도 제법의 진실한 명자와 상이 없다고 여실(如實)하게 아느니라.

선현이여. 만약 여러 성자(聖者)들이 명자에서 명자에 집착하고, 상에서 상에 집착하며, 이와 같아서 역시 상응하여 공(空)에서 공에 집착하고, 무상(無相)에서 무상에 집착하며, 무원(無願)에서 무원에 집착하고, 진여(眞如)에서 진여에 집착하며, 실제(實際)3)에서 실제에 집착하고, 법계(法界)에서 법계에 집착하며, 무위(無爲)에서 무위에 집착하였을지라도, 선현이여. 이러한 일체법은 다만 가명(假名)으로 있고 다만 가상(假相)으로 있으며 진실함이 없으므로, 성자들은 그 가운데에서 다만 가명과 가상에 머무르지 않고 집착하지 않느니라. 이와 같이 선현이여. 보살마하살도 일체법의 가명과 가상에 머물러서 반야바라밀다를 상응하여 수행해야 하고, 그 가운데에 상응하여 머무르지 않고 집착하지 않아야 하느니라."

구수 선현이 다시 세존께 아뢰어 말하였다.

"세존이시여. 일체법이 다만 명자와 상이 있다면 보살마하살은 무슨 일을 위한 까닭으로 보리심(菩提心)을 일으키고, 이미 보리심을 일으켰다면 여러 고행을 받더라도 정근하면서 보살행을 수행하며, 보시바라밀다를 수행하고 정계·안인·정진·정려·반야바라밀다를 수행합니까? 내공을 수행하고 외공·내외공·공공·대공·승의공·유위공·무위공·필경공·무제공

---

3) 허망(虛妄)을 떠나서 열반(涅槃)의 깨닫는 것이거나, 진여(眞如)의 이체(理體)를 가리킨다.

·산공·무변이공·본성공·자상공·공상공·일체법공·불가득공·무성공·자성공·무성자성공을 수행합니까? 진여를 수행하고 법계·법성·불허망성·불변이성·평등성·이생성·법정·법주·실제·허공계·부사의계를 수행합니까?

4념주를 수행하고 4정단·4신족·5근·5력·7등각지·8성도지를 수행합니까? 고성제를 수행하고 집·멸·도성제를 수행합니까? 4정려를 수행하고 4무량·4무색정을 수행합니까? 8해탈을 수행하고 8승처·9차제정·10변처를 수행합니까? 알체의 삼마지문을 수행하고 일체의 다라니문을 수행합니까? 공해탈문을 수행하고 무상·무원 해탈문을 수행합니까? 여래의 10력을 수행하고 4무소외·4무애해·대자·대비·대희·대사·18불불공법을 수행합니까? 무망실법을 수행하고 항주사성을 수행합니까? 일체지를 수행하고 도상지·일체상지를 수행하면서 모두를 원만하게 합니까?"

세존께서 말씀하셨다.

"선현이여. 그대가 '만약 일체법이 다만 명자와 상이 있다면 보살마하살은 무슨 일을 위한 까닭으로 보리심을 일으키고, 이미 보리심을 일으켰다면 여러 보살행이라는 것을 수행합니까?'라고 말하였던 것과 같으니라. 선현이여. 일체법을 다만 명자와 상이 있는 것으로써, 이와 같은 명자와 상을 다만 가립으로 시설(施設)하였더라도, 명자와 상의 자성은 공(空)인데, 제유정의 부류들은 전도되고 집착하므로 생사를 유전(流傳)하면서 해탈을 얻지 못하느니라. 이러한 까닭으로 보살마하살은 보리심을 일으켜서 보살행을 수행하고, 점차로 일체상지(一切相智)를 증득하고 정법륜(正法輪)을 굴리면서 삼승법(三乘法)으로써 유정들을 헤아(度)리고 해탈시키면서 그들을 생사에서 벗어나게 하며 무여의열반계에 들어가게 하느니라. 그렇지만 여러 명자와 상은 생겨남이 없고 소멸함도 없으며, 역시 안주함이 없고 변이(變異)도 없으므로 시설하여 얻을 수 없느니라."

그때 구수 선현이 세존께 아뢰어 말하였다.

"세존이시여. 여래께서 일체상지(一切相智)를 설하셨는데, 일체상지를 위한 것입니까?"

세존께서 말씀하셨다.

"선현이여. 내가 일체상지를 설한 것은 일체상지를 위한 것이니라."

그때 구수 선현이 세존께 아뢰어 말하였다.

"세존이시여. 여래께서 항상 일체지(一切智)·도상지(道相智)·일체상지(一切相智)를 설하셨는데, 이와 같은 세 가지의 지혜는 그 상이 무엇이고, 무슨 차별이 있습니까?"

세존께서 말씀하셨다.

"선현이여. 일체지의 이것은 성문과 독각이 공유하는 것이고, 도상지의 이것은 보살마하살이 공유하는 것이며, 일체상지의 이것은 제여래·응공·정등각께서 공유하지 않는 미묘한 지혜이니라."

구수 선현이 다시 세존께 아뢰어 말하였다.

"세존이시여. 무슨 인연으로 일체지의 이것은 성문과 독각이 공유하는 지혜입니까?"

세존께서 말씀하셨다.

"선현이여. 일체지는 5온(蘊)·12처(處)·18계(界) 등으로서, 성문과 독각들도 역시 능히 명료하게 알 수 있으나, 능히 일체도상(一切道相)·일체법(一切法)·일체종상(一切種相)은 알지 못하느니라."

구수 선현이 다시 세존께 아뢰어 말하였다.

"세존이시여. 무슨 인연으로 도상지의 이것은 보살이 공유하는 지혜입니까?"

세존께서 말씀하셨다.

"선현이여. 보살마하살은 상응하여 일체도상을 수학하고 두루 알아야 하나니 이를테면, 성문도상(聲聞道相)·독각도상(獨覺道相)·보살도상(菩薩道相)·여래도상(如來道相) 등이니라. 제보살마하살은 마땅히 이러한 여러 도를 항상 상응하여 수행하고 빠르게 원만하게 해야 하느니라. 비록 이러한 도를 지을 것을 상응하게 지을지라도, 그것을 실제에서 증득시키지 못하느니라."

구수 선현이 다시 세존께 아뢰어 말하였다.

"세존이시여. 보살마하살이 여래의 도를 수행하여 이미 원만함을 얻었는데, 어찌 실제에서 증득시키지 못합니까?"

세존께서 말씀하셨다.

"선현이여. 제보살마하살이 만약 불국토를 청정하게 장엄하였고 유정들을 성숙시켰으며 여러 대원(大願)을 수행하였더라도 원만하지 않았다면 오히려 실제에서 상응하게 지을 것을 증득하지 못하였느니라. 만약 청정하게 장엄하였고 유정들을 성숙시켰으며 여러 대원을 수행하였고 이미 원만해졌다면 그 실제에서 비로소 상응하게 지을 것을 증득하였느니라."

"세존이시여. 보살마하살은 도(道)에 안주하여 실제를 증득합니까?"

"아니니라. 선현이여."

"세존이시여. 보살마하살은 도가 아닌 것에 안주하여 실제를 증득합니까?"

"아니니라. 선현이여."

"세존이시여. 보살마하살은 도와 도가 아닌 것에 안주하여 실제를 증득합니까?"

"아니니라. 선현이여."

"세존이시여. 보살마하살은 도가 아니고 도가 아닌 것도 아닌 것에 안주하여 실제를 증득합니까?"

"아니니라. 선현이여."

구수 선현이 다시 세존께 아뢰어 말하였다.

"세존이시여. 만약 그렇다면 보살마하살들은 어느 것에 안주하여 실제를 증득합니까?"

세존께서 선현에게 알리셨다.

"그대의 뜻은 어떠한가? 그대는 도에 안주하여 여러 번뇌(漏)를 끝마쳤고 마음이 해탈하였는가?"

"아닙니다. 세존이시여."

"선현이여. 그대는 도가 아닌 것에 안주하여 여러 번뇌를 끝마쳤고 마음이 해탈하였는가?"

"아닙니다. 세존이시여."

"선현이여. 그대는 도와 도가 아닌 것에 안주하여 여러 번뇌를 끝마쳤고 마음이 해탈하였는가?"

"아닙니다. 세존이시여."

"선현이여. 그대는 도가 아니고 도가 아닌 것도 아닌 것에 안주하여 여러 번뇌를 끝마쳤고 마음이 해탈하였는가?"

"아닙니다. 세존이시여. 저는 안주하는 것이 있어서 여러 번뇌를 끝마쳤고 마음이 해탈을 영원히 얻은 것이 아닙니다. 그렇지만 제가 번뇌를 끝마쳤고 마음이 해탈을 얻었어도 모두 안주하는 것이 없었습니다."

세존께서 말씀하셨다.

"선현이여. 보살마하살도 역시 다시 그와 같아서 반야바라밀다를 수행한다면, 모두 안주하는 것이 없으나 실제를 증득하느니라."

구수 선현이 다시 세존께 아뢰어 말하였다.

"세존이시여. 무슨 인연으로 일체상지를 일체상지라고 이름합니까?"

세존께서 말씀하셨다.

"선현이여. 일체법이 모두 동일(同一)한 상(相)인데 이를테면, 적멸상(寂滅相)이라고 알았다면, 이러한 까닭으로 일체상지라고 이름하느니라. 다시 다음으로 선현이여. 제행(諸行)·형상(狀)·상(相)이 능히 제법을 표시한다면 여래께서는 능히 두루 깨달아서 여실하게 아느니라. 이러한 까닭으로 일체상지라고 이름하느니라."

구수 선현이 다시 세존께 아뢰어 말하였다.

"세존이시여. 만약 일체지이거나, 만약 도상지이거나, 만약 일체상지라는 이 세 가지의 지혜는 여러 번뇌를 단절하면서 차별이 있습니까? 나머지가 있는 단절입니까? 나머지가 없는 단절입니까?"

세존께서 말씀하셨다.

"선현이여. 여러 번뇌를 단절하면서 차별은 있지 않느니라. 그렇지만 제여래·응공·정등각께서는 일체의 번뇌와 습기(習氣)의 상속(相續)을 모두 이미 영원히 단절하셨으나, 성문과 독각들은 습기의 상속을 오히려 영원히 단절하지 못하였느니라."

"세존이시여. 여러 번뇌를 끊으면 무위(無爲)를 얻습니까?"

"그와 같으니라. 선현이여."

"세존이시여. 성문과 독각이 무위를 얻지 못하였어도 번뇌를 단절합니까?"

"아니니라. 선현이여."

"세존이시여. 무위법의 가운데에 차별이 있습니까?"

"아니니라. 선현이여."

"세존이시여. 만약 무위법에 차별이 없다면 여래께서는 무슨 까닭으로 제여래·응공·정등각들께서는 습기의 상속을 모두 이미 영원히 단절하였으나, 성문과 독각은 습기의 상속을 아직 영원히 단절하지 못하였다고 설하십니까?"

"선현이여. 습기의 상속은 실제로 번뇌는 아니니라. 그렇지만 제성문과 독각들은 번뇌를 이미 난설하였어도, 오히려 탐(貪)·진(瞋)·치(癡)와 비슷한 것이 적은 부분이 있어서 신(身)·구(口)·의(意)에 전전하므로, 곧 이것을 습기의 상속이라고 설하느니라. 이것이 우부(愚夫)인 이생에게 있으면서 상속한다면 능히 의취가 없는 것(無義)으로 이끌지라도, 성문과 독각에게 있으면서 상속한다면 능히 의취가 없는 것으로 이끌어주지 못하느니라. 이와 같은 습기의 상속이 제불께는 영원히 없느니라."

그때 구수 선현이 다시 세존께 아뢰어 말하였다.

"세존이시여. 도(道)와 열반이 모두 자성(自性)이 없다면, 여래께서는 무슨 까닭으로 '이것은 예류(預流)이다. 이것은 일래(一來)이다. 이것은 불환(不還)이다. 이것은 아라한(阿羅漢)이다. 이것은 독각(獨覺)이다. 이것은 보살마하살(菩薩摩訶薩)이다. 이것은 여래(如來)·응공(應)·정등각

(正等覺)이다.'라고 설하십니까?"
　세존께서 말씀하셨다.
　"선현이여. 만약 예류이거나, 만약 일래이거나, 만약 불환이거나, 만약 아라한이거나, 만약 독각이거나, 만약 보살마하살이거나, 만약 여래·응공·정등각과 같은 이와 같은 일체는 모두가 무위(無爲)에서 나타난 것이니라."
　"세존이시여. 무위법의 가운데에서 예류, 나아가 여래·응공·정등각 등을 차별하는 의취(義趣)가 있습니까?"
　"아니니라. 선현이여."
　"세존이시여. 그와 같다면 무슨 까닭으로 여래께서는 예류, 나아가 여래·응공·정등각께서는 모두 무위법에서 나타난 것이라 설하십니까?"
　"선현이여. 나는 세속의 말에 의지하여 나타내어 보여주면서 설한 것이고, 승의(勝義)에 의지한 것이 아니며, 승의의 가운데에서 나타내어 보여주는 것은 있지 않느니라. 왜 그러한가? 선현이여. 승의의 가운데에서는 언어(語言)의 길(路)이 있지 않고, 혹은 분별하는 지혜도 있지 않으며, 혹은 다시 두 종류가 있지 않느니라. 그렇지만 그것과 그것의 변제(邊際)를 단절하려고 그것과 그것의 후제(後際)를 가립(假立)하느니라."

　구수 선현이 다시 세존께 아뢰어 말하였다.
　"세존이시여. 이미 일체법의 자상(自相)이 모두가 공이고, 전제(前際)도 오히려 없는데 하물며 후제가 있겠으며, 후제가 있다고 어떻게 가립할 수 있겠습니까?"
　세존께서 말씀하셨다.
　"선현이여. 그와 같으니라. 그와 같으니라. 그대가 말한 것과 같이 여러 소유한 법의 자상이 모두가 공하므로, 전제도 오히려 없는데 하물며 후제가 있겠는가? 후제가 있다고 가립하는, 결정적으로 이러한 처소는 없느니라. 그렇지만 제유정들이 여러 소유한 법의 자상이 모두가 공하다고 능히 명료하게 이해하지 못하므로, 그들을 요익하게 하기 위하여 방편으로 '이것은 전제이다. 이것은 후제이다.'라고 설하는 것이니라. 그렇지만 일체법에 자상이 공한 가운데에서 전제와 후제를 모두 얻을 수 없느니라.

 이와 같이 선현이여. 보살마하살은 일체법의 자상이 공하다고 통달하고서 상응하여 반야바라밀다를 수행해야 하느니라. 선현이여. 보살마하살이 일체법의 자상이 공하다고 통달하고서 상응하여 반야바라밀다를 수행한다면, 제법의 가운데에 집착하는 것이 없는데 이를테면, 내법(內法)·외법(外法)·선법(善法)·비선법(非善法)·세간법(世間法)·출세간법(出世間法)·유루법(有漏法)·무루법(無漏法)·유위법(有爲法)·무위법(無爲法)에 집착하지 않고 만약 성문법(聲聞法)이거나, 만약 독각법(獨覺法)이거나, 만약 보살법(菩薩法)이거나, 만약 여래법(如來法) 등의 이와 같은 일체에 모두 집착하지 않느니라."

 구수 선현이 다시 세존께 아뢰어 말하였다.
 "세존이시여. 여래께서는 항상 반야바라밀다를 설하시는데, 반야바라밀다는 무슨 의취의 까닭으로써 반야바라밀다라고 이름합니까?"
 세존께서 말씀하셨다.
 "선현이여. 이와 같은 반야바라밀다는 일체법이 구경의 피안에 이르는 까닭으로 반야바라밀다라고 이름하느니라. 다시 다음으로 선현이여. 오히려 이 반야바라밀다로 일체의 성문·독각·보살과 여래·응공·정등각께서 능히 피안에 이를 수 있는 까닭으로 반야바라밀다라고 이름하느니라. 다시 다음으로 선현이여. 일체의 여래·응공·정등각과 보살마하살들은 이 반야바라밀다를 수용하여, 수승한 뜻과 이치로 제법을 분석(分析)한다면, 여러 색을 분석하여 극미(極微)의 양(量)에 이르러서 오히려 볼 수 없었던 작은 것을 진실로 얻을 수 있는 것과 같은 까닭으로 반야바라밀다라고 이름하느니라.
 다시 다음으로 선현이여. 이 반야바라밀다에서 진여·실제(實際)·법계를 포함(包含)하는 까닭으로 반야바라밀다라고 이름하느니라. 다시 다음으로 선현이여. 이 반야바라밀다에서 만약 합치거나, 만약 흩어지거나, 만약 유색이거나, 만약 무색이거나, 만약 유견(有見)이거나, 만약 무견(無見)이거나, 만약 마주할 수 있거나(有對), 만약 마주할 수 없거나(無對), 만약 유루(有漏)이거나, 만약 무루(無漏)이거나, 만약 유위(有爲)이거나, 만약 무위(無爲)이었던 적은 부분의 법은 있지 않느니라. 왜 그러한가? 선현이여. 이 반야바라밀다는 색이 없고, 볼 수 없으며, 마주할 수 없는 하나의 상(一相)인데 이를테면, 무상(無相)인 까닭으로 반야바라밀다라고 이름하느니라.

다시 다음으로 선현이여. 이와 같은 반야바라밀다는 능히 일체의 수승한 선법(善法)을 출생시키고, 능히 일체의 지혜와 변재(辯才)를 일으키며, 능히 세간과 출세간의 즐거움을 이끌어주는 까닭으로 반야바라밀다라고 이름하느니라. 다시 다음으로 선현이여. 이 반야바라밀다는 매우 깊고 견실(堅實)하므로 움직일 수 없고 무너뜨릴 수 없나니, 보살마하살이 만약 이 반야바라밀다를 수행한다면 일체의 악마와 그의 권속, 성문·독각·외도(外道)·범지(梵志)·악한 벗·원수(怨讎)들이 모두 능히 무너뜨리지 못하느니라. 왜 그러한가? 선현이여. 오히려 이러한 반야바라밀다는 일체법의 자상이 모두 공하다고 변론하므로, 여러 악마 등을 모두 얻을 수 없는 까닭으로 반야바라밀다라고 이름하느니라. 선현이여. 제보살마하살은 이와 같은 반야바라밀다의 매우 깊은 의취(義趣)에 상응하여 여실(如實)하게 수행해야 하느니라.

다시 다음으로 선현이여. 보살마하살이 반야바라밀다의 매우 깊은 의취를 수행하려고 하였다면, 무상(無常)의 의취·고통(苦)의 의취·공(空)의 의취·무아(無我)의 의취를 상응하여 수행해야 하고, 고지(苦智)[4]의 의취·집지(集智)[5]의 의취·멸지(滅智)[6]의 의취·도지(道智)[7]의 의취를 수

---

4) 산스크리트어 duhkha-jñāna의 번역이고, 고성제(苦聖諦)를 가리킨다.
5) 산스크리트어 samudaya-jñāna의 번역이고, 집성제(集聖諦)를 가리킨다.
6) 산스크리트어 nirodha-jñāna의 번역이고, 멸성제(滅聖諦)를 가리킨다.
7) 산스크리트어 mārga-jñāna의 번역이고, 도성제(道聖諦)를 가리킨다.

행해야 하며, 법지(法智)8)의 의취·유지(類智)9)의 의취·세속지(世俗智)10)의 의취·타심지(他心智)의 의취를 상응하여 수행해야 하고, 진지(盡智)11)의 의취·무생지(無生智)12)의 의취·여설지(如說智)의 의취를 상응하여 수행해야 하느니라. 선현이여. 제보살마하살이반야바라밀다의 매우 깊은 의취를 수행하려고 하였다면, 상응하여 반야바라밀다를 수행해야 하느니라."

구수 선현이 다시 세존께 아뢰어 말하였다.
"세존이시여. 이러한 매우 깊은 반야바라밀다의 가운데에서는 의취와 의취가 아닌 것을 함께 얻을 수 없는데, 어찌 보살마하살이 반야바라밀다의 매우 깊은 의취를 수행하기 위하여 상응하여 반야바라밀다를 수행해야 한다고 말하십니까?"

세존께서 말씀하셨다.
"선현이여. 보살마하살이 반야바라밀다의 매우 깊은 의취를 수행하기 위하여 '나는 탐욕(貪欲)의 의취와 의취가 아닌 것을 상응하여 행하지 않겠다. 나는 진에(瞋恚)의 의취와 의취가 아닌 것을 상응하여 행하지 않겠다. 나는 우치(愚癡)의 의취와 의취가 아닌 것을 상응하여 행하지 않겠다. 나는 삿된 견해(邪見)의 의취와 의취가 아닌 것을 상응하여 행하지 않겠다. 나는 삿된 결정(邪定)의 의취와 의취가 아닌 것을 상응하여 행하지 않겠다. 나는 악한 견해(惡見)의 의취와 의취가 아닌 것을 상응하여 행하지

---

8) 산스크리트어 dharma-jñāna의 번역이고, 욕계의 고(苦)·집(集)·멸(滅)·도(道)의 경계를 마주하고서 일어나는 지혜를 뜻한다.
9) 산스크리트어 anvaya-jñāna의 번역이고, 색계와 무색계의 고·집·멸·도의 경계를 마주하고서 일어나는 지혜를 뜻한다.
10) 산스크리트어 sajvrti-jñāna의 번역이고, 세속의 경계를 마주하고서 일어나는 지혜를 뜻한다.
11) 산스크리트어 para-citta-jñāna의 번역이고, 이미 사제(四諦)를 체득했다고 아는 지혜를 가리킨다.
12) 산스크리트어 ksaya-jñāna의 번역이고, 번뇌를 모두 끊었을 때에 생겨나는 지혜를 뜻한다.

않겠다.'라고 상응하여 이렇게 생각해야 하느니라. 왜 그러한가? 선현이여. 탐욕·진에·우치·삿된 견해·삿된 결정·견취(見趣)·진여(眞如)·실제(實際)는 제법과 함께 의취가 아니고, 의취가 아닌 것도 아니니라.

다시 다음으로 선현이여. 보살마하살이 반야바라밀다의 매우 깊은 의취를 수행하기 위하여 '나는 색의 의취와 의취가 아닌 것을 상응하여 수행하지 않겠고, 나는 수·상·행·식의 의취와 의취가 아닌 것을 상응하여 수행하지 않겠다. 나는 안처의 의취와 의취가 아닌 것을 상응하여 수행하지 않겠고, 나는 이·비·설·신·의처의 의취와 의취가 아닌 것을 상응하여 수행하지 않겠다. 나는 색처의 의취와 의취가 아닌 것을 상응하여 수행하지 않겠고, 나는 성·향·미·촉·법처의 의취와 의취가 아닌 것을 상응하여 수행하지 않겠다.

나는 안계의 의취와 의취가 아닌 것을 상응하여 수행하지 않겠고, 나는 이·비·설·신·의계의 의취와 의취가 아닌 것을 상응하여 수행하지 않겠다. 나는 색계의 의취와 의취가 아닌 것을 상응하여 수행하지 않겠고, 나는 성·향·미·촉·법계의 의취와 의취가 아닌 것을 상응하여 수행하지 않겠다. 나는 안식계의 의취와 의취가 아닌 것을 상응하여 수행하지 않겠고, 나는 이·비·설·신·의식계의 의취와 의취가 아닌 것을 상응하여 수행하지 않겠다.

나는 안촉의 의취와 의취가 아닌 것을 상응하여 수행하지 않겠고, 나는 이·비·설·신·의촉의 의취와 의취가 아닌 것을 상응하여 수행하지 않겠다. 나는 안촉을 인연으로 생겨난 여러 수의 의취와 의취가 아닌 것을 상응하여 수행하지 않겠고, 나는 이·비·설·신·의촉을 인연으로 생겨난 여러 수의 의취와 의취가 아닌 것을 상응하여 수행하지 않겠다. 나는 지계의 의취와 의취가 아닌 것을 상응하여 수행하지 않겠고, 나는 수·화·풍·공·식계의 의취와 의취가 아닌 것을 상응하여 수행하지 않겠다.

나는 무명의 의취와 의취가 아닌 것을 상응하여 수행하지 않겠고, 나는 행·식·명색·육처·촉·수·애·취·유·생·노사의 수탄고우뇌의 의취와 의취가 아닌 것을 상응하여 수행하지 않겠다. 나는 보시바라밀다의 의취와 의취가 아닌 것을 상응하여 수행하지 않겠고, 나는 정계·안인·정진·정려·반야바라밀다의 의취와 의취가 아닌 것을 상응하여 수행하지 않겠다. 나는 내공의 의취와 의취가 아닌 것을 상응하여 수행하지 않겠고, 나는 외공·내외공·공공·대공·승의공·유위공·무위공·필경공·무제공·산공·무변이공·본성공·자상공·공상공·일체법공·불가득공·무성공·자성공·무성자성공의 의취와 의취가 아닌 것을 상응하여 수행하지 않겠다.

나는 진여의 의취와 의취가 아닌 것을 상응하여 수행하지 않겠고, 나는 법계·법성·불허망성·불변이성·평등성·이생성·법정·법주·실제·허공계·부사의계의 의취와 의취가 아닌 것을 상응하여 수행하지 않겠다. 나는 4념주의 의취와 의취가 아닌 것을 상응하여 수행하지 않겠고, 나는 4정단·4신족·5근·5력·7등각지·8성도지의 의취와 의취가 아닌 것을 상응하여 수행하지 않겠다. 나는 고성제의 의취와 의취가 아닌 것을 상응하여 수행하지 않겠고, 나는 집·멸·도성제의 의취와 의취가 아닌 것을 상응하여 수행하지 않겠다.

나는 4정려의 의취와 의취가 아닌 것을 상응하여 수행하지 않겠고, 나는 4무량·4무색정의 의취와 의취가 아닌 것을 상응하여 수행하지 않겠다. 나는 8해탈의 의취와 의취가 아닌 것을 상응하여 수행하지 않겠고, 나는 8승처·9차제정·10변처의 의취와 의취가 아닌 것을 상응하여 수행하지 않겠다. 나는 일체의 삼마지문의 의취와 의취가 아닌 것을 상응하여 수행하지 않겠고, 나는 일체의 다라니문의 의취와 의취가 아닌 것을 상응하여 수행하지 않겠다.

나는 공해탈문의 의취와 의취가 아닌 것을 상응하여 수행하지 않겠고, 나는 무상·무원해탈문의 의취와 의취가 아닌 것을 상응하여 수행하지 않겠다. 나는 5안의 의취와 의취가 아닌 것을 상응하여 수행하지 않겠고, 나는 6신통의 의취와 의취가 아닌 것을 상응하여 수행하지 않겠다. 나는 여래의 10력의 의취와 의취가 아닌 것을 상응하여 수행하지 않겠고, 나는 4무소외·4무애해·대자·대비·대희·대사·18불불공법의 의취와 의취가 아닌 것을 상응하여 수행하지 않겠다.

나는 무망실법의 의취와 의취가 아닌 것을 상응하여 수행하지 않겠고, 나는 항주사성의 의취와 의취가 아닌 것을 상응하여 수행하지 않겠다. 나는 일체지의 의취와 의취가 아닌 것을 상응하여 수행하지 않겠고, 나는 도상지·일체상지의 의취와 의취가 아닌 것을 상응하여 수행하지 않겠다. 나는 예류과의 의취와 의취가 아닌 것을 상응하여 수행하지 않겠고, 나는 일래·불환·아라한과의 의취와 의취가 아닌 것을 상응하여 수행하지 않겠다.

나는 독각의 보리의 의취와 의취가 아닌 것을 상응하여 수행하지 않겠다. 나는 일체의 보살마하살의 행의 의취와 의취가 아닌 것을 상응하여 수행하지 않겠다. 나는 제불의 무상정등보리의 의취와 의취가 아닌 것을 상응하여 수행하지 않겠다.'라고 상응하여 이렇게 생각을 짓느니라. 그 까닭은 무엇인가? 선현이여. 여래가 무상정등보리를 증득하는 때에, 법이 있어서 능히 적은 법과 함께 능히 의취가 되고 의취가 아닌 것이 된다고 보지 않느니라.

선현이여. 여래께서 세상에 출현(出世)하시거나, 만약 세상에 출현하시지 않더라도, 제법의 법성(法性)·법주(法住)·법정(法定)의 법이 그러하듯이 항상 머무르더라도, 법이 법에서 의취가 되고 의취가 아닌 것이 되지 않느니라. 이와 같이 선현이여. 보살마하살은 의취와 의취가 아닌 것을 상응하여 벗어나고, 항상 반야바라밀다의 매우 깊은 의취를 수행해야 하느니라."

구수 선현이 다시 세존께 아뢰어 말하였다.
"세존이시여. 무슨 까닭으로 반야바라밀다는 제법과 함께 의취이고 의취가 아닌 것이 되지 않습니까?"
세존께서 말씀하셨다.
"선현이여. 매우 깊은 반야바라밀다는 유위법과 무위법에서 함께 짓는 것이 없으므로 은혜도 아니고 원수도 아니며 이익도 없고 손해도 없느니라. 이러한 까닭으로 반야바라밀다는 제법과 함께 의취이고 의취가 아닌 것이 되지 않느니라.”

구수 선현이 다시 세존께 아뢰어 말하였다.

"세존이시여. 어찌 제불과 제불의 제자들 및 일체의 현성(賢聖)은 모두 무위(無爲)로써 제일의(第一義)[13]를 삼지 않겠습니까?”

세존께서 말씀하셨다.

"선현이여. 그와 같으니라. 그와 같으니라. 그대가 말한 것과 같이 제불과 제불의 제자들 및 일체의 현성은 모두 무위로써 제일의를 삼느니라. 그렇지만 무위법은 제법과 함께 이익이 되거나 손해가 되지 않느니라. 선현이여. 비유한다면 허공과 진여가 제법과 함께 이익이 되거나 손해가 되지 않는 것과 같으니라. 보살마하살의 매우 깊은 반야바라밀다도 역시 그와 같아서 제법과 함께 이익이 되거나 손해가 되지 않느니라. 이러한 까닭으로 반야바라밀다는 제법과 함께 의취이고 의취가 아닌 것이 되지 않느니라.”

구수 선현이 다시 세존께 아뢰어 말하였다.

"세존이시여. 보살마하살이 어찌 매우 깊고 무위의 반야바라밀다를 반드시 수학해야 비로소 능히 일체지지를 증득하지 않겠습니까?”

세존께서 말씀하셨다.

"선현이여. 그와 같으니라. 그와 같으니라. 그대가 말한 것과 같이 보살마하살이 매우 깊고 무위의 반야바라밀다를 반드시 수학해야 비로소 능히 일체지지를 증득하는 것이니, 2법(二法)으로써 방편을 삼는 것이 아니니라.”

"세존이시여. 불이법(不二法)으로써 불이법을 얻게 됩니까?”

"아니니라. 선현이여.”

"세존이시여. 2법으로써 불이법을 얻게 됩니까?”

"아니니라. 선현이여.”

"세존이시여. 만약 2법과 불이법으로써 불이법을 얻을 수 없다면,

---

13) 진제(眞諦)를 가리키며, '승의제(勝義諦)' 또는 '제1의제(第一義諦)' 등을 말한다.

보살마하살은 어떻게 마땅히 일체지지를 얻습니까?"

"선현이여. 2법과 불이법으로 함께 얻을 수 없느니라. 이러한 까닭으로 얻었던 일체지지라는 것은 얻을 수 있는 까닭으로 얻어지는 것이 아니고, 역시 얻을 수 없으므로 얻어지는 것도 아니니라. 얻을 수 있는 법과 얻을 수 없는 법은 모두 얻을 수 없는 까닭이니라. 만약 이와 같이 알았다면 비로소 능히 일체지의 지혜를 증득하느니라."

62. 실설품(實說品)(1)

그때 구수(具壽) 선현(善現)이 세존께 아뢰어 말하였다.
"세존이시여. 이와 같은 반야바라밀다(般若波羅蜜多)는 지극하여 매우 깊습니다. 세존이시여. 제보살마하살(諸菩薩摩訶薩)들은 유정(有情)들을 얻을 수 없고, 역시 다시 유정의 시설(施設)도 얻을 수 없으나, 유정들을 위하여 무상정등보리(無上正等菩提)를 구하면서 나아가더라도 매우 어려운 일입니다. 세존이시여. 비유한다면 사람이 있어서 색(色)이 없고 볼 수도 없으며 마주할 수도 없고 의지할 수 없는 것인 공중(空中)에 나무를 심으려고 하였다면, 그것은 매우 어려운 것과 같습니다. 제보살마하살도 역시 다시 이와 같아서 유정(有情)들을 얻을 수 없고, 역시 다시 유정의 시설(施設)도 얻을 수 없으나, 유정들을 위하여 무상정등보리를 구하면서 나아가더라도 매우 어려운 일입니다."

세존께서 말씀하셨다.
"선현이여. 그와 같으니라. 그와 같으니라. 그대가 말한 것과 같이 반야바라밀다는 지극하여 매우 깊으니라. 제보살마하살들은 유정들을 얻을 수 없고, 역시 다시 유정의 시설도 얻을 수 없으나, 유정들을 위하여 무상정등보리를 구하면서 나아가더라도 매우 어려운 일이니라. 선현이여. 제보살마하살은 비록 유정과 그들의 시설이 진실로 있다고 보지 않더라도, 제유정들이 어리석고 우치(愚癡)하고 전도(顚倒)되어 진실로 있다고 집착하며, 생사(生死)를 윤회(輪廻)하면서 끝이 없는 고통을 받으므로, 그들을 제도하기 위한 까닭으로 무상정등보리를 구하면서 나아가느니라. 보리를 증득하였다면 그들의 아집(我執)을 끊어주고, 더불어 생사의 여러 고통에서 해탈시켜 주느니라.

선현이여. 비유한다면 사람이 있어서 좋은 밭에 나무를 심었고, 이 사람은 비록 다시 이 나무의 뿌리·줄기·가지·잎·꽃·열매 등을 수용할 사람들을 보지 않았을지라도, 나무를 심고서 때를 따라서 물을 주고 그것을 수호하였는데, 이 나무가 점차 생장(生長)하여 가지·잎·꽃·열매가 모두 무성(茂盛)해진다면, 여러 사람이 수용(受用)하여 병을 고치고 편안함도 얻는 것과 같으니라.

선현이여. 보살마하살도 역시 다시 이와 같아서 비록 유정과 여래의 과위(佛果)가 있다고 보지 않을지라도, 유정들을 위하여 무상정등보리를 구하면서 나아가며, 점차로 보시·정계·안인·정진·정려·반야 바라밀다를 수행하여 이미 원만해졌다면 무상정등보리를 증득하고서 제유정들에게 불수(佛樹)의 잎·꽃·열매 등을 수용하여 각자 요익(饒益)을 얻게 하느니라.

선현이여. 마땅히 알라. 잎의 요익은 제유정들이 이 불수를 인연으로 악취(惡趣)의 고통에서 해탈하는 것이니라. 꽃의 요익은 이를테면, 제유정들이 이 불수의 인연으로 혹은 찰제리(刹帝利)의 대종족(大族)에 태어나거나, 혹은 바라문(婆羅門)의 대종족에 태어나거나, 혹은 장자(長者)의 대종족에 태어나거나, 혹은 거사(居士)의 대종족에 태어나거나, 혹은 4대왕중천(四大王衆天)에 태어나거나, 혹은 33천(三十三天)에 태어나거나, 혹은 야마천(夜摩天)에 태어나거나, 혹은 도사다천(睹史多天)에 태어나거나, 혹은 낙변화천(樂變化天)에 태어나거나, 혹은 타화자재천(他化自在天)에 태어나거나, 혹은 범중천(梵衆天)에 태어나거나, 혹은 범보천(梵輔天)에 태어나거나, 혹은 범회천(梵會天)에 태어나거나, 혹은 대범천(大梵天)에 태어나거나, 혹은 광천(光天)에 태어나거나, 혹은 소광천(少光天)에 태어나거나, 혹은 무량광천(無量光天)에 태어나거나, 혹은 극광정천(極光淨天)에 태어나거나, 혹은 정천(淨天)에 태어나거나, 혹은 소정천(少淨天)에 태어나거나, 혹은 무량정천(無量淨天)에 태어나거나, 혹은 변정천(遍淨天)에 태어나거나, 혹은 광천(廣天)에 태어나거나, 혹은 소광천(少廣天)에 태어나거나, 혹은 무량광천(無量廣天)에 태어나거나, 혹은 광과천(廣果天)에 태어나거나, 혹은 무번천(無煩天)에 태어나거나, 혹은 무열천(無熱天)에 태어나거나, 혹은 선현천(善見天)에 태어나거나, 혹은 선견천(善見天)에 태어나거나, 혹은 색구경천(色究竟天)에 태어나거나, 혹은 공무변처천(空無邊處天)에 태어나거나, 혹은 식무변처천(識無邊處天)에 태어나거나, 혹은 무소유처천(無所有處天)에 태어나거나, 비상비비상처천(非想非非想處天)에 태어나는 것이니라.

열매의 이익은 제유정들이 이 불수를 인연으로 혹은 예류과에 안주하거나, 혹은 일래과에 안주하거나, 혹은 불환과에 안주하거나, 혹은 아라한과에 안주하거나, 혹은 독각의 보리에 안주하거나, 혹은 무상정등보리에 안주하는 것이니라. 이 제유정들이 성불(成佛)을 이미 증득하였다면, 다시 불수의 잎·꽃·열매를 수용하여 유정들을 요익하게 하고, 제유정에게 악취의 고통에서 해탈하여 인간과 천상의 쾌락을 얻게 하며, 점차로 안립(安立)시켜서 3승의 반열반계(般涅槃界)에 들어가게 하는데 이를테면, 성문승(聲聞乘)의 반열반계이거나, 혹은 독각승(獨覺乘)의 반열반계이거나, 혹은 무상승(無上乘)의 반열반계이니라.

선현이여. 이 보살마하살이 비록 이와 같은 크게 요익한 일을 짓더라도, 진실로 유정이 열반을 얻는다고 모두 보지 않고, 오직 망상과 여러 고통이 적멸(寂滅)해졌다고 보느니라. 이와 같이 선현이여. 제보살마하살이 반야바라밀다를 수행한다면 유정과 그들의 시설을 얻을 수 없을지라도, 그렇지만 그들의 아집과 전도를 없애주기 위하여 무상정등보리를 구하면서 나아가느니라. 오히려 이러한 인연으로 매우 어려운 일이 되느니라."

그때 구수 선현이 세존께 아뢰어 말하였다.

"세존이시여. 보살마하살은 곧 이 자들이 여래·응공·정등각이라고 마땅히 알아야 합니다. 왜 그러한가? 세존이시여. 제보살마하살을 인연하는 까닭으로 곧 능히 일체의 지옥(地獄)을 영원히 끊을 수 있고, 역시 능히 일체의 방생(傍生)을 영원히 끊을 수 있으며, 역시 능히 일체의 귀계(鬼界)를 영원히 끊을 수 있고, 역시 능히 일체의 무하(無暇)14)를 영원히 끊을 수 있으며, 역시 능히 일체의 빈궁(貧窮)을 영원히 끊을 수 있고, 역시 능히 일체의 열등한 세계(劣趣)를 영원히 끊을 수 있고, 역시 능히 일체의 욕계·색계·무색계도 영원히 끊을 수 있습니다."

세존께서 말씀하셨다.

"선현이여. 그와 같으니라. 그와 같으니라. 그대가 말한 것과 같이 보살마하살은 곧 이 자들이 여래·응공·정등각이라고 마땅히 알아야 하느니라. 선현이여. 만약 보살마하살이 무상정등보리를 일으켜서 나아가지 않는다면 세간에는 곧 과거·미래·현재의 제불께서 무상정등보리를 증득한 것이 없을 것이고, 역시 독각이 세상에 출현(出現)함도 없을 것이며, 역시 아라한이 세상에 출현함도 없을 것이고, 역시 불환이 세상에 출현함도 없을 것이며, 일래가 세상에 출현함도 없을 것이고, 예류가 세상에 출현힘도 없을 것이니라.

역시 능히 지옥을 영원히 끊을 수 없을 것이고, 역시 능히 방생을 영원히 끊을 수 없을 것이며, 역시 능히 귀계를 영원히 끊을 수 없을 것이며, 역시 능히 무하를 영원히 끊을 수 없을 것이고, 역시 능히 빈궁을 영원히 끊을 수 없을 것이며, 역시 능히 열등한 길을 영원히 끊을 수 없을 것이고, 역시 능히 욕계·색계·무색계를 영원히 끊을 수도 없을 것이니라.

이러한 까닭으로 선현이여. 그대가 말한 것과 같이 보살마하살은 곧 이 자들이 여래·응공·정등각이라고 마땅히 알아야 하느니라. 선현이여. 이와 같고 이와 같이 보살마하살은 곧 이 자들이 여래·응공·정등각이라고

---

14) 여가가 없거나, 틈새가 없는 것이다.

마땅히 알아야 하느니라.

　왜 그러한가? 선현이여. 만약 오히려 이러한 진여(眞如)로 여래(如來)를 시설한다면 곧 오히려 이러한 진여는 독각(獨覺)을 시설한 것이고, 만약 오히려 이러한 진여로 독각을 시설한다면 곧 오히려 이러한 진여는 성문(聲聞)을 시설한 것이며, 만약 오히려 이러한 진여로 성문을 시설한다면 곧 오히려 이러한 진여는 일체의 현성(賢聖)을 시설한 것이고, 만약 오히려 이러한 진여로 일체의 현성을 시설한다면 곧 오히려 이러한 진여는 색(色)을 시설한 것이며, 만약 오히려 이러한 진여로 색을 시설한다면 곧 오히려 이러한 진여는 수(受)·상(想)·행(行)·식(識)을 시설한 것이니라.

　만약 오히려 이러한 진여로 수·상·행·식을 시설한다면 곧 오히려 이러한 진여는 안처(眼處)를 시설한 것이고, 만약 오히려 이러한 진여로 안처를 시설한다면 곧 오히려 이러한 진여는 이(耳)·비(鼻)·설(舌)·신(身)·의처(意處)를 시설한 것이며, 만약 오히려 이러한 진여로 이·비·설·신·의처를 시설한다면 곧 오히려 이러한 진여는 색처(色處)를 시설한 것이고, 만약 오히려 이러한 진여로 색처를 시설한다면 곧 오히려 이러한 진여는 성(聲)·향(香)·미(味)·촉(觸)·법처(法處)를 시설한 것이며, 만약 오히려 이러한 진여로 성·향·미·촉·법처를 시설한다면 곧 오히려 이러한 진여는 안계(眼界)를 시설한 것이니라.

　만약 오히려 이러한 진여로 안계를 시설한다면 곧 오히려 이러한 진여는 이(耳)·비(鼻)·설(舌)·신(身)·의계(意界)를 시설한 것이고, 만약 오히려 이러한 진여로 이·비·설·신·의계를 시설한다면 곧 오히려 이러한 진여는 색계(色界)를 시설한 것이며, 만약 오히려 이러한 진여로 색계를 시설한다면 곧 오히려 이러한 진여는 성(聲)·향(香)·미(味)·촉(觸)·법계(法界)를 시설한 것이고, 만약 오히려 이러한 진여로 성·향·미·촉·법계를 시설한다면 곧 오히려 이러한 진여는 안식계(眼識界)를 시설한 것이며, 만약 오히려 이러한 진여로 안식계를 시설한다면 곧 오히려 이러한 진여는 이(耳)·비(鼻)·설(舌)·신(身)·의식계(意識界)를 시설한 것이니라.

　만약 오히려 이러한 진여로 이·비·설·신·의식계를 시설한다면 곧 오히려 이러한 진여는 안촉(眼觸)을 시설한 것이고, 만약 오히려 이러한 진여로 안촉을 시설한다면 곧 오히려 이러한 진여는 이(耳)·비(鼻)·설(舌)·신(身)·의촉(意觸)을 시설한 것이며, 만약 오히려 이러한 진여로 이·비·설·신·의촉을 시설한다면 곧 오히려 이러한 진여는 안촉을 인연으로 생겨난 여러 수를 시설한 것이고, 만약 오히려 이러한 진여로 안촉을 인연으로 생겨난 여러 수를 시설한다면 곧 오히려 이러한 진여는 이·비·설·신·의촉을 인연으로 생겨난 여러 수를 시설한 것이며, 만약 오히려 이러한 진여로 이·비·설·신·의촉을 인연으로 생겨난 여러 수를 시설한다면 곧 오히려 이러한 진여는 지계(地界)를 시설한 것이니라.”

마하반야바라밀다경 제364권

62. 실설품(實說品)(2)

"선현이여. 만약 오히려 이러한 진여로 지계를 시설한다면 곧 오히려 이러한 진여는 수(水)·화(火)·풍(風)·공(空)·식계(識界)를 시설한 것이니라. 만약 오히려 이러한 진여로 수·화·풍·공·식계를 시설한다면 곧 오히려 이러한 진여는 무명(無明)을 시설한 것이니라. 만약 오히려 이러한 진여로 무명을 시설한다면 곧 오히려 이러한 진여는 행(行)·식(識)·명색(名色)·육처(六處)·촉(觸)·수(受)·애(愛)·취(取)·유(有)·생(生)·노사(老死)의 수탄고우뇌(愁歎苦憂惱)를 시설한 것이니라. 만약 오히려 이러한 진여로 행, 나아가 노사의 수탄고우뇌를 시설한다면 곧 오히려 이러한 진여는 보시바라밀다(布施波羅蜜多)를 시설한 것이니라.

만약 오히려 이러한 진여로 보시바라밀다를 시설한다면 곧 오히려 이러한 진여는 정계(淨戒)·안인(安忍)·정진(精進)·정려(靜慮)·반야바라밀다(般若波羅蜜多)를 시설한 것이니라. 만약 오히려 이러한 진여로 정계, 나아가 반야바라밀다를 시설한다면 곧 오히려 이러한 진여는 내공(內空)을 시설한 것이니라. 만약 오히려 이러한 진여로 내공을 시설한다면 곧 오히려 이러한 진여는 외공(外空)·내외공(內外空)·공공(空空)·대공(大空)·승의공(勝義空)·유위공(有爲空)·무위공(無爲空)·필경공(畢竟空)·무제공(無際空)·산공(散空)·무변이공(無變異空)·본성공(本性空)·자상공(自相空)·공상공(共相空)·일체법공(一切法空)·불가득공(不可得空)·무성공(無性空)·자성공(自性空)·무성자성공(無性自性空)을 시설한 것이니라.

만약 오히려 이러한 진여로 외공, 나아가 무성자성공을 시설한다면 곧 오히려 이러한 진여는 4념주(四念住)를 시설한 것이니라. 만약 오히려 이러한 진여로 4념주를 시설한다면 곧 오히려 이러한 진여는 4정단(四正斷)·4신족(四神足)·5근(五根)·5력(五力)·7등각지(七等覺支)·8성도지(八聖道支)를 시설한 것이니라. 만약 오히려 이러한 진여로 4정단, 나아가 8성도지를 시설한다면 곧 오히려 이러한 진여는 고성제(苦聖諦)를 시설한 것이니라. 만약 오히려 이러한 진여로 고성제를 시설한다면 곧 오히려 이러한 진여는 집(集)·멸(滅)·도성제(道聖諦)를 시설한 것이니라. 만약 오히려 이러한 진여로 집·멸·도성제를 시설한다면 곧 오히려 이러한 진여는 4정려(四靜慮)를 시설한 것이니라.

만약 오히려 이러한 진여로 4정려를 시설한다면 곧 오히려 이러한 진여는 4무량(四無量)·4무색정(四無色定)을 시설한 것이니라. 만약 오히려 이러한 진여로 4무량·4무색정을 시설한다면 곧 오히려 이러한 진여는 8해탈(八解脫)을 시설한 것이니라. 만약 오히려 이러한 진여로 8해탈을 시설한다면 곧 오히려 이러한 진여는 8승처(八勝處)·9차제정(九次第定)·10변처(十遍處)를 시설한 것이니라. 만약 오히려 이러한 진여로 8승처·9차제정·10번처를 시설한다면 곧 오히려 이러한 진여는 일체(一切)의 삼마지문(三摩地門)을 시설한 것이니라.

만약 오히려 이러한 진여로 일체의 삼마지문을 시설한다면 곧 오히려 이러한 진여는 일체의 다라니문(陀羅尼門)을 시설한 것이니라. 만약 오히려 이러한 진여로 일체의 다라니문을 시설한다면 곧 오히려 이러한 진여는 공해탈문(空解脫門)을 시설한 것이니라. 만약 오히려 이러한 진여로 공해탈문을 시설한다면 곧 오히려 이러한 진여는 무상(無相)·무원해탈문(無願解脫門)을 시설한 것이니라. 만약 오히려 이러한 진여로 무상·무원해탈문을 시설한다면 곧 오히려 이러한 진여는 5안(五眼)을 시설한 것이니라. 만약 오히려 이러한 진여로 5안을 시설한다면 곧 오히려 이러한 진여는 6신통(六神通)을 시설한 것이니라.

만약 오히려 이러한 진여로 6신통을 시설한다면 곧 오히려 이러한 진여는 여래(佛)의 10력(十力)을 시설한 것이니라. 만약 오히려 이러한 진여로 여래의 10력을 시설한다면 곧 오히려 이러한 진여는 4무소외(四無所畏)·4무애해(四無礙解)·대자(大慈)·대비(大悲)·대희(大喜)·대사(大捨)·18불불공법(十八佛不共法)을 시설한 것이니라. 만약 오히려 이러한 진여로 4무소외, 나아가 18불불공법을 시설한다면 곧 오히려 이러한 진여는 무망실법(無忘失法)을 시설한 것이니라. 만약 오히려 이러한 진여로 무망실법을 시설한다면 곧 오히려 이러한 진여는 항주사성(恒住捨性)을 시설한 것이니라.

만약 오히려 이러한 진여로 항주사성을 시설한다면 곧 오히려 이러한 진여는 일체지(一切智)를 시설한 것이니라. 만약 오히려 이러한 진여로 일체지를 시설한다면 곧 오히려 이러한 진여는 도상지(道相智)·일체상지(一切相智)를 시설한 것이니라. 만약 오히려 이러한 진여로 도상지·일체상지를 시설한다면 곧 오히려 이러한 진여는 일체의 보살마하살(菩薩摩訶薩)의 행(行)을 시설한 것이니라. 만약 오히려 이러한 진여로 일체의 보살마하살의 행을 시설한다면 곧 오히려 이러한 진여는 제불(諸佛)의 무상정등보리(無上正等菩提)를 시설한 것이니라. 만약 오히려 이러한 진여로 제불의 무상정등보리를 시설한다면 곧 오히려 이러한 진여는 유위계(有爲界)를 시설한 것이니라.

만약 오히려 이러한 진여로 유위계를 시설한다면 곧 오히려 이러한 진여는 무위계(無爲界)를 시설한 것이니라. 만약 오히려 이러한 진여로 무위계를 시설한다면 곧 오히려 이러한 진여는 일체의 여래(如來)·응공(應)·정등각(正等覺)을 시설한 것이니라. 만약 오히려 이러한 진여로 일체의 여래·응공·정등각을 시설한다면 곧 오히려 이러한 진여는 일체의 보살마하살을 시설한 것이니라. 만약 오히려 이러한 진여로 일체의 보살마하살을 시설한다면 곧 오히려 이러한 진여는 일체의 유정(有情)을 시설한 것이니라. 만약 오히려 이러한 진여로 일체의 유정을 시설한다면 곧 오히려 이러한 진여는 일체법(一切法)을 시설한 것이니라.

이와 같이 선현이여. 일체법의 진여에서, 일체 유정의 진여에서, 일체

여래·응공·정등각의 진여에서, 일체의 보살마하살의 진여에서는 진실로 모두가 다른 것이 없고, 오히려 다른 것이 없는 까닭으로 진여라고 이름하느니라. 제보살마하살이 이러한 진여에서 수학하여 원만해진다면 무상정등보리를 증득하는 까닭으로 여래·응공·정등각이라고 이름하느니라. 이러한 까닭으로 선현이여. 보살마하살은 곧 여래·응공·정등각이고, 일체법과 일체의 유정으로써, 모두를 진여로써 적정한 분량을 삼는 까닭이니라.

이와 같이 선현이여. 보살마하살은 진여의 매우 깊은 반야바라밀다를 상응하여 수학해야 하느니라. 선현이여. 만약 제보살마하살이 만약 진여의 매우 깊은 반야바라밀다를 수학한다면 곧 능히 일체법의 진여를 수학하느니라. 만약 일체법의 진여를 수학한다면 곧 능히 일체법의 진여를 원만하게 하느니라. 만약 일체법의 진여를 원만하게 하였다면 곧 일체법의 진여에 자재함을 얻고 안주하느니라. 만약 일체법의 진여에서 자재함을 얻고 안주한다면 곧 능히 일체의 유정들의 근기가 수승하고 하열하다고 잘 아느니라.

만약 일체의 유정들의 근기가 수승하고 하열하다고 잘 알았다면 곧 능히 일체의 유정들의 수승한 이해의 차별을 갖추어 아느니라. 만약 일체의 유정들의 수승한 이해의 차별을 갖추어 알았다면 곧 유정들이 스스로의 업으로 과보를 받는다고 아느니라. 만약 유정들이 스스로의 업으로 과보를 받는다고 알았다면 곧 능히 서원과 지혜를 구족하느니라. 만약 서원과 지혜를 구족하였다면 곧 능히 삼세의 미묘한 지혜를 청정하게 수행하느니라. 만약 삼세의 미묘한 지혜를 청정하게 수행하였다면 곧 능히 전도가 없는 보살행을 행하느니라.

만약 능히 전도가 없는 보살행을 행하였다면 곧 능히 유정들을 여실히 성숙시키느니라. 만약 능히 유정들을 여실히 성숙시켰다면 곧 능히 불국토를 여실하고 청정하게 장엄하느니라. 만약 능히 불국토를 여실하고 청정하게 장엄하였다면 곧 능히 일체지지를 증득하느니라. 만약 능히 일체지지를 증득하였다면 곧 능히 미묘한 법륜을 굴리느니라. 만약 능히 미묘한 법륜을 굴렸다면 곧 유정들을 삼승도(三乘道)에 능히 안립시키느니라. 만약 유정들을 삼승도(三乘道)에 능히 안립시켰다면 곧 유정들을 무여의열반계에 들어가게 하느니라.

　선현이여. 제보살마하살은 이와 같은 자리이타(自利利他) 등의 일체의 공덕을 보았다면 상응하여 무상정등각(無上正等覺)의 마음을 일으키고 용맹스럽게 정진하며 반야바라밀다를 수행하면서 견고(堅固)하고 퇴실(退失)이 없어야 하느니라."

　구수 선현이 세존께 아뢰어 말하였다.
"세존이시여. 만약 보살마하살이 능히 무상정등각심을 일으켜서 설하신 것과 같이 반야바라밀다를 수행한다면, 세간의 천상·인간·아소락 등이 모두 상응하게 머리 숙여 공경하고 공양해야 합니다."

　세존께서 말씀하셨다.
"선현이여. 그와 같으니라. 그와 같으니라. 그대가 말한 것과 같이 보살마하살이 능히 무상정등각의 마음을 일으켜서 설하신 것과 같이 반야바라밀다를 수행한다면, 세간의 천상·인간·아소락 등이 모두 상응하여 머리 숙여 공경하고 공양해야 하느니라."

　그때 구수 선현이 세존께 아뢰어 말하였다.
"세존이시여. 만약 보살마하살이 널리 제유정들을 제도하여 해탈시키기 위하여 처음으로 무상정등각의 마음을 일으킨다면 어느 정도의 복덕을 획득합니까?"

　세존께서 말씀하셨다.
"선현이여. 만약 보살마하살이 널리 제유정들을 제도하여 해탈시키기 위하여 처음으로 무상정등각의 마음을 일으킨다면, 그 얻는 것인 복덕은 무량(無量)하고 무변(無邊)하여 산수(算數)와 비유(譬喩)로 능히 미칠 수 없느니라.

　선현이여. 가사(假使) 소천세계(小千世界)에 충만(充滿)한 일체의 유정들이 모두 성문지이거나, 혹은 독각지에 나아갔다면, 그대의 뜻은 어떠한가? 이 제유정들의 그 복덕이 많겠는가?"

선현이 대답하여 말하였다.

"매우 많습니다. 세존이시여. 매우 많습니다. 선서시여. 그가 획득한 복덕은 무량하고 무변합니다."

세존께서 말씀하셨다.

"선현이여. 그들이 획득한 복덕은 일체의 유정들을 제도하기 위하여 제도하여 해탈시키기 위하여 처음으로 무상정등각의 마음을 일으켰던 한 보살마하살이 획득한 복취라는 것에 백 분(百分)의 일에도 미치지 못하고, 천 분의 일에도 미치지 못하며, 백천 분의 일에도 미치지 못하고, 구지(俱胝) 분의 일에도 미치지 못하며, 백 구지 분의 일에도 미치지 못하고, 천 구지 분의 일에도 미치지 못하며, 백천 구지 나유다(那庾多) 분의 일에도 미치지 못하느니라. 왜 그러한가? 선현이여. 성문이나 독각은 모두가 보살마하살에 인연으로 존재하는 것이고, 보살마하살이 성문이나 독각의 인연으로 존재하는 것은 아니니라.

선현이여. 소천세계의 일체의 유정들이 모두 성문지이거나, 혹은 독각지에 나아가서 얻는 복취는 제쳐두고, 가사 중천세계(中千世界)에 충만한 일체의 유정들이 모두 성문지이시나, 혹은 독각지에 나아갔다면, 그대의 뜻은 어떠한가? 이 제유정들의 그 복덕이 많겠는가?"

선현이 대답하여 말하였다.

"매우 많습니다. 세존이시여. 매우 많습니다. 선서시여. 그가 획득한 복덕은 무량하고 무변합니다."

세존께서 말씀하셨다.

"선현이여. 그들이 획득한 복덕은 일체의 유정들을 제도하기 위하여 제도하여 해탈시키기 위하여 처음으로 무상정등각의 마음을 일으켰던 한 보살마하살이 획득한 복취라는 것에 백 분의 일에도 미치지 못하고, 천 분의 일에도 미치지 못하며, 백천 분의 일에도 미치지 못하고, 구지 분의 일에도 미치지 못하며, 백 구지 분의 일에도 미치지 못하고, 천 구지 분의 일에도 미치지 못하며, 백천 구지·나유다 분의 일에도 미치지 못하느니라.

　선현이여. 중천세계의 일체의 유정들이 모두 성문지이거나, 혹은 독각지에 나아가서 얻는 복취는 제쳐두고, 가사 대천세계(大千世界)에 충만한 일체의 유정들이 모두 성문지이거나, 혹은 독각지에 나아갔다면, 그대의 뜻은 어떠한가? 이 제유정들의 그 복덕이 많겠는가?"

　선현이 대답하여 말하였다.

　"매우 많습니다. 세존이시여. 매우 많습니다. 선서시여. 그가 획득한 복덕은 무량하고 무변합니다."

　세존께서 말씀하셨다.

　"선현이여. 그들이 획득한 복덕은 일체의 유정들을 제도하기 위하여 제도하여 해탈시키기 위하여 처음으로 무상정등각의 마음을 일으켰던 한 보살마하살이 획득한 복취라는 것에 백 분의 일에도 미치지 못하고, 천 분의 일에도 미치지 못하며, 백천 분의 일에도 미치지 못하고, 구지 분의 일에도 미치지 못하며, 백 구지 분의 일에도 미치지 못하고, 천 구지 분의 일에도 미치지 못하며, 백천 구지·나유다 분의 일에도 미치지 못하느니라.

　선현이여. 대천세계의 일체의 유정들이 모두 성문지이거나, 혹은 독각지에 나아가서 얻는 복취는 제쳐두고, 가사 삼천대천세계(三千大千世界)의 일체의 유정들이 모두 정관지(淨觀地)[1]에 안주하였다면, 그대의 뜻은 어떠한가? 이 제유정들의 그 복덕이 많겠는가?"

　선현이 대답하여 말하였다.

　"매우 많습니다. 세존이시여. 매우 많습니다. 선서시여. 그가 획득한 복덕은 무량하고 무변합니다."

　세존께서 말씀하셨다.

---

　1) 산스크리트어 Śukla-vidarśanā-bhūmi의 번역이고, 건혜지(乾慧地)를 가리킨다. 또한 '멸정지(滅淨地)', '적연잡견현입지(寂然雜見現入地)', '견정지(見淨地)' 등으로 번역하고, 이 지위는 4염처관(四念處觀)을 수행하여 지혜를 얻었으나, 아직 궁극적인 법성(法性)의 진리를 터득하지 않은 지위를 가리킨다.

"선현이여. 그들이 획득한 복덕은 일체의 유정들을 제도하기 위하여 제도하여 해탈시키기 위하여 처음으로 무상정등각의 마음을 일으켰던 한 보살마하살이 획득한 복취라는 것에 백 분의 일에도 미치지 못하고, 천 분의 일에도 미치지 못하며, 백천 분의 일에도 미치지 못하고, 구지 분의 일에도 미치지 못하며, 백 구지 분의 일에도 미치지 못하고, 천 구지 분의 일에도 미치지 못하며, 백천 구지·나유다 분의 일에도 미치지 못하느니라.

선현이여. 대천세계의 일체의 유정들이 모두 정관지에 안주하여 얻는 복취는 제쳐두고, 가사 삼천대천세계의 일체의 유정들이 모두 종성지(種性地)[2]에 안주하였다면, 그대의 뜻은 어떠한가? 이 제유정들의 그 복덕이 많겠는가?"

선현이 대답하여 말하였다.

"매우 많습니다. 세존이시여. 매우 많습니다. 선서시여. 그가 획득한 복덕은 무량하고 무변합니다."

세존께서 말씀하셨다.

"선현이여. 그들이 획득한 복덕은 일체의 유정들을 제도하기 위하여 제도하여 해탈시키기 위하여 처음으로 무상정등각의 마음을 일으켰던 한 보살마하살이 획득한 복취라는 것에 백 분의 일에도 미치지 못하고, 천 분의 일에도 미치지 못하며, 백천 분의 일에도 미치지 못하고, 구지 분의 일에도 미치지 못하며, 백 구지 분의 일에도 미치지 못하고, 천 구지 분의 일에도 미치지 못하며, 백천 구지·나유다 분의 일에도 미치지 못하느니라.

선현이여. 대천세계의 일체의 유정들이 모두 종성지에 안주하여 얻는 복취는 제쳐두고, 가사 삼천대천세계의 일체의 유정들이 모두 제8지(第八地)[3]에 안주하였다면, 그대의 뜻은 어떠한가? 이 제유정들의 그 복덕이

---

2) 제법(諸法)의 실상(實相)에 애착이 있으나, 삿된 견해를 일으키지 않고 지혜와 선정이 갖추어진 지위이다.
3) 욕계의 사제(四諦)와 색계·무색계의 사제를 명료하게 관찰하여, 그것에 대한

많겠는가?"

선현이 대답하여 말하였다.

"매우 많습니다. 세존이시여. 매우 많습니다. 선서시여. 그가 획득한 복덕은 무량하고 무변합니다."

세존께서 말씀하셨다.

"선현이여. 그들이 획득한 복덕은 일체의 유정들을 제도하기 위하여 제도하여 해탈시키기 위하여 처음으로 무상정등각의 마음을 일으켰던 한 보살마하살이 획득한 복취라는 것에 백 분의 일에도 미치지 못하고, 천 분의 일에도 미치지 못하며, 백천 분의 일에도 미치지 못하고, 구지 분의 일에도 미치지 못하며, 백 구지 분의 일에도 미치지 못하고, 천 구지 분의 일에도 미치지 못하며, 구지·나유다 분의 일에도 미치지 못하느니라.

선현이여. 대천세계의 일체의 유정들이 모두 종성지에 안주하여 얻는 복취는 제쳐두고, 가사 삼천대천세계의 일체의 유정들이 모두 견지(見地)4)에 안주하였다면, 그대의 뜻은 어떠한가? 이 제유정들의 그 복덕이 많겠는가?"

선현이 대답하여 말하였다.

"매우 많습니다. 세존이시여. 매우 많습니다. 선서시여. 그가 획득한 복덕은 무량하고 무변합니다."

세존께서 말씀하셨다.

"선현이여. 그들이 획득한 복덕은 일체의 유정들을 제도하기 위하여 제도하여 해탈시키기 위하여 처음으로 무상정등각의 마음을 일으켰던 한 보살마하살이 획득한 복취라는 것에 백 분의 일에도 미치지 못하고, 천 분의 일에도 미치지 못하며, 백천 분의 일에도 미치지 못하고, 구지 분의 일에도 미치지 못하며, 백 구지 분의 일에도 미치지 못하고, 천 구지 분의 일에도 미치지 못하며, 백천 구지·나유다 분의 일에도 미치지

미혹을 끊고 확실하게 인정하는 지위이다.

4) 욕계·색계·무색계의 견혹(見惑)을 끊어서 다시 범부로 퇴실하지 않는 지위이다.

못하느니라.

　선현이여. 대천세계의 일체의 유정들이 모두 종성지에 안주하여 얻는 복취는 제쳐두고, 가사 삼천대천세계의 일체의 유정들이 모두 박지(薄地)[5])에 안주하였다면, 그대의 뜻은 어떠한가? 이 제유정들의 그 복덕이 많겠는가?"

　선현이 대답하여 말하였다.

　"매우 많습니다. 세존이시여. 매우 많습니다. 선서시여. 그가 획득한 복덕은 무량하고 무변합니다."

　세존께서 말씀하셨다.

　"선현이여. 그들이 획득한 복덕은 일체의 유정들을 제도하기 위하여 제도하여 해탈시키기 위하여 처음으로 무상정등각의 마음을 일으켰던 한 보살마하살이 획득한 복취라는 것에 백 분의 일에도 미치지 못하고, 천 분의 일에도 미치지 못하며, 백천 분의 일에도 미치지 못하고, 구지 분의 일에도 미치지 못하며, 백 구지 분의 일에도 미치지 못하고, 천 구지 분의 일에도 미치지 못하며, 백천 구지·나유다 분의 일에도 미치지 못하느니라.

　선현이여. 대천세계의 일체의 유정들이 모두 종성지에 안주하여 얻는 복취는 제쳐두고, 가사 삼천대천세계의 일체의 유정들이 모두 이욕지(離欲地)[6])에 안주하였다면, 그대의 뜻은 어떠한가? 이 제유정들의 그 복덕이 많겠는가?"

　선현이 대답하여 말하였다.

　"매우 많습니다. 세존이시여. 매우 많습니다. 선서시여. 그가 획득한 복덕은 무량하고 무변합니다."

　세존께서 말씀하셨다.

　"선현이여. 그들이 획득한 복덕은 일체의 유정들을 제도하기 위하여 제도하여 해탈시키기 위하여 처음으로 무상정등각의 마음을 일으켰던

---

5) 욕계의 수혹(修惑)을 대부분을 단절한 지위이다.
6) 욕계의 수혹(修惑)을 완전히 단절한 지위이다.

한 보살마하살이 획득한 복취라는 것에 백 분의 일에도 미치지 못하고, 천 분의 일에도 미치지 못하며, 백천 분의 일에도 미치지 못하고, 구지 분의 일에도 미치지 못하며, 백 구지 분의 일에도 미치지 못하고, 천 구지 분의 일에도 미치지 못하며, 백천 구지·나유다 분의 일에도 미치지 못하느니라.

선현이여. 대천세계의 일체의 유정들이 모두 종성지에 안주하여 얻는 복취는 제쳐두고, 가사 삼천대천세계의 일체의 유정들이 모두 이판지(已辨地)[7]에 안주하였다면, 그대의 뜻은 어떠한가? 이 제유정들의 그 복덕이 많겠는가?"

선현이 대답하여 말하였다.

"매우 많습니다. 세존이시여. 매우 많습니다. 선서시여. 그가 획득한 복덕은 무량하고 무변합니다."

세존께서 말씀하셨다.

"선현이여. 그들이 획득한 복덕은 일체의 유정들을 제도하기 위하여 제도하여 해탈시키기 위하여 처음으로 무상정등각의 마음을 일으켰던 한 보살마하살이 획득한 복취라는 것에 백 분의 일에도 미치지 못하고, 천 분의 일에도 미치지 못하며, 백천 분의 일에도 미치지 못하고, 구지 분의 일에도 미치지 못하며, 백 구지 분의 일에도 미치지 못하고, 천 구지 분의 일에도 미치지 못하며, 백천 구지·나유다 분의 일에도 미치지 못하느니라.

선현이여. 대천세계의 일체의 유정들이 모두 종성지에 안주하여 얻는 복취는 제쳐두고, 가사 삼천대천세계의 일체의 유정들이 모두 독각지[8]에 안주하였다면, 그대의 뜻은 어떠한가? 이 제유정들의 그 복덕이 많겠는가?"

선현이 대답하여 말하였다.

---

7) 욕계·색계·무색계의 일체 번뇌를 완전히 단절한 지위이다.
8) '벽지불지(辟支佛地)' 또는 '지불지(支佛地)' 등으로 번역하고, 스스로가 연기(緣起)의 이치를 관찰하여 깨달음을 성취한 경지이다.

"매우 많습니다. 세존이시여. 매우 많습니다. 선서시여. 그가 획득한 복덕은 무량하고 무변합니다."

세존께서 말씀하셨다.

"선현이여. 그들이 획득한 복덕은 일체의 유정들을 제도하기 위하여 제도하여 해탈시키기 위하여 처음으로 무상정등각의 마음을 일으켰던 한 보살마하살이 획득한 복취라는 것에 백 분의 일에도 미치지 못하고, 천 분의 일에도 미치지 못하며, 백천 분의 일에도 미치지 못하고, 구지 분의 일에도 미치지 못하며, 백 구지 분의 일에도 미치지 못하고, 천 구지 분의 일에도 미치지 못하며, 백천 구지·나유다 분의 일에도 미치지 못하느니라.

선현이여. 가사 삼천대천세계에 충만한 일체의 유정들이 제유정들을 제도하여 해탈시키기 위하여 처음으로 무상정등각의 마음을 일으켰더라도, 이 보살마하살들이 획득하였던 복취라는 것은 보살의 정성이생(正性離生)에 들어간 한 보살마하살이 획득한 복취라는 것에 백 분의 일에도 미치지 못하고, 천 분의 일에도 미치지 못하며, 백천 분의 일에도 미치지 못하고, 구지 분의 일에도 미치지 못하며, 백 구지 분의 일에도 미치지 못하고, 천 구지 분의 일에도 미치지 못하며, 백천 구지·나유다 분의 일에도 미치지 못하느니라.

선현이여. 가사 삼천대천세계에 충만한 일체의 유정들이 모두 보살의 정성이생에 들어갔더라도, 이 보살마하살들이 획득하였던 복취는 보리향(菩提向)을 행하는 한 보살마하살이 획득하는 복취라는 것에 백 분의 일에도 미치지 못하고, 천 분의 일에도 미치지 못하며, 백천 분의 일에도 미치지 못하고, 구지 분의 일에도 미치지 못하며, 백 구지 분의 일에도 미치지 못하고, 천 구지 분의 일에도 미치지 못하며, 백천 구지·나유다 분의 일에도 미치지 못하느니라.

선현이여. 가사 삼천대천세계에 충만한 일체의 유정들이 모두 보리향을 행하였더라도, 이 보살마하살들이 획득하였던 복취는 보리향을 행하는 한 여래·응공·정등각께서 획득한 복취라는 것에 백 분의 일에도 미치지 못하고, 천 분의 일에도 미치지 못하며, 백천 분의 일에도 미치지 못하고, 구지 분의 일에도 미치지 못하며, 백 구지 분의 일에도 미치지 못하고, 천 구지 분의 일에도 미치지 못하며, 백천 구지·나유다 분의 일에도 미치지 못하느니라."

그때 구수 선현이 세존께 아뢰어 말하였다.
"세존이시여. 처음으로 무상정등각의 마음을 일으키는 보살마하살이 사유해야 하는 것은 무엇입니까?"
세존께서 말씀하셨다.
"선현이여. 처음으로 무상정등각의 마음을 일으키는 보살마하살들은 항상 일체상지(一切相智)를 바르게 사유해야 하느니라."
구수 선현이 다시 세존께 아뢰어 말하였다.
"세존이시여. 일체상지는 무슨 자성이 있습니까? 일체상지는 무엇으로 인연하고, 무엇을 증상(增上)으로 삼으며, 무엇을 행상(行相)으로 삼으며, 무슨 상(相)이 있습니까?"
세존께서 말씀하셨다.
"선현이여. 일체상지는 무성(無性)으로 자성을 삼으며, 상(相)도 없고, 인(因)도 없으며, 경각(警覺)이라는 것도 없고, 생겨남도 없으며, 나타남도 없느니라. 또한 그대는 '일체상지는 무엇으로 인연하고, 무엇을 증상으로 삼으며, 무엇을 행상으로 삼고, 무슨 상이 있습니까?'라고 물었느니라. 선현이여. 일체상지는 무성으로 인연을 삼고, 정념(正念)으로 증상을 삼으며, 적정(寂靜)으로 행상을 삼고, 무상(無相)으로 상(相)을 삼느니라. 선현이여. 일체상지는 이와 같이 인연하는 것이고, 이와 같이 증상하는 것이며, 이와 같이 행상인 것이고, 이와 같이 상인 것이니라."
구수 선현이 다시 세존께 아뢰어 말하였다.
"세존이시여. 다만 일체상지가 무성으로 자성을 삼습니까? 색·수·상·행·식도 역시 무성으로 자성을 삼습니까? 안처와 이·비·설·신·의처도 역시 무성으로 자성을 삼습니까? 색처와 성·향·미·촉·법처도 역시 무성으로 자성을 삼습니까? 안계와 이·비·설·신·의계도 역시 무성으로 자성을 삼습니까? 색계와 성·향·미·촉·법계도 역시 무성으로 자성을 삼습니까? 안식계와 이·비·설·신·의식계도 역시 무성으로 자성을 삼습니까? 안촉과 이·비·설·신·의촉도 역시 무성으로 자성을 삼습니까? 안촉을 인연으로 생겨난 여러 수와 이·비·설·신·의촉을 인연으로 생겨난 여러 수도 역시 무성으로 자성을 삼습니까?

지계와 수·화·풍·공·식계도 역시 무성으로 자성을 삼습니까? 무명과 행·식·명색·육처·촉·수·애·취·유·생·노사의 수탄고우뇌도 역시 무성으로 자성을 삼습니까? 내법(內法)과 외법(外法)도 역시 무성으로 자성을 삼습니까? 4정려와 4무량·4무색정도 역시 무성으로 자성을 삼습니까? 4념주와 4정단·4신족·5근·5력·7등각지·8성도지도 역시 무성으로 자성을 삼습니까? 공해탈문과 무상·무원해탈문도 역시 무성으로 자성을 삼습니까?

8해탈과 8승처·9차제정·10변처도 역시 무성으로 자성을 삼습니까? 보시바라밀다와 정계·안인·정진·정려·반야바라밀다도 역시 무성으로 자성을 삼습니까? 내공과 외공·내외공·공공·대공·승의공·유위공·무위공·필경공·무세공·산공·무변이공·본성공·자상공·공상공·일체법공·불가득공·무성공·자성공·무성자성공도 역시 무성으로 자성을 삼습니까? 고성제와 집·멸·도성제도 역시 무성으로 자성을 삼습니까? 일체의 삼마지문과 일체의 다라니문도 역시 무성으로 자성을 삼습니까? 여래의 10력과 4무소외·4무애해·18불불공법도 역시 무성으로 자성을 삼습니까?

대자·대비·대희·대사도 역시 무성으로 자성을 삼습니까? 무망실법과 항주사성도 역시 무성으로 자성을 삼습니까? 일체지와 도상지도 역시 무성으로 자성을 삼습니까? 초안(初眼)과 제2·제3·제4·제5안(第五眼)도 역시 무성으로 자성을 삼습니까? 초신통(初神通)과 제2·제3·제4·제5·제6신통(第六神通)도 역시 무성으로 자성을 삼습니까? 유위계(有爲界)와 무위계(無爲界)도 역시 무성으로 자성을 삼습니까?"

세존께서 말씀하셨다.

"선현이여. 다만 일체상지가 무성으로 자성을 삼는 것이 아니고, 색·수·상·행·식도 역시 무성으로 자성을 삼느니라. 안처와 이·비·설·신·의처도 역시 무성으로 자성을 삼느니라. 색처와 성·향·미·촉·법처도 역시 무성으로 자성을 삼느니라. 안계와 이·비·설·신·의계도 역시 무성으로 자성을 삼느니라. 색계와 성·향·미·촉·법계도 역시 무성으로 자성을 삼느니라. 안식계와 이·비·설·신·의식계도 역시 무성으로 자성을 삼느니라. 안촉과 이·비·설·신·의촉도 역시 무성으로 자성을 삼느니라.

안촉을 인연으로 생겨난 여러 수와 이·비·설·신·의촉을 인연으로 생겨난 여러 수도 역시 무성으로 자성을 삼느니라. 지계와 수·화·풍·공·식계도 역시 무성으로 자성을 삼느니라. 무명과 행·식·명색·육처·촉·수·애·취·유·생·노사의 수탄고우뇌도 역시 무성으로 자성을 삼느니라. 내법과 외법도 역시 무성으로 자성을 삼느니라. 4정려와 4무량·4무색정도 역시 무성으로 자성을 삼느니라. 4념주와 4정단·4신족·5근·5력·7등각지·8성도지도 역시 무성으로 자성을 삼느니라. 공해탈문과 무상·무원해탈문도 역시 무성으로 자성을 삼느니라.

8해탈과 8승처·9차제정·10변처도 역시 무성으로 자성을 삼느니라. 보시바라밀다와 정계·안인·정진·정려·반야바라밀다도 역시 무성으로 자성을 삼느니라. 내공과 외공·내외공·공공·대공·승의공·유위공·무위공·필경공·무제공·산공·무변이공·본성공·자상공·공상공·일체법공·불가득공·무성공·자성공·무성자성공도 역시 무성으로 자성을 삼느니라. 고성제와 집·멸·도성제도 역시 무성으로 자성을 삼느니라. 일체의 삼마지문과 일체의 다라니문도 역시 무성으로 자성을 삼느니라.

여래의 10력과 4무소외·4무애해·18불불공법도 역시 무성으로 자성을 삼느니라. 대자·대비·대희·대사도 역시 무성으로 자성을 삼느니라. 무망실법과 항주사성도 역시 무성으로 자성을 삼느니라. 일체지와 도상지도 역시 무성으로 자성을 삼느니라. 초안과 제2·제3·제4·제5안도 역시 무성으로 자성을 삼느니라. 초신통과 제2·제3·제4·제5·제6신통도 역시 무성으로 자성을 삼느니라. 유위계와 무위계도 역시 무성으로 자성을 삼느니라."

구수 선현이 다시 세존께 아뢰어 말하였다.

"세존이시여. 무슨 인연으로 일체상지가 무성으로 자성을 삼습니까? 무슨 인연으로 색·수·상·행·식도 역시 무성으로 자성을 삼습니까? 무슨 인연으로 안처와 이·비·설·신·의처도 역시 무성으로 자성을 삼습니까? 무슨 인연으로 색처와 성·향·미·촉·법처도 역시 무성으로 자성을 삼습니까? 무슨 인연으로 안계와 이·비·설·신·의계도 역시 무성으로 자성을 삼습니까? 무슨 인연으로 색계와 성·향·미·촉·법계도 역시 무성으로 자성을 삼습니까?

무슨 인연으로 안식계와 이·비·설·신·의식계도 역시 무성으로 자성을 삼습니까? 무슨 인연으로 안촉과 이·비·설·신·의촉도 역시 무성으로 자성을 삼습니까? 무슨 인연으로 안촉을 인연으로 생겨난 여러 수와 이·비·설·신·의촉을 인연으로 생겨난 여러 수도 역시 무성으로 자성을 삼습니까? 무슨 인연으로 지계와 수·화·풍·공·식계도 역시 무성으로 자성을 삼습니까? 무슨 인연으로 무명과 행·식·명색·육처·촉·수·애·취·유·생·노사의 수탄고우뇌도 역시 무성으로 자성을 삼습니까?

무슨 인연으로 내법과 외법도 역시 무성으로 자성을 삼습니까? 무슨 인연으로 4정려와 4무량·4무색정도 역시 무성으로 자성을 삼습니까? 무슨 인연으로 4념주와 4정단·4신족·5근·5력·7등각지·8성도지도 역시 무성으로 자성을 삼습니까? 무슨 인연으로 공해탈문과 무상·무원해탈문도 역시 무성으로 자성을 삼습니까? 무슨 인연으로 8해탈과 8승처·9차제정·10변처도 역시 무성으로 자성을 삼습니까? 무슨 인연으로 보시바라밀다와 정계·안인·정진·정려·반야바라밀다도 역시 무성으로 자성을 삼습니까?

무슨 인연으로 내공과 외공·내외공·공공·대공·승의공·유위공·무위공·필경공·무제공·산공·무변이공·본성공·자상공·공상공·일체법공·불가득공·무성공·자성공·무성자성공도 역시 무성으로 자성을 삼습니까? 무슨 인연으로 고성제와 집·멸·도성제도 역시 무성으로 자성을 삼습니까? 무슨 인연으로 일체의 삼마지문과 일체의 다라니문도 역시 무성으로 자성을 삼습니까? 무슨 인연으로 여래의 10력과 4무소외·4무애해·18불불공법도 역시 무성으로 자성을 삼습니까? 무슨 인연으로 대자·대비·대희·대사도 역시 무성으로 자성을 삼습니까?

　무슨 인연으로 무망실법과 항주사성도 역시 무성으로 자성을 삼습니까? 일체지와 도상지도 역시 무성으로 자성을 삼습니까? 무슨 인연으로 초안과 제2·제3·제4·제5안도 역시 무성으로 자성을 삼습니까? 무슨 인연으로 초신통과 제2·제3·제4·제5·제6신통도 역시 무성으로 자성을 삼습니까? 무슨 인연으로 유위계와 무위계도 역시 무성으로 자성을 삼습니까?"

　세존께서 말씀하셨다.

　"선현이여. 일체상지가 자성(自性)이 없는 까닭이니라. 만약 법에 자성이 없다면, 이것은 법이 무성으로 자성을 삼는 것이니라. 색·수·상·행·식도 자성이 없는 까닭이니라. 만약 법에 자성이 없다면, 이것은 법이 무성으로 자성을 삼는 것이니라. 안처와 이·비·설·신·의처도 자성이 없는 까닭이니라. 만약 법에 자성이 없다면, 이것은 법이 무성으로 자성을 삼는 것이니라. 색처와 성·향·미·촉·법처도 자성이 없는 까닭이니라. 만약 법에 자성이 없다면, 이것은 법이 무성으로 자성을 삼는 것이니라.

　안계와 이·비·설·신·의계도 자성이 없는 까닭이니라. 만약 법에 자성이 없다면, 이것은 법이 무성으로 자성을 삼는 것이니라. 색계와 성·향·미·촉·법계도 자성이 없는 까닭이니라. 만약 법에 자성이 없다면, 이것은 법이 무성으로 자성을 삼는 것이니라. 안식계와 이·비·설·신·의식계도 자성이 없는 까닭이니라. 만약 법에 자성이 없다면, 이것은 법이 무성으로 자성을 삼는 것이니라. 안촉과 이·비·설·신·의촉도 자성이 없는 까닭이니라. 만약 법에 자성이 없다면, 이것은 법이 무성으로 자성을 삼는 것이니라.

　안촉을 인연으로 생겨난 여러 수와 이·비·설·신·의촉을 인연으로 생겨난 여러 수도 자성이 없는 까닭이니라. 만약 법에 자성이 없다면, 이것은 법이 무성으로 자성을 삼는 것이니라. 지계와 수·화·풍·공·식계도 자성이 없는 까닭이니라. 만약 법에 자성이 없다면, 이것은 법이 무성으로 자성을 삼는 것이니라. 무명과 행·식·명색·육처·촉·수·애·취·유·생·노사의 수탄고우뇌도 자성이 없는 까닭이니라. 만약 법에 자성이 없다면, 이것은 법이 무성으로 자성을 삼는 것이니라. 내법과 외법도 자성이 없는 까닭이니라.

만약 법에 자성이 없다면, 이것은 법이 무성으로 자성을 삼는 것이니라. 4정려와 4무량·4무색정도 자성이 없는 까닭이니라. 만약 법에 자성이 없다면, 이것은 법이 무성으로 자성을 삼는 것이니라. 4념주와 4정단·4신족·5근·5력·7등각지·8성도지도 자성이 없는 까닭이니라. 만약 법에 자성이 없다면, 이것은 법이 무성으로 자성을 삼는 것이니라. 공해탈문과 무상·무원해탈문도 자성이 없는 까닭이니라. 만약 법에 자성이 없다면, 이것은 법이 무성으로 자성을 삼는 것이니라. 8해탈과 8승처·9차제정·10변처도 자성이 없는 까닭이니라.

만약 법에 자성이 없다면, 이것은 법이 무성으로 자성을 삼는 것이니라. 보시바라밀다와 정계·안인·정진·정려·반야바라밀다도 자성이 없는 까닭이니라. 만약 법에 자성이 없다면, 이것은 법이 무성으로 자성을 삼는 것이니라. 내공과 외공·내외공·공공·대공·승의공·유위공·무위공·필경공·무제공·산공·무변이공·본성공·자상공·공상공·일체법공·불가득공·무성공·자성공·무성자성공도 자성이 없는 까닭이니라. 만약 법에 자성이 없다면, 이것은 법이 무성으로 자성을 삼는 것이니라. 고성제와 집·멸·도성제도 자성이 없는 까닭이니라.

만약 법에 자성이 없다면, 이것은 법이 무성으로 자성을 삼는 것이니라. 일체의 삼마지문과 일체의 다라니문도 자성이 없는 까닭이니라. 만약 법에 자성이 없다면, 이것은 법이 무성으로 자성을 삼는 것이니라. 여래의 10력과 4무소외·4무애해·18불불공법도 자성이 없는 까닭이니라. 만약 법에 자성이 없다면, 이것은 법이 무성으로 자성을 삼는 것이니라. 대자·대비·대희·대사도 자성이 없는 까닭이니라. 만약 법에 자성이 없다면, 이것은 법이 무성으로 자성을 삼는 것이니라. 무망실법과 항주사성도 자성이 없는 까닭이니라. 만약 법에 자성이 없다면, 이것은 법이 무성으로 자성을 삼는 것이니라.

일체지와 도상지도 자성이 없는 까닭이니라. 만약 법에 자성이 없다면, 이것은 법이 무성으로 자성을 삼는 것이니라. 초안과 제2·제3·제4·제5안도 자성이 없는 까닭이니라. 만약 법에 자성이 없다면, 이것은 법이 무성으로 자성을 삼는 것이니라. 초신통과 제2·제3·제4·제5·제6신통도 자성이 없는 까닭이니라. 만약 법에 자성이 없다면, 이것은 법이 무성으로 자성을 삼는 것이니라. 유위계와 무위계도 자성이 없는 까닭이니라. 만약 법에 자성이 없다면, 이것은 법이 무성으로 자성을 삼는 것이니라."

구수 선현이 세존께 아뢰어 말하였다.
"세존이시여. 무슨 인연으로 일체상지는 자성이 없습니까?"
세존께서 말씀하셨다.
"선현이여. 일체상지가 화합(和合)하는 자성이 없는 까닭이니라. 만약 법이 화합하는 자성이 없다면, 이것은 법이 곧 무성으로써 자성을 삼느니라."
"세존이시여. 무슨 인연으로 색·수·상·행·식은 자성이 없습니까?"
"선현이여. 색·수·상·행·식이 화합하는 자성이 없는 까닭이니라. 만약 법이 화합하는 자성이 없다면, 이것은 법이 곧 무성으로써 자성을 삼느니라."
"세존이시여. 무슨 인연으로 안처와 이·비·설·신·의처는 자성이 없습니까?"
"선현이여. 안처와 이·비·설·신·의처가 화합하는 자성이 없는 까닭이니라. 만약 법이 화합하는 자성이 없다면, 이것은 법이 곧 무성으로써 자성을 삼느니라."
"세존이시여. 무슨 인연으로 색처와 성·향·미·촉·법처는 자성이 없습니까?"
"선현이여. 색처와 성·향·미·촉·법처가 화합하는 자성이 없는 까닭이니라. 만약 법이 화합하는 자성이 없다면, 이것은 법이 곧 무성으로써 자성을 삼느니라."
"세존이시여. 무슨 인연으로 안계와 이·비·설·신·의계는 자성이 없습니까?"

"선현이여. 안계와 이·비·설·신·의계가 화합하는 자성이 없는 까닭이니라. 만약 법이 화합하는 자성이 없다면, 이것은 법이 곧 무성으로써 자성을 삼느니라."

"세존이시여. 무슨 인연으로 색계와 성·향·미·촉·법계는 자성이 없습니까?"

"선현이여. 색계와 성·향·미·촉·법계가 화합하는 자성이 없는 까닭이니라. 만약 법이 화합하는 자성이 없다면, 이것은 법이 곧 무성으로써 자성을 삼느니라."

"세존이시여. 무슨 인연으로 안식계와 이·비·설·신·의식계는 자성이 없습니까?"

"선현이여. 안식계와 이·비·설·신·의식계가 화합하는 자성이 없는 까닭이니라. 만약 법이 화합하는 자성이 없다면, 이것은 법이 곧 무성으로써 자성을 삼느니라."

"세존이시여. 무슨 인연으로 안촉과 이·비·설·신·의촉은 자성이 없습니까?"

"선현이여. 안촉과 이·비·설·신·의촉이 자성이 없는 까닭이니라. 만약 법이 화합하는 자성이 없다면, 이것은 법이 곧 무성으로써 자성을 삼느니라."

"세존이시여. 무슨 인연으로 안촉을 인연으로 생겨난 여러 수와 이·비·설·신·의촉을 인연으로 생겨난 여러 수는 자성이 없습니까?"

"선현이여. 안촉을 인연으로 생겨난 여러 수와 이·비·설·신·의촉을 인연으로 생겨난 여러 수가 자성이 없는 까닭이니라. 만약 법이 화합하는 자성이 없다면, 이것은 법이 곧 무성으로써 자성을 삼느니라."

"세존이시여. 무슨 인연으로 지계와 수·화·풍·공·식계는 자성이 없습니까?"

"선현이여. 지계와 수·화·풍·공·식계가 화합하는 자성이 없는 까닭이니라. 만약 법이 화합하는 자성이 없다면, 이것은 법이 곧 무성으로써 자성을 삼느니라."

"세존이시여. 무슨 인연으로 무명과 행·식·명색·육처·촉·수·애·취·유

·생·노사의 수탄고우뇌는 자성이 없습니까?"

"선현이여. 무명, 나아가 노사의 수탄고우뇌가 화합하는 자성이 없는 까닭이니라. 만약 법이 화합하는 자성이 없다면, 이것은 법이 곧 무성으로써 자성을 삼느니라."

"세존이시여. 무슨 인연으로 내법과 외법은 자성이 없습니까?"

"선현이여. 내법과 외법이 화합하는 자성이 없는 까닭이니라. 만약 법이 화합하는 자성이 없다면, 이것은 법이 곧 무성으로써 자성을 삼느니라."

"세존이시여. 무슨 인연으로 4정려와 4무량·4무색정은 자성이 없습니까?"

"선현이여. 4정려와 4무량·4무색정이 화합하는 자성이 없는 까닭이니라. 만약 법이 화합하는 자성이 없다면, 이것은 법이 곧 무성으로써 자성을 삼느니라."

"세존이시여. 무슨 인연으로 4념주와 4정단·4신족·5근·5력·7등각지·8성도지는 자성이 없습니까?"

"선현이여. 4념주, 나아가 8성도지가 화합하는 자성이 없는 까닭이니라. 만약 법이 화합하는 자성이 없다면, 이것은 법이 곧 무성으로써 자성을 삼느니라."

"세존이시여. 무슨 인연으로 공해탈문과 무상·무원해탈문은 자성이 없습니까?"

"선현이여. 공해탈문과 무상·무원해탈문이 화합하는 자성이 없는 까닭이니라. 만약 법이 화합하는 자성이 없다면, 이것은 법이 곧 무성으로써 자성을 삼느니라."

"세존이시여. 무슨 인연으로 8해탈과 8승처·9차제정·10변처는 자성이 없습니까?"

"선현이여. 8해탈, 나아가 10변처가 화합하는 자성이 없는 까닭이니라. 만약 법이 화합하는 자성이 없다면, 이것은 법이 곧 무성으로써 자성을 삼느니라."

"세존이시여. 무슨 인연으로 보시바라밀다와 정계·안인·정진·정려·반야바라밀다는 자성이 없습니까?"

"선현이여. 보시바라밀다, 나아가 반야바라밀다가 화합하는 자성이 없는 까닭이니라. 만약 법이 화합하는 자성이 없다면, 이것은 법이 곧 무성으로써 자성을 삼느니라."

"세존이시여. 무슨 인연으로 내공과 외공·내외공·공공·대공·승의공·유위공·무위공·필경공·무제공·산공·무변이공·본성공·자상공·공상공·일체법공·불가득공·무성공·자성공·무성자성공은 자성이 없습니까?"

"선현이여. 내공, 나아가 무성자성공이 화합하는 자성이 없는 까닭이니라. 만약 법이 화합하는 자성이 없다면, 이것은 법이 곧 무성으로써 자성을 삼느니라."

"세존이시여. 무슨 인연으로 고성제와 집·멸·도성제는 자성이 없습니까?"

"선현이여. 고성제와 집·멸·도성제가 화합하는 자성이 없는 까닭이니라. 만약 법이 화합하는 자성이 없다면, 이것은 법이 곧 무성으로써 자성을 삼느니라."

"세존이시여. 무슨 인연으로 일체의 삼마지문과 일체의 다라니문은 자성이 없습니까?"

"선현이여. 일체의 삼마지문과 일체의 다라니문이 화합하는 자성이 없는 까닭이니라. 만약 법이 화합하는 자성이 없다면, 이것은 법이 곧 무성으로써 자성을 삼느니라."

"세존이시여. 무슨 인연으로 여래의 10력과 4무소외·4무애해·18불불공법은 자성이 없습니까?"

"선현이여. 여래의 10력, 나아가 18불불공법이 화합하는 자성이 없는 까닭이니라. 만약 법이 화합하는 자성이 없다면, 이것은 법이 곧 무성으로써 자성을 삼느니라."

"세존이시여. 무슨 인연으로 대자·대비·대희·대사는 자성이 없습니까?"

"선현이여. 대자·대비·대희·대사가 화합하는 자성이 없는 까닭이니라. 만약 법이 화합하는 자성이 없다면, 이것은 법이 곧 무성으로써 자성을 삼느니라."

"세존이시여. 무슨 인연으로 무망실법과 항주사성은 자성이 없습니까?"

"선현이여. 무망실법과 항주사성이 화합하는 자성이 없는 까닭이니라. 만약 법이 화합하는 자성이 없다면, 이것은 법이 곧 무성으로써 자성을 삼느니라."

"세존이시여. 무슨 인연으로 일체지와 도상지는 자성이 없습니까?"

"선현이여. 일체지와 도상지가 화합하는 자성이 없는 까닭이니라. 만약 법이 화합하는 자성이 없다면, 이것은 법이 곧 무성으로써 자성을 삼느니라."

"세존이시여. 무슨 인연으로 초안과 제2·제3·제4·제5안이 자성이 없습니까?"

"선현이여. 초안과 제2·제3·제4·제5안이 화합하는 자성이 없는 까닭이니라. 만약 법이 화합하는 자성이 없다면, 이것은 법이 곧 무성으로써 자성을 삼느니라."

"세존이시여. 무슨 인연으로 초신통과 제2·제3·제4·제5·제6신통은 자성이 없습니까?"

"선현이여. 초신통과 제2·제3·제4·제5·제6신통이 화합하는 자성이 없는 까닭이니라. 만약 법이 화합하는 자성이 없다면, 이것은 법이 곧 무성으로써 자성을 삼느니라."

"세존이시여. 무슨 인연으로 유위계와 무위계는 자성이 없습니까?"

"선현이여. 유위계와 무위계가 화합하는 자성이 없는 까닭이니라. 만약 법이 화합하는 자성이 없다면, 이것은 법이 곧 무성으로써 자성을 삼느니라. 선현이여. 오히려 이러한 인연으로 제보살마하살은 일체법이 모두 무성으로써 자성을 삼는다고 상응하여 알아야 하느니라."

마하반야바라밀다경 제365권

62. 실설품(實說品)(3)

"다시 다음으로 선현이여. 일체법이 모두 공(空)으로써 자성(自性)을 삼고, 일체법이 모두 무상(無相)으로써 자성을 삼으며, 일체법이 모두 무원(無願)으로써 자성을 삼느니라. 선현이여. 오히려 이러한 인연으로 제보살마하살은 일체법이 모두 무성으로써 그 자성을 삼는다고 상응하여 알아야 하느니라.

다시 다음으로 선현이여. 일체법이 모두 진여로써 자성을 삼고, 일체법이 모두 법계로써 자성을 삼으며, 일체법이 모두 법성으로써 자성을 삼고, 일체법이 모두 불허망성으로써 자성을 삼으며, 일체법이 모두 불변이성으로써 자성을 삼고, 일체법이 모두 평등성으로써 자성을 삼으며, 일체법이 모두 법정으로써 자성을 삼고, 일체법이 모두 법주로써 자성을 삼으며, 일체법이 모두 실제로써 자성을 삼고, 일체법이 모두 허공계로써 자성을 삼으며, 일체법이 모두 부사의계로써 자성을 삼느니라. 선현이여. 오히려 이러한 인연으로 제보살마하살은 일체법이 모두 무성으로써 그 자성을 삼는다고 상응하여 알아야 하느니라."

그때 구수 선현이 세존께 아뢰어 말하였다.

"세존이시여. 만약 일체법이 모두 무성으로써 자성을 삼는 것이라면 처음으로 무상정등각심을 일으킨 보살마하살이 무엇 등의 선교방편(善巧方便)을 성취하여야 능히 보시바라밀다를 수행하여 유정들을 성숙시키고 불국토를 청정하게 장엄하겠습니까? 능히 정계·안인·정진·정려·반야바라밀다를 수행하여 성숙시키고 불국토를 청정하게 장엄하겠습니까?

　무엇 등의 선교방편을 성취하여야 능히 내공에 안주하여 유정들을 성숙시키고 불국토를 청정하게 장엄하겠습니까? 능히 외공·내외공·공공·대공·승의공·유위공·무위공·필경공·무제공·산공·무변이공·본성공·자상공·공상공·일체법공·불가득공·무성공·자성공·무성자성공에 안주하여 유정들을 성숙시키고 불국토를 청정하게 장엄하겠습니까?

　무엇 등의 선교방편을 성취하여야 능히 진여에 안주하여 유정들을 성숙시키고 불국토를 청정하게 장엄하겠습니까? 능히 법계·법성·불허망성·불변이성·평등성·이생성·법정·법주·실제·허공계·부사의계에 안주하여 유정들을 성숙시키고 불국토를 청정하게 장엄하겠습니까? 무엇 등의 선교방편을 성취하여야 능히 4념주를 수행하여 유정들을 성숙시키고 불국토를 청정하게 장엄하겠습니까? 능히 4정단·4신족·5근·5력·7등각지·8성도지를 수행하여 유정들을 성숙시키고 불국토를 청정하게 장엄하겠습니까?

　무엇 등의 선교방편을 성취하여야 능히 고성제에 안주하여 유정들을 성숙시키고 불국토를 청정하게 장엄하겠습니까? 능히 집·멸·도성제에 안주하여 유정들을 성숙시키고 불국토를 청정하게 장엄하겠습니까? 무엇 등의 선교방편을 성취하여야 능히 초정려를 수행하여 유정들을 성숙시키고 불국토를 청정하게 장엄하겠습니까? 능히 제2·제3·제4정려를 수행하여 유정들을 성숙시키고 불국토를 청정하게 장엄하겠습니까?

　무엇 등의 선교방편을 성취하여야 능히 자무량을 수행하여 유정들을 성숙시키고 불국토를 청정하게 장엄하겠습니까? 능히 비·희·사무량을 수행하여 유정들을 성숙시키고 불국토를 청정하게 장엄하겠습니까? 무엇 등의 선교방편을 성취하여야 능히 공무변처정(空無邊處定)을 수행하여 유정들을 성숙시키고 불국토를 청정하게 장엄하겠습니까? 능히 식무변처정(無識邊處定)·무소유처정(無所有處定)·비상비비상처정(非想非非想處定)을 수행하여 유정들을 성숙시키고 불국토를 청정하게 장엄하겠습니까?

무엇 등의 선교방편을 성취하여야 능히 8해탈을 수행하여 유정들을 성숙시키고 불국토를 청정하게 장엄하겠습니까? 능히 8승처·9차제정·10변처를 수행하여 유정들을 성숙시키고 불국토를 청정하게 장엄하겠습니까? 무엇 등의 선교방편을 성취하여야 능히 일체의 삼마지문을 수행하여 유정들을 성숙시키고 불국토를 청정하게 장엄하겠습니까? 능히 일체의 다라니문을 수행하여 유정들을 성숙시키고 불국토를 청정하게 장엄하겠습니까?

무엇 등의 선교방편을 성취하여야 능히 공해탈문을 수행하여 유정들을 성숙시키고 불국토를 청정하게 장엄하겠습니까? 능히 무상·무원해탈문을 수행하여 유정들을 성숙시키고 불국토를 청정하게 장엄하겠습니까? 무엇 등의 선교방편을 성취하여야 능히 5안을 수행하여 유정들을 성숙시키고 불국토를 청정하게 장엄하겠습니까? 능히 6신통을 수행하여 유정들을 성숙시키고 불국토를 청정하게 장엄하겠습니까?

무엇 등의 선교방편을 성취하여야 능히 여래의 10력을 수행하여 유정들을 성숙시키고 불국토를 청정하게 장엄하겠습니까? 능히 4무소외·4무애해·18불불공법을 수행하여 유정들을 성숙시키고 불국토를 청정하게 장엄하겠습니까? 무엇 등의 선교방편을 성취하여야 능히 대자를 수행하여 유정들을 성숙시키고 불국토를 청정하게 장엄하겠습니까? 능히 대비·대희·대사를 수행하여 유정들을 성숙시키고 불국토를 청정하게 장엄하겠습니까?

무엇 등의 선교방편을 성취하여야 능히 무망실법을 수행하여 유정들을 성숙시키고 불국토를 청정하게 장엄하겠습니까? 능히 항주사성을 수행하여 유정들을 성숙시키고 불국토를 청정하게 장엄하겠습니까? 무엇 등의 선교방편을 성취하여야 능히 일체지를 수행하여 유정들을 성숙시키고 불국토를 청정하게 장엄하겠습니까? 능히 도상지와 일체상지를 수행하여 유정들을 성숙시키고 불국토를 청정하게 장엄하겠습니까?"

세존께서 말씀하셨다.

"선현이여. 이 보살마하살은 이와 같이 선교방편을 성취하는데 이를테면, 비록 일체법이 모두 무성으로써 자성을 삼는다고 수학(修學)하여 알았더라도 항상 정근하면서 유정들을 성숙시키고 불국토를 청정하게 장엄하며, 항상 정근하면서 유정들을 성숙시키고 불국토를 청정하게 장엄하였더라도, 제유정과 불국토들이 무성으로써 자성을 삼는다고 수학하면서 알아야 하느니라.

선현이여. 이 보살마하살은 비록 보시바라밀다를 수행하여 보리도(菩提道)를 수학하였더라도 보리도가 무성으로써 자성을 삼는다고 알아야 하고, 비록 정계·안인·정진·정려·반야바라밀다를 수행하여 보리도를 수학하였더라도 보리도가 무성으로써 자성을 삼는다고 알아야 하느니라. 비록 내공에 안주하여 보리도를 수학하였더라도 보리도가 무성으로써 자성을 삼는다고 알아야 하고, 비록 외공·내외공·공공·대공·승의공·유위공·무위공·필경공·무제공·산공·무변이공·본성공·자상공·공상공·일체법공·불가득공·무성공·자성공·무성자성공에 안주하여 보리도를 수학하였더라도 보리도가 무성으로써 자성을 삼는다고 알아야 하느니라.

비록 진여에 안주하여 보리도를 수학하였더라도 보리도가 무성으로써 자성을 삼는다고 알아야 하고, 비록 법계·법성·불허망성·불변이성·평등성·이생성·법정·법주·실제·허공계·부사의계에 안주하여 보리도를 수학하였더라도 보리도가 무성으로써 자성을 삼는다고 알아야 하느니라. 비록 4념주를 수행하여 보리도를 수학하였더라도 보리도가 무성으로써 자성을 삼는다고 알아야 하고, 비록 4정단·4신족·5근·5력·7등각지·8성도지를 수행하여 보리도를 수학하였더라도 보리도가 무성으로써 자성을 삼는다고 알아야 하느니라.

비록 고성제에 안주하여 보리도를 수학하였더라도 보리도가 무성으로써 자성을 삼는다고 알아야 하고, 비록 집·멸·도성제에 안주하여 보리도를 수학하였더라도 보리도가 무성으로써 자성을 삼는다고 알아야 하느니라. 비록 초정려를 수행하여 보리도를 수학하였더라도 보리도가 무성으로써 자성을 삼는다고 알아야 하고, 비록 제2·제3·제4정려를 수행하여 보리도를 수학하였더라도 보리도가 무성으로써 자성을 삼는다고 알아야 하느니

라. 비록 자무량을 수행하여 보리도를 수학하였더라도 보리도가 무성으로써 자성을 삼는다고 알아야 하고, 비록 비무량·희무량·사무량을 수행하여 보리도를 수학하였더라도 보리도가 무성으로써 자성을 삼는다고 알아야 하느니라.

비록 공무변처정을 수행하여 보리도를 수학하였더라도 보리도가 무성으로써 자성을 삼는다고 알아야 하고, 비록 식무변처정·무소유처정·비상비비상처정을 수행하여 보리도를 수학하였더라도 보리도가 무성으로써 자성을 삼는다고 알아야 하느니라. 비록 8해탈을 수행하여 보리도를 수학하였더라도 보리도가 무성으로써 자성을 삼는다고 알아야 하고, 비록 8승처·9차제정·10변처를 수행하여 보리도를 수학하였더라도 보리도가 무성으로써 자성을 삼는다고 알아야 하느니라.

비록 일체의 삼마지문을 수행하여 보리도를 수학하였더라도 보리도가 무성으로써 자성을 삼는다고 알아야 하고, 비록 일체의 다라니문을 수행하여 보리도를 수학하였더라도 보리도가 무성으로써 자성을 삼는다고 알아야 하느니라. 비록 공해탈문을 수행하여 보리도를 수학하였더라도 보리도가 무성으로써 자성을 삼는다고 알아야 하고, 비록 무상·무원해탈문을 수행하여 보리도를 수학하였더라도 보리도가 무성으로써 자성을 삼는다고 알아야 하느니라.

비록 5안을 수행하여 보리도를 수학하였더라도 보리도가 무성으로써 자성을 삼는다고 알아야 하고, 비록 6신통을 수행하여 보리도를 수학하였더라도 보리도가 무성으로써 자성을 삼는다고 알아야 하느니라. 비록 여래의 10력을 수행하여 보리도를 수학하였더라도 보리도가 무성으로써 자성을 삼는다고 알아야 하고, 비록 4무소외·4무애해·18불불공법을 수행하여 보리도를 수학하였더라도 보리도가 무성으로써 자성을 삼는다고 알아야 하느니라.

비록 대자를 수행하여 보리도를 수학하였더라도 보리도가 무성으로써 자성을 삼는다고 알아야 하고, 비록 대비·대희·대사를 수행하여 보리도를 수학하였더라도 보리도가 무성으로써 자성을 삼는다고 알아야 하느니라.

비록 무망실법을 수행하여 보리도를 수학하였더라도 보리도가 무성으로써 자성을 삼는다고 알아야 하고, 비록 항주사성을 수행하여 보리도를 수학하였더라도 보리도가 무성으로써 자성을 삼는다고 알아야 하느니라.

비록 일체지를 수행하여 보리도를 수학하였더라도 보리도가 무성으로써 자성을 삼는다고 알아야 하고, 도상지·일체상지를 수행하여 보리도를 수학하였더라도 보리도가 무성으로써 자성을 삼는다고 알아야 하느니라.

선현이여. 이 보살마하살이 이와 같이 보시바라밀다를 수행하면서 보리도를 수학하고, 이와 같이 정계·안인·정진·정려·반야바라밀다를 수행하면서 보리도를 수학하느니라. 이와 같이 내공에 안주하면서 보리도를 수학하고, 이와 같이 외공·내외공·공공·대공·승의공·유위공·무위공·필경공·무제공·산공·무변이공·본성공·자상공·공상공·일체법공·불가득공·무성공·자성공·무성자성공에 안주하면서 보리도를 수학하느니라. 이와 같이 진여에 안주하면서 보리도를 수학하고, 이와 같이 법계·법성·불허망성·불변이성·평등성·이생성·법정·법주·실제·허공계·부사의계에 안주하면서 보리도를 수학하느니라.

이와 같이 4념주를 수행하면서 보리도를 수학하고, 이와 같이 4정단·4신족·5근·5력·7등각지·8성도지를 수행하면서 보리도를 수학하느니라. 이와 같이 고성제에 안주하면서 보리도를 수학하고, 이와 같이 집·멸·도성제에 안주하면서 보리도를 수학하느니라. 이와 같이 초정려를 수행하여 보리도를 수학하고, 이와 같이 제2·제3·제4정려를 수행하면서 보리도를 수학하느니라. 이와 같이 자무량을 수행하면서 보리도를 수학하고, 이와 같이 비무량·희무량·사무량을 수행하면서 보리도를 수학하느니라.

이와 같이 공무변처정을 수행하면서 보리도를 수학하고, 이와 같이 식무변처정·무소유처정·비상비비상처정을 수행하면서 보리도를 수학하느니라. 이와 같이 8해탈을 수행하면서 보리도를 수학하고, 이와 같이 8승처·9차제정·10변처를 수행하면서 보리도를 수학하느니라. 이와 같이 일체의 삼마지문을 수행하면서 보리도를 수학하고, 이와 같이 일체의 다라니문을 수행하면서 보리도를 수학하느니라. 이와 같이 공해탈문을 수행하면서 보리도를 수학하고, 이와 같이 무상·무원해탈문을 수행하면서 보리도를 수학하느니라.

이와 같이 5안을 수행하면서 보리도를 수학하고, 이와 같이 6신통을 수행하면서 보리도를 수학하느니라. 이와 같이 여래의 10력을 수행하면서 보리도를 수학하고, 이와 같이 4무소외·4무애해·18불불공법을 수행하면서 보리도를 수학하느니라. 이와 같이 대자를 수행하면서 보리도를 수학하고, 이와 같이 대비·대희·대사를 수행하면서 보리도를 수학하느니라. 이와 같이 무망실법을 수행하면서 보리도를 수학하고, 이와 같이 항주사성을 수행하면서 보리도를 수학하느니라. 이와 같이 일체지를 수행하면서 보리도를 수학하고, 이와 같이 도상지·일체상지를 수행하면서 보리도를 수학하느니라.

나아가 여래의 10력·4무소외·4무애해·18불불공법·대자·대비·대희·대사·무망실법·항주사성·일체지·도상지·일체상지를 얻지 못하였다면, 모두 보리도를 수학하였어도 아직 원만함을 얻지 못하였다고 이름하느니라. 만약 이 보리도에서 원만함을 이미 얻었다면 곧 일체의 바라밀다에서도 역시 원만함을 얻느니라. 바라밀다가 이미 원만한 까닭으로 오히려 한 찰나에 미묘한 지혜와 상응(相應)하므로 여래의 일체상지를 증득하느니라.

이때 일체의 미세(微細)한 번뇌와 습기의 상속(相續)이 영원히 생겨나지 않는 까닭으로 나머지가 없게 단절하였다고 이름하고, 곧 여래·응공·정등각이라고 이름하느니라. 장애가 없는 청정한 불안(佛眼)으로써 시방(十方)과 삼계(三界)의 제법을 두루 관찰하더라도 오히려 얻을 수 없는데, 하물며 마땅히 얻을 수 있겠는가? 이와 같이 선현이여. 제보살마하살들은 반야바라밀다를 수행하는 때에 일체법이 모두 무성으로써 그 자성을 삼는다고 관찰해야 하느니라.

선현이여. 이것을 보살마하살의 최고로 수승한 선교방편이라고 이름하는데 이를테면, 반야바라밀다를 수행하고 일체법을 관찰하더라도 오히려 얻을 수 없는데, 하물며 마땅히 얻을 수 있겠는가? 선현이여. 이 보살마하살은 보시바라밀다를 수행하는 때에 이러한 보시하는 자·받는 자·보시하는 물건·보리심이 오히려 없다고 관찰하는데, 하물며 있다고 관찰하겠는가? 정계바라밀다를 수행하는 때에 이러한 정계에서 정계를 수호하는 처소·정계를 지니는 자·정계를 수호하는 마음이 오히려 없다고 관찰하는데, 하물며 있다고 관찰하겠는가?

안인바라밀다를 수행하는 때에 이러한 안인에서 안인을 수행하는 처소·능히 안인하는 자·안인을 수행하는 마음이 오히려 없다고 관찰하는데, 하물며 있다고 관찰하겠는가? 정진바라밀다를 수행하는 때에 이러한 정진에서 수행하는 처소·능히 정진하는 자·정진하는 수행하는 마음이 오히려 없다고 관찰하는데, 하물며 있다고 관찰하겠는가? 정려바라밀다를 수행하는 때에 이러한 정려에서 정려를 수행하는 처소·능히 정려하는 자·정려를 수행하는 마음이 오히려 없다고 관찰하는데, 하물며 있다고 관찰하겠는가?

반야바라밀다를 수행하는 때 이러한 반야에서 수행하는 처소·반야를 수행하는 자·반야를 수행하는 마음이 오히려 없다고 관찰하는데, 하물며 있다고 관찰하겠는가?

선현이여. 이 보살마하살은 내공·외공·내외공·공공·대공·승의공·유위공·무위공·필경공·무제공·산공·무변이공·본성공·자상공·공상공·일체법공·불가득공·무성공·자성공·무성자성공에 안주하는 때에 무성의 자성이 공하고, 이러한 내공, 나아가 무성의 자성이 공에서 능히 안주하는 자·오히려 이러한 안주·안주를 수행하는 처소가 오히려 없다고 관찰하는데, 하물며 있다고 관찰하겠는가?

선현이여. 이 보살마하살은 진여·법계·법성·불허망성·불변이성·평등성·이생성·법정·법주·실제·허공계·부사의계에 안주하는 때에, 이러한 진여, 나아가 부사의계에서 능히 안주하는 자·오히려 이러한 안주·안주를 수행하는 처소가 오히려 없다고 관찰하는데, 하물며 있다고 관찰하겠는가? 선현이여. 이 보살마하살은 4념주·4정단·5근·5력·7등각지·8성도지를 수행하는 때에, 이러한 4념주, 나아가 8성도지에서 능히 수행하는 자·오히려 이러한 수행·수행하는 처소가 오히려 없다고 관찰하는데, 하물며 있다고 관찰하겠는가?

선현이여. 이 보살마하살은 고성제와 집·멸·도성제에 안주하는 때에, 이러한 고성제, 집·멸·도성제에 능히 안주하는 자·오히려 이러한 안주·안주하는 처소가 오히려 없다고 관찰하는데, 하물며 있다고 관찰하겠는가? 선현이여. 이 보살마하살은 4정려·4무량·4무색정을 수행하는 때에, 이러한 4정려·4무량·4무색정에서 능히 수행하는 자·오히려 이러한 수행·수행하는 처소가 오히려 없다고 관찰하는데, 하물며 있다고 관찰하겠는가?

선현이여. 이 보살마하살은 8해탈·8승처·9차제정·10변처를 수행하는 때에, 이러한 8해탈·8승처·9차제정·10변처에서 능히 수행하는 자·오히려 이러한 수행·수행하는 처소가 오히려 없다고 관찰하는데, 하물며 있다고 관찰하겠는가? 선현이여. 이 보살마하살은 일체의 삼마지문과 일체의 다라니문을 수행하는 때에, 이러한 일체의 삼마지문과 일체의 다라니문에서 능히 수행하는 자·오히려 이러한 수행·수행하는 처소가 오히려 없다고 관찰하는데, 하물며 있다고 관찰하겠는가?

선현이여. 이 보살마하살은 공해탈문과 무상·무원해탈문을 수행하는 때에, 이러한 공해탈문과 무상·무원해탈문에서 능히 수행하는 자·오히려 이러한 수행·수행하는 처소가 오히려 없다고 관찰하는데, 하물며 있다고 관찰하겠는가? 선현이여. 이 보살마하살은 5안과 6신통을 수행하는 때에, 이러한 5안과 6신통에서 능히 수행하는 자·오히려 이러한 수행·수행하는 처소가 오히려 없다고 관찰하는데, 하물며 있다고 관찰하겠는가?

선현이여. 이 보살마하살은 여래의 10력과 4무소외·4무애해·대자·대비·대희·대사·18불불공법을 수행하는 때에, 이러한 여래의 10력, 나아가 18불불공법에서 능히 수행하는 자·오히려 이러한 수행·수행하는 처소가 오히려 없다고 관찰하는데, 하물며 있다고 관찰하겠는가? 선현이여. 이 보살마하살은 무망실법과 항주사성을 수행하는 때에, 이러한 무망실법과 항주사성에 머무는 성품에서 능히 수행하는 자·오히려 이러한 수행·수행하는 처소가 오히려 없다고 관찰하는데, 하물며 있다고 관찰하겠는가?

선현이여. 이 보살마하살은 일체지·도상지·일체상지를 수행하는 때에, 이러한 일체지·도상지·일체상지에서 능히 수행하는 자·오히려 이러한 수행·수행하는 처소가 오히려 없다고 관찰하는데, 하물며 있다고 관찰하겠는가? 선현이여. 이 보살마하살은 일체지지를 따라서 증득하는 때에, 그 일체지지에서 능히 따라서 증득하는 자·오히려 따라서 증득하는 것·따라서 증득하는 처소가 오히려 없다고 관찰하는데, 하물며 있다고 관찰하겠는가?

왜 그러한가? 선현이여. 이 보살마하살은 '제법이 모두 무성으로써 자성을 삼고, 이와 같은 무성은 본성(本性)과 같아서 여래께서 지었던 것이 아니고, 독각이 지었던 것이 아니며, 성문이 지었던 것이 아니고, 역시 나머지가 지었던 것이 아니다. 일체법으로써 모두 지었던 자는 없는데, 역시 지었던 자를 떠난 까닭이다.'라고 항상 이렇게 생각을 짓느니라."

그때 구수 선현이 세존께 아뢰어 말하였다.

"세존이시여. 어찌 제법이 제법의 자성을 벗어나지 않았겠습니까?"

세존께서 말씀하셨다.

"그와 같으니라. 그와 같으니라. 그대가 말한 것과 같이 제법은 제법의 자성을 벗어나지 않은 것이 없느니라."

구수 선현이 다시 세존께 아뢰었다.

"세존이시여. 만약 일체법이 법성(法性)을 벗어났다면, 어찌하여 벗어난 법으로 능히 벗어난 법이 만약 있거나, 만약 없다고 능히 알겠습니까? 왜 그러한가? 세존이시여. 무법(無法)으로 무법을 상응하여 능히 알 수 없고, 유법(有法)으로 유법을 상응하여 능히 알 수 없으며, 무법으로 유법을 상응하여 능히 알 수 없고, 유법으로 무법을 상응하여 능히 알 수 없습니다. 세존이시여. 이와 같이 일체법은 모두 무지(無知)로 자성을 삼는데, 어찌하여 보살마하살이 반야바라밀다를 수행하면서 제법이 만약 있거나, 만약 없다고 나타내어 보여주겠습니까?"

세존께서 말씀하셨다.

"선현이여. 보살마하살이 반야바라밀다를 수행하면서 세속(世俗)을 따르는 까닭으로 제법이 만약 있거나 만약 없다고 나타내어 보여주는 것이고, 승의를 따라서 나타내어 보여주는 것은 아니니라."

"세존이시여. 세속과 승의는 다른 것이 있습니까?"

"아니니라. 선현이여. 세속과 별도로 승의가 다른 것이 있지 않느니라. 왜 그러한가? 선현이여. 세속의 진여가 곧 이것이 승의일지라도, 제유정의 부류들이 전도되고 망령되게 집착하므로 이러한 진여에서 알지 못하고 보지 못하나니, 보살마하살은 그들을 애민하게 생각하는 까닭으로 세속의 상(相)을 따라서 제법이 만약 있거나 만약 없다고 나타내어 보이느니라.

다시 다음으로 선현이여. 제유정의 부류들이 온(蘊) 등의 법에서 실유(實有)라는 생각을 일으켜서 있지 않다고 알지 못하나니, 보살마하살은 그들을 애민하게 생각하는 까닭으로 제법이 만약 있거나 만약 없다고 분별하더라도, 어찌 마땅히 그 유정의 부류들에게 온 등의 법이 모두 실유가 아니라는 것과 같지 않겠는가! 선현이여. 제보살마하살은 매우 깊은 반야바라밀다를 마땅히 이와 같이 상응하여 수행해야 하느니라."

63. 교편행품(巧便行品)(1)

그때 구수 선현이 세존께 아뢰어 말하였다.

"세존이시여. 여래께서 항상 보살에게 보살행을 수행하라고 설하셨는데, 무엇 등을 보살행이라고 이름합니까?"

세존께서 말씀하셨다.

"선현이여. 보살행이라는 것은 이를테면, 무상정등보리를 위한 까닭으로 수행하였다면, 이것을 보살행이라고 이름하느니라."

구수 선현이 다시 세존께 아뢰어 말하였다.

"세존이시여. 보살마하살은 어느 처소에서 보살행을 수행해야 합니까?"
세존께서 말씀하셨다.

"선현이여. 보살마하살은 마땅히 색(色)의 공(空)에서 보살행을 수행해야 하고, 마땅히 수(受)·상(想)·행(行)·식(識)의 공에서 보살행을 수행해야 하느니라. 보살마하살은 마땅히 안처(眼處)의 공에서 보살행을 수행해야 하고, 마땅히 이(耳)·비(鼻)·설(舌)·신(身)·의처(意處)의 공에서 보살행을 수행해야 하느니라. 보살마하살은 마땅히 색처(色處)의 공에서 보살행을 수행해야 하고, 마땅히 성(聲)·향(香)·미(味)·촉(觸)·법처(法處)의 공에서 보살행을 수행해야 하느니라.

보살마하살은 마땅히 안계(眼界)의 공에서 보살행을 수행해야 하고, 마땅히 이(耳)·비(鼻)·설(舌)·신(身)·의계(意界)의 공에서 보살행을 수행해야 하느니라. 보살마하살은 마땅히 색계(色界)의 공에서 보살행을 수행해야 하고, 마땅히 성(聲)·향(香)·미(味)·촉(觸)·법계(法界)의 공에서 보살행을 수행해야 하느니라. 보살마하살은 마땅히 안식계(眼識界)의 공에서 보살행을 수행해야 하고, 마땅히 이(耳)·비(鼻)·설(舌)·신(身)·의식계(意識界)의 공에서 보살행을 수행해야 하느니라.

보살마하살은 마땅히 안촉(眼觸)의 공에서 보살행을 수행해야 하고, 마땅히 이(耳)·비(鼻)·설(舌)·신(身)·의촉(意觸)의 공에서 보살행을 수행해야 하느니라. 보살마하살은 마땅히 안촉(眼觸)을 인연으로 생겨난 여러 수(受)의 공에서 보살행을 수행해야 하고, 마땅히 이(耳)·비(鼻)·설(舌)·신(身)·의촉(意觸)을 인연으로 생겨난 여러 수의 공에서 보살행을 수행해야 하느니라. 보살마하살은 마땅히 지계(地界)의 공에서 보살행을 수행해야 하고, 마땅히 수(水)·화(火)·풍(風)·공(空)·식계(識界)의 공에서 보살행을 수행해야 하느니라.

보살마하살은 마땅히 무명(無明)의 공에서 보살행을 수행해야 하고, 마땅히 행(行)·식(識)·명색(名色)·육처(六處)·촉(觸)·수(受)·애(愛)·취(取)·유(有)·생(生)·노사(老死)의 수탄고우뇌(愁歎苦憂惱)의 공에서 보살행을 수행해야 하느니라. 보살마하살은 마땅히 내법(內法)의 공에서 보살행을 수행해야 하고, 마땅히 외법(外法)의 공에서 보살행을 수행해야 하느니라. 보살마하살은 마땅히 보시바라밀다(布施波羅蜜多)의 공에서 보살행을 수행해야 하고, 마땅히 정계(淨戒)·안인(安忍)·정진(精進)·정려(靜慮)·반야바라밀다(般若波羅蜜多)의 공에서 보살행을 수행해야 하느니라.

보살마하살은 마땅히 내공(內空)의 공에서 보살행을 수행해야 하고, 마땅히 외공(外空)·내외공(內外空)·공공(空空)·대공(大空)·승의공(勝義空)·유위공(有爲空)·무위공(無爲空)·필경공(畢竟空)·무제공(無際空)·산공(散空)·무변이공(無變異空)·본성공(本性空)·자상공(自相空)·공상공(共相空)·일체법공(一切法空)·불가득공(不可得空)·무성공(無性空)·자성공(自性空)·무성자성공(無性自性空)의 공에서 보살행을 수행해야 하느니라. 보살마하살은 마땅히 초정려(初靜慮)의 공에서 보살행을 수행해야 하고, 마땅히 제2(第二)·제3(第三)·제4정려(第四靜慮)의 공에서 보살행을 수행해야 하느니라.

보살마하살은 마땅히 자무량(慈無量)의 공에서 보살행을 수행해야 하고, 마땅히 비(悲)·희(喜)·사무량(捨無量)의 공에서 보살행을 수행해야 하느니라. 보살마하살은 마땅히 공무변처정(空無邊處定)의 공에서 보살행을 수행해야 하고, 마땅히 식무변처정(識無邊處定)·무소유처정(無所有處定)·비상비비상처정(非想非非想處定)의 공에서 보살행을 수행해야 하느니라. 보살마하살은 마땅히 4념주(四念住)의 공에서 보살행을 수행해야 하고, 마땅히 4정단(四正斷)·4신족(四神足)·5근(五根)·5력(五力)·7등각지(七等覺支)·8성도지(八聖道支)의 공에서 보살행을 수행해야 하느니라.

보살마하살은 마땅히 화합(和合)의 공에서 보살행을 수행해야 하고, 마땅히 불화합(不和合)의 공에서 보살행을 수행해야 하느니라. 보살마하살은 마땅히 공해탈문(空解脫門)의 공에서 보살행을 수행해야 하고, 마땅히 무상(無相)·무원해탈문(無願解脫門)의 공에서 보살행을 수행해야 하느니라. 보살마하살은 마땅히 8해탈(八解脫)의 공에서 보살행을 수행해야 하고, 마땅히 8승처(八勝處)·9차제정(九次第定)·10변처(十遍處)의 공에서 보살행을 수행해야 하느니라.

보살마하살은 마땅히 고성제(苦聖諦)의 공에서 보살행을 수행해야 하고, 마땅히 집(集)·멸(滅)·도성제(道聖諦)의 공에서 보살행을 수행해야 하느니라. 보살마하살은 마땅히 여래(佛)의 10력(十力)의 공에서 보살행을 수행해야 하고, 마땅히 4무소외(四無所畏)·4무애해(四無礙解)·대자(大慈)·대비(大悲)·대희(大喜)·대사(大捨)·18불불공법(十八佛不共法)의 공에서 보살행을 수행해야 하느니라. 보살마하살은 마땅히 5안(五眼)의 공에서 보살행을 수행해야 하고, 마땅히 6신통(六神通)의 공에서 보살행을 수행해야 하느니라.

보살마하살은 마땅히 불국토를 청정하게 장엄하는 공에서 보살행을 수행해야 하고, 마땅히 유정을 성숙시키는 공에서 보살행을 수행해야 하느니라. 보살마하살은 변재(辯才)의 다라니(陀羅尼)를 일으키는 공에서 보살행을 수행해야 하고, 마땅히 문자(文字)의 다라니를 일으키는 공에서 보살행을 수행해야 하느니라. 보살마하살은 마땅히 문자의 다라니를 깨달아 들어가는 공에서 보살행을 수행해야 하고, 마땅히 문자가 없는 다라니를 깨달아 들어가 공에서 보살행을 수행해야 하느니라.

보살마하살은 마땅히 유위계(有爲界)의 공에서 보살행을 수행해야 하고, 마땅히 무위계(無爲界)의 공에서 보살행을 수행해야 하느니라.

보살마하살이 이와 같이 보살행을 수행하는 때에 여래의 무상정등보리와 같이 제법의 가운데에서 두 상(相)을 짓지 않느니라. 선현이여. 만약 보살마하살이 이와 같이 반야바라밀다를 수행하는 때라면, 이르되 무상정등보리를 위하여 보살행을 수행한다고 이름하느니라."

그때 구수 선현이 세존께 아뢰어 말하였다.
"세존이시여. 여래께서 항상 불타(佛陀)[1]를 설하셨는데, 불타는 무슨 의취로써의 까닭으로 불타라고 이름합니까?"
세존께서 말씀하셨다.

---

1) 산스크리트어 Buddha의 음사이다.

"선현이여. 진실한 의취(義趣)를 따라서 깨달았던 까닭으로 불타라고 이름하느니라. 다시 다음으로 선현이여. 진실한 법을 깨닫고서 나타냈던 까닭으로 불타라고 이름하느니라. 다시 다음으로 선현이여. 진실한 의취를 통달했던 까닭으로 불타라고 이름하느니라. 다시 다음으로 선현이여. 일체법에서 여실하게 깨달음을 나타냈던 까닭으로 불타라고 이름하느니라. 다시 다음으로 선현이여. 일체의 자상(自相)·공상(共相)·유상(有相)·무상(無相)에서 자연스럽게 깨달음이 열렸던 까닭으로 불타라고 이름하느니라.

다시 다음으로 선현이여. 삼세법(三世法)과 무위법(無爲法)에서 일체의 종류의 상으로 장애가 없는 지혜가 전전하였던 까닭으로 불타라고 이름하느니라. 다시 다음으로 선현이여. 일체의 유정들을 여실(如實)하게 열어서 깨우쳤고 전도된 악업과 여러 고통을 벗어나게 하던 까닭으로 불타라고 이름하느니라. 다시 다음으로 선현이여. 능히 일체법의 상(相)인 이를테면, 무상(無相)을 여실하게 깨달았던 까닭으로 불타라고 이름하느니라."

그때 구수 선현이 세존께 아뢰어 말하였다.

"세존이시여. 여래께서 항상 보리(菩提)를 설하셨는데, 보리는 무슨 의취로써의 까닭으로 보리라고 이름합니까?"

세존께서 말씀하셨다.

"선현이여. 법(法)이 공(空)하다는 의취를 증득하였다면 이것이 보리의 의취이고, 진여(眞如)의 의취를 증득하였다면 이것이 보리의 의취이며, 실제(實際)의 의취를 증득하였다면 이것이 보리의 의취이고, 법성(法性)의 의취를 증득하였다면 이것이 보리의 의취이며, 법계(法界)의 의취를 증득하였다면 이것이 보리의 의취이니라. 다시 다음으로 선현이여. 명자(名字)와 상(相)을 가립(假立)하고 언설(言說)을 시설(施設)하면서 능히 진실하게 깨달았다면 최상(最上)으로 수승하고 미묘한 까닭으로 보리라고 이름하느니라. 다시 다음으로 선현이여. 파괴(破壞)할 수 없고 분별(分別)할 수도 없는 까닭으로 보리라고 이름하느니라.

다시 다음으로 선현이여. 법의 진여인 자성이고, 허망(虛妄)하지 않은 자성이며, 변이(變異)하지 않는 자성이고, 전도가 없는 자성인 까닭으로 보리라고 이름하느니라. 다시 다음으로 선현이여. 오직 명자와 상을 가립(假立)하여 보리로 삼는다고 말할지라도, 진실한 명자와 상은 얻을 수 없는 까닭으로 보리라고 이름하느니라. 다시 다음으로 선현이여. 제불께서 소유하신 진실하고 청정한 묘각(妙覺)인 까닭으로 보리라고 이름하느니라. 다시 다음으로 선현이여. 제불께서 오히려 이것으로 제법의 일체 종류의 상을 나타내시는 까닭으로 보리라고 이름하느니라."

그때 구수 선현이 세존께 아뢰어 말하였다.
"세존이시여. 보살마하살이 보리를 위한 까닭으로 보시·정계·안인·정진·정려·반야바라밀다를 수행하는 때에, 무엇 등의 법에서 요익(益)하고 손실(損)하며 증장(增)하고 감소(減)하며 생겨(生)나고 소멸(滅)하며 염오(染)되고 청정(淨)하게 됩니까? 세존이시여. 보살마하살이 보리를 위한 까닭으로 내공·외공·내외공·공공·대공·승의공·유위공·무위공·필경공·무제공·산공·무변이공·본성공·자상공·공상공·일체법공·불가득공·무성공·자성공·무성자성공에 안주하는 때에, 무엇 등의 법에서 요익하고 손실하며 증장하고 감소하며 생겨나고 소멸하며 염오되고 청정하게 됩니까?
세존이시여. 보살마하살이 보리를 위한 까닭으로 진여·법계·법성·불허망성·불변이성·평등성·이생성·법정·법주·실제·허공계·부사의계에 안주하는 때에, 무엇 등의 법에서 요익하게 되고 손실하게 되며 증장하게 되고 감소하게 되며 생겨나게 되고 소멸하게 되며 염오가 되고 청정하게 됩니까? 세존이시여. 보살마하살이 보리를 위한 까닭으로 4념주·4정단·4신족·5근·5력·7등각지·8성도지를 수행하는 때에, 무엇 등의 법에서 요익하게 되고 손실하게 되며 증장하게 되고 감소하게 되며 생겨나게 되고 소멸하게 되며 염오가 되고 청정하게 됩니까?
세존이시여. 보살마하살이 보리를 위한 까닭으로 고성제와 집·멸·도성제에 안주하는 때에, 무엇 등의 법에서 요익하게 되고 손실하게 되며 증장하게 되고 감소하게 되며 생겨나게 되고 소멸하게 되며 염오가 되고 청정하게 됩니까? 세존이시여. 보살마하살이 보리를 위한 까닭으로 4정려·4무량·4무색정을 수행하는 때에, 무엇 등의 법에서 요익하게 되고 손실하게 되며 증장하게 되고 감소하게 되며 생겨나게 되고 소멸하게 되며 염오가 되고 청정하게 됩니까?

세존이시여. 보살마하살이 보리를 위한 까닭으로 8해탈·8승처·9차제정·10변처를 수행하는 때에, 무엇 등의 법에서 요익하게 되고 손실하게 되며 증장하게 되고 감소하게 되며 생겨나게 되고 소멸하게 되며 염오가 되고 청정하게 됩니까? 세존이시여. 보살마하살이 보리를 위한 까닭으로 삼마지문·다라니문을 수행하는 때에, 무엇 등의 법에서 요익하게 되고 손실하게 되며 증장하게 되고 감소하게 되며 생겨나게 되고 소멸하게 되며 염오가 되고 청정하게 됩니까?

세존이시여. 보살마하살이 보리를 위한 까닭으로 공해탈문, 무상·무원해탈문을 수행하는 때에, 무엇 등의 법에서 요익하게 되고 손실하게 되며 증장하게 되고 감소하게 되며 생겨나게 되고 소멸하게 되며 염오가 되고 청정하게 됩니까? 세존이시여. 보살마하살이 보리를 위한 까닭으로 5안·6신통을 수행하는 때에, 무엇 등의 법에서 요익하게 되고 손실하게 되며 증장하게 되고 감소하게 되며 생겨나게 되고 소멸하게 되며 염오가 되고 청정하게 됩니까?

세존이시여. 보살마하살이 보리를 위한 까닭으로 여래의 10력·4무소외·4무애해·18불불공법을 수행하는 때에, 무엇 등의 법에서 요익하게 되고 손실하게 되며 증장하게 되고 감소하게 되며 생겨나게 되고 소멸하게 되며 염오가 되고 청정하게 됩니까? 세존이시여. 보살마하살이 보리를 위한 까닭으로 대자·대비·대희·대사를 수행하는 때에, 무엇 등의 법에서 요익하게 되고 손실하게 되며 증장하게 되고 감소하게 되며 생겨나게 되고 소멸하게 되며 염오가 되고 청정하게 됩니까?

세존이시여. 보살마하살이 보리를 위한 까닭으로 무망실법·항주사성을 수행하는 때에, 무엇 등의 법에서 요익하게 되고 손실하게 되며 증장하게 되고 감소하게 되며 생겨나게 되고 소멸하게 되며 염오가 되고 청정하게 됩니까? 세존이시여. 보살마하살이 보리를 위한 까닭으로 일체지·도상지·일체상지를 수행하는 때에, 무엇 등의 법에서 요익하게 되고 손실하게 되며 증장하게 되고 감소하게 되며 생겨나게 되고 소멸하게 되며 염오가 되고 청정하게 됩니까?"

세존께서 말씀하셨다.

"선현이여. 보살마하살이 보리를 위한 까닭으로 보시·정계·안인·정진·정려·반야바라밀다를 수행하는 때에, 일체법에서 요익이 없고 손실도 없으며 증장이 없고 감소도 없으며 생겨남이 없고 소멸함도 없으며 염오가 없고 청정함도 없느니라. 선현이여. 보살마하살이 보리를 위한 까닭으로 내공·외공·내외공·공공·대공·승의공·유위공·무위공·필경공·무제공·산공·무변이공·본성공·자상공·공상공·일체법공·불가득공·무성공·자성공·무성자성공에 안주하는 때에, 일체법에서 요익이 없고 손실도 없으며 증장이 없고 감소도 없으며 생겨남이 없고 소멸함도 없으며 염오가 없고 청정함도 없느니라.

선현이여. 보살마하살이 보리를 위한 까닭으로 진여·법계·법성·불허망성·불변이성·평등성·이생성·법정·법주·실제·허공계·부사의계에 안주하는 때에, 일체법에서 요익도 없고 손실도 없으며 증장이 없고 감소도 없으며 생겨남이 없고 소멸함도 없으며 염오가 없고 청정함도 없느니라. 선현이여. 보살마하살이 보리를 위한 까닭으로 4념주·4정단·4신족·5근·5력·7등각지·8성도지를 수행하는 때에, 일체법에서 요익이 없고 손실도 없으며 증장이 없고 감소도 없으며 생겨남이 없고 소멸함도 없으며 염오가 없고 청정함도 없느니라.

선현이여. 보살마하살이 보리를 위한 까닭으로 고성제, 집·멸·도성제에 안주하는 때에, 일체법에서 요익도 없고 손실도 없으며 증장이 없고 감소도 없으며 생겨남이 없고 소멸함도 없으며 염오가 없고 청정함도 없느니라. 선현이여. 보살마하살이 보리를 위한 까닭으로 4정려·4무량·4무색정을 수행하는 때에, 일체법에서 요익이 없고 손실도 없으며 증장이 없고 감소도 없으며 생겨남이 없고 소멸함도 없으며 염오가 없고 청정함도 없느니라.

선현이여, 보살마하살이 보리를 위한 까닭으로 8해탈·8승처·9차제정·10변처를 수행하는 때에, 일체법에서 요익이 없고 손실도 없으며 증장이 없고 감소도 없으며 생겨남이 없고 소멸함도 없으며 염오가 없고 청정함도 없느니라. 선현이여, 보살마하살이 보리를 위한 까닭으로 삼마지문·다라니문을 수행하는 때에, 일체법에서 요익이 없고 손실도 없으며 증장이 없고 감소도 없으며 생겨남이 없고 소멸함도 없으며 염오가 없고 청정함도 없느니라.

선현이여, 보살마하살이 보리를 위한 까닭으로 공해탈문, 무상·무원해탈문을 수행하는 때에, 일체법에서 요익이 없고 손실도 없으며 증장이 없고 감소도 없으며 생겨남이 없고 소멸함도 없으며 염오가 없고 청정함도 없느니라. 선현이여, 보살마하살이 보리를 위한 까닭으로 5안·6신통을 수행하는 때에, 일체법에서 요익이 없고 손실도 없으며 증장이 없고 감소도 없으며 생겨남이 없고 소멸함도 없으며 염오가 없고 청정함도 없느니라.

선현이여, 보살마하살이 보리를 위한 까닭으로 여래의 10력·4무소외·4무애해·18불불공법을 수행하는 때에, 일체법에서 요익이 없고 손실도 없으며 증장이 없고 감소도 없으며 생겨남이 없고 소멸함도 없으며 염오가 없고 청정함도 없느니라. 선현이여, 보살마하살이 보리를 위한 까닭으로 대자·대비·대희·대사를 수행하는 때에, 일체법에서 요익이 없고 손실도 없으며 증장이 없고 감소도 없으며 생겨남이 없고 소멸함도 없으며 염오가 없고 청정함도 없느니라.

선현이여, 보살마하살이 보리를 위한 까닭으로 여래의 무망실법·항주사성을 수행하는 때에, 일체법에서 요익이 없고 손실도 없으며 증장이 없고 감소도 없으며 생겨남이 없고 소멸함도 없으며 염오가 없고 청정함도 없느니라. 선현이여, 보살마하살이 보리를 위한 까닭으로 일체지·도상지·일체상지를 수행하는 때에, 일체법에서 요익이 없고 손실도 없으며 증장이 없고 감소도 없으며 생겨남이 없고 소멸함도 없으며 염오가 없고 청정함도 없느니라.

왜 그러한가? 선현이여. 보살마하살이 보리를 위한 까닭으로 깊은 반야바라밀다를 행하였다면, 일체법에서 모두 인연이 없으나, 방편을 위한 것이고, 요익과 손실을 위하지 않았고 증장과 감소를 위하지 않았으며 생겨남과 소멸함을 위하지 않았고 염오와 청정함을 위하지 않은 까닭으로 앞에 있으면서 나타냈던 것이니라."

구수 선현이 세존께 아뢰어 말하였다.
"세존이시여. 만약 보살마하살이 보리를 위한 까닭으로 깊은 반야바라밀다를 행하였다면, 일체법에서 모두 인연이 없으나, 방편을 위한 것이고, 요익을 위하지 않았고 손실을 위하지 않았으며, 증장을 위하지 않았고 감소를 위하지 않았으며, 생겨남을 위하지 않았고 소멸함을 위하지 않았으며, 염오를 위하지 않았고 청정함을 위하지 않았던 까닭으로 앞에 있으면서 나타낸 것이라면, 어찌하여 보살마하살이 깊은 반야바라밀다를 수행하는 때에, 보시바라밀다를 섭수(攝受)하고, 정계·안인·정진·정려·반야바라밀다를 섭수합니까?

어찌하여 보살마하살이 깊은 반야바라밀다를 수행하는 때에, 내공을 섭수하고, 외공·내외공·공공·대공·승의공·유위공·무위공·필경공·무제공·산공·무변이공·본성공·자상공·공상공·일체법공·불가득공·무성공·자성공·무성자성공을 섭수합니까? 어찌하여 보살마하살이 깊은 반야바라밀다를 수행하는 때에, 진여를 섭수하고, 법계·법성 불허망성·불변이성·평등성·이생성·법정·법주·실제·허공계·부사의계를 섭수합니까?

어찌하여 보살마하살이 깊은 반야바라밀다를 수행하는 때에, 4념주를 섭수하고, 4정단·4신족·5근·5력·7등각지·8성도지를 섭수합니까? 어찌하여 보살마하살이 깊은 반야바라밀다를 수행하는 때에, 고성제를 섭수하고, 집·멸·도성제를 섭수합니까? 어찌하여 보살마하살이 깊은 반야바라밀다를 수행하는 때에, 4정려를 섭수하고, 4무량·4무색정을 섭수합니까?

어찌하여 보살마하살이 깊은 반야바라밀다를 수행하는 때에, 8해탈을 섭수하고, 8승처·9차제정·10변처를 섭수합니까?

어찌하여 보살마하살이 깊은 반야바라밀다를 수행하는 때에, 삼마지문을 섭수하고, 다라니문을 섭수합니까? 어찌하여 보살마하살이 깊은 반야바라밀다를 수행하는 때에, 공해탈문을 섭수하고, 무상·무원해탈문을 섭수합니까? 어찌하여 보살마하살이 깊은 반야바라밀다를 수행하는 때에, 5안을 섭수하고, 6신통을 섭수합니까? 어찌하여 보살마하살이 깊은 반야바라밀다를 수행하는 때에, 여래의 10력을 섭수하고, 4무소외·4무애해·18불불공법을 섭수합니까? 어찌하여 보살마하살이 깊은 반야바라밀다를 수행하는 때에, 대자를 섭수하고, 대비·대희·대사를 섭수합니까?

어찌하여 보살마하살이 깊은 반야바라밀다를 수행하는 때에, 무망실법을 섭수하고, 항주사성을 섭수합니까? 어찌하여 보살마하살이 깊은 반야바라밀다를 수행하는 때에, 일체지를 섭수하고, 도상지·일체상지를 섭수합니까? 어찌하여 보살마하살이 깊은 반야바라밀다를 수행하는 때에, 여러 성문지와 독각지를 초월하고, 나아가서 보살의 정성이생에 들어가며, 보살의 십지(十地)의 정행(正行)을 수행하여 무상정등보리를 증득합니까?"

마하반야바라밀다경 제366권

63. 교편행품(巧便行品)(2)

세존께서 말씀하셨다.
"선현이여. 보살마하살이 깊은 반야바라밀다를 수행하는 때에 둘이 아닌 것으로써의 까닭으로 보시바라밀다를 섭수하고, 둘이 아닌 것으로써의 까닭으로 정계·안인·정진·정려·반야바라밀다를 섭수하느니라. 보살마하살이 깊은 반야바라밀다를 수행하는 때에 둘이 아닌 것으로써의 까닭으로 내공을 섭수하고, 둘이 아닌 것으로써의 까닭으로 외공·내외공·공공·대공·승의공·유위공·무위공·필경공·무제공·산공·무변이공·본성공·자상공·공상공·일체법공·불가득공·무성공·자성공·무성자성공을 섭수하느니라.
보살마하살이 깊은 반야바라밀다를 수행하는 때에 둘이 아닌 것으로써의 까닭으로 진여를 섭수하고, 둘이 아닌 것으로써의 까닭으로 법계·법성·불허망성·불변이성·평등성·이생성·법정·법주·실제·허공계·부사의계를 섭수하느니라. 보살마하살이 깊은 반야바라밀다를 수행하는 때에 둘이 아닌 것으로써의 까닭으로 4념주를 섭수하고, 둘이 아닌 것으로써의 까닭으로 4정단·4신족·5근·5력·7등각지·8성도지를 섭수하느니라.
보살마하살이 깊은 반야바라밀다를 수행하는 때에 둘이 아닌 것으로써의 까닭으로 고성제를 섭수하고, 둘이 아닌 것으로써의 까닭으로 집·멸·도성제를 섭수하느니라. 보살마하살이 깊은 반야바라밀다를 수행하는 때에 둘이 아닌 것으로써의 까닭으로 4정려를 섭수하고, 둘이 아닌 것으로써의 까닭으로 4무량·4무색정을 섭수하느니라. 보살마하살이 깊은 반야바라밀다를 수행하는 때에 둘이 아닌 것으로써의 까닭으로 8해탈을 섭수하고, 둘이 아닌 것으로써의 까닭으로 8승처·9차제정·10변처를 섭수하느니라.
　보살마하살이 깊은 반야바라밀다를 수행하는 때에 둘이 아닌 것으로써의 까닭으로 삼마지문을 섭수하고, 둘이 아닌 것으로써의 까닭으로 다라니문을 섭수하느니라. 보살마하살이 깊은 반야바라밀다를 수행하는 때에 둘이 아닌 것으로써의 까닭으로 공해탈문을 섭수하고, 둘이 아닌 것으로써의 까닭으로 무상·무원해탈문을 섭수하느니라. 보살마하살이 깊은 반야바라밀다를 수행하는 때에 둘이 아닌 것으로써의 까닭으로 5안을 섭수하고, 둘이 아닌 것으로써의 까닭으로 6신통을 섭수하느니라.
　보살마하살이 깊은 반야바라밀다를 수행하는 때에 둘이 아닌 것으로써의 까닭으로 여래의 10력을 섭수하고, 둘이 아닌 것으로써의 까닭으로 4무소외·4무애해·18불불공법을 섭수하느니라. 보살마하살이 깊은 반야바라밀다를 수행하는 때에 둘이 아닌 것으로써의 까닭으로 대자를 섭수하고, 둘이 아닌 것으로써의 까닭으로 대비·대희·대사를 섭수하느니라. 보살마하살이 깊은 반야바라밀다를 수행하는 때에 둘이 아닌 것으로써의 까닭으로 무망실법을 섭수하고, 둘이 아닌 것으로써의 까닭으로 항주사성을 섭수하느니라.
　보살마하살이 깊은 반야바라밀다를 수행하는 때에 둘이 아닌 것으로써의 까닭으로 일체지를 섭수하고, 둘이 아닌 것으로써의 까닭으로 도상지·일체상지를 섭수하느니라. 보살마하살이 깊은 반야바라밀다를 수행하는 때에 둘이 아닌 것으로써의 까닭으로 여러 성문지와 독각지를 초월하고, 둘이 아닌 것으로써의 까닭으로 보살의 정성이생에 들어가며, 둘이 아닌 것으로써의 까닭으로 보살의 십지의 정행을 수행하고, 둘이 아닌 것으로써의 까닭으로 무상정등보리를 증득하느니라.”
　구수 선현이 세존께 아뢰어 말하였다.
　“세존이시여. 만약 보살마하살이 반야바라밀다를 수행하는 때에 둘이 아닌 것으로써의 까닭으로 보시바라밀다를 섭수하고, 둘이 아닌 것으로써의 까닭으로 정계·안인·정진·정려·반야바라밀다를 섭수하며, 둘이 아닌 것으로써의 까닭으로 내공을 섭수하고, 둘이 아닌 것으로써의 까닭으로 외공·내외공·공공·대공·승의공·유위공·무위공·필경공·무제공·산공·무변이공·본성공·자상공·공상공·일체법공·불가득공·무성공·자성공·무성자성공을 섭수하며, 둘이 아닌 것으로써의 까닭으로 진여를 섭수하고, 둘이 아닌 것으로써의 까닭으로 법계·법성·불허망성·불변이성·평등성·이생성·법정·법주·실제·허공계·부사의계를 섭수하며,

 둘이 아닌 것으로써의 까닭으로 4념주를 섭수하고, 둘이 아닌 것으로써의 까닭으로 4정단·4신족·5근·5력·7등각지·8성도지를 섭수하며, 둘이 아닌 것으로써의 까닭으로 고성제를 섭수하고, 둘이 아닌 것으로써의 까닭으로 집·멸·도성제를 섭수하며, 둘이 아닌 것으로써의 까닭으로 4정려를 섭수하고, 둘이 아닌 것으로써의 까닭으로 4무량·4무색정을 섭수하며, 둘이 아닌 것으로써의 까닭으로 8해탈을 섭수하고, 둘이 아닌 것으로써의 까닭으로 8승처·9차제정·10변처를 섭수하며, 둘이 아닌 것으로써의 까닭으로 삼마지문을 섭수하고, 둘이 아닌 것으로써의 까닭으로 다라니문을 섭수하며,

 둘이 아닌 것으로써의 까닭으로 공해탈문을 섭수하고, 둘이 아닌 것으로써의 까닭으로 무상·무원해탈문을 섭수하며, 둘이 아닌 것으로써의 까닭으로 5안을 섭수하고, 둘이 아닌 것으로써의 까닭으로 6신통을 섭수하며, 둘이 아닌 것으로써의 까닭으로 여래의 10력을 섭수하고, 둘이 아닌 것으로써의 까닭으로 4무소외·4무애해·18불불공법을 섭수하며, 둘이 아닌 것으로써의 까닭으로 대자를 섭수하고, 둘이 아닌 것으로써의 까닭으로 대비·대희·대사를 섭수하며, 둘이 아닌 것으로써의 까닭으로 무망실법을 섭수하고, 둘이 아닌 것으로써의 까닭으로 항주사성을 섭수하며,

 둘이 아닌 것으로써의 까닭으로 일체지를 섭수하고, 둘이 아닌 것으로써의 까닭으로 도상지·일체상지를 섭수하며, 둘이 아닌 것으로써의 까닭으로 여러 성문지와 독각지를 초월하고, 둘이 아닌 것으로써의 까닭으로 보살의 정성이생에 들어가며, 둘이 아닌 것으로써의 까닭으로 보살의

십지의 정행을 수행하고, 둘이 아닌 것으로써의 까닭으로 무상정등보리를 증득하였던 자라면, 어찌하여 보살마하살이 초발심부터 나아가 최후의 마음이 일어나는 것까지의 일체의 시간에서 선법이 증장합니까?"

세존께서 말씀하셨다.

"선현이여. 보살마하살이 두 가지의 까닭으로써 행한다면 곧 여러 선법들이 증장되지 않느니라. 왜 그러한가? 선현이여. 일체의 우부(愚夫)인 이생(異生)들은 모두가 두 가지에 의지하는 까닭으로 일어나는 것인 여러 종류의 선법이 증장하지 않느니라. 보살마하살은 불이(不二)를 수행하는 까닭으로 초발심부터 나아가 최후의 마음이 일어나는 것까지의 일체의 시간에서 선법이 증장되는 것이니라.

이러한 까닭으로 선현이여. 보살마하살들의 선근(善根)은 견고하여 제어하고 굴복시킬 수 없나니, 세간의 천상·인간·아소락 등이 능히 성문지·독각지에서 파괴하거나 타락시킬 수 없느니라. 세간에서 여러 종류의 악한 불선법(不善法)들이 보시바라밀다를 수행하는 때에 일어나는 선법을 능히 제어하고 굴복시킬 수 없고 증장을 얻지 못하게 할 수 없으며, 정계·안인·정진·반야바라밀다를 수행하는 때에, 일어나는 선법을 능히 제어하고 굴복시킬 수 없고 증장을 얻지 못하게 할 수 없느니라.

내공에 안주하는 때에 일어나는 선법을 능히 제어하고 굴복시킬 수 없고 증장을 얻지 못하게 할 수 없고, 외공·내외공·공공·대공·승의공·유위공·무위공·필경공·무제공·산공·무변이공·본성공·자상공·공상공·일체법공·불가득공·무성공·자성공·무성자성공에 안주하는 때에 일어나는 선법을 능히 제어하고 굴복시킬 수 없고 증장을 얻지 못하게 할 수 없느니라.

진여에 안주하는 때에 일어나는 선법을 능히 제어하고 굴복시킬 수 없고 증장을 얻지 못하게 할 수 없고, 법계·법성·불허망성·불변이성·평등성·이생성·법정·법주·실제·허공계·부사의계에 안주하는 때에 일어나는 선법을 능히 제어하고 굴복시킬 수 없고 증장을 얻지 못하게 할 수 없느니라. 4념주를 수행하는 때에 일어나는 선법을 능히 제어하고 굴복시킬 수 없고 증장을 얻지 못하게 할 수 없고, 4정단·4신족·5근·5력·7등각지·8성도지를 수행하는 때에 일어나는 선법을 능히 제어하고 굴복시킬 수 없고 증장을 얻지 못하게 할 수 없느니라.

고성제에 안주하는 때에 일어나는 선법을 능히 제어하고 굴복시킬 수 없고 증장을 얻지 못하게 할 수 없고, 집·멸·도성제에 안주하는 때에 일어나는 선법을 능히 제어하고 굴복시킬 수 없고 증장을 얻지 못하게 할 수 없느니라. 4정려를 수행하는 때에 일어나는 선법을 능히 제어하고 굴복시킬 수 없고 증장을 얻지 못하게 할 수 없고, 4무량·4무색정을 수행하는 때에 일어나는 선법을 능히 제어하고 굴복시킬 수 없고 증장을 얻지 못하게 할 수 없느니라.

삼마지문을 수행하는 때에 일어나는 선법을 능히 제어하고 굴복시킬 수 없고 증장을 얻지 못하게 할 수 없고, 다라니문을 수행하는 때에 일어나는 선법을 능히 제어하고 굴복시킬 수 없고 증장을 얻지 못하게 할 수 없느니라. 공해탈문을 수행하는 때에 일어나는 선법을 능히 제어하고 굴복시킬 수 없고 증장을 얻지 못하게 할 수 없고, 무상·무원해탈문을 수행하는 때에 일어나는 선법을 능히 제어하고 굴복시킬 수 없고 증장을 얻지 못하게 할 수 없느니라.

5안을 수행하는 때에 일어나는 선법을 능히 제어하고 굴복시킬 수 없고 증장을 얻지 못하게 할 수 없고, 6신통을 수행하는 때에 일어나는 선법을 능히 제어하고 굴복시킬 수 없고 증장을 얻지 못하게 할 수 없느니라. 여래의 10력을 수행하는 때에 일어나는 선법을 능히 제어하고 굴복시킬 수 없고 증장을 얻지 못하게 할 수 없고, 4무소외·4무애해·18불불공법을 수행하는 때에 일어나는 선법을 능히 제어하고 굴복시킬 수 없고 증장을 얻지 못하게 할 수 없느니라.

대자를 수행하는 때에 일어나는 선법을 능히 제어하고 굴복시킬 수 없고 증장을 얻지 못하게 할 수 없고, 대비·대희·대사를 수행하는 때에 일어나는 선법을 능히 제어하고 굴복시킬 수 없고 증장을 얻지 못하게 할 수 없느니라. 무망실법을 수행하는 때에 일어나는 선법을 능히 제어하고 굴복시킬 수 없고 증장을 얻지 못하게 할 수 없고, 항주사성을 수행하는 때에 일어나는 선법을 능히 제어하고 굴복시킬 수 없고 증장을 얻지 못하게 할 수 없느니라.

일체지를 수행하는 때에 일어나는 선법을 능히 제어하고 굴복시킬 수 없고 증장을 얻지 못하게 할 수 없고, 도상지·일체상지를 수행하는 때에 일어나는 선법을 능히 제어하고 굴복시킬 수 없고 증장을 얻지 못하게 할 수 없느니라. 이러한 까닭으로 선현이여. 보살마하살은 매우 깊은 반야바라밀다를 마땅히 이와 같이 수행해야 하느니라."

그때 구수 선현이 세존께 아뢰어 말하였다.
"세존이시여. 보살마하살은 선근을 위한 까닭으로 깊은 반야바라밀다를 수행합니까?"
세존께서 말씀하셨다.
"아니니라. 선현이여. 보살마하살은 선근을 위한 까닭으로 깊은 반야바라밀다를 수행하지 않고, 불선근을 위한 까닭으로 깊은 반야바라밀다를 수행하지 않느니라. 왜 그러한가? 선현이여. 보살마하살의 법에 이와 같이 상응하였으므로, 만약 제불께 공경하고 공양하시 못하였거나, 만약 수승한 선근이 원만하지 못하였거나, 만약 진실하고 선한 벗을 많이 섭수하지 않았다면, 결국 능히 일체지지(一切智智)를 얻지 못하느니라."
구수 선현이 다시 세존께 아뢰어 말하였다.
"세존이시여. 어찌하여 보살마하살은 제불께 공경하고 공양하며 수승한 선근이 원만해지고 진실하고 선한 벗을 많이 섭수하여야 비로소 일체지지를 증득합니까?"
세존께서 말씀하셨다.
"제보살마하살들은 초발심부터 무량한 여래·응공·정등각을 공경하고 공양하며, 제불의 처소를 쫓아서 계경(契經)·응송(應頌)·기별(記別)·가타(伽他)·자설(自說)·본사(本事)·본생(本生)·방광(方廣)·희법(希法)·비유(譬喩)·논의(論議)를 듣느니라. 이미 들었다면 모두를 수지(受持)하고,

수지하고서 스스로가 몸과 말로 공경하고 공양하면서 거듭하여 읽고 익히고 수습하여 잘 예리하게 통달하며, 예리하게 통달하였다면 스스로가 마음으로 잘 관찰하고, 잘 관찰하였다면 스스로가 의취(意趣)를 깊이 보며, 의취를 깊이 보았다면 스스로가 다시 잘 통달하고, 잘 통달하였다면 스스로가 다라니를 얻으며, 다라니를 얻었다면 스스로가 장애가 없는 이해를 일으키고, 장애가 없는 이해를 일으켰다면 스스로가 나아가 일체지지를 증득하느니라.

태어났던 처소를 따라서 듣고 수지하였던 것에서 정법의 의취를 결국 잊지 않으며, 제불의 처소에서 무량하고 광대한 선근을 심느니라. 오히려 여러 선근에 섭수되는 까닭으로 악취(惡趣)와 험난한 처소에 잘못되게 태어나지 않느니라. 다시 오히려 선근에 섭수되는 까닭으로 일체의 시간에서 의요(意樂)가 청정하고, 의요가 청정한 까닭으로 구하였던 불국토를 항상 능히 청정하게 장엄하며, 역시 교화될 유정들을 항상 성숙시키느니라. 다시 오히려 선근에 섭수되는 까닭으로 진실한 선지식을 항상 멀리 벗어나지 않는데 이를테면, 제여래·응공·정등각과 제보살마하살, 독각·성문, 아울러 나머지의 능히 불·법·승을 찬탄할 수 있는 자에게 항상 친근함·공경·공양을 얻느니라.

이러한 까닭으로 선현이여. 보살마하살이 제불께 공경하고 공양하며 수승하고 선근이 원만하며 진실하고 선한 벗에게 섭수되었다면, 빠르게 능히 일체지지를 증득할 수 있느니라. 이러한 까닭으로 선현이여. 보살마하살이 깊은 반야바라밀다를 수행하여 빠르게 일체지지를 증득하고자 하였다면, 제불께 상응하여 정근하면서 공경하고 공양하며, 원만하고 수승한 선근을 섭수하며, 진실한 선지식을 항상 친근하게 구하면서 항상 싫증과 게으름이 없어야 하느니라."

그때 구수 선현이 세존께 아뢰어 말하였다.

"세존이시여. 만약 보살마하살이 제불께 공경하지 않고 공양하지 않으며 수승한 선근이 원만하지 않고 선한 벗에게 섭수되지 않았더라도,

이 보살마하살이 어찌 일체지지를 능히 증득하지 못하겠습니까?"
　세존께서 말씀하셨다.
　"선현이여. 만약 제불께 공경하지 않고 공양하지 않으며 수승한 선근이 원만하지 않고 선한 벗에게 섭수되지 않았던 자라면 오히려 상응하여 보살마하살이라는 명자도 얻을 수 없는데, 하물며 일체지지를 능히 증득할 수 있겠는가? 왜 그러한가? 선현이여. 혹은 제불께 공경하고 공양하며 여러 원만하고 수승한 선근을 심었으며 진실하고 선한 벗에게 섭수되었더라도 오히려 일체지지를 증득하지 못하는데, 하물며 제불께 공경하지 않고 공양하지 않으며 수승한 선근이 원만하지 않고 선한 벗에게 섭수되지 않았는데, 그렇지만 능히 일체지지를 증득하겠는가!
　그가 만약 일체지지를 능히 증득하였다면, 이러한 처소는 있지 않느니라. 이러한 까닭으로 선현이여. 보살마하살이 일체지지를 빠르게 증득하고자 하였다면, 마땅히 정근하면서 제불께 공경하고 공양하며 수승한 선근을 심어서 원만해지고, 진실한 선지식과 친근하면서 공양하며 싫증과 게으름이 생겨나서는 아니되느니라."
　구수 선현이 세존께 아뢰어 말하였다.
　"세존이시여. 무슨 인연을 까닭으로 보살마하살이 있어서 제불께 공경하고 공양하며 여러 종류의 원만하고 수승한 선근을 심었으며 진실하고 선한 벗에게 섭수되었어도, 그렇지만 일체지지를 능히 증득하지 못합니까?"
　세존께서 말씀하셨다.
　"선현이여. 그 보살마하살은 선교방편의 힘을 멀리 벗어난 까닭으로 일체지지를 증득하지 못하나니 이를테면, 그 보살마하살은 제불을 쫓아서 이와 같은 선교방편을 듣지 않고서, 제불께 공경하고 공양하며 여러 원만하고 수승한 선근을 심었으며 진실한 선지식과 친근하면서 공양하였던 까닭으로 일체지지를 능히 증득하지 못하느니라."
　그때 구수 선현이 세존께 아뢰어 말하였다.
　"세존이시여. 무엇 등을 선교방편이라고 이름하고 보살마하살이 이와 같은 선교방편을 성취하여야 제유정(諸有)들이 하였던 것에서 결정적으로 일체지를 증득할 수 있습니까?"
세존께서 말씀하셨다.
"선현이여. 보살마하살이 초발심부터 보시바라밀다(布施波羅蜜多)를 수행하는 때에, 일체지지와 상응하는 작의(作意)로써 혹은 여래·응공·정등각께 보시하거나, 혹은 독각에게 보시하거나, 혹은 성문에게 보시하거나, 혹은 보살마하살에게 보시하거나, 혹은 여러 나머지의 사문(沙門)·바라문(婆羅門)에게 보시하거나, 혹은 외도(外道)의 범행자(犯行者)에게 보시하거나, 혹은 빈궁한 자·도(道)를 행하는 자·고행(苦行)하는 자·와서 구하는 자에게 보시하거나, 혹은 일체의 인비인(人非人)에게 보시한다면, 이 보살마하살은 이와 같이 일체지지에 상응하는 작의를 성취하였으므로, 비록 보시를 행하더라도 보시한다는 생각이 없고 보시받는 자라는 생각이 없으며 보시하는 자라는 생각도 없으며, 역시 일체의 아(我)·아소(我所)라는 생각이 없느니라.
왜 그러한가? 이 보살마하살은 일체법의 자상(自相)이 모두 공하므로 일어남이 없고 성취함도 없으며 전전(展轉)함도 없고 소멸함도 없다고 관찰하여 여러 법상(法相)에 들어가며, 일체법이 무작(無作)이고 무능(無能)이라고 알아서 여러 행상(行相)에 들어가느니라. 이 보살마하살은 이와 같은 선교방편을 성취하였으므로, 항상의 때에 수승한 선근이 증장하고, 오히려 수승한 선근이 항상 증장하는 까닭으로 능히 보시바라밀다를 수행하여 유정들을 성숙시키고 불국토를 청정하게 장엄하느니라. 비록 보시를 행하더라도 보시로 얻는 과보를 흔쾌하게 구하지 않는데 이를테면, 오히려 보시로 얻는 여러 사랑스러운 경계를 탐착(貪著)하지 않고, 역시 보시로 얻는 생사(生死)의 수승한 과보를 탐착하여 구하지 않으며, 다만 구호(救護)할 수 없는 자를 구호하여 주고 해탈하지 못한 자를 해탈시키기 위하여 보시바라밀다를 수행하느니라.
다시 다음으로 선현이여. 만약 보살마하살이 초발심부터 정계바라밀다(淨戒波羅蜜多)를 수행하는 때에, 일체지지와 상응하는 작의로써 정계를 수지한다면, 그 마음이 탐욕에 덮이지 않는 것이고, 역시 다시 진에에 덮이지 않는 것이며, 역시 다시 우치에 덮이지 않는 것이고, 역시 수면(隨眠)의 여러 계박과 더불어 나머지 여러 종류의 악한 불선법(不善法)으로 보리를 장애하는 것에도 덮여서 감추어지지 않는데 이를테면, 인색함(慳吝)·악한 계율(惡戒)·성냄(忿恚)·게으름(懈怠)·열등한 마음(劣心)·어지러운 마음(亂心)·악한 지혜(惡慧)·여러 거만(諸慢)·지나친 거만(過慢)·거만의 지나친 거만(慢過慢)·아만(我慢)·증상만(增上慢)·비천한 거만(卑慢)·삿된 거만(邪慢) 등이고, 역시 성문·독각에 상응하는 작의도 항상 일으키지 않느니라.

왜 그러한가? 이 보살마하살은 일체법의 자상이 모두 공하므로 일어남이 없고 성취함도 없으며 전전함도 없고 소멸함도 없다고 관찰하여 여러 법상에 들어가며, 일체법이 무작이고 무능이라고 알아서 여러 행상에 들어가느니라. 이 보살마하살은 이와 같은 선교방편을 성취하였으므로, 항상의 때에 수승한 선근이 증장하고, 오히려 수승한 선근이 항상 증장하는 까닭으로 능히 정계바라밀다를 수행하여 유정들을 성숙시키고 불국토를 청정하게 장엄하느니라. 비록 정계를 행하더라도 정계로 얻는 과보를 흔쾌하게 구하지 않는데 이를테면, 오히려 정계로 얻는 여러 사랑스러운 경계를 탐착하지 않고, 역시 정계로 얻는 생사의 수승한 과보를 탐착하여 구하지 않으며, 다만 구호할 수 없는 자를 구호하여 주고 해탈하지 못한 자를 해탈시키기 위하여 정계바라밀다를 수행하느니라.

다시 다음으로 선현이여. 만약 보살마하살이 초발심부터 안인바라밀다(安忍波羅蜜多)를 수행하는 때에, 일체지지와 상응하는 작의로써 정계를 수학(修學)한다면, 이 보살마하살은 나아가 스스로가 목숨을 수호하는 인연에서도, 역시 한 생각의 성냄이거나 악한 말이거나, 원한을 더하여 갚으려는 마음을 일으키지 않느니라. 이 보살마하살은 가사(假使) 누가 와서 그의 생명을 해치려고 하였거나, 자산과 재물(資財)을 겁탈(劫奪)하거나, 처실(妻室)[1]을 능욕(侵陵)하거나, 헛된 거짓말과 근거가 없는 모욕으로 친한 벗을 이간시키거나, 추악한 말로 모욕하고 잡스럽고 더러운 말로 조롱하거나, 혹은 치고 혹은 때리거나, 혹은 베거나, 혹은 자르거나, 혹은 여러 종류의 요익하지 않은 일을 하려고 하였더라도, 그 유정에서 모두 분노하고 한탄하는 마음이 없어서 오직 그들에게 이익되고 안락하게 하려고 하느니라.

왜 그러한가? 이 보살마하살은 일체법의 자상이 모두 공하므로 일어남이 없고 성취함도 없으며 전전함도 없고 소멸함도 없다고 관찰하여 여러 법상에 들어가며, 일체법이 무작이고 무능이라고 알아서 여러 행상에 들어가느니라. 이 보살마하살은 이와 같은 선교방편을 성취하였으므로, 항상의 때에 수승한 선근이 증장하고, 오히려 수승한 선근이 항상 증장하는 까닭으로 능히 안인바라밀다를 수행하여 유정들을 성숙시키고 불국토를 청정하게 장엄하느니라. 비록 안인을 행하더라도 안인으로 얻는 과보를 흔쾌하게 구하지 않는데 이를테면, 오히려 안인으로 얻는 여러 사랑스러운 경계를 탐착하지 않고, 역시 안인으로 얻는 생사의 수승한 과보를 탐착하여 구하지 않으며, 다만 구호할 수 없는 자를 구호하여 주고 해탈하지 못한 자를 해탈시키기 위하여 안인바라밀다를 수행하느니라.

다시 다음으로 선현이여. 만약 보살마하살이 초발심부터 정진바라밀다(精進波羅蜜多)를 수행하는 때에, 일체지지와 상응하는 작의로써 견고한 갑옷을 입고 용맹하며 겁냄이 없고 해태(懈怠)하고 나태(懶惰)[2]한 마음을 멀리 벗어났다면, 이 보살마하살은 무상정등보리를 구하기 위하여 용맹스럽게 정진하면서 여러 고통을 두려워하지 않고, 역시 능히 방편으로 능히 막아내어 억제하고 조복할 수 있는데 이를테면, 인간의 고통·아소락의 고통·귀계의 고통·방생의 고통·지옥의 고통과 더불어 나머지의 여러 고통들을 모두 두려워하지 않으며, 역시 능히 방편으로 능히 막아내어 억제하고 조복할 수 있고, 선법을 정근하여 수행하면서 항상 해태하지 않고 그만두지 않느니라.

왜 그러한가? 이 보살마하살은 일체법의 자상이 모두 공하므로 일어남

---

1) 혼인(婚姻)하여 남자의 짝이 된 여인을 가리킨다.
2) 행동(行動)이나 성격(性格) 등이 느리고 게으른 것이다.

이 없고 성취함도 없으며 전전함도 없고 소멸함도 없다고 관찰하여 여러 법상에 들어가며, 일체법이 무작이고 무능이라고 알아서 여러 행상에 들어가느니라. 이 보살마하살은 이와 같은 선교방편을 성취하였으므로, 항상의 때에 수승한 선근이 증장하고, 오히려 수승한 선근이 항상 증장하는 까닭으로 능히 안인바라밀다를 수행하여 유정들을 성숙시키고 불국토를 청정하게 장엄하느니라. 비록 정진을 행하더라도 정진으로 얻는 과보를 흔쾌하게 구하지 않는데 이를테면, 오히려 정진으로 얻는 여러 사랑스러운 경계를 탐착하지 않고, 역시 정진으로 얻는 생사의 수승한 과보를 탐착하여 구하지 않으며, 다만 구호할 수 없는 자를 구호하여 주고 해탈하지 못한 자를 해탈시키기 위하여 안인바라밀다를 수행하느니라.

다시 다음으로 선현이여. 만약 보살마하살이 초발심부터 정려바라밀다(精慮波羅蜜多)를 수행하는 때에, 일체지지와 상응하는 작의로써 여러 정려를 수학한다면, 이 보살마하살은 눈으로 색을 이미 보았더라도 제상(諸相)을 취하지 않고 좋은 상도 따라서 취하지 않으며, 곧 이 처소에서 안근(眼根)을 방호(防護)하여 방일(放逸)하지 않음에 머무르고, 마음에 세간의 탐욕·근심·악한 불선법·여러 번뇌(煩惱)의 루(漏)가 일어나지 못하게 하면서 오직 정려를 수행하고 안근을 수호(守護)하느니라. 이 보살마하살은 귀로 소리를 이미 들었더라도 제상을 취하지 않고 좋은 상도 따라서 취하지 않으며, 곧 이 처소에서 이근(耳根)을 방호하여 방일하지 않음에 머무르고, 마음에 세간의 탐욕·근심·악한 불선법·여러 번뇌의 루가 일어나지 못하게 하면서 오직 정려를 수행하고 이근을 수호하느니라.

이 보살마하살은 코로 냄새를 이미 맡았더라도 제상을 취하지 않고 좋은 상도 따라서 취하지 않으며, 곧 이 처소에서 비근(鼻根)을 방호하여 방일하지 않음에 머무르고, 마음에 세간의 탐욕·근심·악한 불선법·여러 번뇌의 루가 일어나지 못하게 하면서 오직 정려를 수행하고 비근을 수호하느니라. 이 보살마하살은 혀로 맛을 이미 보았더라도 제상을 취하지 않고 좋은 상도 따라서 취하지 않으며, 곧 이 처소에서 설근(舌根)을 방호하여 방일하지 않음에 머무르고, 마음에 세간의 탐욕·근심·악한 불선법·여러 번뇌의 루가 일어나지 못하게 하면서 오직 정려를 수행하고 설근을 수호하느니라.

이 보살마하살은 몸으로 감촉을 이미 느꼈더라도 제상을 취하지 않고 좋은 상도 따라서 취하지 않으며, 곧 이 처소에서 신근(身根)을 방호하여 방일하지 않음에 머무르고, 마음에 세간의 탐욕·근심·악한 불선법·여러 번뇌의 루가 일어나지 못하게 하면서 오직 정려를 수행하고 신근을 수호하느니라. 이 보살마하살은 뜻으로 법을 이미 알았더라도 제상을 취하지 않고 좋은 상도 따라서 취하지 않으며, 곧 이 처소에서 의근(意根)을 방호하여 방일하지 않음에 머무르고, 마음에 세간의 탐욕·근심·악한 불선법·여러 번뇌의 루가 일어나지 못하게 하면서 오직 정려를 수행하고 의근을 수호하느니라.

이 보살마하살은 만약 다니거나, 만약 머무르거나, 만약 앉거나, 만약 눕거나, 만약 말하거나, 만약 묵연(默然)하더라도, 항상 삼마희다(三摩呬多)[3]와 사마타(奢摩陀)[4]를 벗어나지 않느니라. 이 보살마하살은 만약 손이거나 만약 발이라도 함께 몹시 욕심내지 않고(不饕餮), 말씨가 심하게 억세지 않고 말씨가 시끄럽고 잡스럽지 않으며, 눈과 더불어 제근(諸根)이 모두 어지럽고 요란하지 않으며, 들뜨지 않고, 움직이지 않으며, 몸이 산란(散亂)하지 않고, 말이 산란하지 않으며, 마음이 산란하지 않고, 몸이 적정(寂靜)하며, 마음이 적정하며, 만약 숨거나, 만약 드러나거나, 위의(威儀)가 변이하지 않으며, 여러 음식·의복·와구·병을 인연한 약품과 더불어 나머지의 생활용품에 모두 기뻐하는 만족이 생겨나서 만족하기 쉽고 공양하기 쉬우며, 함께 섬기기 쉽고, 궤칙(軌則)[5]을 따라서 행하는 일이 모두 선(善)에 적합하지 않음이 없으므로 비록 시끄럽고 잡스러운 처소이

---

3) 산스크리트어 Saṃhitā의 음사이고, '등인(等引)', '승정(勝定)' 등으로 번역하며, 삼매(Samadhi)의 한 종류이다.
4) 산스크리트어 samatha의 음사이고, '지(止)', '적정(寂靜)','능멸(能滅)' 등으로 번역하며, 관법(觀法)의 한 종류이다.
5) 어떤 사실을 설명하거나 증명하기 위하여 내세워 보이는 표준을 가리킨다.

었다면 멀리 벗어나서 행하느니라.

이익에서, 쇠퇴에서, 즐거움에서, 괴로움에서, 찬탄함에서, 훼자(毀訾)에서, 칭찬함에서, 꾸짖음에서, 살리는 것에서, 죽이는 것에서, 평등하고 변함이 없으며 높음이 없고 낮음이 없느니라. 원수에서, 친근한 자에서, 선한 자에서, 악한 자에서, 마음에 미움과 사랑이 없고 기뻐함이 없으며 걱정이 없느니라. 여러 성(聖)스러운 말에서, 성스럽지 않은 말에서, 멀리 벗어남에서, 어지럽고 시끄러움에서, 그 마음 평등하여 고쳐서 바꾸는 것이 없느니라. 사랑할 수 있는 색에서, 사랑할 수 없는 색에서, 여러 수순하는 일과 거스르는 일에서, 모두 분별하지 않고 마음이 항상 안정(安定)하느니라.

왜 그러한가? 이 보살마하살은 일체법의 자상이 모두 공하므로 일어남이 없고 성취함도 없으며 전전함도 없고 소멸함도 없다고 관찰하여 여러 법상에 들어가며, 일체법이 무작이고 무능이라고 알아서 여러 행상에 들어가느니라. 이 보살마하살은 이와 같은 선교방편을 성취하였으므로, 항상의 때에 수승한 선근이 증장하고, 오히려 수승한 선근이 항상 증장하는 까닭으로 능히 정려바라밀다를 수행하여 유정들을 성숙시키고 불국토를 청정하게 장엄하느니라. 비록 성려를 행하더라도 정려로 얻는 과보를 흔쾌(欣快)하게 구하지 않는데 이를테면, 오히려 정려로 얻는 여러 사랑스러운 경계를 탐착하지 않고, 역시 정려로 얻는 생사의 수승한 과보를 탐착하여 구하지 않으며, 다만 구호할 수 없는 자를 구호하여 주고 해탈하지 못한 자를 해탈시키기 위하여 정려바라밀다를 수행하느니라.

다시 다음으로 선현이여. 만약 보살마하살이 초발심부터 반야바라밀다(般若波羅蜜多)를 수행하는 때에, 일체지지와 상응하는 작의로써 여러 반야를 수학한다면, 이 보살마하살은 여러 악한 지혜가 없는 까닭으로 다른 사람이 능히 이끌어낼 수 없고, 일체의 아(我)·아소(我所)라는 것의 집착을 멀리 벗어나느니라. 일체의 아견(我見)·유정견(有情見)·명자견(命者見)·생자견(生者見)·양자견(養者見)·사부견(士夫見)·보특가라견(補特伽羅見)·의생견(意生見)·유동견(儒童見)·작자견(作者見)·수자견(受者見)

·지자견(知者見)·견자견(見者見) 등을 멀리 벗어나고, 일체의 유무(有無)·유견(有見)·악견취(惡見趣) 등을 멀리 벗어나며, 교만(憍慢)·무분별(無分別)·무변이(無變異) 등을 멀리 벗어나고, 미묘한 지혜를 수행하느니라.

왜 그러한가? 이 보살마하살은 일체법의 자상이 모두 공하므로 일어남이 없고 성취함도 없으며 전전함도 없고 소멸함도 없다고 관찰하여 여러 법상에 들어가며, 일체법이 무작이고 무능이라고 알아서 여러 행상에 들어가느니라. 이 보살마하살은 이와 같은 선교방편을 성취하였으므로, 항상의 때에 수승한 선근이 증장하고, 오히려 수승한 선근이 항상 증장하는 까닭으로 능히 반야바라밀다를 수행하여 유정들을 성숙시키고 불국토를 청정하게 장엄하느니라. 비록 반야를 행하더라도 반야로 얻는 과보를 흔쾌하게 구하지 않는데 이를테면, 오히려 반야로 얻는 여러 사랑스러운 경계를 탐착하지 않고, 역시 반야로 얻는 생사의 수승한 과보를 탐착하여 구하지 않으며, 다만 구호할 수 없는 자를 구호하여 주고 해탈하지 못한 자를 해탈시키기 위하여 정려바라밀다를 수행하느니라.

다시 다음으로 선현이여. 만약 보살마하살이 초발심부터 반야바라밀다를 수행하는 때에, 일체지지와 상응하는 작의로써 초정려에 들어가고 제2·제3·제4정려에 들어가며, 자무량에 들어가고 비·희·사무량에 들어가며, 공무변처정·식무변처정·무소유처정·비상비비상처정에 들어가면서, 이 보살마하살은 비록 정려(靜慮)·무량(無量)·무색(無色)에 입출(入出)이 자재(自在)하더라도 그 이숙(異熟)인 과보를 탐애(貪愛)하지 않느니라.

왜 그러한가? 이 보살마하살은 최고로 수승한 선교방편을 성취한 까닭으로, 오히려 이 선교방편의 힘을 까닭으로, 여러 정려·무량·무색의 자상이 모두 공하므로 일어남이 없고 성취함도 없으며 전전함도 없고 소멸함도 없다고 관찰하여 여러 법상에 들어가며, 일체법이 무작이고 무능이라고 알아서 여러 행상에 들어가느니라. 이 보살마하살은 이와 같은 선교방편을 성취하였으므로, 항상의 때에 수승한 선근이 증장하고, 오히려 수승한 선근이 항상 증장하는 까닭으로 능히 정려·무량·무색을 수행하여 유정들을 성숙시키고 불국토를 청정하게 장엄하느니라. 비록 정려·무량·무색을 행하더라도 정려·무량·무색으로 얻는 과보를 흔쾌하게 구하지 않는데 이를테면, 오히려 정려·무량·무색으로 얻는 여러 사랑스러운 경계를 탐착하지 않고, 역시 정려·무량·무색으로 얻는 생사의 수승한 과보를 탐착하여 구하지 않으며, 다만 구호할 수 없는 자를 구호하여 주고 해탈하지 못한 자를 해탈시키기 위하여 정려바라밀다를 수행하느니라.

다시 다음으로 선현이여. 만약 보살마하살이 초발심부터 반야바라밀다를 수행하는 때에, 일체지지와 상응하는 작의로써 일체의 보리분법(菩提分法)을 수학하여 이와 같은 선교방편을 성취한다면, 비록 견소단법(見所斷法)[6]과 수소단법(修所斷法)[7]을 행하더라도, 예류과를 취하지 않고, 역시 일래·불환·아라한과와 독각의 보리를 취하지 않느니라.

왜 그러한가? 이 보살마하살은 최고로 수승한 선교방편을 성취한 까닭으로, 오히려 이 선교방편의 힘을 까닭으로, 일체법의 자상이 모두 공하므로 일어남이 없고 성취함도 없으며 전전함도 없고 소멸함도 없다고 관찰하여 여러 법상에 들어가며, 일체법이 무작이고 무능이라고 알아서 여러 행상에 들어가느니라. 이 보살마하살은 이와 같은 선교방편을 성취하였으므로, 항상의 때에 수승한 선근이 증장하고, 오히려 수승한 선근이 항상 증장하는 까닭으로 능히 37보리분법을 수행하느니라. 비록 이와 같이 보리분법을 수행하더라도 성문지·독각지를 초월하여 보살의 정성이생(定性離生)을 증득하고 들어가서 생멸을 벗어나느니라. 선현이여. 이것을 보살마하살의 무생법인(無生法忍)이라고 이름하느니라.

다시 다음으로 선현이여. 만약 보살마하살이 초발심부터 반야바라밀다

---

6) 산스크리트어 darśana-mārga 사제(四諦)를 명료하게 주시하여 견혹(見惑)을 끊는 단계이고, 이 이상의 단계에 이른 사람을 성자라고 한다. 초기불교에서는 예류향(預流向)을 뜻하고, 유식설에서는 통달위(通達位), 보살의 수행 단계에서는 십지(十地) 가운데 초지(初地)에 해당한다.
7) 산스크리트어 bhāvanā-mārga의 번역이고, 견도(見道)에서 사제(四諦)를 명료하게 주시하여 견혹(見惑)을 끊은 후, 다시 수행하여 수혹(修惑)을 끊는 단계를 말한다. 곧 예류과(預流果)·일래향(一來向)·일래과(一來果)·불환향(不還向)·불환과(不還果)·아라한향(阿羅漢向)에 해당한다.

를 수행하는 때에, 일체지지와 상응하는 작의로써 8해탈정(八解脫定)에 자재하게 수순(順)하거나 거스르면서(逆) 출입(出入)하고, 역시 8승처정(八勝處定)에 자재하게 수순하거나 거스르면서 출입하며, 역시 9차제정(九次第定)에 자재하게 수순하거나 거스르면서 출입하고, 역시 10변처정(十遍處定)에 자재하게 수순하거나 거스르면서 출입하며, 역시 4성제관(四聖諦觀)을 수습하여 삼마지문·다라니문·3해탈문을 자재하게 출입하고, 능히 선교방편을 성취하였더라도, 예류과를 취하지 않고, 역시 일래·불환·아라한과와 독각의 보리를 취하지 않느니라.

왜 그러한가? 이 보살마하살은 최고로 수승한 선교방편을 성취한 까닭으로, 오히려 이 선교방편의 힘을 까닭으로, 일체법의 자상이 모두 공하므로 일어남이 없고 성취함도 없으며 전전함도 없고 소멸함도 없다고 관찰하여 여러 법상에 들어가며, 일체법이 무작이고 무능이라고 알아서 여러 행상에 들어가느니라. 이 보살마하살은 이와 같은 선교방편을 성취하였으므로, 항상의 때에 수승한 선근이 증장하고, 오히려 수승한 선근이 항상 증장하는 까닭으로 능히 8해탈정·8승처정·9차제정·10변처정·4성제관·다라니문·삼마지문·3해탈문을 수행하느니라. 비록 이와 같이 보리분법을 수행하더라도 성문지·독각지를 초월하여 보살의 불퇴전위를 증득하고 들어가느니라. 선현이여. 이것을 보살마하살의 무생법수기인(無生法受記忍)이라고 이름하느니라.

다시 다음으로 선현이여. 만약 보살마하살이 초발심부터 반야바라밀다를 수행하는 때에, 일체지지와 상응하는 작의로써 여래의 10력·4무소외·4무애해·18불불공법·대자·대비·대희·대사·무망실법·항주사성·일체지·도상지·일체상지·5안·6신통을 수학하고, 나아가 유정들을 성숙시키고 불국토를 청정하게 장엄하는 일을 구족하지 못하였다면, 또한 일체지지를 증득하지 않느니라.

왜 그러한가? 이 보살마하살은 최고로 수승한 선교방편을 성취한 까닭으로, 오히려 이 선교방편의 힘을 까닭으로, 일체법의 자상이 모두 공하므로 일어남이 없고 성취함도 없으며 전전함도 없고 소멸함도 없다고 관찰하여 여러 법상에 들어가며, 일체법이 무작이고 무능이라고 알아서 여러 행상에 들어가느니라. 이 보살마하살은 이와 같은 선교방편을 성취하였으므로, 항상의 때에 수승한 선근이 증장하고, 오히려 수승한 선근이 항상 증장하는 까닭으로 능히 여래의 10력·4무소외·4무애해·18불불공법·대자·대비·대희·대사·무망실법·항주사성·일체지·도상지·일체상지·5안·6신통을 수행하고, 오히려 능히 여래의 10력, 나아가 6신통을 수행하는 까닭에 능히 유정을 성숙시키고 불국토를 청정하게 장엄하며 점차로 일체지지를 증득하느니라.

선현이여. 이와 같다면 선교방편이라 이름하는데, 만약 보살마하살이 이와 같은 선교방편을 성취한다면 제유정들의 처소에서 결정적으로 능히 일체지지를 증득할 수 있느니라. 선현이여. 이와 같은 선교방편은 모두 오히려 반야바라밀다에 의지하여 성취되느니라. 이러한 까닭으로 선현이여. 보살마하살은 반야바라밀다에 상응하여 수행하면서 제유정의 처소에서 과보를 구하지 않아야 하느니라."

64. 변학도품(遍學道品)(1)

그때 구수 선현이 세존께 아뢰어 말하였다.

"세존이시여. 제보살마하살이 최고로 수승한 깨달음을 구족한다면, 비록 이와 같이 깊은 법을 능히 받아서 수행하더라도 능히 그 가운데에서 과보를 구하지 않습니다."

세존께서 말씀하셨다.

"선현이여. 그와 같으니라. 그와 같으니라. 그대가 말한 것과 같이 제보살마하살이 최고로 수승한 깨달음을 구족한다면, 비록 이와 같이 깊은 법을 능히 받아서 수행하더라도 능히 그 가운데에서 과보를 구하지 않느니라. 왜 그러한가? 선현이여. 제보살마하살은 자성(自性)에서 요동(搖動)이 없는 까닭이니라."

구수 선현이 다시 세존께 아뢰어 말하였다.

"세존이시여. 제보살마하살들은 능히 무엇 등의 자성에서 요동이 없습니까?"

세존께서 말씀하셨다.

"선현이여. 제보살마하살들은 능히 무성(無性)의 자성에서 요동이 없느니라."

"세존이시여. 제보살마하살들은 능히 무엇 등의 무성의 자성에서 요동이 없습니까?"

"선현이여. 제보살마하살들은 능히 색(色)의 무성의 자성에서 요동이 없고 능히 수(受)·상(想)·행(行)·식(識)의 무성의 자성에서 요동이 없으며, 능히 안처(眼處)의 무성의 자성에서 요동이 없고 능히 이(耳)·비(鼻)·설(舌)·신(身)·의처(意處)의 무성의 자성에서 요동이 없으며, 능히 색처(色處)의 무성의 자성에서 요동이 없고 능히 성(聲)·향(香)·미(味)·촉(觸)·법처(法處)의 무성의 자성에서 요동이 없으며,

능히 안계(眼界)의 무성의 자성에서 요동이 없고 능히 이(耳)·비(鼻)·설(舌)·신(身)·의계(意界)의 무성의 자성에서 요동이 없으며, 능히 색계(色界)의 무성의 자성에서 요동이 없고 능히 성(聲)·향(香)·미(味)·촉(觸)·법계(法界)의 무성의 자성에서 요동이 없으며, 능히 안식계(眼識界)의 무성의 자성에서 요동이 없고 능히 이(耳)·비(鼻)·설(舌)·신(身)·의식계(意識界)의 무성의 자성에서 요동이 없으며,

능히 안촉(眼觸)의 무성의 자성에서 요동이 없고 능히 이(耳)·비(鼻)·설(舌)·신(身)·의촉(意觸)의 무성의 자성에서 요동이 없으며, 능히 안촉(眼觸)을 인연으로 생겨난 여러 수(受)의 무성의 자성에서 요동이 없고 능히 이(耳)·비(鼻)·설(舌)·신(身)·의촉(意觸)을 인연으로 생겨난 여러 수의 무성의 자성에서 요동이 없으며, 능히 지계(地界)의 무성의 자성에서 요동이 없고 능히 수(水)·화(火)·풍(風)·공(空)·식계(識界)의 무성의 자성에서 요

동이 없으며,

　능히 무명(無明)의 무성의 자성에서 요동이 없고 능히 행(行)·식(識)·명색(名色)·육처(六處)·촉(觸)·수(受)·애(愛)·취(取)·유(有)·생(生)·노사(老死)의 수탄고우뇌(愁歎苦憂惱)의 무성의 자성에서 요동이 없으며, 능히 보시바라밀다(布施波羅蜜多)의 무성의 자성에서 요동이 없고 능히 정계(淨戒)·안인(安忍)·정진(精進)·정려(靜慮)·반야바라밀다(般若波羅蜜多)의 무성의 자성에서 요동이 없으며,

　능히 내공(內空)의 무성의 자성에서 요동이 없고 능히 외공(外空)·내외공(內外空)·공공(空空)·대공(大空)·승의공(勝義空)·유위공(有爲空)·무위공(無爲空)·필경공(畢竟空)·무제공(無際空)·산공(散空)·무변이공(無變異空)·본성공(本性空)·자상공(自相空)·공상공(共相空)·일체법공(一切法空)·불가득공(不可得空)·무성공(無性空)·자성공(自性空)·무성자성공(無性自性空)의 무성의 자성에서 요동이 없으며, 능히 4정려(四靜慮)의 무성의 자성에서 요동이 없고 능히 4무량(四無量)·4무색정(四無色定)의 무성의 자성에서 요동이 없으며,

　능히 4념주(四念住)의 무성의 자성에서 요동이 없고 능히 4정단(四正斷)·4신족(四神足)·5근(五根)·5력(五力)·7등각지(七等覺支)·8성도지(八聖道支)의 무성의 자성에서 요동이 없으며, 능히 공해탈문(空解脫門)의 무성의 자성에서 요동이 없고 능히 무상(無相)·무원해탈문(無願解脫門)의 무성의 자성에서 요동이 없으며, 능히 고성제(苦聖諦)의 무성의 자성에서 요동이 없고 능히 집(集)·멸(滅)·도성제(道聖諦)의 무성의 자성에서 요동이 없으며,

　능히 8해탈(八解脫)의 무성의 자성에서 요동이 없고 능히 8승처(八勝處)·9차제정(九次第定)·10변처(十遍處)의 무성의 자성에서 요동이 없으며, 능히 일체(一切)의 다라니문(陀羅尼門)의 무성의 자성에서 요동이 없고 능히 일체의 삼마지문(三摩地門)의 무성의 자성에서 요동이 없으며, 능히 보살(菩薩)의 십지(十地)인 무성의 자성에서 요동이 없으며, 능히 5안(五眼)의 무성의 자성에서 요동이 없고 능히 6신통(六神通)의 무성의 자성에

서 요동이 없으며,

  능히 여래(佛)의 10력(十力)의 무성의 자성에서 요동이 없고 능히 4무소외(四無所畏)·4무애해(四無礙解)·18불불공법(十八佛不共法)의 무성의 자성에서 요동이 없으며, 능히 대자(大慈)의 무성의 자성에서 요동이 없고 능히 대비(大悲)·대희(大喜)·대사(大捨)의 무성의 자성에서 요동이 없으며, 능히 무망실법(無忘失法)의 무성의 자성에서 요동이 없고 능히 항주사성(恒住捨性)의 무성의 자성에서 요동이 없으며,

  능히 일체지(一切智)의 무성의 자성에서 요동이 없고 능히 도상지(道相智)·일체상지(一切相智)의 무성의 자성에서 요동이 없으며, 능히 예류과(預流果)의 무성의 자성에서 요동이 없고 능히 일래(一來)·불환(不還)·아라한과(阿羅漢果)의 무성의 자성에서 요동이 없으며, 능히 독각(獨覺)의 보리(菩提)의 무성의 자성에서 요동이 없고, 능히 일체의 보살마하살(菩薩摩訶薩)의 행(行)의 무성의 자성에서 요동이 없으며, 능히 제불(諸佛)의 무상정등보리(無上正等菩提)의 무성의 자성에서 요동이 없느니라."

마하반야바라밀다경 제367권

64. 변학도품(遍學道品)(2)

그때 구수 선현이 다시 세존께 아뢰어 말하였다.
"세존이시여. 유성법(有性法)은 능히 현재의 무성(無性)을 증득할 수 있습니까?"
"아니니라. 선현이여."
"세존이시여. 무성법(無性法)은 능히 현재의 유성(有性)을 증득할 수 있습니까?"
"아니니라. 선현이여."
"세존이시여. 유성법은 능히 현재의 유성을 증득할 수 있습니까?"
"아니니라. 선현이여."
"세존이시여. 무성법은 능히 현재의 무성을 증득할 수 있습니까?"
"아니니라. 선현이여."
"세존이시여. 만약 그와 같다면 역시 상응하게 유성이 능히 무성을 현관(現觀)[1]할 수 없고, 유성이 능히 유성을 현관할 수 없으며, 무성이 능히 무성을 현관할 수 없고, 무성이 능히 유성을 현관할 수 없다면, 장차 세존께서도 현관을 얻지 못하는 것은 없습니까?"
세존께서 말씀하셨다.
"선현이여. 현관을 얻는 것이 있느니라. 그렇지만 네 구절(四句)을

---

1) 산스크리트어 abhisamaya의 번역이고, 무루의 지혜로써 대상을 있는 그대로 명료하게 이해하는 것인 보리를 가리킨다.

벗어났느니라."

"세존이시여. 어찌 현관을 얻은 것이 있으나, 네 구절을 벗어났습니까?"

"선현이여. 있는 것도 아니고 없는 것도 아니며, 여러 희론(戲論)을 단절하였다면 비로소 현관이라고 이름하고, 얻는 것도 역시 이와 같으니라. 이러한 까닭으로 나는 현관을 얻은 것이 있으나, 그렇지만 네 구절을 벗어났다고 설하느니라."

그때 구수 선현이 다시 세존께 아뢰어 말하였다.

"세존이시여. 보살마하살은 무엇으로써 희론을 삼습니까?"

세존께서 말씀하셨다.

"선현이여. 보살마하살이 색을 만약 항상(常)하거나 만약 무상(無常)하다고 관찰한다면 이것이 희론이고 수·상·행·식을 항상하거나 만약 무상하다고 관찰한다면 이것이 희론이며, 색을 만약 즐겁거나(樂) 만약 괴롭다고(苦) 관찰한다면 이것이 희론이고 수·상·행·식을 즐겁거나 만약 괴롭다고 관찰한다면 이것이 희론이며, 색을 만약 나(我)이거나 만약 무아(無我)라고 관찰한다면 이것이 희론이고 수·상·행·식을 나이거나 만약 무아라고 관찰한다면 이것이 희론이며, 색을 만약 청정(淨)하거나 만약 부정(不淨)하다고 관찰한다면 이것이 희론이고 수·상·행·식을 청정하거나 만약 부정하다고 관찰한다면 이것이 희론이니라.

색을 만약 적정(寂靜)하거나 만약 적정하지 않다고(不寂靜) 관찰한다면 이것이 희론이고 수·상·행·식을 적정하거나 만약 적정하지 않다고 관찰한다면 이것이 희론이며, 색을 만약 멀리 벗어났거나(遠離) 만약 멀리 벗어나지 않았다고(不遠離) 관찰한다면 이것이 희론이고 수·상·행·식을 만약 멀리 벗어났거나 만약 멀리 벗어나지 않았다고 관찰한다면 이것이 희론이며, 색을 만약 이것은 두루 알아야 하거나(是所遍知) 만약 이것은 두루 알아야 하지 않는다고(非是所遍知) 관찰한다면 이것이 희론이고 수·상·행·식을 이것은 두루 알아야 하거나 만약 이것은 두루 알아야 하지 않는다고 관찰한다면 이것이 희론이니라.

선현이여. 보살마하살이 안처를 만약 항상하거나 만약 무상하다고 관찰한다면 이것이 희론이고 이·비·설·신·의처를 항상하거나 만약 무상하다고 관찰한다면 이것이 희론이며, 안처를 만약 즐겁거나 만약 괴롭다고 관찰한다면 이것이 희론이고 이·비·설·신·의처를 즐겁거나 만약 괴롭다고 관찰한다면 이것이 희론이며, 안처를 만약 나이거나 만약 무아라고 관찰한다면 이것이 희론이고 이·비·설·신·의처를 나이거나 만약 무아라고 관찰한다면 이것이 희론이며, 안처를 만약 청정하거나 만약 부정하다고 관찰한다면 이것이 희론이고 이·비·설·신·의처를 청정하거나 만약 부정하다고 관찰한다면 이것이 희론이니라.

　안처를 만약 적정하거나 만약 적정하지 않다고 관찰한다면 이것이 희론이고 이·비·설·신·의처를 적정하거나 만약 적정하지 않다고 관찰한다면 이것이 희론이며, 안처를 만약 멀리 벗어났거나 만약 멀리 벗어나지 않았다고 관찰한다면 이것이 희론이고 이·비·설·신·의처를 만약 멀리 벗어났거나 만약 멀리 벗어나지 않았다고 관찰한다면 이것이 희론이며, 안처를 만약 이것은 두루 알아야 하거나 만약 이것은 두루 알아야 하지 않는다고 관찰한다면 이것이 희론이고 이·비·설·신·의처를 이것은 두루 알아야 하거나 만약 이것은 두루 알아야 하지 않는다고 관찰한다면 이것이 희론이니라.

　선현이여. 보살마하살이 색처를 만약 항상하거나 만약 무상하다고 관찰한다면 이것이 희론이고 성·향·미·촉·법처를 항상하거나 만약 무상하다고 관찰한다면 이것이 희론이며, 색처를 만약 즐겁거나 만약 괴롭다고 관찰한다면 이것이 희론이고 성·향·미·촉·법처를 만약 즐겁거나 만약 괴롭다고 관찰한다면 이것이 희론이며, 색처를 만약 나이거나 만약 무아라고 관찰한다면 이것이 희론이고 성·향·미·촉·법처를 만약 나이거나 만약 무아라고 관찰한다면 이것이 희론이며, 색처를 만약 청정하거나 만약 부정하다고 관찰한다면 이것이 희론이고 성·향·미·촉·법처를 만약 청정하거나 만약 부정하다고 관찰한다면 이것이 희론이니라.

　색처를 만약 적정하거나 만약 적정하지 않다고 관찰한다면 이것이 희론이고 성·향·미·촉·법처를 만약 적정하거나 만약 적정하지 않다고 관찰한다면 이것이 희론이며, 색처를 만약 멀리 벗어났거나 만약 멀리 벗어나지 않았다고 관찰한다면 이것이 희론이고 성·향·미·촉·법처를 만약 멀리 벗어났거나 만약 멀리 벗어나지 않았다고 관찰한다면 이것이 희론이며, 색처를 만약 이것은 두루 알아야 하거나 만약 이것은 두루 알아야 하지 않는다고 관찰한다면 이것이 희론이고 성·향·미·촉·법처를 만약 이것은 두루 알아야 하거나 만약 이것은 두루 알아야 하지 않는다고 관찰한다면 이것이 희론이니라.

 선현이여. 보살마하살이 안계를 만약 항상하거나 만약 무상하다고 관찰한다면 이것이 희론이고 이·비·설·신·의계를 만약 항상하거나 만약 무상하다고 관찰한다면 이것이 희론이며, 안계를 만약 즐겁거나 만약 괴롭다고 관찰한다면 이것이 희론이고 이·비·설·신·의계를 만약 즐겁거나 만약 괴롭다고 관찰한다면 이것이 희론이며, 안계를 만약 나이거나 만약 무아라고 관찰한다면 이것이 희론이고 이·비·설·신·의계를 만약 나이거나 만약 무아라고 관찰한다면 이것이 희론이며, 안계를 만약 청정하거나 만약 부정하다고 관찰한다면 이것이 희론이고 이·비·설·신·의계를 만약 청정하거나 만약 부정하다고 관찰한다면 이것이 희론이니라.

 안계를 만약 적정하거나 만약 적정하지 않다고 관찰한다면 이것이 희론이고 이·비·설·신·의계를 만약 적정하거나 만약 적정하지 않다고 관찰한다면 이것이 희론이며, 안계를 만약 멀리 벗어났거나 만약 멀리 벗어나지 않았다고 관찰한다면 이것이 희론이고 이·비·설·신·의계를 만약 멀리 벗어났거나 만약 멀리 벗어나지 않았다고 관찰한다면 이것이 희론이며, 안계를 만약 이것은 두루 알아야 하거나 만약 이것은 두루 알아야 하지 않는다고 관찰한다면 이것이 희론이고 이·비·설·신·의계를 만약 이것은 두루 알아야 하거나 만약 이것은 두루 알아야 하지 않는다고 관찰한다면 이것이 희론이니라.

 선현이여. 보살마하살이 색계를 만약 항상하거나 만약 무상하다고 관찰한다면 이것이 희론이고 성·향·미·촉·법계를 만약 항상하거나 만약 무상하다고 관찰한다면 이것이 희론이며, 색계를 만약 즐겁거나 만약 괴롭다고 관찰한다면 이것이 희론이고 성·향·미·촉·법계를 만약 즐겁거나 만약 괴롭다고 관찰한다면 이것이 희론이며, 색계를 만약 나이거나 만약 무아라고 관찰한다면 이것이 희론이고 성·향·미·촉·법계를 만약 나이거나 만약 무아라고 관찰한다면 이것이 희론이며, 색계를 만약 청정하거나 만약 부정하다고 관찰한다면 이것이 희론이고 성·향·미·촉·법계를 만약 청정하거나 만약 부정하다고 관찰한다면 이것이 희론이니라.

색계를 만약 적정하거나 만약 적정하지 않다고 관찰한다면 이것이 희론이고 성·향·미·촉·법계를 만약 적정하거나 만약 적정하지 않다고 관찰한다면 이것이 희론이며, 색계를 만약 멀리 벗어났거나 만약 멀리 벗어나지 않았다고 관찰한다면 이것이 희론이고 성·향·미·촉·법계를 만약 멀리 벗어났거나 만약 멀리 벗어나지 않았다고 관찰한다면 이것이 희론이며, 색계를 만약 이것은 두루 알아야 하거나 만약 이것은 두루 알아야 하지 않는다고 관찰한다면 이것이 희론이고 성·향·미·촉·법계를 만약 이것은 두루 알아야 하거나 만약 이것은 두루 알아야 하지 않는다고 관찰한다면 이것이 희론이니라.

선현이여. 보살마하살이 안촉을 만약 항상하거나 만약 무상하다고 관찰한다면 이것이 희론이고 이·비·설·신·의촉을 항상하거나 만약 무상하다고 관찰한나면 이것이 희론이며, 안촉을 만약 즐겁거나 만약 괴롭다고 관찰한다면 이것이 희론이고 이·비·설·신·의촉을 만약 즐겁거나 만약 괴롭다고 관찰한다면 이것이 희론이며, 안촉을 만약 나이거나 만약 무아라고 관찰한다면 이것이 희론이고 이·비·설·신·의촉을 만약 나이거나 만약 무아라고 관찰한다면 이것이 희론이며, 안촉을 만약 청정하거나 만약 부정하다고 관찰한다면 이것이 희론이고 이·비·설·신·의촉을 만약 청정하거나 만약 부정하다고 관찰한다면 이것이 희론이니라.

안촉을 만약 적정하거나 만약 적정하지 않다고 관찰한다면 이것이 희론이고 이·비·설·신·의촉을 만약 적정하거나 만약 적정하지 않다고 관찰한다면 이것이 희론이며, 안촉을 만약 멀리 벗어났거나 만약 멀리 벗어나지 않았다고 관찰한다면 이것이 희론이고 이·비·설·신·의촉을 만약 멀리 벗어났거나 만약 멀리 벗어나지 않았다고 관찰한다면 이것이 희론이며, 안촉을 만약 이것은 두루 알아야 하거나 만약 이것은 두루 알아야 하지 않는다고 관찰한다면 이것이 희론이고 이·비·설·신·의촉을 만약 이것은 두루 알아야 하거나 만약 이것은 두루 알아야 하지 않는다고 관찰한다면 이것이 희론이니라.

　선현이여. 보살마하살이 안촉을 인연으로 생겨난 여러 수를 만약 항상하거나 만약 무상하다고 관찰한다면 이것이 희론이고 이·비·설·신·의촉을 인연으로 생겨난 여러 수를 만약 항상하거나 만약 무상하다고 관찰한다면 이것이 희론이며, 안촉을 인연으로 생겨난 여러 수를 만약 즐겁거나 만약 괴롭다고 관찰한다면 이것이 희론이고 이·비·설·신·의촉을 인연으로 생겨난 여러 수를 만약 즐겁거나 만약 괴롭다고 관찰한다면 이것이 희론이며, 안촉을 인연으로 생겨난 여러 수를 만약 나이거나 만약 무아라고 관찰한다면 이것이 희론이고 이·비·설·신·의촉을 인연으로 생겨난 여러 수를 만약 나이거나 만약 무아라고 관찰한다면 이것이 희론이며, 안촉을 인연으로 생겨난 여러 수를 만약 청정하거나 만약 부정하다고 관찰한다면 이것이 희론이고 이·비·설·신·의촉을 인연으로 생겨난 여러 수를 만약 청정하거나 만약 부정하다고 관찰한다면 이것이 희론이니라.

　안촉을 인연으로 생겨난 여러 수를 만약 적정하거나 만약 적정하지 않다고 관찰한다면 이것이 희론이고 이·비·설·신·의촉을 인연으로 생겨난 여러 수를 만약 적정하거나 만약 적정하지 않다고 관찰한다면 이것이 희론이며, 안촉을 인연으로 생겨난 여러 수를 만약 멀리 벗어났거나 만약 멀리 벗어나지 않았다고 관찰한다면 이것이 희론이고 이·비·설·신·의촉을 인연으로 생겨난 여러 수를 만약 멀리 벗어났거나 만약 멀리 벗어나지 않았다고 관찰한다면 이것이 희론이며, 안촉을 인연으로 생겨난 여러 수를 만약 이것은 두루 알아야 하거나 만약 이것은 두루 알아야 하지 않는다고 관찰한다면 이것이 희론이고 이·비·설·신·의촉을 인연으로 생겨난 여러 수를 만약 이것은 두루 알아야 하거나 만약 이것은 두루 알아야 하지 않는다고 관찰한다면 이것이 희론이니라.

　선현이여. 보살마하살이 지계를 만약 항상하거나 만약 무상하다고 관찰한다면 이것이 희론이고 수·화·풍·공·식계를 만약 항상하거나 만약 무상하다고 관찰한다면 이것이 희론이며, 지계를 만약 즐겁거나 만약 괴롭다고 관찰한다면 이것이 희론이고 수·화·풍·공·식계를 만약 즐겁거나 만약 괴롭다고 관찰한다면 이것이 희론이며, 지계를 만약 나이거나 만약 무아라고 관찰한다면 이것이 희론이고 수·화·풍·공·식계를 만약 나이거나 만약 무아라고 관찰한다면 이것이 희론이며, 지계를 만약 청정하거나 만약 부정하다고 관찰한다면 이것이 희론이고 수·화·풍·공·식계를 만약 청정하거나 만약 부정하다고 관찰한다면 이것이 희론이니라.

지계를 만약 적정하거나 만약 적정하지 않다고 관찰한다면 이것이 희론이고 수·화·풍·공·식계를 만약 적정하거나 만약 적정하지 않다고 관찰한다면 이것이 희론이며, 지계를 만약 멀리 벗어났거나 만약 멀리 벗어나지 않았다고 관찰한다면 이것이 희론이고 수·화·풍·공·식계를 만약 멀리 벗어났거나 만약 멀리 벗어나지 않았다고 관찰한다면 이것이 희론이며, 지계를 만약 이것은 두루 알아야 하거나 만약 이것은 두루 알아야 하지 않는다고 관찰한다면 이것이 희론이고 수·화·풍·공·식계를 만약 이것은 두루 알아야 하거나 만약 이것은 두루 알아야 하지 않는다고 관찰한다면 이것이 희론이니라.

선현이여. 보살마하살이 무명을 만약 항상하거나 만약 무상하다고 관찰한다면 이것이 희론이고 행·식·명색·육처·촉·수·애·취·유·생·노사의 수탄고우뇌를 만약 항상하거나 만약 무상하다고 관찰한다면 이것이 희론이며, 무명을 만약 즐겁거나 만약 괴롭다고 관찰한다면 이것이 희론이고 행, 나아가 노사의 수탄고우뇌를 만약 즐겁거나 만약 괴롭다고 관찰한다면 이것이 희론이며, 무명을 만약 나이거나 만약 무아라고 관찰한다면 이것이 희론이고 행, 나아가 노사의 수탄고우뇌를 만약 나이거나 만약 무아라고 관찰한다면 이것이 희론이며, 무명을 만약 청정하거나 만약 부정하다고 관찰한다면 이것이 희론이고 행, 나아가 노사의 수탄고우뇌를 만약 청정하거나 만약 부정하다고 관찰한다면 이것이 희론이니라.

무명을 만약 적정하거나 만약 적정하지 않다고 관찰한다면 이것이 희론이고 행, 나아가 노사의 수탄고우뇌를 만약 적정하거나 만약 적정하지 않다고 관찰한다면 이것이 희론이며, 무명을 만약 멀리 벗어났거나 만약 멀리 벗어나지 않았다고 관찰한다면 이것이 희론이고 행, 나아가 노사의 수탄고우뇌를 만약 멀리 벗어났거나 만약 멀리 벗어나지 않았다고 관찰한다면 이것이 희론이며, 무명을 만약 이것은 두루 알아야 하거나 만약 이것은 두루 알아야 하지 않는다고 관찰한다면 이것이 희론이고 행, 나아가 노사의 수탄고우뇌를 만약 이것은 두루 알아야 하거나 만약 이것은 두루 알아야 하지 않는다고 관찰한다면 이것이 희론이니라.

　선현이여. 보살마하살이 보시바라밀다를 만약 항상하거나 만약 무상하다고 관찰한다면 이것이 희론이고 정계·안인·정진·정려·반야바라밀다를 만약 항상하거나 만약 무상하다고 관찰한다면 이것이 희론이며, 보시바라밀다를 만약 즐겁거나 만약 괴롭다고 관찰한다면 이것이 희론이고 정계, 나아가 반야바라밀다를 만약 즐겁거나 만약 괴롭다고 관찰한다면 이것이 희론이며, 보시바라밀다를 만약 나이거나 만약 무아라고 관찰한다면 이것이 희론이고 정계, 나아가 반야바라밀다를 만약 나이거나 만약 무아라고 관찰한다면 이것이 희론이며, 보시바라밀다를 만약 청정하거나 만약 부정하다고 관찰한다면 이것이 희론이고 정계, 나아가 반야바라밀다를 만약 청정하거나 만약 부정하다고 관찰한다면 이것이 희론이니라.

　보시바라밀다를 만약 적정하거나 만약 적정하지 않다고 관찰한다면 이것이 희론이고 정계, 나아가 반야바라밀다를 만약 적정하거나 만약 적정하지 않다고 관찰한다면 이것이 희론이며, 보시바라밀다를 만약 멀리 벗어났거나 만약 멀리 벗어나지 않았다고 관찰한다면 이것이 희론이고 정계, 나아가 반야바라밀다를 만약 멀리 벗어났거나 만약 멀리 벗어나지 않았다고 관찰한다면 이것이 희론이며, 보시바라밀다를 만약 이것은 두루 알아야 하거나 만약 이것은 두루 알아야 하지 않는다고 관찰한다면 이것이 희론이고 정계, 나아가 반야바라밀다를 만약 이것은 두루 알아야 하거나 만약 이것은 두루 알아야 하지 않는다고 관찰한다면 이것이 희론이니라.

　선현이여. 보살마하살이 내공을 만약 항상하거나 만약 무상하다고 관찰한다면 이것이 희론이고 외공·내외공·공공·대공·승의공·유위공·무위공·필경공·무제공·산공·무변이공·본성공·자상공·공상공·일체법공·불가득공·무성공·자성공·무성자성공을 만약 항상하거나 만약 무상하다고 관찰한다면 이것이 희론이며, 내공을 만약 즐겁거나 만약 괴롭다고 관찰한다면 이것이 희론이고 외공, 나아가 무성자성공을 만약 즐겁거나 만약 괴롭다고 관찰한다면 이것이 희론이며, 내공을 만약 나이거나 만약 무아라고 관찰한다면 이것이 희론이고 외공, 나아가 무성자성공을 만약 나이거나 만약 무아라고 관찰한다면 이것이 희론이며, 내공을 만약 청정하거나 만약 부정하다고 관찰한다면 이것이 희론이고 외공, 나아가 무성자성공을 만약 청정하거나 만약 부정하다고 관찰한다면 이것이 희론이니라.

  내공을 만약 적정하거나 만약 적정하지 않다고 관찰한다면 이것이 희론이고 외공, 나아가 무성자성공을 만약 적정하거나 만약 적정하지 않다고 관찰한다면 이것이 희론이며, 내공을 만약 멀리 벗어났거나 만약 멀리 벗어나지 않았다고 관찰한다면 이것이 희론이고 외공, 나아가 무성자성공을 만약 멀리 벗어났거나 만약 멀리 벗어나지 않았다고 관찰한다면 이것이 희론이며, 내공을 만약 이것은 두루 알아야 하거나 만약 이것은 두루 알아야 하지 않는다고 관찰한다면 이것이 희론이고 외공, 나아가 무성자성공을 만약 이것은 두루 알아야 하거나 만약 이것은 두루 알아야 하지 않는다고 관찰한다면 이것이 희론이니라.

  선현이여. 보살마하살이 진여를 만약 항상하거나 만약 무상하다고 관찰한다면 이것이 희론이고 법계·법성·불허망성·불변이성·평등성·이생성·법정·법주·실제·허공계·부사의계를 만약 항상하거나 만약 무상하다고 관찰한다면 이것이 희론이며, 진여를 만약 즐겁거나 만약 괴롭다고 관찰한다면 이것이 희론이고 법계, 나아가 부사의계를 만약 즐겁거나 만약 괴롭다고 관찰한다면 이것이 희론이며, 진여를 만약 나이거나 만약 무아라고 관찰한다면 이것이 희론이고 법계, 나아가 부사의계를 만약 나이거나 만약 무아라고 관찰한다면 이것이 희론이며, 진여를 만약 청정하거나 만약 부정하다고 관찰한다면 이것이 희론이고 법계, 나아가 부사의계를 만약 청정하거나 만약 부정하다고 관찰한다면 이것이 희론이니라.
　진여를 만약 적정하거나 만약 적정하지 않다고 관찰한다면 이것이 희론이고 법계, 나아가 부사의계를 만약 적정하거나 만약 적정하지 않다고 관찰한다면 이것이 희론이며, 진여를 만약 멀리 벗어났거나 만약 멀리 벗어나지 않았다고 관찰한다면 이것이 희론이고 법계, 나아가 부사의계를 만약 멀리 벗어났거나 만약 멀리 벗어나지 않았다고 관찰한다면 이것이 희론이며, 진여를 만약 이것은 두루 알아야 하거나 만약 이것은 두루 알아야 하지 않는다고 관찰한다면 이것이 희론이고 법계, 나아가 부사의계를 만약 이것은 두루 알아야 하거나 만약 이것은 두루 알아야 하지 않는다고 관찰한다면 이것이 희론이니라.
　선현이여. 보살마하살이 4념주를 만약 항상하거나 만약 무상하다고 관찰한다면 이것이 희론이고 4정단·4신족·5근·5력·7등각지·8성도지를 만약 항상하거나 만약 무상하다고 관찰한다면 이것이 희론이며, 4념주를 만약 즐겁거나 만약 괴롭다고 관찰한다면 이것이 희론이고 4정단, 나아가 8성도지를 만약 즐겁거나 만약 괴롭다고 관찰한다면 이것이 희론이며, 4념주를 만약 나이거나 만약 무아라고 관찰한다면 이것이 희론이고 4정단, 나아가 8성도지를 만약 나이거나 만약 무아라고 관찰한다면 이것이 희론이며, 4념주를 만약 청정하거나 만약 부정하다고 관찰한다면 이것이 희론이고 4정단, 나아가 8성도지를 만약 청정하거나 만약 부정하다고 관찰한다면 이것이 희론이니라.
　4념주를 만약 적정하거나 만약 적정하지 않다고 관찰한다면 이것이 희론이고 4정단, 나아가 8성도지를 만약 적정하거나 만약 적정하지 않다고 관찰한다면 이것이 희론이며, 4념주를 만약 멀리 벗어났거나 만약 멀리 벗어나지 않았다고 관찰한다면 이것이 희론이고 4정단, 나아가 8성도지를 만약 멀리 벗어났거나 만약 멀리 벗어나지 않았다고 관찰한다면 이것이 희론이며, 4념주를 만약 이것은 두루 알아야 하거나 만약 이것은 두루 알아야 하지 않는다고 관찰한다면 이것이 희론이고 4정단, 나아가 8성도지를 만약 이것은 두루 알아야 하거나 만약 이것은 두루 알아야 하지 않는다고 관찰한다면 이것이 희론이니라.

선현이여, 보살마하살이 고성제를 만약 항상하거나 만약 무상하다고 관찰한다면 이것이 희론이고 집·멸·도성제를 만약 항상하거나 만약 무상하다고 관찰한다면 이것이 희론이며, 고성제를 만약 즐겁거나 만약 괴롭다고 관찰한다면 이것이 희론이고 집·멸·도성제를 만약 즐겁거나 만약 괴롭다고 관찰한다면 이것이 희론이며, 고성제를 만약 나이거나 만약 무아라고 관찰한다면 이것이 희론이고 집·멸·도성제를 만약 나이거나 만약 무아라고 관찰한다면 이것이 희론이며, 고성제를 만약 청정하거나 만약 부정하다고 관찰한다면 이것이 희론이고 집·멸·도성제를 만약 청정하거나 만약 부정하다고 관찰한다면 이것이 희론이니라.

고성제를 만약 적정하거나 만약 적정하지 않다고 관찰한다면 이것이 희론이고 집·멸·도성제를 만약 적정하거나 만약 적정하지 않다고 관찰한다면 이것이 희론이며, 고성제를 만약 멀리 벗어났거나 만약 멀리 벗어나지 않았다고 관찰한다면 이것이 희론이고 집·멸·도성제를 만약 멀리 벗어났거나 만약 멀리 벗어나지 않았다고 관찰한다면 이것이 희론이며, 고성제를 만약 이것은 두루 알아야 하거나 만약 이것은 두루 알아야 하지 않는다고 관찰한다면 이것이 희론이고 집·멸·도성제를 만약 이것은 두루 알아야 하거나 만약 이것은 두루 알아야 하지 않는다고 관찰한다면 이것이 희론이니라.

선현이여, 보살마하살이 4정려를 만약 항상하거나 만약 무상하다고 관찰한다면 이것이 희론이고 4무량·4무색정을 만약 항상하거나 만약 무상하다고 관찰한다면 이것이 희론이며, 4정려를 만약 즐겁거나 만약 괴롭다고 관찰한다면 이것이 희론이고 4무량·4무색정을 만약 즐겁거나 만약 괴롭다고 관찰한다면 이것이 희론이며, 4정려를 만약 나이거나 만약 무아라고 관찰한다면 이것이 희론이고 4무량·4무색정을 만약 나이거나 만약 무아라고 관찰한다면 이것이 희론이며, 4정려를 만약 청정하거나 만약 부정하다고 관찰한다면 이것이 희론이고 4무량·4무색정을 만약 청정하거나 만약 부정하다고 관찰한다면 이것이 희론이니라.

4정려를 만약 적정하거나 만약 적정하지 않다고 관찰한다면 이것이 희론이고 4무량·4무색정을 만약 적정하거나 만약 적정하지 않다고 관찰한다면 이것이 희론이며, 4정려를 만약 멀리 벗어났거나 만약 멀리 벗어나지 않았다고 관찰한다면 이것이 희론이고 4무량·4무색정을 만약 멀리 벗어났거나 만약 멀리 벗어나지 않았다고 관찰한다면 이것이 희론이며, 4정려를 만약 이것은 두루 알아야 하거나 만약 이것은 두루 알아야 하지 않는다고 관찰한다면 이것이 희론이고 4무량·4무색정을 만약 이것은 두루 알아야 하거나 만약 이것은 두루 알아야 하지 않는다고 관찰한다면 이것이 희론이니라.

선현이여. 보살마하살이 8해탈을 만약 항상하거나 만약 무상하다고 관찰한다면 이것이 희론이고 8승처·9차제정·10변처를 만약 항상하거나 만약 무상하다고 관찰한다면 이것이 희론이며, 8해탈을 만약 즐겁거나 만약 괴롭다고 관찰한다면 이것이 희론이고 8승처·9차제정·10변처를 만약 즐겁거나 만약 괴롭다고 관찰한다면 이것이 희론이며, 8해탈을 만약 나이거나 만약 무아라고 관찰한다면 이것이 희론이고 8승처·9차제정·10변처를 만약 나이거나 만약 무아라고 관찰한다면 이것이 희론이며, 8해탈을 만약 청정하거나 만약 부정하다고 관찰한다면 이것이 희론이고 8승처·9차제정·10변처를 만약 청정하거나 만약 부정하다고 관찰한다면 이것이 희론이니라.

8해탈을 만약 적정하거나 만약 적정하지 않다고 관찰한다면 이것이 희론이고 8승처·9차제정·10변처를 만약 적정하거나 만약 적정하지 않다고 관찰한다면 이것이 희론이며, 8해탈을 만약 멀리 벗어났거나 만약 멀리 벗어나지 않았다고 관찰한다면 이것이 희론이고 8승처·9차제정·10변처를 만약 멀리 벗어났거나 만약 멀리 벗어나지 않았다고 관찰한다면 이것이 희론이며, 8해탈을 만약 이것은 두루 알아야 하거나 만약 이것은 두루 알아야 하지 않는다고 관찰한다면 이것이 희론이고 8승처·9차제정·10변처를 만약 이것은 두루 알아야 하거나 만약 이것은 두루 알아야 하지 않는다고 관찰한다면 이것이 희론이니라.

선현이여. 보살마하살이 삼마지문을 만약 항상하거나 만약 무상하다고 관찰한다면 이것이 희론이고 다라니문을 만약 항상하거나 만약 무상하다고 관찰한다면 이것이 희론이며, 삼마지문을 만약 즐겁거나 만약 괴롭다고 관찰한다면 이것이 희론이고 다라니문을 만약 즐겁거나 만약 괴롭다고 관찰한다면 이것이 희론이며, 삼마지문을 만약 나이거나 만약 무아라고 관찰한다면 이것이 희론이고 다라니문을 만약 나이거나 만약 무아라고 관찰한다면 이것이 희론이며, 삼마지문을 만약 청정하거나 만약 부정하다고 관찰한다면 이것이 희론이고 다라니문을 만약 청정하거나 만약 부정하다고 관찰한다면 이것이 희론이니라.

삼마지문을 만약 적정하거나 만약 적정하지 않다고 관찰한다면 이것이 희론이고 다라니문을 만약 적정하거나 만약 적정하지 않다고 관찰한다면 이것이 희론이며, 삼마지문을 만약 멀리 벗어났거나 만약 멀리 벗어나지 않았다고 관찰한다면 이것이 희론이고 다라니문을 만약 멀리 벗어났거나 만약 멀리 벗어나지 않았다고 관찰한다면 이것이 희론이며, 삼마지문을 만약 이것은 두루 알아야 하거나 만약 이것은 두루 알아야 하지 않는다고 관찰한다면 이것이 희론이고 다라니문을 만약 이것은 두루 알아야 하거나 만약 이것은 두루 알아야 하지 않는다고 관찰한다면 이것이 희론이니라.

선현이여. 보살마하살이 공해탈문을 만약 항상하거나 만약 무상하다고 관찰한다면 이것이 희론이고 무상·무원해탈문을 만약 항상하거나 만약 무상하다고 관찰한다면 이것이 희론이며, 공해탈문을 만약 즐겁거나 만약 괴롭다고 관찰한다면 이것이 희론이고 무상·무원해탈문을 만약 즐겁거나 만약 괴롭다고 관찰한다면 이것이 희론이며, 공해탈문을 만약 나이거나 만약 무아라고 관찰한다면 이것이 희론이고 무상·무원해탈문을 만약 나이거나 만약 무아라고 관찰한다면 이것이 희론이며, 공해탈문을 만약 청정하거나 만약 부정하다고 관찰한다면 이것이 희론이고 무상·무원해탈문을 만약 청정하거나 만약 부정하다고 관찰한다면 이것이 희론이니라.

공해탈문을 만약 적정하거나 만약 적정하지 않다고 관찰한다면 이것이 희론이고 무상·무원해탈문을 만약 적정하거나 만약 적정하지 않다고 관찰한다면 이것이 희론이며, 공해탈문을 만약 멀리 벗어났거나 만약 멀리 벗어나지 않았다고 관찰한다면 이것이 희론이고 무상·무원해탈문을 만약 멀리 벗어났거나 만약 멀리 벗어나지 않았다고 관찰한다면 이것이 희론이며, 공해탈문을 만약 이것은 두루 알아야 하거나 만약 이것은 두루 알아야 하지 않는다고 관찰한다면 이것이 희론이고 무상·무원해탈문을 만약 이것은 두루 알아야 하거나 만약 이것은 두루 알아야 하지 않는다고 관찰한다면 이것이 희론이니라.

　선현이여. 보살마하살이 극희지(極喜地)를 만약 항상하거나 만약 무상하다고 관찰한다면 이것이 희론이고 이구지(離垢地)·발광지(發光地)·염혜지(焰慧地)·극난승지(極難勝地)·현전지(現前地)·원행지(遠行地)·부동지(不動地)·선혜지(善慧地)·법운지(法雲地)를 만약 항상하거나 만약 무상하다고 관찰한다면 이것이 희론이며, 극희지를 만약 즐겁거나 만약 괴롭다고 관찰한다면 이것이 희론이고 이구지, 나아가 법운지를 만약 즐겁거나 만약 괴롭다고 관찰한다면 이것이 희론이며, 극희지를 만약 나이거나 만약 무아라고 관찰한다면 이것이 희론이고 이구지, 나아가 법운지를 만약 나이거나 만약 무아라고 관찰한다면 이것이 희론이며, 극희지를 만약 청정하거나 만약 부정하다고 관찰한다면 이것이 희론이고 이구지, 나아가 법운지를 만약 청정하거나 만약 부정하다고 관찰한다면 이것이 희론이니라.

　극희지를 만약 적정하거나 만약 적정하지 않다고 관찰한다면 이것이 희론이고 이구지, 나아가 법운지를 만약 적정하거나 만약 적정하지 않다고 관찰한다면 이것이 희론이며, 극희지를 만약 멀리 벗어났거나 만약 멀리 벗어나지 않았다고 관찰한다면 이것이 희론이고 이구지, 나아가 법운지를 만약 멀리 벗어났거나 만약 멀리 벗어나지 않았다고 관찰한다면 이것이 희론이며, 극희지를 만약 이것은 두루 알아야 하거나 만약 이것은 두루 알아야 하지 않는다고 관찰한다면 이것이 희론이고 이구지, 나아가 법운지를 만약 이것은 두루 알아야 하거나 만약 이것은 두루 알아야 하지 않는다고 관찰한다면 이것이 희론이니라.

선현이여. 보살마하살이 5안을 만약 항상하거나 만약 무상하다고 관찰한다면 이것이 희론이고 6신통을 만약 항상하거나 만약 무상하다고 관찰한다면 이것이 희론이며, 5안을 만약 즐겁거나 만약 괴롭다고 관찰한다면 이것이 희론이고 6신통을 만약 즐겁거나 만약 괴롭다고 관찰한다면 이것이 희론이며, 5안을 만약 나이거나 만약 무아라고 관찰한다면 이것이 희론이고 6신통을 만약 나이거나 만약 무아라고 관찰한다면 이것이 희론이며, 5안을 만약 청정하거나 만약 부정하다고 관찰한다면 이것이 희론이고 6신통을 만약 청정하거나 만약 부정하다고 관찰한다면 이것이 희론이니라.

5안을 만약 적정하거나 만약 적정하지 않다고 관찰한다면 이것이 희론이고 6신통을 만약 적정하거나 만약 적정하지 않다고 관찰한다면 이것이 희론이며, 5안을 만약 멀리 벗어났거나 만약 멀리 벗어나지 않았다고 관찰한다면 이것이 희론이고 6신통을 만약 멀리 벗어났거나 만약 멀리 벗어나지 않았다고 관찰한다면 이것이 희론이며, 5안을 만약 이것은 두루 알아야 하거나 만약 이것은 두루 알아야 하지 않는다고 관찰한다면 이것이 희론이고 6신통을 만약 이것은 두루 알아야 하거나 만약 이것은 두루 알아야 하지 않는다고 관찰한다면 이것이 희론이니라.

선현이여. 보살마하살이 여래의 10력을 만약 항상하거나 만약 무상하다고 관찰한다면 이것이 희론이고 4무소외·4무애해·18불불공법을 만약 항상하거나 만약 무상하다고 관찰한다면 이것이 희론이며, 여래의 10력을 만약 즐겁거나 만약 괴롭다고 관찰한다면 이것이 희론이고 4무소외·4무애해·18불불공법을 만약 즐겁거나 만약 괴롭다고 관찰한다면 이것이 희론이며, 여래의 10력을 만약 나이거나 만약 무아라고 관찰한다면 이것이 희론이고 4무소외·4무애해·18불불공법을 만약 나이거나 만약 무아라고 관찰한다면 이것이 희론이며, 여래의 10력을 만약 청정하거나 만약 부정하다고 관찰한다면 이것이 희론이고 4무소외·4무애해·18불불공법을 만약 청정하거나 만약 부정하다고 관찰한다면 이것이 희론이니라.

여래의 10력을 만약 적정하거나 만약 적정하지 않다고 관찰한다면 이것이 희론이고 4무소외·4무애해·18불불공법을 만약 적정하거나 만약 적정하지 않다고 관찰한다면 이것이 희론이며, 여래의 10력을 만약 멀리 벗어났거나 만약 멀리 벗어나지 않았다고 관찰한다면 이것이 희론이고 4무소외·4무애해·18불불공법을 만약 멀리 벗어났거나 만약 멀리 벗어나지 않았다고 관찰한다면 이것이 희론이며, 여래의 10력을 만약 이것은 두루 알아야 하거나 만약 이것은 두루 알아야 하지 않는다고 관찰한다면 이것이 희론이고 4무소외·4무애해·18불불공법을 만약 이것은 두루 알아야 하거나 만약 이것은 두루 알아야 하지 않는다고 관찰한다면 이것이 희론이니라.

　선현이여. 보살마하살이 대자를 만약 항상하거나 만약 무상하다고 관찰한다면 이것이 희론이고 대비·대희·대사를 만약 항상하거나 만약 무상하다고 관찰한다면 이것이 희론이며, 대자를 만약 즐겁거나 만약 괴롭다고 관찰한다면 이것이 희론이고 대비·대희·대사를 만약 즐겁거나 만약 괴롭다고 관찰한다면 이것이 희론이며, 대자를 만약 나이거나 만약 무아라고 관찰한다면 이것이 희론이고 대비·대희·대사를 만약 나이거나 만약 무아라고 관찰한다면 이것이 희론이며, 대자를 만약 청정하거나 만약 부정하다고 관찰한다면 이것이 희론이고 대비·대희·대사를 만약 청정하거나 만약 부정하다고 관찰한다면 이것이 희론이니라.

　대자를 만약 적정하거나 만약 적정하지 않다고 관찰한다면 이것이 희론이고 대비·대희·대사를 만약 적정하거나 만약 적정하지 않다고 관찰한다면 이것이 희론이며, 대자를 만약 멀리 벗어났거나 만약 멀리 벗어나지 않았다고 관찰한다면 이것이 희론이고 대비·대희·대사를 만약 멀리 벗어났거나 만약 멀리 벗어나지 않았다고 관찰한다면 이것이 희론이며, 대자를 만약 이것은 두루 알아야 하거나 만약 이것은 두루 알아야 하지 않는다고 관찰한다면 이것이 희론이고 대비·대희·대사를 만약 이것은 두루 알아야 하거나 만약 이것은 두루 알아야 하지 않는다고 관찰한다면 이것이 희론이니라.

　선현이여. 보살마하살이 무망실법을 만약 항상하거나 만약 무상하다고 관찰한다면 이것이 희론이고 항주사성을 만약 항상하거나 만약 무상하다고 관찰한다면 이것이 희론이며, 무망실법을 만약 즐겁거나 만약 괴롭다고 관찰한다면 이것이 희론이고 항주사성을 만약 즐겁거나 만약 괴롭다고 관찰한다면 이것이 희론이며, 무망실법을 만약 나이거나 만약 무아라고 관찰한다면 이것이 희론이고 항주사성을 만약 나이거나 만약 무아라고 관찰한다면 이것이 희론이며, 무망실법을 만약 청정하거나 만약 부정하다고 관찰한다면 이것이 희론이고 항주사성을 만약 청정하거나 만약 부정하다고 관찰한다면 이것이 희론이니라.

무망실법을 만약 적정하거나 만약 적정하지 않다고 관찰한다면 이것이 희론이고 항주사성을 만약 적정하거나 만약 적정하지 않다고 관찰한다면 이것이 희론이며, 무망실법을 만약 멀리 벗어났거나 만약 멀리 벗어나지 않았다고 관찰한다면 이것이 희론이고 항주사성을 만약 멀리 벗어났거나 만약 멀리 벗어나지 않았다고 관찰한다면 이것이 희론이며, 무망실법을 만약 이것은 두루 알아야 하거나 만약 이것은 두루 알아야 하지 않는다고 관찰한다면 이것이 희론이고 항주사성을 만약 이것은 두루 알아야 하거나 만약 이것은 두루 알아야 하지 않는다고 관찰한다면 이것이 희론이니라.

선현이여, 보살마하살이 일체지를 만약 항상하거나 만약 무상하다고 관찰한다면 이것이 희론이고 도상지·일체상지를 만약 항상하거나 만약 무상하다고 관찰한다면 이것이 희론이며, 일체지를 만약 즐겁거나 만약 괴롭다고 관찰한다면 이것이 희론이고 도상지·일체상지를 만약 즐겁거나 만약 괴롭다고 관찰한다면 이것이 희론이며, 일체지를 만약 나이거나 만약 무아라고 관찰한다면 이것이 희론이고 도상지·일체상지를 만약 나이거나 만약 무아라고 관찰한다면 이것이 희론이며, 일체지를 만약 청정하거나 만약 부정하다고 관찰한다면 이것이 희론이고 도상지·일체상지를 만약 청정하거나 만약 부정하다고 관찰한다면 이것이 희론이니라.

일체지를 만약 적정하거나 만약 적정하지 않다고 관찰한다면 이것이 희론이고 도상지·일체상지를 만약 적정하거나 만약 적정하지 않다고 관찰한다면 이것이 희론이며, 일체지를 만약 멀리 벗어났거나 만약 멀리 벗어나지 않았다고 관찰한다면 이것이 희론이고 도상지·일체상지를 만약 멀리 벗어났거나 만약 멀리 벗어나지 않았다고 관찰한다면 이것이 희론이며, 일체지를 만약 이것은 두루 알아야 하거나 만약 이것은 두루 알아야 하지 않는다고 관찰한다면 이것이 희론이고 도상지·일체상지를 만약 이것은 두루 알아야 하거나 만약 이것은 두루 알아야 하지 않는다고 관찰한다면 이것이 희론이니라.

선현이여. 보살마하살이 예류과를 만약 항상하거나 만약 무상하다고 관찰한다면 이것이 희론이고 일래과·불환과·아라한과·독각의 보리를 만약 항상하거나 만약 무상하다고 관찰한다면 이것이 희론이며, 예류과를 만약 즐겁거나 만약 괴롭다고 관찰한다면 이것이 희론이고 일래과·불환과·아라한과·독각의 보리를 만약 즐겁거나 만약 괴롭다고 관찰한다면 이것이 희론이며, 예류과를 만약 나이거나 만약 무아라고 관찰한다면 이것이 희론이고 일래과·불환과·아라한과·독각의 보리를 만약 나이거나 만약 무아라고 관찰한다면 이것이 희론이며, 예류과를 만약 청정하거나 만약 부정하다고 관찰한다면 이것이 희론이고 일래과·불환과·아라한과·독각의 보리를 만약 청정하거나 만약 부정하다고 관찰한다면 이것이 희론이니라.

예류과를 만약 적정하거나 만약 적정하지 않다고 관찰한다면 이것이 희론이고 일래과·불환과·아라한과·독각의 보리를 만약 적정하거나 만약 적정하지 않다고 관찰한다면 이것이 희론이며, 예류과를 만약 멀리 벗어났거나 만약 멀리 벗어나지 않았다고 관찰한다면 이것이 희론이고 일래과·불환과·아라한과·독각의 보리를 만약 멀리 벗어났거나 만약 멀리 벗어나지 않았다고 관찰한다면 이것이 희론이며, 예류과를 만약 이것은 두루 알아야 하거나 만약 이것은 두루 알아야 하지 않는다고 관찰한다면 이것이 희론이고 일래과·불환과·아라한과·독각의 보리를 만약 이것은 두루 알아야 하거나 만약 이것은 두루 알아야 하지 않는다고 관찰한다면 이것이 희론이니라.

선현이여. 보살마하살이 일체의 보살마하살의 행을 만약 항상하거나 만약 무상하다고 관찰한다면 이것이 희론이고 제불의 무상정등보리를 만약 항상하거나 만약 무상하다고 관찰한다면 이것이 희론이며, 일체의 보살마하살의 행을 만약 즐겁거나 만약 괴롭다고 관찰한다면 이것이 희론이고 제불의 무상정등보리를 만약 즐겁거나 만약 괴롭다고 관찰한다면 이것이 희론이며, 일체의 보살마하살의 행을 만약 나이거나 만약 무아라고 관찰한다면 이것이 희론이고 제불의 무상정등보리를 만약 나이거나 만약 무아라고 관찰한다면 이것이 희론이며, 일체의 보살마하살의 행을 만약 청정하거나 만약 부정하다고 관찰한다면 이것이 희론이고 제불의 무상정등보리를 만약 청정하거나 만약 부정하다고 관찰한다면 이것이 희론이니라.

일체의 보살마하살의 행을 만약 적정하거나 만약 적정하지 않다고 관찰한다면 이것이 희론이고 제불의 무상정등보리를 만약 적정하거나 만약 적정하지 않다고 관찰한다면 이것이 희론이며, 일체의 보살마하살의 행을 만약 멀리 벗어났거나 만약 멀리 벗어나지 않았다고 관찰한다면 이것이 희론이고 제불의 무상정등보리를 만약 멀리 벗어났거나 만약 멀리 벗어나지 않았다고 관찰한다면 이것이 희론이며, 일체의 보살마하살의 행을 만약 이것은 두루 알아야 하거나 만약 이것은 두루 알아야 하지 않는다고 관찰한다면 이것이 희론이고 제불의 무상정등보리를 만약 이것은 두루 알아야 하거나 만약 이것은 두루 알아야 하지 않는다고 관찰한다면 이것이 희론이니라.”

"다시 다음으로 선현이여. 보살마하살이 만약 '고성제를 상응하여 두루 알아야 한다.'라고 이렇게 생각을 짓는다면 이것이 희론이고, '집성제를 상응하여 영원히 단절해야 한다.'라고 이렇게 생각을 짓는다면 이것이 희론이며, '멸성제를 상응하여 증득해야 한다.'라고 이렇게 생각을 짓는다면 이것이 희론이고, '도성제를 상응하여 수습해야 한다.'라고 이렇게 생각을 짓는다면 이것이 희론이니라. 선현이여. 보살마하살이 만약 '상응하여 4정려를 수습해야 한다.'라고 이렇게 생각을 짓는다면 이것이 희론이고, '상응하여 4무량·4무색정을 수습해야 한다.'라고 이렇게 생각을 짓는 다면 이것이 희론이니라.

선현이여. 보살마하살이 만약 '4념주를 상응하여 수습해야 한다.'라고 이렇게 생각을 짓는다면 이것이 희론이고, '4정단·4신족·5근·5력·7등각 지·8성도지를 상응하여 수습해야 한다.'라고 이렇게 생각을 짓는다면 이것이 희론이니라. 선현이여. 보살마하살이 만약 '공해탈문을 상응하여 수습해야 한다.'라고 이렇게 생각을 짓는다면 이것이 희론이고, '무상·무원해탈문을 상응하여 수습해야 한다.'라고 이렇게 생각을 짓는다면 이것이 희론이니라. 선현이여. 보살마하살이 만약 '8해탈을 상응하여 수습해야 한다.'라고 이렇게 생각을 짓는다면 이것이 희론이고, '8승처·9차제정·10변처를 상응하여 수습해야 한다.'라고 이렇게 생각을 짓는다면 이것이 희론이니라.

선현이여. 보살마하살이 만약 '예류과를 상응하여 초월해야 한다.'라고 이렇게 생각을 짓는다면 이것이 희론이고, '일래과·불환과·아라한과·독각의 보리를 상응하여 초월해야 한다.'라고 이렇게 생각을 짓는다면 이것이 희론이니라. 선현이여. 보살마하살이 만약 '보시바라밀다를 상응하여 수행해야 한다.'라고 이렇게 생각을 짓는다면 이것이 희론이고, '정계·안인·정진·정려·반야바라밀다를 상응하여 수행해야 한다.'라고 이렇게 생각을 짓는다면 이것이 희론이니라. 선현이여. 보살마하살이 만약 '내공에 상응하여 안주해야 한다.'라고 이렇게 생각을 짓는다면 이것이 희론이고, '외공·내외공·공공·대공·승의공·유위공·무위공·필경공·무제공·산공·무변이공·본성공·자상공·공상공·일체법공·불가득공·무성공·자성공·무성자성공에 상응하여 안주해야 한다.'라고 이렇게 생각을 짓는다면 이것이 희론이니라.

선현이여. 보살마하살이 만약 '진여에 상응하여 안주해야 한다.'라고 이렇게 생각을 짓는다면 이것이 희론이고, '법계·법성·불허망성·불변이성·평등성·이생성·법정·법주·실제·허공계·부사의계에 상응하여 안주해야 한다.'라고 이렇게 생각을 짓는다면 이것이 희론이니라. 선현이여.

보살마하살이 만약 '보살의 정성이생에 상응하게 나아가서 들어가야 한다.'라고 이렇게 생각을 짓는다면 이것이 희론이고, '보살의 십지(十地)인 정행(正行)을 상응하여 원만하게 해야 한다.'라고 이렇게 생각을 짓는다면 이것이 희론이니라. 선현이여. 보살마하살이 만약 '유정을 상응하여 성숙시켜야 한다.'라고 이렇게 생각을 짓는다면 이것이 희론이고, '불국토를 상응하여 청정하게 장엄해야 한다.'라고 이렇게 생각을 짓는다면 이것이 희론이니라.

선현이여. 보살마하살이 만약 '여래(佛)의 10력(十力)을 상응하여 일으켜야 한다.'라고 이렇게 생각을 짓는다면 이것이 희론이고, '4무소외·4무애해·18불불공법을 상응하여 일으켜야 한다.'라고 이렇게 생각을 짓는다면 이것이 희론이니라. 선현이여. 보살마하살이 만약 '대자를 상응하여 일으켜야 한다.'라고 이렇게 생각을 짓는다면 이것이 희론이고, '대비·대희·대사를 상응하여 일으켜야 한다.'라고 이렇게 생각을 짓는다면 이것이 희론이니라. 선현이여. 보살마하살이 만약 '무망실법을 상응하여 일으켜야 한다.'라고 이렇게 생각을 짓는다면 이것이 희론이고, '항주사성을 상응하여 일으켜야 한다.'라고 이렇게 생각을 짓는다면 이것이 희론이니라.

선현이여. 보살마하살이 만약 '일제지를 상응하여 일으켜야 한다.'라고 이렇게 생각을 짓는다면 이것이 희론이고, '도상지·일체상지를 상응하여 일으켜야 한다.'라고 이렇게 생각을 짓는다면 이것이 희론이니라. 선현이여. 보살마하살이 만약 '일체의 삼마지문을 상응하여 일으켜야 한다.'라고 이렇게 생각을 짓는다면 이것이 희론이고, '일체의 다라니문을 상응하여 일으켜야 한다.'라고 이렇게 생각을 짓는다면 이것이 희론이니라. 선현이여. 보살마하살이 만약 '일체의 번뇌(煩惱)와 습기(習氣)의 상속(相續)을 상응하여 단절해야 한다.'라고 이렇게 생각을 짓는다면 이것이 희론이고, '제불의 무상정등보리를 상응하여 증득해야 한다.'라고 이렇게 생각을 짓는다면 이것이 희론이니라.

선현이여. 이와 같은 것 등이 모두 희론이나니, 이것이 보살마하살들이 소유(所有)한 희론이니라."

마하반야바라밀다경 제368권

64. 변학도품(遍學道品)(3)

"다시 다음으로 선현이여. 보살마하살이 깊은 반야바라밀다를 수행하는 때에, 색을 만약 항상하거나 무상하다고 상응하여 관찰한다면, 희론이라고 할 수 없는 까닭으로 상응하여 희론하지 않아야 하고, 수·상·행·식을 만약 항상하거나 무상하다고 상응하여 관찰한다면, 희론이라고 할 수 없는 까닭으로 상응하여 희론하지 않아야 하느니라. 색을 만약 즐겁거나 만약 괴롭다고 상응하여 관찰한다면, 희론이라고 할 수 없는 까닭으로 상응하여 희론하지 않아야 하고, 수·상·행·식을 즐겁거나 만약 괴롭다고 상응하여 관찰한다면, 희론이라고 할 수 없는 까닭으로 상응하여 희론하지 않아야 하느니라.

색을 만약 나이거나 만약 무아라고 상응하여 관찰한다면, 희론이라고 할 수 없는 까닭으로 상응하여 희론하지 않아야 하고, 수·상·행·식을 나이거나 만약 무아라고 상응하여 관찰한다면, 희론이라고 할 수 없는 까닭으로 상응하여 희론하지 않아야 하느니라. 색을 만약 청정하거나 만약 부정하다고 상응하여 관찰한다면, 희론이라고 할 수 없는 까닭으로 상응하여 희론하지 않아야 하고, 수·상·행·식을 청정하거나 만약 부정하다고 상응하여 관찰한다면, 희론이라고 할 수 없는 까닭으로 상응하여 희론하지 않아야 하느니라.

색을 만약 적정하거나 만약 적정하지 않다고 상응하여 관찰한다면, 희론이라고 할 수 없는 까닭으로 상응하여 희론하지 않아야 하고, 수·상·

행·식을 적정하거나 만약 적정하지 않다고 상응하여 관찰한다면, 희론이라고 할 수 없는 까닭으로 상응하여 희론하지 않아야 하느니라. 색을 만약 멀리 벗어났거나 만약 멀리 벗어나지 않았다고 상응하여 관찰한다면, 희론이라고 할 수 없는 까닭으로 상응하여 희론하지 않아야 하고, 수·상·행·식을 만약 멀리 벗어났거나 만약 멀리 벗어나지 않았다고 상응하여 관찰한다면, 희론이라고 할 수 없는 까닭으로 상응하여 희론하지 않아야 하느니라.

색을 만약 이것은 두루 알아야 하거나 만약 이것은 두루 알아야 하지 않는다고 상응하여 관찰한다면, 희론이라고 할 수 없는 까닭으로 상응하여 희론하지 않아야 하고, 수·상·행·식을 만약 이것은 두루 알아야 하거나 만약 이것은 두루 알아야 하지 않는다고 상응하여 관찰한다면, 희론이라고 할 수 없는 까닭으로 상응하여 희론하지 않아야 하느니라.

선현이여. 보살마하살이 깊은 반야바라밀다를 수행하는 때에, 안처를 만약 항상하거나 무상하다고 상응하여 관찰한다면, 희론이라고 할 수 없는 까닭으로 상응하여 희론하지 않아야 하고, 이·비·설·신·의처를 만약 항상하거나 무상하다고 상응하여 관찰한다면, 희론이라고 할 수 없는 까닭으로 상응하여 희론하지 않아야 하느니라. 안처를 만약 즐겁거나 만약 괴롭다고 상응하여 관찰한다면, 희론이라고 할 수 없는 까닭으로 상응하여 희론하지 않아야 하고, 이·비·설·신·의처를 만약 즐겁거나 만약 괴롭다고 상응하여 관찰한다면, 희론이라고 할 수 없는 까닭으로 상응하여 희론하지 않아야 하느니라.

안처를 만약 나이거나 만약 무아라고 상응하여 관찰한다면, 희론이라고 할 수 없는 까닭으로 상응하여 희론하지 않아야 하고, 이·비·설·신·의처를 만약 나이거나 만약 무아라고 상응하여 관찰한다면, 희론이라고 할 수 없는 까닭으로 상응하여 희론하지 않아야 하느니라. 안처를 만약 청정하거나 만약 부정하다고 상응하여 관찰한다면, 희론이라고 할 수 없는 까닭으로 상응하여 희론하지 않아야 하고, 이·비·설·신·의처를 만약 청정하거나 만약 부정하다고 상응하여 관찰한다면, 희론이라고 할 수 없는 까닭으로 상응하여 희론하지 않아야 하느니라.
　안처를 만약 적정하거나 만약 적정하지 않다고 상응하여 관찰한다면, 희론이라고 할 수 없는 까닭으로 상응하여 희론하지 않아야 하고, 이·비·설·신·의처가 만약 적정하거나 만약 적정하지 않다고 상응하여 관찰한다면, 희론이라고 할 수 없는 까닭으로 상응하여 희론하지 않아야 하느니라. 안처를 만약 멀리 벗어났거나 만약 멀리 벗어나지 않았다고 상응하여 관찰한다면, 희론이라고 할 수 없는 까닭으로 상응하여 희론하지 않아야 하고, 이·비·설·신·의처를 만약 멀리 벗어났거나 만약 멀리 벗어나지 않았다고 상응하여 관찰한다면, 희론이라고 할 수 없는 까닭으로 상응하여 희론하지 않아야 하느니라.
　안처를 만약 이것은 두루 알아야 하거나 만약 이것은 두루 알아야 하지 않는다고 상응하여 관찰한다면, 희론이라고 할 수 없는 까닭으로 상응하여 희론하지 않아야 하고, 이·비·설·신·의처를 만약 이것은 두루 알아야 하거나 만약 이것은 두루 알아야 하지 않는다고 상응하여 관찰한다면, 희론이라고 할 수 없는 까닭으로 상응하여 희론하지 않아야 하느니라.
　선현이여. 보살마하살이 깊은 반야바라밀다를 수행하는 때에, 색처를 만약 항상하거나 무상하다고 상응하여 관찰한다면, 희론이라고 할 수 없는 까닭으로 상응하여 희론하지 않아야 하고, 성·향·미·촉·법처를 만약 항상하거나 무상하다고 상응하여 관찰한다면, 희론이라고 할 수 없는 까닭으로 상응하여 희론하지 않아야 하느니라. 색처를 만약 즐겁거나 만약 괴롭다고 상응하여 관찰한다면, 희론이라고 할 수 없는 까닭으로 상응하여 희론하지 않아야 하고, 성·향·미·촉·법처를 만약 즐겁거나 만약 괴롭다고 상응하여 관찰한다면, 희론이라고 할 수 없는 까닭으로 상응하여 희론하지 않아야 하느니라.
　색처를 만약 나이거나 만약 무아라고 상응하여 관찰한다면, 희론이라고 할 수 없는 까닭으로 상응하여 희론하지 않아야 하고, 성·향·미·촉·법처를 만약 나이거나 만약 무아라고 상응하여 관찰한다면, 희론이라고 할 수 없는 까닭으로 상응하여 희론하지 않아야 하느니라. 색처를 만약 청정하거나 만약 부정하다고 상응하여 관찰한다면, 희론이라고 할 수 없는 까닭으로 상응하여 희론하지 않아야 하고, 성·향·미·촉·법처를 청정하거나 만약 부정하다고 상응하여 관찰한다면, 희론이라고 할 수 없는 까닭으로 상응하여 희론하지 않아야 하느니라.

색처를 만약 적정하거나 만약 적정하지 않다고 상응하여 관찰한다면, 희론이라고 할 수 없는 까닭으로 상응하여 희론하지 않아야 하고, 성·향·미·촉·법처를 만약 적정하거나 만약 적정하지 않다고 상응하여 관찰한다면, 희론이라고 할 수 없는 까닭으로 상응하여 희론하지 않아야 하느니라. 색처를 만약 멀리 벗어났거나 만약 멀리 벗어나지 않았다고 상응하여 관찰한다면, 희론이라고 할 수 없는 까닭으로 상응하여 희론하지 않아야 하고, 성·향·미·촉·법처를 만약 멀리 벗어났거나 만약 멀리 벗어나지 않았다고 상응하여 관찰한다면, 희론이라고 할 수 없는 까닭으로 상응하여 희론하지 않아야 하느니라.

색처를 만약 이것은 두루 알아야 하거나 만약 이것은 두루 알아야 하지 않는다고 상응하여 관찰한다면, 희론이라고 할 수 없는 까닭으로 상응하여 희론하지 않아야 하고, 성·향·미·촉·법처를 이것은 두루 알아야 하거나 만약 이것은 두루 알아야 하지 않는다고 상응하여 관찰한다면, 희론이라고 할 수 없는 까닭으로 상응하여 희론하지 않아야 하느니라.

선현이여. 보살마하살이 깊은 반야바라밀다를 수행하는 때에, 안계를 만약 항상하거나 무상하다고 상응하여 관찰한다면, 희론이라고 할 수 없는 까닭으로 상응하여 희론하지 않아야 하고, 이·비·설·신·의계를 만약 항상하거나 무상하다고 상응하여 관찰한다면, 희론이라고 할 수 없는 까닭으로 상응하여 희론하지 않아야 하느니라. 안계를 만약 즐겁거나 만약 괴롭다고 상응하여 관찰한다면, 희론이라고 할 수 없는 까닭으로 상응하여 희론하지 않아야 하고, 이·비·설·신·의계를 만약 즐겁거나 만약 괴롭다고 상응하여 관찰한다면, 희론이라고 할 수 없는 까닭으로 상응하여 희론하지 않아야 하느니라.

안계를 만약 나이거나 만약 무아라고 상응하여 관찰한다면, 희론이라고 할 수 없는 까닭으로 상응하여 희론하지 않아야 하고, 이·비·설·신·의계를 만약 나이거나 만약 무아라고 상응하여 관찰한다면, 희론이라고 할 수 없는 까닭으로 상응하여 희론하지 않아야 하느니라. 안계를 만약 청정하거나 만약 부정하다고 상응하여 관찰한다면, 희론이라고 할 수 없는 까닭으로 상응하여 희론하지 않아야 하고, 이·비·설·신·의계를 만약 청정하거나 만약 부정하다고 상응하여 관찰한다면, 희론이라고 할 수 없는 까닭으로 상응하여 희론하지 않아야 하느니라.

안계를 만약 적정하거나 만약 적정하지 않다고 상응하여 관찰한다면, 희론이라고 할 수 없는 까닭으로 상응하여 희론하지 않아야 하고, 이·비·설·신·의계를 만약 적정하거나 만약 적정하지 않다고 상응하여 관찰한다면, 희론이라고 할 수 없는 까닭으로 상응하여 희론하지 않아야 하느니라. 안계를 만약 멀리 벗어났거나 만약 멀리 벗어나지 않았다고 상응하여 관찰한다면, 희론이라고 할 수 없는 까닭으로 상응하여 희론하지 않아야 하고, 이·비·설·신·의계를 만약 멀리 벗어났거나 만약 멀리 벗어나지 않았다고 상응하여 관찰한다면, 희론이라고 할 수 없는 까닭으로 상응하여 희론하지 않아야 하느니라.

안계를 만약 이것은 두루 알아야 하거나 만약 이것은 두루 알아야 하지 않는다고 상응하여 관찰한다면, 희론이라고 할 수 없는 까닭으로 상응하여 희론하지 않아야 하고, 이·비·설·신·의계를 만약 이것은 두루 알아야 하거나 만약 이것은 두루 알아야 하지 않는다고 상응하여 관찰한다면, 희론이라고 할 수 없는 까닭으로 상응하여 희론하지 않아야 하느니라.

선현이여. 보살마하살이 깊은 반야바라밀다를 수행하는 때에, 색계를 만약 항상하거나 무상하다고 상응하여 관찰한다면, 희론이라고 할 수 없는 까닭으로 상응하여 희론하지 않아야 하고, 성·향·미·촉·법계를 만약 항상하거나 무상하다고 상응하여 관찰한다면, 희론이라고 할 수 없는 까닭으로 상응하여 희론하지 않아야 하느니라. 색계를 만약 즐겁거나 만약 괴롭다고 상응하여 관찰한다면, 희론이라고 할 수 없는 까닭으로 상응하여 희론하지 않아야 하고, 성·향·미·촉·법계를 만약 즐겁거나 만약 괴롭다고 상응하여 관찰한다면, 희론이라고 할 수 없는 까닭으로 상응하여 희론하지 않아야 하느니라.
　색계를 만약 나이거나 만약 무아라고 상응하여 관찰한다면, 희론이라고 할 수 없는 까닭으로 상응하여 희론하지 않아야 하고, 성·향·미·촉·법계를 만약 나이거나 만약 무아라고 상응하여 관찰한다면, 희론이라고 할 수 없는 까닭으로 상응하여 희론하지 않아야 하느니라. 색계를 만약 청정하거나 만약 부정하다고 상응하여 관찰한다면, 희론이라고 할 수 없는 까닭으로 상응하여 희론하지 않아야 하고, 성·향·미·촉·법계를 만약 청정하거나 만약 부정하다고 상응하여 관찰한다면, 희론이라고 할 수 없는 까닭으로 상응하여 희론하지 않아야 하느니라.
　색계를 만약 적정하거나 만약 적정하지 않다고 상응하여 관찰한다면, 희론이라고 할 수 없는 까닭으로 상응하여 희론하지 않아야 하고, 성·향·미·촉·법계를 만약 적정하거나 만약 적정하지 않다고 상응하여 관찰한다면, 희론이라고 할 수 없는 까닭으로 상응하여 희론하지 않아야 하느니라. 색계를 만약 멀리 벗어났거나 만약 멀리 벗어나지 않았다고 상응하여 관찰한다면, 희론이라고 할 수 없는 까닭으로 상응하여 희론하지 않아야 하고, 성·향·미·촉·법계를 만약 멀리 벗어났거나 만약 멀리 벗어나지 않았다고 상응하여 관찰한다면, 희론이라고 할 수 없는 까닭으로 상응하여 희론하지 않아야 하느니라.
　색계를 만약 이것은 두루 알아야 하거나 만약 이것은 두루 알아야 하지 않는다고 상응하여 관찰한다면, 희론이라고 할 수 없는 까닭으로 상응하여 희론하지 않아야 하고, 성·향·미·촉·법계를 만약 이것은 두루 알아야 하거나 만약 이것은 두루 알아야 하지 않는다고 상응하여 관찰한다면, 희론이라고 할 수 없는 까닭으로 상응하여 희론하지 않아야 하느니라.
　선현이여. 보살마하살이 깊은 반야바라밀다를 수행하는 때에, 안식계를 만약 항상하거나 무상하다고 상응하여 관찰한다면, 희론이라고 할 수 없는 까닭으로 상응하여 희론하지 않아야 하고, 이·비·설·신·의식계를 만약 항상하거나 무상하다고 상응하여 관찰한다면, 희론이라고 할 수 없는 까닭으로 상응하여 희론하지 않아야 하느니라. 안식계를 만약 즐겁거나 만약 괴롭다고 상응하여 관찰한다면, 희론이라고 할 수 없는 까닭으로 상응하여 희론하지 않아야 하고, 이·비·설·신·의식계를 즐겁거나 만약 괴롭다고 상응하여 관찰한다면, 희론이라고 할 수 없는 까닭으로 상응하여 희론하지 않아야 하느니라.

안식계를 만약 나이거나 만약 무아라고 상응하여 관찰한다면, 희론이라고 할 수 없는 까닭으로 상응하여 희론하지 않아야 하고, 이·비·설·신·의식계를 만약 나이거나 만약 무아라고 상응하여 관찰한다면, 희론이라고 할 수 없는 까닭으로 상응하여 희론하지 않아야 하느니라. 안식계를 만약 청정하거나 만약 부정하다고 상응하여 관찰한다면, 희론이라고 할 수 없는 까닭으로 상응하여 희론하지 않아야 하고, 이·비·설·신·의식계를 만약 청정하거나 만약 부정하다고 상응하여 관찰한다면, 희론이라고 할 수 없는 까닭으로 상응하여 희론하지 않아야 하느니라.

안식계를 만약 적정하거나 만약 적정하지 않다고 상응하여 관찰한다면, 희론이라고 할 수 없는 까닭으로 상응하여 희론하지 않아야 하고, 이·비·설·신·의식계가 만약 적정하거나 만약 적정하지 않다고 상응하여 관찰한다면, 희론이라고 할 수 없는 까닭으로 상응하여 희론하지 않아야 하느니라. 안식계를 만약 멀리 벗어났거나 만약 멀리 벗어나지 않았다고 상응하여 관찰한다면, 희론이라고 할 수 없는 까닭으로 상응하여 희론하지 않아야 하고, 이·비·설·신·의식계를 만약 멀리 벗어났거나 만약 멀리 벗어나지 않았다고 상응하여 관찰한다면, 희론이라고 할 수 없는 까닭으로 상응하여 희론하지 않아야 하느니라.

안식계를 만약 이것은 두루 알아야 하거나 만약 이것은 두루 알아야 하지 않는다고 상응하여 관찰한다면, 희론이라고 할 수 없는 까닭으로 상응하여 희론하지 않아야 하고, 이·비·설·신·의식계를 만약 이것은 두루 알아야 하거나 만약 이것은 두루 알아야 하지 않는다고 상응하여 관찰한다면, 희론이라고 할 수 없는 까닭으로 상응하여 희론하지 않아야 하느니라.

선현이여. 보살마하살이 깊은 반야바라밀다를 수행하는 때에, 안촉을 만약 항상하거나 무상하다고 상응하여 관찰한다면, 희론이라고 할 수 없는 까닭으로 상응하여 희론하지 않아야 하고, 이·비·설·신·의촉을 만약 항상하거나 무상하다고 상응하여 관찰한다면, 희론이라고 할 수 없는 까닭으로 상응하여 희론하지 않아야 하느니라. 안촉을 만약 즐겁거나 만약 괴롭다고 상응하여 관찰한다면, 희론이라고 할 수 없는 까닭으로 상응하여 희론하지 않아야 하고, 이·비·설·신·의촉을 만약 즐겁거나 만약 괴롭다고 상응하여 관찰한다면, 희론이라고 할 수 없는 까닭으로 상응하여 희론하지 않아야 하느니라.

안촉을 만약 나이거나 만약 무아라고 상응하여 관찰한다면, 희론이라고 할 수 없는 까닭으로 상응하여 희론하지 않아야 하고, 이·비·설·신·의촉을 만약 나이거나 만약 무아라고 상응하여 관찰한다면, 희론이라고 할 수 없는 까닭으로 상응하여 희론하지 않아야 하느니라. 안촉을 만약 청정하거나 만약 부정하다고 상응하여 관찰한다면, 희론이라고 할 수 없는 까닭으로 상응하여 희론하지 않아야 하고, 이·비·설·신·의촉을 청정하거나 만약 부정하다고 상응하여 관찰한다면, 희론이라고 할 수 없는 까닭으로 상응하여 희론하지 않아야 하느니라.

안촉을 만약 적정하거나 만약 적정하지 않다고 상응하여 관찰한다면, 희론이라고 할 수 없는 까닭으로 상응하여 희론하지 않아야 하고, 이·비·설·신·의촉을 만약 적정하거나 만약 적정하지 않다고 상응하여 관찰한다면, 희론이라고 할 수 없는 까닭으로 상응하여 희론하지 않아야 하느니라. 안촉을 만약 멀리 벗어났거나 만약 멀리 벗어나지 않았다고 상응하여 관찰한다면, 희론이라고 할 수 없는 까닭으로 상응하여 희론하지 않아야 하고, 이·비·설·신·의촉을 만약 멀리 벗어났거나 만약 멀리 벗어나지 않았다고 상응하여 관찰한다면, 희론이라고 할 수 없는 까닭으로 상응하여 희론하지 않아야 하느니라.

안촉을 만약 이것은 두루 알아야 하거나 만약 이것은 두루 알아야 하지 않는다고 상응하여 관찰한다면, 희론이라고 할 수 없는 까닭으로 상응하여 희론하지 않아야 하고, 이·비·설·신·의촉을 만약 이것은 두루 알아야 하거나 만약 이것은 두루 알아야 하지 않는다고 상응하여 관찰한다면, 희론이라고 할 수 없는 까닭으로 상응하여 희론하지 않아야 하느니라.

선현이여. 보살마하살이 깊은 반야바라밀다를 수행하는 때에, 안촉을 인연으로 생겨난 여러 수를 만약 항상하거나 무상하다고 상응하여 관찰한다면, 희론이라고 할 수 없는 까닭으로 상응하여 희론하지 않아야 하고, 이·비·설·신·의촉을 인연으로 생겨난 여러 수를 만약 항상하거나 무상하다고 상응하여 관찰한다면, 희론이라고 할 수 없는 까닭으로 상응하여 희론하지 않아야 하느니라. 안촉을 인연으로 생겨난 여러 수를 만약 즐겁거나 만약 괴롭다고 상응하여 관찰한다면, 희론이라고 할 수 없는 까닭으로 상응하여 희론하지 않아야 하고, 이·비·설·신·의촉을 인연으로 생겨난 여러 수를 만약 즐겁거나 만약 괴롭다고 상응하여 관찰한다면, 희론이라고 할 수 없는 까닭으로 상응하여 희론하지 않아야 하느니라.

안촉을 인연으로 생겨난 여러 수를 만약 나이거나 만약 무아라고 상응하여 관찰한다면, 희론이라고 할 수 없는 까닭으로 상응하여 희론하지 않아야 하고, 이·비·설·신·의촉을 인연으로 생겨난 여러 수를 만약 나이거나 만약 무아라고 상응하여 관찰한다면, 희론이라고 할 수 없는 까닭으로 상응하여 희론하지 않아야 하느니라. 안촉을 인연으로 생겨난 여러 수를 만약 청정하거나 만약 부정하다고 상응하여 관찰한다면, 희론이라고 할 수 없는 까닭으로 상응하여 희론하지 않아야 하고, 이·비·설·신·의촉을 인연으로 생겨난 여러 수를 만약 청정하거나 만약 부정하다고 상응하여 관찰한다면, 희론이라고 할 수 없는 까닭으로 상응하여 희론하지 않아야 하느니라.

안촉을 인연으로 생겨난 여러 수를 만약 적정하거나 만약 적정하지 않다고 상응하여 관찰한다면, 희론이라고 할 수 없는 까닭으로 상응하여 희론하지 않아야 하고, 이·비·설·신·의촉을 인연으로 생겨난 여러 수를 만약 적정하거나 만약 적정하지 않다고 상응하여 관찰한다면, 희론이라고 할 수 없는 까닭으로 상응하여 희론하지 않아야 하느니라. 안촉을 인연으로 생겨난 여러 수를 만약 멀리 벗어났거나 만약 멀리 벗어나지 않았다고 상응하여 관찰한다면, 희론이라고 할 수 없는 까닭으로 상응하여 희론하지 않아야 하고, 이·비·설·신·의촉을 인연으로 생겨난 여러 수를 만약 멀리 벗어났거나 만약 멀리 벗어나지 않았다고 상응하여 관찰한다면, 희론이라고 할 수 없는 까닭으로 상응하여 희론하지 않아야 하느니라.

안촉을 인연으로 생겨난 여러 수를 만약 이것은 두루 알아야 하거나 만약 이것은 두루 알아야 하지 않는다고 상응하여 관찰한다면, 희론이라고 할 수 없는 까닭으로 상응하여 희론하지 않아야 하고, 이·비·설·신·의촉을 인연으로 생겨난 여러 수를 만약 이것은 두루 알아야 하거나 만약 이것은 두루 알아야 하지 않는다고 상응하여 관찰한다면, 희론이라고 할 수 없는 까닭으로 상응하여 희론하지 않아야 하느니라.

선현이여. 보살마하살이 깊은 반야바라밀다를 수행하는 때에, 지계를 만약 항상하거나 무상하다고 상응하여 관찰한다면, 희론이라고 할 수 없는 까닭으로 상응하여 희론하지 않아야 하고, 수·화·풍·공·식계를 만약 항상하거나 무상하다고 상응하여 관찰한다면, 희론이라고 할 수 없는 까닭으로 상응하여 희론하지 않아야 하느니라. 지계를 만약 즐겁거나 만약 괴롭다고 상응하여 관찰한다면, 희론이라고 할 수 없는 까닭으로 상응하여 희론하지 않아야 하고, 수·화·풍·공·식계를 만약 즐겁거나 만약 괴롭다고 상응하여 관찰한다면, 희론이라고 할 수 없는 까닭으로 상응하여 희론하지 않아야 하느니라.

지계를 만약 나이거나 만약 무아라고 상응하여 관찰한다면, 희론이라고 할 수 없는 까닭으로 상응하여 희론하지 않아야 하고, 수·화·풍·공·식계를 만약 나이거나 만약 무아라고 상응하여 관찰한다면, 희론이라고 할 수 없는 까닭으로 상응하여 희론하지 않아야 하느니라. 지계를 만약 청정하거나 만약 부정하다고 상응하여 관찰한다면, 희론이라고 할 수 없는 까닭으로 상응하여 희론하지 않아야 하고, 수·화·풍·공·식계를 만약 청정하거나 만약 부정하다고 상응하여 관찰한다면, 희론이라고 할 수 없는 까닭으로 상응하여 희론하지 않아야 하느니라.

지계를 만약 적정하거나 만약 적정하지 않다고 상응하여 관찰한다면, 희론이라고 할 수 없는 까닭으로 상응하여 희론하지 않아야 하고, 수·화·풍·공·식계를 만약 적정하거나 만약 적정하지 않다고 상응하여 관찰한다면, 희론이라고 할 수 없는 까닭으로 상응하여 희론하지 않아야 하느니라. 지계를 만약 멀리 벗어났거나 만약 멀리 벗어나지 않았다고 상응하여 관찰한다면, 희론이라고 할 수 없는 까닭으로 상응하여 희론하지 않아야 하고, 수·화·풍·공·식계를 만약 멀리 벗어났거나 만약 멀리 벗어나지 않았다고 상응하여 관찰한다면, 희론이라고 할 수 없는 까닭으로 상응하여 희론하지 않아야 하느니라.

지계를 만약 이것은 두루 알아야 하거나 만약 이것은 두루 알아야 하지 않는다고 상응하여 관찰한다면, 희론이라고 할 수 없는 까닭으로 상응하여 희론하지 않아야 하고, 수·화·풍·공·식계를 만약 이것은 두루 알아야 하거나 만약 이것은 두루 알아야 하지 않는다고 상응하여 관찰한다면, 희론이라고 할 수 없는 까닭으로 상응하여 희론하지 않아야 하느니라.

선현이여. 보살마하살이 깊은 반야바라밀다를 수행하는 때에, 무명을 만약 항상하거나 무상하다고 상응하여 관찰한다면, 희론이라고 할 수 없는 까닭으로 상응하여 희론하지 않아야 하고, 행·식·명색·육처·촉·수·애·취·유·생·노사의 수탄고우뇌를 만약 항상하거나 무상하다고 상응하여 관찰한다면, 희론이라고 할 수 없는 까닭으로 상응하여 희론하지 않아야 하느니라. 무명을 만약 즐겁거나 만약 괴롭다고 상응하여 관찰한다면, 희론이라고 할 수 없는 까닭으로 상응하여 희론하지 않아야 하고, 행, 나아가 노사의 수탄고우뇌를 만약 즐겁거나 만약 괴롭다고 상응하여 관찰한다면, 희론이라고 할 수 없는 까닭으로 상응하여 희론하지 않아야 하느니라.

무명을 만약 나이거나 만약 무아라고 상응하여 관찰한다면, 희론이라고 할 수 없는 까닭으로 상응하여 희론하지 않아야 하고, 행, 나아가 노사의 수탄고우뇌를 만약 나이거나 만약 무아라고 상응하여 관찰한다면, 희론이라고 할 수 없는 까닭으로 상응하여 희론하지 않아야 하느니라.

무명을 만약 청정하거나 만약 부정하다고 상응하여 관찰한다면, 희론이라고 할 수 없는 까닭으로 상응하여 희론하지 않아야 하고, 행, 나아가 노사의 수탄고우뇌를 만약 청정하거나 만약 부정하다고 상응하여 관찰한다면, 희론이라고 할 수 없는 까닭으로 상응하여 희론하지 않아야 하느니라.

무명을 만약 적정하거나 만약 적정하지 않다고 상응하여 관찰한다면, 희론이라고 할 수 없는 까닭으로 상응하여 희론하지 않아야 하고, 행, 나아가 노사의 수탄고우뇌를 만약 적정하거나 만약 적정하지 않다고 상응하여 관찰한다면, 희론이라고 할 수 없는 까닭으로 상응하여 희론하지 않아야 하느니라. 무명을 만약 멀리 벗어났거나 만약 멀리 벗어나지 않았다고 상응하여 관찰한다면, 희론이라고 할 수 없는 까닭으로 상응하여 희론하지 않아야 하고, 행, 나아가 노사의 수탄고우뇌를 만약 멀리 벗어났거나 만약 멀리 벗어나지 않았다고 상응하여 관찰한다면, 희론이라고 할 수 없는 까닭으로 상응하여 희론하지 않아야 하느니라.

무명을 만약 이것은 두루 알아야 하거나 만약 이것은 두루 알아야 하지 않는다고 상응하여 관찰한다면, 희론이라고 할 수 없는 까닭으로 상응하여 희론하지 않아야 하고, 행, 나아가 노사의 수탄고우뇌를 만약 이것은 두루 알아야 하거나 만약 이것은 누루 알아야 하시 않는다고 상응하여 관찰한다면, 희론이라고 할 수 없는 까닭으로 상응하여 희론하지 않아야 하느니라.

선현이여. 보살마하살이 깊은 반야바라밀다를 수행하는 때에, 보시바라밀다를 만약 항상하거나 무상하다고 상응하여 관찰한다면, 희론이라고 할 수 없는 까닭으로 상응하여 희론하지 않아야 하고, 정계·안인·정진·정려·반야바라밀다를 만약 항상하거나 무상하다고 상응하여 관찰한다면, 희론이라고 할 수 없는 까닭으로 상응하여 희론하지 않아야 하느니라. 보시바라밀다를 만약 즐겁거나 만약 괴롭다고 상응하여 관찰한다면, 희론이라고 할 수 없는 까닭으로 상응하여 희론하지 않아야 하고, 정계, 나아가 반야바라밀다를 즐겁거나 만약 괴롭다고 상응하여 관찰한다면, 희론이라고 할 수 없는 까닭으로 상응하여 희론하지 않아야 하느니라.

보시바라밀다를 만약 나이거나 만약 무아라고 상응하여 관찰한다면, 희론이라고 할 수 없는 까닭으로 상응하여 희론하지 않아야 하고, 정계, 나아가 반야바라밀다를 나이거나 만약 무아라고 상응하여 관찰한다면, 희론이라고 할 수 없는 까닭으로 상응하여 희론하지 않아야 하느니라. 보시바라밀다를 만약 청정하거나 만약 부정하다고 상응하여 관찰한다면, 희론이라고 할 수 없는 까닭으로 상응하여 희론하지 않아야 하고, 정계, 나아가 반야바라밀다를 청정하거나 만약 부정하다고 상응하여 관찰한다면, 희론이라고 할 수 없는 까닭으로 상응하여 희론하지 않아야 하느니라.

보시바라밀다를 만약 적정하거나 만약 적정하지 않다고 상응하여 관찰한다면, 희론이라고 할 수 없는 까닭으로 상응하여 희론하지 않아야 하고, 정계, 나아가 반야바라밀다를 적정하거나 만약 적정하지 않다고 상응하여 관찰한다면, 희론이라고 할 수 없는 까닭으로 상응하여 희론하지 않아야 하느니라. 보시바라밀다를 만약 멀리 벗어났거나 만약 멀리 벗어나지 않았다고 상응하여 관찰한다면, 희론이라고 할 수 없는 까닭으로 상응하여 희론하지 않아야 하고, 정계, 나아가 반야바라밀다를 만약 멀리 벗어났거나 만약 멀리 벗어나지 않았다고 상응하여 관찰한다면, 희론이라고 할 수 없는 까닭으로 상응하여 희론하지 않아야 하느니라.

보시바라밀다를 만약 이것은 두루 알아야 하거나 만약 이것은 두루 알아야 하지 않는다고 상응하여 관찰한다면, 희론이라고 할 수 없는 까닭으로 상응하여 희론하지 않아야 하고, 정계, 나아가 반야바라밀다를 이것은 두루 알아야 하거나 만약 이것은 두루 알아야 하지 않는다고 상응하여 관찰한다면, 희론이라고 할 수 없는 까닭으로 상응하여 희론하지 않아야 하느니라.

선현이여. 보살마하살이 깊은 반야바라밀다를 수행하는 때에, 내공을 만약 항상하거나 무상하다고 상응하여 관찰한다면, 희론이라고 할 수 없는 까닭으로 상응하여 희론하지 않아야 하고, 외공·내외공·공공·대공·승의공·유위공·무위공·필경공·무제공·산공·무변이공·본성공·자성공·무성자성공을 만약 항상하거나 무상하다고 상응하여 관찰한다면, 희론이라고 할 수 없는 까닭으로 상응하여 희론하지 않아야 하느니라. 내공을 만약 즐겁거나 만약 괴롭다고 상응하여 관찰한다면, 희론이라고 할 수 없는 까닭으로 상응하여 희론하지 않아야 하고, 외공, 나아가 무성자성공을 즐겁거나 만약 괴롭다고 상응하여 관찰한다면, 희론이라고 할 수 없는 까닭으로 상응하여 희론하지 않아야 하느니라.

내공을 만약 나이거나 만약 무아라고 상응하여 관찰한다면, 희론이라고 할 수 없는 까닭으로 상응하여 희론하지 않아야 하고, 외공, 나아가 무성자성공을 나이거나 만약 무아라고 상응하여 관찰한다면, 희론이라고 할 수 없는 까닭으로 상응하여 희론하지 않아야 하느니라. 내공을 만약 청정하거나 만약 부정하다고 상응하여 관찰한다면, 희론이라고 할 수 없는 까닭으로 상응하여 희론하지 않아야 하고, 외공, 나아가 무성자성공을 청정하거나 만약 부정하다고 상응하여 관찰한다면, 희론이라고 할 수 없는 까닭으로 상응하여 희론하지 않아야 하느니라.

내공을 만약 적정하거나 만약 적정하지 않다고 상응하여 관찰한다면, 희론이라고 할 수 없는 까닭으로 상응하여 희론하지 않아야 하고, 외공, 나아가 무성자성공을 적정하거나 만약 적정하지 않다고 상응하여 관찰한다면, 희론이라고 할 수 없는 까닭으로 상응하여 희론하지 않아야 하느니라. 내공을 만약 멀리 벗어났거나 만약 멀리 벗어나지 않았다고 상응하여 관찰한다면, 희론이라고 할 수 없는 까닭으로 상응하여 희론하지 않아야 하고, 외공, 나아가 무성자성공을 만약 멀리 벗어났거나 만약 멀리 벗어나지 않았다고 상응하여 관찰한다면, 희론이라고 할 수 없는 까닭으로 상응하여 희론하지 않아야 하느니라.

내공을 만약 이것은 두루 알아야 하거나 만약 이것은 두루 알아야 하지 않는다고 상응하여 관찰한다면, 희론이라고 할 수 없는 까닭으로 상응하여 희론하지 않아야 하고, 외공, 나아가 무성자성공을 이것은 두루 알아야 하거나 만약 이것은 두루 알아야 하지 않는다고 상응하여 관찰한다면, 희론이라고 할 수 없는 까닭으로 상응하여 희론하지 않아야 하느니라.

선현이여. 보살마하살이 깊은 반야바라밀다를 수행하는 때에, 진여를 만약 항상하거나 무상하다고 상응하여 관찰한다면, 희론이라고 할 수 없는 까닭으로 상응하여 희론하지 않아야 하고, 법계·법성·불허망성·불변이성·평등성·이생성·법정·법주·실제·허공계·부사의계를 만약 항상하거나 무상하다고 상응하여 관찰한다면, 희론이라고 할 수 없는 까닭으로 상응하여 희론하지 않아야 하느니라. 진여를 만약 즐겁거나 만약 괴롭다고 상응하여 관찰한다면, 희론이라고 할 수 없는 까닭으로 상응하여 희론하지 않아야 하고, 법계, 나아가 부사의계를 즐겁거나 만약 괴롭다고 상응하여 관찰한다면, 희론이라고 할 수 없는 까닭으로 상응하여 희론하지 않아야 하느니라.

진여를 만약 나이거나 만약 무아라고 상응하여 관찰한다면, 희론이라고 할 수 없는 까닭으로 상응하여 희론하지 않아야 하고, 법계, 나아가 부사의계를 나이거나 만약 무아라고 상응하여 관찰한다면, 희론이라고 할 수 없는 까닭으로 상응하여 희론하지 않아야 하느니라. 진여를 만약 청정하거나 만약 부정하다고 상응하여 관찰한다면, 희론이라고 할 수 없는 까닭으로 상응하여 희론하지 않아야 하고, 법계, 나아가 부사의계를 청정하거나 만약 부정하다고 상응하여 관찰한다면, 희론이라고 할 수 없는 까닭으로 상응하여 희론하지 않아야 하느니라.

진여를 만약 적정하거나 만약 적정하지 않다고 상응하여 관찰한다면, 희론이라고 할 수 없는 까닭으로 상응하여 희론하지 않아야 하고, 법계, 나아가 부사의계를 적정하거나 만약 적정하지 않다고 상응하여 관찰한다면, 희론이라고 할 수 없는 까닭으로 상응하여 희론하지 않아야 하느니라. 진여를 만약 멀리 벗어났거나 만약 멀리 벗어나지 않았다고 상응하여 관찰한다면, 희론이라고 할 수 없는 까닭으로 상응하여 희론하지 않아야 하고, 법계, 나아가 부사의계를 만약 멀리 벗어났거나 만약 멀리 벗어나지 않았다고 상응하여 관찰한다면, 희론이라고 할 수 없는 까닭으로 상응하여 희론하지 않아야 하느니라.

진여를 만약 이것은 두루 알아야 하거나 만약 이것은 두루 알아야 하지 않는다고 상응하여 관찰한다면, 희론이라고 할 수 없는 까닭으로 상응하여 희론하지 않아야 하고, 법계, 나아가 부사의계를 이것은 두루 알아야 하거나 만약 이것은 두루 알아야 하지 않는다고 상응하여 관찰한다면, 희론이라고 할 수 없는 까닭으로 상응하여 희론하지 않아야 하느니라.

선현이여, 보살마하살이 깊은 반야바라밀다를 수행하는 때에, 4념주를 만약 항상하거나 무상하다고 상응하여 관찰한다면, 희론이라고 할 수 없는 까닭으로 상응하여 희론하지 않아야 하고, 4정단·4신족·5근·5력·7등각지·8성도지를 만약 항상하거나 무상하다고 상응하여 관찰한다면, 희론이라고 할 수 없는 까닭으로 상응하여 희론하지 않아야 하느니라. 4념주를 만약 즐겁거나 만약 괴롭다고 상응하여 관찰한다면, 희론이라고 할 수 없는 까닭으로 상응하여 희론하지 않아야 하고, 4정단, 나아가 8성도지를 즐겁거나 만약 괴롭다고 상응하여 관찰한다면, 희론이라고 할 수 없는 까닭으로 상응하여 희론하지 않아야 하느니라.

4념주를 만약 나이거나 만약 무아라고 상응하여 관찰한다면, 희론이라고 할 수 없는 까닭으로 상응하여 희론하지 않아야 하고, 4정단, 나아가 8성도지를 나이거나 만약 무아라고 상응하여 관찰한다면, 희론이라고 할 수 없는 까닭으로 상응하여 희론하지 않아야 하느니라. 4념주를 만약 청정하거나 만약 부정하다고 상응하여 관찰한다면, 희론이라고 할 수 없는 까닭으로 상응하여 희론하지 않아야 하고, 4정단, 나아가 8성도지를 청정하거나 만약 부정하다고 상응하여 관찰한다면, 희론이라고 할 수 없는 까닭으로 상응하여 희론하지 않아야 하느니라.

4념주를 만약 적정하거나 만약 적정하지 않다고 상응하여 관찰한다면, 희론이라고 할 수 없는 까닭으로 상응하여 희론하지 않아야 하고, 4정단, 나아가 8성도지를 적정하거나 만약 적정하지 않다고 상응하여 관찰한다면, 희론이라고 할 수 없는 까닭으로 상응하여 희론하지 않아야 하느니라. 4념주를 만약 멀리 벗어났거나 만약 멀리 벗어나지 않았다고 상응하여 관찰한다면, 희론이라고 할 수 없는 까닭으로 상응하여 희론하지 않아야 하고, 4정단, 나아가 8성도지를 만약 멀리 벗어났거나 만약 멀리 벗어나지 않았다고 상응하여 관찰한다면, 희론이라고 할 수 없는 까닭으로 상응하여 희론하지 않아야 하느니라.
　4념주를 만약 이것은 두루 알아야 하거나 만약 이것은 두루 알아야 하지 않는다고 상응하여 관찰한다면, 희론이라고 할 수 없는 까닭으로 상응하여 희론하지 않아야 하고, 4정단, 나아가 8성도지를 이것은 두루 알아야 하거나 만약 이것은 두루 알아야 하지 않는다고 상응하여 관찰한다면, 희론이라고 할 수 없는 까닭으로 상응하여 희론하지 않아야 하느니라.
　선현이여. 보살마하살이 깊은 반야바라밀다를 수행하는 때에, 고성제를 만약 항상하거나 무상하다고 상응하여 관찰한다면, 희론이라고 할 수 없는 까닭으로 상응하여 희론하지 않아야 하고, 집·멸·도성제를 만약 항상하거나 무상하다고 상응하여 관찰한다면, 희론이라고 할 수 없는 까닭으로 상응하여 희론하지 않아야 하느니라. 고성제를 만약 즐겁거나 만약 괴롭다고 상응하여 관찰한다면, 희론이라고 할 수 없는 까닭으로 상응하여 희론하지 않아야 하고, 집·멸·도성제를 즐겁거나 만약 괴롭다고 상응하여 관찰한다면, 희론이라고 할 수 없는 까닭으로 상응하여 희론하지 않아야 하느니라.
　고성제를 만약 나이거나 만약 무아라고 상응하여 관찰한다면, 희론이라고 할 수 없는 까닭으로 상응하여 희론하지 않아야 하고, 집·멸·도성제를 나이거나 만약 무아라고 상응하여 관찰한다면, 희론이라고 할 수 없는 까닭으로 상응하여 희론하지 않아야 하느니라. 고성제를 만약 청정하거나 만약 부정하다고 상응하여 관찰한다면, 희론이라고 할 수 없는 까닭으로 상응하여 희론하지 않아야 하고, 집·멸·도성제를 청정하거나 만약 부정하다고 상응하여 관찰한다면, 희론이라고 할 수 없는 까닭으로 상응하여 희론하지 않아야 하느니라.
　고성제를 만약 적정하거나 만약 적정하지 않다고 상응하여 관찰한다면, 희론이라고 할 수 없는 까닭으로 상응하여 희론하지 않아야 하고, 집·멸·도성제를 적정하거나 만약 적정하지 않다고 상응하여 관찰한다면, 희론이라고 할 수 없는 까닭으로 상응하여 희론하지 않아야 하느니라. 고성제를 만약 멀리 벗어났거나 만약 멀리 벗어나지 않았다고 상응하여 관찰한다면, 희론이라고 할 수 없는 까닭으로 상응하여 희론하지 않아야 하고, 집·멸·도성제를 만약 멀리 벗어났거나 만약 멀리 벗어나지 않았다고 상응하여 관찰한다면, 희론이라고 할 수 없는 까닭으로 상응하여 희론하지 않아야 하느니라.

고성제를 만약 이것은 두루 알아야 하거나 만약 이것은 두루 알아야 하지 않는다고 상응하여 관찰한다면, 희론이라고 할 수 없는 까닭으로 상응하여 희론하지 않아야 하고, 집·멸·도성제를 이것은 두루 알아야 하거나 만약 이것은 두루 알아야 하지 않는다고 상응하여 관찰한다면, 희론이라고 할 수 없는 까닭으로 상응하여 희론하지 않아야 하느니라.

선현이여. 보살마하살이 깊은 반야바라밀다를 수행하는 때에, 4정려를 만약 항상하거나 무상하다고 상응하여 관찰한다면, 희론이라고 할 수 없는 까닭으로 상응하여 희론하지 않아야 하고, 4무량·4무색정을 만약 항상하거나 무상하다고 상응하여 관찰한다면, 희론이라고 할 수 없는 까닭으로 상응하여 희론하지 않아야 하느니라. 4정려를 만약 즐겁거나 만약 괴롭다고 상응하여 관찰한다면, 희론이라고 할 수 없는 까닭으로 상응하여 희론하지 않아야 하고, 4무량·4무색정을 즐겁거나 만약 괴롭다고 상응하여 관찰한다면, 희론이라고 할 수 없는 까닭으로 상응하여 희론하지 않아야 하느니라.

4정려를 만약 나이거나 만약 무아라고 상응하여 관찰한다면, 희론이라고 할 수 없는 까닭으로 상응하여 희론하지 않아야 하고, 4무량·4무색정을 나이거나 만약 무아라고 상응하여 관찰한다면, 희론이라고 할 수 없는 까닭으로 상응하여 희론하지 않아야 하느니라. 4정려를 만약 청정하거나 만약 부정하다고 상응하여 관찰한다면, 희론이라고 할 수 없는 까닭으로 상응하여 희론하지 않아야 하고, 4무량·4무색정을 청정하거나 만약 부정하다고 상응하여 관찰한다면, 희론이라고 할 수 없는 까닭으로 상응하여 희론하지 않아야 하느니라.

4정려를 만약 적정하거나 만약 적정하지 않다고 상응하여 관찰한다면, 희론이라고 할 수 없는 까닭으로 상응하여 희론하지 않아야 하고, 4무량·4무색정을 적정하거나 만약 적정하지 않다고 상응하여 관찰한다면, 희론이라고 할 수 없는 까닭으로 상응하여 희론하지 않아야 하느니라. 4정려를 만약 멀리 벗어났거나 만약 멀리 벗어나지 않았다고 상응하여 관찰한다면, 희론이라고 할 수 없는 까닭으로 상응하여 희론하지 않아야 하고, 4무량·4무색정을 만약 멀리 벗어났거나 만약 멀리 벗어나지 않았다고 상응하여 관찰한다면, 희론이라고 할 수 없는 까닭으로 상응하여 희론하지 않아야 하느니라.

4정려를 만약 이것은 두루 알아야 하거나 만약 이것은 두루 알아야 하지 않는다고 상응하여 관찰한다면, 희론이라고 할 수 없는 까닭으로 상응하여 희론하지 않아야 하고, 4무량·4무색정을 이것은 두루 알아야 하거나 만약 이것은 두루 알아야 하지 않는다고 상응하여 관찰한다면, 희론이라고 할 수 없는 까닭으로 상응하여 희론하지 않아야 하느니라.

선현이여. 보살마하살이 깊은 반야바라밀다를 수행하는 때에, 8해탈을 만약 항상하거나 무상하다고 상응하여 관찰한다면, 희론이라고 할 수 없는 까닭으로 상응하여 희론하지 않아야 하고, 8승처·9차제정·10변처를 만약 항상하거나 무상하다고 상응하여 관찰한다면, 희론이라고 할 수 없는 까닭으로 상응하여 희론하지 않아야 하느니라. 8해탈을 만약 즐겁거나 만약 괴롭다고 상응하여 관찰한다면, 희론이라고 할 수 없는 까닭으로 상응하여 희론하지 않아야 하고, 8승처·9차제정·10변처를 즐겁거나 만약 괴롭다고 상응하여 관찰한다면, 희론이라고 할 수 없는 까닭으로 상응하여 희론하지 않아야 하느니라.

8해탈을 만약 나이거나 만약 무아라고 상응하여 관찰한다면, 희론이라고 할 수 없는 까닭으로 상응하여 희론하지 않아야 하고, 8승처·9차제정·10변처를 나이거나 만약 무아라고 상응하여 관찰한다면, 희론이라고 할 수 없는 까닭으로 상응하여 희론하지 않아야 하느니라. 8해탈을 만약 청정하거나 만약 부정하다고 상응하여 관찰한다면, 희론이라고 할 수 없는 까닭으로 상응하여 희론하지 않아야 하고, 8승처·9차제정·10변처를 청정하거나 만약 부정하다고 상응하여 관찰한다면, 희론이라고 할 수 없는 까닭으로 상응하여 희론하지 않아야 하느니라.

8해탈을 만약 적정하거나 만약 적정하지 않다고 상응하여 관찰한다면,

희론이라고 할 수 없는 까닭으로 상응하여 희론하지 않아야 하고, 8승처·9차제정·10변처를 적정하거나 만약 적정하지 않다고 상응하여 관찰한다면, 희론이라고 할 수 없는 까닭으로 상응하여 희론하지 않아야 하느니라. 8해탈을 만약 멀리 벗어났거나 만약 멀리 벗어나지 않았다고 상응하여 관찰한다면, 희론이라고 할 수 없는 까닭으로 상응하여 희론하지 않아야 하고, 8승처·9차제정·10변처를 만약 멀리 벗어났거나 만약 멀리 벗어나지 않았다고 상응하여 관찰한다면, 희론이라고 할 수 없는 까닭으로 상응하여 희론하지 않아야 하느니라.

8해탈을 만약 이것은 두루 알아야 하거나 만약 이것은 두루 알아야 하지 않는다고 상응하여 관찰한다면, 희론이라고 할 수 없는 까닭으로 상응하여 희론하지 않아야 하고, 8승처·9차제정·10변처를 이것은 두루 알아야 하거나 만약 이것은 두루 알아야 하지 않는다고 상응하여 관찰한다면, 희론이라고 할 수 없는 까닭으로 상응하여 희론하지 않아야 하느니라.

선현이여. 보살마하살이 깊은 반야바라밀다를 수행하는 때에, 삼마지문을 만약 항상하거나 무상하다고 상응하여 관찰한다면, 희론이라고 할 수 없는 까닭으로 상응하여 희론하지 않아야 하고, 다라니문을 만약 항상하거나 무상하나고 상응하여 관찰한다면, 희론이라고 할 수 없는 까닭으로 상응하여 희론하지 않아야 하느니라. 삼마지문을 만약 즐겁거나 만약 괴롭다고 상응하여 관찰한다면, 희론이라고 할 수 없는 까닭으로 상응하여 희론하지 않아야 하고, 다라니문을 즐겁거나 만약 괴롭다고 상응하여 관찰한다면, 희론이라고 할 수 없는 까닭으로 상응하여 희론하지 않아야 하느니라.

삼마지문을 만약 나이거나 만약 무아라고 상응하여 관찰한다면, 희론이라고 할 수 없는 까닭으로 상응하여 희론하지 않아야 하고, 다라니문을 나이거나 만약 무아라고 상응하여 관찰한다면, 희론이라고 할 수 없는 까닭으로 상응하여 희론하지 않아야 하느니라. 삼마지문을 만약 청정하거나 만약 부정하다고 상응하여 관찰한다면, 희론이라고 할 수 없는 까닭으로 상응하여 희론하지 않아야 하고, 다라니문을 청정하거나 만약 부정하다고 상응하여 관찰한다면, 희론이라고 할 수 없는 까닭으로 상응하여 희론하지 않아야 하느니라.
　삼마지문을 만약 적정하거나 만약 적정하지 않다고 상응하여 관찰한다면, 희론이라고 할 수 없는 까닭으로 상응하여 희론하지 않아야 하고, 다라니문을 적정하거나 만약 적정하지 않다고 상응하여 관찰한다면, 희론이라고 할 수 없는 까닭으로 상응하여 희론하지 않아야 하느니라. 삼마지문을 만약 멀리 벗어났거나 만약 멀리 벗어나지 않았다고 상응하여 관찰한다면, 희론이라고 할 수 없는 까닭으로 상응하여 희론하지 않아야 하고, 다라니문을 만약 멀리 벗어났거나 만약 멀리 벗어나지 않았다고 상응하여 관찰한다면, 희론이라고 할 수 없는 까닭으로 상응하여 희론하지 않아야 하느니라.
　삼마지문을 만약 이것은 두루 알아야 하거나 만약 이것은 두루 알아야 하지 않는다고 상응하여 관찰한다면, 희론이라고 할 수 없는 까닭으로 상응하여 희론하지 않아야 하고, 다라니문을 이것은 두루 알아야 하거나 만약 이것은 두루 알아야 하지 않는다고 상응하여 관찰한다면, 희론이라고 할 수 없는 까닭으로 상응하여 희론하지 않아야 하느니라.
　선현이여, 보살마하살이 깊은 반야바라밀다를 수행하는 때에, 공해탈문을 만약 항상하거나 무상하다고 상응하여 관찰한다면, 희론이라고 할 수 없는 까닭으로 상응하여 희론하지 않아야 하고, 무상·무원해탈문을 만약 항상하거나 무상하다고 상응하여 관찰한다면, 희론이라고 할 수 없는 까닭으로 상응하여 희론하지 않아야 하느니라. 공해탈문을 만약 즐겁거나 만약 괴롭다고 상응하여 관찰한다면, 희론이라고 할 수 없는 까닭으로 상응하여 희론하지 않아야 하고, 무상·무원해탈문을 즐겁거나 만약 괴롭다고 상응하여 관찰한다면, 희론이라고 할 수 없는 까닭으로 상응하여 희론하지 않아야 하느니라.
　공해탈문을 만약 나이거나 만약 무아라고 상응하여 관찰한다면, 희론이라고 할 수 없는 까닭으로 상응하여 희론하지 않아야 하고, 무상·무원해탈문을 나이거나 만약 무아라고 상응하여 관찰한다면, 희론이라고 할 수 없는 까닭으로 상응하여 희론하지 않아야 하느니라. 공해탈문을 만약 청정하거나 만약 부정하다고 상응하여 관찰한다면, 희론이라고 할 수 없는 까닭으로 상응하여 희론하지 않아야 하고, 무상·무원해탈문을 청정하거나 만약 부정하다고 상응하여 관찰한다면, 희론이라고 할 수 없는 까닭으로 상응하여 희론하지 않아야 하느니라.

공해탈문을 만약 적정하거나 만약 적정하지 않다고 상응하여 관찰한다면, 희론이라고 할 수 없는 까닭으로 상응하여 희론하지 않아야 하고, 무상·무원해탈문을 적정하거나 만약 적정하지 않다고 상응하여 관찰한다면, 희론이라고 할 수 없는 까닭으로 상응하여 희론하지 않아야 하느니라. 공해탈문을 만약 멀리 벗어났거나 만약 멀리 벗어나지 않았다고 상응하여 관찰한다면, 희론이라고 할 수 없는 까닭으로 상응하여 희론하지 않아야 하고, 무상·무원해탈문을 만약 멀리 벗어났거나 만약 멀리 벗어나지 않았다고 상응하여 관찰한다면, 희론이라고 할 수 없는 까닭으로 상응하여 희론하지 않아야 하느니라.

공해탈문을 만약 이것은 두루 알아야 하거나 만약 이것은 두루 알아야 하지 않는다고 상응하여 관찰한다면, 희론이라고 할 수 없는 까닭으로 상응하여 희론하지 않아야 하고, 무상·무원해탈문을 이것은 두루 알아야 하거나 만약 이것은 두루 알아야 하지 않는다고 상응하여 관찰한다면, 희론이라고 할 수 없는 까닭으로 상응하여 희론하지 않아야 하느니라.

선현이여. 보살마하살이 깊은 반야바라밀다를 수행하는 때에, 극희지를 만약 항상하거나 무상하다고 상응하여 관찰한다면, 희론이라고 할 수 없는 까닭으로 상응하여 희론하지 않아야 하고, 이구지·발광지·염혜지·극난승지·현전지·원행지·부동지·선혜지·법운지를 만약 항상하거나 무상하다고 상응하여 관찰한다면, 희론이라고 할 수 없는 까닭으로 상응하여 희론하지 않아야 하느니라. 극희지를 만약 즐겁거나 만약 괴롭다고 상응하여 관찰한다면, 희론이라고 할 수 없는 까닭으로 상응하여 희론하지 않아야 하고, 이구지, 나아가 법운지를 즐겁거나 만약 괴롭다고 상응하여 관찰한다면, 희론이라고 할 수 없는 까닭으로 상응하여 희론하지 않아야 하느니라.
 극희지를 만약 나이거나 만약 무아라고 상응하여 관찰한다면, 희론이라고 할 수 없는 까닭으로 상응하여 희론하지 않아야 하고, 이구지, 나아가 법운지를 나이거나 만약 무아라고 상응하여 관찰한다면, 희론이라고 할 수 없는 까닭으로 상응하여 희론하지 않아야 하느니라. 극희지를 만약 청정하거나 만약 부정하다고 상응하여 관찰한다면, 희론이라고 할 수 없는 까닭으로 상응하여 희론하지 않아야 하고, 이구지, 나아가 법운지를 청정하거나 만약 부정하다고 상응하여 관찰한다면, 희론이라고 할 수 없는 까닭으로 상응하여 희론하지 않아야 하느니라.
 극희지를 만약 적정하거나 만약 적정하지 않다고 상응하여 관찰한다면, 희론이라고 할 수 없는 까닭으로 상응하여 희론하지 않아야 하고, 이구지, 나아가 법운지를 적정하거나 만약 적정하지 않다고 상응하여 관찰한다면, 희론이라고 할 수 없는 까닭으로 상응하여 희론하지 않아야 하느니라. 극희지를 만약 멀리 벗어났거나 만약 멀리 벗어나지 않았다고 상응하여 관찰한다면, 희론이라고 할 수 없는 까닭으로 상응하여 희론하지 않아야 하고, 이구지, 나아가 법운지를 만약 멀리 벗어났거나 만약 멀리 벗어나지 않았다고 상응하여 관찰한다면, 희론이라고 할 수 없는 까닭으로 상응하여 희론하지 않아야 하느니라.
 극희지를 만약 이것은 두루 알아야 하거나 만약 이것은 두루 알아야 하지 않는다고 상응하여 관찰한다면, 희론이라고 할 수 없는 까닭으로 상응하여 희론하지 않아야 하고, 이구지, 나아가 법운지를 이것은 두루 알아야 하거나 만약 이것은 두루 알아야 하지 않는다고 상응하여 관찰한다면, 희론이라고 할 수 없는 까닭으로 상응하여 희론하지 않아야 하느니라.
 선현이여. 보살마하살이 깊은 반야바라밀다를 수행하는 때에, 5안을 만약 항상하거나 무상하다고 상응하여 관찰한다면, 희론이라고 할 수 없는 까닭으로 상응하여 희론하지 않아야 하고, 6신통을 만약 항상하거나 무상하다고 상응하여 관찰한다면, 희론이라고 할 수 없는 까닭으로 상응하여 희론하지 않아야 하느니라. 5안을 만약 즐겁거나 만약 괴롭다고 상응하여 관찰한다면, 희론이라고 할 수 없는 까닭으로 상응하여 희론하지 않아야 하고, 6신통을 즐겁거나 만약 괴롭다고 상응하여 관찰한다면, 희론이라고 할 수 없는 까닭으로 상응하여 희론하지 않아야 하느니라.

 5안을 만약 나이거나 만약 무아라고 상응하여 관찰한다면, 희론이라고 할 수 없는 까닭으로 상응하여 희론하지 않아야 하고, 6신통을 나이거나 만약 무아라고 상응하여 관찰한다면, 희론이라고 할 수 없는 까닭으로 상응하여 희론하지 않아야 하느니라. 5안을 만약 청정하거나 만약 부정하다고 상응하여 관찰한다면, 희론이라고 할 수 없는 까닭으로 상응하여 희론하지 않아야 하고, 6신통을 청정하거나 만약 부정하다고 상응하여 관찰한다면, 희론이라고 할 수 없는 까닭으로 상응하여 희론하지 않아야 하느니라.

 5안을 만약 적정하거나 만약 적정하지 않다고 상응하여 관찰한다면, 희론이라고 할 수 없는 까닭으로 상응하여 희론하지 않아야 하고, 6신통을 적정하거나 만약 적정하지 않다고 상응하여 관찰한다면, 희론이라고 할 수 없는 까닭으로 상응하여 희론하지 않아야 하느니라. 5안을 만약 멀리 벗어났거나 만약 멀리 벗어나지 않았다고 상응하여 관찰한다면, 희론이라고 할 수 없는 까닭으로 상응하여 희론하지 않아야 하고, 6신통을 만약 멀리 벗어났거나 만약 멀리 벗어나지 않았다고 상응하여 관찰한다면, 희론이라고 할 수 없는 까닭으로 상응하여 희론하지 않아야 하느니라.

 5안을 만약 이것은 두루 알아야 하거나 만약 이것은 두루 알아야 하지 않는다고 상응하여 관찰한다면, 희론이라고 할 수 없는 까닭으로 상응하여 희론하지 않아야 하고, 6신통을 만약 이것은 두루 알아야 하거나 만약 이것은 두루 알아야 하지 않는다고 상응하여 관찰한다면, 희론이라고 할 수 없는 까닭으로 상응하여 희론하지 않아야 하느니라.

 선현이여. 보살마하살이 깊은 반야바라밀다를 수행하는 때에, 여래의 10력을 만약 항상하거나 무상하다고 상응하여 관찰한다면, 희론이라고 할 수 없는 까닭으로 상응하여 희론하지 않아야 하고, 4무소외·4무애해·18불불공법을 만약 항상하거나 무상하다고 상응하여 관찰한다면, 희론이라고 할 수 없는 까닭으로 상응하여 희론하지 않아야 하느니라. 여래의

10력을 만약 즐겁거나 만약 괴롭다고 상응하여 관찰한다면, 희론이라고 할 수 없는 까닭으로 상응하여 희론하지 않아야 하고, 4무소외·4무애해·18불불공법을 만약 즐겁거나 만약 괴롭다고 상응하여 관찰한다면, 희론이라고 할 수 없는 까닭으로 상응하여 희론하지 않아야 하느니라.

 여래의 10력을 만약 나이거나 만약 무아라고 상응하여 관찰한다면, 희론이라고 할 수 없는 까닭으로 상응하여 희론하지 않아야 하고, 4무소외·4무애해·18불불공법을 만약 나이거나 만약 무아라고 상응하여 관찰한다면, 희론이라고 할 수 없는 까닭으로 상응하여 희론하지 않아야 하느니라. 여래의 10력을 만약 청정하거나 만약 부정하다고 상응하여 관찰한다면, 희론이라고 할 수 없는 까닭으로 상응하여 희론하지 않아야 하고, 4무소외·4무애해·18불불공법을 만약 청정하거나 만약 부정하다고 상응하여 관찰한다면, 희론이라고 할 수 없는 까닭으로 상응하여 희론하지 않아야 하느니라.

 여래의 10력을 만약 적정하거나 만약 적정하지 않다고 상응하여 관찰한다면, 희론이라고 할 수 없는 까닭으로 상응하여 희론하지 않아야 하고, 4무소외·4무애해·18불불공법을 만약 적정하거나 만약 적정하지 않다고 상응하여 관찰한다면, 희론이라고 할 수 없는 까닭으로 상응하여 희론하지 않아야 하느니라. 여래의 10력을 만약 멀리 벗어났거나 만약 멀리 벗어나지 않았다고 상응하여 관찰한다면, 희론이라고 할 수 없는 까닭으로 상응하여 희론하지 않아야 하고, 4무소외·4무애해·18불불공법을 만약 멀리 벗어났거나 만약 멀리 벗어나지 않았다고 상응하여 관찰한다면, 희론이라고 할 수 없는 까닭으로 상응하여 희론하지 않아야 하느니라.

 여래의 10력을 만약 이것은 두루 알아야 하거나 만약 이것은 두루 알아야 하지 않는다고 상응하여 관찰한다면, 희론이라고 할 수 없는 까닭으로 상응하여 희론하지 않아야 하고, 4무소외·4무애해·18불불공법을 만약 이것은 두루 알아야 하거나 만약 이것은 두루 알아야 하지 않는다고 상응하여 관찰한다면, 희론이라고 할 수 없는 까닭으로 상응하여 희론하지 않아야 하느니라."

마하반야바라밀다경 제369권

64. 변학도품(遍學道品)(4)

"선현이여. 보살마하살이 깊은 반야바라밀다를 수행하는 때에, 대자를 만약 항상하거나 무상하다고 상응하여 관찰한다면, 희론이라고 할 수 없는 까닭으로 상응하여 희론하지 않아야 하고, 대비·대희·대사를 만약 항상하거나 무상하다고 상응하여 관찰한다면, 희론이라고 할 수 없는 까닭으로 상응하여 희론하지 않아야 하느니라. 대자를 만약 즐겁거나 만약 괴롭다고 상응하여 관찰한다면, 희론이라고 할 수 없는 까닭으로 상응하여 희론하지 않아야 하고, 대비·대희·대사를 만약 즐겁거나 만약 괴롭다고 상응하여 관찰한다면, 희론이라고 할 수 없는 까닭으로 상응하여 희론하지 않아야 하느니라.

대자를 만약 나이거나 만약 무아라고 상응하여 관찰한다면, 희론이라고 할 수 없는 까닭으로 상응하여 희론하지 않아야 하고, 대비·대희·대사를 만약 나이거나 만약 무아라고 상응하여 관찰한다면, 희론이라고 할 수 없는 까닭으로 상응하여 희론하지 않아야 하느니라. 대자를 만약 청정하거나 만약 부정하다고 상응하여 관찰한다면, 희론이라고 할 수 없는 까닭으로 상응하여 희론하지 않아야 하고, 대비·대희·대사를 만약 청정하거나 만약 부정하다고 상응하여 관찰한다면, 희론이라고 할 수 없는 까닭으로 상응하여 희론하지 않아야 하느니라.

대자를 만약 적정하거나 만약 적정하지 않다고 상응하여 관찰한다면, 희론이라고 할 수 없는 까닭으로 상응하여 희론하지 않아야 하고, 대비·대희·대사를 만약 적정하거나 만약 적정하지 않다고 상응하여 관찰한다면, 희론이라고 할 수 없는 까닭으로 상응하여 희론하지 않아야 하느니라. 대자를 만약 멀리 벗어났거나 만약 멀리 벗어나지 않았다고 상응하여 관찰한다면, 희론이라고 할 수 없는 까닭으로 상응하여 희론하지 않아야 하고, 대비·대희·대사를 만약 멀리 벗어났거나 만약 멀리 벗어나지 않았다고 상응하여 관찰한다면, 희론이라고 할 수 없는 까닭으로 상응하여 희론하지 않아야 하느니라.

대자를 만약 이것은 두루 알아야 하거나 만약 이것은 두루 알아야 하지 않는다고 상응하여 관찰한다면, 희론이라고 할 수 없는 까닭으로 상응하여 희론하지 않아야 하고, 대비·대희·대사를 만약 이것은 두루 알아야 하거나 만약 이것은 두루 알아야 하지 않는다고 상응하여 관찰한다면, 희론이라고 할 수 없는 까닭으로 상응하여 희론하지 않아야 하느니라.

선현이여. 보살마하살이 깊은 반야바라밀다를 수행하는 때에, 무망실법을 만약 항상하거나 무상하다고 상응하여 관찰한다면, 희론이라고 할 수 없는 까닭으로 상응하여 희론하지 않아야 하고, 항주사성을 만약 항상하거나 무상하다고 상응하여 관찰한다면, 희론이라고 할 수 없는 까닭으로 상응하여 희론하지 않아야 하느니라. 무망실법을 만약 즐겁거나 만약 괴롭다고 상응하여 관찰한다면, 희론이라고 할 수 없는 까닭으로 상응하여 희론하지 않아야 하고, 항주사성을 만약 즐겁거나 만약 괴롭다고 상응하여 관찰한다면, 희론이라고 할 수 없는 까닭으로 상응하여 희론하지 않아야 하느니라.

무망실법을 만약 나이거나 만약 무아라고 상응하여 관찰한다면, 희론이라고 할 수 없는 까닭으로 상응하여 희론하지 않아야 하고, 항주사성을 만약 나이거나 만약 무아라고 상응하여 관찰한다면, 희론이라고 할 수 없는 까닭으로 상응하여 희론하지 않아야 하느니라. 무망실법을 만약 청정하거나 만약 부정하다고 상응하여 관찰한다면, 희론이라고 할 수 없는 까닭으로 상응하여 희론하지 않아야 하고, 항주사성을 만약 청정하거나 만약 부정하다고 상응하여 관찰한다면, 희론이라고 할 수 없는 까닭으로 상응하여 희론하지 않아야 하느니라.
 무망실법을 만약 적정하거나 만약 적정하지 않다고 상응하여 관찰한다면, 희론이라고 할 수 없는 까닭으로 상응하여 희론하지 않아야 하고, 항주사성을 만약 적정하거나 만약 적정하지 않다고 상응하여 관찰한다면, 희론이라고 할 수 없는 까닭으로 상응하여 희론하지 않아야 하느니라. 무망실법을 만약 멀리 벗어났거나 만약 멀리 벗어나지 않았다고 상응하여 관찰한다면, 희론이라고 할 수 없는 까닭으로 상응하여 희론하지 않아야 하고, 항주사성을 만약 멀리 벗어났거나 만약 멀리 벗어나지 않았다고 상응하여 관찰한다면, 희론이라고 할 수 없는 까닭으로 상응하여 희론하지 않아야 하느니라.
 무망실법을 만약 이것은 두루 알아야 하거나 만약 이것은 두루 알아야 하지 않는다고 상응하여 관찰한다면, 희론이라고 할 수 없는 까닭으로 상응하여 희론하지 않아야 하고, 항주사성을 만약 이것은 두루 알아야 하거나 만약 이것은 두루 알아야 하지 않는다고 상응하여 관찰한다면, 희론이라고 할 수 없는 까닭으로 상응하여 희론하지 않아야 하느니라.
 선현이여. 보살마하살이 깊은 반야바라밀다를 수행하는 때에, 일체지를 만약 항상하거나 무상하다고 상응하여 관찰힌다민, 희론이라고 할 수 없는 끼닭으로 상응하여 희론하지 않아야 하고, 도상지·일체상지를 만약 항상하거나 무상하다고 상응하여 관찰한다면, 희론이라고 할 수 없는 까닭으로 상응하여 희론하지 않아야 하느니라. 일체지를 만약 즐겁거나 만약 괴롭다고 상응하여 관찰한다면, 희론이라고 할 수 없는 까닭으로 상응하여 희론하지 않아야 하고, 도상지·일체상지를 만약 즐겁거나 만약 괴롭다고 상응하여 관찰한다면, 희론이라고 할 수 없는 까닭으로 상응하여 희론하지 않아야 하느니라.
 일체지를 만약 나이거나 만약 무아라고 상응하여 관찰한다면, 희론이라고 할 수 없는 까닭으로 상응하여 희론하지 않아야 하고, 도상지·일체상지를 만약 나이거나 만약 무아라고 상응하여 관찰한다면, 희론이라고 할 수 없는 까닭으로 상응하여 희론하지 않아야 하느니라. 일체지를 만약 청정하거나 만약 부정하다고 상응하여 관찰한다면, 희론이라고 할 수 없는 까닭으로 상응하여 희론하지 않아야 하고, 도상지·일체상지를 만약 청정하거나 만약 부정하다고 상응하여 관찰한다면, 희론이라고 할 수 없는 까닭으로 상응하여 희론하지 않아야 하느니라.

일체지를 만약 적정하거나 만약 적정하지 않다고 상응하여 관찰한다면, 희론이라고 할 수 없는 까닭으로 상응하여 희론하지 않아야 하고, 도상지·일체상지를 만약 적정하거나 만약 적정하지 않다고 상응하여 관찰한다면, 희론이라고 할 수 없는 까닭으로 상응하여 희론하지 않아야 하느니라. 일체지를 만약 멀리 벗어났거나 만약 멀리 벗어나지 않았다고 상응하여 관찰한다면, 희론이라고 할 수 없는 까닭으로 상응하여 희론하지 않아야 하고, 도상지·일체상지를 만약 멀리 벗어났거나 만약 멀리 벗어나지 않았다고 상응하여 관찰한다면, 희론이라고 할 수 없는 까닭으로 상응하여 희론하지 않아야 하느니라.

일체지를 만약 이것은 두루 알아야 하거나 만약 이것은 두루 알아야 하지 않는다고 상응하여 관찰한다면, 희론이라고 할 수 없는 까닭으로 상응하여 희론하지 않아야 하고, 도상지·일체상지를 만약 이것은 두루 알아야 하거나 만약 이것은 두루 알아야 하지 않는다고 상응하여 관찰한다면, 희론이라고 할 수 없는 까닭으로 상응하여 희론하지 않아야 하느니라.

선현이여. 보살마하살이 깊은 반야바라밀다를 수행하는 때에, 예류과를 만약 항상하거나 무상하다고 상응하여 관찰한다면, 희론이라고 할 수 없는 까닭으로 상응하여 희론하지 않아야 하고, 일래과·불환과·아라한과·독각의 보리를 만약 항상하거나 무상하다고 상응하여 관찰한다면, 희론이라고 할 수 없는 까닭으로 상응하여 희론하지 않아야 하느니라. 예류과를 만약 즐겁거나 만약 괴롭다고 상응하여 관찰한다면, 희론이라고 할 수 없는 까닭으로 상응하여 희론하지 않아야 하고, 일래과·불환과·아라한과·독각의 보리를 만약 즐겁거나 만약 괴롭다고 상응하여 관찰한다면, 희론이라고 할 수 없는 까닭으로 상응하여 희론하지 않아야 하느니라. 예류과를 만약 나이거나 만약 무아라고 상응하여 관찰한다면, 희론이라고 할 수 없는 까닭으로 상응하여 희론하지 않아야 하고, 일래과·불환과·아라한과·독각의 보리를 만약 나이거나 만약 무아라고 상응하여 관찰한다면, 희론이라고 할 수 없는 까닭으로 상응하여 희론하지 않아야 하느니라. 예류과를 만약 청정하거나 만약 부정하다고 상응하여 관찰한다면, 희론이라고 할 수 없는 까닭으로 상응하여 희론하지 않아야 하고, 일래과·불환과·아라한과·독각의 보리를 만약 청정하거나 만약 부정하다고 상응하여 관찰한다면, 희론이라고 할 수 없는 까닭으로 상응하여 희론하지 않아야 하느니라.

예류과를 만약 적정하거나 만약 적정하지 않다고 상응하여 관찰한다면, 희론이라고 할 수 없는 까닭으로 상응하여 희론하지 않아야 하고, 일래과·불환과·아라한과·독각의 보리를 만약 적정하거나 만약 적정하지 않다고 상응하여 관찰한다면, 희론이라고 할 수 없는 까닭으로 상응하여 희론하지 않아야 하느니라. 예류과를 만약 멀리 벗어났거나 만약 멀리 벗어나지 않았다고 상응하여 관찰한다면, 희론이라고 할 수 없는 까닭으로 상응하여 희론하지 않아야 하고, 일래과·불환과·아라한과·독각의 보리를 만약 멀리 벗어났거나 만약 멀리 벗어나지 않았다고 상응하여 관찰한다면, 희론이라고 할 수 없는 까닭으로 상응하여 희론하지 않아야 하느니라.

예류과를 만약 이것은 두루 알아야 하거나 만약 이것은 두루 알아야 하지 않는다고 상응하여 관찰한다면, 희론이라고 할 수 없는 까닭으로 상응하여 희론하지 않아야 하고, 일래과·불환과·아라한과·독각의 보리를 만약 이것은 두루 알아야 하거나 만약 이것은 두루 알아야 하지 않는다고 상응하여 관찰한다면, 희론이라고 할 수 없는 까닭으로 상응하여 희론하지 않아야 하느니라.

선현이여. 보살마하살이 깊은 반야바라밀다를 수행하는 때에, 일체의 보살마하살의 행을 만약 항상하거나 무상하다고 상응하여 관찰한다면, 희론이라고 할 수 없는 까닭으로 상응하여 희론하지 않아야 하고, 제불의 무상정등보리를 만약 항상하거나 무상하다고 상응하여 관찰한다면, 희론이라고 할 수 없는 까닭으로 상응하여 희론하지 않아야 하느니라. 일체의 보살마하살의 행을 만약 즐겁거나 만약 괴롭다고 상응하여 관찰한다면, 희론이라고 할 수 없는 까닭으로 상응하여 희론하지 않아야 하고, 제불의 무상정등보리를 만약 즐겁거나 만약 괴롭다고 상응하여 관찰한다면, 희론이라고 할 수 없는 까닭으로 상응하여 희론하지 않아야 하느니라.

　일체의 보살마하살의 행을 만약 나이거나 만약 무아라고 상응하여 관찰한다면, 희론이라고 할 수 없는 까닭으로 상응하여 희론하지 않아야 하고, 제불의 무상정등보리를 만약 나이거나 만약 무아라고 상응하여 관찰한다면, 희론이라고 할 수 없는 까닭으로 상응하여 희론하지 않아야 하느니라. 일체의 보살마하살의 행을 만약 청정하거나 만약 부정하다고 상응하여 관찰한다면, 희론이라고 할 수 없는 까닭으로 상응하여 희론하지 않아야 하고, 제불의 무상정등보리를 만약 청정하거나 만약 부정하다고 상응하여 관찰한다면, 희론이라고 할 수 없는 까닭으로 상응하여 희론하지 않아야 하느니라.

　일체의 보살마하살의 행을 만약 적정하거나 만약 적정하지 않다고 상응하여 관찰한다면, 희론이라고 할 수 없는 까닭으로 상응하여 희론하지 않아야 하고, 제불의 무상정등보리를 만약 적정하거나 만약 적정하지 않다고 상응하여 관찰한다면, 희론이라고 할 수 없는 까닭으로 상응하여 희론하지 않아야 하느니라. 일체의 보살마하살의 행을 만약 멀리 벗어났거나 만약 멀리 벗어나지 않았다고 상응하여 관찰한다면, 희론이라고 할 수 없는 까닭으로 상응하여 희론하지 않아야 하고, 제불의 무상정등보리를 만약 멀리 벗어났거나 만약 멀리 벗어나지 않았다고 상응하여 관찰한다면, 희론이라고 할 수 없는 까닭으로 상응하여 희론하지 않아야 하느니라.

　일체의 보살마하살의 행을 만약 이것은 두루 알아야 하거나 만약 이것은 두루 알아야 하지 않는다고 상응하여 관찰한다면, 희론이라고 할 수 없는 까닭으로 상응하여 희론하지 않아야 하고, 제불의 무상정등보리를 만약 이것은 두루 알아야 하거나 만약 이것은 두루 알아야 하지 않는다고 상응하여 관찰한다면, 희론이라고 할 수 없는 까닭으로 상응하여 희론하지 않아야 하느니라."

"다시 다음으로 선현이여. 보살마하살이 깊은 반야바라밀다를 수행하는 때에, 고성제를 상응하여 두루 알아야 한다고 상응하여 관찰한다면, 희론이라고 할 수 없는 까닭으로 상응하여 희론하지 않아야 하고, 집성제를 상응하여 영원히 단절해야 한다고 상응하여 관찰한다면, 희론이라고 할 수 없는 까닭으로 상응하여 희론하지 않아야 하며, 멸성제를 상응하여 증득해야 한다고 상응하여 관찰한다면, 희론이라고 할 수 없는 까닭으로 상응하여 희론하지 않아야 하고, 도성제를 상응하여 수습해야 한다고 상응하여 관찰한다면, 희론이라고 할 수 없는 까닭으로 상응하여 희론하지 않아야 하느니라.

선현이여. 보살마하살이 깊은 반야바라밀다를 수행하는 때에, 4정려를 만약 상응하여 수습하거나 만약 상응하여 수습하지 않아야 한다고 상응하여 관찰한다면, 희론이라고 할 수 없는 까닭으로 상응하여 희론하지 않아야 하고, 4무량·4무색정을 만약 상응하여 수습하거나 만약 상응하여 수습하지 않아야 한다고 상응하여 관찰한다면, 희론이라고 할 수 없는 까닭으로 상응하여 희론하지 않아야 하느니라.

선현이여. 보살마하살이 깊은 반야바라밀다를 수행하는 때에, 4념주를 만약 상응하여 수습하거나 만약 상응하여 수습하지 않아야 한다고 상응하여 관찰한다면, 희론이라고 할 수 없는 까닭으로 상응하여 희론하지 않아야 하고, 4정단·4신족·5근·5력·7등각지·8성도지를 만약 상응하여 수습하거나 만약 상응하여 수습하지 않아야 한다고 상응하여 관찰한다면, 희론이라고 할 수 없는 까닭으로 상응하여 희론하지 않아야 하느니라.

선현이여. 보살마하살이 깊은 반야바라밀다를 수행하는 때에, 공해탈문을 만약 상응하여 수습하거나 만약 상응하여 수습하지 않아야 한다고 상응하여 관찰한다면, 희론이라고 할 수 없는 까닭으로 상응하여 희론하지 않아야 하고, 무상·무원해탈문을 만약 상응하여 수습하거나 만약 상응하여 수습하지 않아야 한다고 상응하여 관찰한다면, 희론이라고 할 수 없는 까닭으로 상응하여 희론하지 않아야 하느니라.

선현이여. 보살마하살이 깊은 반야바라밀다를 수행하는 때에, 8해탈을 만약 상응하여 수습하거나 만약 상응하여 수습하지 않아야 한다고 상응하여 관찰한다면, 희론이라고 할 수 없는 까닭으로 상응하여 희론하지 않아야 하고, 8승처·9차제정·10변처를 만약 상응하여 수습하거나 만약 상응하여 수습하지 않아야 한다고 상응하여 관찰한다면, 희론이라고 할 수 없는 까닭으로 상응하여 희론하지 않아야 하느니라.

　선현이여. 보살마하살이 깊은 반야바라밀다를 수행하는 때에, 5안을 만약 상응하여 수습하거나 만약 상응하여 수습하지 않아야 한다고 상응하여 관찰한다면, 희론이라고 할 수 없는 까닭으로 상응하여 희론하지 않아야 하고, 6신통을 만약 상응하여 수습하거나 만약 상응하여 수습하지 않아야 한다고 상응하여 관찰한다면, 희론이라고 할 수 없는 까닭으로 상응하여 희론하지 않아야 하느니라.

　선현이여. 보살마하살이 깊은 반야바라밀다를 수행하는 때에, 예류과를 만약 상응하여 초월하거나 만약 상응하여 초월하지 않아야 한다고 상응하여 관찰한다면, 희론이라고 할 수 없는 까닭으로 상응하여 희론하지 않아야 하고, 일래과·불환과··아라한과·독각의 보리를 만약 상응하여 초월하거나 만약 상응하여 초월하지 않아야 한다고 상응하여 관찰한다면, 희론이라고 할 수 없는 까닭으로 상응하여 희론하지 않아야 하느니라.

　선현이여. 보살마하살이 깊은 반야바라밀다를 수행하는 때에, 보시바라밀다를 만약 상응하여 수습하거나 만약 상응하여 수습하지 않아야 한다고 상응하여 관찰한다면, 희론이라고 할 수 없는 까닭으로 상응하여 희론하지 않아야 하고, 정계·안인·정진·정려·반야바라밀다를 만약 상응하여 수습하거나 만약 상응하여 수습하지 않아야 한다고 상응하여 관찰한다면, 희론이라고 할 수 없는 까닭으로 상응하여 희론하지 않아야 하느니라.

　선현이여. 보살마하살이 깊은 반야바라밀다를 수행하는 때에, 내공에 만약 상응하여 안주하거나 만약 상응하여 안주하지 않아야 한다고 상응하여 관찰한다면, 희론이라고 할 수 없는 까닭으로 상응하여 희론하지 않아야 하고, 외공·내외공·공공·대공·승의공·유위공·무위공·필경공·무제공·산공·무변이공·본성공·자상공·공상공·일체법공·불가득공·무성공·자성공·무성자성공에 만약 상응하여 안주하거나 만약 상응하여 안주하지 않아야 한다고 상응하여 관찰한다면, 희론이라고 할 수 없는 까닭으로 상응하여 희론하지 않아야 하느니라.

선현이여. 보살마하살이 깊은 반야바라밀다를 수행하는 때에, 진여에 만약 상응하여 안주하거나 만약 상응하여 안주하지 않아야 한다고 상응하여 관찰한다면, 희론이라고 할 수 없는 까닭으로 상응하여 희론하지 않아야 하고, 법계·법성·불허망성·불변이성·평등성·이생성·법정·법주·실제·허공계·부사의계에 만약 상응하여 안주하거나 만약 상응하여 안주하지 않아야 한다고 상응하여 관찰한다면, 희론이라고 할 수 없는 까닭으로 상응하여 희론하지 않아야 하느니라.

선현이여. 보살마하살이 깊은 반야바라밀다를 수행하는 때에, 보살의 정성이생에 만약 상응하여 나아가서 들어가거나 만약 상응하여 나아가서 들어가지 않아야 한다고 상응하여 관찰한다면, 희론이라고 할 수 없는 까닭으로 상응하여 희론하지 않아야 하고, 보살의 십지의 정행을 만약 상응하여 원만하게 하거나 만약 상응하여 원만하게 하지 않아야 한다고 상응하여 관찰한다면, 희론이라고 할 수 없는 까닭으로 상응하여 희론하지 않아야 하느니라.

선현이여. 보살마하살이 깊은 반야바라밀다를 수행하는 때에, 일체의 유정을 만약 상응하여 성숙시키거나 만약 상응하여 성숙시키지 않아야 한다고 상응하여 관찰한다면, 희론이라고 할 수 없는 까닭으로 상응하여 희론하지 않아야 하고, 불국토를 만약 상응하여 청정하게 장엄하거나 만약 상응하여 청정하게 장엄하지 않아야 한다고 상응하여 관찰한다면, 희론이라고 할 수 없는 까닭으로 상응하여 희론하지 않아야 하느니라.

선현이여. 보살마하살이 깊은 반야바라밀다를 수행하는 때에, 여래의 십력을 만약 상응하여 일으키거나 만약 상응하여 일으키지 않아야 한다고 상응하여 관찰한다면, 희론이라고 할 수 없는 까닭으로 상응하여 희론하지 않아야 하고, 4무소외·4무애해·18불불공법을 만약 상응하여 일으키거나 만약 상응하여 일으키지 않아야 한다고 상응하여 관찰한다면, 희론이라고 할 수 없는 까닭으로 상응하여 희론하지 않아야 하느니라.

선현이여. 보살마하살이 깊은 반야바라밀다를 수행하는 때에, 대자를 만약 상응하여 일으키거나 만약 상응하여 일으키지 않아야 한다고 상응하여 관찰한다면, 희론이라고 할 수 없는 까닭으로 상응하여 희론하지 않아야 하고, 대비·대희·대사를 만약 상응하여 일으키거나 만약 상응하여 일으키지 않아야 한다고 상응하여 관찰한다면, 희론이라고 할 수 없는 까닭으로 상응하여 희론하지 않아야 하느니라.

선현이여. 보살마하살이 깊은 반야바라밀다를 수행하는 때에, 무망실법을 만약 상응하여 일으키거나 만약 상응하여 일으키지 않아야 한다고 상응하여 관찰한다면, 희론이라고 할 수 없는 까닭으로 상응하여 희론하지 않아야 하고, 항주사성을 만약 상응하여 일으키거나 만약 상응하여 일으키지 않아야 한다고 상응하여 관찰한다면, 희론이라고 할 수 없는 까닭으로 상응하여 희론하지 않아야 하느니라.

선현이여. 보살마하살이 깊은 반야바라밀다를 수행하는 때에, 일체지를 만약 상응하여 일으키거나 만약 상응하여 일으키지 않아야 한다고 상응하여 관찰한다면, 희론이라고 할 수 없는 까닭으로 상응하여 희론하지 않아야 하고, 도상지·일체상지를 만약 상응하여 일으키거나 만약 상응하여 일으키지 않아야 한다고 상응하여 관찰한다면, 희론이라고 할 수 없는 까닭으로 상응하여 희론하지 않아야 하느니라.

선현이여. 보살마하살이 깊은 반야바라밀다를 수행하는 때에, 일체의 삼마지문을 만약 상응하여 일으키거나 만약 상응하여 일으키지 않아야 한다고 상응하여 관찰한다면, 희론이라고 할 수 없는 까닭으로 상응하여 희론하지 않아야 하고, 일체의 다라니문을 만약 상응하여 일으키거나 만약 상응하여 일으키지 않아야 한다고 상응하여 관찰한다면, 희론이라고 할 수 없는 까닭으로 상응하여 희론하지 않아야 하느니라.

선현이여. 보살마하살이 깊은 반야바라밀다를 수행하는 때에, 일체의 번뇌와 습기의 상속을 만약 상응하여 단절하거나 만약 상응하여 단절하지 않아야 한다고 상응하여 관찰한다면, 희론이라고 할 수 없는 까닭으로 상응하여 희론하지 않아야 하고, 제불의 무상정등보리를 만약 상응하여 증득하거나 만약 상응하여 증득하지 않아야 한다고 상응하여 관찰한다면, 희론이라고 할 수 없는 까닭으로 상응하여 희론하지 않아야 하느니라.

선현이여. 보살마하살이 깊은 반야바라밀다를 수행하는 때에, 이와 같은 것 등의 일체법과 제유정들을 상응하여 관찰한다면, 희론이라고 할 수 없는 까닭으로 상응하여 희론하지 않아야 하느니라.

왜 그러한가? 일체법은 유성(有性)으로써 능히 유성을 희론할 수 없고, 무성(無性)으로써 능히 무성을 희론할 수 없으며, 유성으로써 능히 무성을 희론할 수 없고, 무성으로써 능히 무성을 희론할 수 없느니라. 유성으로써 능히 유성을 벗어날 수 없고, 무성으로써 능히 무성을 벗어날 수 없으며, 유성으로써 능히 무성을 벗어날 수 없고, 무성으로써 능히 무성을 벗어날 수 없느니라.

이러한 까닭으로 선현이여. 색은 희론이 없고 수·상·행·식도 희론이 없으며, 안처는 희론이 없고 이·비·설·신·의처도 희론이 없으며, 색처는 희론이 없고 성·향·미·촉·법처도 희론이 없으며, 안계는 희론이 없고 이·비·설·신·의계도 희론이 없으며, 색계는 희론이 없고 성·향·미·촉·법계도 희론이 없으며, 안식계는 희론이 없고 이·비·설·신·의식계도 희론이 없으며, 안촉은 희론이 없고 이·비·설·신·의촉도 희론이 없으며, 안촉을 인연으로 여러 수는 희론이 없고 이·비·설·신·의촉을 인연으로 여러 수도 희론이 없느니라.

지계는 희론이 없고 수·화·풍·공·식계도 희론이 없으며, 무명은 희론이 없고 행·식·명색·육처·촉·수·애·취·유·생·노사의 수탄고우뇌도 희론이 없으며, 보시바라밀다는 희론이 없고 정계·안인·정진·정려·반야바라밀다도 희론이 없으며, 내공은 희론이 없고 외공·내외공·공공·대공·승의공·유위공·무위공·필경공·무제공·산공·무변이공·본성공·자상공·공상공·일체법공·불가득공·무성공·자성공·무성자성공도 희론이 없으며, 진여는 희론이 없고 법계·법성·불허망성·불변이성·평등성·이생성·법정·법주·실제·허공계·부사의계도 희론이 없느니라.

4념주는 희론이 없고 집·멸·도성제도 희론이 없으며, 고성제는 희론이 없고 행·식·명색·육처·촉·수·애·취·유·생·노사의 수탄고우뇌도 희론이 없으며, 4정려는 희론이 없고 4무량·4무색정도 희론이 없으며, 8해탈은 희론이 없고 8승처·9차제정·10변처도 희론이 없으며, 일체의 삼마지문은 희론이 없고 일체의 다라니문도 희론이 없으며, 공해탈문은 희론이 없고 무상·무원해탈문도 희론이 없으며, 극희지는 희론이 없고 이구지·발광지·염혜지·극난승지·현전지·원행지·부동지·선혜지·법운지도 희론이 없으며, 5안은 희론이 없고 6신통도 희론이 없느니라.

여래의 10력은 희론이 없고 4무소외·4무애해·18불불공법도 희론이 없으며, 대자는 희론이 없고 대비·대희·대사도 희론이 없으며, 무망실법은 희론이 없고 항주사성도 희론이 없으며, 일체지는 희론이 없고 도상지·일체상지도 희론이 없으며, 예류과는 희론이 없고 일래과·불환과·아라한과·독각의 보리도 희론이 없으며, 일체의 보살마하살의 행은 희론이 없고 일체의 번뇌와 습기의 상속도 희론이 없으며, 제불의 무상정등보리는 희론이 없느니라.

이와 같이 선현이여. 제보살마하살들은 희론을 없애고 매우 깊은 반야바라밀다를 상응하여 수행해야 하느니라."

그때 구수 선현이 세존께 아뢰어 말하였다.
"세존이시여. 보살마하살이 깊은 반야바라밀다를 수행하는 때에, 어찌하여 일체법에 모두 희론이 없다고 관찰해야 합니까?"
세존께서 말씀하셨다.
"선현이여. 보살마하살이 깊은 반야바라밀다를 수행하는 때에, 색은 자성이 없다고 관찰해야 하고, 수·상·행·식도 자성이 없다고 관찰해야 하느니라. 만약 법에 자성이 없다면 곧 상응하여 희론하지 않아야 하느니라. 이러한 까닭으로 색은 희론이 없고 수·상·행·식도 희론이 없느니라.
선현이여. 보살마하살이 깊은 반야바라밀다를 수행하는 때에, 안처는 자성이 없다고 관찰해야 하고, 이·비·설·신·의처도 자성이 없다고 관찰해야 하느니라. 만약 법에 자성이 없다면 곧 상응하여 희론하지 않아야 하느니라. 이러한 까닭으로 안처는 희론이 없고 이·비·설·신·의처도 희론이 없느니라.

선현이여. 보살마하살이 깊은 반야바라밀다를 수행하는 때에, 색처는 자성이 없다고 관찰해야 하고, 성·향·미·촉·법처도 자성이 없다고 관찰해야 하느니라. 만약 법에 자성이 없다면 곧 상응하여 희론하지 않아야 하느니라. 이러한 까닭으로 색처는 희론이 없고 성·향·미·촉·법처도 희론이 없느니라.

선현이여. 보살마하살이 깊은 반야바라밀다를 수행하는 때에, 안계는 자성이 없다고 관찰해야 하고, 이·비·설·신·의계도 자성이 없다고 관찰해야 하느니라. 만약 법에 자성이 없다면 곧 상응하여 희론하지 않아야 하느니라. 이러한 까닭으로 안계는 희론이 없고 이·비·설·신·의계도 희론이 없느니라.

선현이여. 보살마하살이 깊은 반야바라밀다를 수행하는 때에, 색계는 자성이 없다고 관찰해야 하고, 성·향·미·촉·법계도 자성이 없다고 관찰해야 하느니라. 만약 법에 자성이 없다면 곧 상응하여 희론하지 않아야 하느니라. 이러한 까닭으로 색계는 희론이 없고 성·향·미·촉·법계도 희론이 없느니라.

선현이여. 보살마하살이 깊은 반야바라밀다를 수행하는 때에, 안식계는 자성이 없다고 관찰해야 하고, 이·비·설·신·의식계도 자성이 없다고 관찰해야 하느니라. 만약 법에 자성이 없다면 곧 상응하여 희론하지 않아야 하느니라. 이러한 까닭으로 안식계는 희론이 없고 이·비·설·신·의식계도 희론이 없느니라.

선현이여. 보살마하살이 깊은 반야바라밀다를 수행하는 때에, 안촉은 자성이 없다고 관찰해야 하고, 이·비·설·신·의촉도 자성이 없다고 관찰해야 하느니라. 만약 법에 자성이 없다면 곧 상응하여 희론하지 않아야 하느니라. 이러한 까닭으로 안촉은 희론이 없고 이·비·설·신·의촉도 희론이 없느니라.

선현이여. 보살마하살이 깊은 반야바라밀다를 수행하는 때에, 안촉을 인연으로 생겨난 여러 수는 자성이 없다고 관찰해야 하고, 이·비·설·신·의촉을 인연으로 생겨난 여러 수도 자성이 없다고 관찰해야 하느니라. 만약 법에 자성이 없다면 곧 상응하여 희론하지 않아야 하느니라. 이러한 까닭으로 안촉을 인연으로 생겨난 여러 수는 희론이 없고 이·비·설·신·의촉을 인연으로 생겨난 여러 수도 희론이 없느니라.

선현이여. 보살마하살이 깊은 반야바라밀다를 수행하는 때에, 지계는 자성이 없다고 관찰해야 하고, 수·화·풍·공·식계도 자성이 없다고 관찰해야 하느니라. 만약 법에 자성이 없다면 곧 상응하여 희론하지 않아야 하느니라. 이러한 까닭으로 지계는 희론이 없고 수·화·풍·공·식계도 희론이 없느니라.

선현이여. 보살마하살이 깊은 반야바라밀다를 수행하는 때에, 무명은 자성이 없다고 관찰해야 하고, 행·식·명색·육처·촉·수·애·취·유·생·노사의 수탄고우뇌도 자성이 없다고 관찰해야 하느니라. 만약 법에 자성이 없다면 곧 상응하여 희론하지 않아야 하느니라. 이러한 까닭으로 무명은 희론이 없고 행, 나아가 노사의 수탄고우뇌도 희론이 없느니라.

선현이여. 보살마하살이 깊은 반야바라밀다를 수행하는 때에, 보시바라밀다는 자성이 없다고 관찰해야 하고, 정계·안인·정진·정려·반야바라밀다도 자성이 없다고 관찰해야 하느니라. 만약 법에 자성이 없다면 곧 상응하여 희론하지 않아야 하느니라. 이러한 까닭으로 보시바라밀다는 희론이 없고 정계, 나아가 반야바라밀다도 희론이 없느니라.

선현이여. 보살마하살이 깊은 반야바라밀다를 수행하는 때에, 내공은 자성이 없다고 관찰해야 하고, 외공·내외공·공공·대공·승의공·유위공·무위공·필경공·무제공·산공·무변이공·본성공·자상공·공상공·일체법공·불가득공·무성공·자성공·무성자성공도 자성이 없다고 관찰해야 하느니라. 만약 법에 자성이 없다면 곧 상응하여 희론하지 않아야 하느니라. 이러한 까닭으로 내공은 희론이 없고 내공, 나아가 무성자성공도 희론이 없느니라.

선현이여. 보살마하살이 깊은 반야바라밀다를 수행하는 때에, 진여는 자성이 없다고 관찰해야 하고, 법계·법성·불허망성·불변이성·평등성·이생성·법정·법주·실제·허공계·부사의계도 자성이 없다고 관찰해야 하느니라. 만약 법에 자성이 없다면 곧 상응하여 희론하지 않아야 하느니라. 이러한 까닭으로 진여는 희론이 없고 법계, 나아가 부사의계도 희론이 없느니라.

선현이여. 보살마하살이 깊은 반야바라밀다를 수행하는 때에, 4념주는 자성이 없다고 관찰해야 하고, 4정단·4신족·5근·5력·7등각지·8성도지도 자성이 없다고 관찰해야 하느니라. 만약 법에 자성이 없다면 곧 상응하여 희론하지 않아야 하느니라. 이러한 까닭으로 4념주는 희론이 없고 4정단, 나아가 8성도지도 희론이 없느니라.

선현이여. 보살마하살이 깊은 반야바라밀다를 수행하는 때에, 고성제는 자성이 없다고 관찰해야 하고, 집·멸·도성제도 자성이 없다고 관찰해야 하느니라. 만약 법에 자성이 없다면 곧 상응하여 희론하지 않아야 하느니라. 이러한 까닭으로 고성제는 희론이 없고 집·멸·도성제도 희론이 없느니라.

선현이여. 보살마하살이 깊은 반야바라밀다를 수행하는 때에, 4정려는 자성이 없다고 관찰해야 하고, 4무량·4무색정도 자성이 없다고 관찰해야 하느니라. 만약 법에 자성이 없다면 곧 상응하여 희론하지 않아야 하느니라. 이러한 까닭으로 4정려는 희론이 없고 4무량·4무색정도 희론이 없느니라.

선현이여. 보살마하살이 깊은 반야바라밀다를 수행하는 때에, 8해탈은 자성이 없다고 관찰해야 하고, 8승처·9차제정·10변처도 자성이 없다고 관찰해야 하느니라. 만약 법에 자성이 없다면 곧 상응하여 희론하지 않아야 하느니라. 이러한 까닭으로 8해탈은 희론이 없고 8승처·9차제정·10변처도 희론이 없느니라.

선현이여. 보살마하살이 깊은 반야바라밀다를 수행하는 때에, 일체의 삼마지문은 자성이 없다고 관찰해야 하고, 일체의 다라니문도 자성이 없다고 관찰해야 하느니라. 만약 법에 자성이 없다면 곧 상응하여 희론하지 않아야 하느니라. 이러한 까닭으로 일체의 삼마지문은 희론이 없고 일체의 다라니문도 희론이 없느니라.

선현이여. 보살마하살이 깊은 반야바라밀다를 수행하는 때에, 공해탈문은 자성이 없다고 관찰해야 하고, 무상·무원해탈문도 자성이 없다고 관찰해야 하느니라. 만약 법에 자성이 없다면 곧 상응하여 희론하지 않아야 하느니라. 이러한 까닭으로 공해탈문은 희론이 없고 무상·무원해탈문도 희론이 없느니라.

선현이여. 보살마하살이 깊은 반야바라밀다를 수행하는 때에, 극희지는 자성이 없다고 관찰해야 하고, 이구지·발광지·염혜지·극난승지·현전지·원행지·부동지·선혜지·법운지도 자성이 없다고 관찰해야 하느니라. 만약 법에 자성이 없다면 곧 상응하여 희론하지 않아야 하느니라. 이러한 까닭으로 극희지는 희론이 없고 이구지, 나아가 법운지도 희론이 없느니라.

선현이여. 보살마하살이 깊은 반야바라밀다를 수행하는 때에, 5안은 자성이 없다고 관찰해야 하고, 6신통도 자성이 없다고 관찰해야 하느니라. 만약 법에 자성이 없다면 곧 상응하여 희론하지 않아야 하느니라. 이러한 까닭으로 5안은 희론이 없고 6신통도 희론이 없느니라.

선현이여. 보살마하살이 깊은 반야바라밀다를 수행하는 때에, 여래의 10력은 자성이 없다고 관찰해야 하고, 4무소외·4무애해·18불불공법도 자성이 없다고 관찰해야 하느니라. 만약 법에 자성이 없다면 곧 상응하여 희론하지 않아야 하느니라. 이러한 까닭으로 여래의 10력은 희론이 없고 4무소외·4무애해·18불불공법도 희론이 없느니라.

선현이여. 보살마하살이 깊은 반야바라밀다를 수행하는 때에, 대자는 자성이 없다고 관찰해야 하고, 대비·대희·대사도 자성이 없다고 관찰해야 하느니라. 만약 법에 자성이 없다면 곧 상응하여 희론하지 않아야 하느니라. 이러한 까닭으로 대자는 희론이 없고 대비·대희·대사도 희론이 없느니라.

선현이여. 보살마하살이 깊은 반야바라밀다를 수행하는 때에, 무망실법은 자성이 없다고 관찰해야 하고, 항주사성도 자성이 없다고 관찰해야 하느니라. 만약 법에 자성이 없다면 곧 상응하여 희론하지 않아야 하느니라. 이러한 까닭으로 무망실법은 희론이 없고 항주사성도 희론이 없느니라.

선현이여. 보살마하살이 깊은 반야바라밀다를 수행하는 때에, 일체지는 자성이 없다고 관찰해야 하고, 도상지·일체상지도 자성이 없다고 관찰해야 하느니라. 만약 법에 자성이 없다면 곧 상응하여 희론하지 않아야 하느니라. 이러한 까닭으로 일체지는 희론이 없고 도상지·일체상지도 희론이 없느니라.

선현이여. 보살마하살이 깊은 반야바라밀다를 수행하는 때에, 예류과는 자성이 없다고 관찰해야 하고, 일래과·불환과·아라한과·독각의 보리도 자성이 없다고 관찰해야 하느니라. 만약 법에 자성이 없다면 곧 상응하여 희론하지 않아야 하느니라. 이러한 까닭으로 예류과는 희론이 없고 일래과·불환과·아라한과·독각의 보리도 희론이 없느니라.

선현이여. 보살마하살이 깊은 반야바라밀다를 수행하는 때에, 일체의 보살마하살의 행은 자성이 없다고 관찰해야 하고, 일체의 번뇌와 습기의 상속을 영원히 단절하는 것도 자성이 없다고 관찰하며, 제불의 무상정등보리는 자성이 없다고 관찰해야 하느니라. 만약 법에 자성이 없다면 곧 상응하여 희론하지 않아야 하느니라. 이러한 까닭으로 일체의 보살마하살의 행은 희론이 없고 일체의 번뇌와 습기의 상속을 영원히 단절하는 것도 희론이 없으며, 제불의 무상정등보리도는 희론이 없느니라.

선현이여. 보살마하살이 만약 이와 같이 희론이 없는 깊은 반야바라밀다를 수행한다면, 일체법에 자성이 없다고 통달하는 까닭으로 모두 희론이 없으며, 곧 보살의 정성이생(正性離生)에 들어가느니라.”

그때 구수 선현이 세존께 아뢰어 말하였다.

“세존이시여. 만약 일체법에 모두 자성이 없고 역시 희론으로 얻을 것이 없다면, 보살마하살이 무엇 등의 도(道)를 수용하여 보살의 정성이생에 들어갑니까? 성문도(聲聞道)를 수용합니까? 독각도(獨覺道)를 수용합니까? 여래도(佛道)를 수용합니까?”

세존께서 말씀하셨다.

"선현이여. 보살마하살이 성문도를 수용하지 않고 독각도를 수용하지 않으며 여래를 수용하여 보살의 정성이생에 들어가는 것이 아니니라. 그렇지만 보살마하살은 일체의 도에서 먼저 두루 수학하고서 보살의 도를 수용하여 보살의 정성이생에 들어가느니라. 선현이여. 제8지의 사람이 먼저 여러 도를 수용하고서 뒤에 스스로의 도를 수용하여 비로소 능히 증득하고서 정성이생에 들어가는 것과 같으나, 나아가 무학과(無學果)의 도를 일으키지 못하였다면, 오히려 아라한과를 증득하지 못하느니라.

보살마하살도 역시 다시 이와 같아서 일체의 도에서 먼저 두루 수학하고서 보살의 도를 수용하여 보살의 정성이생에 들어가더라도, 나아가 금강유정(金剛喩定)[1]을 일으키지 못하였다면, 오히려 능히 일체지지를 증득하지 못하느니라. 만약 이러한 금강유정을 일으킨다면 한 찰나로써 미묘한 지혜와 상응하고 비로소 일체지지를 증득하느니라."

구수 선현이 다시 세존께 아뢰어 말하였다.

"세존이시여. 만약 보살마하살이 일체상지를 원만하게 하고자 한다면, 일체의 도에서 먼저 두루 수학하고서 보살의 도를 수용하여 보살의 정성이생(定性離生)의 지위(地)에 들어가는 자인데, 세존이시여. 어찌 제8도(第八道)와 다르지 않겠고 예류과(豫流果)의 도와 다르며, 일래향(一來向)의 도와 다르고 일래과(一來果)의 도와 다르며, 불환향(不還向)의 도와 다르고 불환과(不還果)의 도와 다르며, 아라한향(阿羅漢向)의 도와 다르고 아라한과(阿羅漢果)의 도와 다르며, 독각의 도와 다르고 여래의 도와 다르지 않겠습니까? 세존이시여. 이와 같은 여러 도는 이미 각각 다른 것이 있어야 하고, 제보살마하살이 일체상지를 원만하게 하려고 하였으며, 일체의 도에서 반드시 두루 수학하였다면, 비로소 보살의 정성이생에

---

1) 산스크리트어 vajropamā-samādhi의 번역이고, '금강삼매(金剛三昧)', '금강멸정(金剛滅定)', '정삼매(頂三昧)' 등으로 번역한다. '금강유삼매(金剛喩三昧)'라고 이름하는데, 108삼매의 가운데에서 언급하는 제10번째의 순서인 삼매이다.

들어갈 수 있습니다.

 이 보살마하살이 만약 제8도를 일으키는 때라면 상응하여 제8지(第八地)를 성취할 것이고, 만약 견도(見道)[2]를 구족하고 일으키는 때라면 상응하여 예류과를 성취할 것이며, 수도(修道)[3]를 일으켜서 나아가는 때라면 상응하여 일래향을 성취하거나, 혹은 일래과를 성취하거나, 혹은 아라한향을 성취할 것입니다. 만약 무학도(無學道)를 일으키는 때라면 상응하여 아라한과를 성취할 것이고, 독각도를 일으키는 때라면 상응하여 독각의 보리를 성취할 것입니다.

 세존이시여. 만약 보살마하살이 제8지를 성취하고서 능히 보살의 정성이생에 들어가는 이러한 처소는 없고, 보살의 정성이생에 들어가지 않고 일체지지를 능히 증득하는 것도 역시 이러한 처소도 없습니다. 세존이시여. 보살마하살이 만약 예류과를 성취하였거나, 혹은 일래향을 성취하였거나, 혹은 일래과를 성취하였거나, 혹은 불환향을 성취하였거나, 혹은 불환과를 성취하였거나, 혹은 아라한향을 성취하였거나, 혹은 아라한과를 성취하였거나, 혹은 독각의 보리를 성취하였는데, 보살의 정성이생에 능히 들어가는 이러한 처소는 없고, 보살의 정성이생에 들어가지 않고 일체지지를 능히 증득하는 것도 역시 이러한 처소가 없다면, 세존께서는 무엇으로 저희들이 제보살마하살이 일체의 도를 두루 수학하였다면 비로소 보살의 정성이생에 들어가면서 이치에 어긋나지 않도록 여실하고 명료하게 알게 하시겠습니까?"

 세존께서 말씀하셨다.

 "선현이여. 그와 같으니라. 그와 같으니라. 그대가 말한 것과 같이 만약 보살마하살이 제8지를 성취하고서 능히 보살의 정성이생에 들어가

---

2) 산스크리트어 darśana-mārga의 번역이고, '견제도(見諦道)', '견제(見諦)', '견도위(見道位)' 등으로 번역한다. 수행자가 모든 견혹(見惑)에서 벗어나는 지위를 가리킨다.
3) 산스크리트어 bhāvanā-mārga의 번역이고, '수도위(修道位)' 등으로 번역한다. 수행자가 수혹(修惑)을 벗어나기 위해 수행하는 지위이다.

는 이러한 처소는 없고, 보살의 정성이생에 들어가지 않고 일체지지를 능히 증득하는 것도 역시 이러한 처소는 없느니라. 만약 보살마하살이 예류과를 성취하였거나, 혹은 일래향을 성취하였거나, 혹은 일래과를 성취하였거나, 혹은 불환향을 성취하였거나, 혹은 불환과를 성취하였거나, 혹은 아라한향을 성취하였거나, 혹은 아라한과를 성취하였거나, 혹은 독각의 보리를 성취하였으므로, 보살의 정성이생에 능히 들어가는 이러한 처소는 없고, 보살의 정성이생에 들어가지 않고 일체지지를 능히 증득하는 것도 역시 이러한 처소가 없느니라. 그렇지만 보살마하살이 일체의 도에서 반드시 두루 수학하였다면, 비로소 보살의 정성이생에 들어가더라도 역시 이치에 어긋나지 않느니라.

이를테면, 보살마하살들은 초발심부터 용맹하게 정근하면서 보시·정계·안인·정진·정려·반야바라밀다를 수행한다면, 수승한 지혜와 견해로써 8지를 초월하느니라. 무엇 등이 8지인가? 이를테면, 정관지(淨觀地)·종성지(種性地)·제팔지(第八地)·견지(見地)·박지(薄地)·이욕지(離欲地)·이판지(已辨地)·독각지(獨覺地)이니라. 이 보살마하살은 비록 이와 같이 설하는 8지를 두루 수학하였다면, 능히 수승한 지혜와 견해로써 뛰어넘고 도상지(道相智)를 수용하여 보살의 정성이생에 들어갈 수 있느니라. 이미 보살의 정성이생에 들어갔다면, 다시 일체상지를 수용하여 일체의 습기의 상속을 영원히 단절하고, 여래지(如來地)에 들어가서 비로소 일체지지를 성취하느니라.

선현이여. 이 보살마하살이 수학해야 하는 제8지의 만약 지혜이거나, 만약 단절이라면 모두 이것이 보살마하살의 법인(法忍)이니라. 이 보살마하살이 수학해야 하는 예류의 만약 지혜이거나, 만약 단절이거나, 더불어 일래·불환·아라한·독각의 만약 지혜이거나, 만약 단절이라면 역시 이것이 보살마하살의 법인이니라.

선현이여. 이 보살마하살이 성문과 독각 등이 소유한 여러 도를 두루 수학하여 원만함을 얻었다면, 도상지를 수용하고 나아가서 보살의 정성이생에 들어가며, 이미 보살의 정성이생위(定性離生位)에 들어갔다면, 다시 일체상지를 수용하여 일체의 습기의 상속을 영원히 단절하고, 여래지에 들어가서 비로소 일체지지를 성취하고 증득하느니라. 이와 같이 선현이여. 보살마하살이 일체의 도를 두루 수학하여 원만하게 하였다면 비로소 무상정등보리를 증득하느니라. 이미 무상정등보리를 증득하였다면, 과보로써 여러 유정의 부류들을 요익하게 하느니라."

그때 구수 선현이 세존께 아뢰어 말하였다.
"세존이시여. 여래께서 일체의 도상(道相)이 만약 성문도(聲聞道)이거나, 만약 독각도(獨覺道)이거나, 만약 제불도(諸佛道)라고 설하신 것과 같다면, 불도(佛道)의 가운데에서 제보살마하살이 어찌하여 마땅히 도상지의 도(道相智道)를 일으켜야 합니까?"
세존께서 말씀하셨다.
"선현이여. 제보살마하살은 상응하여 일체의 청정한 도상지를 일으켜야 하느니라."
"세존이시여. 어찌하여 보살마하살들이 마땅히 청정한 도상지를 일으켜야 합니까?"
"선현이여. 만약 제행(諸行)·형상(狀)·상(相)이 능히 청정한 도상지를 나타내고 일으킨다면, 이 보살마하살은 두루 이와 같은 제행·형상·상에서 모두 등각(等覺)을 나타내느니라. 등각을 나타냈다면, 여실하게 다른 사람을 위하여 널리 설(宣說)하고 열어서 보여주며 시설(施設)하고 건립(建立)하여서 제유정들에게 전도가 없는 신해(信解)를 얻게 시키고, 이익과 안락을 향하여 상응하여 나아가게 하는 것과 같으니라.
선현이여. 이 보살마하살은 일체의 음성(音聲)과 언어(語言)에서 모두 선교(善巧)를 얻고, 이러한 선교로 음성과 언어를 수용하여 삼천대천세계의 제유정의 부류들을 위하여 두루 정법을 널리 설하면서, 그들이 들었던 것이 모두 메아리와 같다고 알게 하고, 비록 명료하게 이해하는 것이 있더라도 집착을 없게 하느니라.
선현이여. 이 보살마하살은 오히려 이러한 인연으로 도상지를 상응하게 수학하여 원만하게 해야 하고, 이미 도상지를 상응하게 수학하여 원만하게 하였다면, 일체의 유정의 수면(隨眠)4)과 의요(意樂)5)의 여러 종류의 차별을 상응하여 여실하게 아느니라. 지옥의 유정이라면 지옥도(地獄道)와 지옥의 인과(因果)가 있다고 상응하여 여실하게 알고, 이미 알았다면 방편으로 그 지옥도와 그 인과를 차단하고 막느니라. 방생의 유정이라면 방생도(傍生道)와 방생의 인과가 있다고 상응하여 여실하게 알고, 이미 알았다면 방편으로 그 방생도와 그 인과를 차단하고 막느니라. 귀계의 유정이라면 귀계도(鬼界道)와 귀계의 인과가 있다고 상응하여 여실하게 알고, 이미 알았다면 방편으로 그 귀계도와 그 인과를 차단하고 막느니라.

여러 용(龍)·약차(藥叉)·아소락(阿素洛)·긴나락(緊捺洛)·건달박(建達縛)·갈로다(揭路茶)·구곽가(具霍迦)6)·차노나(遮魯拏)7)·막호락가(莫呼洛伽)·지주신(持呪神) 등이 각각 그들의 도(道)와 그들의 인과가 있다고 상응하여 여실하게 알고, 이미 알았다면 방편으로 그 귀계도와 그 인과를 차단하고 막느니라. 인도(人道)와 그 인과가 있다고 상응하여 여실하게 알고, 사대왕중천(四大王衆天)·삼십삼천(三十三天)·야마천(夜摩天)·도사다천(覩史多天)·낙변화천(樂變化天)·타화자재천(他化自在天) 등의 도와 그들의 인과가 있다고 상응하여 여실하게 알며,

범중천(梵衆天)·범보천(梵輔天)·범회천(梵會天)·대범천(大梵天) 등의

---

4) 산스크리트어 anuśaya의 번역이고, 번뇌를 가리킨다. 번뇌가 중생을 항상 따라다니며 마음을 혼미하게 하는데, 이것이 잠자는 것과 같다는 뜻이다.
5) 산스크리트어 aśaya의 번역이고, 즐겁게 행하려는 마음을 가리킨다.
6) 문맥으로 살펴본다면 구반다(鳩槃茶)를 음사하면서 오류를 범한 것으로 추정되는데, 산스크리트어 kumbhāṇḍa의 음사이고, '염미귀(厭眉鬼)', '동과귀(冬瓜鬼)' 등으로 번역한다. 증장천왕(增長天王)의 권속으로, 사람의 정기를 먹는다는 귀신으로 말의 머리에 사람의 몸인 형상을 하고 있다.
7) 바로나(婆嚕拏)를 음사하면서 오류를 범한 것으로 추정되는데, 아로나(阿魯拏) 등으로 음사한다. 『공작경음의(孔雀經音義)』大正藏61, p.790中에서는 『대일경소(大日經疏)』를 인용하면서 '이것은 대해(大海)의 가운데에 있는 용왕(龍王)이다.'라고 주석하고 있다.

여러 도와 인과가 있다고 상응하여 여실하게 알고, 광천(光天)·소광천(少光天)·무량광천(無量光天)·극정광천(極淨光天) 등의 여러 도와 인과가 있다고 상응하여 여실하게 알며, 정천(淨天)·소정천(少淨天)·무량정천(無量淨天) 변정천(遍淨天) 등의 여러 도와 인과가 있다고 상응하여 여실하게 알고, 광천(廣天)·소광천(少廣天)·무량광천(無量廣天)·광과천(廣果天) 등의 여러 도와 인과가 있다고 상응하여 여실하게 알며,

무상천(無想天) 등의 여러 도와 인과가 있다고 상응하여 여실하게 알고, 무번천(無繁天)의 도와 인과가 있다고 상응하여 여실하게 알며, 무열천(無熱天)·선현천(善現天)·색구경천(色究竟天) 등의 여러 도와 인과가 있다고 상응하여 여실하게 알고, 공무변처천(空無邊處天)·식무변처천(識無邊處天)·무소유처천(無所有處天)·비상비비상처천(非想非非想處天) 등의 여러 도와 인과가 있다고 상응하여 여실하게 알며, 이미 알았다면 방편으로 그들의 도와 그들의 인과를 차단하고 막거나, 혹은 권유하고 섭수하면서 선법을 수행하여 증득해야 하느니라.

4념주·4정단·4신족·5근·5력·7등각지·8성도지와 그 인과를 상응하여 여실하게 알아야 하고, 공해탈문·무상해탈문·무원해탈문과 그 인과를 상응하여 여실하게 알아야 하며, 고·집·멸·도성제와 그 인과를 상응하여 여실하게 알아야 하고, 4정려·4무량·4무색정과 그 인과를 상응하여 여실하게 알아야 하며, 8해탈·8승처·9차제정·10변처와 그 인과를 상응하여 여실하게 알아야 하고, 보시·정계·안인·정진·정려·반야바라밀다와 그 인과를 상응하여 여실하게 알아야 하며,

내공·외공·내외공·공공·대공·승의공·유위공·무위공·필경공·무제공·산공·무변이공·본성공·자상공·공상공·일체법공·불가득공·무성공·자성공·무성자성공과 그 인과를 상응하여 여실하게 알아야 하고, 진여·법계·법성·불허망성·불변이성·평등성·이생성·법정·법주·실제·허공계·부사의계와 그 인과를 상응하여 여실하게 알아야 하며, 일체의 삼마지문·일체의 다라니문과 그 인과를 상응하여 여실하게 알아야 하고, 5안·6신통과 그 인과를 상응하여 여실하게 알아야 하며,

보살의 10지와 그 인과를 상응하여 여실하게 알아야 하고, 여래의 10력·4무소외·4무애해·18불불공법과 그 인과를 상응하여 여실하게 알아야 하며, 대자·대비·대희·대사와 그 인과를 상응하여 여실하게 알아야 하고, 무망실법·항주사성과 그 인과를 상응하여 여실하게 알아야 하며, 일체지·도상지·일체상지와 그 인과를 상응하여 여실하게 알아야 하고, 여러 성문도·독각도·보살도와 그 인과를 상응하여 여실하게 알아야 하느니라.

선현이여, 이 보살마하살은 이와 같은 도로써 유정들을 안립(安立)시키는데, 만약 유정의 부류들이 예류과를 상응하여 증득한 자라면 예류과의 법으로써 안립시키고, 일래과를 상응하여 증득한 자라면 일래과의 법으로써 안립시키며, 불환과를 상응하여 증득한 자라면 불환과의 법으로써 안립시키고, 아라한과를 상응하여 증득한 자라면 아라한과의 법으로써 안립시키며, 독각의 보리를 상응하여 증득한 자라면 독각의 보리로써 안립시키고, 무상정등보리를 상응하여 증득한 자라면 무상정등보리의 법으로써 그들을 안립시키느니라.

선현이여. 이것을 보살마하살이 상응하여 일으켜야 하는 것인 여러 도상지라고 이름하느니라. 보살마하살이 이와 같은 도상지를 수학하였다면, 제유정들의 여러 종류인 경계의 성품·여러 종류의 수면·여러 종류의 의요에서 모두 잘 깨달아서 들어가는 것이니라. 이미 깨달아 들어갔다면, 그들의 마땅한 것을 따라서 정법을 널리 설하여 모두에게 이익과 안락을 얻게 시키면서 헛된 허물이 없게 하느니라. 왜 그러한가? 선현이여. 이 보살마하살은 유정들의 여러 근기의 수승함과 하열함을 잘 통달하였으므로, 제유정의 부류들이 생사에 떠나가고 되돌아오는 심(心)·심소법(心所法)이 나아가고 향하는 차별을 여실하고 명료하게 아느니라.

선현이여. 제보살마하살은 마땅히 이와 같은 여러 도(道)인 반야바라밀다를 상응하여 수행해야 하느니라. 왜 그러한가? 선현이여. 일체의 성문이 상응하여 수학하는 도·일체의 독각이 상응하여 수학하는 도·일체의 보살마하살이 상응하여 수학하는 도인 이와 일체의 보리분법(菩提分法)이 모두 반야바라밀다에 섭수되는 까닭이니라."

마하반야바라밀다경 제370권

64. 변학도품(遍學道品)(5)

그때 구수 선현이 세존께 아뢰어 말하였다.

"세존이시여. 만약 일체 종류의 보리분법(菩提分法)과 제보리(諸菩提)의 이와 같은 일체는 모두가 상응하지 않고 상응하지 않지도 않으며, 합쳐짐도 없고 흩어짐도 없으며, 무색(無色)이고 볼 수 없으며, 마주할 수 없는 하나의 상(一相)인 이를테면, 무상(無相)일지라도 어떻게 이와 같은 보리분법에서 보리를 능히 취하겠습니까?

세존이시여. 모두가 상응하지 않고 상응하지 않지도 않으며, 합쳐짐도 없고 흩어짐도 없으며, 무색이고 볼 수 없으며, 마주할 수 없는 하나의 상인 이를테면, 무법상일지라도 나머지의 법에서 능히 취(取)할 수 있거나 버릴 수 있겠습니까? 세존이시여. 비유한다면 허공은 일체법에서 취함이 없고 버림이 없는데, 자상(自相)이 공(空)한 까닭입니다. 제법도 역시 그와 같아서 자상이 모두 공하여 나머지의 법에서 취함이 없고 버림이 없는데, 어찌 보리분법을 설할 수 있고 능히 보리를 능히 취하겠습니까?"

세존께서 말씀하셨다.

"선현이여. 그와 같으니라. 그와 같으니라. 그대가 말한 것과 같이 일체법으로써 자상은 모두 공하여 취함도 없고 버림도 없느니라. 그렇지만 제유정들은 일체법에서 자상이 공하다는 의취(意趣)를 능히 명료하게 이해하지 못하는 까닭으로, 그를 애민하게 생각하여 방편으로 보리분법이 보리를 취한다고 널리 설하느니라.

다시 다음으로 선현이여. 만약 색이거나, 만약 수·상·행·식이거나, 만약 안처이거나, 만약 이·비·설·신·의처이거나, 만약 색처이거나, 만약 성·향·미·촉·법처이거나, 만약 안계이거나, 만약 이·비·설·신·의계이거나, 만약 색계이거나, 만약 성·향·미·촉·법계이거나, 만약 안식계이거나, 만약 이·비·설·신·의식계이거나, 만약 안촉이거나, 만약 이·비·설·신·의촉이거나, 만약 안계를 인연으로 생겨난 여러 수이거나, 만약 이·비·설·신·의계를 인연으로 생겨난 여러 수이거나, 만약 지계이거나, 만약 수·화·풍·공·식계이거나, 만약 무명이거나, 만약 행·식·명색·육처·촉·수·애·취·유·생·노사의 수탄고우뇌이거나, 만약 보시바라밀다이거나, 만약 정계·안인·정진·정려·반야바라밀다이거나, 만약 내공이거나, 만약 외공·내외공·공공·대공·승의공·유위공·무위공·필경공·무제공·산공·무변이공·본성공·자상공·공상공·일체법공·불가득공·무성공·자성공·무성자성공이거나, 만약 진여이거나,

만약 법계·법성·불허망성·불변이성·평등성·이생성·법정·법주·실제·허공계·부사의계이거나, 만약 초정려이거나, 만약 제2·제3·제4정려이거나, 만약 자무량이거나, 만약 비·희·사무량이거나, 만약 공무변처이거나, 만약 식무변처·무소유처·비상비비상처이거나, 만약 고성제이거나, 만약 집·멸·도성제이거나, 만약 공해탈이거나, 만약 무상·무원해탈문이거나, 만약 8해탈이거나, 만약 8승처·9차제정·10변처이거나, 만약 일체의 삼마지문이거나, 만약 일체의 다라니문이거나, 만약 극희지이거나, 만약 이구지·발광지·염혜지·극난승지·현전지·원행지·부동지·선혜지·법운지이거나, 만약 5안이거나, 만약 6신통이거나, 만약 여래의 10력이거나, 만약 4무소외·4무애해·18불불공법이거나, 만약 대자이거나, 만약 대비·대희·대사이거나, 만약 무망실법이거나,

만약 항주사성이거나, 만약 일체지이거나, 만약 도상지·일체상지이거나, 만약 예류과이거나, 만약 일래과·불환과·아라한과·독각의 보리이거나, 만약 일체의 보살마하살의 행이거나, 만약 제불의 무상정등보리이거나, 만약 유위계(有爲界)이거나, 만약 무위계(無爲界)인 이와 같은 것 등의

일체법이 이와 같은 성스러운 법(聖法)과 비나야(毘奈耶)의 가운데에서, 모두가 상응하지 않고 상응하지 않지도 않으며, 합쳐짐도 없고 흩어짐도 없으며, 무색이고 볼 수 없으며, 마주할 수 없는 하나의 상인 이를테면, 무상(無法)일지라도 여래는 제유정의 부류들을 요익하게 하기 위하여 바른 이해를 얻게 시키고, 법의 실상(實相)에 들어가게 시키기 위하여 세속으로써 설하는 것이고, 수승한 의취로 설한 것이 아니니라.

선현이여. 제보살마하살은 이와 같은 일체법에서 지혜와 견해를 상응하여 수학해야 하고, 이미 지혜와 견해를 수학하였다면 이와 같은 제법을 상응하여 섭수해야 하고, 이와 같은 제법을 상응하여 섭수하지 않아야 한다고 여실하게 통달하느니라.”

“세존이시여. 보살마하살이 무엇 등의 법에서 지혜와 견해에 상응하여 수학해야 하고, 이미 지혜와 견해를 수학하고서 여실하게 통달하였다면 상응하여 섭수하지 않아야 합니까? 무엇 등의 법에서 지혜와 견해를 상응하여 수학해야 하고, 이미 지혜와 견해를 수학하고서 여실하게 통달하였다면 상응하여 섭수해야 합니까?”

“선현이여. 보살마하살이 여러 성문지법(聲聞地法)·독각지법(獨覺地法)에서 지혜와 견해에 상응하여 수학해야 하고서 여실하게 통달하였다면 상응하여 섭수하지 않아야 하고, 일체지지에 상응하는 제법에서 지혜와 견해를 상응하여 수학해야 하고서 여실하게 통달하였다면 일체종상(一切種相)을 상응하여 섭수해야 하느니라. 선현이여. 보살마하살은 이러한 성스러운 법과 비나야의 가운데에서 이와 같은 매우 깊은 반야바라밀다를 상응하여 수학해야 하느니라.”

그때 구수 선현이 세존께 아뢰어 말하였다.

“세존이시여. 여래께서 설하신 성스러운 법과 비나야라는 것은 무엇 등을 성스러운 법과 비나야라고 이름합니까?”

세존께서 말씀하셨다.

“선현이여. 만약 여러 성문이거나, 만약 독각이거나, 만약 보살마하살들이거나, 만약 여래·응공·정등각 등의 이와 같은 일체는 모두가 탐욕·진에·우치와 함께 상응하지 않고 상응하지 않지도 않으며, 합쳐지지 않고 흩어지지 않느니라. 모두가 살가야견(薩迦耶見)·계금취(戒禁見)·의혹(疑)과 함께 상응하지 않고 상응하지 않지도 않으며, 합쳐지지 않고 흩어지지 않느니라.

모두가 욕계의 탐욕·진에·우치와 함께 상응하지 않고 상응하지 않지도 않으며, 합쳐지지 않고 흩어지지 않느니라. 모두가 색계의 애욕·무색계의 애욕·도거(掉擧)·오만(慢)·무명(無明)과 함께 상응하지 않고 상응하지 않지도 않으며, 합쳐지지 않고 흩어지지 않느니라. 모두가 초정려와 함께 상응하지 않고 상응하지 않지도 않으며, 합쳐지지 않고 흩어지지 않느니라. 모두가 제2·제3·제4정려와 함께 상응하지 않고 상응하지 않지도 않으며, 합쳐지지 않고 흩어지지 않느니라.

모두가 자무량과 함께 상응하지 않고 상응하지 않지도 않으며, 합쳐지지 않고 흩어지지 않느니라. 모두가 비·희·사무량과 함께 상응하지 않고 상응하지 않지도 않으며, 합쳐지지 않고 흩어지지 않느니라. 모두가 공무변처와 함께 상응하지 않고 상응하지 않지도 않으며, 합쳐지지 않고 흩어지지 않느니라. 모두가 식무변처·무소유처·비상비비상처와 함께 상응하지 않고 상응하지 않지도 않으며, 합쳐지지 않고 흩어지지 않느니라.

모두가 4념주와 함께 상응하지 않고 상응하지 않지도 않으며, 합쳐지지 않고 흩어지지 않느니라. 4정단·4신족·5근·5력·7등각지·8성도지와 함께 상응하지 않고 상응하지 않지도 않으며, 합쳐지지 않고 흩어지지 않느니라. 모두가 고성제와 함께 상응하지 않고 상응하지 않지도 않으며, 합쳐지지 않고 흩어지지 않느니라. 집·멸·도성제와 함께 상응하지 않고 상응하지 않지도 않으며, 합쳐지지 않고 흩어지지 않느니라.

모두가 공해탈문과 함께 상응하지 않고 상응하지 않지도 않으며, 합쳐지지 않고 흩어지지 않느니라. 모두가 무상·무원해탈문과 함께 상응하지 않고 상응하지 않지도 않으며, 합쳐지지 않고 흩어지지 않느니라. 모두가

8해탈과 함께 상응하지 않고 상응하지 않지도 않으며, 합쳐지지 않고 흩어지지 않느니라. 모두가 8승처·9차제정·10변처와 함께 상응하지 않고 상응하지 않지도 않으며, 합쳐지지 않고 흩어지지 않느니라.

모두가 5안과 함께 상응하지 않고 상응하지 않지도 않으며, 합쳐지지 않고 흩어지지 않느니라. 모두가 6신통과 함께 상응하지 않고 상응하지 않지도 않으며, 합쳐지지 않고 흩어지지 않느니라. 모두가 보시바라밀다와 함께 상응하지 않고 상응하지 않지도 않으며, 합쳐지지 않고 흩어지지 않느니라. 모두가 정계·안인·정진·정려·반야바라밀다와 함께 상응하지 않고 상응하지 않지도 않으며, 합쳐지지 않고 흩어지지 않느니라.

모두가 내공과 함께 상응하지 않고 상응하지 않지도 않으며, 합쳐지지 않고 흩어지지 않느니라. 모두가 외공·내외공·공공·대공·승의공·유위공·무위공·필경공·무제공·산공·무변이공·본성공·자상공·공상공·일체법공·불가득공·무성공·자성공·무성자성공과 함께 상응하지 않고 상응하지 않지도 않으며, 합쳐지지 않고 흩어지지 않느니라. 모두가 진여와 함께 상응하지 않고 상응하지 않지도 않으며, 합쳐지지 않고 흩어지지 않느니라. 모두가 법계·법성·불허망성·불변이성·평등성·이생성·법정·법주·실세·허공계·부사의계와 함께 상응하지 않고 싱응하지 않지도 않으며, 합쳐지지 않고 흩어지지 않느니라.

모두가 극희지와 함께 상응하지 않고 상응하지 않지도 않으며, 합쳐지지 않고 흩어지지 않느니라. 이구지·발광지·염혜지·극난승지·현전지·원행지·부동지·선혜지·법운지와 함께 상응하지 않고 상응하지 않지도 않으며, 합쳐지지 않고 흩어지지 않느니라. 모두가 일체의 삼마지문과 함께 상응하지 않고 상응하지 않지도 않으며, 합쳐지지 않고 흩어지지 않느니라. 모두가 일체의 다라니문과 함께 상응하지 않고 상응하지 않지도 않으며, 합쳐지지 않고 흩어지지 않느니라.

모두가 여래의 10력과 함께 상응하지 않고 상응하지 않지도 않으며, 합쳐지지 않고 흩어지지 않느니라. 모두가 4무소외·4무애해·18불불공법과 함께 상응하지 않고 상응하지 않지도 않으며, 합쳐지지 않고 흩어지지 않느니라. 모두가 대자와 함께 상응하지 않고 상응하지 않지도 않으며, 합쳐지지 않고 흩어지지 않느니라. 모두가 대비·대희·대사와 함께 상응하지 않고 상응하지 않지도 않으며, 합쳐지지 않고 흩어지지 않느니라. 모두가 무망실법과 함께 상응하지 않고 상응하지 않지도 않으며, 합쳐지지 않고 흩어지지 않느니라. 모두가 항주사성과 함께 상응하지 않고 상응하지 않지도 않으며, 합쳐지지 않고 흩어지지 않느니라.

모두가 일체지와 함께 상응하지 않고 상응하지 않지도 않으며, 합쳐지지 않고 흩어지지 않느니라. 모두가 도상지·일체상지와 함께 상응하지 않고 상응하지 않지도 않으며, 합쳐지지 않고 흩어지지 않느니라. 모두가 유위계와 함께 상응하지 않고 상응하지 않지도 않으며, 합쳐지지 않고 흩어지지 않느니라. 모두가 무위계와 함께 상응하지 않고 상응하지 않지도 않으며, 합쳐지지 않고 흩어지지 않느니라.

선현이여. 그것을 성(聖)스럽다고 이름하는데, 이것이 그 성스러운 법과 비나야이니라. 이러한 까닭으로 성스러운 법과 비나야라고 이름하느니라. 왜 그러한가? 선현이여. 이러한 일체법은 무색이고 볼 수 없으며, 마주할 수 없는 하나의 상인데 이를테면, 무상(無相)을 그 여러 성자(聖者)들은 여실하게 나타내어 보여주느니라.

선현이여. 무색(無色)은 무색(無色)과 함께 상응하지 않고 상응하지 않지도 않으며, 합쳐지지 않고 흩어지지 않느니라. 볼 수 없는 것은 볼 수 없는 것·마주할 수 없는 것은 마주할 수 없는 것·하나의 상은 하나의 상·무상(無相)은 무상과 함께 상응하지 않고 상응하지 않지도 않으며, 합쳐지지 않고 흩어지지 않느니라.

선현이여. 제보살마하살은 이러한 무색·볼 수 없는 것·마주할 수 없는 것·하나의 상·무상의 매우 깊은 반야바라밀다에서 항상 상응하여 수학해야 하고, 이미 수학하였다면 일체의 법상(法相)을 증득하지 않느니라.”

그때 구수 선현이 세존께 아뢰어 말하였다.

“세존이시여. 보살마하살이 어찌 색의 상(相)에서 상응하여 수학하지 않고, 역시 수·상·행·식의 상에서 상응하여 수학하지 않습니까? 어찌 안처의 상에서 상응하여 수학하지 않고, 역시 이·비·설·신·의처의 상에서 상응하여 수학하지 않습니까? 어찌 색처의 상에서 상응하여 수학하지 않고, 역시 성·향·미·촉·법처의 상에서 상응하여 수학하지 않습니까? 어찌 안계의 상에서 상응하여 수학하지 않고, 역시 이·비·설·신·의계의 상에서 상응하여 수학하지 않습니까?

어찌 색계의 상에서 상응하여 수학하지 않고, 역시 성·향·미·촉·법계의 상에서 상응하여 수학하지 않습니까? 어찌 안식계의 상에서 상응하여 수학하지 않고, 역시 이·비·설·신·의식계의 상에서 상응하여 수학하지 않습니까? 어찌 안촉의 상에서 상응하여 수학하지 않고, 역시 이·비·설·신·의촉의 상에서 상응하여 수학하지 않습니까? 어찌 안촉을 인연으로 생겨난 여러 수의 상에서 상응하여 수학하지 않고, 역시 이·비·설·신·의촉을 인연으로 생겨난 여러 수의 상에서 상응하여 수학하지 않습니까?

어찌 지계의 상에서 상응하여 수학하지 않고, 역시 수·화·풍·공·식계의 상에서 상응하여 수학하지 않습니까? 어찌 무명의 상에서 상응하여 수학하지 않고, 역시 행·식·명색·육처·촉·수·애·취·유·생·노사의 수탄고우뇌의 상에서 상응하여 수학하지 않습니까? 어찌 보시바라밀다의 상에서 상응하여 수학하지 않고, 역시 정계·안인·정진·정려·반야바라밀다의 상에서 상응하여 수학하지 않습니까? 어찌 내공의 상에서 상응하여 수학하지 않고, 역시 외공·내외공·공공·대공·승의공·유위공·무위공·필경공·무제공·산공·무변이공·본성공·자상공·공상공·일체법공·불가득공·무성공·자성공·무성자성공의 상에서 상응하여 수학하지 않습니까?

어찌 진여의 상에서 상응하여 수학하지 않고, 역시 법계·법성·불허망성·불변이성·평등성·이생성·법정·법주·실제·허공계·부사의계의 상에서 상응하여 수학하지 않습니까? 어찌 초정려의 상에서 상응하여 수학하지 않고, 역시 제2·제3·제4정려의 상에서 상응하여 수학하지 않습니까? 어찌 자무량의 상에서 상응하여 수학하지 않고, 역시 비·희·사무량의 상에서 상응하여 수학하지 않습니까? 어찌 공무변처의 상에서 상응하여 수학하지 않고, 역시 식무변처·무소유처·비상비비상처의 상에서 상응하여 수학하지 않습니까?

어찌 4념주의 상에서 상응하여 수학하지 않고, 역시 4정단·4신족·5근·5력·7등각지·8성도지의 상에서 상응하여 수학하지 않습니까? 어찌 공해탈문의 상에서 상응하여 수학하지 않고, 역시 무상·무원해탈문의 상에서 상응하여 수학하지 않습니까? 어찌 고성제의 상에서 상응하여 수학하지 않고, 역시 집·멸·도성제의 상에서 상응하여 수학하지 않습니까? 어찌 8해탈의 상에서 상응하여 수학하지 않고, 역시 8승처·9차제정·10변처의 상에서 상응하여 수학하지 않습니까?

어찌 5안의 상에서 상응하여 수학하지 않고, 역시 6신통의 상에서 상응하여 수학하지 않습니까? 어찌 일체의 삼마지문의 상에서 상응하여 수학하지 않고, 역시 일체의 다라니문의 상에서 상응하여 수학하지 않습니까? 어찌 극희지의 상에서 상응하여 수학하지 않고, 역시 이구지·발광지·염혜지·극난승지·현전지·원행지·부동지·선혜지·법운지의 상에서 상응하여 수학하지 않습니까? 어찌 여래의 10력의 상에서 상응하여 수학하지 않고, 역시 4무소외·4무애해·18불불공법의 상에서 상응하여 수학하지 않습니까?

어찌 대자의 상에서 상응하여 수학하지 않고, 역시 대비·대희·대사의 상에서 상응하여 수학하지 않습니까? 어찌 무망실법의 상에서 상응하여 수학하지 않고, 역시 항주사성의 상에서 상응하여 수학하지 않습니까? 어찌 일체지의 상에서 상응하여 수학하지 않고, 역시 도상지·일체상지의 상에서 상응하여 수학하지 않습니까? 어찌 예류과의 상에서 상응하여 수학하지 않고, 역시 일래과·불환과·아라한과·독각의 보리의 상에서 상응하여 수학하지 않습니까?

어찌 일체의 보살마하살의 행의 상에서 상응하여 수학하지 않고, 역시 제불의 무상정등보리의 상에서 상응하여 수학하지 않습니까? 어찌 고통을 알고(知苦) 고통의 집착을 끊으며(斷集) 고통의 소멸을 증득하고(證滅) 고통을 끊는 길을 수행하는(修道) 상에서 상응하여 수학하지 않고, 역시 연기(緣起)를 순역(順逆)으로 관찰하는 상에서 상응하여 수학하지 않습니까? 어찌 일체의 성자(聖者)의 상에서 상응하여 수학하지 않고, 역시 일체의 성스러운 법의 상에서 상응하여 수학하지 않습니까?

어찌 유위계의 상에서 상응하여 수학하지 않고, 역시 무위계의 상에서 상응하여 수학하지 않습니까? 세존이시여. 만약 보살마하살이 이와 같은 여러 법상(法相)에서 수학하지 않고, 여러 행상(行相)에서 수학하지 않는다면, 제보살마하살이 여러 법상과 여러 행상에서 이미 능히 수학하지 못하였는데, 어떻게 능히 일체의 성문지·독각지를 초월하겠습니까? 만약 능히 일체의 성문지·독각지를 초월하지 못한다면 어떻게 보살의 정성이생에 들어갈 수 있습니까?

만약 보살의 정성이생에 들어가지 못한다면, 어떻게 능히 일체지지를 얻겠습니까? 만약 일체지지를 얻지 못한다면, 어떻게 능히 바른 법륜(法輪)을 굴리겠습니까? 만약 바른 법륜을 굴리지 못한다면 어떻게 능히 성문승의 법으로써, 혹은 독각승의 법으로써, 혹은 무상승(無上乘)의 법으로써, 유정들을 안립시켜서 무변(無邊)한 생사의 여러 고통을 벗어나게 시키겠습니까?"

세존께서 말씀하셨다.

"선현이여. 일체법에 실제로 상이 있는 것이라면, 제보살마하살이 그 가운데서 마땅히 수학해야 하느니라. 일체법으로써 실제로 비유상(非有相)이라면, 무색(無色)이고 볼 수 없으며, 마주할 수 없는 하나의 상인데 이를테면, 무상(無相)이니라. 이와 같은 까닭으로 보살마하살은 마땅히 유상의 법에서 수학하지 않을 것이고, 역시 다시 무상의 법에서 수학하지 않아야 하느니라.

왜 그러한가? 선현이여. 여래께서 만약 출세(出世)하거나, 만약 출세하지 않더라도, 법계는 상주(常住)하고 제법은 하나의 상인데 이를테면, 무상이고, 이와 같은 무상이라면 이미 비유상이며, 역시 비무상(非無相)이니라."

그때 구수 선현이 세존께 아뢰어 말하였다.

"세존이시여. 만약 일체법이 모두 비유상이고 역시 비무상이며, 상응하여 하나의 상도 아니고 역시 다른 상도 아니며, 만약 그와 같다면 어떻게 보살마하살이 능히 반야바라밀다를 수행하겠습니까? 만약 반야바라밀다를 수행하지 못한다면, 어떻게 능히 일체의 성문지·독각지를 초월하겠습니까? 만약 능히 일체의 성문지·독각지를 초월하지 못한다면 어떻게 보살의 정성이생에 능히 들어갈 수 있습니까? 만약 보살의 정성이생에 능히 들어가지 못한다면, 어떻게 능히 보살의 무생법인(無生法忍)을 일으키겠습니까?

만약 보살의 무생법인을 능히 일으키지 못한다면, 어떻게 능히 보살의 신통을 일으키겠습니까? 만약 보살의 신통을 능히 일으키지 못한다면, 어떻게 유정을 능히 성숙시키고, 불국토를 청정하게 장엄하겠습니까? 만약 유정을 능히 성숙시키고, 불국토를 청정하게 장엄하지 못한다면, 어떻게 능히 일체지지를 얻겠습니까? 만약 일체지지를 능히 얻지 못한다면, 어떻게 능히 바른 법륜을 굴리겠습니까?

만약 바른 법륜을 굴리지 못한다면, 곧 상응하여 유정들을 안립시키고 예류·일래·불환·아라한과를 얻게 시키지 못하고, 역시 상응하여 유정들을 안립시키고 독각의 보리를 얻게 시키지 못할 것이며, 역시 상응하여 유정들을 안립시키고 무상정등보리도 얻게 시키지 못할 것이고, 역시 상응하여 유정들을 안립시키고 보시하는 성품의 복업사(福業事)에 안주하지 못할 것이며, 혹은 지계인 성품의 복업사에 안주하지 못할 것이고, 혹은 수행하는 성품의 복업사에 마땅히 인간과 천상의 부귀와 즐거움을 얻게 하지 못할 것입니다."

세존께서 말씀하셨다.

"선현이여. 그와 같으니라. 그와 같으니라. 그대가 말한 것과 같이 일체법은 비유상이고, 비무상이며, 하나의 상이 아니고, 다른 상도 아니니라. 만약 보살마하살이 일체법이 만약 유상이거나, 만약 무상이거나, 만약 하나의 상이거나, 만약 다른 상이 모두가 동일(同一)한 상인데 이를테면, 무상이라고 알았고 이러한 무상을 수행한다면, 이것이 곧 반야바라밀다를 수행하는 것이니라."

구수 선현이 다시 세존께 아뢰어 말하였다.
"세존이시여. 어찌하여 보살마하살이 이러한 무상으로 수행한다면, 이것이 반야바라밀다를 수행하는 것입니까?"
세존께서 말씀하셨다.
"선현이여. 만약 보살마하살이 일체법을 버리고자 수행한다면, 이것이 반야바라밀다를 수행하는 것이니라."
"세존이시여. 어찌하여 보살마하살이 일체법을 버리고자 수행한다면, 이것이 반야바라밀다를 수행하는 것입니까?"
"선현이여. 만약 보살마하살이 색을 버리고자 수행하였고 역시 이러한 수행도 버린다면 이것이 반야바라밀다를 수행하는 것이며, 수·상·행·식을 버리고자 수행하였고 역시 이러한 수행도 버린다면 이것이 반야바라밀다를 수행하는 것이니라. 선현이여. 만약 보살마하살이 안처를 버리고자 수행하였고 역시 이러한 수행도 버린다면 이것이 반야바라밀다를 수행하는 것이며, 이·비·설·신·의처를 버리고자 수행하였고 역시 이러한 수행도 버린다면 이것이 반야바라밀다를 수행하는 것이니라.
선현이여. 만약 보살마하살이 색처를 버리고자 수행하였고 역시 이러한 수행도 버린다면 이것이 반야바라밀다를 수행하는 것이며, 성·향·미·촉·법처를 버리고자 수행하였고 역시 이러한 수행도 버린다면 이것이 반야바라밀다를 수행하는 것이니라. 선현이여. 만약 보살마하살이 안계를 버리고자 수행하였고 역시 이러한 수행도 버린다면 이것이 반야바라밀다를 수행하는 것이며, 이·비·설·신·의계를 버리고자 수행하였고 역시 이러한 수행도 버린다면 이것이 반야바라밀다를 수행하는 것이니라.
선현이여. 만약 보살마하살이 색계를 버리고자 수행하였고 역시 이러한 수행도 버린다면 이것이 반야바라밀다를 수행하는 것이며, 성·향·미·촉·법계를 버리고자 수행하였고 역시 이러한 수행도 버린다면 이것이 반야바라밀다를 수행하는 것이니라. 선현이여. 만약 보살마하살이 안식계를 버리고자 수행하였고 역시 이러한 수행도 버린다면 이것이 반야바라밀다를 수행하는 것이며, 이·비·설·신·의식계를 버리고자 수행하였고 역시 이러한 수행도 버린다면 이것이 반야바라밀다를 수행하는 것이니라.

선현이여. 만약 보살마하살이 안촉을 버리고자 수행하였고 역시 이러한 수행도 버린다면 이것이 반야바라밀다를 수행하는 것이며, 이·비·설·신·의촉을 버리고자 수행하였고 역시 이러한 수행도 버린다면 이것이 반야바라밀다를 수행하는 것이니라. 선현이여. 만약 보살마하살이 안촉을 인연으로 생겨난 여러 수를 버리고자 수행하였고 역시 이러한 수행도 버린다면 이것이 반야바라밀다를 수행하는 것이며, 이·비·설·신·의촉을 인연으로 생겨난 여러 수를 버리고자 수행하였고 역시 이러한 수행도 버린다면 이것이 반야바라밀다를 수행하는 것이니라.

선현이여. 만약 보살마하살이 지계를 버리고자 수행하였고 역시 이러한 수행도 버린다면 이것이 반야바라밀다를 수행하는 것이며, 수·화·풍·공·식계를 버리고자 수행하였고 역시 이러한 수행도 버린다면 이것이 반야바라밀다를 수행하는 것이니라. 선현이여. 만약 보살마하살이 인연(因緣)을 인연으로 생겨난 여러 수를 버리고자 수행하였고 역시 이러한 수행도 버린다면 이것이 반야바라밀다를 수행하는 것이며, 등무간연(等無間緣)[1]·소연연(所緣緣)[2]·증상연(增上緣)[3]을 인연으로 생겨난 여러 수를 버리고자 수행하였고 역시 이러한 수행도 버린다면 이것이 반야바라밀다를 수행하는 것이니라.

선현이여. 만약 보살마하살이 무명을 버리고자 수행하였고 역시 이러한 수행도 버린다면 이것이 반야바라밀다를 수행하는 것이며, 행·식·명색

---

[1] 산스크리트어 samanantara-pratyaya의 번역이고, 심(心)·심소법(心所法)이 차제(次第)로 끊임없이 상속(相續)하여 일어나는 것이다.
[2] 산스크리트어 alambana-pratyaya의 번역이고, 마음이 작용하는 마주하는 경계(對境)인데, 이것은 마음을 마주하고 연(緣)이 되어서 활동(活動)을 일으키는 것이다.
[3] 산스크리트어 Adhipati-pratyaya의 번역이고, 육근(六根)이 경계(境界)에 마주하여 식(識)을 일으키고 증상(增上)하는 힘이 있어서 제법(諸法)이 생겨나는 때에 장애(障礙)가 일어나지 않는 것이다.

·육처·촉·수·애·취·유·생·노사의 수탄고우뇌를 버리고자 수행하였고 역시 이러한 수행도 버린다면 이것이 반야바라밀다를 수행하는 것이니라. 선현이여. 만약 보살마하살이 아유하열유하(阿喩訶涅喩訶)⁴⁾를 인연으로 생겨난 여러 수를 버리고자 수행하였고 역시 이러한 수행도 버린다면 이것이 반야바라밀다를 수행하는 것이며, 부정관(不淨觀)을 인연으로 생겨난 여러 수를 버리고자 수행하였고 역시 이러한 수행도 버린다면 이것이 반야바라밀다를 수행하는 것이니라.

선현이여. 만약 보살마하살이 초정려를 버리고자 수행하였고 역시 이러한 수행도 버린다면 이것이 반야바라밀다를 수행하는 것이고, 제2·제3·제4정려를 버리고자 수행하였고 역시 이러한 수행도 버린다면 이것이 반야바라밀다를 수행하는 것이니라. 선현이여. 만약 보살마하살이 자무량을 인연으로 생겨난 여러 수를 버리고자 수행하였고 역시 이러한 수행도 버린다면 이것이 반야바라밀다를 수행하는 것이며, 비·희·사무량을 인연으로 생겨난 여러 수를 버리고자 수행하였고 역시 이러한 수행도 버린다면 이것이 반야바라밀다를 수행하는 것이니라.

선현이여. 만약 보살마하살이 공무변처정을 버리고자 수행하였고 역시 이러한 수행도 버린다면 이것이 반야바라밀다를 수행하는 것이며, 식무변처정·무소유처정·비상비비상처정을 버리고자 수행하였고 역시 이러한 수행도 버린다면 이것이 반야바라밀다를 수행하는 것이니라. 선현이여. 만약 보살마하살이 불수념(佛隨念)⁵⁾을 인연으로 생겨난 여러 수를 버리고자 수행하였고 역시 이러한 수행도 버린다면 이것이 반야바라밀다를 수행하는 것이며, 법수념(法隨念)·승수념(僧隨念)·계수념(戒隨念)·사수념(捨隨念)·천수념(天隨念)·유방편수념(有方便隨念)·무방편수념(無方便隨念)·적정수념(寂靜隨念)·지출입식수념(持出入息隨念) 등을 인연으로 생

---

4) 실담문자의 음가(音價)는 Ayuha-niyuha로 복원할 수 있는데, 산스크리트어로 관련된 어휘를 확인할 수 없으므로, 번역에서의 오류로 추정된다.
5) 산스크리트어 Anusmṛti의 번역이고, 수행자가 생각을 대상에 고정하고 계속하여 생각하는 안정적이고 견고한 마음의 상태를 가리킨다.

겨난 여러 수를 버리고자 수행하였고 역시 이러한 수행도 버린다면 이것이 반야바라밀다를 수행하는 것이니라.

선현이여. 만약 보살마하살이 무상상(無常想)을 버리고자 수행하였고 역시 이러한 수행도 버린다면 이것이 반야바라밀다를 수행하는 것이며, 무상고상(無常苦想)·고무아상(苦無我想)·부정상(不淨想)·염식상(厭食想)·일체세간불가락상(一切世間不可樂想)·사상(死想)·단상(斷想)·이상(離想)·멸상(滅想) 등을 버리고자 수행하였고 역시 이러한 수행도 버린다면 이것이 반야바라밀다를 수행하는 것이니라.

선현이여. 만약 보살마하살이 아상(我想)을 인연으로 생겨난 여러 수를 버리고자 수행하였고 역시 이러한 수행도 버린다면 이것이 반야바라밀다를 수행하는 것이며, 유정상(有情想)·명자상(命者想)·생자상(生者想)·양자상(養者想)·사부상(士夫想)·보특가라상(補特伽羅想)·의생상(意生想)·유동상(孺童想)·작자상(作者想)·사작자상(使作者想)·수자상(受者想)·사수자상(使受者想)·지자상(知者想)·견자상(見者想)·사견자상(使受者想) 등을 인연으로 생겨난 여러 수를 버리고자 수행하였고 역시 이러한 수행도 버린다면 이것이 반야바라밀다를 수행하는 것이니라.

선현이여. 만약 보살마하살이 상상(常想)·비상상(非常想)을 버리고자 수행하였고 역시 이러한 수행도 버린다면 이것이 반야바라밀다를 수행하는 것이며, 낙상(樂想)·비락상(非樂想)·아상(我想)·비아상(非我想)·정상(淨想)·비정상(非淨想)·원리상(遠離想)·비원리상(非遠離想)·적정상(寂靜想)·비적정상(非寂靜想) 등을 버리고자 수행하였고 역시 이러한 수행도 버린다면 이것이 반야바라밀다를 수행하는 것이니라.

선현이여. 만약 보살마하살이 4념주를 버리고자 수행하였고 역시 이러한 수행도 버린다면 이것이 반야바라밀다를 수행하는 것이며, 4정단·4신족·5근·5력·7등각지·8성도지를 버리고자 수행하였고 역시 이러한 수행도 버린다면 이것이 반야바라밀다를 수행하는 것이니라. 선현이여. 만약 보살마하살이 공해탈문을 버리고자 수행하였고 역시 이러한 수행도 버린다면 이것이 반야바라밀다를 수행하는 것이며, 무상·무원해탈문을 버리고자 수행하였고 역시 이러한 수행도 버린다면 이것이 반야바라밀다를 수행하는 것이니라.

　선현이여. 만약 보살마하살이 8해탈을 버리고자 수행하였고 역시 이러한 수행도 버린다면 이것이 반야바라밀다를 수행하는 것이며, 8승처·9차제정·10변처를 버리고자 수행하였고 역시 이러한 수행도 버린다면 이것이 반야바라밀다를 수행하는 것이니라. 선현이여. 만약 보살마하살이 유심유사삼마지(有尋有伺三摩地)를 버리고자 수행하였고 역시 이러한 수행도 버린다면 이것이 반야바라밀다를 수행하는 것이며, 무심유사삼마지(無尋唯伺三摩地)[6]를 버리고자 수행하였고 역시 무심무사삼마지(無尋無伺三摩地)의 수행도 버린다면 이것이 반야바라밀다를 수행하는 것이니라.

　선현이여. 만약 보살마하살이 고성제를 버리고자 수행하였고 역시 이러한 수행도 버린다면 이것이 반야바라밀다를 수행하는 것이며, 집·멸·도성제를 버리고자 수행하였고 역시 이러한 수행도 버린다면 이것이 반야바라밀다를 수행하는 것이니라. 선현이여. 만약 보살마하살이 고지(苦智)를 버리고자 수행하였고 역시 이러한 수행도 버린다면 이것이 반야바라밀다를 수행하는 것이며, 집지(集智)·멸지(滅智)·도지(道智)·진지(盡智)·무생지(無生智)·법지(法智)·유지(類智)·세속지(世俗智)·타심지(他心智)·여실지(如實智)를 버리고자 수행하였고 역시 이러한 수행도 버린다면 이것이 반야바라밀다를 수행하는 것이니라.

　선현이여. 만약 보살마하살이 보시바라밀다를 버리고자 수행하였고 역시 이러한 수행도 버린다면 이것이 반야바라밀다를 수행하는 것이며, 정계·안인·정진·정려·반야바라밀다를 버리고자 수행하였고 역시 이러한 수행도 버린다면 이것이 반야바라밀다를 수행하는 것이니라. 선현이여. 만약 보살마하살이 내공을 버리고자 수행하였고 역시 이러한 수행도 버린다면 이것이 반야바라밀다를 수행하는 것이며, 외공·내외공·공공·대공·승의공·유위공·무위공·필경공·무제공·산공·무변이공·본성공·

---

6) 문맥으로 살펴본다면 무심무사삼마지(無尋無伺三摩地)의 번역에서 오류가 발생한 것으로 추정된다.

자상공·공상공·일체법공·불가득공·무성공·자성공·무성자성공을 버리고자 수행하였고 역시 이러한 수행도 버린다면 이것이 반야바라밀다를 수행하는 것이니라.

선현이여. 만약 보살마하살이 극희지를 버리고자 수행하였고 역시 이러한 수행도 버린다면 이것이 반야바라밀다를 수행하는 것이며, 이구지·발광지·염혜지·극난승지·현전지·원행지·부동지·선혜지·법운지를 버리고자 수행하였고 역시 이러한 수행도 버린다면 이것이 반야바라밀다를 수행하는 것이니라. 선현이여. 만약 보살마하살이 5안을 버리고자 수행하였고 역시 이러한 수행도 버린다면 이것이 반야바라밀다를 수행하는 것이며, 6신통을 버리고자 수행하였고 역시 이러한 수행도 버린다면 이것이 반야바라밀다를 수행하는 것이니라.

선현이여. 만약 보살마하살이 여래의 10력을 버리고자 수행하였고 역시 이러한 수행도 버린다면 이것이 반야바라밀다를 수행하는 것이며, 4무소외·4무애해·18불불공법을 버리고자 수행하였고 역시 이러한 수행도 버린다면 이것이 반야바라밀다를 수행하는 것이니라. 선현이여. 만약 보살마하살이 대자를 버리고자 수행하였고 역시 이러한 수행도 버린다면 이것이 반야바라밀다를 수행하는 것이며, 대비·대희·대사를 버리고자 수행하였고 역시 이러한 수행도 버린다면 이것이 반야바라밀다를 수행하는 것이니라.

선현이여. 만약 보살마하살이 여래의 무망실법을 버리고자 수행하였고 역시 이러한 수행도 버린다면 이것이 반야바라밀다를 수행하는 것이며, 항주사성을 버리고자 수행하였고 역시 이러한 수행도 버린다면 이것이 반야바라밀다를 수행하는 것이니라. 선현이여. 만약 보살마하살이 일체의 삼마지문을 버리고자 수행하였고 역시 이러한 수행도 버린다면 이것이 반야바라밀다를 수행하는 것이며, 일체의 다라니문을 버리고자 수행하였고 역시 이러한 수행도 버린다면 이것이 반야바라밀다를 수행하는 것이니라.

선현이여. 만약 보살마하살이 일체지를 버리고자 수행하였고 역시 이러한 수행도 버린다면 이것이 반야바라밀다를 수행하는 것이며, 도상지

·일체상지를 버리고자 수행하였고 역시 이러한 수행도 버린다면 이것이 반야바라밀다를 수행하는 것이니라. 선현이여. 만약 보살마하살이 예류과를 버리고자 수행하였고 역시 이러한 수행도 버린다면 이것이 반야바라밀다를 수행하는 것이며, 일래과·불환과·아라한과·독각의 보리를 버리고자 수행하였고 역시 이러한 수행도 버린다면 이것이 반야바라밀다를 수행하는 것이니라.

선현이여. 만약 보살마하살이 일체의 보살마하살의 행을 버리고자 수행하였고 역시 이러한 수행도 버린다면 이것이 반야바라밀다를 수행하는 것이며, 제불의 무상정등보리를 버리고자 수행하였고 역시 이러한 수행도 버린다면 이것이 반야바라밀다를 수행하는 것이니라. 선현이여. 만약 보살마하살이 일체지지를 버리고자 수행하였고 역시 이러한 수행도 버린다면 이것이 반야바라밀다를 수행하는 것이며, 일체의 번뇌와 습기의 상속을 영원히 단절하는 것을 버리고자 수행하였고 역시 이러한 수행도 버린다면 이것이 반야바라밀다를 수행하는 것이니라.

선현이여. 만약 보살마하살이 유위계를 버리고자 수행하였고 역시 이러한 수행도 버린다면 이것이 반야바라밀다를 수행하는 것이며, 무위계를 버리고자 수행하였고 역시 이러한 수행도 버린다면 이것이 반야바라밀다를 수행하는 것이니라."

그때 구수 선현이 세존께 아뢰어 말하였다.

"세존이시여. 어찌하여 보살마하살이 색을 버리고자 수행하였고 역시 이러한 수행도 버린다면 이것이 반야바라밀다를 수행하는 것이며, 수·상·행·식을 버리고자 수행하였고 역시 이러한 수행도 버린다면 이것이 반야바라밀다를 수행하는 것입니까?"

세존께서 말씀하셨다.

"선현이여. 보살마하살이 깊은 반야바라밀다를 수행하는 때에, 만약 색이 있고 버리는 것이 있으며 이것을 수행한다고 생각한다면 반야바라밀다를 수행하는 것이 아니고, 수·상·행·식이 있고 버리는 것이 있으며 이것을 수행한다고 생각한다면 반야바라밀다를 수행하는 것이 아니니라. 왜 그러한가? 선현이여. 유상(有相)인 자는 능히 반야바라밀다를 수행할 수 없느니라. 이러한 까닭으로 선현이여. 보살마하살이 색을 버리고자 수행하고 역시 이러한 수행도 버린다면 이것이 반야바라밀다를 수행하는 것이고, 수·상·행·식을 버리고자 수행하고 역시 이러한 수행도 버린다면 이것이 반야바라밀다를 수행하는 것이니라."

"세존이시여. 어찌하여 보살마하살이 안처를 버리고자 수행하고 역시 이러한 수행도 버린다면 이것이 반야바라밀다를 수행하는 것이며, 이·비·설·신·의처를 떠나보내고자 수행하고, 역시 이러한 수행도 떠나보낸다면 이것이 반야바라밀다를 수행하는 것입니까?"

세존께서 말씀하셨다.

"선현이여. 보살마하살이 깊은 반야바라밀다를 수행하는 때에, 만약 안처가 있고 버리는 것이 있으며 이것을 수행한다고 생각한다면 반야바라밀다를 수행하는 것이 아니고, 이·비·설·신·의처가 있고 버리는 것이 있으며 이것을 수행한다고 생각한다면 반야바라밀다를 수행하는 것이 아니니라. 왜 그러한가? 선현이여. 유상인 자는 능히 반야바라밀다를 수행할 수 없느니라. 이러한 까닭으로 선현이여. 보살마하살이 안처를 버리고자 수행하고 역시 이러한 수행도 버린다면 이것이 반야바라밀다를 수행하는 것이고, 이·비·설·신·의처를 버리고자 수행하고 역시 이러한 수행도 떠나보낸다면 이것이 반야바라밀다를 수행하는 것이니라."

"세존이시여. 어찌하여 보살마하살이 색처를 버리고자 수행하고 역시 이러한 수행도 버린다면 이것이 반야바라밀다를 수행하는 것이며, 성·향·미·촉·법처를 버리고자 수행하고, 역시 이러한 수행도 버린다면 이것이 반야바라밀다를 수행하는 것입니까?"

세존께서 말씀하셨다.

"선현이여. 보살마하살이 깊은 반야바라밀다를 수행하는 때에, 만약 색처가 있고 버리는 것이 있으며 이것을 수행한다고 생각한다면 반야바라밀다를 수행하는 것이 아니고, 성·향·미·촉·법처가 있고 버리는 것이 있으며 이것을 수행한다고 생각한다면 반야바라밀다를 수행하는 것이 아니니라. 왜 그러한가? 선현이여. 유상인 자는 능히 반야바라밀다를 수행할 수 없느니라. 이러한 까닭으로 선현이여. 보살마하살이 색처를 버리고자 수행하고 역시 이러한 수행도 버린다면 이것이 반야바라밀다를 수행하는 것이고, 성·향·미·촉·법처를버리고자 수행하고 역시 이러한 수행도 버린다면 이것이 반야바라밀다를 수행하는 것이니라."

"세존이시여. 어찌하여 보살마하살이 안계를 버리고자 수행하고 역시 이러한 수행도 버린다면 이것이 반야바라밀다를 수행하는 것이며, 이·비·설·신·의계를 버리고자 수행하고, 역시 이러한 수행도 버린다면 이것이 반야바라밀다를 수행하는 것입니까?"

세존께서 말씀하셨다.

"선현이여. 보살마하살이 깊은 반야바라밀다를 수행하는 때에, 만약 안계가 있고 버리는 것이 있으며 이것을 수행한다고 생각한다면 반야바라밀다를 수행하는 것이 아니고, 이·비·설·신·의계가 있고 버리는 것이 있으며 이것을 수행한다고 생각한다면 반야바라밀다를 수행하는 것이 아니니라. 왜 그러한가? 선현이여. 유상인 자는 능히 반야바라밀다를 수행힐 수 없느니라. 이러한 까닭으로 선현이여. 보살마하살이 안계를 버리고자 수행하고 역시 이러한 수행도 버린다면 이것이 반야바라밀다를 수행하는 것이고, 이·비·설·신·의계를 버리고자 수행하고 역시 이러한 수행도 버린다면 이것이 반야바라밀다를 수행하는 것이니라."

"세존이시여. 어찌하여 보살마하살이 색계를 버리고자 수행하고 역시 이러한 수행도 버린다면 이것이 반야바라밀다를 수행하는 것이며, 성·향·미·촉·법계를 버리고자 수행하고, 역시 이러한 수행도 버린다면 이것이 반야바라밀다를 수행하는 것입니까?"

세존께서 말씀하셨다.

"선현이여. 보살마하살이 깊은 반야바라밀다를 수행하는 때에, 만약 색계가 있고 버리는 것이 있으며 이것을 수행한다고 생각한다면 반야바라밀다를 수행하는 것이 아니고, 성·향·미·촉·법계가 있고 버리는 것이 있으며 이것을 수행한다고 생각한다면 반야바라밀다를 수행하는 것이 아니니라. 왜 그러한가? 선현이여. 유상인 자는 능히 반야바라밀다를 수행할 수 없느니라. 이러한 까닭으로 선현이여. 보살마하살이 색계를 버리고자 수행하고 역시 이러한 수행도 버린다면 이것이 반야바라밀다를 수행하는 것이고, 성·향·미·촉·법계를 버리고자 수행하고 역시 이러한 수행도 버린다면 이것이 반야바라밀다를 수행하는 것이니라."

"세존이시여. 어찌하여 보살마하살이 안식계를 버리고자 수행하고 역시 이러한 수행도 버린다면 이것이 반야바라밀다를 수행하는 것이며, 이·비·설·신·의식계를 버리고자 수행하고, 역시 이러한 수행도 버린다면 이것이 반야바라밀다를 수행하는 것입니까?"

세존께서 말씀하셨다.

"선현이여. 보살마하살이 깊은 반야바라밀다를 수행하는 때에, 만약 안식계가 있고 버리는 것이 있으며 이것을 수행한다고 생각한다면 반야바라밀다를 수행하는 것이 아니고, 이·비·설·신·의식계가 있고 버리는 것이 있으며 이것을 수행한다고 생각한다면 반야바라밀다를 수행하는 것이 아니니라. 왜 그러한가? 선현이여. 유상인 자는 능히 반야바라밀다를 수행할 수 없느니라. 이러한 까닭으로 선현이여. 보살마하살이 안식계를 버리고자 수행하고 역시 이러한 수행도 버린다면 이것이 반야바라밀다를 수행하는 것이고, 이·비·설·신·의식계를 버리고자 수행하고 역시 이러한 수행도 버린다면 이것이 반야바라밀다를 수행하는 것이니라."

"세존이시여. 어찌하여 보살마하살이 안촉을 버리고자 수행하고 역시 이러한 수행도 버린다면 이것이 반야바라밀다를 수행하는 것이며, 이·비·설·신·의촉을 버리고자 수행하고, 역시 이러한 수행도 버린다면 이것이 반야바라밀다를 수행하는 것입니까?"

세존께서 말씀하셨다.

"선현이여. 보살마하살이 깊은 반야바라밀다를 수행하는 때에, 만약 안촉이 있고 버리는 것이 있으며 이것을 수행한다고 생각한다면 반야바라밀다를 수행하는 것이 아니고, 이·비·설·신·의촉이 있고 버리는 것이 있으며 이것을 수행한다고 생각한다면 반야바라밀다를 수행하는 것이 아니니라. 왜 그러한가? 선현이여. 유상인 자는 능히 반야바라밀다를 수행할 수 없느니라. 이러한 까닭으로 선현이여. 보살마하살이 안촉을 버리고자 수행하고 역시 이러한 수행도 버린다면 이것이 반야바라밀다를 수행하는 것이고, 이·비·설·신·의촉을 버리고자 수행하고 역시 이러한 수행도 버린다면 이것이 반야바라밀다를 수행하는 것이니라."

"세존이시여. 어찌하여 보살마하살이 안촉을 인연으로 생겨난 여러 수를 버리고자 수행하고 역시 이러한 수행도 버린다면 이것이 반야바라밀다를 수행하는 것이며, 이·비·설·신·의촉을 인연으로 생겨난 여러 수를 버리고자 수행하고, 역시 이러한 수행도 버린다면 이것이 반야바라밀다를 수행하는 것입니까?"

세존께서 말씀하셨다.

"선현이여. 보살마하살이 깊은 반야바라밀다를 수행하는 때에, 만약 안촉을 인연으로 생겨난 여러 수가 있고 버리는 것이 있으며 이것을 수행한다고 생각한다면 반야바라밀다를 수행하는 것이 아니고, 이·비·설·신·의촉을 인연으로 생겨난 여러 수가 있고 버리는 것이 있으며 이것을 수행한다고 생각한다면 반야바라밀다를 수행하는 것이 아니니라. 왜 그러한가? 선현이여. 유상인 자는 능히 반야바라밀다를 수행할 수 없느니라. 이러한 까닭으로 선현이여. 보살마하살이 안촉을 인연으로 생겨난 여러 수를 버리고자 수행하고 역시 이러한 수행도 버린다면 이것이 반야바라밀다를 수행하는 것이고, 이·비·설·신·의촉을 인연으로 생겨난 여러 수를 버리고자 수행하고 역시 이러한 수행도 버린다면 이것이 반야바라밀다를 수행하는 것이니라."

"세존이시여. 어찌하여 보살마하살이 지계를 버리고자 수행하고 역시 이러한 수행도 버린다면 이것이 반야바라밀다를 수행하는 것이며, 수·화·풍·공·식계를 버리고자 수행하고, 역시 이러한 수행도 버린다면 이것이 반야바라밀다를 수행하는 것입니까?"

세존께서 말씀하셨다.

"선현이여. 보살마하살이 깊은 반야바라밀다를 수행하는 때에, 만약 지계가 있고 버리는 것이 있으며 이것을 수행한다고 생각한다면 반야바라밀다를 수행하는 것이 아니고, 수·화·풍·공·식계가 있고 버리는 것이 있으며 이것을 수행한다고 생각한다면 반야바라밀다를 수행하는 것이 아니니라. 왜 그러한가? 선현이여. 유상인 자는 능히 반야바라밀다를 수행할 수 없느니라. 이러한 까닭으로 선현이여. 보살마하살이 지계를 버리고자 수행하고 역시 이러한 수행도 버린다면 이것이 반야바라밀다를 수행하는 것이고, 수·화·풍·공·식계를 버리고자 수행하고 역시 이러한 수행도 버린다면 이것이 반야바라밀다를 수행하는 것이니라."

"세존이시여. 어찌하여 보살마하살이 인연을 버리고자 수행하고 역시 이러한 수행도 버린다면 이것이 반야바라밀다를 수행하는 것이며, 등무간연·소연연·증상연을 버리고자 수행하고, 역시 이러한 수행도 버린다면 이것이 반야바라밀다를 수행하는 것입니까?"

세존께서 말씀하셨다.

"선현이여. 보살마하살이 깊은 반야바라밀다를 수행하는 때에, 만약 인연이 있고 버리는 것이 있으며 이것을 수행한다고 생각한다면 반야바라밀다를 수행하는 것이 아니고, 등무간연·소연연·증상연이 있고 버리는 것이 있으며 이것을 수행한다고 생각한다면 반야바라밀다를 수행하는 것이 아니니라. 왜 그러한가? 선현이여. 유상인 자는 능히 반야바라밀다를 수행할 수 없느니라. 이러한 까닭으로 선현이여. 보살마하살이 인연을 버리고자 수행하고 역시 이러한 수행도 버린다면 이것이 반야바라밀다를 수행하는 것이고, 등무간연·소연연·증상연을 버리고자 수행하고 역시 이러한 수행도 버린다면 이것이 반야바라밀다를 수행하는 것이니라."

마하반야바라밀다경 제371권

64. 변학도품(遍學道品)(6)

"세존이시여. 어찌하여 보살마하살이 무명을 버리고자 수행하고 역시 이러한 수행도 버린다면 이것이 반야바라밀다를 수행하는 것이며, 행·식·명색·육처·촉·수·애·취·유·생·노사의 수탄고우뇌를 버리고자 수행하고, 역시 이러한 수행도 버린다면 이것이 반야바라밀다를 수행하는 것입니까?"

세존께서 말씀하셨다.

"선현이여. 보살마하살이 깊은 반야바라밀다를 수행하는 때에, 만약 무명이 있고 버리는 것이 있으며 이것을 수행한다고 생각한다면 반야바라밀다를 수행하는 것이 아니고, 행, 나아가 노사의 수탄고우뇌가 있고 버리는 것이 있으며 이것을 수행한다고 생각한다면 반야바라밀다를 수행하는 것이 아니니라. 왜 그러한가? 선현이여. 유상인 자는 능히 반야바라밀다를 수행할 수 없느니라. 이러한 까닭으로 선현이여. 보살마하살이 무명을 버리고자 수행하고 역시 이러한 수행도 버린다면 이것이 반야바라밀다를 수행하는 것이고, 행, 나아가 노사의 수탄고우뇌를 버리고자 수행하고 역시 이러한 수행도 버린다면 이것이 반야바라밀다를 수행하는 것이니라."

"세존이시여. 어찌하여 보살마하살이 아유하열유하를 버리고자 수행하고 역시 이러한 수행도 버린다면 이것이 반야바라밀다를 수행하는 것이며, 부정관을 버리고자 수행하고, 역시 이러한 수행도 버린다면 이것이 반야바라밀다를 수행하는 것입니까?"

세존께서 말씀하셨다.

"선현이여. 보살마하살이 깊은 반야바라밀다를 수행하는 때에, 만약 아유하열유하가 있고 버리는 것이 있으며 이것을 수행한다고 생각한다면 반야바라밀다를 수행하는 것이 아니고, 부정관이 있고 버리는 것이 있으며 이것을 수행한다고 생각한다면 반야바라밀다를 수행하는 것이 아니니라. 왜 그러한가? 선현이여. 유상인 자는 능히 반야바라밀다를 수행할 수 없느니라. 이러한 까닭으로 선현이여. 보살마하살이 아유하열유하를 버리고자 수행하고 역시 이러한 수행도 버린다면 이것이 반야바라밀다를 수행하는 것이고, 부정관을 버리고자 수행하고 역시 이러한 수행도 버린다면 이것이 반야바라밀다를 수행하는 것이니라."

"세존이시여. 어찌하여 보살마하살이 초정려를 버리고자 수행하고 역시 이러한 수행도 버린다면 이것이 반야바라밀다를 수행하는 것이며, 제2·제3·제4정려를 버리고자 수행하고, 역시 이러한 수행도 버린다면 이것이 반야바라밀다를 수행하는 것입니까?"

세존께서 말씀하셨다.

"선현이여. 보살마하살이 깊은 반야바라밀다를 수행하는 때에, 만약 초정려가 있고 버리는 것이 있으며 이것을 수행한다고 생각한다면 반야바라밀다를 수행하는 것이 아니고, 제2·제3·제4정려가 있고 버리는 것이 있으며 이것을 수행한다고 생각한다면 반야바라밀다를 수행하는 것이 아니니라. 왜 그러한가? 선현이여. 유상인 자는 능히 반야바라밀다를 수행할 수 없느니라. 이러한 까닭으로 선현이여. 보살마하살이 초정려를 버리고자 수행하고 역시 이러한 수행도 버린다면 이것이 반야바라밀다를 수행하는 것이고, 제2·제3·제4정려를 버리고자 수행하고 역시 이러한 수행도 버린다면 이것이 반야바라밀다를 수행하는 것이니라."

"세존이시여. 어찌하여 보살마하살이 자무량을 버리고자 수행하고 역시 이러한 수행도 버린다면 이것이 반야바라밀다를 수행하는 것이며, 비·희·사무량을 버리고자 수행하고, 역시 이러한 수행도 버린다면 이것이 반야바라밀다를 수행하는 것입니까?"

세존께서 말씀하셨다.

"선현이여. 보살마하살이 깊은 반야바라밀다를 수행하는 때에, 만약 자무량이 있고 버리는 것이 있으며 이것을 수행한다고 생각한다면 반야바라밀다를 수행하는 것이 아니고, 비·희·사무량이 있고 버리는 것이 있으며 이것을 수행한다고 생각한다면 반야바라밀다를 수행하는 것이 아니니라. 왜 그러한가? 선현이여. 유상인 자는 능히 반야바라밀다를 수행할 수 없느니라. 이러한 까닭으로 선현이여. 보살마하살이 자무량을 버리고자 수행하고 역시 이러한 수행도 버린다면 이것이 반야바라밀다를 수행하는 것이고, 비·희·사무량을 버리고자 수행하고 역시 이러한 수행도 버린다면 이것이 반야바라밀다를 수행하는 것이니라."

"세존이시여. 어찌하여 보살마하살이 공무변처정을 버리고자 수행하고 역시 이러한 수행도 버린다면 이것이 반야바라밀다를 수행하는 것이며, 식무변처정·무소유처정·비상비비상처정을 버리고자 수행하고, 역시 이러한 수행도 버린다면 이것이 반야바라밀다를 수행하는 것입니까?"

세존께서 말씀하셨다.

"선현이여. 보살마하살이 깊은 반야바라밀다를 수행하는 때에, 만약 공무변처정이 있고 버리는 것이 있으며 이것을 수행한다고 생각한다면 반야바라밀다를 수행하는 것이 아니고, 식무변처정·무소유처정·비상비비상처정이 있고 버리는 것이 있으며 이것을 수행한다고 생각한다면 반야바라밀다를 수행하는 것이 아니니라. 왜 그러한가? 선현이여. 유상인 자는 능히 반야바라밀다를 수행할 수 없느니라. 이러한 까닭으로 선현이여. 보살마하살이 공무변처정을 버리고자 수행하고 역시 이러한 수행도 버린다면 이것이 반야바라밀다를 수행하는 것이고, 식무변처정·무소유처정·비상비비상처정을 버리고자 수행하고 역시 이러한 수행도 버린다면 이것이 반야바라밀다를 수행하는 것이니라."

"세존이시여. 어찌하여 보살마하살이 불수념을 버리고자 수행하고 역시 이러한 수행도 버린다면 이것이 반야바라밀다를 수행하는 것이며,

법수념·승수념·계수념·사수념·천수념·유방편수념·무방편수념·적정수념·지출입식수념을 버리고자 수행하고, 역시 이러한 수행도 버린다면 이것이 반야바라밀다를 수행하는 것입니까?"

세존께서 말씀하셨다.

"선현이여. 보살마하살이 깊은 반야바라밀다를 수행하는 때에, 만약 불수념이 있고 버리는 것이 있으며 이것을 수행한다고 생각한다면 반야바라밀다를 수행하는 것이 아니고, 법수념, 나아가 지출입식수념이 있고 버리는 것이 있으며 이것을 수행한다고 생각한다면 반야바라밀다를 수행하는 것이 아니니라. 왜 그러한가? 선현이여. 유상인 자는 능히 반야바라밀다를 수행할 수 없느니라. 이러한 까닭으로 선현이여. 보살마하살이 불수념을 버리고자 수행하고 역시 이러한 수행도 버린다면 이것이 반야바라밀다를 수행하는 것이고, 법수념, 나아가 지출입식수념을 버리고자 수행하고 역시 이러한 수행도 버린다면 이것이 반야바라밀다를 수행하는 것이니라."

"세존이시여. 어찌하여 보살마하살이 무상상을 버리고자 수행하고 역시 이러한 수행도 버린다면 이것이 반야바라밀다를 수행하는 것이며, 무상고상·고무아상·부정상·염식상·일체세간불가락상·사상·단상·이상·멸상을 버리고자 수행하고, 역시 이러한 수행도 버린다면 이것이 반야바라밀다를 수행하는 것입니까?"

세존께서 말씀하셨다.

"선현이여. 보살마하살이 깊은 반야바라밀다를 수행하는 때에, 만약 무상상이 있고 버리는 것이 있으며 이것을 수행한다고 생각한다면 반야바라밀다를 수행하는 것이 아니고, 무상고상, 나아가 멸상이 있고 버리는 것이 있으며 이것을 수행한다고 생각한다면 반야바라밀다를 수행하는 것이 아니니라. 왜 그러한가? 선현이여. 유상인 자는 능히 반야바라밀다를 수행할 수 없느니라. 이러한 까닭으로 선현이여. 보살마하살이 무상상을 버리고자 수행하고 역시 이러한 수행도 버린다면 이것이 반야바라밀다를 수행하는 것이고, 무상고상, 나아가 멸상을 버리고자 수행하고 역시 이러한 수행도 버린다면 이것이 반야바라밀다를 수행하는 것이니라."

"세존이시여. 어찌하여 보살마하살이 아상을 버리고자 수행하고 역시 이러한 수행도 버린다면 이것이 반야바라밀다를 수행하는 것이며, 유정상·명자상·생자상·양자상·사부상·보특가라상·의생상·유동상·작자상·사작자상·수자상·사수자상·지자상·견자상·사견자상을 버리고자 수행하고, 역시 이러한 수행도 버린다면 이것이 반야바라밀다를 수행하는 것입니까?"

세존께서 말씀하셨다.

"선현이여. 보살마하살이 깊은 반야바라밀다를 수행하는 때에, 만약 아상이 있고 버리는 것이 있으며 이것을 수행한다고 생각한다면 반야바라밀다를 수행하는 것이 아니고, 유정상, 나아가 사견자상이 있고 버리는 것이 있으며 이것을 수행한다고 생각한다면 반야바라밀다를 수행하는 것이 아니니라. 왜 그러한가? 선현이여. 유상인 자는 능히 반야바라밀다를 수행할 수 없느니라. 이러한 까닭으로 선현이여. 보살마하살이 아상을 버리고자 수행하고 역시 이러한 수행도 버린다면 이것이 반야바라밀다를 수행하는 것이고, 유정상, 나아가 사견자상을 버리고자 수행하고 역시 이러한 수행도 버린다면 이것이 반야바라밀다를 수행하는 것이니라."

"세존이시여. 어찌하여 보살마하살이 상상·비상상을 버리고자 수행하고 역시 이러한 수행도 버린다면 이것이 반야바라밀다를 수행하는 것이며, 낙상·비락상·아상·비아상·정상·비정상·원리상·비원리상·적정상·비적정상을 버리고자 수행하고, 역시 이러한 수행도 버린다면 이것이 반야바라밀다를 수행하는 것입니까?"

세존께서 말씀하셨다.

"선현이여. 보살마하살이 깊은 반야바라밀다를 수행하는 때에, 만약 상상·비상상이 있고 버리는 것이 있으며 이것을 수행한다고 생각한다면 반야바라밀다를 수행하는 것이 아니고, 낙상, 나아가 비적정상이 있고 버리는 것이 있으며 이것을 수행한다고 생각한다면 반야바라밀다를 수행하는 것이 아니니라. 왜 그러한가? 선현이여. 유상인 자는 능히 반야바라밀다를 수행할 수 없느니라. 이러한 까닭으로 선현이여. 보살마하살이 상상·비상상을 버리고자 수행하고 역시 이러한 수행도 버린다면 이것이 반야바라밀다를 수행하는 것이고, 낙상, 나아가 비적정상을 버리고자 수행하고 역시 이러한 수행도 버린다면 이것이 반야바라밀다를 수행하는 것이니라."

"세존이시여. 어찌하여 보살마하살이 4념주를 버리고자 수행하고 역시 이러한 수행도 버린다면 이것이 반야바라밀다를 수행하는 것이며, 4정단·4신족·5근·5력·7등각지·8성도지를 버리고자 수행하고, 역시 이러한 수행도 버린다면 이것이 반야바라밀다를 수행하는 것입니까?"

세존께서 말씀하셨다.

"선현이여. 보살마하살이 깊은 반야바라밀다를 수행하는 때에, 만약 4념주가 있고 버리는 것이 있으며 이것을 수행한다고 생각한다면 반야바라밀다를 수행하는 것이 아니고, 4정단, 나아가 8성도지가 있고 버리는 것이 있으며 이것을 수행한다고 생각한다면 반야바라밀다를 수행하는 것이 아니니라. 왜 그러한가? 선현이여. 유상인 자는 능히 반야바라밀다를 수행할 수 없느니라. 이러한 까닭으로 선현이여. 보살마하살이 4념주를 버리고자 수행하고 역시 이러한 수행도 버린다면 이것이 반야바라밀다를 수행하는 것이고, 4정단, 나아가 8성도지를 버리고자 수행하고 역시 이러한 수행도 버린다면 이것이 반야바라밀다를 수행하는 것이니라."

"세존이시여. 어찌하여 보살마하살이 공해탈문을 버리고자 수행하고 역시 이러한 수행도 버린다면 이것이 반야바라밀다를 수행하는 것이며, 무상·무원해탈문을 버리고자 수행하고, 역시 이러한 수행도 버린다면 이것이 반야바라밀다를 수행하는 것입니까?"

세존께서 말씀하셨다.

"선현이여. 보살마하살이 깊은 반야바라밀다를 수행하는 때에, 만약 공해탈문이 있고 버리는 것이 있으며 이것을 수행한다고 생각한다면 반야바라밀다를 수행하는 것이 아니고, 무상·무원해탈문이 있고 버리는 것이 있으며 이것을 수행한다고 생각한다면 반야바라밀다를 수행하는 것이 아니니라. 왜 그러한가? 선현이여. 유상인 자는 능히 반야바라밀다를 수행할 수 없느니라. 이러한 까닭으로 선현이여. 보살마하살이 공해탈문을 버리고자 수행하고 역시 이러한 수행도 버린다면 이것이 반야바라밀다를 수행하는 것이고, 무상·무원해탈문을 버리고자 수행하고 역시 이러한 수행도 버린다면 이것이 반야바라밀다를 수행하는 것이니라."

"세존이시여. 어찌하여 보살마하살이 8해탈을 버리고자 수행하고 역시 이러한 수행도 버린다면 이것이 반야바라밀다를 수행하는 것이며, 8승처·9차제정·10변처를 버리고자 수행하고, 역시 이러한 수행도 버린다면 이것이 반야바라밀다를 수행하는 것입니까?"

세존께서 말씀하셨다.

"선현이여. 보살마하살이 깊은 반야바라밀다를 수행하는 때에, 만약 8해탈이 있고 버리는 것이 있으며 이것을 수행한다고 생각한다면 반야바라밀다를 수행하는 것이 아니고, 8승처·9차제정·10변처가 있고 버리는 것이 있으며 이것을 수행한다고 생각한다면 반야바라밀다를 수행하는 것이 아니니라. 왜 그러한가? 선현이여. 유상인 자는 능히 반야바라밀다를 수행할 수 없느니라. 이러한 까닭으로 선현이여. 보살마하살이 8해탈을 버리고자 수행하고 역시 이러한 수행도 버린다면 이것이 반야바라밀다를 수행하는 것이고, 8승처·9차제정·10변처를 버리고자 수행하고 역시 이러한 수행도 버린다면 이것이 반야바라밀다를 수행하는 것이니라."

"세존이시여. 어찌하여 보살마하살이 유심유사삼마지를 버리고자 수행하고 역시 이러한 수행도 버린다면 이것이 반야바라밀다를 수행하는 것이며, 무심유사삼마지를 버리고자 수행하고, 역시 무심무사삼마지의 수행도 버린다면 이것이 반야바라밀다를 수행하는 것입니까?"

세존께서 말씀하셨다.

"선현이여. 보살마하살이 깊은 반야바라밀다를 수행하는 때에, 만약 유심유사삼마지가 있고 버리는 것이 있으며 이것을 수행한다고 생각한다면 반야바라밀다를 수행하는 것이 아니고, 무심유사삼마지가 있고 버리는 것이 있으며 무심무사삼마지를 수행한다고 생각한다면 반야바라밀다를 수행하는 것이 아니니라. 왜 그러한가? 선현이여. 유상인 자는 능히 반야바라밀다를 수행할 수 없느니라. 이러한 까닭으로 선현이여. 보살마하살이 유심유사삼마지를 버리고자 수행하고 역시 이러한 수행도 버린다면 이것이 반야바라밀다를 수행하는 것이고, 무심유사삼마지를 버리고자 수행하고 역시 무심무사삼마지의 수행도 버린다면 이것이 반야바라밀다를 수행하는 것이니라."

"세존이시여. 어찌하여 보살마하살이 고성제를 버리고자 수행하고 역시 이러한 수행도 버린다면 이것이 반야바라밀다를 수행하는 것이며, 집·멸·도성제를 버리고자 수행하고, 역시 이것의 수행도 버린다면 이것이 반야바라밀다를 수행하는 것입니까?"

세존께서 말씀하셨다.

"선현이여. 보살마하살이 깊은 반야바라밀다를 수행하는 때에, 만약 고성제가 있고 버리는 것이 있으며 이것을 수행한다고 생각한다면 반야바라밀다를 수행하는 것이 아니고, 집·멸·도성제가 있고 버리는 것이 있으며 이것을 수행한다고 생각한다면 반야바라밀다를 수행하는 것이 아니니라. 왜 그러한가? 선현이여. 유상인 자는 능히 반야바라밀다를 수행할 수 없느니라. 이러한 까닭으로 선현이여. 보살마하살이 고성제를 버리고자 수행하고 역시 이러한 수행도 버린다면 이것이 반야바라밀다를 수행하는 것이고, 집·멸·도성제를 버리고자 수행하고 역시 이것의 수행도 버린다면 이것이 반야바라밀다를 수행하는 것이니라."

"세존이시여. 어찌하여 보살마하살이 보시바라밀다를 버리고자 수행하고 역시 이러한 수행도 버린다면 이것이 반야바라밀다를 수행하는 것이며, 정계·안인·정진·정려·반야바라밀다를 버리고자 수행하고, 역시 이것의 수행도 버린다면 이것이 반야바라밀다를 수행하는 것입니까?"

세존께서 말씀하셨다.

"선현이여. 보살마하살이 깊은 반야바라밀다를 수행하는 때에, 만약 보시바라밀다가 있고 버리는 것이 있으며 이것을 수행한다고 생각한다면 반야바라밀다를 수행하는 것이 아니고, 정계, 나아가 반야바라밀다가 있고 버리는 것이 있으며 이것을 수행한다고 생각한다면 반야바라밀다를 수행하는 것이 아니니라. 왜 그러한가? 선현이여. 유상인 자는 능히 반야바라밀다를 수행할 수 없느니라. 이러한 까닭으로 선현이여. 보살마하살이 보시바라밀다를 버리고자 수행하고 역시 이러한 수행도 버린다면 이것이 반야바라밀다를 수행하는 것이고, 정계, 나아가 반야바라밀다를 버리고자 수행하고 역시 이것의 수행도 버린다면 이것이 반야바라밀다를 수행하는 것이니라.”

"세존이시여. 어찌하여 보살마하살이 내공을 버리고자 수행하고 역시 이러한 수행도 버린다면 이것이 반야바라밀다를 수행하는 것이며, 외공·내외공·공공·대공·승의공·유위공·무위공·필경공·무제공·산공·무변이공·본성공·자상공·공상공·일체법공·불가득공·무성공·자성공·무성자성공을 버리고자 수행하고, 역시 이것의 수행도 버린다면 이것이 반야바라밀다를 수행하는 것입니까?”

세존께서 말씀하셨다.

"선현이여. 보살마하살이 깊은 반야바라밀다를 수행하는 때에, 만약 내공이 있고 버리는 것이 있으며 이것을 수행한다고 생각한다면 반야바라밀다를 수행하는 것이 아니고, 외공, 나아가 무성자성공이 있고 버리는 것이 있으며 이것을 수행한다고 생각한다면 반야바라밀다를 수행하는 것이 아니니라. 왜 그러한가? 선현이여. 유상인 자는 능히 반야바라밀다를 수행할 수 없느니라. 이러한 까닭으로 선현이여. 보살마하살이 내공을 버리고자 수행하고 역시 이러한 수행도 버린다면 이것이 반야바라밀다를 수행하는 것이고, 외공, 나아가 무성자성공을 버리고자 수행하고 역시 이것의 수행도 버린다면 이것이 반야바라밀다를 수행하는 것이니라.”

"세존이시여. 어찌하여 보살마하살이 극희지를 버리고자 수행하고 역시 이러한 수행도 버린다면 이것이 반야바라밀다를 수행하는 것이며, 이구지·발광지·염혜지·극난승지·현전지·원행지·부동지·선혜지·법운지를 버리고자 수행하고, 역시 이것의 수행도 버린다면 이것이 반야바라밀다를 수행하는 것입니까?”

세존께서 말씀하셨다.

"선현이여. 보살마하살이 깊은 반야바라밀다를 수행하는 때에, 만약 극희지가 있고 버리는 것이 있으며 이것을 수행한다고 생각한다면 반야바라밀다를 수행하는 것이 아니고, 이구지, 나아가 법운지가 있고 버리는 것이 있으며 이것을 수행한다고 생각한다면 반야바라밀다를 수행하는 것이 아니니라. 왜 그러한가? 선현이여. 유상인 자는 능히 반야바라밀다를 수행할 수 없느니라. 이러한 까닭으로 선현이여. 보살마하살이 극희지를 버리고자 수행하고 역시 이러한 수행도 버린다면 이것이 반야바라밀다를 수행하는 것이고, 이구지, 나아가 법운지를 버리고자 수행하고 역시 이것의 수행도 버린다면 이것이 반야바라밀다를 수행하는 것이니라."

"세존이시여. 어찌하여 보살마하살이 5안을 버리고자 수행하고 역시 이러한 수행도 버린다면 이것이 반야바라밀다를 수행하는 것이며, 6신통을 버리고자 수행하고, 역시 이것의 수행도 버린다면 이것이 반야바라밀다를 수행하는 것입니까?"

세존께서 말씀하셨다.

"선현이여. 보살마하살이 깊은 반야바라밀다를 수행하는 때에, 만약 5안이 있고 버리는 것이 있으며 이것을 수행한다고 생각한다면 반야바라밀다를 수행하는 것이 아니고, 6신통이 있고 버리는 것이 있으며 이것을 수행한다고 생각한다면 반야바라밀다를 수행하는 것이 아니니라. 왜 그러한가? 선현이여. 유상인 자는 능히 반야바라밀다를 수행할 수 없느니라. 이러한 까닭으로 선현이여. 보살마하살이 5안을 버리고자 수행하고 역시 이러한 수행도 버린다면 이것이 반야바라밀다를 수행하는 것이고, 6신통을 버리고자 수행하고 역시 이것의 수행도 버린다면 이것이 반야바라밀다를 수행하는 것이니라."

"세존이시여. 어찌하여 보살마하살이 여래의 10력을 버리고자 수행하고 역시 이러한 수행도 버린다면 이것이 반야바라밀다를 수행하는 것이며, 4무소외·4무애해·18불불공법을 버리고자 수행하고, 역시 이것의 수행도 버린다면 이것이 반야바라밀다를 수행하는 것입니까?"

세존께서 말씀하셨다.

"선현이여. 보살마하살이 깊은 반야바라밀다를 수행하는 때에, 만약 여래의 10력이 있고 버리는 것이 있으며 이것을 수행한다고 생각한다면 반야바라밀다를 수행하는 것이 아니고, 4무소외·4무애해·18불불공법이 있고 버리는 것이 있으며 이것을 수행한다고 생각한다면 반야바라밀다를 수행하는 것이 아니니라. 왜 그러한가? 선현이여. 유상인 자는 능히 반야바라밀다를 수행할 수 없느니라. 이러한 까닭으로 선현이여. 보살마하살이 여래의 10력을 버리고자 수행하고 역시 이러한 수행도 버린다면 이것이 반야바라밀다를 수행하는 것이고, 4무소외·4무애해·18불불공법을 버리고자 수행하고 역시 이것의 수행도 버린다면 이것이 반야바라밀다를 수행하는 것이니라."

"세존이시여. 어찌하여 보살마하살이 대자를 버리고자 수행하고 역시 이러한 수행도 버린다면 이것이 반야바라밀다를 수행하는 것이며, 대비·대희·대사를 버리고자 수행하고, 역시 이것의 수행도 버린다면 이것이 반야바라밀다를 수행하는 것입니까?"

세존께서 말씀하셨다.

"선현이여. 보살마하살이 깊은 반야바라밀다를 수행하는 때에, 만약 대자가 있고 버리는 것이 있으며 이것을 수행한다고 생각한다면 반야바라밀다를 수행하는 것이 아니고, 대비·대희·대사가 있고 버리는 것이 있으며 이것을 수행한다고 생각한다면 반야바라밀다를 수행하는 것이 아니니라. 왜 그러한가? 선현이여. 유상인 자는 능히 반야바라밀다를 수행할 수 없느니라. 이러한 까닭으로 선현이여. 보살마하살이 대자를 버리고자 수행하고 역시 이러한 수행도 버린다면 이것이 반야바라밀다를 수행하는 것이고, 대비·대희·대사를 버리고자 수행하고 역시 이것의 수행도 버린다면 이것이 반야바라밀다를 수행하는 것이니라."

"세존이시여. 어찌하여 보살마하살이 무망실법을 버리고자 수행하고 역시 이러한 수행도 버린다면 이것이 반야바라밀다를 수행하는 것이며, 항주사성을 떠나보내고자 수행하고, 역시 이것의 수행도 버린다면 이것이 반야바라밀다를 수행하는 것입니까?"

세존께서 말씀하셨다.

"선현이여. 보살마하살이 깊은 반야바라밀다를 수행하는 때에, 만약 무망실법이 있고 버리는 것이 있으며 이것을 수행한다고 생각한다면 반야바라밀다를 수행하는 것이 아니고, 항주사성이 있고 버리는 것이 있으며 이것을 수행한다고 생각한다면 반야바라밀다를 수행하는 것이 아니니라. 왜 그러한가? 선현이여. 유상인 자는 능히 반야바라밀다를 수행할 수 없느니라. 이러한 까닭으로 선현이여. 보살마하살이 무망실법을 버리고자 수행하고 역시 이러한 수행도 버린다면 이것이 반야바라밀다를 수행하는 것이고, 항주사성을 버리고자 수행하고 역시 이것의 수행도 버린다면 이것이 반야바라밀다를 수행하는 것이니라."

"세존이시여. 어찌하여 보살마하살이 일체의 삼마지문을 버리고자 수행하고 역시 이러한 수행도 버린다면 이것이 반야바라밀다를 수행하는 것이며, 일체의 다라니문을 버리고자 수행하고, 역시 이것의 수행도 버린다면 이것이 반야바라밀다를 수행하는 것입니까?"

세존께서 말씀하셨다.

"선현이여. 보살마하살이 깊은 반야바라밀다를 수행하는 때에, 만약 일체의 삼마지문이 있고 버리는 것이 있으며 이것을 수행한다고 생각한다면 반야바라밀다를 수행하는 것이 아니고, 일체의 다라니문이 있고 버리는 것이 있으며 이것을 수행한다고 생각한다면 반야바라밀다를 수행하는 것이 아니니라. 왜 그러한가? 선현이여. 유상인 자는 능히 반야바라밀다를 수행할 수 없느니라. 이러한 까닭으로 선현이여. 보살마하살이 일체의 삼마지문을 버리고자 수행하고 역시 이러한 수행도 버린다면 이것이 반야바라밀다를 수행하는 것이고, 일체의 다라니문을 버리고자 수행하고 역시 이것의 수행도 버린다면 이것이 반야바라밀다를 수행하는 것이니라."

"세존이시여. 어찌하여 보살마하살이 일체의 보살마하살의 행을 버리고자 수행하고 역시 이러한 수행도 버린다면 이것이 반야바라밀다를 수행하는 것이며, 제불의 무상정등보리를 버리고자 수행하고, 역시 이것의 수행도 버린다면 이것이 반야바라밀다를 수행하는 것입니까?"
　세존께서 말씀하셨다.
　"선현이여. 보살마하살이 깊은 반야바라밀다를 수행하는 때에, 만약 일체의 보살마하살의 행이 있고 버리는 것이 있으며 이것을 수행한다고 생각한다면 반야바라밀다를 수행하는 것이 아니고, 제불의 무상정등보리가 있고 버리는 것이 있으며 이것을 수행한다고 생각한다면 반야바라밀다를 수행하는 것이 아니니라. 왜 그러한가? 선현이여. 유상인 자는 능히 반야바라밀다를 수행할 수 없느니라. 이러한 까닭으로 선현이여. 보살마하살이 일체의 보살마하살의 행을 버리고자 수행하고 역시 이러한 수행도 버린다면 이것이 반야바라밀다를 수행하는 것이고, 제불의 무상정등보리를 버리고자 수행하고 역시 이것의 수행도 버린다면 이것이 반야바라밀다를 수행하는 것이니라."
　"세존이시여. 어찌하여 보살마하살이 일체지지를 버리고자 수행하고 역시 이러한 수행도 버린다면 이것이 반야바라밀다를 수행하는 것이며, 일체의 번뇌와 습기의 상속을 영원히 단절하는 것을 버리고자 수행하고, 역시 이것의 수행도 버린다면 이것이 반야바라밀다를 수행하는 것입니까?"
　세존께서 말씀하셨다.
　"선현이여. 보살마하살이 깊은 반야바라밀다를 수행하는 때에, 만약 일체지지가 있고 버리는 것이 있으며 이것을 수행한다고 생각한다면 반야바라밀다를 수행하는 것이 아니고, 일체의 번뇌와 습기의 상속을 영원히 단절하는 것이 있고 버리는 것이 있으며 이것을 수행한다고 생각한다면 반야바라밀다를 수행하는 것이 아니니라. 왜 그러한가? 선현이여. 유상인 자는 능히 반야바라밀다를 수행할 수 없느니라. 이러한 까닭으로 선현이여. 보살마하살이 일체지지를 버리고자 수행하고 역시 이러한 수행도 떠나보낸다면 이것이 반야바라밀다를 수행하는 것이고, 일체의 번뇌와 습기의 상속을 영원히 단절하는 것을 수행하고 역시 이것의 수행도 버린다면 이것이 반야바라밀다를 수행하는 것이니라."

"세존이시여. 어찌하여 보살마하살이 유위계를 버리고자 수행하고 역시 이러한 수행도 버린다면 이것이 반야바라밀다를 수행하는 것이며, 무위계를 버리고자 수행하고, 역시 이것의 수행도 버린다면 이것이 반야바라밀다를 수행하는 것입니까?"

세존께서 말씀하셨다.

"선현이여. 보살마하살이 깊은 반야바라밀다를 수행하는 때에, 만약 유위계가 있고 버리는 것이 있으며 이것을 수행한다고 생각한다면 반야바라밀다를 수행하는 것이 아니고, 무위계가 있고 버리는 것이 있으며 이것을 수행한다고 생각한다면 반야바라밀다를 수행하는 것이 아니니라. 왜 그러한가? 선현이여. 유상인 자는 능히 반야바라밀다를 수행할 수 없느니라. 이러한 까닭으로 선현이여. 보살마하살이 유위계를 버리고자 수행하고 역시 이러한 수행도 버린다면 이것이 반야바라밀다를 수행하는 것이고, 무위계를 수행하고 역시 이것의 수행도 버린다면 이것이 반야바라밀다를 수행하는 것이니라."

"다시 다음으로 선현이여. 유상(有想)에 머무르는 자는 보시·정계·안인·정진·정려·반야바라밀다를 능히 수행할 수 없느니라. 왜 그러한가? 선현이여. 유상에 머무르는 자는 보시, 나아가 반야를 수행한다면 반드시 마땅히 아(我)·아소(我所)에 집착하느니라. 오히려 이러한 집착을 까닭으로 곧 이변(二邊)에 집착하고, 이변에 집착하는 까닭으로 생사를 해탈하지 못하므로 도(道)가 없고 열반(涅槃)이 없는데, 어떻게 보시, 나아가 반야바라밀다를 능히 여실하게 수행하겠는가?

선현이여. 유상에 머무르는 자는 4념주·4정단·4신족·5근·5력·7등각지·8성도지를 능히 수행할 수 없느니라. 왜 그러한가? 선현이여. 유상에 머무르는 자는 4념주, 나아가 8성도지를 수행한다면 반드시 마땅히 아·아소에 집착하느니라. 오히려 이러한 집착을 까닭으로 곧 이변에 집착하고, 이변에 집착하는 까닭으로 생사를 해탈하지 못하므로 도가 없고 열반이 없는데, 어떻게 4념주, 나아가 8성도지를 능히 여실하게 수행하겠는가?

선현이여, 유상에 머무르는 자는 내공·외공·내외공·공공·대공·승의공·유위공·무위공·필경공·무제공·산공·무변이공·본성공·자상공·공상공·일체법공·불가득공·무성공·자성공·무성자성공을 능히 머무를 수 없느니라. 왜 그러한가? 선현이여, 유상에 머무르는 자가 내공, 나아가 무성자성공에 머무른다면 반드시 마땅히 아·아소에 집착하느니라. 오히려 이러한 집착을 까닭으로 곧 이변에 집착하고, 이변에 집착하는 까닭으로 생사를 해탈하지 못하므로 도가 없고 열반이 없는데, 어떻게 내공, 나아가 무성자성공에 능히 여실하게 머물겠는가?

선현이여, 유상에 머무르는 자는 진여·법계·법성·불허망성·불변이성·평등성·이생성·법정·법주·실제·허공계·부사의계에 능히 머무를 수 없느니라. 왜 그러한가? 선현이여, 유상에 머무르는 자가 진여, 나아가 부사의계에 머무른다면 반드시 마땅히 아·아소에 집착하느니라. 오히려 이러한 집착을 까닭으로 곧 이변에 집착하고, 이변에 집착하는 까닭으로 생사를 해탈하지 못하므로 도가 없고 열반이 없는데, 어떻게 진여, 나아가 부사의계에 능히 여실하게 머물겠는가?

선현이여, 유상에 머무르는 자는 고성제, 집·멸·도성제에 능히 머무를 수 없느니라. 왜 그러한가? 선현이여, 유상에 머무르는 자는 반드시 마땅히 아·아소에 집착하느니라. 오히려 이러한 집착을 까닭으로 곧 이변에 집착하고, 이변에 집착하는 까닭으로 생사를 해탈하지 못하므로 도가 없고 열반이 없는데, 어떻게 고성제, 집·멸·도성제에 능히 여실하게 머물겠는가?

선현이여, 유상에 머무르는 자는 공해탈문, 무상·무원해탈문을 능히 수행할 수 없느니라. 왜 그러한가? 선현이여, 유상에 머무르는 자는 반드시 마땅히 아·아소에 집착하느니라. 오히려 이러한 집착을 까닭으로 곧 이변에 집착하고, 이변에 집착하는 까닭으로 생사를 해탈하지 못하므로 도가 없고 열반이 없는데, 어떻게 공해탈문, 무상·무원해탈문을 능히 여실하게 수행하겠는가?

선현이여, 유상에 머무르는 자는 4정려·4무량·4무색정을 능히 수행할 수 없느니라. 왜 그러한가? 선현이여. 유상에 머무르는 자는 반드시 마땅히 아·아소에 집착하느니라. 오히려 이러한 집착을 까닭으로 곧 이변에 집착하고, 이변에 집착하는 까닭으로 생사를 해탈하지 못하므로 도가 없고 열반이 없는데, 어떻게 4정려·4무량·4무색정을 능히 여실하게 수행하겠는가?

선현이여. 유상에 머무르는 자는 8해탈·8승처·9차제정·10변처를 능히 수행할 수 없느니라. 왜 그러한가? 선현이여. 유상에 머무르는 자는 반드시 마땅히 아·아소에 집착하느니라. 오히려 이러한 집착을 까닭으로 곧 이변에 집착하고, 이변에 집착하는 까닭으로 생사를 해탈하지 못하므로 도가 없고 열반이 없는데, 어떻게 8해탈·8승처·9차제정·10변처를 능히 여실하게 수행하겠는가?

선현이여. 유상에 머무르는 자는 일체의 삼마지문·일체의 다라니문을 능히 수행할 수 없느니라. 왜 그러한가? 선현이여. 유상에 머무르는 자는 반드시 마땅히 아·아소에 집착하느니라. 오히려 이러한 집착을 까닭으로 곧 이변에 집착하고, 이변에 집착하는 까닭으로 생사를 해탈하지 못하므로 도가 없고 열반이 없는데, 어떻게 일체의 삼마지문·일체의 다라니문을 능히 여실하게 수행하겠는가?

선현이여. 유상에 머무르는 자는 극희지·이구지·발광지·염혜지·극난승지·현전지·원행지·부동지·선혜지·법운지를 능히 수행할 수 없느니라. 왜 그러한가? 선현이여. 유상에 머무르는 자는 반드시 마땅히 아·아소에 집착하느니라. 오히려 이러한 집착을 까닭으로 곧 이변에 집착하고, 이변에 집착하는 까닭으로 생사를 해탈하지 못하므로 도가 없고 열반이 없는데, 어떻게 극희지, 나아가 법운지를 능히 여실하게 수행하겠는가?

선현이여. 유상에 머무르는 자는 5안·6신통을 능히 수행할 수 없느니라. 왜 그러한가? 선현이여. 유상에 머무르는 자는 반드시 마땅히 아·아소에 집착하느니라. 오히려 이러한 집착을 까닭으로 곧 이변에 집착하고, 이변에 집착하는 까닭으로 생사를 해탈하지 못하므로 도가 없고 열반이 없는데, 어떻게 5안·6신통을 능히 여실하게 수행하겠는가?

선현이여. 유상에 머무르는 자는 여래의 10력·4무소외·4무애해·18불불공법을 능히 수행할 수 없느니라. 왜 그러한가? 선현이여. 유상에 머무르는 자는 반드시 마땅히 아·아소에 집착하느니라. 오히려 이러한 집착을 까닭으로 곧 이변에 집착하고, 이변에 집착하는 까닭으로 생사를 해탈하지 못하므로 도가 없고 열반이 없는데, 어떻게 여래의 10력·4무소외·4무애해·18불불공법을 능히 여실하게 수행하겠는가?

선현이여. 유상에 머무르는 자는 대자·대비·대희·대사를 능히 수행할 수 없느니라. 왜 그러한가? 선현이여. 유상에 머무르는 자는 반드시 마땅히 아·아소에 집착하느니라. 오히려 이러한 집착을 까닭으로 곧 이변에 집착하고, 이변에 집착하는 까닭으로 생사를 해탈하지 못하므로 도가 없고 열반이 없는데, 어떻게 대자·대비·대희·대사를 능히 여실하게 수행하겠는가?

선현이여. 유상에 머무르는 자는 무망실법·항주사성을 능히 수행할 수 없느니라. 왜 그러한가? 선현이여. 유상에 머무르는 자는 반드시 마땅히 아·아소에 집착하느니라. 오히려 이러한 집착을 까닭으로 곧 이변에 집착하고, 이변에 집착하는 까닭으로 생사를 해탈하지 못하므로 도가 없고 열반이 없는데, 어떻게 무망실법·항주사성을 능히 여실하게 수행하겠는가?

선현이여. 유상에 머무르는 자는 일체지·도상지·일체상지를 능히 수행할 수 없느니라. 왜 그러한가? 선현이여. 유상에 머무르는 자는 반드시 마땅히 아·아소에 집착하느니라. 오히려 이러한 집착을 까닭으로 곧 이변에 집착하고, 이변에 집착하는 까닭으로 생사를 해탈하지 못하므로 도가 없고 열반이 없는데, 어떻게 일체지·도상지·일체상지를 능히 여실하게 수행하겠는가?"

그때 구수 선현이 세존께 아뢰어 말하였다.

"세존이시여. 무엇 등이 있는(有) 것이고, 무엇 등이 있지 않은(非有) 것입니까?"

세존께서 말씀하셨다.

"선현이여. 둘(二)은 이것이 있는 것이고, 둘이 아니라면(不二) 있지 않은 것이니라."

"세존이시여. 무엇이 둘이 되고(爲二), 무엇이 둘이 되지 않습니까(不爲二)?"

세존께서 말씀하셨다.

"선현이여. 색이라는 생각(想)은 둘이 되고 색이 공(空)하다는 생각은 둘이 되지 않으며, 수·상·행·식이라는 생각은 둘이 되고 수·상·행·식이 공하다는 생각은 둘이 되지 않느니라. 선현이여. 안처라는 생각은 둘이 되고 안처가 공하다는 생각은 둘이 되지 않으며, 이·비·설·신·의처라는 생각은 둘이 되고 이·비·설·신·의처가 공하다는 생각은 둘이 되지 않느니라.

선현이여. 색처라는 생각은 둘이 되고 색처가 공하다는 생각은 둘이 되지 않으며, 성·향·미·촉·법처라는 생각은 둘이 되고 성·향·미·촉·법처가 공하다는 생각은 둘이 되지 않느니라. 선현이여. 안계라는 생각은 둘이 되고 안계가 공하다는 생각은 둘이 되지 않으며, 이·비·설·신·의계라는 생각은 둘이 되고 이·비·설·신·의계가 공하다는 생각은 둘이 되지 않느니라.

선현이여. 색계라는 생각은 둘이 되고 색계가 공하다는 생각은 둘이 되지 않으며, 성·향·미·촉·법계라는 생각은 둘이 되고 성·향·미·촉·법계가 공하다는 생각은 둘이 되지 않느니라. 선현이여. 안식계라는 생각은 둘이 되고 안식계가 공하다는 생각은 둘이 되지 않으며, 이·비·설·신·의식계라는 생각은 둘이 되고 이·비·설·신·의식계가 공하다는 생각은 둘이 되지 않느니라.

선현이여. 안촉이라는 생각은 둘이 되고 안촉이 공하다는 생각은 둘이 되지 않으며, 이·비·설·신·의촉이라는 생각은 둘이 되고 이·비·설·신·의촉이 공하다는 생각은 둘이 되지 않느니라. 선현이여. 안촉을 인연으로 생겨나는 여러 수라는 생각은 둘이 되고 안촉을 인연으로 생겨나는 여러 수가 공하다는 생각은 둘이 되지 않으며, 이·비·설·신·의촉을 인연으로 생겨나는 여러 수라는 생각은 둘이 되고 이·비·설·신·의촉을 인연으로 생겨나는 여러 수가 공하다는 생각은 둘이 되지 않느니라.

　선현이여. 지계라는 생각은 둘이 되고 지계가 공하다는 생각은 둘이 되지 않으며, 수·화·풍·공·식계라는 생각은 둘이 되고 수·화·풍·공·식계가 공하다는 생각은 둘이 되지 않느니라. 선현이여. 인연이라는 생각은 둘이 되고 인연이 공하다는 생각은 둘이 되지 않으며, 등무간연·소연연·증상연이라는 생각은 둘이 되고 등무간연·소연연·증상연이 공하다는 생각은 둘이 되지 않느니라.

　선현이여. 무명이라는 생각은 둘이 되고 무명이 공하다는 생각은 둘이 되지 않으며, 행·식·명색·육처·촉·수·애·취·유·생·노사의 수탄고우뇌라는 생각은 둘이 되고 행, 나아가 노사의 수탄고우뇌가 공하다는 생각은 둘이 되지 않느니라. 선현이여. 보시바라밀다라는 생각은 둘이 되고 보시바라밀다가 공하다는 생각은 둘이 되지 않으며, 정계·안인·정진·정려·반야바라밀다라는 생각은 둘이 되고 정계, 나아가 반야바라밀다가 공하다는 생각은 둘이 되지 않느니라.

　선현이여. 내공이라는 생각은 둘이 되고 내공이 공하다는 생각은 둘이 되지 않으며, 외공·내외공·공공·대공·승의공·유위공·무위공·필경공·무제공·산공·무변이공·본성공·자상공·공상공·일체법공·불가득공·무성공·자성공·무성자성공이라는 생각은 둘이 되고 내공, 나아가 무성자성공이 공하다는 생각은 둘이 되지 않느니라. 선현이여. 4념주라는 생각은 둘이 되고 4념주가 공하다는 생각은 둘이 되지 않으며, 4정단·4신족·5근·5력·7등각지·8성도지라는 생각은 둘이 되고 4정단, 나아가 8성도지가 공하다는 생각은 둘이 되지 않느니라.

　선현이여. 고성제라는 생각은 둘이 되고 고성제가 공하다는 생각은 둘이 되지 않으며, 집·멸·도성제라는 생각은 둘이 되고 집·멸·도성제가 공하다는 생각은 둘이 되지 않느니라. 선현이여. 4정려라는 생각은 둘이 되고 4정려가 공하다는 생각은 둘이 되지 않으며, 4무량·4무색정이라는 생각은 둘이 되고 4무량·4무색정이 공하다는 생각은 둘이 되지 않느니라.

선현이여. 8해탈이라는 생각은 둘이 되고 8해탈이 공하다는 생각은 둘이 되지 않으며, 8승처·9차제정·10변처라는 생각은 둘이 되고 8승처·9차제정·10변처가 공하다는 생각은 둘이 되지 않느니라. 선현이여. 일체의 삼마지문이라는 생각은 둘이 되고 일체의 삼마지문이 공하다는 생각은 둘이 되지 않으며, 일체의 다라니문이라는 생각은 둘이 되고 일체의 다라니문이 공하다는 생각은 둘이 되지 않느니라.

선현이여. 공해탈문이라는 생각은 둘이 되고 공해탈문이 공하다는 생각은 둘이 되지 않으며, 무상·무원해탈문이라는 생각은 둘이 되고 무상·무원해탈문이 공하다는 생각은 둘이 되지 않느니라. 선현이여. 극희지라는 생각은 둘이 되고 극희지가 공하다는 생각은 둘이 되지 않으며, 이구지·발광지·염혜지·극난승지·현전지·원행지·부동지·선혜지·법운지라는 생각은 둘이 되고 이구지, 나아가 법운지가 공하다는 생각은 둘이 되지 않느니라.

선현이여. 5안이라는 생각은 둘이 되고 5안이 공하다는 생각은 둘이 되지 않으며, 6신통이라는 생각은 둘이 되고 6신통이 공하다는 생각은 둘이 되지 않느니라. 선현이여. 여래의 10력이라는 생각은 둘이 되고 여래의 10력이 공하다는 생각은 둘이 되지 않으며, 4무소외·4무애해·18불불공법이라는 생각은 둘이 되고 4무소외·4무애해·18불불공법이 공하다는 생각은 둘이 되지 않느니라.

선현이여. 대자라는 생각은 둘이 되고 대자가 공하다는 생각은 둘이 되지 않으며, 대비·대희·대사라는 생각은 둘이 되고 대비·대희·대사가 공하다는 생각은 둘이 되지 않느니라. 선현이여. 무망실법이라는 생각은 둘이 되고 무망실법이 공하다는 생각은 둘이 되지 않으며, 항주사성이라는 생각은 둘이 되고 항주사성이 공하다는 생각은 둘이 되지 않느니라.

선현이여. 일체지라는 생각은 둘이 되고 일체지가 공하다는 생각은 둘이 되지 않으며, 도상지·일체상지라는 생각은 둘이 되고 도상지·일체상지가 공하다는 생각은 둘이 되지 않느니라. 선현이여. 예류라는 생각은 둘이 되고 예류가 공하다는 생각은 둘이 되지 않으며, 일래·불환·아라한·

독각이라는 생각은 둘이 되고 일래·불환·아라한·독각이 공하다는 생각은 둘이 되지 않느니라.

　선현이여, 예류과라는 생각은 둘이 되고 예류과가 공하다는 생각은 둘이 되지 않으며, 일래과·불환과·아라한과·독각의 보리라는 생각은 둘이 되고 일래과·불환과·아라한과·독각의 보리가 공하다는 생각은 둘이 되지 않느니라. 선현이여, 보살마하살이라는 생각은 둘이 되고 보살마하살이 공하다는 생각은 둘이 되지 않으며, 여래·응공·정등각이라는 생각은 둘이 되고 여래·응공·정등각이 공하다는 생각은 둘이 되지 않느니라.

　선현이여, 보살마하살의 행이라는 생각은 둘이 되고 보살마하살의 행이 공하다는 생각은 둘이 되지 않으며, 무상정등보리라는 생각은 둘이 되고 무상정등보리가 공하다는 생각은 둘이 되지 않느니라. 선현이여, 유위계라는 생각은 둘이 되고 유위계가 공하다는 생각은 둘이 되지 않으며, 무위계라는 생각은 둘이 되고 무위계가 공하다는 생각은 둘이 되지 않느니라.

　선현이여, 여러 생각이 공하다는 것은 둘이 되고, 여러 무이(無二)라는 것은 이것이 있지 않은(非有) 것이며, 여러 있지 않은 것은 모두 생사(生死)가 없으며, 생사가 없는 것은 곧 능히 생(生)·노(老)·병(病)·사(死)의 수탄고우뇌(愁歎苦憂惱)를 해탈하느니라."

마하반야바라밀다경 제372권

64. 변학도품(遍學道品)(7)

"선현이여. 오히려 이러한 인연으로 두 생각이 있는 자는 결정적으로 보시바라밀다가 없고 역시 정계바라밀다도 없으며 역시 안인바라밀다도 없고 역시 정진바라밀다도 없으며 역시 정려바라밀다도 없고 역시 반야바라밀다도 없으며 역시 도(道)도 없고 역시 과위(果)도 없으며, 역시 현관(現觀)부터 순인(順忍)1)에 이르기까지 없다고 마땅히 알아야 하느니라.

오히려 있지 않는데, 하물며 색을 두루 알 수 있겠고, 수·상·행·식을 두루 알 수 있겠는가? 하물며 안처를 두루 알 수 있겠고, 이·비·설·신·의처를 두루 알 수 있겠는가? 하물며 색처를 두루 알 수 있겠고, 성·향·미·촉·법처를 두루 알 수 있겠는가? 하물며 안계를 두루 알 수 있겠고, 이·비·설·신·의계를 두루 알 수 있겠는가? 하물며 색계를 두루 알 수 있겠고, 성·향·미·촉·법계를 두루 알 수 있겠는가?

하물며 안식계를 두루 알 수 있겠고, 이·비·설·신·의식계를 두루 알 수 있겠는가? 하물며 안촉을 두루 알 수 있겠고, 이·비·설·신·의촉을 두루 알 수 있겠는가? 하물며 안촉을 인연으로 생겨난 여러 수를 두루 알 수 있겠고, 이·비·설·신·의촉을 인연으로 생겨난 여러 수를 두루 알 수 있겠는가? 하물며 지계를 두루 알 수 있겠고, 수·화·풍·공·식계를 두루 알 수 있겠는가? 하물며 인연을 두루 알 수 있겠고, 등무간연·소연연·

---

1) 보살이 법의 이치를 깨닫고 마음이 안주하는 것을 따라서 세운 계위(階位)인 오인(五忍)의 하나이다. 보살지의 4·5·6지(地)를 가리킨다.

증상연을 두루 알 수 있겠는가?

하물며 무명을 두루 알 수 있겠고, 행·식·명색·육처·촉·수·애·취·유·생·노사의 수탄고우뇌를 두루 알 수 있겠는가? 하물며 보시바라밀다를 두루 알 수 있겠고, 정계·안인·정진·정려·반야바라밀다를 두루 알 수 있겠는가? 하물며 내공을 두루 알 수 있겠고, 외공·내외공·공공·대공·승의공·유위공·무위공·필경공·무제공·산공·무변이공·본성공·자상공·공상공·일체법공·불가득공·무성공·자성공·무성자성공을 두루 알 수 있겠는가? 하물며 4념주를 두루 알 수 있겠고, 4정단·4신족·5근·5력·7등각지·8성도지를 두루 알 수 있겠는가?

하물며 고성제를 두루 알 수 있겠고, 집·멸·도성제를 두루 알 수 있겠는가? 하물며 4정려를 두루 알 수 있겠고, 4무량·4무색정을 두루 알 수 있겠는가? 하물며 8해탈을 두루 알 수 있겠고, 8승처·9차제정·10변처를 두루 알 수 있겠는가? 하물며 일체의 삼마지문을 두루 알 수 있겠고, 일체의 다라니문을 두루 알 수 있겠는가? 하물며 공해탈문을 두루 알 수 있겠고, 무상·무원해탈문을 두루 알 수 있겠는가? 하물며 극희지를 두루 알 수 있겠고, 이구지·발광지·염혜지·극난승지·현전지·원행지·부동지·선혜지·법운지를 두루 알 수 있겠는가?

하물며 5안을 두루 알 수 있겠고, 6신통을 두루 알 수 있겠는가? 하물며 고성제를 두루 알 수 있겠고, 집·멸·도성제를 두루 알 수 있겠는가? 하물며 여래의 10력을 두루 알 수 있겠고, 4무소외·4무애해·18불불공법을 두루 알 수 있겠는가? 하물며 대자를 두루 알 수 있겠고, 대비·대희·대사를 두루 알 수 있겠는가? 하물며 무망실법을 두루 알 수 있겠고, 항주사성을 두루 알 수 있겠는가? 하물며 일체지를 두루 알 수 있겠고, 도상지·일체상지를 두루 알 수 있겠는가?

하물며 예류과를 두루 알 수 있겠고, 일래과·불환과·아라한과·독각의 보리를 두루 알 수 있겠는가? 하물며 일체의 보살마하살의 행을 두루 알 수 있겠고, 제불의 무상정등보리를 두루 알 수 있겠는가? 그들은 오히려 여러 성스러운 도를 능히 수행할 수 없는데, 하물며 예류과·일래과

·불환과·아라한과·독각의 보리를 증득할 수 있겠는가? 하물며 다시 일체지지를 능히 증득할 수 있고 더불어 일체의 번뇌와 습기의 상속을 영원히 능히 단절할 수 있겠는가?"

65. 삼점차품(三漸次品)(1)

그때 구수 선현이 세존께 아뢰어 말하였다.
"세존이시여. 유상(有相)에 머무르는 자가 만약 순인(順忍)이 없고 도(道)가 없으며 과보도 없고 역시 현관도 없다면, 무상(無相)에 머무르는 자가 어찌 순인이 있겠습니까? 만약 정관지(淨觀地)이거나, 만약 종성지(種性地)이거나, 만약 제팔지(第八地)이거나, 만약 견지(見地)이거나, 만약 박지(薄地)이거나, 만약 이욕지(離欲地)이거나, 만약 이판지(已辦地)이거나, 만약 독각지(獨覺地)이거나, 만약 보살지(菩薩地)이거나, 만약 여래지(如來地)이거나, 만약 성스러운 도를 수행하는 인연과 성스러운 도를 수행하여 혹은 성문의 상에 상응하거나, 혹은 독각의 상에 상응하는 여러 번뇌를 단절함이 있겠습니까?
오히려 이러한 번뇌에 덮이고 장애되는 까닭이라면 제보살마하살이 어찌 능히 보살의 정성이생에 들어가겠고, 만약 능히 보살의 정성이생에 들어가지 못한다면 어찌 능히 일체상지를 증득하겠으며, 만약 능히 일체상지를 증득하지 못한다면 어찌 능히 일체의 번뇌와 습기의 상속을 영원히 끊겠습니까? 세존이시여. 만약 일체법이 모두 무소유라면 생겨남도 없고 소멸도 없으며 염오도 없고 청정함도 없는데, 이와 같이 제법이 이미 모두 생겨나지 않는다면 어찌 능히 일체지지를 증득할 수 있겠습니까?"
세존께서 말씀하셨다.
"선현이여. 그와 같으니라. 그와 같으니라. 그대가 말한 것과 같이 무상에 머무르는 자는 역시 순인이 없고, 정관지가 없으며 종성지가 없고 제팔지가 없으며 견지가 없고 박지가 없으며 이욕지가 없고 이판지가 없으며 독각지가 없고 보살지가 없으며 여래지가 없고, 성스러운 도를 수행하는 인연과 성스러운 도를 수행하여 혹은 성문의 상에 상응하거나, 혹은 독각의 상에 상응하는 여러 번뇌를 단절함이 없느니라.

오히려 이러한 번뇌에 덮이고 장애되는 까닭으로 제보살마하살은 능히 보살의 정성이생에 들어가지 못하고, 만약 능히 보살의 정성이생에 들어가지 못한다면 상응하여 능히 일체상지를 증득하지 못하며, 만약 능히 일체상지를 증득하지 못한다면 상응하여 능히 일체의 번뇌와 습기의 상속을 영원히 끊지 못하느니라. 선현이여. 만약 일체법이 모두 무소유라면 생겨남도 없고 소멸도 없으며 염오도 없고 청정함도 없는데, 이와 같이 제법이 이미 모두 생겨나지 않는다면 어찌 능히 일체지지를 증득할 수 있겠는가!"

구수 선현이 세존께 아뢰어 말하였다.

"세존이시여. 보살마하살이 깊은 반야바라밀다를 수행하는 때에, 유상(有想)이 있거나 무상(無想)이 있다고 사유(爲)합니까? 색이라는 생각(想)이 있다고 사유하고 수·상·행·식이라는 생각이 있다고 사유합니까? 안처라는 생각이 있다고 사유하고 이·비·설·신·의처라는 생각이 있다고 사유합니까? 색처라는 생각이 있다고 사유하고 성·향·미·촉·법처라는 생각이 있다고 사유합니까? 안계라는 생각이 있다고 사유하고 이·비·설·신·의계라는 생각이 있다고 사유합니까? 색계라는 생각이 있다고 사유하고 성·향·미·촉·법계라는 생각이 있다고 사유합니까?

안식계라는 생각이 있다고 사유하고 이·비·설·신·의식계라는 생각이 있다고 사유합니까? 안촉이라는 생각이 있다고 사유하고 이·비·설·신·의촉이라는 생각이 있다고 사유합니까? 안촉을 인연으로 생겨난 여러 수라는 생각이 있다고 사유하고 이·비·설·신·의촉을 인연으로 생겨난 여러 수라는 생각이 있다고 사유합니까? 지계라는 생각이 있다고 사유하고 수·화·풍·공·식계라는 생각이 있다고 사유합니까? 인연이라는 생각이 있다고 사유하고 등무간연·소연연·증상연이라는 생각이 있다고 사유합니까? 탐욕이라는 생각이 있다고 사유하고 탐욕을 단절한다는 생각이 있다고 사유합니까? 진에·우치라는 생각이 있다고 사유하고 진에·우치를 단절한다는 생각이 있다고 사유합니까?

무명이라는 생각이 있다고 사유하고 행·식·명색·육처·촉·수·애·취·유·생·노사의 수탄고우뇌라는 생각이 있다고 사유합니까? 보시바라밀다라는 생각이 있다고 사유하고 정계·안인·정진·정려·반야 바라밀다라는 생각이 있다고 사유합니까? 내공이라는 생각이 있다고 사유하고 외공·내외공·공공·대공·승의공·유위공·무위공·필경공·무제공·산공·무변이공·본성공·자상공·공상공·일체법공·불가득공·무성공·자성공·무성자성공이라는 생각이 있다고 사유합니까? 4념주라는 생각이 있다고 사유하고 4정단·4신족·5근·5력·7등각지·8성도지라는 생각이 있다고 사유합니까?

고성제라는 생각이 있다고 사유하고 집·멸·도성제라는 생각이 있다고 사유합니까? 4정려라는 생각이 있다고 사유하고 4무량·4무색정이라는 생각이 있다고 사유합니까? 8해탈이라는 생각이 있다고 사유하고 8승처·9차제정·10변처라는 생각이 있다고 사유합니까? 삼마지문이라는 생각이 있다고 사유하고 다라니문이라는 생각이 있다고 사유합니까? 공해탈문이라는 생각이 있다고 사유하고 무상·무원해탈문이라는 생각이 있다고 사유합니까? 극희지라는 생각이 있다고 사유하고 이구지·발광지·염혜지·극난승지·현전지·원행지·부동지·선혜지·법운지라는 생각이 있다고 사유합니까?

여래의 10력이라는 생각이 있다고 사유하고 4무소외·4무애해·18불불공법이라는 생각이 있다고 사유합니까? 대자라는 생각이 있다고 사유하고 대비·대희·대사라는 생각이 있다고 사유합니까? 무망실법이라는 생각이 있다고 사유하고 항주사성이라는 생각이 있다고 사유합니까? 일체지라는 생각이 있다고 사유하고 도상지·일체상지라는 생각이 있다고 사유합니까? 예류과라는 생각이 있다고 사유하고 일래과·불환과·아라한과·독각의 보리라는 생각이 있다고 사유합니까? 보살마하살의 행이라는 생각이 있다고 사유하고 제불의 무상정등보리라는 생각이 있다고 사유합니까? 일체지지라는 생각이 있다고 사유하고 일체의 번뇌와 습기의 상속을 영원히 단절한다는 생각이 있다고 사유합니까?

  색이라는 생각이 있다고 사유하고 색을 단절한다는 생각이 있다고 사유합니까? 수·상·행·식이라는 생각이 있다고 사유하고 수·상·행·식을 단절한다는 생각이 있다고 사유합니까? 안처라는 생각이 있다고 사유하고 안처를 단절한다는 생각이 있다고 사유합니까? 이·비·설·신·의처라는 생각이 있다고 사유하고 이·비·설·신·의처를 단절한다는 생각이 있다고 사유합니까? 색처라는 생각이 있다고 사유하고 색처를 단절한다는 생각이 있다고 사유합니까? 성·향·미·촉·법처라는 생각이 있다고 사유하고 성·향·미·촉·법처를 단절한다는 생각이 있다고 사유합니까?
  안계라는 생각이 있다고 사유하고 안계를 단절한다는 생각이 있다고 사유합니까? 이·비·설·신·의계라는 생각이 있다고 사유하고 이·비·설·신·의계를 단절한다는 생각이 있다고 사유합니까? 색계라는 생각이 있다고 사유하고 색계를 단절한다는 생각이 있다고 사유합니까? 성·향·미·촉·법계라는 생각이 있다고 사유하고 성·향·미·촉·법계를 단절한다는 생각이 있다고 사유합니까? 안식계라는 생각이 있다고 사유하고 안식계를 단절한다는 생각이 있다고 사유합니까? 이·비·설·신·의식계라는 생각이 있다고 사유하고 이·비·설·신·의식계를 단절한다는 생각이 있다고 사유합니까?
  안촉이라는 생각이 있다고 사유하고 안촉을 단절한다는 생각이 있다고 사유합니까? 이·비·설·신·의촉이라는 생각이 있다고 사유하고 이·비·설·신·의촉을 단절한다는 생각이 있다고 사유합니까? 안촉을 인연으로 생겨난 여러 수라는 생각이 있다고 사유하고 안촉을 인연으로 생겨난 여러 수를 단절한다는 생각이 있다고 사유합니까? 이·비·설·신·의촉을 인연으로 생겨난 여러 수라는 생각이 있다고 사유하고 이·비·설·신·의촉을 인연으로 생겨난 여러 수를 단절한다는 생각이 있다고 사유합니까? 지계라는 생각이 있다고 사유하고 지계를 단절한다는 생각이 있다고 사유합니까? 수·화·풍·공·식계라는 생각이 있다고 사유하고 수·화·풍·공·식계를 단절한다는 생각이 있다고 사유합니까?

　인연이라는 생각이 있다고 사유하고 인연을 단절한다는 생각이 있다고 사유합니까? 등무간연·소연연·증상연이라는 생각이 있다고 사유하고 등무간연·소연연·증상연을 단절한다는 생각이 있다고 사유합니까? 탐욕이라는 생각이 있다고 사유하고 탐욕을 단절한다는 생각이 있다고 사유합니까? 진에·우치라는 생각이 있다고 사유하고 진에·우치를 단절한다는 생각이 있다고 사유합니까? 무명이라는 생각이 있다고 사유하고 무명을 단절한다는 생각이 있다고 사유합니까? 행·식·명색·육처·촉·수·애·취·유·생·노사의 수탄고우뇌라는 생각이 있다고 사유하고 행, 나아가 노사의 수탄고우뇌를 단절한다는 생각이 있다고 사유합니까?

　보시바라밀다라는 생각이 있다고 사유하고 보시바라밀다를 단절한다는 생각이 있다고 사유합니까? 정계·안인·정진·정려·반야바라밀다라는 생각이 있다고 사유하고 정계, 나아가 반야바라밀다를 단절한다는 생각이 있다고 사유합니까? 내공이라는 생각이 있다고 사유하고 내공을 단절한다는 생각이 있다고 사유합니까? 외공·내외공·공공·대공·승의공·유위공·무위공·필경공·무제공·산공·무변이공·본성공·자상공·공상공·일체법공·불가득공·무성공·자성공·무성자성공이라는 생각이 있다고 사유하고 외공, 나아가 무성자성공을 단절한다는 생각이 있다고 사유합니까? 4념주라는 생각이 있다고 사유하고 4념주를 단절한다는 생각이 있다고 사유합니까? 4정단·4신족·5근·5력·7등각지·8성도지라는 생각이 있다고 사유하고 4정단, 나아가 8성도지를 단절한다는 생각이 있다고 사유합니까?

　고성제라는 생각이 있다고 사유하고 고성제를 단절한다는 생각이 있다고 사유합니까? 집·멸·도성제라는 생각이 있다고 사유하고 집·멸·도성제를 단절한다는 생각이 있다고 사유합니까? 4정려라는 생각이 있다고 사유하고 4정려를 단절한다는 생각이 있다고 사유합니까? 4무량·4무색정이라는 생각이 있다고 사유하고 4무량·4무색정을 단절한다는 생각이 있다고 사유합니까? 삼마지문이라는 생각이 있다고 사유하고 삼마지문을 단절한다는 생각이 있다고 사유합니까? 다라니문이라는 생각이 있다고 사유하고 다라니문을 단절한다는 생각이 있다고 사유합니까?

공해탈문이라는 생각이 있다고 사유하고 공해탈문을 단절한다는 생각이 있다고 사유합니까? 무상·무원해탈문이라는 생각이 있다고 사유하고 무상·무원해탈문을 단절한다는 생각이 있다고 사유합니까? 극희지라는 생각이 있다고 사유하고 극희지를 단절한다는 생각이 있다고 사유합니까? 이구지·발광지·염혜지·극난승지·현전지·원행지·부동지·선혜지·법운지라는 생각이 있다고 사유하고 이구지, 나아가 법운지를 단절한다는 생각이 있다고 사유합니까? 여래의 10력이라는 생각이 있다고 사유하고 여래의 10력을 단절한다는 생각이 있다고 사유합니까? 4무소외·4무애해·18불불공법이라는 생각이 있다고 사유하고 4무소외·4무애해·18불불공법을 단절한다는 생각이 있다고 사유합니까?

대자라는 생각이 있다고 사유하고 대자를 단절한다는 생각이 있다고 사유합니까? 대비·대희·대사라는 생각이 있다고 사유하고 대비·대희·대사를 단절한다는 생각이 있다고 사유합니까? 무망실법이라는 생각이 있다고 사유하고 무망실법을 단절한다는 생각이 있다고 사유합니까? 항주사성이라는 생각이 있다고 사유하고 항주사성을 단절한다는 생각이 있다고 사유합니까? 일체지라는 생각이 있다고 사유하고 일체지를 단절한다는 생각이 있다고 사유합니까? 도상지·일체상지라는 생각이 있다고 사유하고 도상지·일체상지를 단절한다는 생각이 있다고 사유합니까?

예류과라는 생각이 있다고 사유하고 예류과를 단절한다는 생각이 있다고 사유합니까? 일래과·불환과·아라한과·독각의 보리라는 생각이 있다고 사유하고 일래과·불환과·아라한과·독각의 보리를 단절한다는 생각이 있다고 사유합니까? 보살마하살의 행이라는 생각이 있다고 사유하고 보살마하살의 행을 단절한다는 생각이 있다고 사유합니까? 제불의 무상정등보리라는 생각이 있다고 사유하고 제불의 무상정등보리를 단절한다는 생각이 있다고 사유합니까? 일체지지라는 생각이 있다고 사유하고 일체지지를 단절한다는 생각이 있다고 사유합니까? 일체의 번뇌와 습기의 상속을 영원히 단절한다는 생각이 있다고 사유하고 일체의 번뇌와 습기의 상속을 영원히 단절한다는 생각이 있다고 사유합니까?"

세존께서 말씀하셨다.

"선현이여. 보살마하살이 깊은 반야바라밀다를 수행하는 때에, 일체법에서 모두 유상이 없고 역시 무상도 없느니라. 선현이여. 만약 유상이 없고 역시 무상도 없다면 곧 이것이 곧 보살의 순인이라고 마땅히 알아야 하고, 만약 유상이 없고 역시 무상도 없다면 곧 이것이 도(道)를 수행하는 것이라고 마땅히 알아야 하며, 만약 유상이 없고 역시 무상도 없다면 곧 이것이 과보를 얻는 것이라고 마땅히 알아야 하느니라. 선현이여. 무성은 곧 이것이 보살마하살의 도이며, 무성은 곧 이것이 보살마하살의 현관이니라. 선현이여. 오히려 이러한 인연으로 일체법은 모두 무성으로써 그 자성을 삼는다고 마땅히 알아야 하느니라."

구수 선현이 세존께 아뢰어 말하였다.

"세존이시여. 만약 일체법이 모두 무성(無性)으로써 그 자성을 삼는다면 어찌하여 여래께서는 일체법에서 무성으로써 자성을 삼고서 정등각을 나타내시며, 일체법과 여러 경계에서 자재(自在)함을 증득하셨습니까?"

세존께서 말씀하셨다.

"선현이여. 그와 같으니라. 그와 같으니라. 일체법은 모두 무성으로써 자성을 삼느니라. 내가 본래 보살도를 수학하던 때에 전도가 없는 보시·정계·안인·정진·정려·반야바라밀다를 수행하였고, 탐욕과 악한 불선법을 벗어나서 유심유사(有尋有伺)의 이생희락(離生喜樂)에 들어가서 초정려(初靜慮)를 구족하고서 안주(安住)하였느니라. 심사(尋伺)가 적정해져서 내신(內身) 등이 평등하고 청정하며 마음이 하나로 자성에 나아갔으며,

무심무사(無尋無伺)의 정생희락(定生喜樂)에 들어가서 제2정려(第二靜慮)를 구족하고서 안주하였느니라.

희심(喜心)을 벗어나고 사심(捨心)에 안주하면서 정념(正念)하고 정지(正知)하며, 몸으로 받는 즐거움을 상응하여 버리라고 성스럽게 설하는 것에 들어가서 제3정려를 구족하고 안주하였느니라. 즐거움도 단절되었고 괴로움도 단절되었으며, 이전의 기쁨과 걱정도 사라져서 괴롭지도 않고 즐겁지도 않았으며, 사념(捨念)이 청정한 것에 들어가서 제4정려를 구족하고 안주하였느니라. 나는 그때에 여러 정려와 정려지(靜慮支)에서 비록 상(相)을 잘 취하였으나 집착하였던 것이 없었고, 여러 정려와 정려지에서 모두 맛(味)에 집착이 없었으며, 여러 정려와 정려지에서 모두 얻은 것이 없었느니라. 나는 그때에 여러 정려와 정려지에서 청정한 행상(行相)으로 분별하는 것이 없이 구족하여 안주하였느니라.

나는 그때에 여러 정려와 정려지에서 선하게 성숙시켜서 마음으로 신경지증통(神境智證通)을 일으켰고, 역시 천이지증통(天耳智證通)을 일으켰으며, 역시 타심지증통(他心智證通)을 일으켰고, 역시 숙주수념지증통(宿住隨念智證通)을 일으켰으며, 역시 천안지증통(天眼智證通)을 일으켰느니라. 나는 그때에 일으켰던 것인 여러 지증통에서 비록 상을 잘 취(取)하였으나 집착하는 것이 없었고, 일으켰던 것인 여러 지증통에서 모두 맛에 집착함이 없었으며, 일으켰던 것인 여러 지증통에서 허공과 같은 견해로써 분별하였던 것이 없어서 구족하고 안주하였느니라.

선현이여. 나는 그때에 한 찰나를 상응하는 미묘한 지혜로써 무상정등보리를 증득하였는데 이를테면, 등각(等覺)2)인 이것은 고성제이고, 이것은 집성제이며, 이것은 멸성제이고, 이것은 도성제일지라도 모두 무소유라고 나타내었고, 10력·4무소외·4무애해·대자·대비·대희·대사·18불불공법 등의 무범한 공덕(功德)을 성취하였으며, 3취(三聚)3)의 유정들을

---

2) 산스크리트어 saṃbuddha의 번역이고, 보살이 수행하는 오십이위(五十二位) 단계의 가운데에서 제51위의 단계이다. 수행이 성취되어 지혜(智慧)와 공덕(功德)이 부처의 묘각(妙覺)과 같아지려는 지위(地位)이다.

차별하여 안립시켰고, 그들에게 상응하는 것인 방편을 따라서 교계하고 인도하여 수승한 이익과 안락을 획득하게 하였느니라."

구수 선현이 세존께 아뢰어 말하였다.
"세존이시여. 어찌하여 여래·응공·정등각께서는 무성(無相)으로 자성(自性)을 삼아서 능히 일으키고, 4정려에서 무성으로 자성을 삼아서 능히 일으키며, 5신통(五神通)에서 무성으로 자성을 삼아서 능히 증득하고, 무상정등보리에서 무성으로 자성을 삼아서 능히 안립시키며, 유정들을 3취(三趣)로 짓고서 그들에게 상응하는 것인 방편을 따라서 교계하고 인도하여 수승한 이익과 안락을 얻게 합니까?"
세존께서 말씀하셨다.
"선현이여. 만약 여러 욕망과 악한 불선법 등이 작은 자성이라도 있었고, 혹은 다시 타성(他性)을 자성으로 삼았다면, 내가 본래 보살도를 수행하던 때에 일체의 욕망과 악한 불선법 등을 통달하고서 모두 무성으로써 자성을 삼았다면, 능히 초정려에 들어가서 구족하여 상응하여 안주하지 못하였고, 제2·제3·제4정려에 들어가서 구족하여 상응하여 안주하지 못하였으리라. 여러 욕망과 악한 불선법 등으로써 자성과 타성이 없는 것으로써 다만 무성으로써 자성을 삼았던 까닭으로, 내가 본래 보살도를 수행하던 때에, 욕망과 악한 불선법 등을 통달하였더라도 모두 무성으로써 자성을 삼았던 까닭으로, 욕망과 악한 불선법 등을 벗어났고, 유심유사의 이생희락에 들어가서 초정려를 구족하고서 안주하였느니라.
심사가 적정해져서 내신 등이 평등하고 청정하며 마음이 하나로 자성에 나아갔으며, 무심무사의 정생희락에 들어가서 제2정려를 구족하고서 안주하였느니라. 희심을 벗어나고 사심에 안주하면서 정념하고 정지하며, 몸으로 받는 즐거움을 상응하여 버리라고 성스럽게 설하는 것에 들어가서 제3정려를 구족하고 안주하였느니라. 즐거움도 단절되었고

---

3) 중생을 세 부류로 나눈 것으로, '정정취(正定聚)', '사정취(邪定聚)', '부정취(不定聚)' 등을 가리킨다.

괴로움도 단절되었으며, 이전의 기쁨과 걱정도 사라져서 괴롭지도 않고 즐겁지도 않았으며, 사념이 청정한 것에 들어가서 제4정려를 구족하고 안주하였느니라.

　선현이여. 만약 여러 신통이 작은 자성이라도 있었고, 혹은 다시 타성을 자성으로 삼았다면, 내가 본래 보살도를 수행하던 때에 일체의 신통을 통달하고서 모두 무성으로써 자성을 삼았다면, 여러 종류의 자재한 신통을 상응하여 일으키지 못하였으리라. 여러 신통으로써 자성과 타성이 없는 것으로써, 다만 무성으로써 자성을 삼았던 까닭으로, 내가 본래 보살도를 수행하던 때에 신통을 통달하였더라도 모두 무성으로써 자성을 삼고서 마음에서 능히 신경지증통을 일으키게 하였고, 역시 천이·타심·숙주수념·천안지증통을 일으키게 하였으며, 여러 경계에서 자재하고 장애가 없었느니라.

　선현이여. 만약 여래(佛)의 무상정등보리에서 작은 자성이라도 있었고, 혹은 다시 타성을 자성으로 삼았다면, 내가 본래 보살도를 수행하던 때에 제불의 무상정등보리를 통달하고서 모두 무성으로써 자성을 삼았다면, 무상정등보리를 상응하여 통달하지 못하였으리라. 여래의 무상정등보리로써 자성과 타성이 없는 것으로써, 다만 무성으로써 자성을 삼았던 까닭으로, 내가 본래 보살도를 수행하던 때에 무상정등보리를 통달하였더라도 모두 무성으로써 자성을 삼고서 일념(一念)에 상응하는 미묘한 지혜를 능히 수용하여 무상정등보리를 증득하였으며, 고·집·멸·도성제가 모두 무소유라고 여실하게 깨달아 알고서 여래의 10력·4무소외·4무애해·대자·대비·대희·대사·18불불공법 등의 무변한 공덕을 성취하였느니라.

　선현이여. 만약 제유정들이 작은 자성이라도 있었고, 혹은 다시 타성을 자성으로 삼았다면, 내가 성불(成佛)하고서 일체의 유정들을 통달하였다면, 모두 무성으로써 자성을 삼고서 3취의 유정을 차별하여 상응하여 안립시키지 못하였으리라. 제유정들이 자성과 타성이 없는 것으로써, 다만 무성으로써 자성을 삼았던 까닭으로, 내가 성불하고서 일체의 유정들을 통달하였더라도 모두 무성으로써 자성을 삼고서 3취의 유정을 차별하여 안립시켰고, 그들에게 상응하는 것인 방편을 따라서 교계하고 인도하여 수승한 이익과 안락을 획득하게 하였느니라."

그때 구수 선현이 세존께 아뢰어 말하였다.
"세존이시여. 만약 보살마하살이 무성으로써 자성을 삼는 법에 의지하여 4정려를 일으키고 5안을 일으키며 무상정등보리를 증득하고 3취로 유정을 차별하여 안립시키고, 그들에게 상응하는 것인 방편을 따라서 교계하고 인도하여 수승한 이익과 안락한 일을 획득하게 하였다면, 어찌하여 보살마하살은 무성으로써 자성을 삼는 법의 가운데에서 점차(漸次)의 업·점차의 수학·점차의 행이 있으며, 오히려 이러한 점차(漸次)의 업·점차의 수학·점차의 행을 까닭으로 무상정등보리를 증득합니까?"
세존께서 말씀하셨다.
"선현이여. 만약 제보살마하살이 최초로 불·세존의 처소를 쫓아서 들었거나, 만약 제불께 많이 공양한 보살마하살의 처소를 쫓아서 들었거나, 만약 독각의 처소를 쫓아서 들었거나, 만약 아라한의 처소를 쫓아서 들었거나, 만약 불환·일래·예류의 처소를 쫓아서 들었더라도, 제불(諸佛)·세존(世尊)께서 무성으로써 자성을 삼아서 구경에 증득하신 것이고, 무성으로써 자성법(自性法)을 삼는 까닭으로 불·세존이라고 이름하느니라. 제보살마하살도 역시 무성으로써 자성을 삼아서 점차로 증득하는 것이며, 무성으로써 자성법을 삼는 까닭으로 보살마하살이라고 이름하느니라.

일체의 연각도 역시 무성으로써 자성을 삼아서 점차로 증득하는 것이며, 무성으로써 자성법을 삼는 까닭으로 연각이라고 이름하느니라. 제아라한도 역시 무성으로써 자성을 삼아서 점차로 증득하는 것이며, 무성으로써 자성법을 삼는 까닭으로 아라한이라고 이름하느니라. 일체의 불환(不還)·일래(一來)·예류(預流)도 역시 무성으로써 자성을 삼아서 점차로 증득하는 것이며, 무성으로써 자성법을 삼는 까닭으로 불환·일래·예류라고 이름하느니라.

여러 현사(賢士)와 선사(善士)도 역시 무성으로써 자성을 삼아서 신해(信解)를 결정하는 것이고, 무성으로써 자성법을 삼는 까닭으로 현사와 선사라고 이름하느니라. 여러 나머지 유정들의 일체의 행과 일체법도 모두 무성으로써 자성을 삼았으므로, 나아가 털끝과 같은 양의 만약 행이거나 만약 법이 있었더라도, 실유(實有)인 자성을 얻을 수 있는 것은 없느니라.

이 보살마하살은 이러한 일을 듣고서, '일체 유정들의 일체의 행과 일체법이 모두 무성으로써 자성법을 삼아서 신해를 증득하거나, 무성으로써 자성법을 삼는 까닭으로 불·보살·독각·성문·현사·선사라고 이름하며, 내가 무상정등보리에서 만약 증득하거나 만약 증득하지 못하더라도, 일체 유정들의 일체의 행과 일체법은 항상 무성으로써 자성법을 삼는 까닭으로, 나는 결정적으로 상응하게 무상정등보리를 일으켜서 나아가고 보리를 증득하겠고, 만약 제유정들이 유상을 행하는 자라면, 방편으로 안립시켜서 무상에 머무르게 하겠다.'라고 이렇게 사유를 짓느니라.

선현이여. 이 보살마하살은 이렇게 사유하였다면 무상정등보리를 일으켜서 나아가면서 널리 모든 유정들을 구제하여 제도하기 위한 까닭으로 점차로 업을 싯고 점차로 수학하며 점차로 행을 수행하느니라. 과거의 세상에 제보살마하살이 무상정등보리를 일으켜서 나아가면서 먼저 점차로 업·수학·행을 수행하였던 까닭으로 무상정등보리를 증득하였던 것과 같이, 이 보살마하살도 역시 다시 그와 같으니라. 먼저 상응하여 보시바라밀다를 수행하고, 다음으로 상응하여 정계바라밀다를 수행하며, 다음으로 상응하여 안인바라밀다를 수행하고, 다음으로 상응하여 정진바라밀다를 수행하며, 다음으로 상응하여 정려바라밀다를 수행하고 다음으로 상응하여 반야바라밀다를 수행하느니라.

선현이여. 이 보살마하살은 초발심부터 보시바라밀다를 수행하는 때에 상응하여 스스로가 보시바라밀다를 수행하고, 역시 다른 사람에게 권유하여 보시바라밀다를 수행하게 하며, 보시바라밀다의 공덕을 찬양(稱揚)하고 나타내어 보여주며, 보시바라밀다를 수행하는 자를 환희(歡喜)하며 찬탄(讚歎)하느니라. 오히려 이러한 인연으로 보시가 원만해져서 천상(天上)이나 인간의 가운데에 태어나서 큰 재물과 지위를 얻고, 항상 보시를 행하면서 간탐(慳貪)하는 마음을 벗어나며, 제유정들을 따라서 음식이 필요하면 음식을 보시하고, 마실 것이 필요하면 마실 것을 보시하며, 옷이 필요하면 옷을 보시하고, 수레가 필요하면 수레를 보시하며, 향과 꽃이 필요하면 향과 꽃을 보시하고, 영락이 필요하면 영락을 보시하며, 방사(房舍)가 필요하면 방사를 보시하고, 와구(臥具)가 필요하면 와구를 보시하며, 등불(燈明)이 필요하면 등불을 보시하고, 재물과 보배가 필요하면 재물과 보배를 보시하며, 남노비(僮僕)가 필요하면 남노비를 보시하고, 나머지의 필요한 여러 종류의 자구(資具)를 모두 보시하느니라.

이 보살마하살은 오히려 보시를 까닭으로 계온(戒蘊)을 수지(受持)하여 천상이나 인간에 태어나서 큰 존귀함을 얻고, 오히려 보시와 계온을 까닭으로 다시 정온(定蘊)을 얻으며, 오히려 보시와 계온·정려를 까닭으로 다시 혜온(慧蘊)을 얻고, 오히려 보시와 계온·정온·혜온을 까닭으로 다시 해탈온(解脫蘊)을 얻고, 보시와 계온·정온·혜온·혜탈온을 까닭으로 다시 해탈지견온(解脫知見蘊)을 얻느니라.

오히려 보시와 계온·정온·혜온·혜탈온·해탈지견온이 원만해지는 까닭으로 여러 성문지와 독각지를 초월하여 보살의 정성이생에 들어가고, 보살의 정성이생위(定性離生位)에 들어간다면 곧 능히 청정하게 불국토를 장엄하여 유정을 성숙시키고, 청정하게 불국토를 장엄하여 유정을 성숙시키는 것이 원만해진다면 곧 능히 무상정등보리를 증득하느니라. 무상정등보리를 증득한다면 곧 능히 바른 법륜을 굴리고, 오히려 바른 법륜을 굴리는 까닭으로 유정들을 3승법(三乘法)에 안주하게 하는데, 유정들이 3승법에 안주하였다면 생사를 해탈하여 열반을 증득하느니라.

선현이여. 이 보살마하살은 오히려 보시를 까닭으로 이와 같이 점차로 업을 짓고 점차로 수학하며 점차로 행을 수행하더라도 일체를 모두 얻을 수 없다고 관찰하느니라. 왜 그러한가? 일체법은 자성이 없는 까닭이니라.

다시 다음으로 선현이여. 이 보살마하살은 초발심부터 정계바라밀다를 수행하는 때에 상응하여 스스로가 정계바라밀다를 수행하고, 역시 다른 사람에게 권유하여 정계바라밀다를 수행하게 하며, 정계바라밀다의 공덕을 찬양하고 나타내어 보여주며, 정계바라밀다를 수행하는 자를 환희하며 찬탄하느니라. 오히려 이러한 인연으로 정계가 원만해져서 천상이나 인간의 가운데에 태어나서 큰 존귀함을 얻고, 빈궁(貧窮)한 자에게 여러 종류의 재물을 모두 보시하느니라.

이미 보시를 행하였다면 계온·정온·혜온·혜탈온·해탈지견온에 안주하고, 오히려 계온·정온·혜온·혜탈온·해탈지견온이 청정한 까닭으로 여러 성문지와 독각지를 초월하여 보살의 정성이생에 들어가고, 보살의 정성이생위에 들어간다면 곧 능히 청정하게 불국토를 장엄하여 유정을 성숙시키고, 청정하게 불국토를 장엄하여 유정을 성숙시키는 것이 원만해진다면 곧 능히 무상정등보리를 증득하느니라. 무상정등보리를 증득한다면 곧 능히 바른 법륜을 굴리고, 오히려 바른 법륜을 굴리는 까닭으로 유정들을 3승법에 안주하게 하는데, 유정들이 3승법에 안주하였다면 생사를 해탈하여 열반을 증득하느니라.

선현이여. 이 보살마하살은 오히려 정계를 까닭으로 이와 같이 점차로 업을 싯고 점차로 수학하며 점차로 행을 수행하더라도 일체를 모두 얻을 수 없다고 관찰하느니라. 왜 그러한가? 일체법은 자성이 없는 까닭이니라.

다시 다음으로 선현이여. 이 보살마하살은 초발심부터 안인바라밀다를 수행하는 때에 상응하여 스스로가 안인바라밀다를 수행하고, 역시 다른 사람에게 권유하여 안인바라밀다를 수행하게 하며, 안인바라밀다의 공덕을 찬양하고 나타내어 보여주며, 안인바라밀다를 수행하는 자를 환희하며 찬탄하느니라. 이 보살마하살은 능히 안인을 수행하는 때에 능히 재물로써 제유정에게 보시하여 모두를 만족하게 하고, 이미 보시를 행하였다면 계온에 안주하고 안인에 안주하며 정온·혜온·해탈온·해탈지견온에 안주하느니라.

오히려 계온·정온·혜온·혜탈온·해탈지견온이 청정한 까닭으로 여러 성문지와 독각지를 초월하여 보살의 정성이생에 들어가고, 보살의 정성이

생위에 들어간다면 곧 능히 청정하게 불국토를 장엄하여 유정을 성숙시키고, 청정하게 불국토를 장엄하여 유정을 성숙시키는 것이 원만해진다면 곧 능히 무상정등보리를 증득하느니라. 무상정등보리를 증득한다면 곧 능히 바른 법륜을 굴리고, 오히려 바른 법륜을 굴리는 까닭으로 유정들을 3승법에 안주하게 하는데, 유정들이 3승법에 안주하였다면 생사를 해탈하여 열반을 증득하느니라.

　선현이여. 이 보살마하살은 오히려 안인을 까닭으로 이와 같이 점차로 업을 짓고 점차로 수학하며 점차로 행을 수행하더라도 일체를 모두 얻을 수 없다고 관찰하느니라. 왜 그러한가? 일체법은 자성이 없는 까닭이니라.

　다시 다음으로 선현이여. 이 보살마하살은 초발심부터 정진바라밀다를 수행하는 때에 상응하여 스스로가 정진바라밀다를 수행하고, 역시 다른 사람에게 권유하여 정진바라밀다를 수행하게 하며, 정진바라밀다의 공덕을 찬양하고 나타내어 보여주며, 정진바라밀다를 수행하는 자를 환희하며 찬탄하느니라. 이 보살마하살은 능히 정진을 수행하는 때에 능히 재물로써 제유정들에게 보시하여 모두를 만족하게 하고, 이미 보시를 행하였다면 계온에 안주하고 안인에 안주하며 정진에 안주하고 정온·혜온·해탈온·해탈지견온에 안주하느니라.

　오히려 계온·정온·혜온·혜탈온·해탈지견온이 청정한 까닭으로 여러 성문지와 독각지를 초월하여 보살의 정성이생에 들어가고, 보살의 정성이생위에 들어간다면 곧 능히 청정하게 불국토를 장엄하여 유정을 성숙시키고, 청정하게 불국토를 장엄하여 유정을 성숙시키는 것이 원만해진다면 곧 능히 무상정등보리를 증득하느니라. 무상정등보리를 증득한다면 곧 능히 바른 법륜을 굴리고, 오히려 바른 법륜을 굴리는 까닭으로 유정들을 3승법에 안주하게 하는데, 유정들이 3승법에 안주하였다면 생사를 해탈하여 열반을 증득하느니라.

　선현이여. 이 보살마하살은 오히려 정진을 까닭으로 이와 같이 점차로 업을 짓고 점차로 수학하며 점차로 행을 수행하더라도 일체를 모두 얻을 수 없다고 관찰하느니라. 왜 그러한가? 일체법은 자성이 없는 까닭이니라.

다시 다음으로 선현이여. 이 보살마하살은 초발심부터 정려바라밀다를 수행하는 때에 상응하여 스스로가 4정려·4무량·4무색정에 들어가고, 역시 다른 사람에게 권유하여 4정려·4무량·4무색정에 들어가게 하며, 4정려·4무량·4무색정의 공덕을 찬양하고 나타내어 보여주며, 4정려·4무량·4무색정을 수행하는 자를 환희하며 찬탄하느니라. 이 보살마하살은 능히 정진을 수행하는 때에 능히 재물로써 제유정에게 베풀어주어 모두를 만족하게 하고, 이미 보시를 행하였다면 계온에 안주하고 안인에 안주하며 정진에 안주하고 정온·혜온·해탈온·해탈지견온에 안주하느니라.

오히려 계온·정온·혜온·혜탈온·해탈지견온이 청정한 까닭으로 여러 성문지와 독각지를 초월하여 보살의 정성이생에 들어가고, 보살의 정성이생위에 들어간다면 곧 능히 청정하게 불국토를 장엄하여 유정을 성숙시키고, 청정하게 불국토를 장엄하여 유정을 성숙시키는 것이 원만해진다면 곧 능히 무상정등보리를 증득하느니라. 무상정등보리를 증득한다면 곧 능히 바른 법륜을 굴리고, 오히려 바른 법륜을 굴리는 까닭으로 유정들을 3승법에 안주하게 하는데, 유정들이 3승법에 안주하였다면 생사를 해탈하여 열반을 증득하느니라.

선현이여. 이 보살마하살은 오히려 정려를 까닭으로 이와 같이 점차로 업을 짓고 점차로 수학하며 점차로 행을 수행하더라도 일체를 모두 얻을 수 없다고 관찰하느니라. 왜 그러한가? 일체법은 자성이 없는 까닭이니라.

다시 다음으로 선현이여. 이 보살마하살은 초발심부터 반야바라밀다를 수행하는 때에 제유정들에게 여러 종류의 재물을 보시하고, 계온에 안주하고, 안인에 안주하며, 정진에 안주하며, 정온·혜온·해탈온·해탈지견온에 안주하고, 스스로가 보시·정계·안인·정진·정려·반야바라밀다를 수행하고, 역시 다른 사람에게 권유하여 보시·정계·안인·정진·정려·반야바라밀다를 수행하게 하며, 보시·정계·안인·정진·정려·반야바라밀다의 공덕을 찬양하고 나타내어 보여주며, 보시·정계·안인·정진·정려·반야바라밀다를 수행하는 자를 환희하며 찬탄하느니라.

이 보살마하살은 오히려 보시·정계·안인·정진·정려·반야바라밀다의 방편선교의 힘을 까닭으로 여러 성문지와 독각지를 초월하여 보살의 정성이생에 들어가고, 보살의 정성이생위에 들어간다면 곧 능히 청정하게 불국토를 장엄하여 유정을 성숙시키고, 청정하게 불국토를 장엄하여 유정을 성숙시키는 것이 원만해진다면 곧 능히 무상정등보리를 증득하느니라. 무상정등보리를 증득한다면 곧 능히 바른 법륜을 굴리고, 오히려 바른 법륜을 굴리는 까닭으로 유정들을 3승법에 안주하게 하는데, 유정들이 3승법에 안주하였다면 생사를 해탈하여 열반을 증득하느니라.

선현이여. 이 보살마하살은 오히려 반야를 까닭으로 이와 같이 점차로 업을 짓고 점차로 수학하며 점차로 행을 수행하더라도 일체를 모두 얻을 수 없다고 관찰하느니라. 왜 그러한가? 일체법은 자성이 없는 까닭이니라. 선현이여. 이것이 보살마하살이 6바라밀다의 수행에 의지하여 점차로 업을 짓고 점차로 수학하며 점차로 행을 수행하는 것이니라."

"다시 다음으로 선현이여. 보살마하살은 점차로 업을 짓고 점차로 수학하며 점차로 행을 수행하는 때에 초발심부터 일체지지로써 상응하여 작의(作意)하고 제법을 모두 무성으로써 자성을 삼는다고 신해(信解)하므로, 먼저 상응하여 불수념(佛隨念)을 수행하고, 다음으로 상응하여 법수념(法隨念)을 수행하며, 다음으로 상응하여 승수념(僧隨念)을 수행하고, 다음으로 상응하여 계수념(戒隨念)을 수행하며, 다음으로 상응하여 사수념(捨隨念)을 수행하며, 다음으로 상응하여 천수념(天隨念)을 수행하느니라.

선현이여. 무엇이 보살마하살이 불수념을 수행하는 것인가? 선현이여. 이 보살마하살이 반야바라밀다를 수행하는 때에 색으로써 여래·응공·정등각을 상응하여 사유(思惟)하지 않는 것이고, 수·상·행·식으로써 여래·응공·정등각을 상응하여 사유하지 않는 것이니라. 왜 그러한가? 선현이여. 색은 자성이 없고, 수·상·행·식도 자성이 없느니라. 만약 법이 자성이 없다면 곧 무소유(無所有)이고, 만약 무소유라면 생각할 수 없느니라. 그 까닭은 무엇인가? 선현이여. 만약 생각(念)이 없거나 사유가 없다면, 이것이 불수념이 되느니라.

다시 다음으로 선현이여. 보살마하살이 32대사상(三十二大士相)으로써 여래·응공·정등각을 상응하여 사유하지 않을 것이고, 진금색(眞金色)의 색신(身)으로써 여래·응공·정등각을 상응하여 사유하지 않을 것이며, 색신에 항상 광명이 있는 것으로써 사방으로 1심(尋)이라고 여래·응공·정등각을 상응하여 사유하지 않을 것이고, 80수호(八十隨好)로써 여래·응공·정등각을 상응하여 사유하지 않을 것이니라. 왜 그러한가? 선현이여. 이와 같은 상호(相好)와 진금색의 색신은 모두 자성이 없느니라. 만약 법이 자성이 없다면 곧 무소유이고, 만약 무소유라면 생각할 수 없느니라. 그 까닭은 무엇인가? 선현이여. 만약 생각이 없거나 사유가 없다면, 이것이 불수념이 되느니라.

다시 다음으로 선현이여. 보살마하살이 계온으로써 여래·응공·정등각을 상응하여 사유하지 않을 것이고, 정온·혜온·해탈온·해탈지견온으로써 여래·응공·정등각을 상응하여 사유하지 않을 것이니라. 왜 그러한가? 선현이여. 이와 같은 여러 온(蘊)은 모두 자성이 없느니라. 만약 법이 자성이 없다면 곧 무소유이고, 만약 무소유라면 생각할 수 없느니라. 그 까닭은 무엇인가? 선현이여. 만약 생각이 없거나 사유가 없다면, 이것이 불수념이 되느니라.

다시 다음으로 선현이여. 보살마하살이 5안과 6신통으로써 여래·응공·정등각을 상응하여 사유하지 않을 것이고, 여래의 10력·4무소외·4무애해·18불불공법으로써 여래·응공·정등각을 상응하여 사유하지 않을 것이며, 대자·대비·대희·대사로써 여래·응공·정등각을 상응하여 사유하지 않을 것이고, 무망실법·항주사성으로써 여래·응공·정등각을 상응하여 사유하지 않을 것이며, 일체지·도상지·일체상지로써 여래·응공·정등각을 상응하여 사유하지 않을 것이니라. 왜 그러한가? 선현이여. 이와 같은 제법은 모두 자성이 없느니라. 만약 법이 자성이 없다면 곧 무소유이고, 만약 무소유라면 생각할 수 없느니라. 그 까닭은 무엇인가? 선현이여. 만약 생각이 없거나 사유가 없다면, 이것이 불수념이 되느니라.

다시 다음으로 선현이여. 보살마하살이 연기의 법으로써 여래·응공·정등각을 상응하여 사유하지 않을 것이니라. 왜 그러한가? 선현이여. 연기의 법은 모두 자성이 없느니라. 만약 법이 자성이 없다면 곧 무소유이고, 만약 무소유라면 생각할 수 없느니라. 그 까닭은 무엇인가? 선현이여. 만약 생각이 없거나 사유가 없다면, 이것이 불수념이 되느니라. 선현이여. 보살마하살이 반야바라밀다를 수행하는 때에, 이와 같이 상응하여 불수념을 수행해야 하고, 만약 이와 같이 불수념을 수행한다면, 이것이 보살마하살이 점차로 업을 짓고 점차로 수학하며 점차로 행을 수행하는 것이니라.

선현이여. 이 보살마하살은 이와 같이 점차로 업을 짓고 점차로 수학하며 점차로 행을 수행하는 때에, 곧 능히 4념주를 원만하게 하고 역시 능히 4정단·4신족·5근·5력·7등각지·8성도지도 원만하게 하며, 곧 능히 공해탈문도 원만히 하고 역시 능히 무상·무원해탈문도 원만하게 하며, 곧 능히 초정려를 원만하게 하고, 역시 능히 제2·제3·제4정려도 원만하게 하며, 곧 능히 자무량을 원만하게 하고, 역시 능히 비·희·사무량도 원만하게 하며, 곧 능히 공무변처정을 원만하게 하고, 역시 능히 식무변처정·무소유처정·비상비비상처정도 원만하게 하며,

곧 능히 8해탈을 원만하게 하고, 역시 능히 8승처·9차제정·10변처도 원만하게 하며, 곧 능히 일체의 삼마지문을 원만하게 하고, 역시 능히 일체의 다라니문도 원만하게 하며, 곧 능히 보시바라밀다를 원만하게 하고, 역시 능히 정계·안인·정진·정려·반야바라밀다를 원만하게 하며, 곧 능히 내공을 원만하게 하고, 역시 능히 외공·내외공·공공·대공·승의공·유위공·무위공·필경공·무제공·산공·무변이공·본성공·자성공·공상공·일체법공·불가득공·무성공·자성공·무성자성공도 원만하게 하며,

곧 능히 진여를 원만하게 하고, 법계·법성·불허망성·불변이성·평등성·법정·법주·실제·허공계·부사의계도 원만하게 하며, 곧 능히 5안을 원만하게 하고, 역시 능히 6신통도 원만하게 하며, 곧 능히 여래의 10력을 원만하게 하고, 역시 능히 4무소외·4무애해·18불불공법도 원만하게 하며, 곧 능히 대자를 원만하게 하고, 역시 능히 대비·대희·대사도 원만하게 하며, 곧 능히 무망실법을 원만하게 하고, 역시 능히 항주사성도 원만하게

하며, 곧 능히 일체지를 원만하게 하고, 역시 능히 도상지·일체상지도 원만하게 하는데, 오히려 이것으로 일체지지를 증득하느니라.

선현이여. 이 보살마하살은 무성으로써 자성을 삼는 방편의 힘을 까닭으로, 일체법이 모두 자성이 없으며, 그 가운데에서 유상(有想)도 없고 무상(無想)도 없다고 깨닫느니라.

선현이여. 보살마하살은 이와 같이 불수념을 상응하여 수행해야 하나니 이를테면 그 가운데에는 작은 생각도 없는데 하물며 여래(佛)를 생각함이 있겠는가!"

마하반야바라밀다경 제373권

65. 삼점차품(三漸次品)(2)

"선현이여. 무엇이 보살마하살이 법수념을 수행하는 것인가? 선현이여. 이 보살마하살이 반야바라밀다를 수행하는 때에 상응하여 선법을 사유하지 않고, 상응하여 불선법(不善法)을 사유하지 않으며, 상응하여 무기법(無記法)을 사유하지 않고, 상응하여 세간법을 사유하지 않으며, 상응하여 출세간법을 사유하지 않고, 상응하여 애욕이 있는 염오법을 사유하지 않으며, 상응하여 애욕이 없는 염오법을 사유하지 않고, 상응하여 유쟁법(有諍法)을 사유하지 않으며, 상응하여 무쟁법(無諍法)을 사유하지 않고, 상응하여 오직 성스러운 법을 사유하지 않으며, 상응하여 오직 성스럽지 않은 법을 사유하지 않고, 상응하여 유루법(有漏法)을 사유하지 않으며, 상응하여 무루법(無漏法)을 사유하지 않고, 상응하여 욕계에 계박되는 법을 사유하지 않으며, 상응하여 색계에 계박되는 법을 사유하지 않고, 상응하여 무색계에 계박되는 법을 사유하지 않으며, 상응하여 유타법(有墮法)을 사유하지 않고, 상응하여 무타법(無墮法)을 사유하지 않으며, 상응하여 유위법을 사유하지 않고, 상응하여 무위법을 사유하지 않아야 하느니라.

왜 그러한가? 선현이여. 이와 같은 법은 모두 자성이 없느니라. 만약 법이 자성이 없다면 곧 무소유이고, 만약 무소유라면 생각할 수 없느니라. 그 까닭은 무엇인가? 선현이여. 만약 생각이 없거나 사유가 없다면, 이것이 법수념이 되느니라. 선현이여. 보살마하살이 반야바라밀다를 수행하는 때에, 이와 같이 상응하여 법수념을 수행해야 하고, 만약 이와 같이 법수념을 수행한다면, 이것이 보살마하살이 점차로 업을 짓고 점차로 수학하며 점차로 행을 수행하는 것이니라.

선현이여. 이 보살마하살은 이와 같이 점차로 업을 짓고 점차로 수학하며 점차로 행을 수행하는 때에, 곧 능히 4념주를 원만하게 하고 역시 능히 4정단·4신족·5근·5력·7등각지·8성도지도 원만하게 하며, 곧 능히 공해탈문도 원만히게 하고 역시 능히 무상·무원해탈문도 원만하게 하며, 곧 능히 4정려를 원만하게 하고, 역시 능히 4무량·4무색정도 원만하게 하며, 곧 능히 8해탈을 원만하게 하고, 역시 능히 8승처·9차제정·10변처도 원만하게 하며, 곧 능히 일체의 삼마지문을 원만하게 하고, 역시 능히 일체의 다라니문도 원만하게 하며,

곧 능히 보시바라밀다를 원만하게 하고, 역시 능히 정계·안인·정진·정려·반야바라밀다를 원만하게 하며, 곧 능히 내공을 원만하게 하고, 역시 능히 외공·내외공·공공·대공·승의공·유위공·무위공·필경공·무제공·산공·무변이공·본성공·자성공·공상공·일체법공·불가득공·무성공·자성공·무성자성공도 원만하게 하며, 곧 능히 진여를 원만하게 하고, 법계·법성·불허망성·불변이성·평등성·법정·법주·실제·허공계·부사의계도 원만하게 하며,

곧 능히 5안을 원만하게 하고, 역시 능히 6신통도 원만하게 하며, 곧 능히 여래의 10력을 원만하게 하고, 역시 능히 4무소외·4무애해·18불불공법도 원만하게 하며, 곧 능히 대자를 원만하게 하고, 역시 능히 대비·대희·대사도 원만하게 하며, 곧 능히 무망실법을 원만하게 하고, 역시 능히 항주사성도 원만하게 하며, 곧 능히 일체지를 원만하게 하고, 역시 능히 도상지·일체상지도 원만하게 하는데, 오히려 이것으로 일체지지를 증득하느니라.

선현이여. 이 보살마하살은 무성으로써 자성을 삼는 방편의 힘을 까닭으로, 일체법이 모두 자성이 없으며, 그 가운데에서 유상도 없고 무상도 없다고 깨닫느니라. 선현이여. 보살마하살은 이와 같이 법수념을 상응하

여 수행해야 하나니 이를테면 그 가운데에는 작은 생각도 없는데 하물며 법(法)을 생각함이 있겠는가!"

"선현이여. 무엇이 보살마하살이 승수념을 수행하는 것인가? 선현이여. 이 보살마하살이 반야바라밀다를 수행하는 때에 '불제자(佛弟子)의 대중들은 계온·정온·혜온·해탈온·해탈지견온을 청정하게 구족하였으므로, 사쌍팔척(四雙八隻)[1]의 보특가라(補特伽羅)는 일체가 모두 이것은 무성이 나타난 것이고, 모두 무성으로써 그 자성을 삼았으며, 오히려 이러한 인연으로 상응하여 사유하지 않는다.'라고 상응하여 이렇게 생각을 짓느니라.

왜 그러한가? 선현이여. 불제자의 대중들은 모두 자성이 없느니라. 만약 법이 자성이 없다면 곧 무소유이고, 만약 무소유라면 생각할 수 없느니라. 그 까닭은 무엇인가? 선현이여. 만약 생각이 없거나 사유가 없다면, 이것이 승수념이 되느니라. 선현이여. 보살마하살이 반야바라밀다를 수행하는 때에, 이와 같이 상응하여 승수념을 수행해야 하고, 만약 이와 같이 승수념을 수행한다면, 이것이 보살마하살이 점차로 업을 짓고 점차로 수학하며 점차로 행을 수행하는 것이니라.

선현이여. 이 보살마하살은 이와 같이 점차로 업을 짓고 점차로 수학하며 점차로 행을 수행하는 때에, 곧 능히 4념주를 원만하게 하고 역시 능히 4정단·4신족·5근·5력·7등각지·8성도지도 원만하게 하며, 곧 능히 공해탈문도 원만히게 하고 역시 능히 무상·무원해탈문도 원만하게 하며, 곧 능히 4정려를 원만하게 하고, 역시 능히 4무량·4무색정도 원만하게 하며, 곧 능히 8해탈을 원만하게 하고, 역시 능히 8승처·9차제정·10변처도 원만하게 하며, 곧 능히 일체의 삼마지문을 원만하게 하고, 역시 능히 일체의 다라니문도 원만하게 하며,

---

1) 성문4과(聲聞四果)인 원시불교와 부파불교의 수행계위를 가리키는데, 예류향(豫流向)·예류과(豫流果)·일래향(一來向)·일래과(一來果)·불환향(不還向)·불환과(不還果)·아라한향(阿羅漢向)·아라한과(阿羅漢果) 등이다.

곧 능히 보시바라밀다를 원만하게 하고, 역시 능히 정계·안인·정진·정려·반야바라밀다를 원만하게 하며, 곧 능히 내공을 원만하게 하고, 역시 능히 외공·내외공·공공·대공·승의공·유위공·무위공·필경공·무제공·산공·무변이공·본성공·자성공·공상공·일체법공·불가득공·무성공·자성공·무성자성공도 원만하게 하며, 곧 능히 진여를 원만하게 하고, 법계·법성·불허망성·불변이성·평등성·법정·법주·실제·허공계·부사의계도 원만하게 하며, 곧 능히 5안을 원만하게 하고, 역시 능히 6신통도 원만하게 하며,

 곧 능히 여래의 10력을 원만하게 하고, 역시 능히 4무소외·4무애해·18불불공법도 원만하게 하며, 곧 능히 대자를 원만하게 하고, 역시 능히 대비·대희·대사도 원만하게 하며, 곧 능히 무망실법을 원만하게 하고, 역시 능히 항주사성도 원만하게 하며, 곧 능히 일체지를 원만하게 하고, 역시 능히 도상지·일체상지도 원만하게 하는데, 오히려 이것으로 일체지지를 증득하느니라.

 선현이여. 이 보살마하살은 무성으로써 자성을 삼는 방편의 힘을 까닭으로, 일체법이 모두 자성이 없으며, 그 가운데에서 유상도 없고 무상도 없다고 깨닫느니라. 선현이여. 보살마하살은 이와 같이 승수념을 상응하여 수행해야 하나니 이를테면, 그 가운데에는 작은 생각도 없는데 하물며 승가(僧)를 생각함이 있겠는가!"

"선현이여. 무엇이 보살마하살이 계수념을 수행하는 것인가? 선현이여. 이 보살마하살이 반야바라밀다를 수행하는 때에 초발심부터 나아가 미묘한 보리좌(菩提座)에 안좌(安坐)하게 항상 정계에 머무르면서 결함이 없고 틈새가 없으며, 허물(瑕)이 없고 번민(穢)이 없으며, 취하고 집착하는 것이 없으며, 상응하게 공양을 받고, 지혜로운 자에게 찬탄을 받으며, 미묘하고 선하게 수지하고, 미묘하고 선하게 구경에 이르며, 수승한 정려에 수순하면서 '이 계율은 무성으로써 자성을 삼았으므로, 오히려 이러한 인연으로 상응하여 사유하지 않아야 한다.'라고 사유하느니라.

왜 그러한가? 선현이여. 이와 같은 정계는 모두 자성이 없느니라. 만약 법이 자성이 없다면 곧 무소유이고, 만약 무소유라면 생각할 수 없느니라. 그 까닭은 무엇인가? 선현이여. 만약 생각이 없거나 사유가 없다면, 이것이 계수념이 되느니라. 선현이여. 보살마하살이 반야바라밀다를 수행하는 때에, 이와 같이 상응하여 계수념을 수행해야 하고, 만약 이와 같이 계수념을 수행한다면, 이것이 보살마하살이 점차로 업을 짓고 점차로 수학하며 점차로 행을 수행하는 것이니라.

선현이여. 이 보살마하살은 이와 같이 점차로 업을 짓고 점차로 수학하며 점차로 행을 수행하는 때에, 곧 능히 4념주를 원만하게 하고 역시 능히 4정단·4신족·5근·5력·7등각지·8성도지도 원만하게 하며, 곧 능히 공해탈문도 원만히 하고 역시 능히 무상·무원해탈문도 원만하게 하며, 곧 능히 4정려를 원만하게 하고, 역시 능히 4무량·4무색정도 원만하게 하며, 곧 능히 8해탈을 원만하게 하고, 역시 능히 8승처·9차제정·10변처도 원만하게 하며, 곧 능히 일체의 삼마지문을 원만하게 하고, 역시 능히 일체의 다라니문도 원만하게 하며,

곧 능히 보시바라밀다를 원만하게 하고, 역시 능히 정계·안인·정진·정려·반야바라밀다를 원만하게 하며, 곧 능히 내공을 원만하게 하고, 역시 능히 외공·내외공·공공·대공·승의공·유위공·무위공·필경공·무제공·산공·무변이공·본성공·자성공·공상공·일체법공·불가득공·무성공·자성공·무성자성공도 원만하게 하며, 곧 능히 진여를 원만하게 하고, 법계·법성·불허망성·불변이성·평등성·법정·법주·실제·허공계·부사의계도 원만하게 하며, 곧 능히 5안을 원만하게 하고, 역시 능히 6신통도 원만하게 하며,

곧 능히 여래의 10력을 원만하게 하고, 역시 능히 4무소외·4무애해·18불불공법도 원만하게 하며, 곧 능히 대자를 원만하게 하고, 역시 능히 대비·대희·대사도 원만하게 하며, 곧 능히 무망실법을 원만하게 하고, 역시 능히 항주사성도 원만하게 하며, 곧 능히 일체지를 원만하게 하고, 역시 능히 도상지·일체상지도 원만하게 하는데, 오히려 이것으로 일체지지를 증득하느니라.

선현이여. 이 보살마하살은 무성으로써 자성을 삼는 방편의 힘을 까닭으로, 일체법이 모두 자성이 없으며, 그 가운데에서 유상도 없고 무상도 없다고 깨닫느니라. 선현이여. 보살마하살은 이와 같이 계수념을 상응하여 수행해야 하나니 이를테면 그 가운데에는 작은 생각도 없는데 하물며 계(戒)를 생각함이 있겠는가!"

"선현이여. 무엇이 보살마하살이 사수념을 수행하는 것인가? 선현이여. 이 보살마하살이 반야바라밀다를 수행하는 때에 무성으로써 자성을 삼는 방편의 힘을 까닭으로 사수념을 수행하느니라. 만약 재물을 베풀어주거나(捨), 만약 법을 베풀어주었다면 '나는 보시한다. 나는 보시하지 않는다. 나는 베풀어준다. 나는 베풀어주지 않는다'라는 마음을 함께 일으키지 않고, 만약 소유한 몸의 부분인 지절(支節)을 베풀어주더라도 역시 '나는 보시한다. 나는 보시하지 않는다. 나는 베풀어준다. 나는 베풀어주지 않는다'라는 마음을 함께 일으키지 않으며, 역시 베풀어주었던 것이거나, 보시하였던 것과 베풀거나 보시한 복덕도 사유하지 않느니라.

왜 그러한가? 선현이여. 이와 같은 제법은 모두 자성이 없느니라. 만약 법이 지성이 없다면 곧 무소유이고, 만약 무소유라면 생각할 수 없느니라. 그 까닭은 무엇인가? 선현이여. 만약 생각이 없거나 사유가 없다면, 이것이 계수념이 되느니라. 선현이여. 보살마하살이 반야바라밀다를 수행하는 때에, 이와 같이 상응하여 사수념을 수행해야 하고, 만약 이와 같이 사수념을 수행한다면, 이것이 보살마하살이 점차로 업을 짓고 점차로 수학하며 점차로 행을 수행하는 것이니라.

선현이여. 이 보살마하살은 이와 같이 점차로 업을 짓고 점차로 수학하며 점차로 행을 수행하는 때에, 곧 능히 4념주를 원만하게 하고 역시 능히 4정단·4신족·5근·5력·7등각지·8성도지도 원만하게 하며, 곧 능히 공해탈문도 원만히게 하고 역시 능히 무상·무원해탈문도 원만하게 하며, 곧 능히 4정려를 원만하게 하고, 역시 능히 4무량·4무색정도 원만하게 하며, 곧 능히 8해탈을 원만하게 하고, 역시 능히 8승처·9차제정·10변처도

원만하게 하며, 곧 능히 일체의 삼마지문을 원만하게 하고, 역시 능히 일체의 다라니문도 원만하게 하며,

곧 능히 보시바라밀다를 원만하게 하고, 역시 능히 정계·안인·정진·정려·반야바라밀다를 원만하게 하며, 곧 능히 내공을 원만하게 하고, 역시 능히 외공·내외공·공공·대공·승의공·유위공·무위공·필경공·무제공·산공·무변이공·본성공·자성공·공상공·일체법공·불가득공·무성공·자성공·무성자성공도 원만하게 하며, 곧 능히 진여를 원만하게 하고, 법계·법성·불허망성·불변이성·평등성·법정·법주·실제·허공계·부사의계도 원만하게 하며, 곧 능히 5안을 원만하게 하고, 역시 능히 6신통도 원만하게 하며,

곧 능히 여래의 10력을 원만하게 하고, 역시 능히 4무소외·4무애해·18불불공법도 원만하게 하며, 곧 능히 대자를 원만하게 하고, 역시 능히 대비·대희·대사도 원만하게 하며, 곧 능히 무망실법을 원만하게 하고, 역시 능히 항주사성도 원만하게 하며, 곧 능히 일체지를 원만하게 하고, 역시 능히 도상지·일체상지도 원만하게 하는데, 오히려 이것으로 일체지지를 증득하느니라.

선현이여. 이 보살마하살은 무성으로써 자성을 삼는 방편의 힘을 까닭으로, 일체법이 모두 자성이 없으며, 그 가운데에서 유상도 없고 무상도 없다고 깨닫느니라. 선현이여. 보살마하살은 이와 같이 사수념을 상응하여 수행해야 하나니 이를테면 그 가운데에는 작은 생각도 없는데 하물며 베푸는 것(捨)을 생각함이 있겠는가!"

"선현이여. 무엇이 보살마하살이 천수념을 수행하는 것인가? 선현이여. 이 보살마하살이 반야바라밀다를 수행하는 때에 무성으로써 자성을 삼는 방편의 힘을 까닭으로 천수념을 수행하느니라. 예류 등이 비록 사대왕중천에 태어나거나, 혹은 삼십삼천에 태어나거나, 혹은 야마천에 태어나거나, 혹은 도사다천에 태어나거나, 혹은 화락천에 태어나거나, 혹은 타화자재천에 태어나더라도, 얻을 수 없고 상응하여 사유할 수 없다고

관찰하며, 불환(不還) 등이 비록 색계천에 태어나거나, 혹은 무색계천에 태어나더라도, 얻을 수 없고 상응하여 사유할 수 없다고 관찰하느니라.

왜 그러한가? 선현이여. 이와 같은 제천(諸天)은 모두 자성이 없느니라. 만약 법이 자성이 없다면 곧 무소유이고, 만약 무소유라면 생각할 수 없느니라. 그 까닭은 무엇인가? 선현이여. 만약 생각이 없거나 사유가 없다면, 이것이 천수념이 되느니라. 선현이여. 보살마하살이 반야바라밀다를 수행하는 때에, 이와 같이 상응하여 계수념을 수행해야 하고, 만약 이와 같이 천수념을 수행한다면, 이것이 보살마하살이 점차로 업을 짓고 점차로 수학하며 점차로 행을 수행하는 것이니라.

선현이여. 이 보살마하살은 이와 같이 점차로 업을 짓고 점차로 수학하며 점차로 행을 수행하는 때에, 곧 능히 4념주를 원만하게 하고 역시 능히 4정단·4신족·5근·5력·7등각지·8성도지도 원만하게 하며, 곧 능히 공해탈문도 원만하게 하고 역시 능히 무상·무원해탈문도 원만하게 하며, 곧 능히 4정려를 원만하게 하고, 역시 능히 4무량·4무색정도 원만하게 하며, 곧 능히 8해탈을 원만하게 하고, 역시 능히 8승처·9차제정·10변처도 원만하게 하며, 곧 능히 일체의 삼마지문을 원만하게 하고, 역시 능히 일체의 다라니문도 원만하게 하며,

곧 능히 보시바라밀다를 원만하게 하고, 역시 능히 정계·안인·정진·정려·반야바라밀다를 원만하게 하며, 곧 능히 내공을 원만하게 하고, 역시 능히 외공·내외공·공공·대공·승의공·유위공·무위공·필경공·무제공·산공·무변이공·본성공·자성공·공상공·일체법공·불가득공·무성공·자성공·무성자성공도 원만하게 하며, 곧 능히 진여를 원만하게 하고, 법계·법성·불허망성·불변이성·평등성·법정·법주·실제·허공계·부사의계도 원만하게 하며, 곧 능히 5안을 원만하게 하고, 역시 능히 6신통도 원만하게 하며,

곧 능히 여래의 10력을 원만하게 하고, 역시 능히 4무소외·4무애해·18불불공법도 원만하게 하며, 곧 능히 대자를 원만하게 하고, 역시 능히 대비·대희·대사도 원만하게 하며, 곧 능히 무망실법을 원만하게 하고,

역시 능히 항주사성도 원만하게 하며, 곧 능히 일체지를 원만하게 하고, 역시 능히 도상지·일체상지도 원만하게 하는데, 오히려 이것으로 일체지지를 증득하느니라.

선현이여. 이 보살마하살은 무성으로써 자성을 삼는 방편의 힘을 까닭으로, 일체법이 모두 자성이 없으며, 그 가운데에서 유상도 없고 무상도 없다고 깨닫느니라. 선현이여. 보살마하살은 이와 같이 천수념을 상응하여 수행해야 하나니 이를테면 그 가운데에는 작은 생각도 없는데 하물며 천상(天)을 생각함이 있겠는가! 선현이여. 이것이 보살마하살이 6바라밀다의 수행에 의지하여 점차로 업을 짓고 점차로 수학하며 점차로 행을 수행하는 것이니라."

"다시 다음으로 선현이여. 보살마하살이 반야바라밀다를 수행하는 때에 점차로 업을 짓고 점차로 수학하며 점차로 행을 수행하는 것을 원만하게 하고자 하였다면, 무성으로써 자성을 삼는 방편의 힘을 까닭으로 내공을 상응하여 수학해야 하고, 외공·내외공·공공·대공·승의공·유위공·무위공·필경공·무제공·무변이공·본성공·자상공·공상공·일체법공·불가득공·무성공·자성공·무성자성공도 상응하여 수학해야 하며, 무성으로써 자성을 삼는 방편의 힘을 까닭으로 진여를 상응하여 수학해야 하고, 법계·법성·불허망성·불변이성·평등성·이생성·법정·법주·실제·허공계·부사의계도 상응하여 수학해야 하며,

무성으로써 자성을 삼는 방편의 힘을 까닭으로 4념주를 상응하여 수학해야 하고, 4정단·4신족·5근·5력·7등각지·8성도지도 상응하여 수학해야 하며, 무성으로써 자성을 삼는 방편의 힘을 까닭으로 8해탈을 상응하여 수학해야 하고, 8승처·9차제정·10변처도 상응하여 수학해야 하며, 무성으로써 자성을 삼는 방편의 힘을 까닭으로 공해탈문을 상응하여 수학해야 하고, 무상·무원해탈문도 상응하여 수학해야 하며, 무성으로써 자성을 삼는 방편의 힘을 까닭으로 보시바라밀다를 상응하여 수학해야 하고, 정계·안인·정진·정려·반야·방편선교·원(願)·력(力)·지(智)바라밀다도

상응하여 수학해야 하며,

　무성으로써 자성을 삼는 방편의 힘을 까닭으로 극희지를 상응하여 수학해야 하고, 이구지·발광지·염혜지·극난승지·현전지·원행지·부동지·선혜지·법운지도 상응하여 수학해야 하며, 무성으로써 자성을 삼는 방편의 힘을 까닭으로 5안을 상응하여 수학해야 하고, 6신통도 상응하여 수학해야 하며, 무성으로써 자성을 삼는 방편의 힘을 까닭으로 여래의 10력을 상응하여 수학해야 하고, 4무소외·4무애해·18불불공법도 상응하여 수학해야 하며, 무성으로써 자성을 삼는 방편의 힘을 까닭으로 대자를 상응하여 수학해야 하고, 대비·대희·대사도 상응하여 수학해야 하며,

　무성으로써 자성을 삼는 방편의 힘을 까닭으로 무망실법을 상응하여 수학해야 하고, 항주사성도 상응하여 수학해야 하며, 무성으로써 자성을 삼는 방편의 힘을 까닭으로 일체지를 상응하여 수학해야 하고, 도상지·일체상지도 상응하여 수학해야 하며, 무성으로써 자성을 삼는 방편의 힘을 까닭으로 일체의 삼마지문을 상응하여 수학해야 하고, 일체의 다라니문도 상응하여 수학해야 하느니라.

　선현이여, 이 보살마하살이 이와 같이 보리도(菩提道)를 수학(修學)하는 때에 일체법이 무성으로써 그 자성을 삼는 것을 깨닫는다면, 그 가운데에서 오히려 작은 생각도 얻을 수 없는데, 하물며 색이라는 생각이 있겠고, 수·상·행·식이라는 생각이 있겠는가? 하물며 안처라는 생각이 있겠고, 이·비·설·신·의처라는 생각이 있겠는가? 하물며 색처라는 생각이 있겠고, 성·향·미·촉·법처라는 생각이 있겠는가? 하물며 안계라는 생각이 있겠고, 이·비·설·신·의계라는 생각이 있겠는가? 하물며 색계라는 생각이 있겠고, 성·향·미·촉·법계라는 생각이 있겠는가?

　하물며 안촉이라는 생각이 있겠고, 이·비·설·신·의촉이라는 생각이 있겠는가? 하물며 안촉을 인연으로 생겨난 여러 수라는 생각이 있겠고, 이·비·설·신·의촉을 인연으로 생겨난 여러 수라는 생각이 있겠는가? 하물며 지계라는 생각이 있겠고, 수·화·풍·공·식계라는 생각이 있겠는

가? 하물며 인연이라는 생각이 있겠고, 등무간연·소연연·증상연이라는 생각이 있겠는가? 하물며 무명이라는 생각이 있겠고, 행·식·명색·육처·촉·수·애·취·유·생·노사의 수탄고우뇌라는 생각이 있겠는가?

하물며 보시바라밀다라는 생각이 있겠고, 정계·안인·정진·정려·반야바라밀다라는 생각이 있겠는가? 하물며 내공이라는 생각이 있겠고, 외공·내외공·공공·대공·승의공·유위공·무위공·필경공·무제공·산공·무변이공·본성공·자상공·공상공·일체법공·불가득공·무성공·자성공·무성자성공이라는 생각이 있겠는가? 하물며 4념주라는 생각이 있겠고, 4정단·4신족·5근·5력·7등각지·8성도지라는 생각이 있겠는가? 하물며 4정려라는 생각이 있겠고, 4무량·4무색정이라는 생각이 있겠는가? 하물며 8해탈이라는 생각이 있겠고, 8승처·9차제정·10변처라는 생각이 있겠는가?

하물며 일체의 삼마지문이라는 생각이 있겠고, 일체의 다라니문이라는 생각이 있겠는가? 하물며 공해탈문이라는 생각이 있겠고, 무상·무원해탈문이라는 생각이 있겠는가? 하물며 극희지라는 생각이 있겠고, 이구지·발광지·염혜지·극난승지·현전지·원행지·부동지·선혜지·법운지라는 생각이 있겠는가? 하물며 5안이라는 생각이 있겠고, 6신통이라는 생각이 있겠는가? 하물며 여래의 10력이라는 생각이 있겠고, 4무소외·4무애해·18불불공법이라는 생각이 있겠는가?

하물며 대자라는 생각이 있겠고, 대비·대희·대사라는 생각이 있겠는가? 하물며 무망실법이라는 생각이 있겠고, 항주사성이라는 생각이 있겠는가? 하물며 일체지라는 생각이 있겠고, 도상지·일체상지라는 생각이 있겠는가? 하물며 예류과라는 생각이 있겠고, 일래과·불환과·아라한과·독각의 보리라는 생각이 있겠는가? 하물며 일체의 보살마하살의 행이라는 생각이 있겠고, 제불의 무상정등보리라는 생각이 있겠는가? 이와 같은 여러 생각과 생각할 법이 만약 작게라도 진실함이 있는 이러한 처소는 있지 않느니라.

선현이여. 이와 같이 보살마하살이 반야바라밀다를 수행하는 때에 비록 점차로 업을 짓고 점차로 수학하며 점차로 행을 수행하더라도,

그 가운데에서 소유한 일체의 마음으로 행하였던 업, 마음으로 행하였던 수학, 마음으로 행하였던 행이 모두 전전하지 않는데, 일체법으로써 모두가 무성으로써 자성을 삼는 까닭이니라."

그때 구수 선현이 세존께 아뢰어 말하였다.
"세존이시여. 만약 일체법이 모두 무성으로써 자성을 삼는다면, 곧 상응하여 색이 없고, 역시 수·상·행·식도 없으며, 상응하여 안처가 없고, 역시 이·비·설·신·의처도 없으며, 상응하여 색처가 없고, 역시 성·향·미·촉·법처도 없으며, 상응하여 안계가 없고, 역시 이·비·설·신·의계도 없으며, 상응하여 색계가 없고, 역시 성·향·미·촉·법계도 없으며, 상응하여 안식계가 없고, 역시 이·비·설·신·의식계도 없으며, 상응하여 안촉이 없고, 역시 이·비·설·신·의촉도 없으며, 상응하여 안촉을 인연으로 생겨난 여러 수가 없고, 역시 이·비·설·신·의촉을 인연으로 생겨난 여러 수도 없으며,

상응하여 지계가 없고, 역시 수·화·풍·공·식계도 없으며, 상응하여 인연이 없고, 역시 등무간연·소연연·증상연도 없으며, 상응하여 무명이 없고, 역시 행·식·명색·육처·촉·수·애·취·유·생·노사의 수탄고우뇌라도 없으며, 상응하여 보시바라밀다가 없고, 역시 정계·안인·정진·정려·반야바라밀다도 없으며, 상응하여 내공이 없고, 역시 외공·내외공·공공·대공·승의공·유위공·무위공·필경공·무제공·산공·무변이공·본성공·자상공·공상공·일체법공·불가득공·무성공·자성공·무성자성공도 없으며, 상응하여 4념주가 없고, 역시 4정단·4신족·5근·5력·7등각지·8성도지도 없으며,

상응하여 고성제가 없고, 역시 집·멸·도성제도 없으며, 상응하여 4정려가 없고, 역시 4무량·4무색정도 없으며, 상응하여 8해탈이 없고, 역시 8승처·9차제정·10변처도 없으며, 상응하여 일체의 삼마지문이 없고, 역시 일체의 다라니문도 없으며, 상응하여 공해탈문이 없고, 역시 무상·무원해탈문도 없으며, 상응하여 극희지가 없고, 역시 이구지·발광지·염혜지·

극난승지·현전지·원행지·부동지·선혜지·법운지도 없으며, 상응하여 5안이 없고, 역시 6신통도 없으며, 상응하여 여래의 10력이 없고, 역시 4무소외·4무애해·18불공법도 없으며,

상응하여 대자가 없고, 역시 대비·대희·대사도 없으며, 상응하여 무망실법이 없고, 역시 항주사성도 없으며, 상응하여 일체지가 없고, 역시 도상지·일체상지도 없으며, 상응하여 예류과가 없고, 역시 일래과·불환과·아라한과·독각의 보리도 없으며, 상응하여 일체의 보살마하살의 행이 없고, 역시 제불의 무상정등보리도 없으며, 상응하여 불(佛)이 없고, 역시 법(法)·승(僧)도 없으며, 상응하여 도(道)가 없고, 역시 과(果)도 없으며, 상응하여 잡염(雜染)이 없고, 역시 청정(淸淨)도 없으며, 상응하여 수행(行)이 없고, 역시 증득(得)도 없으며, 현관(現觀)이 없고, 나아가 일체법이 모두 상응하여 없습니다."

세존께서 말씀하셨다.

"선현이여. 그대의 뜻은 어떠한가? 일체법에서 모두 무성(無性)으로써 자성(自性)을 삼는 가운데에서 유성(有性)이거나 무성을 얻을 수 있겠는가?"

선현이 대답하여 말하였다.

"아닙니다. 세존이시여. 아닙니다. 선서시여. 일체법에서 모두 무성으로써 자성을 삼는 가운데에서 유성이거나 무성을 얻을 수 없습니다."

세존께서 말씀하셨다.

"선현이여. 만약 일체법이 모두 무성으로써 자성을 삼는 가운데에서 유성이거나 무성을 얻을 수 없다면, 어찌하여 그대는 지금 이것을 묻게 되었는가? 만약 일체법이 모두 무성으로써 자성을 삼는다면, 곧 상응하여 색이 없고, 역시 수·상·행·식도 없으며, 상응하여 안처가 없고, 역시 이·비·설·신·의처도 없으며, 상응하여 색처가 없고, 역시 성·향·미·촉·법처도 없으며, 상응하여 안계가 없고, 역시 이·비·설·신·의계도 없으며, 상응하여 색계가 없고, 역시 성·향·미·촉·법계도 없으며, 상응하여 안식계가 없고, 역시 이·비·설·신·의식계도 없으며, 상응하여 안촉이 없고, 역시 이·비·설·신·의촉도 없으며, 상응하여 안촉을 인연으로 생겨난

여러 수가 없고, 역시 이·비·설·신·의촉을 인연으로 생겨난 여러 수도 없으며,
 상응하여 지계가 없고, 역시 수·화·풍·공·식계도 없으며, 상응하여 인연이 없고, 역시 등무간연·소연연·증상연도 없으며, 상응하여 무명이 없고, 역시 행·식·명색·육처·촉·수·애·취·유·생·노사의 수탄고우뇌라도 없으며, 상응하여 보시바라밀다가 없고, 역시 정계·안인·정진·정려·반야바라밀다도 없으며, 상응하여 내공이 없고, 역시 외공·내외공·공공·대공·승의공·유위공·무위공·필경공·무제공·산공·무변이공·본성공·자상공·공상공·일체법공·불가득공·무성공·자성공·무성자성공도 없으며, 상응하여 4념주가 없고, 역시 4정단·4신족·5근·5력·7등각지·8성도지도 없으며,
 상응하여 고성제가 없고, 역시 집·멸·도성제도 없으며, 상응하여 4정려가 없고, 역시 4무량·4무색정도 없으며, 상응하여 8해탈이 없고, 역시 8승처·9차제정·10변처도 없으며, 상응하여 일체의 삼마지문이 없고, 역시 일체의 다라니문도 없으며, 상응하여 공해탈문이 없고, 역시 무상·무원해탈문도 없으며, 상응하여 극희지가 없고, 역시 이구지·발광지·염혜지·극난승지·현전지·원행지·부동지·선혜지·법운지도 없으며, 상응하여 5안이 없고, 역시 6신통도 없으며, 상응하여 여래의 10력이 없고, 역시 4무소외·4무애해·18불공법도 없으며,
 상응하여 대자가 없고, 역시 대비·대희·대사도 없으며, 상응하여 무망실법이 없고, 역시 항주사성도 없으며, 상응하여 일체지가 없고, 역시 도상지·일체상지도 없으며, 상응하여 예류과가 없고, 역시 일래과·불환과·아라한과·독각의 보리도 없으며, 상응하여 일체의 보살마하살의 행이 없고, 역시 제불의 무상정등보리도 없으며, 상응하여 불이 없고, 역시 법·승도 없으며, 상응하여 도가 없고, 역시 과도 없으며, 상응하여 잡염(雜染)이 없고, 역시 청정도 없으며, 상응하여 수행이 없고, 역시 증득도 없으며, 현관이 없고, 나아가 일체법이 모두 상응하여 없느니라."
 그때 구수 선현이 세존께 아뢰어 말하였다.

"세존이시여. 저는 이러한 법에서 미혹이 없고 의심도 없습니다. 그렇지만 마땅히 내세(來世)에 비구 등이 있다면 혹은 성문승(聲聞乘)을 구하거나, 혹은 독각승(獨覺乘)을 구하거나, 혹은 보살마하살승(菩薩摩訶薩乘)을 구하면서 이렇게 말할 것입니다.

'세존께서 설하시기를 일체법이 모두 무성으로써 자성을 삼는 것이고, 일체법이 모두 무성으로써 자성을 삼는다면, 누가 염오인가? 누가 청정한가? 누가 계박되었는가? 누가 해탈하였는가?'

그들은 염오와 청정 및 계박과 해탈을 명료하게 알지 못하는 까닭으로, 정계를 무너뜨리고, 견해를 무너뜨리며, 위의(威儀)를 무너뜨리고, 청정한 생활(淨命)을 무너뜨리며, 오히려 정계·견해·위의·청정한 생활을 무너뜨리는 까닭으로 마땅히 지옥·방생·귀계에 떨어져서 여러 극심한 고통을 받고 생사(生死)를 윤회(輪迴)하면서 해탈을 얻기 어려울 것입니다. 저는 미래에 마땅히 이와 같은 공포스럽고 두려운 일을 관찰하였던 까닭으로, 여래·응공·정등각께 이와 같은 깊은 의취를 물었습니다. 그렇지만 저는 이것에서 미혹이 없고 의심도 없습니다."

세존께서 말씀하셨다.

"선현이여. 옳도다. 옳도다. 그와 같으니라. 그와 같으니라. 그대가 말한 것과 같이 일체법이 모두 무성으로써 자성을 삼는 가운데에서는 유성이거나 무성을 함께 얻을 수 없나니, 이것에서 유성과 무성에 상응하여 집착하지 않아야 하느니라."

66. 무상무득품(無相無得品)(1)

그때 구수 선현이 세존께 아뢰어 말하였다.

"세존이시여. 일체법이 모두 무성으로써 자성을 삼는다면, 보살마하살이 무엇 등의 의취를 보고서 유정들을 이익되고 안락하게 하기 위한 까닭으로 무상정등보리를 구하면서 나아갑니까?"

세존께서 말씀하셨다.

"선현이여. 일체법이 모두 무성으로써 자성을 삼는다면, 보살마하살이 유정들이 이익되고 안락하게 하기 위한 까닭으로 무상정등보리를 구하면서 나아가느니라. 왜 그러한가? 선현이여. 제유정의 부류들이 단견(斷見)과 상견(常見)을 갖추고 얻을 수 있다는 것에 머무른다면 조복하기 어려우며, 우치(愚癡)하고 전도(顚倒)되어 해탈(解脫)하기 어려우니라. 선현이여. 얻을 수 있다는 것에 머무르는 자는 오히려 얻을 수 있다고 생각하므로 얻는 것이 없고 현관(現觀)도 없으며 무상정등보리도 없느니라."

구수 선현이 세존께 아뢰어 말하였다.

"세존이시여. 얻을 수 없다는 것에 머무르는 자는 얻는 것이 있고, 현관도 있으며, 무상정등보리도 있습니까?"

세존께서 말씀하셨다.

"선현이여. 만약 얻을 것이 없다면, 곧 이것이 얻는 것이고, 곧 이것이 현관이며, 곧 이것이 무상정등보리인데, 법계를 무너뜨리지 않는 까닭이니라. 선현이여. 만약 누가 이것을 얻을 수 없는 가운데에서 얻을 수 있게 하고자 하였고, 현관을 얻고자 하였으며, 무상정등보리를 얻고자 하였다면, 그는 법계를 무너뜨리고자 한다고 마땅히 알아야 하느니라."

구수 선현이 다시 세존께 아뢰어 말하였다.

"세존이시여. 만약 얻을 수 없는 것이 곧 이것이 얻는 것이고 곧 이것이 현관이며 곧 이것이 무상정등보리이고, 얻을 수 없는 가운데에서는 얻을 수 없고 현관도 없으며 역시 무상정등보리도 없는 것이라면, 어찌 보살마하살의 극희지·이구지·발광지·염혜지·극난승지·현전지·원행지·부동지·선혜지·법운지를 증득할 수 있습니까? 어찌 보살마하살의 무생법인(無生法忍)을 증득할 수 있습니까? 어찌 이숙(異熟)되어 생겨나는 신통을 증득할 수 있습니까? 어찌 이숙되어 생겨나는 보시·정계·안인·정진·정려·반야바라밀다를 증득할 수 있습니까?

어찌 보살마하살이 이와 같이 이숙되어 생겨나는 법에 안주하여 유정들을 성숙시키고 불국토를 청정하게 장엄하며, 제불의 처소에서 상묘(上妙)한 음식·의복·화만(花鬘)·바르거나 흩뿌리는 향·수레·영락·보배의 번기와 당기(寶幢幡)·방사(房舍)·와구(臥具)·기악(伎樂)·등불, 더불어 나머지 여러 종류의 인간과 하늘의 자구(資具)로 공경하고 공양하면서 획득한 것인 선근, 나아가 무상정등보리 및 과보의 무진(無盡)이 전전하는 것, 나아가 열반한 뒤에 스스로의 설리라(設利羅)[2]와 여러 제자들이 오히려 획득하였던 공양과 공경 및 선근의 세력이 오히려 소멸되어 끝나지 않음이 있겠습니까?"

세존께서 말씀하셨다.

"선현이여. 일체법으로써 얻을 수 없는 까닭으로 보살마하살의 극희지·이구지·발광지·염혜지·극난승지·현전지·원행지·부동지·선혜지·법운지를 증득할 수 있고, 나아가서 오히려 이것을 까닭으로 보살의 무생법인을 증득할 수 있으며, 어찌 이숙되어 생겨나는 신통을 증득할 수 있고, 나아가서 오히려 이것을 까닭으로 이숙되어 생겨나는 보시·정계·안인·정진·정려·반야바라밀다를 증득할 수 있으며, 나아가서 오히려 이것을 까닭으로 보살마하살이 이와 같이 이숙되어 생겨나는 법에 안주하여 유정들을 성숙시킬 수 있고, 불국토를 청정하게 장엄할 수 있으며, 제불의 처소에서 상묘한 음식·의복·화만·바르거나 흩뿌리는 향·수레·영락·보배의 번기와 당기·방사·와구·기악·등불, 더불어 나머지 여러 종류의 인간과 하늘의 자구로 공경하고 공양하면서 획득한 것인 선근, 나아가 무상정등보리 및 과보의 무진이 전전하는 것, 나아가 열반한 뒤에 스스로의 설리라와 여러 제자들이 오히려 획득하였던 공양과 공경 및 선근의 세력이 오히려 아직 소멸되어 끝마치지 않음을 증득할 수 있느니라."

그때 구수 선현이 세존께 아뢰어 말하였다.

---

2) 산스크리트어 Śarīra의 음사이고, 사리(舍利)라고 번역한다.

"세존이시여. 만약 일체법이 모두 얻을 것이 없다면, 보시·정계·안인·정진·정려·반야바라밀다와 더불어 여러 신통은 무슨 차별이 있습니까?"

세존께서 말씀하셨다.

"선현이여. 얻을 것이 없는 자는 보시·정계·안인·정진·정려·반야바라밀다와 모든 신통이 모두 차별이 없느니라. 그것을 얻을 수 있다는 자에게 염착(念著)을 벗어나게 시키기 위한 까닭으로, 방편으로 보시·정계·안인·정진·정려·반야바라밀다와 더불어 여러 신통에 차별의 상(相)이 있다고 널리 설하느니라."

구수 선현이 다시 세존께 아뢰어 말하였다.

"세존이시여. 무슨 인연을 까닭으로 얻을 것이 없는 자는 보시·정계·안인·정진·정려·반야바라밀다 및 여러 신통과 모두 차별이 없습니까?"

세존께서 말씀하셨다.

"선현이여. 보살마하살이 반야바라밀다를 수행하는 때에 보시를 얻을 수 없고, 보시하는 자를 얻을 수 없으며, 보시받는 것을 얻을 수 없고, 보시라는 것을 얻을 수 없으나, 보시를 수행하느니라. 정계를 얻을 수 없으나 정계를 수호하며, 안인을 얻을 수 없으나 안인을 수행하고, 정진을 얻을 수 없으나 정진을 수행하며, 정려를 얻을 수 없으나 정려를 수행하고, 반야를 얻을 수 없으나 반야를 수행하며, 신통을 얻을 수 없으나 신통을 수행하느니라.

4념주를 얻을 수 없으나 4념주를 수행하고, 4정단·4신족·5근·5력·7등각지·8성도지를 얻을 수 없으나 4정단·4신족·5근·5력·7등각지·8성도지를 수행하며, 공해탈문을 얻을 수 없으나 공해탈문을 수행하고, 무상·무원해탈문을 얻을 수 없으나 무상·무원해탈문을 수행하며, 4정려를 얻을 수 없으나 4정려를 수행하고, 4무량·4무색정을 얻을 수 없으나 4무량·4무색정을 수행하며, 8해탈을 얻을 수 없으나 8해탈을 수행하고, 8승처·9차제정·10변처를 얻을 수 없으나 8승처·9차제정·10변처를 수행하느니라.

일체의 삼마지문을 얻을 수 없으나 일체의 삼마지문을 수행하고, 일체의 다라니문을 얻을 수 없으나 일체의 다라니문을 수행하며, 보살의

10지를 얻을 수 없으나 보살의 10지를 수행하고, 5안을 얻을 수 없으나 5안을 수행하며, 여래의 10력을 얻을 수 없으나 여래의 10력을 수행하고, 4무소외·4무애해·18불불공법을 얻을 수 없으나 4무소외·4무애해·18불불공법을 수행하며, 대자를 얻을 수 없으나 대자를 수행하고, 대비·대희·대사를 얻을 수 없으나 대비·대희·대사를 수행하느니라.

무망실법을 얻을 수 없으나 무망실법을 수행하고, 항주사성을 얻을 수 없으나 항주사성을 수행하며, 일체지를 얻을 수 없으나 일체지를 수행하고, 도상지·일체상지를 얻을 수 없으나 도상지·일체상지를 수행하며, 유정을 얻을 수 없으나 유정을 성숙시키고, 불국토를 얻을 수 없으나 불국토를 장엄하며, 일체의 불법을 얻을 수 없으나 무상정등보리를 증득하느니라.

선현이여. 보살마하살은 마땅히 이와 같이 얻을 것이 없는 반야바라밀다를 수행해야 하느니라. 선현이여. 보살마하살이 만약 이와 같이 얻을 것이 없는 반야바라밀다를 능히 수행한다면 일체의 악마와 그의 권속들이 모두 능히 파괴하지 못하느니라.”

그때 구수 선현이 세존께 아뢰어 말하였다.
“세존이시여. 어찌하여 보살마하살이 반야바라밀다를 수행하는 때에 일심(一心)으로 보시·정계·안인·정진·정려·반야바라밀다를 함께 섭수할 수 있고, 역시 4정려·4무량·4무색정을 함께 섭수할 수 있으며, 역시 4념주·4정단·4신족·5근·5력·7등각지·8성도지를 함께 섭수할 수 있고, 역시 공·무상·무원해탈문을 함께 섭수할 수 있고, 역시 고·집·멸·도성제를 함께 섭수할 수 있고, 역시 8해탈·8승처·9차제정·10변처를 함께 섭수할 수 있고, 역시 일체의 삼마지문·일체의 다라니문을 함께 섭수할 수 있습니까?
역시 내공·외공·내외공·공공·대공·승의공·유위공·무위공·필경공·무제공·산공·무변이공·본성공·자상공·공상공·일체법공·불가득공·무성공·자성공·무성자성공을 함께 섭수할 수 있고, 역시 진여·법계·법성·

불허망성·불변이성·평등성·이생성·법정·법주·실제·허공계·부사의계를 함께 섭수할 수 있고, 역시 5안·6신통을 함께 섭수할 수 있고, 역시 여래의 10력·4무소외·4무애해·18불불공법을 함께 섭수할 수 있고, 역시 대자·대비·대희·대사를 함께 섭수할 수 있습니까?

역시 무망실법·항주사성을 함께 섭수할 수 있고, 역시 일체지·도상지·일체상지를 함께 섭수할 수 있고, 역시 32대사상(三十二大士相)·80수호(八十隨好)를 함께 섭수할 수 있습니까?"

세존께서 말씀하셨다.

"선현이여. 만약 보살마하살이 반야바라밀다를 수행하는 때에, 수행할 것인 보시바라밀다는 반야바라밀다를 벗어나지 않는데, 모두 반야바라밀다에 섭수되는 것이고, 수행할 것인 정계·안인·정진·정려·반야바라밀다는 반야바라밀다를 벗어나지 않는데, 모두 반야바라밀다에 섭수되는 것이니라. 수행할 것인 4정려는 반야바라밀다를 벗어나지 않는데, 모두 반야바라밀다에 섭수되는 것이고, 수행할 것인 4무량·4무색정은 반야바라밀다를 벗어나지 않는데, 모두 반야바라밀다에 섭수되는 것이니라. 수행할 것인 4념주는 반야바라밀다를 벗어나지 않는데, 모두 반야바라밀다에 섭수되는 것이고, 수행할 것인 4정단·4신족·5근·5력·7등각지·8성도지는 반야바라밀다를 벗어나지 않는데, 모두 반야바라밀다에 섭수되는 것이니라.

수행할 것인 고성제는 반야바라밀다를 벗어나지 않는데, 모두 반야바라밀다에 섭수되는 것이고, 수행할 것인 집·멸·도성제는 반야바라밀다를 벗어나지 않는데, 모두 반야바라밀다에 섭수되는 것이니라. 수행할 것인 8해탈은 반야바라밀다를 벗어나지 않는데, 모두 반야바라밀다에 섭수되는 것이고, 수행할 것인 8승처·9차제정·10변처는 반야바라밀다를 벗어나지 않는데, 모두 반야바라밀다에 섭수되는 것이니라. 수행할 것인 일체의 삼마지문은 반야바라밀다를 벗어나지 않는데, 모두 반야바라밀다에 섭수되는 것이고, 수행할 것인 일체의 다라니문은 반야바라밀다를 벗어나지 않는데, 모두 반야바라밀다에 섭수되는 것이니라."

마하반야바라밀다경 제374권

66. 무상무득품(無相無得品)(2)

 "수행할 것인 내공은 반야바라밀다를 벗어나지 않는데, 모두 반야바라밀다에 섭수되는 것이고, 수행할 것인 외공·내외공·공공·대공·승의공·유위공·무위공·필경공·무제공·산공·무변이공·본성공·자상공·공상공·일체법공·불가득공·무성공·자성공·무성자성공은 반야바라밀다를 벗어나지 않는데, 모두 반야바라밀다에 섭수되는 것이니라. 수행할 것인 진여는 반야바라밀다를 벗어나지 않는데, 모두 반야바라밀다에 섭수되는 것이고, 수행할 것인 법계·법성·불허망성·불변이성·평등성·이생성·법정·법주·실제·허공계·부사의계는 반야바라밀다를 벗어나지 않는데, 모두 반야바라밀다에 섭수되는 것이니라.
 수행할 것인 5안은 반야바라밀다를 벗어나지 않는데, 모두 반야바라밀다에 섭수되는 것이고, 수행할 것인 6신통은 반야바라밀다를 벗어나지 않는데, 모두 반야바라밀다에 섭수되는 것이니라. 수행할 것인 여래의 10력은 반야바라밀다를 벗어나지 않는데, 모두 반야바라밀다에 섭수되는 것이고, 수행할 것인 4무소외·4무애해·18불불공법은 반야바라밀다를 벗어나지 않는데, 모두 반야바라밀다에 섭수되는 것이니라. 수행할 것인 대자는 반야바라밀다를 벗어나지 않는데, 모두 반야바라밀다에 섭수되는 것이고, 수행할 것인 대비·대희·대사는 반야바라밀다를 벗어나지 않는데, 모두 반야바라밀다에 섭수되는 것이니라.
 수행할 것인 일체지는 반야바라밀다를 벗어나지 않는데, 모두 반야바라밀다에 섭수되는 것이고, 수행할 것인 도상지·일체상지는 반야바라밀다를 벗어나지 않는데, 모두 반야바라밀다에 섭수되는 것이니라. 이끌어야 할 것인 32대사상은 반야바라밀다를 벗어나지 않는데, 모두 반야바라밀다에 섭수되는 것이고, 이끌어야 할 것인 80수호는 반야바라밀다를 벗어나지 않는데, 모두 반야바라밀다에 섭수되는 것이니라.

선현이여. 이와 같이 보살마하살은 반야바라밀다를 수행하는 때에, 한 찰나의 마음이, 곧 보시·정계·안인·정진·정려·반야바라밀다를 능히 함께 섭수할 수 있고, 역시 4정려·4무량·4무색정을 능히 함께 섭수할 수 있으며, 역시 4념주·4정단·4신족·5근·5력·7등각지·8성도지를 능히 함께 섭수할 수 있고, 역시 공·무상·무원해탈문을 능히 함께 섭수할 수 있으며, 역시 고·집·멸·도성제를 능히 함께 섭수할 수 있느니라.

역시 8해탈·8승처·9차제정·10변처도 능히 함께 섭수할 수 있고, 역시 일체의 삼마지문·일체의 다라니문을 능히 함께 섭수할 수 있으며, 역시 내공·외공·내외공·공공·대공·승의공·유위공·무위공·필경공·무제공·산공·무변이공·본성공·자상공·공상공·일체법공·불가득공·무성공·자성공·무성자성공을 능히 함께 섭수할 수 있고, 역시 진여·법계·법성·불허망성·불변이성·평등성·이생성·법성·법주·실제·허공계·부사의계를 능히 함께 섭수할 수 있느니라.

역시 5안·6신통을 능히 함께 섭수할 수 있고, 여래의 10력·4무소외·4무애해·18불불공법도 능히 함께 섭수할 수 있으며, 역시 대자·대비·대희·대사를 능히 함께 섭수할 수 있고, 역시 무망실법·항주사성을 능히 함께 섭수할 수 있고, 역시 일체지·도상지·일체상지를 능히 함께 섭수할 수 있고, 역시 32대사상·80수호를 능히 함께 섭수할 수 있느니라."

구수 선현이 세존께 아뢰어 말하였다.

"세존이시여. 어찌하여 보살마하살이 반야바라밀다를 수행하는 때에, 여러 지었던 것이 있더라도 반야바라밀다를 벗어나지 않고 항상 반야바라밀다에 섭수되는 까닭으로 한 찰나의 마음 곧 보시·정계·안인·정진·정려·

반야바라밀다를 능히 함께 섭수할 수 있고, 역시 4정려·4무량·4무색정을 능히 함께 섭수할 수 있으며, 역시 4념주·4정단·4신족·5근·5력·7등각지·8성도지를 능히 함께 섭수할 수 있고, 역시 공·무상·무원해탈문을 능히 함께 섭수할 수 있으며, 역시 고·집·멸·도성제를 능히 함께 섭수할 수 있습니까?

역시 8해탈·8승처·9차제정·10변처도 능히 함께 섭수할 수 있고, 역시 일체의 삼마지문·일체의 다라니문을 능히 함께 섭수할 수 있으며, 역시 내공·외공·내외공·공공·대공·승의공·유위공·무위공·필경공·무제공·산공·무변이공·본성공·자상공·공상공·일체법공·불가득공·무성공·자성공·무성자성공을 능히 함께 섭수할 수 있고, 역시 진여·법계·법성·불허망성·불변이성·평등성·이생성·법정·법주·실제·허공계·부사의계를 능히 함께 섭수할 수 있습니까?

역시 5안·6신통을 능히 함께 섭수할 수 있고, 여래의 10력·4무소외·4무애해·18불불공법도 능히 함께 섭수할 수 있으며, 역시 대자·대비·대희·대사를 능히 함께 섭수할 수 있고, 역시 무망실법·항주사성을 능히 함께 섭수할 수 있고, 역시 일체지·도상지·일체상지를 능히 함께 섭수할 수 있고, 역시 32대사상·80수호를 능히 함께 섭수할 수 있습니까?"

세존께서 선현에게 알리셨다.

"선현이여. 제보살마하살이 반야바라밀다를 수행하는 때에, 수행할 것인 보시바라밀다가 모두 반야바라밀다에 섭수되는 까닭으로 두 생각(二想)을 멀리 벗어나고, 수행할 것인 정계·안인·정진·정려·반야바라밀다가 모두 반야바라밀다에 섭수되는 까닭으로 두 생각을 멀리 벗어나느니라. 수행할 것인 4정려가 모두 반야바라밀다에 섭수되는 까닭으로 두 생각을 멀리 벗어나고, 수행할 것인 4무량·4무색정이 모두 반야바라밀다에 섭수되는 까닭으로 두 생각을 멀리 벗어나느니라. 수행할 것인 4념주가 모두 반야바라밀다에 섭수되는 까닭으로 두 생각을 멀리 벗어나고, 수행할 것인 4정단·4신족·5근·5력·7등각지·8성도지가 모두 반야바라밀다에 섭수되는 까닭으로 두 생각을 멀리 벗어나느니라.

수행할 것인 공해탈문이 모두 반야바라밀다에 섭수되는 까닭으로 두 생각을 멀리 벗어나고, 수행할 것인 무상·무원해탈문이 모두 반야바라밀다에 섭수되는 까닭으로 두 생각을 멀리 벗어나느니라. 안주할 것인 고성제가 모두 반야바라밀다에 섭수되는 까닭으로 두 생각을 멀리 벗어나고, 안주할 것인 집·멸·도성제가 모두 반야바라밀다에 섭수되는 까닭으로 두 생각을 멀리 벗어나느니라. 수행할 것인 8해탈이 모두 반야바라밀다에 섭수되는 까닭으로 두 생각을 멀리 벗어나고, 수행할 것인 8승처·9차제정·10변처가 모두 반야바라밀다에 섭수되는 까닭으로 두 생각을 멀리 벗어나느니라.

수행할 것인 일체의 삼마지문이 모두 반야바라밀다에 섭수되는 까닭으로 두 생각을 멀리 벗어나고, 수행할 것인 일체의 다라니문이 모두 반야바라밀다에 섭수되는 까닭으로 두 생각을 멀리 벗어나느니라. 안주할 것인 내공이 모두 반야바라밀다에 섭수되는 까닭으로 두 생각을 멀리 벗어나고, 안주할 것인 외공·내외공·공공·대공·승의공·유위공·무위공·필경공·무제공·산공·무변이공·본성공·자상공·공상공·일체법공·불가득공·무성공·자성공·무성자성공이 모두 반야바라밀다에 섭수되는 까닭으로 두 생각을 멀리 벗어나느니라.

안주할 것인 진여가 모두 반야바라밀다에 섭수되는 까닭으로 두 생각을 멀리 벗어나고, 안주할 것인 법계·법성·불허망성·불변이성·평등성·이생성·법정·법주·실제·허공계·부사의계가 모두 반야바라밀다에 섭수되는 까닭으로 두 생각을 멀리 벗어나느니라. 수행할 것인 5안이 모두 반야바라밀다에 섭수되는 까닭으로 두 생각을 멀리 벗어나고, 수행할 것인 6신통이 모두 반야바라밀다에 섭수되는 까닭으로 두 생각을 멀리 벗어나느니라. 수행할 것인 여래의 10력이 모두 반야바라밀다에 섭수되는 까닭으로 두 생각을 멀리 벗어나고, 수행할 것인 4무소외·4무애해·18불불공법이 모두 반야바라밀다에 섭수되는 까닭으로 두 생각을 멀리 벗어나느니라.

수행할 것인 대자가 모두 반야바라밀다에 섭수되는 까닭으로 두 생각을 멀리 벗어나고, 수행할 것인 대비·대희·대사가 모두 반야바라밀다에 섭수되는 까닭으로 두 생각을 멀리 벗어나느니라. 수행할 것인 무망실법이 모두 반야바라밀다에 섭수되는 까닭으로 두 생각을 멀리 벗어나고, 수행할 것인 항주사성이 모두 반야바라밀다에 섭수되는 까닭으로 두 생각을 멀리 벗어나느니라.

수행할 것인 일체지가 모두 반야바라밀다에 섭수되는 까닭으로 두 생각을 멀리 벗어나고, 수행할 것인 도상지·일체상지가 모두 반야바라밀다에 섭수되는 까닭으로 두 생각을 멀리 벗어나느니라. 이끌어야 할 것인 32대사상이 모두 반야바라밀다에 섭수되는 까닭으로 두 생각을 멀리 벗어나고, 이끌어야 할 것인 80수호가 모두 반야바라밀다에 섭수되는 까닭으로 두 생각을 멀리 벗어나느니라."

구수 선현이 세존께 아뢰어 말하였다.

"세존이시여. 어찌하여 보살마하살이 반야바라밀다를 수행하는 때에, 비록 보시바라밀다를 수행하더라도 두 생각이 없고, 비록 정계·안인·정진·정려·반야바라밀다를 수행하더라도 두 생각이 없으며, 비록 4정려를 수행하더라도 두 생각이 없고, 비록 4무량·4무색정을 수행하더라도 두 생각이 없으며, 비록 4념주를 수행하더라도 두 생각이 없고, 비록 4정단·4신족·5근·5력·7등각지·8성도지를 수행하더라도 두 생각이 없습니까?

비록 공해탈문을 수행하더라도 두 생각이 없고, 비록 무상·무원해탈문를 수행하더라도 두 생각이 없으며, 비록 고성제에 안주하더라도 두 생각이 없고, 비록 집·멸·도성제에 안주하더라도 두 생각이 없으며, 비록 8해탈을 수행하더라도 두 생각이 없고, 비록 8승처·9차제정·10변처를 수행하더라도 두 생각이 없으며, 비록 일체의 삼마지문을 수행하더라도 두 생각이 없고, 비록 일체의 다라니문을 수행하더라도 두 생각이 없습니까?

비록 내공이 모두 반야바라밀다에 안주하더라도 두 생각이 없고, 비록 외공·내외공·공공·대공·승의공·유위공·무위공·필경공·무제공·산공·무변이공·본성공·자상공·공상공·일체법공·불가득공·무성공·자성공·무성자성공에 안주하더라도 두 생각이 없으며, 비록 진여에 안주하더라도 두 생각이 없으며, 비록 법계·법성·불허망성·불변이성·평등성·이생성·법정·법주·실제·허공계·부사의계에 안주하더라도 두 생각이 없습니까?

비록 5안을 수행하더라도 두 생각이 없고, 비록 6신통을 수행하더라도 두 생각이 없으며, 비록 여래의 10력을 수행하더라도 두 생각이 없고, 비록 4무소외·4무애해·18불불공법을 수행하더라도 두 생각이 없으며, 비록 대자를 수행하더라도 두 생각이 없고, 비록 대비·대희·대사를 수행하더라도 두 생각이 없으며, 비록 무망실법을 수행하더라도 두 생각이 없고, 비록 항주사성을 수행하더라도 두 생각이 없습니까?

비록 일체지를 수행하더라도 두 생각이 없고, 비록 도상지·일체상지를 수행하더라도 두 생각이 없으며, 비록 32대사상을 이끌더라도 두 생각이 없으며, 비록 80수호를 이끌더라도 두 생각이 없습니까?"

세존께서 말씀하셨다.

"선현이여, 보살마하살이 반야바라밀다를 수행하는 때에, 보시바라밀다를 원만하게 하기 위한 까닭으로 나아가서 보시바라밀다의 가운데에서 일체의 보시·정계·안인·정진·정려·반야바라밀다를 섭수하여 보시바라밀다를[1] 수행해야 하고, 일체의 4정려·4무량·4무색정을 섭수하여 보시바라밀다를 수행해야 하며, 일체의 4념주·4정단·4신족·5근·5력·7등각지·8성도지를 섭수하여 보시바라밀다를 수행해야 하고, 일체의 공·무상·무원해탈문을 섭수하여 보시바라밀다를 수행해야 하며,

일체의 고·집·멸·도성제를 섭수하여 보시바라밀다를 수행해야 하고, 일체의 8해탈·8승처·9차제정·10변처를 섭수하여 보시바라밀다를 수행해야 하며, 일체의 삼마지문과 다라니문을 섭수하여 보시바라밀다를 수행해야 하고, 일체의 내공·외공·내외공·공공·대공·승의공·유위공·무위공·필경공·무제공·산공·무변이공·본성공·자상공·공상공·일체법공·불가득공·무성공·자성공·무성자성공을 섭수하여 보시바라밀다를 수행해야 하며, 일체의 진여·법계·법성·불허망성·불변이성·평등성·이생성·

---

1) 원문에서 '보시(布施)'라고 번역되어 있으나, 뒤의 문장과 문맥으로 추정한다면 보시바라밀다가 합당하고 판단되어 이 문장으로 번역한다.

법정·법주·실제·허공계·부사의계를 섭수하여 보시바라밀다를 수행해야 하고,

일체의 5안·6신통을 섭수하여 보시바라밀다를 수행해야 하며, 일체의 여래의 10력·4무소외·4무애해·18불불공법을 섭수하여 보시바라밀다를 수행해야 하고, 일체의 대자·대비·대희·대사를 섭수하여 보시바라밀다를 수행해야 하며, 일체의 무망실법·항주사성을 섭수하여 보시바라밀다를 수행해야 하고, 일체의 일체지·도상지·일체상지를 섭수하여 보시바라밀다를 수행해야 하고, 32대사상·80수호를 섭수하여 보시바라밀다를 수행해야 하나니, 오히려 이러한 인연으로 두 생각이 없느니라.

선현이여. 보살마하살이 반야바라밀다를 수행하는 때에, 정계·안인·정진·정려·반야바라밀다를 원만하게 하기 위한 까닭으로 나아가서 정계, 나아가 반야바라밀다의 가운데에서 일체의 보시, 나아가 반야바라밀다를 섭수하여 정계, 나아가 반야바라밀다를 수행해야 하고, 일체의 4정려·4무량·4무색정을 섭수하여 정계, 나아가 반야바라밀다를 수행해야 하며, 일체의 4념주·4정단·4신족·5근·5력·7등각지·8성도지를 섭수하여 정계, 나아가 반야바라밀다를 수행해야 하고, 일체의 공·무상·무원해탈문을 섭수하여 정계, 나아가 반야바라밀다를 수행해야 하며,

일체의 고·집·멸·도성제를 섭수하여 정계, 나아가 반야바라밀다를 수행해야 하고, 일체의 8해탈·8승처·9차제정·10변처를 섭수하여 정계, 나아가 반야바라밀다를 수행해야 하며, 일체의 삼마지문·다라니문을 섭수하여 정계, 나아가 반야바라밀다를 수행해야 하고, 일체의 내공·외공·내외공·공공·대공·승의공·유위공·무위공·필경공·무제공·산공·무변이공·본성공·자상공·공상공·일체법공·불가득공·무성공·자성공·무성자성공을 섭수하여 정계, 나아가 반야바라밀다를 수행해야 하며, 일체의 진여·법계·법성·불허망성·불변이성·평등성·이생성·법정·법주·실제·허공계·부사의계를 섭수하여 정계, 나아가 반야바라밀다를 수행해야 하고,

일체의 5안·6신통을 섭수하여 정계, 나아가 반야바라밀다를 수행해야 하며, 일체의 여래의 10력·4무소외·4무애해·18불불공법을 섭수하여 정계, 나아가 반야바라밀다를 수행해야 하고, 일체의 대자·대비·대희·대사를 섭수하여 정계, 나아가 반야바라밀다를 수행해야 하며, 일체의 무망실법·항주사성을 섭수하여 정계, 나아가 반야바라밀다를 수행해야 하고, 일체의 일체지·도상지·일체상지를 섭수하여 정계, 나아가 반야바라밀다를 수행해야 하고, 32대사상·80수호를 섭수하여 정계, 나아가 반야바라밀다를 수행해야 하나니, 오히려 이러한 인연으로 두 생각이 없느니라.

　선현이여. 보살마하살이 반야바라밀다를 수행하는 때에, 4정려를 원만하게 하기 위한 까닭으로 나아가서 4정려의 가운데에서 일체의 보시·정계·안인·정진·정려·반야바라밀다를 섭수하여 4정려를 수행해야 하고, 일체의 4정려·4무량·4무색정을 섭수하여 4정려를 수행해야 하며, 일체의 4념주·4정단·4신족·5근·5력·7등각지·8성도지를 섭수하여 4정려를 수행해야 하고, 일체의 공·무상·무원해탈문을 섭수하여 4정려를 수행해야 하며,

　일체의 고·집·멸·도성제를 섭수하여 4정려를 수행해야 하고, 일체의 8해탈·8승처·9차제정·10변처를 섭수하여 4정려를 수행해야 하며, 일체의 삼마지문·다라니문을 섭수하여 4정려를 수행해야 하고, 일체의 내공·외공·내외공·공공·대공·승의공·유위공·무위공·필경공·무제공·산공·무변이공·본성공·자상공·공상공·일체법공·불가득공·무성공·자성공·무성자성공을 섭수하여 4정려를 수행해야 하며, 일체의 진여·법계·법성·불허망성·불변이성·평등성·이생성·법정·법주·실제·허공계·부사의계를 섭수하여 4정려를 수행해야 하고,

　일체의 5안·6신통을 섭수하여 4정려를 수행해야 하며, 일체의 여래의 10력·4무소외·4무애해·18불불공법을 섭수하여 4정려를 수행해야 하고, 일체의 대자·대비·대희·대사를 섭수하여 4정려를 수행해야 하며, 일체의 무망실법·항주사성을 섭수하여 4정려를 수행해야 하고, 일체의 일체지·

도상지·일체상지를 섭수하여 4정려를 수행해야 하고, 32대사상·80수호를 섭수하여 4정려를 수행해야 하나니, 오히려 이러한 인연으로 두 생각이 없느니라.

선현이여. 보살마하살이 반야바라밀다를 수행하는 때에, 4무량·4무색정을 원만하게 하기 위한 까닭으로 나아가서 4무량·4무색정의 가운데에서 일체의 보시·정계·안인·정진·정려·반야바라밀다를 섭수하여 4무량·4무색정을 수행해야 하고, 일체의 4정려·4무량·4무색정을 섭수하여 4무량·4무색정을 수행해야 하며, 일체의 4념주·4정단·4신족·5근·5력·7등각지·8성도지를 섭수하여 4무량·4무색정을 수행해야 하고, 일체의 공·무상·무원해탈문을 섭수하여 4무량·4무색정을 수행해야 하며,

일체의 고·집·멸·도성제를 섭수하여 4무량·4무색정을 수행해야 하고, 일체의 8해탈·8승처·9차제정·10변처를 섭수하여 4무량·4무색정을 수행해야 하며, 일체의 삼마지문·다라니문을 섭수하여 4무량·4무색정을 수행해야 하고, 일체의 내공·외공·내외공·공공·대공·승의공·유위공·무위공·필경공·무제공·산공·무변이공·본성공·자상공·공상공·일체법공·불가득공·무성공·자성공·무성자성공을 섭수하여 4무량·4무색정을 수행해야 하며, 일체의 진여·법계·법성·불허망성·불변이성·평등성·이생성·법정·법주·실제·허공계·부사의계를 섭수하여 4무량·4무색정을 수행해야 하고,

일체의 5안·6신통을 섭수하여 4무량·4무색정을 수행해야 하며, 일체의 여래의 10력·4무소외·4무애해·18불불공법을 섭수하여 4무량·4무색정을 수행해야 하고, 일체의 대자·대비·대희·대사를 섭수하여 4무량·4무색정을 수행해야 하며, 일체의 무망실법·항주사성을 섭수하여 4무량·4무색정을 수행해야 하고, 일체의 일체지·도상지·일체상지를 섭수하여 4무량·4무색정을 수행해야 하고, 32대사상·80수호를 섭수하여 4무량·4무색정을 수행해야 하나니, 오히려 이러한 인연으로 두 생각이 없느니라.

선현이여. 보살마하살이 반야바라밀다를 수행하는 때에, 4념주를 원만하게 하기 위한 까닭으로 나아가서 4념주의 가운데에서 일체의 보시·정계

·안인·정진·정려·반야바라밀다를 섭수하여 4념주를 수행해야 하고, 일체의 4정려·4무량·4무색정을 섭수하여 4념주를 수행해야 하며, 일체의 4념주·4정단·4신족·5근·5력·7등각지·8성도지를 섭수하여 4념주를 수행해야 하고, 일체의 공·무상·무원해탈문을 섭수하여 4념주를 수행해야 하며,

일체의 고·집·멸·도성제를 섭수하여 4념주를 수행해야 하고, 일체의 8해탈·8승처·9차제정·10변처를 섭수하여 4념주를 수행해야 하며, 일체의 삼마지문·다라니문을 섭수하여 4념주를 수행해야 하고, 일체의 내공·외공·내외공·공공·대공·승의공·유위공·무위공·필경공·무제공·산공·무변이공·본성공·자상공·공상공·일체법공·불가득공·무성공·자성공·무성자성공을 섭수하여 4념주를 수행해야 하며, 일체의 진여·법계·법성·불허망성·불변이성·평등성·이생성·법정·법주·실제·허공계·부사의계를 섭수하여 4념주를 수행해야 하고,

일체의 5안·6신통을 섭수하여 4념주를 수행해야 하며, 일체의 여래의 10력·4무소외·4무애해·18불불공법을 섭수하여 4념주를 수행해야 하고, 일체의 대자·대비·대희·대사를 섭수하여 4념주를 수행해야 하며, 일체의 무망실법·항주사성을 섭수하여 4념주를 수행해야 하고, 일체의 일체지·도상지·일체상지를 섭수하여 4념주를 수행해야 하고, 32대사상·80수호를 섭수하여 4념주를 수행해야 하나니, 오히려 이러한 인연으로 두 생각이 없느니라.

선현이여. 보살마하살이 반야바라밀다를 수행하는 때에, 4정단·4신족·5근·5력·7등각지·8성도지를 원만하게 하기 위한 까닭으로 나아가서 4정단, 나아가 8성도지의 가운데에서 일체의 보시·정계·안인·정진·정려·반야바라밀다를 섭수하여 4정단, 나아가 8성도지를 수행해야 하고, 일체의 4정려·4무량·4무색정을 섭수하여 4정단, 나아가 8성도지를 수행해야 하며, 일체의 4념주·4정단·4신족·5근·5력·7등각지·8성도지를 섭수하여 4정단, 나아가 8성도지를 수행해야 하고, 일체의 공·무상·무원해탈문을 섭수하여 4정단, 나아가 8성도지를 수행해야 하며,

일체의 고·집·멸·도성제를 섭수하여 4정단, 나아가 8성도지를 수행해야 하고, 일체의 8해탈·8승처·9차제정·10변처를 섭수하여 4정단, 나아가 8성도지를 수행해야 하며, 일체의 삼마지문·다라니문을 섭수하여 4정단, 나아가 8성도지를 수행해야 하고, 일체의 내공·외공·내외공·공공·대공·승의공·유위공·무위공·필경공·무제공·산공·무변이공·본성공·자상공·공상공·일체법공·불가득공·무성공·자성공·무성자성공을 섭수하여 4정단, 나아가 8성도지를 수행해야 하며, 일체의 진여·법계·법성·불허망성·불변이성·평등성·이생성·법정·법주·실제·허공계·부사의계를 섭수하여 4정단, 나아가 8성도지를 수행해야 하고,

일체의 5안·6신통을 섭수하여 4정단, 나아가 8성도지를 수행해야 하며, 일체의 여래의 10력·4무소외·4무애해·18불불공법을 섭수하여 4정단, 나아가 8성도지를 수행해야 하고, 일체의 대자·대비·대희·대사를 섭수하여 4정단, 나아가 8성도지를 수행해야 하며, 일체의 무망실법·항주사성을 섭수하여 4정단, 나아가 8성도지를 수행해야 하고, 일체의 일체지·도상지·일체상지를 섭수하여 4정단, 나아가 8성도지를 수행해야 하고, 32대사상·80수호를 섭수하여 4정단, 나아가 8성도지를 수행해야 하나니, 오히려 이러한 인연으로 두 생각이 없느니라.

선현이여. 보살마하살이 반야바라밀다를 수행하는 때에, 공해탈문을 원만하게 하기 위한 까닭으로 나아가서 공해탈문의 가운데에서 일체의 보시·정계·안인·정진·정려·반야바라밀다를 섭수하여 공해탈문을 수행해야 하고, 일체의 4정려·4무량·4무색정을 섭수하여 공해탈문을 수행해야 하며, 일체의 4념주·4정단·4신족·5근·5력·7등각지·8성도지를 섭수하여 공해탈문을 수행해야 하고, 일체의 공·무상·무원해탈문을 섭수하여 공해탈문을 수행해야 하며,

일체의 고·집·멸·도성제를 섭수하여 공해탈문을 수행해야 하고, 일체의 8해탈·8승처·9차제정·10변처를 섭수하여 공해탈문을 수행해야 하며, 일체의 삼마지문·다라니문을 섭수하여 공해탈문을 수행해야 하고, 일체의 내공·외공·내외공·공공·대공·승의공·유위공·무위공·필경공·무제

공·산공·무변이공·본성공·자상공·공상공·일체법공·불가득공·무성공·자성공·무성자성공을 섭수하여 공해탈문을 수행해야 하며, 일체의 진여·법계·법성·불허망성·불변이성·평등성·이생성·법정·법주·실제·허공계·부사의계를 섭수하여 공해탈문을 수행해야 하고,

일체의 5안·6신통을 섭수하여 공해탈문을 수행해야 하며, 일체의 여래의 10력·4무소외·4무애해·18불불공법을 섭수하여 공해탈문을 수행해야 하고, 일체의 대자·대비·대희·대사를 섭수하여 공해탈문을 수행해야 하며, 일체의 무망실법·항주사성을 섭수하여 공해탈문을 수행해야 하고, 일체의 일체지·도상지·일체상지를 섭수하여 공해탈문을 수행해야 하고, 32대사상·80수호를 섭수하여 공해탈문을 수행해야 하나니, 오히려 이러한 인연으로 두 생각이 없느니라.

선현이여, 보살마하살이 반야바라밀다를 수행하는 때에, 무상·무원해탈문을 원만하게 하기 위한 까닭으로 나아가서 무상·무원해탈문의 가운데에서 일체의 보시·정계·안인·정진·정려·반야바라밀다를 섭수하여 무상·무원해탈문을 수행해야 하고, 일체의 4정려·4무량·4무색정을 섭수하여 무상·무원해탈문을 수행해야 하며, 일체의 4념주·4정단·4신족·5근·5력·7등각지·8성도지를 섭수하여 무상·무원해탈문을 수행해야 하고, 일체의 공·무상·무원해탈문을 섭수하여 무상·무원해탈문을 수행해야 하며,

일체의 고·집·멸·도성제를 섭수하여 무상·무원해탈문을 수행해야 하고, 일체의 8해탈·8승처·9차제정·10변처를 섭수하여 무상·무원해탈문을 수행해야 하며, 일체의 삼마지문·다라니문을 섭수하여 무상·무원해탈문을 수행해야 하고, 일체의 내공·외공·내외공·공공·대공·승의공·유위공·무위공·필경공·무제공·산공·무변이공·본성공·자상공·공상공·일체법공·불가득공·무성공·자성공·무성자성공을 섭수하여 무상·무원해탈문을 수행해야 하며, 일체의 진여·법계·법성·불허망성·불변이성·평등성·이생성·법정·법주·실제·허공계·부사의계를 섭수하여 무상·무원해탈문을 수행해야 하고,

일체의 5안·6신통을 섭수하여 무상·무원해탈문을 수행해야 하며, 일체

의 여래의 10력·4무소외·4무애해·18불불공법을 섭수하여 무상·무원해탈문을 수행해야 하고, 일체의 대자·대비·대희·대사를 섭수하여 무상·무원해탈문을 수행해야 하며, 일체의 무망실법·항주사성을 섭수하여 무상·무원해탈문을 수행해야 하고, 일체의 일체지·도상지·일체상지를 섭수하여 무상·무원해탈문을 수행해야 하고, 32대사상·80수호를 섭수하여 무상·무원해탈문을 수행해야 하나니, 오히려 이러한 인연으로 두 생각이 없느니라.

선현이여, 보살마하살이 반야바라밀다를 수행하는 때에, 고성제를 원만하게 하기 위한 까닭으로 나아가서 고성제의 가운데에서 일체의 보시·정계·안인·정진·정려·반야바라밀다를 섭수하여 고성제에 안주해야 하고, 일체의 4정려·4무량·4무색정을 섭수하여 고성제에 안주해야 하며, 일체의 4념주·4정단·4신족·5근·5력·7등각지·8성도지를 섭수하여 고성제에 안주해야 하고, 일체의 공·무상·무원해탈문을 섭수하여 고성제에 안주해야 하며,

일체의 고·집·멸·도성제를 섭수하여 고성제에 안주해야 하고, 일체의 8해탈·8승처·9차제정·10변처를 섭수하여 고성제에 안주해야 하며, 일체의 삼마지문·다라니문을 섭수하여 고성제에 안주해야 하고, 일체의 내공·외공·내외공·공공·대공·승의공·유위공·무위공·필경공·무제공·산공·무변이공·본성공·자상공·공상공·일체법공·불가득공·무성공·자성공·무성자성공을 섭수하여 고성제에 안주해야 하며, 일체의 진여·법계·법성·불허망성·불변이성·평등성·이생성·법정·법주·실제·허공계·부사의계를 섭수하여 고성제에 안주해야 하고,

일체의 5안·6신통을 섭수하여 고성제에 안주해야 하며, 일체의 여래의 10력·4무소외·4무애해·18불불공법을 섭수하여 고성제에 안주해야 하고, 일체의 대자·대비·대희·대사를 섭수하여 고성제에 안주해야 하며, 일체의 무망실법·항주사성을 섭수하여 고성제에 안주해야 하고, 일체의 일체지·도상지·일체상지를 섭수하여 고성제에 안주해야 하고, 32대사상·80수호를 섭수하여 고성제에 안주해야 하나니, 오히려 이러한 인연으로

두 생각이 없느니라.
　선현이여. 보살마하살이 반야바라밀다를 수행하는 때에, 집·멸·도성제를 원만하게 하기 위한 까닭으로 나아가서 집·멸·도성제의 가운데에서 일체의 보시·정계·안인·정진·정려·반야바라밀다를 섭수하여 집·멸·도성제에 안주해야 하고, 일체의 4정려·4무량·4무색정을 섭수하여 집·멸·도성제에 안주해야 하며, 일체의 4념주·4정단·4신족·5근·5력·7등각지·8성도지를 섭수하여 집·멸·도성제에 안주해야 하고, 일체의 공·무상·무원해탈문을 섭수하여 집·멸·도성제에 안주해야 하며,
　일체의 고·집·멸·도성제를 섭수하여 집·멸·도성제에 안주해야 하고, 일체의 8해탈·8승처·9차제정·10변처를 섭수하여 집·멸·도성제에 안주해야 하며, 일체의 삼마지문·다라니문을 섭수하여 집·멸·도성제에 안주해야 하고, 일체의 내공·외공·내외공·공공·대공·승의공·유위공·무위공·필경공·무제공·산공·무변이공·본성공·자상공·공상공·일체법공·불가득공·무성공·자성공·무성자성공을 섭수하여 집·멸·도성제에 안주해야 하며, 일체의 진여·법계·법성·불허망성·불변이성·평등성·이생성·법정·법주·실제·허공계·부사의계를 섭수하여 집·멸·도성제에 안주해야 하고,
　일체의 5안·6신통을 섭수하여 집·멸·도성제에 안주해야 하며, 일체의 여래의 10력·4무소외·4무애해·18불불공법을 섭수하여 집·멸·도성제에 안주해야 하고, 일체의 대자·대비·대희·대사를 섭수하여 집·멸·도성제에 안주해야 하며, 일체의 무망실법·항주사성을 섭수하여 집·멸·도성제에 안주해야 하고, 일체의 일체지·도상지·일체상지를 섭수하여 집·멸·도성제에 안주해야 하고, 32대사상·80수호를 섭수하여 집·멸·도성제에 안주해야 하나니, 오히려 이러한 인연으로 두 생각이 없느니라.
　선현이여. 보살마하살이 반야바라밀다를 수행하는 때에, 8해탈을 원만하게 하기 위한 까닭으로 나아가서 8해탈의 가운데에서 일체의 보시·정계·안인·정진·정려·반야바라밀다를 섭수하여 8해탈을 수행해야 하고, 일체의 4정려·4무량·4무색정을 섭수하여 8해탈을 수행해야 하며, 일체의

4념주·4정단·4신족·5근·5력·7등각지·8성도지를 섭수하여 8해탈을 수행해야 하고, 일체의 공·무상·무원해탈문을 섭수하여 8해탈을 수행해야 하며,

일체의 고·집·멸·도성제를 섭수하여 8해탈을 수행해야 하고, 일체의 8해탈·8승처·9차제정·10변처를 섭수하여 8해탈을 수행해야 하며, 일체의 삼마지문·다라니문을 섭수하여 8해탈을 수행해야 하고, 일체의 내공·외공·내외공·공공·대공·승의공·유위공·무위공·필경공·무제공·산공·무변이공·본성공·자상공·공상공·일체법공·불가득공·무성공·자성공·무성자성공을 섭수하여 8해탈을 수행해야 하며, 일체의 진여·법계·법성·불허망성·불변이성·평등성·이생성·법정·법주·실제·허공계·부사의계를 섭수하여 8해탈을 수행해야 하고,

일체의 5안·6신통을 섭수하여 8해탈을 수행해야 하며, 일체의 여래의 10력·4무소외·4무애해·18불불공법을 섭수하여 8해탈을 수행해야 하고, 일체의 대자·대비·대희·대사를 섭수하여 8해탈을 수행해야 하며, 일체의 무망실법·항주사성을 섭수하여 8해탈을 수행해야 하고, 일체의 일체지·도상지·일체상지를 섭수하여 8해탈을 수행해야 하고, 32대사상·80수호를 섭수하여 8해탈을 수행해야 하나니, 오히려 이러한 인연으로 두 생각이 없느니라.

선현이여. 보살마하살이 반야바라밀다를 수행하는 때에, 8승처·9차제정·10변처를 원만하게 하기 위한 까닭으로 나아가서 8승처·9차제정·10변처의 가운데에서 일체의 보시·정계·안인·정진·정려·반야바라밀다를 섭수하여 8승처·9차제정·10변처를 수행해야 하고, 일체의 4정려·4무량·4무색정을 섭수하여 8승처·9차제정·10변처를 수행해야 하며, 일체의 4념주·4정단·4신족·5근·5력·7등각지·8성도지를 섭수하여 8승처·9차제정·10변처를 수행해야 하고, 일체의 공·무상·무원해탈문을 섭수하여 8승처·9차제정·10변처를 수행해야 하며,

일체의 고·집·멸·도성제를 섭수하여 8승처·9차제정·10변처를 수행해야 하고, 일체의 8해탈·8승처·9차제정·10변처를 섭수하여 8승처·9차제

정·10변처를 수행해야 하며, 일체의 삼마지문·다라니문을 섭수하여 8승처·9차제정·10변처를 수행해야 하고, 일체의 내공·외공·내외공·공공·대공·승의공·유위공·무위공·필경공·무제공·산공·무변이공·본성공·자상공·공상공·일체법공·불가득공·무성공·자성공·무성자성공을 섭수하여 8승처·9차제정·10변처를 수행해야 하며, 일체의 진여·법계·법성·불허망성·불변이성·평등성·이생성·법정·법주·실제·허공계·부사의계를 섭수하여 8승처·9차제정·10변처를 수행해야 하고,

일체의 5안·6신통을 섭수하여 8승처·9차제정·10변처를 수행해야 하며, 일체의 여래의 10력·4무소외·4무애해·18불불공법을 섭수하여 8승처·9차제정·10변처를 수행해야 하고, 일체의 대자·대비·대희·대사를 섭수하여 8승처·9차제정·10변처를 수행해야 하며, 일체의 무망실법·항주사성을 섭수하여 8승처·9차제정·10변처를 수행해야 하고, 일체의 일체지·도상지·일체상지를 섭수하여 8승처·9차제정·10변처를 수행해야 하고, 32대사상·80수호를 섭수하여 8승처·9차제정·10변처를 수행해야 하나니, 오히려 이러한 인연으로 두 생각이 없느니라.

선현이여. 보살마하살이 반야바라밀다를 수행하는 때에, 일체의 삼마지문을 원만하게 히기 위한 까닭으로 나아가서 일체의 삼마지문의 가운데에서 일체의 보시·정계·안인·정진·정려·반야바라밀다를 섭수하여 일체의 삼마지문을 수행해야 하고, 일체의 4정려·4무량·4무색정을 섭수하여 일체의 삼마지문을 수행해야 하며, 일체의 4념주·4정단·4신족·5근·5력·7등각지·8성도지를 섭수하여 일체의 삼마지문을 수행해야 하고, 일체의 공·무상·무원해탈문을 섭수하여 일체의 삼마지문을 수행해야 하며,

일체의 고·집·멸·도성제를 섭수하여 일체의 삼마지문을 수행해야 하고, 일체의 8해탈·8승처·9차제정·10변처를 섭수하여 일체의 삼마지문을 수행해야 하며, 일체의 삼마지문·다라니문을 섭수하여 일체의 삼마지문을 수행해야 하고, 일체의 내공·외공·내외공·공공·대공·승의공·유위공·무위공·필경공·무제공·산공·무변이공·본성공·자상공·공상공·일체법공·불가득공·무성공·자성공·무성자성공을 섭수하여 일체의 삼마지문

을 수행해야 하며, 일체의 진여·법계·법성·불허망성·불변이성·평등성·이생성·법정·법주·실제·허공계·부사의계를 섭수하여 일체의 삼마지문을 수행해야 하고,

일체의 5안·6신통을 섭수하여 일체의 삼마지문을 수행해야 하며, 일체의 여래의 10력·4무소외·4무애해·18불불공법을 섭수하여 일체의 삼마지문을 수행해야 하고, 일체의 대지·대비·대희·대사를 섭수하여 일체의 삼마지문을 수행해야 하며, 일체의 무망실법·항주사성을 섭수하여 일체의 삼마지문을 수행해야 하고, 일체의 일체지·도상지·일체상지를 섭수하여 일체의 삼마지문을 수행해야 하고, 32대사상·80수호를 섭수하여 일체의 삼마지문을 수행해야 하나니, 오히려 이러한 인연으로 두 생각이 없느니라."

마하반야바라밀다경 제375권

66. 무상무득품(無相無得品)(3)

"선현이여. 보살마하살이 반야바라밀다를 수행하는 때에, 일체의 다라니문을 원만하게 하기 위한 까닭으로 나아가서 일체의 다라니문의 가운데에서 일체의 보시·정계·안인·정진·정려·반야바라밀다를 섭수하여 일체의 다라니문을 수행해야 하고, 일체의 4정려·4무량·4무색정을 섭수하여 일체의 다라니문을 수행해야 하며, 일체의 4념주·4정단·4신족·5근·5력·7등각지·8성도지를 섭수하여 일체의 다라니문을 수행해야 하고, 일체의 공·무상·무원해탈문을 섭수하여 일체의 다라니문을 수행해야 하며,

일체의 고·집·멸·도성세를 섭수하여 일체의 다라니문을 수행해야 하고, 일체의 8해탈·8승처·9차제정·10변처를 섭수하여 일체의 다라니문을 수행해야 하며, 일체의 삼마지문·다라니문을 섭수하여 일체의 다라니문을 수행해야 하고, 일체의 내공·외공·내외공·공공·대공·승의공·유위공·무위공·필경공·무제공·산공·무변이공·본성공·자상공·공상공·일체법공·불가득공·무성공·자성공·무성자성공을 섭수하여 일체의 다라니문을 수행해야 하며, 일체의 진여·법계·법성·불허망성·불변이성·평등성·이생성·법정·법주·실제·허공계·부사의계를 섭수하여 일체의 다라니문을 수행해야 하고,

일체의 5안·6신통을 섭수하여 일체의 다라니문을 수행해야 하며, 일체의 여래의 10력·4무소외·4무애해·18불불공법을 섭수하여 일체의 다라니문을 수행해야 하고, 일체의 대자·대비·대희·대사를 섭수하여 일체의

다라니문을 수행해야 하며, 일체의 무망실법·항주사성을 섭수하여 일체의 다라니문을 수행해야 하고, 일체의 일체지·도상지·일체상지를 섭수하여 일체의 다라니문을 수행해야 하고, 32대사상·80수호를 섭수하여 일체의 다라니문을 수행해야 하나니, 오히려 이러한 인연으로 두 생각이 없느니라.

선현이여. 보살마하실이 반야바라밀다를 수행하는 때에, 내공을 원만하게 하기 위한 까닭으로 나아가서 내공의 가운데에서 일체의 보시·정계·안인·정진·정려·반야바라밀다를 섭수하여 내공에 안주해야 하고, 일체의 4정려·4무량·4무색정을 섭수하여 내공에 안주해야 하며, 일체의 4념주·4정단·4신족·5근·5력·7등각지·8성도지를 섭수하여 내공에 안주해야 하고, 일체의 공·무상·무원해탈문을 섭수하여 내공에 안주해야 하며,

일체의 고·집·멸·도성제를 섭수하여 내공에 안주해야 하고, 일체의 8해탈·8승처·9차제정·10변처를 섭수하여 내공에 안주해야 하며, 일체의 삼마지문·다라니문을 섭수하여 내공에 안주해야 하고, 일체의 내공·외공·내외공·공공·대공·승의공·유위공·무위공·필경공·무제공·산공·무변이공·본성공·자상공·공상공·일체법공·불가득공·무성공·자성공·무성자성공을 섭수하여 내공에 안주해야 하며, 일체의 진여·법계·법성·불허망성·불변이성·평등성·이생성·법정·법주·실제·허공계·부사의계를 섭수하여 내공에 안주해야 하고,

일체의 5안·6신통을 섭수하여 내공에 안주해야 하며, 일체의 여래의 10력·4무소외·4무애해·18불불공법을 섭수하여 내공에 안주해야 하고, 일체의 대자·대비·대희·대사를 섭수하여 내공에 안주해야 하며, 일체의 무망실법·항주사성을 섭수하여 내공에 안주해야 하고, 일체의 일체지·도상지·일체상지를 섭수하여 내공에 안주해야 하고, 32대사상·80수호를 섭수하여 내공에 안주해야 하나니, 오히려 이러한 인연으로 두 생각이 없느니라.

선현이여. 보살마하살이 반야바라밀다를 수행하는 때에, 외공·내외공·공공·대공·승의공·유위공·무위공·필경공·무제공·산공·무변이공·본

성공·자상공·공상공·일체법공·불가득공·무성공·자성공·무성자성공을 원만하게 하기 위한 까닭으로 나아가서 외공, 나아가 무성자성공의 가운데에서 일체의 보시·정계·안인·정진·정려·반야바라밀다를 섭수하여 외공, 나아가 무성자성공에 안주해야 하고, 일체의 4정려·4무량·4무색정을 섭수하여 외공, 나아가 무성자성공에 안주해야 하며, 일체의 4념주·4정단·4신족·5근·5력·7등각지·8성도지를 섭수하여 외공, 나아가 무성자성공에 안주해야 하고, 일체의 공·무상·무원해탈문을 섭수하여 외공, 나아가 무성자성공에 안주해야 하며,

일체의 고·집·멸·도성제를 섭수하여 외공, 나아가 무성자성공에 안주해야 하고, 일체의 8해탈·8승처·9차제정·10변처를 섭수하여 외공, 나아가 무성자성공에 안주해야 하며, 일체의 삼마지문·다라니문을 섭수하여 외공, 나아가 무성자성공에 안주해야 하고, 일체의 내공·외공·내외공·공공·대공·승의공·유위공·무위공·필경공·무제공·산공·무변이공·본성공·자상공·공상공·일체법공·불가득공·무성공·자성공·무성자성공을 섭수하여 외공, 나아가 무성자성공에 안주해야 하며, 일체의 진여·법계·법성·불허망성·불변이성·평등성·이생성·법정·법주·실제·허공계·부사의계를 섭수하여 외공, 나아가 무성자성공에 안주해야 하고,

일체의 5안·6신통을 섭수하여 외공, 나아가 무성자성공에 안주해야 하며, 일체의 여래의 10력·4무소외·4무애해·18불불공법을 섭수하여 외공, 나아가 무성자성공에 안주해야 하고, 일체의 대자·대비·대희·대사를 섭수하여 외공, 나아가 무성자성공에 안주해야 하며, 일체의 무망실법·항주사성을 섭수하여 외공, 나아가 무성자성공에 안주해야 하고, 일체의 일체지·도상지·일체상지를 섭수하여 외공, 나아가 무성자성공에 안주해야 하고, 32대사상·80수호를 섭수하여 외공, 나아가 무성자성공에 안주해야 하나니, 오히려 이러한 인연으로 두 생각이 없느니라.

선현이여. 보살마하살이 반야바라밀다를 수행하는 때에, 진여를 원만하게 하기 위한 까닭으로 나아가서 진여의 가운데에서 일체의 보시·정계·안인·정진·정려·반야바라밀다를 섭수하여 진여에 안주해야 하고, 일체

의 4정려·4무량·4무색정을 섭수하여 진여에 안주해야 하며, 일체의 4념주·4정단·4신족·5근·5력·7등각지·8성도지를 섭수하여 진여에 안주해야 하고, 일체의 공·무상·무원해탈문을 섭수하여 진여에 안주해야 하며,

일체의 고·집·멸·도성제를 섭수하여 진여에 안주해야 하고, 일체의 8해탈·8승처·9차제정·10변처를 섭수하여 진여에 안주해야 하며, 일체의 삼마지문·다라니문을 섭수하여 진여에 안주해야 하고, 일체의 내공·외공·내외공·공공·대공·승의공·유위공·무위공·필경공·무제공·산공·무변이공·본성공·자상공·공상공·일체법공·불가득공·무성공·자성공·무성자성공을 섭수하여 진여에 안주해야 하며, 일체의 진여·법계·법성·불허망성·불변이성·평등성·이생성·법정·법주·실제·허공계·부사의계를 섭수하여 진여에 안주해야 하고,

일체의 5안·6신통을 섭수하여 진여에 안주해야 하며, 일체의 여래의 10력·4무소외·4무애해·18불불공법을 섭수하여 진여에 안주해야 하고, 일체의 대자·대비·대희·대사를 섭수하여 진여에 안주해야 하며, 일체의 무망실법·항주사성을 섭수하여 진여에 안주해야 하고, 일체의 일체지·도상지·일체상지를 섭수하여 진여에 안주해야 하고, 32대사상·80수호를 섭수하여 진여에 안주해야 하나니, 오히려 이러한 인연으로 두 생각이 없느니라.

선현이여. 보살마하살이 반야바라밀다를 수행하는 때에, 법계·법성·불허망성·불변이성·평등성·이생성·법정·법주·실제·허공계·부사의계를 원만하게 하기 위한 까닭으로 나아가서 법계, 나아가 부사의계의 가운데에서 일체의 보시·정계·안인·정진·정려·반야바라밀다를 섭수하여 법계, 나아가 부사의계에 안주해야 하고, 일체의 4정려·4무량·4무색정을 섭수하여 법계, 나아가 부사의계에 안주해야 하며, 일체의 4념주·4정단·4신족·5근·5력·7등각지·8성도지를 섭수하여 법계, 나아가 부사의계에 안주해야 하고, 일체의 공·무상·무원해탈문을 섭수하여 법계, 나아가 부사의계에 안주해야 하며,

일체의 고·집·멸·도성제를 섭수하여 법계, 나아가 부사의계에 안주해

야 하고, 일체의 8해탈·8승처·9차제정·10변처를 섭수하여 법계, 나아가 부사의계에 안주해야 하며, 일체의 삼마지문·다라니문을 섭수하여 법계, 나아가 부사의계에 안주해야 하고, 일체의 내공·외공·내외공·공공·대공·승의공·유위공·무위공·필경공·무제공·산공·무변이공·본성공·자상공·공상공·일체법공·불가득공·무성공·자성공·무성자성공을 섭수하여 법계, 나아가 부사의계에 안주해야 하며, 일체의 진여·법계·법성·불허망성·불변이성·평등성·이생성·법정·법주·실제·허공계·부사의계를 섭수하여 법계, 나아가 부사의계에 안주해야 하고,

일체의 5안·6신통을 섭수하여 법계, 나아가 부사의계에 안주해야 하며, 일체의 여래의 10력·4무소외·4무애해·18불불공법을 섭수하여 법계, 나아가 부사의계에 안주해야 하고, 일체의 대자·대비·대희·대사를 섭수하여 법계, 나아가 부사의계에 안주해야 하며, 일체의 무망실법·항주사성을 섭수하여 법계, 나아가 부사의계에 안주해야 하고, 일체의 일체지·도상지·일체상지를 섭수하여 법계, 나아가 부사의계에 안주해야 하고, 32대사상·80수호를 섭수하여 법계, 나아가 부사의계에 안주해야 하나니, 오히려 이러한 인연으로 두 생각이 없느니라.

선현이여, 보살마하살이 반야바라밀다를 수행하는 때에, 5안을 원만하게 하기 위한 까닭으로 나아가서 5안의 가운데에서 일체의 보시·정계·안인·정진·정려·반야바라밀다를 섭수하여 5안을 수행해야 하고, 일체의 4정려·4무량·4무색정을 섭수하여 5안을 수행해야 하며, 일체의 4념주·4정단·4신족·5근·5력·7등각지·8성도지를 섭수하여 5안을 수행해야 하고, 일체의 공·무상·무원해탈문을 섭수하여 5안을 수행해야 하며,

일체의 고·집·멸·도성제를 섭수하여 5안을 수행해야 하고, 일체의 8해탈·8승처·9차제정·10변처를 섭수하여 5안을 수행해야 하며, 일체의 삼마지문·다라니문을 섭수하여 5안을 수행해야 하고, 일체의 내공·외공·내외공·공공·대공·승의공·유위공·무위공·필경공·무제공·산공·무변이공·본성공·자상공·공상공·일체법공·불가득공·무성공·자성공·무성자성공을 섭수하여 5안을 수행해야 하며, 일체의 진여·법계·법성·불허망

성·불변이성·평등성·이생성·법정·법주·실제·허공계·부사의계를 섭수하여 5안을 수행해야 하고,

　일체의 5안·6신통을 섭수하여 5안을 수행해야 하며, 일체의 여래의 10력·4무소외·4무애해·18불불공법을 섭수하여 5안을 수행해야 하고, 일체의 대자·대비·대희·대사를 섭수하여 5안을 수행해야 하며, 일체의 부망실법·항주사성을 섭수하여 5안을 수행해야 하고, 일체의 일체지·도상지·일체상지를 섭수하여 5안을 수행해야 하고, 32대사상·80수호를 섭수하여 5안을 수행해야 하나니, 오히려 이러한 인연으로 두 생각이 없느니라.

　선현이여. 보살마하살이 반야바라밀다를 수행하는 때에, 6신통을 원만하게 하기 위한 까닭으로 나아가서 6신통의 가운데에서 일체의 보시·정계·안인·정진·정려·반야바라밀다를 섭수하여 6신통을 수행해야 하고, 일체의 4정려·4무량·4무색정을 섭수하여 6신통을 수행해야 하며, 일체의 4념주·4정단·4신족·5근·5력·7등각지·8성도지를 섭수하여 6신통을 수행해야 하고, 일체의 공·무상·무원해탈문을 섭수하여 6신통을 수행해야 하며,

　일체의 고·집·멸·도성제를 섭수하여 6신통을 수행해야 하고, 일체의 8해탈·8승처·9차제정·10변처를 섭수하여 6신통을 수행해야 하며, 일체의 삼마지문·다라니문을 섭수하여 6신통을 수행해야 하고, 일체의 내공·외공·내외공·공공·대공·승의공·유위공·무위공·필경공·무제공·산공·무변이공·본성공·자상공·공상공·일체법공·불가득공·무성공·자성공·무성자성공을 섭수하여 6신통을 수행해야 하며, 일체의 진여·법계·법성·불허망성·불변이성·평등성·이생성·법정·법주·실제·허공계·부사의계를 섭수하여 6신통을 수행해야 하고,

　일체의 5안·6신통을 섭수하여 6신통을 수행해야 하며, 일체의 여래의 10력·4무소외·4무애해·18불불공법을 섭수하여 6신통을 수행해야 하고, 일체의 대자·대비·대희·대사를 섭수하여 6신통을 수행해야 하며, 일체의 부망실법·항주사성을 섭수하여 6신통을 수행해야 하고, 일체의 일체지·

도상지·일체상지를 섭수하여 6신통을 수행해야 하고, 32대사상·80수호를 섭수하여 6신통을 수행해야 하나니, 오히려 이러한 인연으로 두 생각이 없느니라.

선현이여. 보살마하살이 반야바라밀다를 수행하는 때에, 여래의 10력을 원만하게 하기 위한 까닭으로 나아가서 여래의 10력의 가운데에서 일체의 보시·정계·안인·정진·정려·반야바라밀다를 섭수하여 여래의 10력을 수행해야 하고, 일체의 4정려·4무량·4무색정을 섭수하여 여래의 10력을 수행해야 하며, 일체의 4념주·4정단·4신족·5근·5력·7등각지·8성도지를 섭수하여 여래의 10력을 수행해야 하고, 일체의 공·무상·무원해탈문을 섭수하여 여래의 10력을 수행해야 하며,

일체의 고·집·멸·도성제를 섭수하여 여래의 10력을 수행해야 하고, 일체의 8해탈·8승처·9차제정·10변처를 섭수하여 여래의 10력을 수행해야 하며, 일체의 삼마지문·다라니문을 섭수하여 여래의 10력을 수행해야 하고, 일체의 내공·외공·내외공·공공·대공·승의공·유위공·무위공·필경공·무제공·산공·무변이공·본성공·자상공·공상공·일체법공·불가득공·무성공·자성공·무성자성공을 섭수하여 여래의 10력을 수행해야 하며, 일체의 진여·법계·법성·불허망성·불변이성·평등성·이생성·법정·법주·실제·허공계·부사의계를 섭수하여 여래의 10력을 수행해야 하고,

일체의 5안·6신통을 섭수하여 여래의 10력을 수행해야 하며, 일체의 여래의 10력·4무소외·4무애해·18불불공법을 섭수하여 여래의 10력을 수행해야 하고, 일체의 대자·대비·대희·대사를 섭수하여 여래의 10력을 수행해야 하며, 일체의 무망실법·항주사성을 섭수하여 여래의 10력을 수행해야 하고, 일체의 일체지·도상지·일체상지를 섭수하여 여래의 10력을 수행해야 하고, 32대사상·80수호를 섭수하여 여래의 10력을 수행해야 하나니, 오히려 이러한 인연으로 두 생각이 없느니라.

선현이여. 보살마하살이 반야바라밀다를 수행하는 때에, 4무소외·4무애해·18불불공법을 원만하게 하기 위한 까닭으로 나아가서 4무소외·4무애해·18불불공법의 가운데에서 일체의 보시·정계·안인·정진·정려·반

야바라밀다를 섭수하여 4무소외·4무애해·18불불공법을 수행해야 하고, 일체의 4정려·4무량·4무색정을 섭수하여 4무소외·4무애해·18불불공법을 수행해야 하며, 일체의 4념주·4정단·4신족·5근·5력·7등각지·8성도지를 섭수하여 4무소외·4무애해·18불불공법을 수행해야 하고, 일체의 공·무상·무원해탈문을 섭수하여 4무소외·4무애해·18불불공법을 수행해야 하며,

일체의 고·집·멸·도성제를 섭수하여 4무소외·4무애해·18불불공법을 수행해야 하고, 일체의 8해탈·8승처·9차제정·10변처를 섭수하여 4무소외·4무애해·18불불공법을 수행해야 하며, 일체의 삼마지문·다라니문을 섭수하여 4무소외·4무애해·18불불공법을 수행해야 하고, 일체의 내공·외공·내외공·공공·대공·승의공·유위공·무위공·필경공·무제공·산공·무변이공·본성공·자상공·공상공·일체법공·불가득공·무성공·자성공·무성자성공을 섭수하여 4무소외·4무애해·18불불공법을 수행해야 하며, 일체의 진여·법계·법성·불허망성·불변이성·평등성·이생성·법정·법주·실제·허공계·부사의계를 섭수하여 4무소외·4무애해·18불불공법을 수행해야 하고,

일체의 5안·6신통을 섭수하여 4무소외·4무애해·18불불공법을 수행해야 하며, 일체의 여래의 10력·4무소외·4무애해·18불불공법을 섭수하여 4무소외·4무애해·18불불공법을 수행해야 하고, 일체의 대자·대비·대희·대사를 섭수하여 4무소외·4무애해·18불불공법을 수행해야 하며, 일체의 무망실법·항주사성을 섭수하여 4무소외·4무애해·18불불공법을 수행해야 하고, 일체의 일체지·도상지·일체상지를 섭수하여 4무소외·4무애해·18불불공법을 수행해야 하고, 32대사상·80수호를 섭수하여 4무소외·4무애해·18불불공법을 수행해야 하나니, 오히려 이러한 인연으로 두 생각이 없느니라.

선현이여. 보살마하살이 반야바라밀다를 수행하는 때에, 대자를 원만하게 하기 위한 까닭으로 나아가서 대자의 가운데에서 일체의 보시·정계·안인·정진·정려·반야바라밀다를 섭수하여 대자를 수행해야 하고, 일체

의 4정려·4무량·4무색정을 섭수하여 대자를 수행해야 하며, 일체의 4념주·4정단·4신족·5근·5력·7등각지·8성도지를 섭수하여 대자를 수행해야 하고, 일체의 공·무상·무원해탈문을 섭수하여 대자를 수행해야 하며,

일체의 고·집·멸·도성제를 섭수하여 대자를 수행해야 하고, 일체의 8해탈·8승처·9차제정·10변처를 섭수하여 대자를 수행해야 하며, 일체의 삼마지문·다라니문을 섭수하여 대자를 수행해야 하고, 일체의 내공·외공·내외공·공공·대공·승의공·유위공·무위공·필경공·무제공·산공·무변이공·본성공·자상공·공상공·일체법공·불가득공·무성공·자성공·무성자성공을 섭수하여 대자를 수행해야 하며, 일체의 진여·법계·법성·불허망성·불변이성·평등성·이생성·법정·법주·실제·허공계·부사의계를 섭수하여 대자를 수행해야 하고,

일체의 5안·6신통을 섭수하여 대자를 수행해야 하며, 일체의 여래의 10력·4무소외·4무애해·18불불공법을 섭수하여 대자를 수행해야 하고, 일체의 대자·대비·대희·대사를 섭수하여 대자를 수행해야 하며, 일체의 무망실법·항주사성을 섭수하여 대자를 수행해야 하고, 일체의 일체지·도상지·일체상지를 섭수하여 대자를 수행해야 하고, 32대사상·80수호를 섭수하여 대자를 수행헤야 하나니, 오히려 이러한 인연으로 두 생각이 없느니라.

선현이여. 보살마하살이 반야바라밀다를 수행하는 때에, 대비·대희·대사를 원만하게 하기 위한 까닭으로 나아가서 대비·대희·대사의 가운데에서 일체의 보시·정계·안인·정진·정려·반야바라밀다를 섭수하여 대비·대희·대사를 수행해야 하고, 일체의 4정려·4무량·4무색정을 섭수하여 대비·대희·대사를 수행해야 하며, 일체의 4념주·4정단·4신족·5근·5력·7등각지·8성도지를 섭수하여 대비·대희·대사를 수행해야 하고, 일체의 공·무상·무원해탈문을 섭수하여 대비·대희·대사를 수행해야 하며,

일체의 고·집·멸·도성제를 섭수하여 대비·대희·대사를 수행해야 하고, 일체의 8해탈·8승처·9차제정·10변처를 섭수하여 대비·대희·대사를 수행해야 하며, 일체의 삼마지문·다라니문을 섭수하여 대비·대희·대사

를 수행해야 하고, 일체의 내공·외공·내외공·공공·대공·승의공·유위공·무위공·필경공·무제공·산공·무변이공·본성공·자상공·공상공·일체법공·불가득공·무성공·자성공·무성자성공을 섭수하여 대비·대희·대사를 수행해야 하며, 일체의 진여·법계·법성·불허망성·불변이성·평등성·이생성·법정·법주·실제·허공계·부사의계를 섭수하여 대비·대희·대사를 수행해야 하고,

일체의 5안·6신통을 섭수하여 대비·대희·대사를 수행해야 하며, 일체의 여래의 10력·4무소외·4무애해·18불불공법을 섭수하여 대비·대희·대사를 수행해야 하고, 일체의 대자·대비·대희·대사를 섭수하여 대비·대희·대사를 수행해야 하며, 일체의 무망실법·항주사성을 섭수하여 대비·대희·대사를 수행해야 하고, 일체의 일체지·도상지·일체상지를 섭수하여 대비·대희·대사를 수행해야 하고, 32대사상·80수호를 섭수하여 대비·대희·대사를 수행해야 하나니, 오히려 이러한 인연으로 두 생각이 없느니라.

선현이여. 보살마하살이 반야바라밀다를 수행하는 때에, 무망실법을 원만하게 하기 위한 까닭으로 나아가서 무망실법의 가운데에서 일체의 보시·정계·안인·정진·정려·반야바라밀다를 섭수하여 무망실법을 수행해야 하고, 일체의 4정려·4무량·4무색정을 섭수하여 무망실법을 수행해야 하며, 일체의 4념주·4정단·4신족·5근·5력·7등각지·8성도지를 섭수하여 무망실법을 수행해야 하고, 일체의 공·무상·무원해탈문을 섭수하여 무망실법을 수행해야 하며,

일체의 고·집·멸·도성제를 섭수하여 무망실법을 수행해야 하고, 일체의 8해탈·8승처·9차제정·10변처를 섭수하여 무망실법을 수행해야 하며, 일체의 삼마지문·다라니문을 섭수하여 무망실법을 수행해야 하고, 일체의 내공·외공·내외공·공공·대공·승의공·유위공·무위공·필경공·무제공·산공·무변이공·본성공·자상공·공상공·일체법공·불가득공·무성공·자성공·무성자성공을 섭수하여 무망실법을 수행해야 하며, 일체의 진여·법계·법성·불허망성·불변이성·평등성·이생성·법정·법주·실제·허공계·부사의계를 섭수하여 무망실법을 수행해야 하고,

일체의 5안·6신통을 섭수하여 무망실법을 수행해야 하며, 일체의 여래의 10력·4무소외·4무애해·18불불공법을 섭수하여 무망실법을 수행해야 하고, 일체의 대자·대비·대희·대사를 섭수하여 무망실법을 수행해야 하며, 일체의 무망실법·항주사성을 섭수하여 무망실법을 수행해야 하고, 일체의 일체지·도상지·일체상지를 섭수하여 무망실법을 수행해야 하고, 32대사상·80수호를 섭수하여 무망실법을 수행해야 하나니, 오히려 이러한 인연으로 두 생각이 없느니라.

선현이여. 보살마하살이 반야바라밀다를 수행하는 때에, 항주사성을 원만하게 하기 위한 까닭으로 나아가서 항주사성의 가운데에서 일체의 보시·정계·안인·정진·정려·반야바라밀다를 섭수하여 항주사성을 수행해야 하고, 일체의 4정려·4무량·4무색정을 섭수하여 항주사성을 수행해야 하며, 일체의 4념주·4정단·4신족·5근·5력·7등각지·8성도지를 섭수하여 항주사성을 수행해야 하고, 일체의 공·무상·무원해탈문을 섭수하여 항주사성을 수행해야 하며,

일체의 고·집·멸·도성제를 섭수하여 항주사성을 수행해야 하고, 일체의 8해탈·8승처·9차제정·10변처를 섭수하여 항주사성을 수행해야 하며, 일체의 삼마지문·다라니문을 섭수하여 항주사성을 수행해야 하고, 일체의 내공·외공·내외공·공공·대공·승의공·유위공·무위공·필경공·무제공·산공·무변이공·본성공·자상공·공상공·일체법공·불가득공·무성공·자성공·무성자성공을 섭수하여 항주사성을 수행해야 하며, 일체의 진여·법계·법성·불허망성·불변이성·평등성·이생성·법정·법주·실제·허공계·부사의계를 섭수하여 항주사성을 수행해야 하고,

일체의 5안·6신통을 섭수하여 항주사성을 수행해야 하며, 일체의 여래의 10력·4무소외·4무애해·18불불공법을 섭수하여 항주사성을 수행해야 하고, 일체의 대자·대비·대희·대사를 섭수하여 항주사성을 수행해야 하며, 일체의 무망실법·항주사성을 섭수하여 항주사성을 수행해야 하고, 일체의 일체지·도상지·일체상지를 섭수하여 항주사성을 수행해야 하고, 32대사상·80수호를 섭수하여 항주사성을 수행해야 하나니, 오히려 이러

한 인연으로 두 생각이 없느니라.

　선현이여. 보살마하살이 반야바라밀다를 수행하는 때에, 일체지를 원만하게 하기 위한 까닭으로 나아가서 일체지의 가운데에서 일체의 보시·정계·안인·정진·정려·반야바라밀다를 섭수하여 일체지를 수행해야 하고, 일체의 4정려·4무량·4무색정을 섭수하여 일체지를 수행해야 하며, 일체의 4념주·4정단·4신족·5근·5력·7등각지·8성도지를 섭수하여 일체지를 수행해야 하고, 일체의 공·무상·무원해탈문을 섭수하여 일체지를 수행해야 하며,

　일체의 고·집·멸·도성제를 섭수하여 일체지를 수행해야 하고, 일체의 8해탈·8승처·9차제정·10변처를 섭수하여 일체지를 수행해야 하며, 일체의 삼마지문·다라니문을 섭수하여 일체지를 수행해야 하고, 일체의 내공·외공·내외공·공공·대공·승의공·유위공·무위공·필경공·무제공·산공·무변이공·본성공·자상공·공상공·일체법공·불가득공·무성공·자성공·무성자성공을 섭수하여 일체지를 수행해야 하며, 일체의 진여·법계·법성·불허망성·불변이성·평등성·이생성·법정·법주·실제·허공계·부사의계를 섭수하여 일체지를 수행해야 하고,

　일체의 5안·6신통을 섭수하여 일체지를 수행해야 하며, 일체의 여래의 10력·4무소외·4무애해·18불불공법을 섭수하여 일체지를 수행해야 하고, 일체의 대자·대비·대희·대사를 섭수하여 일체지를 수행해야 하며, 일체의 무망실법·항주사성을 섭수하여 일체지를 수행해야 하고, 일체의 일체지·도상지·일체상지를 섭수하여 일체지를 수행해야 하고, 32대사상·80수호를 섭수하여 일체지를 수행해야 하나니, 오히려 이러한 인연으로 두 생각이 없느니라.

　선현이여. 보살마하살이 반야바라밀다를 수행하는 때에, 도상지·일체상지를 원만하게 하기 위한 까닭으로 나아가서 도상지·일체상지의 가운데에서 일체의 보시·정계·안인·정진·정려·반야바라밀다를 섭수하여 도상지·일체상지를 수행해야 하고, 일체의 4정려·4무량·4무색정을 섭수하여 도상지·일체상지를 수행해야 하며, 일체의 4념주·4정단·4신족·5근·5력·

7등각지·8성도지를 섭수하여 도상지·일체상지를 수행해야 하고, 일체의 공·무상·무원해탈문을 섭수하여 도상지·일체상지를 수행해야 하며,

일체의 고·집·멸·도성제를 섭수하여 도상지·일체상지를 수행해야 하고, 일체의 8해탈·8승처·9차제정·10변처를 섭수하여 도상지·일체상지를 수행해야 하며, 일체의 삼마지문·다라니문을 섭수하여 도상지·일체상지를 수행해야 하고, 일체의 내공·외공·내외공·공공·대공·승의공·유위공·무위공·필경공·무제공·산공·무변이공·본성공·자상공·공상공·일체법공·불가득공·무성공·자성공·무성자성공을 섭수하여 도상지·일체상지를 수행해야 하며, 일체의 진여·법계·법성·불허망성·불변이성·평등성·이생성·법정·법주·실제·허공계·부사의계를 섭수하여 도상지·일체상지를 수행해야 하고,

일체의 5안·6신통을 섭수하여 도상지·일체상지를 수행해야 하며, 일체의 여래의 10력·4무소외·4무애해·18불불공법을 섭수하여 도상지·일체상지를 수행해야 하고, 일체의 대자·대비·대희·대사를 섭수하여 도상지·일체상지를 수행해야 하며, 일체의 무망실법·항주사성을 섭수하여 도상지·일체상지를 수행해야 하고, 일체의 일체지·도상지·일체상지를 섭수하여 도상지·일체상지를 수행해야 하고, 32대사상·80수호를 섭수하여 도상지·일체상지를 수행해야 하나니, 오히려 이러한 인연으로 두 생각이 없느니라.

선현이여. 보살마하살이 반야바라밀다를 수행하는 때에, 32대사상을 원만하게 하기 위한 까닭으로 나아가서 32대사상의 가운데에서 일체의 보시·정계·안인·정진·정려·반야바라밀다를 섭수하여 32대사상을 이끌어야 하고, 일체의 4정려·4무량·4무색정을 섭수하여 32대사상을 이끌어야 하며, 일체의 4념주·4정단·4신족·5근·5력·7등각지·8성도지를 섭수하여 32대사상을 이끌어야 하고, 일체의 공·무상·무원해탈문을 섭수하여 32대사상을 이끌어야 하며,

일체의 고·집·멸·도성제를 섭수하여 32대사상을 이끌어야 하고, 일체의 8해탈·8승처·9차제정·10변처를 섭수하여 32대사상을 이끌어야 하며,

일체의 삼마지문·다라니문을 섭수하여 32대사상을 이끌어야 하고, 일체의 내공·외공·내외공·공공·대공·승의공·유위공·무위공·필경공·무제공·산공·무변이공·본성공·자상공·공상공·일체법공·불가득공·무성공·자성공·무성자성공을 섭수하여 32대사상을 이끌어야 하며, 일체의 진여·법계·법성·불허망성·불변이성·평등성·이생성·법정·법주·실제·허공계·부사의계를 섭수하여 32대사상을 이끌어야 하고,

일체의 5안·6신통을 섭수하여 32대사상을 이끌어야 하며, 일체의 여래의 10력·4무소외·4무애해·18불불공법을 섭수하여 32대사상을 이끌어야 하고, 일체의 대자·대비·대희·대사를 섭수하여 32대사상을 이끌어야 하며, 일체의 무망실법·항주사성을 섭수하여 32대사상을 이끌어야 하고, 일체의 일체지·도상지·일체상지를 섭수하여 32대사상을 이끌어야 하고, 32대사상·80수호를 섭수하여 32대사상을 이끌어야 하나니, 오히려 이러한 인연으로 두 생각이 없느니라.

선현이여. 보살마하살이 반야바라밀다를 수행하는 때에, 80수호를 원만하게 하기 위한 까닭으로 나아가서 80수호의 가운데에서 일체의 보시·정계·안인·정진·정려·반야바라밀다를 섭수하여 80수호를 이끌어야 하고, 일체의 4정려·4무량·4무색정을 섭수하여 80수호를 이끌어야 하며, 일체의 4념주·4정단·4신족·5근·5력·7등각지·8성도지를 섭수하여 80수호를 이끌어야 하고, 일체의 공·무상·무원해탈문을 섭수하여 80수호를 이끌어야 하며,

일체의 고·집·멸·도성제를 섭수하여 80수호를 이끌어야 하고, 일체의 8해탈·8승처·9차제정·10변처를 섭수하여 80수호를 이끌어야 하며, 일체의 삼마지문·다라니문을 섭수하여 80수호를 이끌어야 하고, 일체의 내공·외공·내외공·공공·대공·승의공·유위공·무위공·필경공·무제공·산공·무변이공·본성공·자상공·공상공·일체법공·불가득공·무성공·자성공·무성자성공을 섭수하여 80수호를 이끌어야 하며, 일체의 진여·법계·법성·불허망성·불변이성·평등성·이생성·법정·법주·실제·허공계·부사의계를 섭수하여 80수호를 이끌어야 하고,

일체의 5안·6신통을 섭수하여 80수호를 이끌어야 하며, 일체의 여래의 10력·4무소외·4무애해·18불불공법을 섭수하여 80수호를 이끌어야 하고, 일체의 대자·대비·대희·대사를 섭수하여 80수호를 이끌어야 하며, 일체의 무망실법·항주사성을 섭수하여 80수호를 이끌어야 하고, 일체의 일체지·도상지·일체상지를 섭수하여 80수호를 이끌어야 하고, 32대사상·80수호를 섭수하여 80수호를 이끌어야 하나니, 오히려 이러한 인연으로 두 생각이 없느니라."

"다시 다음으로 선현이여. 이 보살마하살은 반야바라밀다를 수행하는 까닭으로 만약 보시바라밀다를 수행하는 때라면 무루심(無漏心)에 머물러서 보시바라밀다를 수행하고, 만약 정계·안인·정진·정려·반야바라밀다를 수행하는 때라면 무루심에 머물러서 정계, 나아가 반야바라밀다를 수행하느니라. 이러한 까닭으로 보시바라밀다, 나아가 반야바라밀다를 수행할지라도 두 생각이 없느니라.

선현이여. 이 보살마하살은 반야바라밀다를 수행하는 까닭으로 만약 4정려를 수행하는 때라면 무루심에 머물러서 4정려를 수행하고, 만약 4무량·4무색정을 수행하는 때라면 무루심에 머물러서 4무량·4무색정을 수행하느니라. 이러한 까닭으로 4정려·4무량·4무색정을 수행할지라도 두 생각이 없느니라. 선현이여. 이 보살마하살은 반야바라밀다를 수행하는 까닭으로 만약 4념주를 수행하는 때라면 무루심에 머물러서 4념주를 수행하고, 만약 4정단·4신족·5근·5력·7등각지·8성도지를 수행하는 때라면 무루심에 머물러서 4정단, 나아가 8성도지를 수행하느니라. 이러한 까닭으로 4념주, 나아가 8성도지를 수행할지라도 두 생각이 없느니라.

선현이여. 이 보살마하살은 반야바라밀다를 수행하는 까닭으로 만약 공해탈문을 수행하는 때라면 무루심에 머물러서 공해탈문을 수행하고, 만약 무상·무원해탈문을 수행하는 때라면 무루심에 머물러서 무상·무원해탈문을 수행하느니라. 이러한 까닭으로 공·무상·무원해탈문을 수행할지라도 두 생각이 없느니라. 선현이여. 이 보살마하살은 반야바라밀다를 수행하는 까닭으로 만약 고성제에 머무르는 때라면 무루심에 머물러서 고성제에 머무르고, 만약 집·멸·도성제에 머무르는 때라면 무루심에 머물러서 집·멸·도성제에 머무르느니라. 이러한 까닭으로 고·집·멸·도성제에 머무를지라도 두 생각이 없느니라.

선현이여. 이 보살마하살은 반야바라밀다를 수행하는 까닭으로 만약 8해탈을 수행하는 때라면 무루심에 머물러서 8해탈을 수행하고, 만약 8승처·9차제정·10변처를 수행하는 때라면 무루심에 머물러서 8승처·9차제정·10변처를 수행하느니라. 이러한 까닭으로 8해탈·8승처·9차제정·10변처를 수행할지라도 두 생각이 없느니라. 선현이여. 이 보살마하살은 반야바라밀다를 수행하는 까닭으로 만약 일체의 삼마지문을 수행하는 때라면 무루심에 머물러서 일체의 삼마지문을 수행하고, 만약 일체의 다라니문을 수행하는 때라면 무루심에 머물러서 일체의 다라니문을 수행하느니라. 이러한 까닭으로 일체의 삼마지문·일체의 다라니문을 수행할지라도 두 생각이 없느니라."

마하반야바라밀다경 제376권

66. 무상무득품(無相無得品)(4)

"선현이여. 이 보살마하살은 반야바라밀다를 수행하는 까닭으로 만약 내공에 안주하는 때라면 무루심에 머물러서 내공에 안주하고, 만약 외공·내외공·공공·대공·승의공·유위공·무위공·필경공·무제공·산공·무변이공·본성공·자상공·공상공·일체법공·불가득공·무성공·자성공·무성자성공에 안주하는 때라면 무루심에 머물러서 외공, 나아가 무성자성공에 안주하느니라. 이러한 까닭으로 내공, 나아가 무성자성공에 안주할지라도 두 생각이 없느니라. 선현이여. 이 보살마하살은 반야바라밀다를 수행하는 까닭으로 만약 진여에 안주하는 때라면 무루심에 머물러서 진여에 안주하고, 만약 법계·법성·불허망성·불변이성·평등성·이생성·법정·법주·실제·허공계·부사의계에 안주하는 때라면 무루심에 머물러서 법계, 나아가 부사의계에 안주하느니라. 이러한 까닭으로 내공, 나아가 부사의계에 안주할지라도 두 생각이 없느니라.

선현이여. 이 보살마하살은 반야바라밀다를 수행하는 까닭으로 만약 5안을 수행하는 때라면 무루심에 머물러서 5안을 수행하고, 만약 6신통을 수행하는 때라면 무루심에 머물러서 6신통을 수행하느니라. 이러한 까닭으로 5안·6신통을 수행할지라도 두 생각이 없느니라. 선현이여. 이 보살마하살은 반야바라밀다를 수행하는 까닭으로 만약 여래의 10력을 수행하는 때라면 무루심에 머물러서 여래의 10력을 수행하고, 만약 4무소외·4무애해·18불불공법을 수행하는 때라면 무루심에 머물러서 4무소외·4무애해·

18불불공법을 수행하느니라. 이러한 까닭으로 여래의 10력·4무소외·4무애해·18불불공법을 수행할지라도 두 생각이 없느니라.

선현이여. 이 보살마하살은 반야바라밀다를 수행하는 까닭으로 만약 대자를 수행하는 때라면 무루심에 머물러서 대자를 수행하고, 만약 대비·대희·대사를 수행하는 때라면 무루심에 머물러서 대비·대희·대사를 수행하느니라. 이러한 까닭으로 대자·대비·대희·대사를 수행할지라도 두 생각이 없느니라. 선현이여. 이 보살마하살은 반야바라밀다를 수행하는 까닭으로 만약 무망실법을 수행하는 때라면 무루심에 머물러서 무망실법을 수행하고, 만약 항주사성을 수행하는 때라면 무루심에 머물러서 항주사성을 수행하느니라. 이러한 까닭으로 무망실법·항주사성을 수행할지라도 두 생각이 없느니라.

선현이여. 이 보살마하살은 반야바라밀다를 수행하는 까닭으로 만약 일체지를 수행하는 때라면 무루심에 머물러서 일체지를 수행하고, 만약 도상지·일체상지를 수행하는 때라면 무루심에 머물러서 도상지·일체상지를 수행하느니라. 이러한 까닭으로 일체지·도상지·일체상지를 수행할지라도 두 생각이 없느니라. 선현이여. 이 보살마하살은 반야바라밀다를 수행하는 까닭으로 만약 32대사상을 수행하는 때라면 무루심에 머물러서 32대사상을 수행하고, 만약 80수호를 수행하는 때라면 무루심에 머물러서 80수호를 수행하느니라. 이러한 까닭으로 32대사상·80수호를 수행할지라도 두 생각이 없느니라.”

구수 선현이 세존께 아뢰어 말하였다.

“세존이시여. 어찌하여 보살마하살이 반야바라밀다를 수행하는 까닭으로, 만약 보시바라밀다를 수행하는 때라면 무루심에 머물러서 보시바라밀다를 수행하고, 만약 정계·안인·정진·정려·반야바라밀다를 수행하는 때라면 무루심에 머물러서 정계, 나아가 반야바라밀다를 수행합니까? 세존이시여. 어찌하여 보살마하살은 반야바라밀다를 수행하는 까닭으로 만약 4정려를 수행하는 때라면 무루심에 머물러서 4정려를 수행하고,

만약 4무량·4무색정을 수행하는 때라면 무루심에 머물러서 4무량·4무색정을 수행합니까?

세존이시여. 어찌하여 보살마하살은 반야바라밀다를 수행하는 까닭으로 만약 4념주를 수행하는 때라면 무루심에 머물러서 4념주를 수행하고, 만약 4정단·4신족·5근·5력·7등각지·8성도지를 수행하는 때라면 무루심에 머물러서 4정단, 나아가 8성도지를 수행합니까? 세존이시여. 어찌하여 보살마하살은 반야바라밀다를 수행하는 까닭으로 만약 공해탈문을 수행하는 때라면 무루심에 머물러서 공해탈문을 수행하고, 만약 무상·무원해탈문을 수행하는 때라면 무루심에 머물러서 무상·무원해탈문을 수행합니까?

세존이시여. 어찌하여 보살마하살은 반야바라밀다를 수행하는 까닭으로 만약 고성제에 머무르는 때라면 무루심에 머물러서 고성제에 머무르고, 만약 집·멸·도성제에 머무르는 때라면 무루심에 머물러서 집·멸·도성제에 머무릅니까? 세존이시여. 어찌하여 보살마하살은 반야바라밀다를 수행하는 까닭으로 만약 8해탈을 수행하는 때라면 무루심에 머물러서 8해탈을 수행하고, 만약 8승처·9차제정·10변처를 수행하는 때라면 무루심에 머물러서 8승처·9차제정·10변처를 수행합니까?

세존이시여. 어찌하여 보살마하살은 반야바라밀다를 수행하는 까닭으로 만약 일체의 삼마지문을 수행하는 때라면 무루심에 머물러서 일체의 삼마지문을 수행하고, 만약 일체의 다라니문을 수행하는 때라면 무루심에 머물러서 일체의 다라니문을 수행합니까? 세존이시여. 어찌하여 보살마하살은 반야바라밀다를 수행하는 까닭으로 만약 내공에 머무르는 때라면 무루심에 머물러서 내공에 머무르고, 만약 외공·내외공·공공·대공·승의공·유위공·무위공·필경공·무제공·산공·무변이공·본성공·자상공·공상공·일체법공·불가득공·무성공·자성공·무성자성공에 머무르는 때라면 무루심에 머물러서 외공, 나아가 무성자성공에 안주합니까?

세존이시여. 어찌하여 보살마하살은 반야바라밀다를 수행하는 까닭으로 만약 진여에 머무르는 때라면 무루심에 머물러서 진여에 머무르고,

만약 법계·법성·불허망성·불변이성·평등성·이생성·법정·법주·실제·허공계·부사의계에 머무르는 때라면 무루심에 머물러서 법계, 나아가 부사의계에 안주합니까? 세존이시여. 어찌하여 보살마하살은 반야바라밀다를 수행하는 까닭으로 만약 5안을 수행하는 때라면 무루심에 머물러서 5안을 수행하고, 만약 6신통을 수행하는 때라면 무루심에 머물러서 6신통을 수행합니까?

세존이시여. 어찌하여 보살마하살은 반야바라밀다를 수행하는 까닭으로 만약 여래의 10력을 수행하는 때라면 무루심에 머물러서 여래의 10력을 수행하고, 만약 4무소외·4무애해·18불불공법을 수행하는 때라면 무루심에 머물러서 4무소외·4무애해·18불불공법을 수행합니까? 세존이시여. 어찌하여 보살마하살은 반야바라밀다를 수행하는 까닭으로 만약 대자를 수행하는 때라면 무루심에 머물러서 대자를 수행하고, 만약 대비·대희·대사를 수행하는 때라면 무루심에 머물러서 대비·대희·대사를 수행합니까?

세존이시여. 어찌하여 보살마하살은 반야바라밀다를 수행하는 까닭으로 만약 무망실법을 수행하는 때라면 무루심에 머물러서 무망실법을 수행하고, 만약 항주사성을 수행하는 때라면 무루심에 머물러서 항주사성을 수행합니까? 세존이시여. 어찌하여 보살마하살은 반야바라밀다를 수행하는 까닭으로 만약 일체지를 수행하는 때라면 무루심에 머물러서 일체지를 수행하고, 만약 도상지·일체상지를 수행하는 때라면 무루심에 머물러서 도상지·일체상지를 수행합니까?

세존이시여. 어찌하여 보살마하살은 반야바라밀다를 수행하는 까닭으로 만약 32대사상을 수행하는 때라면 무루심에 머물러서 32대사상을 수행하고, 만약 80수호를 수행하는 때라면 무루심에 머물러서 80수호를 수행합니까?"

세존께서 선현에게 알리셨다.

"만약 보살마하살이 반야바라밀다를 수행하는 때에, 상(相)을 벗어난 마음으로써 보시바라밀다를 수행한다면 이를테면, 나는 능히 보시를 행하는 것을 보지 않고, 나는 능히 이것을 버린(捨)다고 보지 않으며,

이것에서 보시를 행한다고 보지 않고, 오히려 이것을 까닭으로 보시한다고 보지 않으며, 이것을 위한 까닭으로 보시한다고 보지 않고서, 이와 같이 보시를 행하느니라. 이러한 상을 벗어난 무루심의 가운데에 머무르면서 애욕을 벗어나고 간탐을 벗어나서 보시바라밀다를 수행하느니라. 그때 보시를 행하였던 것을 보지 않고, 역시 이러한 무루심을 보지 않으며, 나아가 일체의 불법도 보지 않느니라. 이와 같이 보살마하살은 무루심에 머무르면서 보시바라밀다를 수행하느니라.

선현이여. 만약 보살마하살이 반야바라밀다를 수행하는 때에, 상을 벗어난 마음으로써 정계바라밀다를 수행한다면 이를테면, 나는 능히 지계(持戒)를 수행한다고 보지 않고, 나는 능히 지계를 버린다고 보지 않으며, 이것에서 지계를 보지 않고, 오히려 이것이 지계라고 보지 않으며, 이것을 위한 까닭으로 지계를 수행한다고 보지 않고서, 이와 같이 지계를 수행하느니라. 이러한 상을 벗어난 무루심의 가운데에 머무르면서 염오가 없고 집착이 없으면서 정계바라밀다를 수행하느니라. 그때 지계를 수행하였던 것을 보지 않고, 역시 이러한 무루심을 보지 않으며, 나아가 일체의 불법도 보지 않느니라. 이와 같이 보살마하살은 무루심에 머무르면서 정계바라밀다를 수행하느니라.

선현이여. 만약 보살마하살이 반야바라밀다를 수행하는 때에, 상을 벗어난 마음으로써 안인바라밀다를 수행한다면 이를테면, 나는 능히 안인(安忍)을 수행한다고 보지 않고, 나는 능히 안인을 버린다고 보지 않으며, 이것에서 안인을 보지 않고, 오히려 이것이 안인이라고 보지 않으며, 이것을 위한 까닭으로 안인을 수행한다고 보지 않고서, 이와 같이 안인을 수행하느니라. 이러한 상을 벗어난 무루심의 가운데에 머무르면서 염오가 없고 집착이 없으면서 안인바라밀다를 수행하느니라. 그때 안인을 수행하였던 것을 보지 않고, 역시 이러한 무루심을 보지 않으며, 나아가 일체의 불법도 보지 않느니라. 이와 같이 보살마하살은 무루심에 머무르면서 안인바라밀다를 수행하느니라.

선현이여. 만약 보살마하살이 반야바라밀다를 수행하는 때에, 상을 벗어난 마음으로써 정진바라밀다를 수행한다면 이를테면, 나는 능히 정진(精進)을 수행한다고 보지 않고, 나는 능히 정진을 버린다고 보지 않으며, 이것에서 정진을 보지 않고, 오히려 이것이 정진이라고 보지 않으며, 이것을 위한 까닭으로 정진을 수행한다고 보지 않고서, 이와 같이 정진을 수행하느니라. 이러한 상을 벗어난 무루심의 가운데에 머무르면서 염오가 없고 집착이 없으면서 정진바라밀다를 수행하느니라. 그때 정진을 수행하였던 것을 보지 않고, 역시 이러한 무루심을 보지 않으며, 나아가 일체의 불법도 보지 않느니라. 이와 같이 보살마하살은 무루심에 머무르면서 정진바라밀다를 수행하느니라.

선현이여. 만약 보살마하살이 반야바라밀다를 수행하는 때에, 상을 벗어난 마음으로써 정려바라밀다를 수행한다면 이를테면, 나는 능히 정려(靜慮)를 수행한다고 보지 않고, 나는 능히 정려를 버린다고 보지 않으며, 이것에서 정려를 보지 않고, 오히려 이것이 정려라고 보지 않으며, 이것을 위한 까닭으로 정려를 수행한다고 보지 않고서, 이와 같이 정려를 수행하느니라. 이러한 상을 벗어난 무루심의 가운데에 머무르면서 염오가 없고 집착이 없으면서 정려바라밀다를 수행하느니라. 그때 정려를 수행하였던 것을 보지 않고, 역시 이러한 무루심을 보지 않으며, 나아가 일체의 불법도 보지 않느니라. 이와 같이 보살마하살은 무루심에 머무르면서 정려바라밀다를 수행하느니라.

선현이여. 만약 보살마하살이 반야바라밀다를 수행하는 때에, 상을 벗어난 마음으로써 반야바라밀다를 수행한다면 이를테면, 나는 능히 지혜(慧)를 수행한다고 보지 않고, 나는 능히 지혜를 버린다고 보지 않으며, 이것에서 지혜를 보지 않고, 오히려 이것이 지혜라고 보지 않으며, 이것을 위한 까닭으로 지혜를 수행한다고 보지 않고서, 이와 같이 지혜를 수행하느니라. 이러한 상을 벗어난 무루심의 가운데에 머무르면서 염오가 없고 집착이 없으면서 반야바라밀다를 수행하느니라. 그때 반야를 수행하였던 것을 보지 않고, 역시 이러한 무루심을 보지 않으며, 나아가 일체의 불법도 보지 않느니라. 이와 같이 보살마하살은 무루심에 머무르면서 반야바라밀다를 수행하느니라.

　선현이여. 만약 보살마하살이 반야바라밀다를 수행하는 때에, 상을 벗어난 마음으로써 4정려·4무량·4무색정을 수행한다면 이를테면, 나는 능히 4정려·4무량·4무색정을 수행한다고 보지 않고, 나는 능히 4정려·4무량·4무색정을 버린다고 보지 않으며, 이것에서 4정려·4무량·4무색정을 보지 않고, 오히려 이것이 4정려·4무량·4무색정이라고 보지 않으며, 이것을 위한 까닭으로 4정려·4무량·4무색정을 수행한다고 보지 않고서, 이와 같이 4정려·4무량·4무색정을 수행하느니라. 이러한 상을 벗어난 무루심의 가운데에 머무르면서 염오가 없고 집착이 없으면서 4정려·4무량·4무색정을 수행하느니라. 그때 4정려·4무량·4무색정을 수행하였던 것을 보지 않고, 역시 이러한 무루심을 보지 않으며, 나아가 일체의 불법도 보지 않느니라. 이와 같이 보살마하살은 무루심에 머무르면서 4정려·4무량·4무색정을 수행하느니라.

　선현이여. 만약 보살마하살이 반야바라밀다를 수행하는 때에, 상을 벗어난 마음으로써 4념주·4정단·4신족·5근·5력·7등각지·8성도지를 수행한다면 이를테면, 나는 능히 4념주, 나아가 8성도지를 수행한다고 보시 않고, 나는 능히 4념주, 나아가 8성도지를 버린다고 보지 않으며, 이것에서 4념주, 나아가 8성도지를 보지 않고, 오히려 이것이 4념주, 나아가 8성도지라고 보지 않으며, 이것을 위한 까닭으로 4념주, 나아가 8성도지를 수행한다고 보지 않고서, 이와 같이 4념주, 나아가 8성도지를 수행하느니라. 이러한 상을 벗어난 무루심의 가운데에 머무르면서 염오가 없고 집착이 없으면서 4념주, 나아가 8성도지를 수행하느니라. 그때 4념주, 나아가 8성도지를 수행하였던 것을 보지 않고, 역시 이러한 무루심을 보지 않으며, 나아가 일체의 불법도 보지 않느니라. 이와 같이 보살마하살은 무루심에 머무르면서 4념주, 나아가 8성도지를 수행하느니라.

　선현이여. 만약 보살마하살이 반야바라밀다를 수행하는 때에, 상을 벗어난 마음으로써 공·무상·무원해탈문을 수행한다면 이를테면, 나는 능히 공·무상·무원해탈문을 수행한다고 보지 않고, 나는 능히 공·무상·무원해탈문을 버린다고 보지 않으며, 이것에서 공·무상·무원해탈문을 보지 않고, 오히려 이것이 공·무상·무원해탈문이라고 보지 않으며, 이것을 위한 까닭으로 공·무상·무원해탈문을 수행한다고 보지 않고서, 이와 같이 공·무상·무원해탈문을 수행하느니라. 이러한 상을 벗어난 무루심의 가운데에 머무르면서 염오가 없고 집착이 없으면서 공·무상·무원해탈문을 수행하느니라. 그때 공·무상·무원해탈문을 수행하였던 것을 보지 않고, 역시 이러한 무루심을 보지 않으며, 나아가 일체의 불법도 보지 않느니라. 이와 같이 보살마하살은 무루심에 머무르면서 공·무상·무원해탈문을 수행하느니라.

선현이여. 만약 보살마하살이 반야바라밀다를 수행하는 때에, 상을 벗어난 마음으로써 고·집·멸·도성제에 안주한다면 이를테면, 나는 능히 고·집·멸·도성제에 안주한다고 보지 않고, 나는 능히 고·집·멸·도성제를 버린다고 보지 않으며, 이것에서 고·집·멸·도성제를 보지 않고, 오히려 이것이 고·집·멸·도성제라고 보지 않으며, 이것을 위한 까닭으로 고·집·멸·도성제에 안주한다고 보지 않고서, 이와 같이 고·집·멸·도성제에 안주하느니라. 이러한 상을 벗어난 무루심의 가운데에 머무르면서 염오가 없고 집착이 없으면서 고·집·멸·도성제에 안주하느니라. 그때 고·집·멸·도성제에 안주하였던 것을 보지 않고, 역시 이러한 무루심을 보지 않으며, 나아가 일체의 불법도 보지 않느니라. 이와 같이 보살마하살은 무루심에 머무르면서 고·집·멸·도성제에 안주하느니라.

선현이여. 만약 보살마하살이 반야바라밀다를 수행하는 때에, 상을 벗어난 마음으로써 8해탈·8승처·9차제정·10변처를 수행한다면 이를테면, 나는 능히 8해탈·8승처·9차제정·10변처를 수행한다고 보지 않고, 나는 능히 8해탈·8승처·9차제정·10변처를 버린다고 보지 않으며, 이것에서 8해탈·8승처·9차제정·10변처를 보지 않고, 오히려 이것이 8해탈·8승처·9차제정·10변처라고 보지 않으며, 이것을 위한 까닭으로 8해탈·8승처·9차제정·10변처를 수행한다고 보지 않고서, 이와 같이 8해탈·8승처·9차제정·10변처를 수행하느니라. 이러한 상을 벗어난 무루심의 가운데에 머무르면서 염오가 없고 집착이 없으면서 8해탈·8승처·9차제정·10변처를 수행하느니라. 그때 8해탈·8승처·9차제정·10변처를 수행하였던 것을 보지 않고, 역시 이러한 무루심을 보지 않으며, 나아가 일체의 불법도 보지 않느니라. 이와 같이 보살마하살은 무루심에 머무르면서 8해탈·8승처·9차제정·10변처를 수행하느니라.

선현이여. 만약 보살마하살이 반야바라밀다를 수행하는 때에, 상을 벗어난 마음으로써 일체의 삼마지문·다라니문을 수행한다면 이를테면, 나는 능히 일체의 삼마지문·다라니문을 수행한다고 보지 않고, 나는 능히 일체의 삼마지문·다라니문을 버린다고 보지 않으며, 이것에서 일체의 삼마지문·다라니문을 보지 않고, 오히려 이것이 일체의 삼마지문·다라니문이라고 보지 않으며, 이것을 위한 까닭으로 일체의 삼마지문·다라니문을 수행한다고 보지 않고서, 이와 같이 일체의 삼마지문·다라니문을 수행하느니라. 이러한 상을 벗어난 무루심의 가운데에 머무르면서 염오가 없고 집착이 없으면서 일체의 삼마지문·다라니문을 수행하느니라. 그때 일체의 삼마지문·다라니문을 수행하였던 것을 보지 않고, 역시 이러한 무루심을 보지 않으며, 나아가 일체의 불법도 보지 않느니라. 이와 같이 보살마하살은 무루심에 머무르면서 일체의 삼마지문·다라니문을 수행하느니라.

선현이여. 만약 보살마하살이 반야바라밀다를 수행하는 때에, 상을 벗어난 마음으로써 내공·외공·내외공·공공·대공·승의공·유위공·무위공·필경공·무제공·산공·무변이공·본성공·자상공·공상공·일체법공·불가득공·무성공·무성자성공에 안주한다면 이를테면, 나는 능히 내공, 나아가 무성자성공에 안주한다고 보지 않고, 나는 능히 내공, 나아가 무성자성공을 버린다고 보지 않으며, 이것에서 내공, 나아가 무성자성공을 보지 않고, 오히려 이것이 내공, 나아가 무성자성공이라고 보지 않으며, 이것을 위한 까닭으로 내공, 나아가 무성자성공에 안주한다고 보지 않고서, 이와 같이 내공, 나아가 무성자성공에 안주하느니라. 이러한 상을 벗어난 무루심의 가운데에 머무르면서 염오가 없고 집착이 없으면서 내공, 나아가 무성자성공에 안주하느니라. 그때 내공, 나아가 무성자성공에 안주하였던 것을 보지 않고, 역시 이러한 무루심을 보지 않으며, 나아가 일체의 불법도 보지 않느니라. 이와 같이 보살마하살은 무루심에 머무르면서 내공, 나아가 무성자성공에 안주하느니라.

선현이여. 만약 보살마하살이 반야바라밀다를 수행하는 때에, 상을 벗어난 마음으로써 진여·법계·법성·불허망성·불변이성·평등성·이생성·법정·법주·실제·허공계·부사의계에 안주한다면 이를테면, 나는 능히 진여, 나아가 부사의계에 안주한다고 보지 않고, 나는 능히 진여, 나아가 부사의계를 버린다고 보지 않으며, 이것에서 진여, 나아가 부사의계를 보지 않고, 오히려 이것이 진여, 나아가 부사의계라고 보지 않으며, 이것을 위한 까닭으로 진여, 나아가 부사의계에 안주한다고 보지 않고서, 이와 같이 진여, 나아가 부사의계에 안주하느니라. 이러한 상을 벗어난 무루심의 가운데에 머무르면서 염오가 없고 집착이 없으면서 진여, 나아가 부사의계에 안주하느니라. 그때 진여, 나아가 부사의계에 안주하였던 것을 보지 않고, 역시 이러한 무루심을 보지 않으며, 나아가 일체의 불법도 보지 않느니라. 이와 같이 보살마하살은 무루심에 머무르면서 진여, 나아가 부사의계에 안주하느니라.

선현이여. 만약 보살마하살이 반야바라밀다를 수행하는 때에, 상을 벗어난 마음으로써 5안·6신통을 수행한다면 이를테면, 나는 능히 5안·6신통을 수행한다고 보지 않고, 나는 능히 5안·6신통을 버린다고 보지 않으며, 이것에서 5안·6신통을 보지 않고, 오히려 이것이 5안·6신통이라고 보지 않으며, 이것을 위한 까닭으로 5안·6신통을 수행한다고 보지 않고서, 이와 같이 5안·6신통을 수행하느니라. 이러한 상을 벗어난 무루심의 가운데에 머무르면서 염오가 없고 집착이 없으면서 5안·6신통을 수행하느니라. 그때 5안·6신통을 수행하였던 것을 보지 않고, 역시 이러한 무루심을 보지 않으며, 나아가 일체의 불법도 보지 않느니라. 이와 같이 보살마하살은 무루심에 머무르면서 5안·6신통을 수행하느니라.

선현이여. 만약 보살마하살이 반야바라밀다를 수행하는 때에, 상을 벗어난 마음으로써 여래의 10력·4무소외·4무애해·18불불공법을 수행한다면 이를테면, 나는 능히 여래의 10력·4무소외·4무애해·18불불공법을 수행한다고 보지 않고, 나는 능히 여래의 10력·4무소외·4무애해·18불불공법을 버린다고 보지 않으며, 이것에서 여래의 10력·4무소외·4무애해·18불불공법을 보지 않고, 오히려 이것이 여래의 10력·4무소외·4무애해·18불불공법이라고 보지 않으며, 이것을 위한 까닭으로 여래의 10력·4무소외·4무애해·18불불공법을 수행한다고 보지 않고서, 이와 같이 여래의 10력·4무소외·4무애해·18불불공법을 수행하느니라. 이러한 상을 벗어난 무루심의 가운데에 머무르면서 염오가 없고 집착이 없으면서 여래의 10력·4무소외·4무애해·18불불공법을 수행하느니라. 그때 여래의 10력·4무소외·4무애해·18불불공법을 수행하였던 것을 보지 않고, 역시 이러한 무루심을 보지 않으며, 나아가 일체의 불법도 보지 않느니라. 이와 같이 보살마하살은 무루심에 머무르면서 여래의 10력·4무소외·4무애해·18불불공법을 수행하느니라.

선현이여. 만약 보살마하살이 반야바라밀다를 수행하는 때에, 상을 벗어난 마음으로써 대자·대비·대희·대사를 수행한다면 이를테면, 나는 능히 대지·대비·대희·대사를 수행한다고 보지 않고, 나는 능히 대자·대비·대희·대사를 버린다고 보지 않으며, 이것에서 대자·대비·대희·대사를 보지 않고, 오히려 이것이 대자·대비·대희·대사라고 보지 않으며, 이것을 위한 까닭으로 대자·대비·대희·대사를 수행한다고 보지 않고서, 이와 같이 대자·대비·대희·대사를 수행하느니라. 이러한 상을 벗어난 무루심의 가운데에 머무르면서 염오가 없고 집착이 없으면서 대자·대비·대희·대사를 수행하느니라. 그때 대자·대비·대희·대사를 수행하였던 것을 보지 않고, 역시 이러한 무루심을 보지 않으며, 나아가 일체의 불법도 보지 않느니라. 이와 같이 보살마하살은 무루심에 머무르면서 대자·대비·대희·대사를 수행하느니라.

선현이여. 만약 보살마하살이 반야바라밀다를 수행하는 때에, 상을 벗어난 마음으로써 무망실법·항주사성을 수행한다면 이를테면, 나는 능히 무망실법·항주사성을 수행한다고 보지 않고, 나는 능히 무망실법·항주사성을 버린다고 보지 않으며, 이것에서 무망실법·항주사성을 보지 않고, 오히려 이것이 무망실법·항주사성이라고 보지 않으며, 이것을 위한 까닭으로 무망실법·항주사성을 수행한다고 보지 않고서, 이와 같이 무망실법·항주사성을 수행하느니라. 이러한 상을 벗어난 무루심의 가운데에 머무르면서 염오가 없고 집착이 없으면서 무망실법·항주사성을 수행하느니라. 그때 무망실법·항주사성을 수행하였던 것을 보지 않고, 역시 이러한 무루심을 보지 않으며, 나아가 일체의 불법도 보지 않느니라. 이와 같이 보살마하살은 무루심에 머무르면서 무망실법·항주사성을 수행하느니라.

선현이여. 만약 보살마하살이 반야바라밀다를 수행하는 때에, 상을 벗어난 마음으로써 일체지·도상지·일체상지를 수행한다면 이를테면, 나는 능히 일체지·도상지·일체상지를 수행한다고 보지 않고, 나는 능히 일체지·도상지·일체상지를 버린다고 보지 않으며, 이것에서 일체지·도상지·일체상지를 보지 않고, 오히려 이것이 일체지·도상지·일체상지라고 보지 않으며, 이것을 위한 까닭으로 일체지·도상지·일체상지를 수행한다고 보지 않고서, 이와 같이 일체지·도상지·일체상지를 수행하느니라. 이러한 상을 벗어난 무루심의 가운데에 머무르면서 염오가 없고 집착이 없으면서 일체지·도상지·일체상지를 수행하느니라. 그때 일체지·도상지·일체상지를 수행하였던 것을 보지 않고, 역시 이러한 무루심을 보지 않으며, 나아가 일체의 불법도 보지 않느니라. 이와 같이 보살마하살은 무루심에 머무르면서 일체지·도상지·일체상지를 수행하느니라.

선현이여. 만약 보살마하살이 반야바라밀다를 수행하는 때에, 상을 벗어난 마음으로써 32대사상·80수호를 이끈다면 이를테면, 나는 능히 32대사상·80수호를 이끈다고 보지 않고, 나는 능히 32대사상·80수호를 버린다고 보지 않으며, 이것에서 32대사상·80수호를 보지 않고, 오히려 이것이 32대사상·80수호라고 보지 않으며, 이것을 위한 까닭으로 32대사상·80수호를 이끈다고 보지 않고서, 이와 같이 32대사상·80수호를 이끄느니라. 이러한 상을 벗어난 무루심의 가운데에 머무르면서 염오가 없고 집착이 없으면서 32대사상·80수호를 이끄느니라. 그때 32대사상·80수호를 이끌었던 것을 보지 않고, 역시 이러한 무루심을 보지 않으며, 나아가 일체의 불법도 보지 않느니라. 이와 같이 보살마하살은 무루심에 머무르면서 32대사상·80수호를 이끌어주느니라."

그때 구수 선현이 세존께 아뢰어 말하였다.
"세존이시여. 보살마하살이 깊은 반야바라밀다를 수행하는 때에, 일체에서 무상(無相)이고 깨달을 수 없으며(無覺) 얻을 수 없고(無得) 그림자가 없으며(無影) 짓는 것이 없는(無作) 법에서 어찌 보시·정계·안인·정진·정려·반야바라밀다를 능히 원만하게 합니까? 어찌 4념주·4정단·4신족·5근·5력·7등각지·8성도지를 능히 원만하게 합니까? 어찌 공·무상·무원해탈문을 능히 원만하게 합니까? 어찌 내공·외공·내외공·공공·대공·승의공·유위공·무위공·필경공·무제공·산공·무변이공·본성공·자상공·공상공·일체법공·불가득공·무성공·무성자성공을 능히 원만하게 합니까?
어찌 진여·법계·법성·불허망성·법정·법주·실제·허공계·부사의계를 능히 원만하게 합니끼? 이찌 고·집·멸·도성세를 능히 원만하게 합니까? 어찌 4정려·4무량·4무색정을 능히 원만하게 합니까? 어찌 8해탈·8승처·9차제정·10변처를 능히 원만하게 합니까? 어찌 일체의 삼마지문과 다라니문을 능히 원만하게 합니까? 어찌 5안·6신통을 능히 원만하게 합니까? 어찌 여래의 10력·4무소외·4무애해·18불불공법을 능히 원만하게 합니까? 어찌 대자·대비·대희·대사를 능히 원만하게 합니까? 어찌 일체지·도상지·일체상지를 능히 원만하게 합니까? 어찌 32대사상·80수호를 능히 원만하게 합니까?"
세존께서 말씀하셨다.
"선현이여. 보살마하살이 깊은 반야바라밀다를 수행하는 때에, 능히 상을 벗어난 무루심으로써 보시를 행하느니라. 만약 여러 유정들이 음식을 구한다면 음식을 주고, 마실 것을 구한다면 마실 것을 주며, 의복을 구한다면 의복을 주고, 와구를 구한다면 와구를 주며, 수레를 구한다면 수레를 주고, 어린 노비(童僕)를 구한다면 어린 노비를 주며, 진귀한 보물을 구한다면 진귀한 보물을 주고, 재물과 곡식을 구한다면 재물과 곡식을 주며, 향과 꽃을 구한다면 향과 꽃을 주고, 주택(舍宅)을 구한다면 주택을 주며, 장엄구(莊嚴具)를 구한다면 장엄구를 주고, 나아가 그들이 구하는 것인 자구(資具)를 함께 모두 보시해야 하느니라.

만약 내부의 머리(頭)·눈(目)·골수(骨髓)·뇌(腦)·피부(皮)·살(肉)·지절(支節)·힘줄(筋)·뼈(骨)·목숨(身命)을 구하는 것이 있다면 모두 보시해야 하고, 만약 외부의 국가(國)·성(城)·아내와 자식(妻子)·사랑하는 친족(所愛親屬)·여러 종류의 장엄구(種種莊嚴)를 구하는 것이 있다면 환희하면서 보시해야 하느니라. 이와 같이 보시하는 때에, 설사 어느 사람이 와서 눈앞에서 '쯧쯧. 대사(大士)여. 이렇게 요익이 없는 보시를 행하더라도 무슨 소용이 있겠는가? 이와 같은 보시하는 자는 지금의 세상과 미래의 세상(後世)에 여러 번민을 짓는 것이오.'라고 꾸짖고 훼방하더라도 이 보살마하살은 깊은 반야바라밀다를 수행하는 까닭으로 비록 그러한 말을 들었더라도 퇴굴(退屈)[1]하지 않고서 '그 사람이 비록 나에게 와서 꾸짖고 훼방하더라도, 그렇지만 나는 상응하여 마음에 근심과 후회하는 마음이 생겨나지 않는다. 나는 마땅히 용맹하게 제유정들이 구하는 재물이라는 것을 용맹하게 보시하면서 몸과 마음에 게으름이 없게 하겠다.'라고 다만 이렇게 생각을 짓느니라.

이 보살마하살은 이러한 보시의 복덕을 가지고 제유정들과 함께 평등하게 공유(共有)하면서 무상정등보리에 회향(廻向)하느니라. 이와 같이 보시하고 더불어 회향하는 때에 그 상을 보지 않는데 이를테면, '누가 보시하였는가? 누가 받았는가? 보시한 것은 무슨 물건인가? 어디에서 보시하였는가? 오히려 무엇을 보시하였는가? 무엇을 위한 까닭으로 보시하였는가? 어찌하여 보시를 행하였는가?'라는 것이니라. 역시 다시 그 상을 보지

---

[1] '물러나거나 굴복한다.'는 뜻이다.

않는데 이를테면, '누가 능히 회향하였는가? 어느 처소에서 회향하였는가? 무엇에서 회향하였는가? 오히려 무엇을 회향하였는가? 무엇을 위한 까닭으로 회향하였는가? 어찌하여 회향을 행하였는가?'라는 것이니라.

 이와 같은 것 등에서 일체의 일과 물건을 모두 보지 않는데, 왜 그러한가? 이와 같은 제법은 혹은 오히려 내공(內空)인 까닭으로 공(空)하고, 외공(外空)인 까닭으로 공하며, 내외공(內外空)인 까닭으로 공하고, 공공(空空)인 까닭으로 공하며, 대공(大空)인 까닭으로 공하고, 승의공(勝義空)인 까닭으로 공하며, 유위공(有爲空)인 까닭으로 공하고, 무위공(無爲空)인 까닭으로 공하며, 필경공(畢竟空)인 까닭으로 공하고, 무제공(無際空)인 까닭으로 공하며, 산공(散空)인 까닭으로 공하고, 무변이공(無變異空)인 까닭으로 공하며, 본성공(本性空)인 까닭으로 공하고, 자상공(自相空)인 까닭으로 공하며, 공상공(共相空)인 까닭으로 공하고, 일체법공(一切法空)인 까닭으로 공하며, 불가득공(不可得空)인 까닭으로 공하고, 무성공(無性空)인 까닭으로 공하며, 자성공(自性空)인 까닭으로 공하고, 무성자성공(無性自性空)인 까닭으로 공하느니라.

 이 보살마하살은 일체법이 하나도 공이 아닌 것이 없다고 관찰하고서, '누가 능히 회향하였는가? 어느 처소에서 회향하였는가? 무엇에서 회향하였는가? 오히려 무엇을 회향하였는가? 무엇을 위한 까닭으로 회향하였는가? 어찌하여 회향을 행하였는가?'라고 다시 이렇게 생각을 짓느니라. 이 보살마하살이 오히려 이와 같이 관찰하고, 더불어 생각하였던 것으로 회향을 지었다면, 선(善)한 회향이라고 이름하며, 독(毒)을 벗어난 회향이라고 이름하고, 역시 법계에 깨달아서 들어가는 회향이라고 이름하느니라.

 오히려 이것으로 다시 불국토를 청정하게 장엄할 수 있고, 유정을 성숙시킬 수 있으며, 역시 보시·정계·안인·정진·정려·반야바라밀다를 능히 원만하게 할 수 있고, 역시 4념주·4정단·4신족·5근·5력·7등각지·8성도지를 능히 원만하게 할 수 있으며, 역시 공·무상·무원해탈문을 능히 원만하게 할 수 있고, 역시 내공·외공·내외공·공공·대공·승의공·유위공·

무위공·필경공·무제공·산공·무변이공·본성공·자상공·공상공·일체법공·불가득공·무성공·자성공·무성자성공을 능히 원만하게 할 수 있고, 역시 진여·법계·법성·불허망성·법정·법주·실제·허공계·부사의계를 원만하게 할 수 있느니라.

역시 고·집·멸·도성제를 능히 원만하게 할 수 있고, 역시 4정려·4무량·4무색정을 능히 원만하게 할 수 있으며, 역시 8해탈·8승처·9차제정·10변처도 능히 원만하게 할 수 있고, 역시 5안·6신통을 능히 원만하게 할 수 있으며, 역시 여래의 10력·4무소외·4무애해·18불불공법을 능히 원만하게 할 수 있고, 역시 대자·대비·대희·대사를 능히 원만하게 할 수 있으며, 역시 일체지·도상지·일체상지를 능히 원만하게 할 수 있고, 역시 32대사상·80수호를 능히 원만하게 할 수 있느니라.

이 보살마하살은 비록 이와 같이 보시바라밀다를 능히 원만하게 할지라도, 그렇지만 보시의 이숙(異熟)인 과보(果)를 섭수(攝受)하지 않고, 비록 보시의 이숙인 과보를 섭수하지 않더라도, 그렇지만 보시바라밀다가 선하고 청정한 까닭으로 뜻을 따라서 능히 일체의 재물을 성취할 수 있느니라. 비유한다면 타화자재천(他化自在天)의 여러 천인들이 일체의 구하는 것이 모두 뜻을 따라 나타나는 것과 같이, 이 보살마하살도 역시 다시 이와 같아서 여러 구하는 것이 있다면 뜻을 따라서 능히 성취하느니라. 오히려 이러한 보시는 증상(增上)의 세력(勢力)은 능히 여러 종류의 상묘(上妙)한 공양구로 제불·세존께 공양하고 공경하고 존중하고 찬탄하며, 역시 세간의 천상·인간·아소락 등이 구하는 것인 자구(資具)를 능히 충족시켜 주느니라.

이 보살마하살은 오히려 이러한 보시바라밀다로 일체의 유정을 섭수하고, 방편선교(方便善巧)인 3승법(三乘法)으로써 그들을 안립시키며, 마땅을 따라 각자에게 이익과 즐거움을 얻게 하느니라. 이와 같이 선현이여. 보살마하살이 깊은 반야바라밀다를 수행하는 때에, 오히려 제상에서 무루심의 힘으로 일체에서 무상이고 깨달음이 없으며 얻을 수 없고 그림자가 없으며 짓는 것이 없는 법의 가운데에서 보시바라밀다를 능히 원만하게 하고, 역시 여러 나머지의 공덕도 원만하게 하느니라."

"다시 다음으로 선현이여. 보살마하살이 깊은 반야바라밀다를 수행하는 때에, 어찌하여 일체에서 무상이고 깨달음이 없으며 얻을 수 없고 그림자가 없으며 짓는 것이 없는 법의 가운데에서 능히 정계바라밀다를 원만하게 하겠는가? 선현이여. 보살마하살은 깊은 반야바라밀다를 수행하는 때에, 상을 벗어난 무루심으로써 정계를 수지하나니 이를테면, 성스러운 무루도지(無漏道支)에 섭수되었던 것이라면 선하게 얻은 청정한 계율이니라. 이와 같이 청정한 계율은 흠결(缺)이 없고, 틈새(隙)가 없으며, 번민(瑕)이 없고, 번뇌(穢)가 없으며, 취하면서 집착함이 없고, 상응하여 공양받을 수 있으며, 지혜로운 자들이 칭찬하는 것이니라. 미묘하고 선하게 수지고, 미묘하고 선하게 구경에 이르며, 수승한 선정에 수순하여 따르면서 굴복(屈伏)하지 않아야 하느니라.

오히려 이러한 청정한 계율은 일체법에서 집착하지 않는데 이를테면, 색을 취하면서 집착하지 않고 역시 수·상·행·식을 취하면서 집착하지 않으며, 안처를 취하면서 집착하지 않고 역시 이·비·설·신·의처를 취하면서 집착하지 않으며, 색처를 취하면서 집착하지 않고 역시 성·향·미·촉·법처를 취하면서 집착하지 않으며, 안계를 취하면서 집착하지 않고 역시 이·비·설·신·의계를 취하면서 집착하지 않으며, 색계를 취하면서 집착하지 않고 역시 성·향·미·촉·법계를 취하면서 집착하지 않으며, 안식계를 취하면서 집착하지 않고 역시 이·비·설·신·의식계를 취하면서 집착하지 않으며, 32대사상을 취하면서 집착하지 않고 역시 80수호를 취하면서 집착하지 않느니라.

사대왕중천(四大王衆天)을 취하면서 집착하지 않고 역시 삼십삼천·야마천(夜魔天)·도사다천(都史陀天)·낙변화천(樂變化天)·타화자재천(他化自在天)을 취하면서 집착하지 않으며, 범중천(梵衆天)을 취하면서 집착하지 않고 역시 범보천(梵補天)·범회천(梵會天)·대범천(大梵天)을 취하면서 집착하지 않으며, 광천(光天)을 취하면서 집착하지 않고 역시 소광천(少光

天)·무량광천(無量光天)·극광정천(極光淨天)을 취하면서 집착하지 않으며, 정천(淨天)을 취하면서 집착하지 않고 역시 소정천(少淨天)·무량정천(無量淨天)·변정천(遍淨天)을 취하면서 집착하지 않으며, 광천(廣天)을 취하면서 집착하지 않고 역시 소광천(少廣天)·무량광천(無量廣天)·광과천(廣果天)과 무상천(無想天)을 취하면서 집착하지 않으며, 무번천(無繁天)을 취하면서 집착하지 않고 역시 무열천(無熱天)·선현천(善現天)·선견천(善見天)·색구경천(色究境天)을 취하면서 집착하지 않으며, 공무변처천(空無邊處天)을 취하면서 집착하지 않고 역시 식무변천(識無邊天)·무소유천(無所有天)·비상비비상천(非想非非想天)을 취하면서 집착하지 않으며, 예류과를 취하면서 집착하지 않고 역시 일래과·불환과·아라한과·독각의 보리를 취하면서 집착하지 않으며, 전륜왕의 지위를 취하면서 집착하지 않고 역시 여러 나머지의 왕위(王位)와 여러 재상과 관리(宰官)·부귀(富貴)·자재(自在)에도 집착하지 않느니라.

　다만 이와 같이 계율을 수호하는 것으로써 제유정들과 함께 평등하게 공유하면서 무상정등보리에 회향하느니라. 무상(無上)으로써, 얻음이 없는 것으로써, 무이(無二)로써 방편을 삼아서 회향함이 있는 것이고, 유상으로써, 얻음이 없는 것으로써, 둘이 있는 것으로써 방편을 삼았거나, 세속을 써서 까닭으로써 회향함이 있는 것은 아니니라. 오히려 이러한 인연으로 일체의 불법을 하나도 원만하게 하지 않는 것이 없느니라.

　이 보살마하살은 오히려 이러한 정계바라밀다의 원만하고 청정한 방편선교로 4정려를 일으키고 수승하게 나아가는 부분이라도, 법미(法味)에 집착이 없음을 방편으로 삼는 까닭으로 여러 신통을 일으키느니라. 이 보살마하살은 이숙으로 생겨난 청정한 천안(天眼)을 수용하여 항상 시방의 무변한 세계에 현재의 제불께서 안은(安隱)하게 주지(住持)하시면서 제유정들을 위하여 정법을 널리 설하시는 것을 보며, 이미 보았다면 곧 무상정등보리를 증득하여 능히 잊어버리지 않느니라. 이 보살마하살은 사람들을 초과(超過)하는 청정한 천이(天耳)를 수용하여 항상 시방의 제불의 설법을 들으며, 이미 들렀다면 곧 무상정등보리를 증득하여 능히 잊어버리지 않고, 들었던 법에 따라서 스스로와 다른 사람에게 이익되고 즐거운 일을 능히 지으면서 헛되이 보내는 것이 없느니라.

이 보살마하살은 타심차별지(他心差別智)를 수용하여 시방의 제불과 제유정들의 심(心)·심소법(心所法)을 알고, 이미 알았다면 일체의 유정에게 이익되고 즐거운 일을 능히 일으키느니라. 이 보살마하살은 숙주수념지(宿住隨念智)를 수용하여 제유정들이 이전의 처소에서 지었던 업을 알고, 오히려 지었던 업이라는 것이 없어지고 무너지지 않은 까닭으로 이곳·저곳에 태어나서 여러 고통과 즐거움을 받는 것을 알며, 이미 알았다면 본래의 업의 인연을 설하게 되어서 그들에게 기억시켜 알게 하고 요익한 일을 짓게 하느니라.

이 보살마하살은 무루지(漏盡智)를 수용하여 유정을 안립(安立)시켜서 혹은 예류과(預流果)에 안주하게 시키고, 혹은 일래과(一來果)에 안주하게 시키며, 혹은 불환과(不還果)에 안주하게 시키고, 혹은 아라한과(阿羅漢果)에 안주하게 시키며, 혹은 독각의 보리에 안주하게 시키며, 혹은 보살마하살의 지위에 안주하게 시키며, 혹은 아뇩다라샴막삼보리에 안주하게 시키느니라.

요약으로써 그것을 말한다면, 이 보살마하살은 머무르는 처소와 처소에서 제유정들이 감당할 수 있는 능력의 차별을 따라서 방편선교로 그들을 여러 선법의 가운데에 안주하게 하느니라. 선현이여. 보살마하살이 깊은 반야바라밀다를 수행하는 때에, 오히려 무루심(無漏心)의 힘으로 제상(諸相)을 벗어난다면, 능히 일체의 무상(無相)이고 무각(無覺)이며 얻을 수 없고 그림자가 없으며 짓는 것이 없는 법의 가운데에서 정계바라밀다를 원만하게 할 수 있고, 역시 여러 나머지의 공덕들도 원만하게 할 수 있느니라.

다시 다음으로 선현이여. 보살마하살이 깊은 반야바라밀다를 수행하는 때에, 어찌하여 일체에서 무상이고 깨달음이 없으며 얻을 수 없고 그림자가 없으며 짓는 것이 없는 법의 가운데에서 안인바라밀다를 능히 원만하게 할 수 있겠는가? 선현이여. 이 보살마하살이 깊은 반야바라밀다를 수행하는 때에, 상을 벗어난 무루심으로써 능히 안인을 수행하느니라. 이 보살마하살은 초발심부터 미묘한 보리좌에 안좌(安坐)하기까지 그 가운데에서 가사(假使), 일체의 유정들이 각자 여러 종류의 기와·돌·칼·몽둥이로써 다투어 와서 가해(加害)할지라도 이 보살마하살은 한 생각에 분노와 원한의 마음을 일으키지 않느니라.

이때 보살은 마땅히 두 가지의 안인을 수행해야 하느니라. 무엇 등이 두 가지인가? 첫째는 일체의 유정들이 꾸짖고 욕설하며 가해하더라도 상응하여 분노와 원한이 생겨나지 않고 진에(瞋恚)를 조복하는 안인이고, 둘째는 상응하여 무생법인(無生法忍)을 일으키는 것이니라.

이 보살마하살은 만약 여러 종류의 악한 말과 꾸짖고 욕설하는 것을 당하였거나, 여러 종류의 칼과 몽둥이로 가해를 당하였을지라도 상응하여 자세하게 생각하고 세밀하게 헤아리면서, '누가 능히 꾸짖고 욕설하는가? 누가 능히 가해하는가? 누가 꾸짖음과 욕설을 받았는가? 누가 가해를 받았는가? 누가 분노와 원한을 일으키는가? 누가 상응하여 안인하고 받아들이는가?'라고 관찰해야 하느니라. 다시 '일체의 법성(法性)은 모두 필경공(畢竟空)이므로 법도 오히려 얻을 수 없는데 하물며 마땅히 법성이 있겠는가? 법성도 오히려 없는데 하물며 유정이 있겠는가?'라고 관찰해야 하느니라.

이와 같이 관찰하는 때에 만약 능히 꾸짖고 욕설하였거나, 만약 꾸짖음과 욕설을 당하였거나, 만약 능히 가해하였거나, 만약 가해를 당하였더라도, 모두 있다고 보지 않고, 나아가 몸의 지절을 조각·조각으로 베고 자르더라도 그는 마음으로 안인하므로 모두 다른 생각이 없으며 여러 법성에서 여실(如實)하게 관찰하면서 다시 능히 무생법인을 증득하느니라. 무엇을 무생법인이라고 이름하는가? 이를테면, 번뇌가 반드시 결국에는 생겨나지 못하게 하고, 더불어 제법은 반드시 결국에는 일어나지 않는다고 관찰하며, 미묘한 지혜는 항상 틈새와 단절이 없는데, 이와 같은 까닭으로 무생법인이 된다고 이름하느니라.

이 보살마하살은 이와 같은 두 가지의 안인에 안주하며 보시·정계·안인

·정진·정려·반야바라밀다를 빠르게 능히 원만하게 할 수 있고, 역시 4념주·4정단·4신족·5근·5력·7등각지·8성도지를 빠르게 능히 원만하게 할 수 있으며, 역시 공·무상·무원해탈문을 빠르게 능히 원만하게 할 수 있고, 역시 내공·외공·내외공·공공·대공·승의공·유위공·무위공·필경공·무제공·산공·무변이공·본성공·자상공·공상공·일체법공·불가득공·무성공·무성자성공을 빠르게 능히 원만하게 할 수 있으며, 역시 진여·법계·법성·불허망성·불변이성·평등성·이생성·법정·법주·실제·허공계·부사의계를 빠르게 능히 원만하게 할 수 있으며, 역시 고·집·멸·도성제를 빠르게 능히 원만하게 할 수 있는지라.

역시 4정려·4무량·4무색정을 빠르게 능히 원만하게 할 수 있고, 역시 8해탈·8승처·9차제정·10변처를 빠르게 능히 원만하게 할 수 있으며, 역시 일체의 삼마지문·다라니문을 빠르게 능히 원만하게 할 수 있고, 역시 5안·6신통을 빠르게 능히 원만하게 할 수 있으며, 역시 여래의 10력·4무소외·4무애해·18불불공법을 빠르게 능히 원만하게 할 수 있고, 역시 대자·대비·대희·대사를 빠르게 능히 원만하게 할 수 있으며, 역시 무망실법·항주사성을 빠르게 능히 원만하게 할 수 있고, 역시 일체지·도상지·일체상지를 빠르게 능히 원만하게 할 수 있으며, 32대사상·80수호를 빠르게 능히 원만하게 할 수 있느니라.

이 보살마하살은 이와 같이 제불법에 안주하고서 성스러운 무루(無漏)로 세상을 벗어나고, 일체의 성문·독각과 공유하지 않는 신통을 모두 자재하게 증득하느니라. 이와 같은 수승한 신통에 안주하고서 이 보살마하살은 청정한 천안으로써 항상 시방의 무변한 세계에 현재의 제불께서 안은하게 주지하시면서 제유정들을 위하여 정법을 널리 설하시는 것을 보느니라. 이미 보았다면 무상정등보리를 증득하기까지 불수념(佛隨念)을 일으키면서 항상 틈새와 단절이 없게 하느니라.

이 보살마하살은 청정한 천이로 항상 시방제불(十方諸佛)의 설법을 듣는데, 들었다면 수지하고서 항상 잊어버리지 않고 제유정을 위하여 여실히 널리 설하느니라. 이 보살마하살은 청정한 타심지로 능히 시방제불의 심·심소법을 능히 바르게 측량(測量)하고, 역시 일체의 보살·독각·성문의 심·심소법도 능히 바르게 알며, 역시 일체의 유정들의 심·심소법도 바르게 알고서, 그들에게 상응하는 것을 따라서 정법을 설하느니라.

 이 보살마하살은 숙주수념지로써 제유정들의 지난 세상에 심었던 선근이 여러 종류로 차별된다고 알고, 알았다면 방편으로 나타내어 보여주고 권유하여 인도하며 칭찬하고 격려하며 축하하고 기뻐하면서 수승한 이익과 안락을 획득하게 하느니라. 이 보살마하살은 무루지(無漏智)로써 그들에게 마땅한 것을 따라서 유정들을 삼승법에 안립(安立)시키느니라. 이 보살마하살은 반야바라밀다를 수행하면서 선교방편으로 유정을 성숙시키고, 불국토를 청정하게 장엄하며, 빠르게 능히 일체상지를 구족하고, 무상정등보리를 증득하며, 미묘한 법륜을 굴리면서 무량한 중생을 제도하느니라.

 선현이여. 보살마하살이 깊은 반야바라밀다를 수행하는 때에, 오히려 제상을 벗어난 무루심의 힘으로 능히 일체에서 무상이고 깨달음이 없으며 얻을 수 없고 그림자가 없으며 짓는 것이 없는 법의 가운데에서 안인바라밀다를 원만하게 할 수 있고, 역시 여러 나머지의 공덕들도 원만하게 할 수 있느니라."

마하반야바라밀다경 제377권

66. 무상무득품(無相無得品)(5)

"다시 다음으로 선현이여. 보살마하살이 깊은 반야바라밀다를 수행하는 때에, 어찌하여 일체에서 무상이고 깨달음이 없으며 얻을 수 없고 그림자가 없으며 짓는 것이 없는 법의 가운데에서 정진바라밀다를 능히 원만하게 할 수 있겠는가? 선현이여. 이 보살마하살이 깊은 반야바라밀다를 수행하는 때에, 상을 벗어난 무루심으로써 능히 정진을 수행하느니라. 이 보살마하살은 용맹스럽게 몸과 마음의 정진을 성취하는데, 오히려 이것으로 능히 초정려에 들어가서 구족하여 안주하고, 제2·제3·제4정려에 들어가서 구족하여 머무르느니라.

제4정려에 의지하여 무량한 종류의 신통을 변화로 나타내는데, 나아가 손으로 해와 달을 어루만지고 자유롭게 회전시키더라도 어렵게 되지 않느니라. 용맹하게 몸의 정진을 성취한 까닭으로 신통력으로써 잠깐의 시간이 지나더라도, 능히 다른 방위(他方)의 무량한 백천 제불의 세계에 이르고, 다시 여러 종류의 상묘한 음식·의복·와구·의약(醫藥)·향과 꽃·번기·일산·등불·보배·재물·기악(伎樂)으로써 제불·세존들께 공양하고 공경하며 존중하고 찬탄하느니라. 오히려 이러한 선근(善根)과 과보(果報)가 무진(無盡)하므로, 나아가 점차로 무상정등보리를 증득하느니라.

오히려 이러한 선근으로 보리를 얻었다면, 다시 무량한 세간의 천상·인간·아소락 등을 위하여 무량한 종류의 상묘한 음식·의복·와구·의약·향과 꽃·번기·일산·등불·보배·재물·기악으로써 제불·세존들께 공양하고 공경하며 존중하고 찬탄하느니라. 오히려 이러한 선근으로 반열반(般涅槃)한 뒤에 스스로의 설리라(設利羅)와 더불어 여러 제자들까지도 무량한 세간의 천상·인간·아소락 등이 공양하고 공경하며 존중하고 찬탄하느니라. 이 보살마하살은 다시 신력(神力)으로써 능히 다른 방위(他方)의 무량한 백천 제불의 세계에 이르러서 정법을 듣고, 들었다면 수지하여 결국에 잊어버리지 않으며, 나아가 바르고 무상정등보리에 이르느니라.

이 보살마하살은 다시 신력으로써 유정을 성숙시키고, 불국토를 청정하게 장엄하며, 빠르게 능히 일체상지를 구족하고, 무상정등보리를 증득하며, 미묘한 법륜을 굴리면서 무량한 중생을 제도하느니라. 선현이여. 어찌하여 보살마하살이 깊은 반야바라밀다를 수행하면서 용맹스럽게 몸의 정진을 성취하는 까닭으로, 정진바라밀다를 능히 빠르게 원만하게 할 수 있겠는가? 선현이여. 이 보살마하살이 반야바라밀다를 수행하여 용맹스럽게 몸의 정진을 성취하는 까닭으로, 여러 성스러운 무루도와 무루도지(無漏道支)가 정진바라밀다를 섭수하는 것을 빠르고 능히 원만하게 할 수 있느니라. 오히려 이것으로 일체의 선하지 않은 신(身)·어(語)·의업(意業)이 능히 수용되지 않게 하고 일어나지 못하게 하느니라.

이 보살마하살은 결국 색(色)이 만약 항상(常)하거나 만약 무상(無常)하다고 취하며 집착하지 않고, 만약 즐겁거나 만약 괴롭다고 취하며 집착하지 않으며, 만약 나(我)이거나, 만약 무아(無我)라고 취하며 집착하지 않고, 만약 청정(淨)하거나 만약 부정(不淨)하다고 취하며 집착하지 않으며, 만약 적정(寂靜)하거나 만약 적정하지 않다고 취하며 집착하지 않으며, 만약 멀리 벗어(遠離)났거나 만약 멀리 벗어나지 않았다고 취하며 집착하지 않으며, 역시 수(受)·상(想)·행(行)·식(識)이 만약 항상하거나 만약 무상하다고 취하며 집착하지 않고, 만약 즐겁거나 만약 괴롭다고 취하며 집착하지 않으며, 만약 나이거나, 만약 무아라고 취하며 집착하지 않고, 만약 청정하거나 만약 부정하다고 취하며 집착하지 않으며, 만약 적정하거나 만약 적정하지 않다고 취하며 집착하지 않으며, 만약 멀리 벗어났거나 만약 멀리 벗어나지 않았다고 취하며 집착하지 않느니라.

결국 안처(眼處)가 만약 항상하거나 만약 무상하다고 취하며 집착하지 않고, 만약 즐겁거나 만약 괴롭다고 취하며 집착하지 않으며, 만약 나이거나, 만약 무아라고 취하며 집착하지 않고, 만약 청정하거나 만약 부정하다고 취하며 집착하지 않으며, 만약 적정하거나 만약 적정하지 않다고 취하며 집착하지 않으며, 만약 멀리 벗어났거나 만약 멀리 벗어나지 않았다고 취하며 집착하지 않으며, 역시 이(耳)·비(鼻)·설(舌)·신(身)·의처(意處)가 만약 항상하거나 만약 무상하다고 취하며 집착하지 않고, 만약 즐겁거나 만약 괴롭다고 취하며 집착하지 않으며, 만약 나이거나, 만약 무아라고 취하며 집착하지 않고, 만약 청정하거나 만약 부정하다고 취하며 집착하지 않으며, 만약 적정하거나 만약 적정하지 않다고 취하며 집착하지 않으며, 만약 멀리 벗어났거나 만약 멀리 벗어나지 않았다고 취하며 집착하지 않느니라.

결국 색처(色處)가 만약 항상하거나 만약 무상하다고 취하며 집착하지 않고, 만약 즐겁거나 만약 괴롭다고 취하며 집착하지 않으며, 만약 나이거나, 만약 무아라고 취하며 집착하지 않고, 만약 청정하거나 만약 부정하다고 취하며 집착하지 않으며, 만약 적정하거나 만약 적정하지 않다고 취하며 집착하지 않으며, 만약 멀리 벗어났거나 만약 멀리 벗어나지 않았다고 취하며 집착하지 않으며, 역시 성(聲)·향(香)·미(味)·촉(觸)·법처(法處)가 만약 항상하거나 만약 무상하다고 취하며 집착하지 않고, 만약 즐겁거나 만약 괴롭다고 취하며 집착하지 않으며, 만약 나이거나, 만약 무아라고 취하며 집착하지 않고, 만약 청정하거나 만약 부정하다고 취하며 집착하지 않으며, 만약 적정하거나 만약 적정하지 않다고 취하며 집착하지 않으며, 만약 멀리 벗어났거나 만약 멀리 벗어나지 않았다고 취하며 집착하지 않느니라.

결국 안계(眼界)가 만약 항상하거나 만약 무상하다고 취하며 집착하지 않고, 만약 즐겁거나 만약 괴롭다고 취하며 집착하지 않으며, 만약 나이거나, 만약 무아라고 취하며 집착하지 않고, 만약 청정하거나 만약 부정하다고 취하며 집착하지 않으며, 만약 적정하거나 만약 적정하지 않다고 취하며 집착하지 않으며, 만약 멀리 벗어났거나 만약 멀리 벗어나지 않았다고 취하며 집착하지 않으며, 역시 이(耳)·비(鼻)·설(舌)·신(身)·의계(意界)가 만약 항상하거나 만약 무상하다고 취하며 집착하지 않고, 만약 즐겁거나 만약 괴롭다고 취하며 집착하지 않으며, 만약 나이거나, 만약 무아라고 취하며 집착하지 않고, 만약 청정하거나 만약 부정하다고 취하며 집착하지 않으며, 만약 적정하거나 만약 적정하지 않다고 취하며 집착하지 않으며, 만약 멀리 벗어났거나 만약 멀리 벗어나지 않았다고 취하며 집착하지 않느니라.

　결국 색계(色界)가 만약 항상하거나 만약 무상하다고 취하며 집착하지 않고, 만약 즐겁거나 만약 괴롭다고 취하며 집착하지 않으며, 만약 나이거나, 만약 무아라고 취하며 집착하지 않고, 만약 청정하거나 만약 부정하다고 취하며 집착하지 않으며, 만약 적정하거나 만약 적정하지 않다고 취하며 집착하지 않으며, 만약 멀리 벗어났거나 만약 멀리 벗어나지 않았다고 취하며 집착하지 않으며, 역시 성(聲)·향(香)·미(味)·촉(觸)·법계(法界)가 만약 항상하거나 만약 무상하다고 취하며 집착하지 않고, 만약 즐겁거나 만약 괴롭다고 취하며 집착하지 않으며, 만약 나이거나, 만약 무아라고 취하며 집착하지 않고, 만약 청정하거나 만약 부정하다고 취하며 집착하지 않으며, 만약 적정하거나 만약 적정하지 않다고 취하며 집착하지 않으며, 만약 멀리 벗어났거나 만약 멀리 벗어나지 않았다고 취하며 집착하지 않느니라.

　결국 안식계(眼識界)가 만약 항상하거나 만약 무상하다고 취하며 집착하지 않고, 만약 즐겁거나 만약 괴롭다고 취하며 집착하지 않으며, 만약 나이거나, 만약 무아라고 취하며 집착하지 않고, 만약 청정하거나 만약 부정하다고 취하며 집착하지 않으며, 만약 적정하거나 만약 적정하지 않다고 취하며 집착하지 않으며, 만약 멀리 벗어났거나 만약 멀리 벗어나지 않았다고 취하며 집착하지 않으며, 역시 이(耳)·비(鼻)·설(舌)·신(身)·의식계(意識界)가 만약 항상하거나 만약 무상하다고 취하며 집착하지 않고, 만약 즐겁거나 만약 괴롭다고 취하며 집착하지 않으며, 만약 나이거나, 만약 무아라고 취하며 집착하지 않고, 만약 청정하거나 만약 부정하다고 취하며 집착하지 않으며, 만약 적정하거나 만약 적정하지 않다고 취하며 집착하지 않으며, 만약 멀리 벗어났거나 만약 멀리 벗어나지 않았다고 취하며 집착하지 않느니라.

결국 안촉(眼觸)이 만약 항상하거나 만약 무상하다고 취하며 집착하지 않고, 만약 즐겁거나 만약 괴롭다고 취하며 집착하지 않으며, 만약 나이거나, 만약 무아라고 취하며 집착하지 않고, 만약 청정하거나 만약 부정하다고 취하며 집착하지 않으며, 만약 적정하거나 만약 적정하지 않다고 취하며 집착하지 않으며, 만약 멀리 벗어났거나 만약 멀리 벗어나지 않았다고 취하며 집착하지 않으며, 역시 이(耳)·비(鼻)·설(舌)·신(身)·의촉(意觸)이 만약 항상하거나 만약 무상하다고 취하며 집착하지 않고, 만약 즐겁거나 만약 괴롭다고 취하며 집착하지 않으며, 만약 나이거나, 만약 무아라고 취하며 집착하지 않고, 만약 청정하거나 만약 부정하다고 취하며 집착하지 않으며, 만약 적정하거나 만약 적정하지 않다고 취하며 집착하지 않으며, 만약 멀리 벗어났거나 만약 멀리 벗어나지 않았다고 취하며 집착하지 않느니라.

결국 안촉(眼觸)을 인연으로 생겨난 여러 수(受)가 만약 항상하거나 만약 무상하다고 취하며 집착하지 않고, 만약 즐겁거나 만약 괴롭다고 취하며 집착하지 않으며, 만약 나이거나, 만약 무아라고 취하며 집착하지 않고, 만약 청정하거나 만약 부정하다고 취하며 집착하지 않으며, 만약 적정하거나 만약 적정하지 않다고 취하며 집착하지 않으며, 만약 멀리 벗어났거나 만약 멀리 벗어나지 않았다고 취하며 집착하지 않으며, 역시 이(耳)·비(鼻)·설(舌)·신(身)·의촉(意觸)을 인연으로 생겨난 여러 수가 만약 항상하거나 만약 무상하다고 취하며 집착하지 않고, 만약 즐겁거나 만약 괴롭다고 취하며 집착하지 않으며, 만약 나이거나, 만약 무아라고 취하며 집착하지 않고, 만약 청정하거나 만약 부정하다고 취하며 집착하지 않으며, 만약 적정하거나 만약 적정하지 않다고 취하며 집착하지 않으며, 만약 멀리 벗어났거나 만약 멀리 벗어나지 않았다고 취하며 집착하지 않느니라.

　결국 지계(地界)가 만약 항상하거나 만약 무상하다고 취하며 집착하지 않고, 만약 즐겁거나 만약 괴롭다고 취하며 집착하지 않으며, 만약 나이거나, 만약 무아라고 취하며 집착하지 않고, 만약 청정하거나 만약 부정하다고 취하며 집착하지 않으며, 만약 적정하거나 만약 적정하지 않다고 취하며 집착하지 않으며, 만약 멀리 벗어났거나 만약 멀리 벗어나지 않았다고 취하며 집착하지 않으며, 역시 수(水)·화(火)·풍(風)·공(空)·식계(識界)가 만약 항상하거나 만약 무상하다고 취하며 집착하지 않고, 만약 즐겁거나 만약 괴롭다고 취하며 집착하지 않으며, 만약 나이거나, 만약 무아라고 취하며 집착하지 않고, 만약 청정하거나 만약 부정하다고 취하며 집착하지 않으며, 만약 적정하거나 만약 적정하지 않다고 취하며 집착하지 않으며, 만약 멀리 벗어났거나 만약 멀리 벗어나지 않았다고 취하며 집착하지 않느니라.

　결국 인연(因緣)이 만약 항상하거나 만약 무상하다고 취하며 집착하지 않고, 만약 즐겁거나 만약 괴롭다고 취하며 집착하지 않으며, 만약 나이거나, 만약 무아라고 취하며 집착하지 않고, 만약 청정하거나 만약 부정하다고 취하며 집착하지 않으며, 만약 적정하거나 만약 적정하지 않다고 취하며 집착하지 않으며, 만약 멀리 벗어났거나 만약 멀리 벗어나지 않았다고 취하며 집착하지 않으며, 역시 등무간연(等無間緣)·소연연(所緣緣)·증상연(增上緣)이 만약 항상하거나 만약 무상하다고 취하며 집착하지 않고, 만약 즐겁거나 만약 괴롭다고 취하며 집착하지 않으며, 만약 나이거나, 만약 무아라고 취하며 집착하지 않고, 만약 청정하거나 만약 부정하다고 취하며 집착하지 않으며, 만약 적정하거나 만약 적정하지 않다고 취하며 집착하지 않으며, 만약 멀리 벗어났거나 만약 멀리 벗어나지 않았다고 취하며 집착하지 않느니라.

　결국 무명(無明)이 만약 항상하거나 만약 무상하다고 취하며 집착하지 않고, 만약 즐겁거나 만약 괴롭다고 취하며 집착하지 않으며, 만약 나이거나, 만약 무아라고 취하며 집착하지 않고, 만약 청정하거나 만약 부정하다고 취하며 집착하지 않으며, 만약 적정하거나 만약 적정하지 않다고 취하며 집착하지 않으며, 만약 멀리 벗어났거나 만약 멀리 벗어나지 않았다고 취하며 집착하지 않으며, 역시 행(行)·식(識)·명색(名色)·육처(六處)·촉(觸)·수(受)·애(愛)·취(取)·유(有)·생(生)·노사(老死)의 수탄고우뇌(愁歎苦憂惱)가 만약 항상하거나 만약 무상하다고 취하며 집착하지 않고, 만약 즐겁거나 만약 괴롭다고 취하며 집착하지 않으며, 만약 나이거나, 만약 무아라고 취하며 집착하지 않고, 만약 청정하거나 만약 부정하다고 취하며 집착하지 않으며, 만약 적정하거나 만약 적정하지 않다고 취하며 집착하지 않으며, 만약 멀리 벗어났거나 만약 멀리 벗어나지 않았다고 취하며 집착하지 않느니라.

결국 유위계(有爲界)가 만약 항상하거나 만약 무상하다고 취하며 집착하지 않고, 만약 즐겁거나 만약 괴롭다고 취하며 집착하지 않으며, 만약 나이거나, 만약 무아라고 취하며 집착하지 않고, 만약 청정하거나 만약 부정하다고 취하며 집착하지 않으며, 만약 적정하거나 만약 적정하지 않다고 취하며 집착하지 않으며, 만약 멀리 벗어났거나 만약 멀리 벗어나지 않았다고 취하며 집착하지 않으며, 역시 무위계(無爲界)가 만약 항상하거나 만약 무상하나고 취하며 집착하지 않고, 만약 즐겁거나 만약 괴롭다고 취하며 집착하지 않으며, 만약 나이거나, 만약 무아라고 취하며 집착하지 않고, 만약 청정하거나 만약 부정하다고 취하며 집착하지 않으며, 만약 적정하거나 만약 적정하지 않다고 취하며 집착하지 않으며, 만약 멀리 벗어났거나 만약 멀리 벗어나지 않았다고 취하며 집착하지 않느니라.

결국 욕계(欲界)가 만약 항상하거나 만약 무상하다고 취하며 집착하지 않고, 만약 즐겁거나 만약 괴롭다고 취하며 집착하지 않으며, 만약 나이거나, 만약 무아라고 취하며 집착하지 않고, 만약 청정하거나 만약 부정하다고 취하며 집착하지 않으며, 만약 적정하거나 만약 적정하지 않다고 취하며 집착하지 않으며, 만약 멀리 벗어났거나 만약 멀리 벗어나지 않았다고 취하며 집착하지 않으며, 역시 색계(色界)·무색계(無色界)가 만약 항상하거나 만약 무상하다고 취하며 집착하지 않고, 만약 즐겁거나 만약 괴롭다고 취하며 집착하지 않으며, 만약 나이거나, 만약 무아라고 취하며 집착하지 않고, 만약 청정하거나 만약 부정하다고 취하며 집착하지 않으며, 만약 적정하거나 만약 적정하지 않다고 취하며 집착하지 않으며, 만약 멀리 벗어났거나 만약 멀리 벗어나지 않았다고 취하며 집착하지 않느니라.

결국 유루계(有漏界)가 만약 항상하거나 만약 무상하다고 취하며 집착하지 않고, 만약 즐겁거나 만약 괴롭다고 취하며 집착하지 않으며, 만약 나이거나, 만약 무아라고 취하며 집착하지 않고, 만약 청정하거나 만약 부정하다고 취하며 집착하지 않으며, 만약 적정하거나 만약 적정하지 않다고 취하며 집착하지 않으며, 만약 멀리 벗어났거나 만약 멀리 벗어나지 않았다고 취하며 집착하지 않으며, 역시 무루계(無漏界)가 만약 항상하거나 만약 무상하다고 취하며 집착하지 않고, 만약 즐겁거나 만약 괴롭다고 취하며 집착하지 않으며, 만약 나이거나, 만약 무아라고 취하며 집착하지 않고, 만약 청정하거나 만약 부정하다고 취하며 집착하지 않으며, 만약 적정하거나 만약 적정하지 않다고 취하며 집착하지 않으며, 만약 멀리 벗어났거나 만약 멀리 벗어나지 않았다고 취하며 집착하지 않느니라.

결국 초정려(初靜慮)가 만약 항상하거나 만약 무상하다고 취하며 집착하지 않고, 만약 즐겁거나 만약 괴롭다고 취하며 집착하지 않으며, 만약 나이거나, 만약 무아라고 취하며 집착하지 않고, 만약 청정하거나 만약 부정하다고 취하며 집착하지 않으며, 만약 적정하거나 만약 적정하지 않다고 취하며 집착하지 않으며, 만약 멀리 벗어났거나 만약 멀리 벗어나지 않았다고 취하며 집착하지 않으며, 역시 제2(第二)·제3(第三)·제4정려(第四靜慮)가 만약 항상하거나 만약 무상하다고 취하며 집착하지 않고, 만약 즐겁거나 만약 괴롭다고 취하며 집착하지 않으며, 만약 나이거나, 만약 무아라고 취하며 집착하지 않고, 만약 청정하거나 만약 부정하다고 취하며 집착하지 않으며, 만약 적정하거나 만약 적정하지 않다고 취하며 집착하지 않으며, 만약 멀리 벗어났거나 만약 멀리 벗어나지 않았다고 취하며 집착하지 않느니라.

결국 자무량(慈無量)이 만약 항상하거나 만약 무상하다고 취하며 집착하지 않고, 만약 즐겁거나 만약 괴롭다고 취하며 집착하지 않으며, 만약 나이거나, 만약 무아라고 취하며 집착하지 않고, 만약 청정하거나 만약 부정하다고 취하며 집착하지 않으며, 만약 적정하거나 만약 적정하지 않다고 취하며 집착하지 않으며, 만약 멀리 벗어났거나 만약 멀리 벗어나지 않았다고 취하며 집착하지 않으며, 역시 비(悲)·희(喜)·사무량(捨無量)이 만약 항상하거나 만약 무상하다고 취하며 집착하지 않고, 만약 즐겁거나 만약 괴롭다고 취하며 집착하지 않으며, 만약 나이거나, 만약 무아라고 취하며 집착하지 않고, 만약 청정하거나 만약 부정하다고 취하며 집착하지 않으며, 만약 적정하거나 만약 적정하지 않다고 취하며 집착하지 않으며, 만약 멀리 벗어났거나 만약 멀리 벗어나지 않았다고 취하며 집착하지 않느니라.

결국 공무변처정(空無邊處定)이 만약 항상하거나 만약 무상하다고 취하며 집착하지 않고, 만약 즐겁거나 만약 괴롭다고 취하며 집착하지 않으며, 만약 나이거나, 만약 무아라고 취하며 집착하지 않고, 만약 청정하거나 만약 부정하다고 취하며 집착하지 않으며, 만약 적정하거나 만약 적정하지 않다고 취하며 집착하지 않으며, 만약 멀리 벗어났거나 만약 멀리 벗어나지 않았다고 취하며 집착하지 않으며, 역시 식무변처정(識無邊處定)·무소유처정(無所有處定)·비상비비상처정(非常非非想處定)이 만약 항상하거나 만약 무상하다고 취하며 집착하지 않고, 만약 즐겁거나 만약 괴롭다고 취하며 집착하지 않으며, 만약 나이거나, 만약 무아라고 취하며 집착하지 않고, 만약 청정하거나 만약 부정하다고 취하며 집착하지 않으며, 만약 적정하거나 만약 적정하지 않다고 취하며 집착하지 않으며, 만약 멀리 벗어났거나 만약 멀리 벗어나지 않았다고 취하며 집착하지 않느니라.

결국 4념주(四念住)가 만약 항상하거나 만약 무상하다고 취하며 집착하지 않고, 만약 즐겁거나 만약 괴롭다고 취하며 집착하지 않으며, 만약 나이거나, 만약 무아라고 취하며 집착하지 않고, 만약 청정하거나 만약 부정하다고 취하며 집착하지 않으며, 만약 적정하거나 만약 적정하지 않다고 취하며 집착하지 않으며, 만약 멀리 벗어났거나 만약 멀리 벗어나지 않았다고 취하며 집착하지 않으며, 역시 4정단(四正斷)·4신족(四神足)·5근(五根)·5력(五力)·7등각지(七等覺支)·8성도지(八聖道支)가 만약 항상하거나 만약 무상하다고 취하며 집착하지 않고, 만약 즐겁거나 만약 괴롭다고 취하며 집착하지 않으며, 만약 나이거나, 만약 무아라고 취하며 집착하지 않고, 만약 청정하거나 만약 부정하다고 취하며 집착하지 않으며, 만약 적정하거나 만약 적정하지 않다고 취하며 집착하지 않으며, 만약 멀리 벗어났거나 만약 멀리 벗어나지 않았다고 취하며 집착하지 않느니라.

결국 공해탈문(空解脫門)이 만약 항상하거나 만약 무상하다고 취하며 집착하지 않고, 만약 즐겁거나 만약 괴롭다고 취하며 집착하지 않으며, 만약 나이거나, 만약 무아라고 취하며 집착하지 않고, 만약 청정하거나 만약 부정하다고 취하며 집착하지 않으며, 만약 적정하거나 만약 적정하지 않다고 취하며 집착하지 않으며, 만약 멀리 벗어났거나 만약 멀리 벗어나지 않았다고 취하며 집착하지 않으며, 역시 무상(無相)·무원해탈문(無願解脫門)이 만약 항상하거나 만약 무상하다고 취하며 집착하지 않고, 만약 즐겁거나 만약 괴롭다고 취하며 집착하지 않으며, 만약 나이거나, 만약 무아라고 취하며 집착하지 않고, 만약 청정하거나 만약 부정하다고 취하며 집착하지 않으며, 만약 적정하거나 만약 적정하지 않다고 취하며 집착하지 않으며, 만약 멀리 벗어났거나 만약 멀리 벗어나지 않았다고 취하며 집착하지 않느니라.

결국 보시바라밀다(布施波羅蜜多)가 만약 항상하거나 만약 무상하다고 취하며 집착하지 않고, 만약 즐겁거나 만약 괴롭다고 취하며 집착하지 않으며, 만약 나이거나, 만약 무아라고 취하며 집착하지 않고, 만약 청정하거나 만약 부정하다고 취하며 집착하지 않으며, 만약 적정하거나 만약 적정하지 않다고 취하며 집착하지 않으며, 만약 멀리 벗어났거나 만약 멀리 벗어나지 않았다고 취하며 집착하지 않으며, 역시 정계(淨戒)·안인

(安忍)·정진(精進)·정려(靜慮)·반야바라밀다(般若波羅蜜多)가 만약 항상하거나 만약 무상하다고 취하며 집착하지 않고, 만약 즐겁거나 만약 괴롭다고 취하며 집착하지 않으며, 만약 나이거나, 만약 무아라고 취하며 집착하지 않고, 만약 청정하거나 만약 부정하다고 취하며 집착하지 않으며, 만약 적정하거나 만약 적정하지 않다고 취하며 집착하지 않으며, 만약 멀리 벗어났거나 만약 멀리 벗어나지 않았다고 취하며 집착하지 않느니라.

　결국 내공(內空)이 만약 항상하거나 만약 무상하다고 취하며 집착하지 않고, 만약 즐겁거나 만약 괴롭다고 취하며 집착하지 않으며, 만약 나이거나, 만약 무아라고 취하며 집착하지 않고, 만약 청정하거나 만약 부정하다고 취하며 집착하지 않으며, 만약 적정하거나 만약 적정하지 않다고 취하며 집착하지 않으며, 만약 멀리 벗어났거나 만약 멀리 벗어나지 않았다고 취하며 집착하지 않으며, 역시 외공(外空)·내외공(內外空)·공공(空空)·대공(大空)·승의공(勝義空)·유위공(有爲空)·무위공(無爲空)·필경공(畢竟空)·무제공(無際空)·산공(散空)·무변이공(無變異空)·본성공(本性空)·자상공(自相空)·공상공(共相空)·일체법공(一切法空)·불가득공(不可得空)·무성공(無性空)·자성공(自性空)·무성자성공(無性自性空)이 만약 항상하거나 만약 무상하다고 취하며 집착하지 않고, 만약 즐겁거나 만약 괴롭다고 취하며 집착하지 않으며, 만약 나이거나, 만약 무아라고 취하며 집착하지 않고, 만약 청정하거나 만약 부정하다고 취하며 집착하지 않으며, 만약 적정하거나 만약 적정하지 않다고 취하며 집착하지 않으며, 만약 멀리 벗어났거나 만약 멀리 벗어나지 않았다고 취하며 집착하지 않느니라.

　결국 진여(眞如)가 만약 항상하거나 만약 무상하다고 취하며 집착하지 않고, 만약 즐겁거나 만약 괴롭다고 취하며 집착하지 않으며, 만약 나이거나, 만약 무아라고 취하며 집착하지 않고, 만약 청정하거나 만약 부정하다고 취하며 집착하지 않으며, 만약 적정하거나 만약 적정하지 않다고 취하며 집착하지 않으며, 만약 멀리 벗어났거나 만약 멀리 벗어나지 않았다고 취하며 집착하지 않으며, 역시 법계(法界)·법성(法性)·불허망성(不虛妄性)·불변이성(不變異性)·평등성(平等性)·이생성(離生性)·법정(法定)·법주(法住)·실제(實際)·허공계(虛空界)·부사의계(不思議界)가 만약 항상하거나 만약 무상하다고 취하며 집착하지 않고, 만약 즐겁거나 만약 괴롭다고 취하며 집착하지 않으며, 만약 나이거나, 만약 무아라고 취하며 집착하지 않고, 만약 청정하거나 만약 부정하다고 취하며 집착하지 않으며, 만약 적정하거나 만약 적정하지 않다고 취하며 집착하지 않으며, 만약 멀리 벗어났거나 만약 멀리 벗어나지 않았다고 취하며 집착하지 않느니라.

　결국 고성제(苦聖諦)가 만약 항상하거나 만약 무상하다고 취하며 집착하지 않고, 만약 즐겁거나 만약 괴롭다고 취하며 집착하지 않으며, 만약 나이거나, 만약 무아라고 취하며 집착하지 않고, 만약 청정하거나 만약 부정하다고 취하며 집착하지 않으며, 만약 적정하거나 만약 적정하지 않다고 취하며 집착하지 않으며, 만약 멀리 벗어났거나 만약 멀리 벗어나지 않았다고 취하며 집착하지 않으며, 역시 집(集)·멸(滅)·도성제(道聖諦)가 만약 항상하거나 만약 무상하다고 취하며 집착하지 않고, 만약 즐겁거나 만약 괴롭다고 취하며 집착하지 않으며, 만약 나이거나, 만약 무아라고 취하며 집착하지 않고, 만약 청정하거나 만약 부정하다고 취하며 집착하지 않으며, 만약 적정하거나 만약 적정하지 않다고 취하며 집착하지 않으며, 만약 멀리 벗어났거나 만약 멀리 벗어나지 않았다고 취하며 집착하지 않느니라.

　결국 8해탈(八解脫)이 만약 항상하거나 만약 무상하다고 취하며 집착하지 않고, 만약 즐겁거나 만약 괴롭다고 취하며 집착하지 않으며, 만약 나이거나, 만약 무아라고 취하며 집착하지 않고, 만약 청정하거나 만약 부정하다고 취하며 집착하지 않으며, 만약 적정하거나 만약 적정하지 않다고 취하며 집착하지 않으며, 만약 멀리 벗어났거나 만약 멀리 벗어나지 않았다고 취하며 집착하지 않으며, 8승처(八勝處)·9차제정(九次第定)·10변처(十遍處)가 만약 항상하거나 만약 무상하다고 취하며 집착하지 않고, 만약 즐겁거나 만약 괴롭다고 취하며 집착하지 않으며, 만약 나이거나, 만약 무아라고 취하며 집착하지 않고, 만약 청정하거나 만약 부정하다고 취하며 집착하지 않으며, 만약 적정하거나 만약 적정하지 않다고 취하며 집착하지 않으며, 만약 멀리 벗어났거나 만약 멀리 벗어나지 않았다고 취하며 집착하지 않느니라.

결국 일체의 삼마지문(三摩地門)이 만약 항상하거나 만약 무상하다고 취하며 집착하지 않고, 만약 즐겁거나 만약 괴롭다고 취하며 집착하지 않으며, 만약 나이거나, 만약 무아라고 취하며 집착하지 않고, 만약 청정하거나 만약 부정하다고 취하며 집착하지 않으며, 만약 적정하거나 만약 적정하지 않다고 취하며 집착하지 않으며, 만약 멀리 벗어났거나 만약 멀리 벗어나지 않았다고 취하며 집착하지 않으며, 일체(一切)의 다라니문(陀羅尼門)이 만약 항상하거나 만약 무상하다고 취하며 집착하지 않고, 만약 즐겁거나 만약 괴롭다고 취하며 집착하지 않으며, 만약 나이거나, 만약 무아라고 취하며 집착하지 않고, 만약 청정하거나 만약 부정하다고 취하며 집착하지 않으며, 만약 적정하거나 만약 적정하지 않다고 취하며 집착하지 않으며, 만약 멀리 벗어났거나 만약 멀리 벗어나지 않았다고 취하며 집착하지 않느니라.

결국 5안(五眼)이 만약 항상하거나 만약 무상하다고 취하며 집착하지 않고, 만약 즐겁거나 만약 괴롭다고 취하며 집착하지 않으며, 만약 나이거나, 만약 무아라고 취하며 집착하지 않고, 만약 청정하거나 만약 부정하다고 취하며 집착하지 않으며, 만약 적정하거나 만약 적정하지 않다고 취하며 집착하지 않으며, 만약 멀리 벗어났거나 만약 멀리 벗어나지 않았다고 취하며 집착하지 않으며, 6신통(六神通)이 만약 항상하거나 만약 무상하다고 취하며 집착하지 않고, 만약 즐겁거나 만약 괴롭다고 취하며 집착하지 않으며, 만약 나이거나, 만약 무아라고 취하며 집착하지 않고, 만약 청정하거나 만약 부정하다고 취하며 집착하지 않으며, 만약 적정하거나 만약 적정하지 않다고 취하며 집착하지 않으며, 만약 멀리 벗어났거나 만약 멀리 벗어나지 않았다고 취하며 집착하지 않느니라.

결국 여래(佛)의 10력(十力)이 만약 항상하거나 만약 무상하다고 취하며 집착하지 않고, 만약 즐겁거나 만약 괴롭다고 취하며 집착하지 않으며, 만약 나이거나, 만약 무아라고 취하며 집착하지 않고, 만약 청정하거나 만약 부정하다고 취하며 집착하지 않으며, 만약 적정하거나 만약 적정하지 않다고 취하며 집착하지 않으며, 만약 멀리 벗어났거나 만약 멀리 벗어나지 않았다고 취하며 집착하지 않으며, 4무소외(四無所畏)·4무애해(四無礙解)·18불불공법(十八佛不共法)이 만약 항상하거나 만약 무상하다고 취하며 집착하지 않고, 만약 즐겁거나 만약 괴롭다고 취하며 집착하지 않으며, 만약 나이거나, 만약 무아라고 취하며 집착하지 않고, 만약 청정하거나 만약 부정하다고 취하며 집착하지 않으며, 만약 적정하거나 만약 적정하지 않다고 취하며 집착하지 않으며, 만약 멀리 벗어났거나 만약 멀리 벗어나지 않았다고 취하며 집착하지 않느니라.

결국 대자(大慈)가 만약 항상하거나 만약 무상하다고 취하며 집착하지 않고, 만약 즐겁거나 만약 괴롭다고 취하며 집착하지 않으며, 만약 나이거나, 만약 무아라고 취하며 집착하지 않고, 만약 청정하거나 만약 부정하다고 취하며 집착하지 않으며, 만약 적정하거나 만약 적정하지 않다고 취하며 집착하지 않으며, 만약 멀리 벗어났거나 만약 멀리 벗어나지 않았다고 취하며 집착하지 않으며, 대비(大悲)·대희(大喜)·대사(大捨)가 만약 항상하거나 만약 무상하다고 취하며 집착하지 않고, 만약 즐겁거나 만약 괴롭다고 취하며 집착하지 않으며, 만약 나이거나, 만약 무아라고 취하며 집착하지 않고, 만약 청정하거나 만약 부정하다고 취하며 집착하지 않으며, 만약 적정하거나 만약 적정하지 않다고 취하며 집착하지 않으며, 만약 멀리 벗어났거나 만약 멀리 벗어나지 않았다고 취하며 집착하지 않느니라.

결국 무망실법(無忘失法)이 만약 항상하거나 만약 무상하다고 취하며 집착하지 않고, 만약 즐겁거나 만약 괴롭다고 취하며 집착하지 않으며, 만약 나이거나, 만약 무아라고 취하며 집착하지 않고, 만약 청정하거나 만약 부정하다고 취하며 집착하지 않으며, 만약 적정하거나 만약 적정하지 않다고 취하며 집착하지 않으며, 만약 멀리 벗어났거나 만약 멀리 벗어나지 않았다고 취하며 집착하지 않으며, 항주사성(恒住捨性)이 만약 항상하거나 만약 무상하다고 취하며 집착하지 않고, 만약 즐겁거나 만약 괴롭다고 취하며 집착하지 않으며, 만약 나이거나, 만약 무아라고 취하며 집착하지 않고, 만약 청정하거나 만약 부정하다고 취하며 집착하지 않으며, 만약 적정하거나 만약 적정하지 않다고 취하며 집착하지 않으며, 만약 멀리 벗어났거나 만약 멀리 벗어나지 않았다고 취하며 집착하지 않느니라.

결국 일체지(一切智)가 만약 항상하거나 만약 무상하다고 취하며 집착하지 않고, 만약 즐겁거나 만약 괴롭다고 취하며 집착하지 않으며, 만약 나이거나, 만약 무아라고 취하며 집착하지 않고, 만약 청정하거나 만약 부정하다고 취하며 집착하지 않으며, 만약 적정하거나 만약 적정하지 않다고 취하며 집착하지 않으며, 만약 멀리 벗어났거나 만약 멀리 벗어나지 않았다고 취하며 집착하지 않으며, 도상지(道相智)·일체상지(一切相智)가 만약 항상하거나 만약 무상하다고 취하며 집착하지 않고, 만약 즐겁거나 만약 괴롭다고 취하며 집착하지 않으며, 만약 나이거나, 만약 무아라고 취하며 집착하지 않고, 만약 청정하거나 만약 부정하다고 취하며 집착하지 않으며, 만약 적정하거나 만약 적정하지 않다고 취하며 집착하지 않으며, 만약 멀리 벗어났거나 만약 멀리 벗어나지 않았다고 취하며 집착하지 않느니라.

결국 예류과(預流果)가 만약 항상하거나 만약 무상하다고 취하며 집착하지 않고, 만약 즐겁거나 만약 괴롭다고 취하며 집착하지 않으며, 만약 나이거나, 만약 무아라고 취하며 집착하지 않고, 만약 청정하거나 만약 부정하다고 취하며 집착하지 않으며, 만약 적정하거나 만약 적정하지 않다고 취하며 집착하지 않으며, 만약 멀리 벗어났거나 만약 멀리 벗어나지 않았다고 취하며 집착하지 않으며, 일래(一來)·불환(不還)·아라한과(阿羅漢果)·독각(獨覺)의 보리(菩提)가 만약 항상하거나 만약 무상하다고 취하며 집착하지 않고, 만약 즐겁거나 만약 괴롭다고 취하며 집착하지 않으며, 만약 나이거나, 만약 무아라고 취하며 집착하지 않고, 만약 청정하거나 만약 부정하다고 취하며 집착하지 않으며, 만약 적정하거나 만약 적정하지 않다고 취하며 집착하지 않으며, 만약 멀리 벗어났거나 만약 멀리 벗어나지 않았다고 취하며 집착하지 않느니라.

결국 일체의 보살마하살(菩薩摩訶薩)의 행(行)이 만약 항상하거나 만약 무상하다고 취하며 집착하지 않고, 만약 즐겁거나 만약 괴롭다고 취하며 집착하지 않으며, 만약 나이거나, 만약 무아라고 취하며 집착하지 않고, 만약 청정하거나 만약 부정하다고 취하며 집착하지 않으며, 만약 적정하거나 만약 적정하지 않다고 취하며 집착하지 않으며, 만약 멀리 벗어났거나 만약 멀리 벗어나지 않았다고 취하며 집착하지 않으며, 제불(諸佛)의 무상정등보리(無上正等菩提)가 만약 항상하거나 만약 무상하다고 취하며 집착하지 않고, 만약 즐겁거나 만약 괴롭다고 취하며 집착하지 않으며, 만약 나이거나, 만약 무아라고 취하며 집착하지 않고, 만약 청정하거나 만약 부정하다고 취하며 집착하지 않으며, 만약 적정하거나 만약 적정하지 않다고 취하며 집착하지 않으며, 만약 멀리 벗어났거나 만약 멀리 벗어나지 않았다고 취하며 집착하지 않느니라.

이 보살마하살은 용맹한 마음으로 정진을 성취한 까닭으로, 비록 제유정을 요익하게 하는 일을 지으면서 몸과 목숨을 돌아보지 않더라도, 유정들에서 모두 얻는 것이 없느니라. 비록 정진바라밀다를 수행하여 능히 원만해졌더라도, 정진바라밀다에서 모두 얻는 것이 없느니라. 비록 일체의 불법(佛法)을 원만하게 하였더라도, 불법에서 모두 얻는 것이 없느니라. 비록 일체의 불국토를 청정하게 장엄하였더라도, 불국토에서 모두 얻는 것이 없느니라.

이 보살마하살은 이와 같이 몸과 마음의 정진을 성취하였으므로 비록 일체의 악법을 능히 멀리 벗어났고, 역시 일체의 선법을 능히 섭수하더라도 집착이 없으며, 집착이 없는 까닭으로 한 불국토에서 다른 한 불국토에 이르고, 한 세계에서 다른 한 세계에 이르면서 제유정들을 요익하게 하기 위한 까닭으로 나타내어 보여주고자 하였던 여러 신통의 일이라는 것을 모두 자재하게 나타내어 보여주더라도 장애가 없느니라.
 이를테면, 혹은 여러 미묘한 꽃들을 비가 내리듯이 나타내어 보여주거나, 혹은 다시 여러 유명한 향을 흩뿌리는 것을 나타내어 보여주거나, 혹은 다시 여러 기악을 연주하는 것을 나타내어 보여주거나, 혹은 다시 대지(大地)를 진동시키는 것을 나타내어 보여주거나, 혹은 다시 미묘한 칠보(七寶)로 세계를 장엄하는 것을 나타내어 보여주거나, 혹은 다시 몸에서 광명(光明)을 내뿜어서 장님인 중생들을 모두 밝게 눈을 뜨게 하는 것을 나타내어 보여주거나, 혹은 다시 몸에서 미묘한 향기를 내뿜어서 여러 냄새나고 지저분한 자들을 모두 향기롭고 깨끗하게 하는 것을 나타내어 보여주거나, 혹은 다시 커다란 사당(祠)을 설치하고, 그 가운데에서 제사를 지내어 제유정의 부류들이 번뇌하지 않게 하는 것을 나타내어 보여주느니라.
 이러한 인연으로 무변한 유정을 교화하고 인도하여 정도(正道)에 들어가게 시키고, 생명을 끊는 것을 벗어나게 하며, 주지 않았는데 취하는 것(不與取)을 벗어나게 하고, 음욕의 삿된 행(欲邪行)을 벗어나게 하며, 헛되고 속이는 말(虛誑語)을 벗어나게 하고, 이간하는 말(離間語)을 벗어나게 하며, 추악한 말(麤惡語)을 벗어나게 하고, 잡스럽고 천박한 말(雜穢語)을 벗어나게 하며, 탐욕(貪慾)을 벗어나게 하고, 진에(瞋恚)를 벗어나게 하며, 삿된 견해(邪見)를 벗어나게 하느니라. 혹은 보시로써 제유정을 섭수하고, 혹은 정계로써 제유정을 섭수하며, 혹은 안인으로써 제유정을 섭수하고, 혹은 정진으로써 제유정을 섭수하며, 혹은 정려로써 제유정을 섭수하고, 혹은 반야로써 제유정을 섭수하느니라.
 제유정을 요익하게 하기 위한 까닭으로 혹은 재물과 보물을 버리거나, 혹은 아내와 자식을 버리거나, 혹은 왕의 지위를 버리거나, 혹은 지절을 버리거나, 혹은 몸과 목숨을 버리느니라. 제유정들을 상응하여 이와 같고 이와 같은 방편을 따라서 요익(饒益)을 얻게 하고, 곧 이와 같고 이와 같은 방편으로써 그들을 요익하게 하느니라.
 이와 같이 선현이여. 보살마하살이 깊은 반야바라밀다를 수행하는 때에, 오히려 제상을 벗어난 무루심의 힘으로 능히 일체에서 무상이고 깨달음이 없으며 얻을 수 없고 그림자가 없으며 짓는 것이 없는 법의 가운데에서 정진바라밀다를 원만하게 할 수 있고, 역시 여러 나머지의 공덕들도 원만하게 할 수 있느니라.

다시 다음으로 선현이여. 보살마하살이 깊은 반야바라밀다를 수행하는 때에, 어찌하여 일체에서 무상이고 깨달음이 없으며 얻을 수 없고 그림자가 없으며 짓는 것이 없는 법의 가운데에서 정려바라밀다를 능히 원만하게 할 수 있겠는가? 선현이여. 이 보살마하살이 깊은 반야바라밀다를 수행하는 때에, 상을 벗어난 무루심으로써 능히 정려를 수행하고, 이 보살마하살은 여래의 정려를 제외한 여러 나머지의 정려를 모두 능히 원만하게 할 수 있느니라.

이 보살마하살은 능히 욕망과 악하고 착하지 못한 법을 벗어났으나 유심유사(有尋有伺)의 이생희락(離生喜樂)의 초정려에 들어가서 구족하고 안주하며, 심사(尋伺)가 적정하고 내신이 평등하며 청정하고 마음이 하나로 자성에 나아가면서 무심무사(無尋無伺)의 정생희락(定生喜樂)의 제2정려에 들어가서 구족하고 안주하며, 기쁨(喜)을 벗어나고 버림(捨)에 안주하여 바르게 기억하고 바르게 알며, 몸으로 즐거움을 받고 상응하여 버리라고 성스럽게 설하면서 제3정려에 들어가서 구족하고 안주하며, 즐거움도 단절되고 괴로움도 단절되며, 이전의 기쁨과 걱정도 사라져서 괴롭지도 않고 즐겁지도 않으며, 버린다는 생각이 청정해져서 제4정려에 들어가서 구족하고 안주하느니라.

이 보살마하살은 자애로움(慈)을 구족한 마음으로써 널리 한 지방, 나아가 시방의 일체의 세간을 인연하여 구족하고서 안주하며, 연민(悲)을 구족한 마음으로써 널리 한 지방, 나아가 시방의 일체의 세간을 인연하여 구족하고서 안주하느니라. 이 보살마하살은 환희(喜)를 구족한 마음으로써 널리 한 지방, 나아가 시방의 일체의 세간을 인연하여 구족하고서 안주하며, 버림(捨)을 구족한 마음으로써 널리 한 지방, 나아가 시방의 일체의 세간을 인연하여 구족하고서 안주하느니라.

이 보살마하살은 여러 색이라는 생각을 초월하고, 대상(對)이 있다는 생각을 없애며, 여러 종류의 생각을 사유하지 않고 무변한 허공으로 들어가서 공무변처(空無邊處)를 구족하고 안주하며, 일체 종류의 공무변처를 초월하여 식무변처에 들어가서 구족하고 안주하고, 일체 종류의 식무변처를 초월하여 무소유처에 들어가서 구족하고 안주하며, 일체 종류의 무소유처를 초월하여 비상비비상처에 들어가서 구족하고 안주하느니라.

이 보살마하살은 정려바라밀다에 안주하여 8해탈에서 능히 수순(順)하고 거스르(逆)면서 들어가서 구족하고 안주하며, 8승처에서 능히 수순하고 거스르면서 들어가서 구족하고 안주하며, 9차제정에서 능히 수순하고 거스르면서 들어가서 구족하고 안주하며, 10변처에서 능히 수순하고 거스르면서 들어가서 구족하고 안주하느니라.

이 보살마하살은 능히 공삼마지에 들어가서 구족하고 안주하며, 능히 무상삼마지에 들어가서 구족하고 안주하며, 능히 무원삼마지에 들어가서 구족하고 안주하며, 능히 무간삼마지(無間三摩地)에 들어가서 구족하고 안주하며, 능히 여전삼마지(如電三摩地)에 들어가서 구족하고 안주하며, 능히 성정삼마지(聖正三摩地)에 들어가서 구족하고 안주하며, 능히 금강유삼마지(金剛喩三摩地)에 들어가서 구족하고 안주하느니라.

이 보살마하살은 정려바라밀다에 안주하여 37보리분법(菩提分法)과 도상지(道相智)를 수행하여 모두 원만하게 하고, 도상지를 수용하고 일체의 삼마지를 섭수하며 점차로 수행하여 정관지(淨觀地)·종성지(種姓地)·제팔지(第八地)·견지(見地)·박지(薄地)·이욕지(離欲地)·이판지(已辦地)·독각지(獨覺地)를 초월하여 보살의 정성이생(正性離生)을 증득하고 들어가느니라. 이미 보살의 정성이생에 들어갔다면 여러 지위에서 행을 수행하여 불지(佛地)를 원만하게 하느니라. 이 보살마하살이 비록 여러 지위에서 점차로 수행하여 초월하더라도, 중간에서 과보의 증득(果證)을 취하지 않으며, 나아가 일체상지도 증득하지 않느니라.

이 보살마하살은 정려바라밀다에 안주하여 한 불국토에서 다른 한 불국토에 이르면서 제불·세존께 공양하고 공경하며 존중하고 찬탄하며 제불의 처소에서 여러 선본(善本)을 심으며, 유정을 성숙시키고 불국토를 장엄하느니라. 한 세계에서 다른 한 세계에 나아가면서 유정들을 요익하게 하면서 몸과 마음을 게을리하지 않으며, 혹은 보시로써 제유정들을 섭수하고, 혹은 정계로써 제유정들을 섭수하며, 혹은 안인으로써 제유정들을 섭수하고, 혹은 정진으로써 제유정들을 섭수하며, 혹은 정려로써 제유정들을 섭수하고, 혹은 반야로써 제유정들을 섭수하며, 혹은 해탈로써 제유정들을 섭수하고, 혹은 해탈지견(解脫智見)으로써 제유정들을 섭수하느니라. 혹은 유정들을 교계하여 예류과에 안주하게 하고, 혹은 유정들을 교계하여 불환과에 안주하게 하며, 혹은 유정들을 교계하여 아라한과에 안주하게 하고, 혹은 유정들을 교계하여 독각의 보리에 안주하게 하며, 혹은 유정들을 교계하여 무상정등보리에 안주하게 하면서, 제유정들의 선근의 세력과 선법이 증장하는 것을 따라서 여러 종류의 방편으로 그들을 안주하게 하느니라.

이 보살마하살은 정려바라밀다에 안주하여 능히 일체의 삼마지문으로 이끌어주고, 능히 일체의 다라니문으로 이끌어주며, 능히 수승한 4무애해(四無礙解)를 증득하고, 능히 수승한 이숙과(異熟果)로 신통을 증득하느니라. 이 보살마하살이 오히려 수승한 이숙과로 신통을 증득하였다면 결정적으로 다시 어머니의 태(胎)에 들어가지 않고, 결정적으로 다시 음욕(淫欲)의 즐거움을 받지 않으며, 결정적으로 다시 중생의 업(生乘)을 섭수하지 않고, 역시 중생의 허물에 염오되지 않느니라. 왜 그러한가? 보살마하살은 일체의 법성이 모두 환영의 변화(幻化)와 같다고 잘 보고서 통달하였느니라.

비록 제행(諸行)이 환영의 변화와 같다고 알았더라도, 자비의 원력에 의지하여 유정들을 요익하게 하느니라. 비록 자비의 원력에 의지하여 유정들을 요익하게 하더라도, 유정들과 그의 시설(施設)함을 모두 얻을 수 없다고 통달하느니라. 비록 유정들과 그 시설함을 모두 얻을 수 없다고 통달하더라도, 능히 일체의 유정을 안립(安立)시켜서 그들에게 얻을 수 없는 법(不可得法)에 안주하게 하는데, 세속의 이치에 의지하였고 승의(勝

義)에 의지하지 않았느니라.
 이 보살마하살은 정려바라밀다에 안주하여 일체의 정려·해탈(解脫)·등지(等持)1)·등지(等至)2)를 수행하고, 나아가 구하였던 것인 무상정등보리를 수행하여 원만하게 하며, 항상 정려바라밀다를 수행하는 것을 버리거나 벗어나지 않느니라. 이 보살마하살은 도상지를 수행하여 방편으로써 일체상지로 이끌어주고, 그 가운데에 안주하여 일체의 습기(習氣)의 상속(相續)을 영원히 단절하느니라. 이 보살마하살은 일체의 습기(習氣)의 상속(相續)을 영원히 단절하는 까닭으로 능히 곧 스스로를 이익되게 하고, 역시 곧 다른 사람들도 이익되게 하느니라. 이 보살마하살은 능히 곧 스스로를 이익되게 하고, 역시 곧 다른 사람들도 이익되게 하는 까닭으로 일체의 세간의 천상·인간·아소락 등의 청정한 복전(福田)을 짓고, 일체의 세간의 천상·인간·아소락 등에게 공양받고 공경을 받느니라.
 이와 같이 선현이여. 보살마하살이 깊은 반야바라밀다를 수행하는 때에, 오히려 제상을 벗어난 무루심의 힘으로 능히 일체에서 무상이고 깨달음이 없으며 얻을 수 없고 그림자가 없으며 짓는 것이 없는 법의 가운데에서 정려바라밀다를 원만하게 할 수 있고, 역시 여러 나머지의 공덕들도 원만하게 할 수 있느니라.
 다시 다음으로 선현이여. 보살마하살이 깊은 반야바라밀다를 수행하는 때에, 어찌하여 일체에서 무상이고 깨달음이 없으며 얻을 수 없고 그림자가 없으며 짓는 것이 없는 법의 가운데에서 정려바라밀다를 능히 원만하게 할 수 있겠는가? 선현이여. 이 보살마하살이 깊은 반야바라밀다를 수행하는 때에, 상을 벗어난 무루심으로써 능히 반야를 수행하고, 이 보살마하살은 적은 법이라도 진실로 성취할 수 있다고 보지 않느니라.

---

1) 산스크리트어 samādhi의 번역이고, '삼마지(三摩地)', '삼마제(三摩提)', '삼매(三昧)'라고 음사한다.
2) 산스크리트어 samāpatti의 번역이고, '삼마발저(三摩鉢底)'라고 음사한다. 마음과 몸이 평등하고 안온해지는 것을 등(等)이라고 말하고, 또한 '선(禪)', '선정(禪定)' 등으로 해석하는 경우도 있다.

이를테면 색을 진실로 성취할 수 있다고 보지 않고 수·상·행·식을 진실로 성취할 수 있다고 보지 않으며, 색이 생겨난다고 보지 않고 수·상·행·식이 생겨난다고 보지 않으며, 색이 소멸한다고 보지 않고 수·상·행·식이 소멸한다고 보지 않으며, 색이 증가하여 이익되는 문(增益門)이라고 보지 않고 수·상·행·식이 증가하여 이익되는 문이라고 보지 않으며, 색이 손실되어 감소하는 문(損減門)이라고 보지 않고 수·상·행·식이 손실되어 감소하는 문이라고 보지 않으며, 색이 쌓여서 모여지는 것이 있다고 보지 않고 수·상·행·식이 쌓여서 모여지는 것이 있다고 보지 않으며, 색이 벗어나고 흩어지는(離散) 것이 있다고 보지 않으며, 수·상·행·식이 벗어나고 흩어지는 것이 있다고 보지 않느니라. 색은 이것이 허망하고 견실(堅實)하지 않으며 자재(自在)함이 없다고 여실(如實)하게 관찰하고, 수·상·행·식은 이것이 허망하고 견실하지 않으며 자재함이 없다고 여실하게 관찰하느니라.

안처를 진실로 성취할 수 있다고 보지 않고 이·비·설·신·의처를 진실로 성취할 수 있다고 보지 않으며, 안처가 생겨난다고 보지 않고 이·비·설·신·의처가 생겨난다고 보지 않으며, 안처가 소멸한다고 보지 않고 이·비·설·신·의처가 소멸한다고 보지 않으며, 안처가 증가하여 이익되는 문이라고 보지 않고 이·비·설·신·의처가 증가하여 이익되는 문이라고 보지 않으며, 안처가 손실되어 감소하는 문이라고 보지 않고 이·비·설·신·의처가 손실되어 감소하는 문이라고 보지 않으며, 안처가 쌓여서 모여지는 것이 있다고 보지 않고 이·비·설·신·의처가 쌓여서 모여지는 것이 있다고 보지 않으며, 안처가 벗어나고 흩어지는 것이 있다고 보지 않으며, 이·비·설·신·의처가 벗어나고 흩어지는 것이 있다고 보지 않느니라. 안처는 이것이 허망하고 견실하지 않으며 자재함이 없다고 여실하게 관찰하고, 이·비·설·신·의처는 이것이 허망하고 견실하지 않으며 자재함이 없다고 여실하게 관찰하느니라.

색처를 진실로 성취할 수 있다고 보지 않고 성·향·미·촉·법처를 진실로 성취할 수 있다고 보지 않으며, 색처가 생겨난다고 보지 않고 성·향·미·촉·

법처가 생겨난다고 보지 않으며, 색처가 소멸한다고 보지 않고 성·향·미·촉·법처가 소멸한다고 보지 않으며, 색처가 증가하여 이익되는 문이라고 보지 않고 성·향·미·촉·법처가 증가하여 이익되는 문이라고 보지 않으며, 색처가 손실되어 감소하는 문이라고 보지 않고 성·향·미·촉·법처가 손실되어 감소하는 문이라고 보지 않으며, 색처가 쌓여서 모여지는 것이 있다고 보지 않고 성·향·미·촉·법처가 쌓여서 모여지는 것이 있다고 보지 않으며, 색처가 벗어나고 흩어지는 것이 있다고 보지 않으며, 성·향·미·촉·법처가 벗어나고 흩어지는 것이 있다고 보지 않느니라. 색처는 이것이 허망하고 견실하지 않으며 자재함이 없다고 여실하게 관찰하고, 성·향·미·촉·법처는 이것이 허망하고 견실하지 않으며 자재함이 없다고 여실하게 관찰하느니라.

안계를 진실로 성취할 수 있다고 보지 않고 이·비·설·신·의계를 진실로 성취할 수 있다고 보지 않으며, 안계가 생겨난다고 보지 않고 이·비·설·신·의계가 생겨난다고 보지 않으며, 안계가 소멸한다고 보지 않고 이·비·설·신·의계가 소멸한다고 보지 않으며, 안계가 증가하여 이익되는 문이라고 보지 않고 이·비·설·신·의계가 증가하여 이익되는 문이라고 보지 않으며, 안계가 손실되어 감소하는 문이라고 보시 않고 이·비·설·신·의계가 손실되어 감소하는 문이라고 보지 않으며, 안계가 쌓여서 모여지는 것이 있다고 보지 않고 이·비·설·신·의계가 쌓여서 모여지는 것이 있다고 보지 않으며, 안계가 벗어나고 흩어지는 것이 있다고 보지 않으며, 이·비·설·신·의계가 벗어나고 흩어지는 것이 있다고 보지 않느니라. 안계는 이것이 허망하고 견실하지 않으며 자재함이 없다고 여실하게 관찰하고, 이·비·설·신·의계는 이것이 허망하고 견실하지 않으며 자재함이 없다고 여실하게 관찰하느니라.

색계를 진실로 성취할 수 있다고 보지 않고 성·향·미·촉·법계를 진실로 성취할 수 있다고 보지 않으며, 색계가 생겨난다고 보지 않고 성·향·미·촉·법계가 생겨난다고 보지 않으며, 색계가 소멸한다고 보지 않고 성·향·미·촉·법계가 소멸한다고 보지 않으며, 색계가 증가하여 이익되는 문이라고 보지 않고 성·향·미·촉·법계가 증가하여 이익되는 문이라고 보지 않으며, 색계가 손실되어 감소하는 문이라고 보지 않고 성·향·미·촉·법계가 손실되어 감소하는 문이라고 보지 않으며, 색계가 쌓여서 모여지는 것이 있다고 보지 않고 성·향·미·촉·법계가 쌓여서 모여지는 것이 있다고 보지 않으며, 색계가 벗어나고 흩어지는 것이 있다고 보지 않으며, 성·향·미·촉·법계가 벗어나고 흩어지는 것이 있다고 보지 않느니라. 색계는 이것이 허망하고 견실하지 않으며 자재함이 없다고 여실하게 관찰하고, 성·향·미·촉·법계는 이것이 허망하고 견실하지 않으며 자재함이 없다고 여실하게 관찰하느니라.

　안식계를 진실로 성취할 수 있다고 보지 않고 이·비·설·신·의식계를 진실로 성취할 수 있다고 보지 않으며, 안식계가 생겨난다고 보지 않고 이·비·설·신·의식계가 생겨난다고 보지 않으며, 안식계가 소멸한다고 보지 않고 이·비·설·신·의식계가 소멸한다고 보지 않으며, 안식계가 증가하여 이익되는 문이라고 보지 않고 이·비·설·신·의식계가 증가하여 이익되는 문이라고 보지 않으며, 안식계가 손실되어 감소하는 문이라고 보지 않고 이·비·설·신·의식계가 손실되어 감소하는 문이라고 보지 않으며, 안식계가 쌓여서 모여지는 것이 있다고 보지 않고 이·비·설·신·의식계가 쌓여서 모여지는 것이 있다고 보지 않으며, 안식계가 벗어나고 흩어지는 것이 있다고 보지 않으며, 이·비·설·신·의식계가 벗어나고 흩어지는 것이 있다고 보지 않느니라. 안식계는 이것이 허망하고 견실하지 않으며 자재함이 없다고 여실하게 관찰하고, 이·비·설·신·의식계는 이것이 허망하고 견실하지 않으며 자재함이 없다고 여실하게 관찰하느니라.

　안촉을 진실로 성취할 수 있다고 보지 않고 이·비·설·신·의촉을 진실로 성취할 수 있다고 보지 않으며, 안촉이 생겨난다고 보지 않고 이·비·설·신·의촉이 생겨난다고 보지 않으며, 안촉이 소멸한다고 보지 않고 이·비·설·신·의촉이 소멸한다고 보지 않으며, 안촉이 증가하여 이익되는 문이라고 보지 않고 이·비·설·신·의촉이 증가하여 이익되는 문이라고 보지 않으며, 안촉이 손실되어 감소하는 문이라고 보지 않고 이·비·설·신·의촉이 손실되어 감소하는 문이라고 보지 않으며, 안촉이 쌓여서 모여지는 것이 있다고 보지 않고 이·비·설·신·의촉이 쌓여서 모여지는 것이 있다고 보지 않으며, 안촉이 벗어나고 흩어지는 것이 있다고 보지 않으며, 이·비·설·신·의촉이 벗어나고 흩어지는 것이 있다고 보지 않느니라. 안촉은 이것이 허망하고 견실하지 않으며 자재함이 없다고 여실하게 관찰하고, 이·비·설·신·의촉은 이것이 허망하고 견실하지 않으며 자재함이 없다고 여실하게 관찰하느니라.

　안촉을 인연으로 생겨난 여러 수를 진실로 성취할 수 있다고 보지 않고 이·비·설·신·의촉을 인연으로 생겨난 여러 수를 진실로 성취할 수 있다고 보지 않으며, 안촉을 인연으로 생겨난 여러 수가 생겨난다고 보지 않고 이·비·설·신·의촉을 인연으로 생겨난 여러 수가 생겨난다고 보지 않으며, 안촉을 인연으로 생겨난 여러 수가 소멸한다고 보지 않고 이·비·설·신·의촉을 인연으로 생겨난 여러 수가 소멸한다고 보지 않으며, 안촉을 인연으로 생겨난 여러 수가 증가하여 이익되는 문이라고 보지 않고 이·비·설·신·의촉을 인연으로 생겨난 여러 수가 증가하여 이익되는 문이라고 보지 않으며, 안촉을 인연으로 생겨난 여러 수가 손실되어 감소하는 문이라고 보지 않고 이·비·설·신·의촉을 인연으로 생겨난 여러 수가 손실되어 감소하는 문이라고 보지 않으며, 안촉을 인연으로 생겨난 여러 수가 쌓여서 모여지는 것이 있다고 보지 않고 이·비·설·신·의촉을 인연으로 생겨난 여러 수가 쌓여서 모여지는 것이 있다고 보지 않으며, 안촉을 인연으로 생겨난 여러 수가 벗어나고 흩어지는 것이 있다고 보지 않으며, 이·비·설·신·의촉을 인연으로 생겨난 여러 수가 벗어나고 흩어지는 것이 있다고 보지 않느니라. 안촉을 인연으로 생겨난 여러 수는 이것이 허망하고 견실하지 않으며 자재함이 없다고 여실하게 관찰하고, 이·비·설·신·의촉을 인연으로 생겨난 여러 수는 이것이 허망하고 견실하지 않으며 자재함이 없다고 여실하게 관찰하느니라.

　일체의 유루법(有漏法)을 진실로 성취할 수 있다고 보지 않고 일체의 무루법(無漏法)을 진실로 성취할 수 있다고 보지 않으며, 일체의 유루법이 생겨난다고 보지 않고 일체의 무루법이 생겨난다고 보지 않으며, 일체의 유루법이 소멸한다고 보지 않고 일체의 무루법이 소멸한다고 보지 않으며, 일체의 유루법이 증가하여 이익되는 문이라고 보지 않고 일체의 무루법이 증가하여 이익되는 문이라고 보지 않으며, 일체의 유루법이 손실되어 감소하는 문이라고 보지 않고 일체의 무루법이 손실되어 감소하는 문이라고 보지 않으며, 일체의 유루법이 쌓여서 모여지는 것이 있다고 보지 않고 일체의 무루법이 쌓여서 모여지는 것이 있다고 보지 않으며, 일체의 유루법이 벗어나고 흩어지는 것이 있다고 보지 않으며, 일체의 무루법이 벗어나고 흩어지는 것이 있다고 보지 않느니라. 일체의 유루법은 이것이 허망하고 견실하지 않으며 자재함이 없다고 여실하게 관찰하고, 일체의 무루법은 이것이 허망하고 견실하지 않으며 자재함이 없다고 여실하게 관찰하느니라.

이 보살마하살이 이와 같이 관찰하는 때에 색의 자성(自性)을 얻을 수 없고, 수·상·행·식의 자성을 얻을 수 없으며, 안처의 자성을 얻을 수 없고, 이·비·설·신·의처의 자성을 얻을 수 없으며, 색처의 자성을 얻을 수 없고, 성·향·미·촉·법처의 자성을 얻을 수 없으며, 안계의 자성을 얻을 수 없고, 이·비·설·신·의계의 자성을 얻을 수 없으며, 색계의 자성을 얻을 수 없고, 성·향·미·촉·법계의 자성을 얻을 수 없으며, 안식계의 자성을 얻을 수 없고, 이·비·설·신·의식계의 자성을 얻을 수 없으며, 안촉의 자성을 얻을 수 없고, 이·비·설·신·의촉의 자성을 얻을 수 없으며, 안촉을 인연으로 생겨난 여러 수의 자성을 얻을 수 없고, 이·비·설·신·의촉을 인연으로 생겨난 여러 수의 자성을 얻을 수 없으며, 일체의 유루법의 자성을 얻을 수 없고, 일체의 무루법의 자성을 얻을 수 없느니라.

이 보살마하살은 반야바라밀다를 수행하면서 일체법에서 모두 무성(無性)으로써 자성을 삼고서 깊은 신해(信解)가 생겨나느니라. 이 보살마하살은 이와 같은 일에서 신해가 생겨났다면 능히 내공·외공·내외공·공공·대공·승의공·유위공·무위공·필경공·무제공·산공·무변이공·본성공·자상공·공상공·일체법공·불가득공·무성공·무성자성공을 수행하느니라.

이 보살마하살은 이와 같이 수행하는 때에 일체법에서 모두 집착하지 않는데 이를테면, 색에 집착하지 않고 수·상·행·식에 집착하지 않으며, 안처에 집착하지 않고 이·비·설·신·의처에 집착하지 않으며, 색처에 집착하지 않고 성·향·미·촉·법처에 집착하지 않으며, 안계에 집착하지 않고 이·비·설·신·의계에 집착하지 않으며, 색계에 집착하지 않고 성·향·미·촉·법계에 집착하지 않으며, 안식계에 집착하지 않고 이·비·설·신·의식계에 집착하지 않으며, 안촉에 집착하지 않고 이·비·설·신·의촉에 집착하지 않으며, 안촉을 인연으로 생겨난 여러 수에 집착하지 않고 이·비·설·신·의촉을 인연으로 생겨난 여러 수에 집착하지 않느니라.

지계에 집착하지 않고 수·화·풍·공·식계에 집착하지 않으며, 무명에 집착하지 않고 행·식·명색·육처·촉·수·애·취·유·생·노사의 수탄고우뇌에 집착하지 않으며, 보시바라밀다에 집착하지 않고 정계·안인·정진·정려·반야바라밀다에 집착하지 않으며, 내공에 집착하지 않고 외공·내외공·공공·대공·승의공·유위공·무위공·필경공·무제공·산공·무변이공·본성공·자상공·공상공·일체법공·불가득공·무성공·무성자성공에 집착하지 않으며, 진여에 집착하지 않고 법계·법성·불허망성·불변이성·평등성·이생성·법정·법주·실제·허공계·부사의계에 집착하지 않으며, 4념주에 집착하지 않고 4정단·4신족·5근·5력·7등각지·8성도지에 집착하지 않느니라.

고성제에 집착하지 않고 집·멸·도성제에 집착하지 않으며, 4정려에 집착하지 않고 4무량·4무색정에 집착하지 않으며, 8해탈에 집착하지 않고 8승처·9차제정·10변처에 집착하지 않으며, 일체의 삼마지문에 집착하지 않고 일체의 다라니문에 집착하지 않으며, 공해탈문에 집착하지 않고 무상·무원해탈문에 집착하지 않으며, 5안에 집착하지 않고 6신통에 집착하지 않으며, 여래의 10력에 집착하지 않고 4무소외·4무애해·18불불공법에 집착하지 않으며, 대자에 집착하지 않고 대비·대희·대사에 집착하지 않느니라."

마하반야바라밀다경 제378권

66. 무상무득품(無相無得品)(6)

"무망실법에 집착하지 않고 항주사성에 집착하지 않으며, 일체지에 집착하지 않고 도상지·일체상지에 집착하지 않으며, 예류과에 집착하지 않고 일래·불환·아라한과·독각의 보리에 집착하지 않으며, 일체의 보살마하살의 행에 집착하지 않고 제불의 무상정등보리에 집착하지 않느니라.

이 보살마하살은 무성으로써 자성을 삼고서 매우 깊은 반야바라밀다를 수행하는 때에 능히 보살도를 원만하게 하는데 이를테면, 보시·정계·안인·정진·정려·반야바라밀다를 능히 원만하게 하고, 역시 내공·외공·내외공·공공·대공·승의공·유위공·무위공·필경공·무제공·산공·무변이공·본성공·자상공·공상공·일체법공·불가득공·무성공·자성공·무성자성공을 능히 원만하게 하며, 역시 진여·법계·법성·불허망성·법정·법주·실제·허공계·부사의계를 능히 원만하게 하고, 역시 4념주·4정단·4신족·5근·5력·7등각지·8성도지를 능히 원만하게 하고, 역시 고·집·멸·도성제를 능히 원만하게 하느니라.

역시 4정려·4무량·4무색정을 능히 원만하게 하고, 역시 8해탈·8승처·9차제정·10변처를 능히 원만하게 하며, 역시 일체의 삼마지문·다라니문을 능히 원만하게 하고, 역시 5안·6신통을 능히 원만하게 하며, 역시 공·무상·무원해탈문을 능히 원만하게 하고, 역시 여래의 10력·4무소외·4무애해·18불불공법을 능히 원만하게 하며, 역시 대자·대비·대희·대사를 능히 원만하게 하고, 역시 일체지·도상지·일체상지를 능히 원만하게 하며,

역시 32대사상·80수호를 능히 원만하게 하느니라.

이 보살마하살은 이숙법(異熟法)인 보리도(菩提道)의 가운데에 안주하면서 다시 보시·정계·안인·정진·정려·반야바라밀다를 능히 원만하게 하고, 역시 내공·외공·내외공·공공·대공·승의공·유위공·무위공·필경공·무제공·산공·무변이공·본성공·자상공·공상공·일체법공·불가득공·무성공·자성공·무성자성공을 능히 원만하게 하며, 역시 진여·법계·법성·불허망성·법정·법주·실제·허공계·부사의계를 능히 원만하게 하고, 역시 4념주·4정단·4신족·5근·5력·7등각지·8성도지를 능히 원만하게 하고, 역시 고·집·멸·도성제를 능히 원만하게 하며, 역시 4정려·4무량·4무색정을 능히 원만하게 하고, 역시 8해탈·8승처·9차제정·10변처를 능히 원만하게 하며, 역시 일체의 삼마지문·다라니문을 능히 원만하게 하고, 역시 5안·6신통을 능히 원만하게 하느니라.

이 보살마하살은 이와 같이 보리도를 원만하게 하였다면 여러 어두운 장애를 벗어나서 여래도(佛道)의 가운데에 안주하고, 오히려 이숙으로 생겨나는 수승한 신통력과 방편으로 제유정의 부류들을 요익하게 하는데, 상응하여 보시로써 섭수할 자는 곧 보시로써 그를 섭수하고, 상응하여 정계로써 섭수할 자는 곧 징계로써 그를 섭수하며, 상응하여 안인으로써 섭수할 자는 곧 안인으로써 그를 섭수하고, 상응하여 정진으로써 섭수할 자는 곧 정진으로써 그를 섭수하고, 상응하여 정려로써 섭수할 자는 곧 정려로써 그를 섭수하며, 상응하여 반야로써 섭수할 자는 곧 반야로써 그를 섭수하고, 상응하는 해탈(解脫)로써 섭수할 자는 곧 해탈로써 그를 섭수하며, 상응하여 해탈지견(解脫智見)으로써 섭수할 자는 곧 해탈지견으로써 그를 섭수하느니라.

상응하여 예류과에 안주하게 할 자는 방편으로써 예류과에 안주하게 하고, 상응하여 일래과에 안주하게 할 자는 방편으로써 일래과에 안주하게 하며, 상응하여 불환과에 안주하게 할 자는 방편으로써 불환과에 안주하게 하고, 상응하여 아라한과에 안주하게 할 자는 방편으로써 아라한과에 안주하게 하며, 상응하여 독각의 보리에 안주하게 할 자는 독각의 보리에 안주하게 하고, 상응하여 아뇩다라삼먁삼보리에 안주하게 할 자는 방편으로써 아뇩다라삼먁삼보리에 안주하게 하느니라.

이 보살마하살이 능히 여러 종류의 신통한 변화를 나타내어 긍가사(殑伽沙) 등의 세계에 가고자 하였다면 뜻을 따라서 능히 갈 수 있고, 갔던 세계의 가운데에서 여러 종류의 진기한 보배를 나타내고자 하였던 것이라면 뜻을 따라서 능히 나타낼 수 있으며, 갔던 세계의 가운데에서 여러 종류의 진기한 보배를 수용(受容)하게 하고자 하였던 것이라면 그들이 즐거워하는 것을 따라 모두 만족하게 하느니라.

이 보살마하살은 한 세계에서 다른 한 세계에 이르면서 무량한 유정들을 이익되고 안락하게 하며, 여러 세계의 청정하게 장엄되었던 모습을 보았다면 청정하게 장엄되었던 불국토를 뜻을 따라서 능히 스스로가 섭수(攝受)할 수 있느니라. 비유한다면 타화자재천의 여러 천인들이 필요한 것이 있다면, 여러 미묘하고 즐거운 자구를 뜻을 따라서 나타내는 것과 같이, 이와 같은 보살마하살도 뜻을 따라서 여러 종류의 청정하게 장엄된 무량한 불국토를 섭수하느니라.

이 보살마하살은 오히려 이숙으로 생겨나는 보시·정계·안인·정진·정려·반야바라밀다와 이숙으로 생겨나는 여러 미묘한 신통과 아울러 이숙으로 생겨나는 보살도를 까닭으로 도상지를 수행하느니라. 오히려 도상지가 성숙된 까닭으로 다시 능히 일체상지를 증득할 수 있고, 오히려 이러한 지혜를 증득하므로 일체법에 섭수하지 않는데 이를테면, 색을 섭수하지 않고 수·상·행·식을 섭수하지 않으며, 안처를 섭수하지 않고 이·비·설·신·의처를 섭수하지 않으며, 색처를 섭수하지 않고 성·향·미·촉·법처를 섭수하지 않으며, 안계를 섭수하지 않고 이·비·설·신·의계를 섭수하지 않으며, 색계를 섭수하지 않고 성·향·미·촉·법계를 섭수하지 않으며, 안식계를 섭수하지 않고 이·비·설·신·의식계를 섭수하지 않으며, 안촉을 섭수하지 않고 이·비·설·신·의촉을 섭수하지 않으며, 안촉을 인연으로 생겨난 여러 수를 섭수하지 않고 이·비·설·신·의촉을 인연으로 생겨난 여러 수를 섭수하지 않으며, 일체의 선법(善法)·선하지 않은 법(非

善法)·세간법(世間法)·출세간법(出世間法)·유루법(有漏法)·무루법(無漏法)·유위법(有爲法)·무위법(無爲法)·유죄법(有罪法)·무죄법(無罪法)을 섭수하지 않고, 역시 증득되었던 것인 무상정등보리를 섭수하지 않으며, 역시 일체의 불국토에서 수용하는 물건에 섭수하지 않으며, 그 가운데의 유정들들도 역시 섭수하지 않느니라.

왜 그러한가? 이 보살마하살은 먼저 일체법을 섭수하지 않는 까닭이고, 일체법에서 얻은 것이 없는 까닭이며, 제유정을 위하여 일체의 법성은 섭수하는 것이 없다고 전도(顚倒)가 없이 널리 설하는 까닭이니라. 이와 같이 선현이여. 보살마하살이 깊은 반야바라밀다를 수행하는 때에, 오히려 제상(諸相)을 벗어난 무루심의 힘으로 능히 일체에서 무상이고 깨달음이 없으며 얻을 수 없고 그림자가 없으며 짓는 것이 없는 법의 가운데에서 반야바라밀다를 원만하게 할 수 있고, 역시 여러 나머지의 공덕들도 원만하게 할 수 있느니라."

67. 무잡법의품(無雜法義品)(1)

그때 구수 선현이 세존께 아뢰어 말하였다.

"세존이시여. 어찌 일체에서 잡염(雜)이 없고 무상(無相)이며 자상(自相)이 공(空)한 법의 가운데에서 능히 보시·정계·안인·정진·정려·반야바라밀다를 원만하게 수행할 수 있습니까? 어찌 일체에서 무루(無漏)이고 차별이 없는 법의 가운데에서 이와 같은 제법의 차별을 시설하는 것이고, 더불어 명료하게 알 수 있습니까? 어찌 반야바라밀다의 가운데에서 일체의 보시·정계·안인·정진·정려·반야바라밀다를 섭수할 수 있습니까?

어찌 일체의 내공·외공·내외공·공공·대공·승의공·유위공·무위공·필경공·무제공·산공·무변이공·본성공·자상공·공상공·일체법공·불가득공·무성공·자성공·무성자성공을 섭수할 수 있습니까? 어찌 일체의 진여·법계·법성·평등성·이생성·법정·법주·실제·허공계·부사의계를 섭수할 수 있습니까? 어찌 일체의 4념주·4정단·4신족·5근·5력·7등각지·8성도지를 섭수할 수 있습니까? 어찌 일체의 공·무상·무원해탈문을 섭수할 수 있습니까? 어찌 일체의 고·집·멸·도성제를 거두어들입니까? 어찌 일체의 4정려·4무량·4무색정을 섭수할 수 있습니까?

어찌 일체의 8해탈·8승처·9차제정·10변처를 섭수할 수 있습니까? 어찌 일체의 삼마지문·일체의 다라니문을 섭수할 수 있습니까? 어찌 일체의 5안과 6신통력을 섭수할 수 있습니까? 어찌 일체의 여래의 10력·4무소외·4무애해·대자·대비·대희·대사·18불불공법을 섭수할 수 있습니까? 어찌 일체의 무망실법·항주사성을 섭수할 수 있습니까? 어찌 일체의 일체지·도상지·일체상지를 섭수할 수 있습니까? 어찌 일체의 세간법·출세간법을 섭수할 수 있습니까? 어찌 일체의 다른 상법(相法)의 가운데에서 일상(一相)을 시설하였는데 이를테면, 무상(無相)과 더불어 일상·무상법의 가운데에서 여러 종류로 차별되는 법상(法相)을 시설합니까?"

세존께서 말씀하셨다.

"선현이여. 보살마하살이 깊은 반야바라밀다를 수행하는 때에, 꿈과 같다고 안주하고, 메아리와 같다고 안주하며, 형상과 같다고 안주하고, 그림자와 같다고 안주하며, 아지랑이와 같다고 안주하고, 환상과 같다고 안주하며, 심향성(尋香城)과 같다고 안주하고, 변화한 일과 같다고 안주하면서, 5취온(五取蘊)의 가운데에서 보시·정계·안인·정진·정려·반야바라밀다를 수행하느니라. 꿈과 같다고 명료하게 알고, 메아리와 같다고 명료하게 알며, 형상과 같다고 명료하게 알고, 그림자와 같다고 명료하게 알며, 아지랑이와 같다고 명료하게 알고, 환상과 같다고 명료하게 알며, 심향성과 같다고 명료하게 알고, 변화한 일과 같다고 명료하게 알면서, 5취온이 모두 무상(無相)하다고 여실하게 아느니라.

왜 그러한가? 여러 꿈·메아리·형상·그림자·아지랑이·요술·심향성·변화한 일은 모두 자성(自性)이 없느니라. 만약 법에 자성이 없다면 이

법은 곧 무상이고, 만약 법이 무상이라면 이 법은 일상(一相)인데 이를테면, 무상(無相)이니라.

선현이여. 오히려 이러한 인연으로 일체의 보시는 무상이고, 보시하는 자도 무상이며, 보시받는 자도 무상이고 보시하는 물건도 무상이라고 마땅히 알아야 하느니라. 만약 이와 같이 알고서 보시를 행한다면, 곧 능히 보시바라밀다를 원만히 수행할 수 있고, 만약 보시바라밀다를 원만하게 수행할 수 있다면, 곧 정계·안인·정진·정려·반야바라밀다를 멀리 벗어나지 않느니라.

이와 같이 보시·정계·안인·정진·정려·반야바라밀다에 안주한다면, 곧 능히 4정려·4무량·4무색정을 원만하게 하고, 역시 능히 4염주·4정단·4신족·5근·5력·7등각지·8성도지를 원만하게 하며, 역시 능히 공·무상·무원해탈문을 원만하게 하고, 역시 능히 내공·외공·내외공·공공·대공·승의공·유위공·무위공·필경공·무제공·산공·무변이공·본성공·자상공·공상공·일체법공·불가득공·무성공·자성공·무성자성공을 원만하게 하며, 역시 능히 진여·법계·법성·불허망성·불변이성·평등성·이생성·법정·법주·실제·허공계·부사의계를 원만하게 하느니라.

역시 능히 고·집·멸·도성제를 원만하게 하고, 역시 능히 8해탈·8승처·9차제정·10변처를 원만하게 하며, 역시 능히 5백의 삼마지문·5백의 다라니문을 원만하게 하고, 역시 능히 5안·6신통을 원만하게 하며, 역시 능히 세존의 10력과 4무소외·4무애해·대자·대비·대희·대사·18불불공법을 원만하게 하고, 역시 능히 무망실법·항주사성을 원만하게 하며, 역시 능히 일체지·도상지·일체상지를 원만하게 하느니라.

이 보살마하살은 이와 같이 이숙으로 생겨나는 성스러운 무루(無漏)인 제법의 가운데에 안주하고 신통력으로써 시방의 긍가사 등의 제불의 세계에 가서 이르고, 다시 여러 종류의 상묘한 의복·음식·와구·탕약(湯藥)·향과 꽃·보배의 당기(寶幢)·보배의 번기(寶幡)·보배의 일산(寶蓋)·등불·기악과 더불어 나머지의 필요한 것으로 제불·세존께 공양하고 공경하며 존중하고 찬탄하면서 제유정들에게 이익되고 안락한 일을 짓느니라.

상응하여 보시로써 섭수하여 요익하게 할 자는 나아가 보시로써 그를 섭수하여 요익하게 하고, 상응하여 정계로써 섭수하여 요익하게 할 자는 나아가 정계로써 그를 섭수하여 요익하게 하고, 상응하여 안인으로써 섭수하여 요익하게 할 자는 나아가 안인으로써 그를 섭수하여 요익하게 하고, 상응하여 정진으로써 섭수하여 요익하게 할 자는 나아가 정진으로써 그를 섭수하여 요익하게 하고, 상응하여 정려로써 섭수하여 요익하게 할 자는 나아가 정려로써 그를 섭수하여 요익하게 하고, 상응하여 반야로써 섭수하여 요익하게 할 자는 나아가 반야로써 그를 섭수하여 요익하게 하고, 상응하여 여러 나머지의 선법으로써 섭수하여 요익하게 할 자는 나아가 여러 나머지의 많은 종류의 선법으로써 그를 섭수하여 요익하게 하며, 상응하여 수승한 선법으로써 섭수하여 요익하게 할 자는 나아가 일체의 수승한 선법으로써 그를 섭수하여 요익하게 하느니라.

이 보살마하살이 이와 같은 무량한 선법을 성취하였으므로, 비록 생사(生死)를 받더라도 생사의 허물에 염오되지 않고, 제유정들을 이익되고 안락하게 하고자 인간과 천상의 부귀와 자재함을 섭수하느니라. 오히려 이러한 부귀와 자재함의 위력(威力)으로 유정들에게 여러 이익되고 안락한 일을 능히 지으며, 4섭사(四攝事)로써 그들을 섭수하느니라.

이 보살마하살은 일체법이 모두 무상이라고 아는 까닭으로 비록 예류과를 알았더라도 예류과에 안주하지 않고, 비록 일래과를 알았더라도 일래과에 안주하지 않으며, 비록 불환과를 알았더라도 불환과에 안주하지 않고, 비록 아라한과를 알았더라도 아라한과에 안주하지 않으며, 비록 독각의 보리를 알았더라도 독각의 보리에 안주하지 않느니라. 왜 그러한가? 이 보살마하살은 여실하고 명료하게 일체법을 알았다면 일체상지를 증득하기 위하여 일체의 성문·독각과 공유하지 않느니라.

이와 같이 선현이여. 보살마하살은 일체법이 모두 무상이라고 아는 까닭으로 보시·정계·안인·정진·정려·반야바라밀다도 역시 모두 무상이라고 여실하고 명료하게 알고, 여러 나머지의 불법도 무상이라고 여실하고 명료하게 아느니라. 오히려 이러한 인연으로 일체의 불법을 널리 능히 원만하게 하느니라."

"다시 다음으로 선현이여. 보살마하살이 깊은 반야바라밀다를 수행하는 때에, 꿈과 같다고 안주하고, 메아리와 같다고 안주하며, 형상과 같다고 안주하고, 그림자와 같다고 안주하며, 아지랑이와 같다고 안주하고, 환상과 같다고 안주하며, 심향성과 같다고 안주하고, 변화한 일과 같다고 안주하면서, 5취온의 가운데에서 정계바라밀다를 수행하느니라.

이 보살마하살이 이러한 5취온이 꿈과 같다고 여실하고 명료하게 알고, 메아리와 같다고 여실하고 명료하게 알며, 형상과 같다고 여실하고 명료하게 알고, 그림자와 같다고 여실하고 명료하게 알며, 아지랑이와 같다고 여실하고 명료하게 알고, 환상과 같다고 여실하고 명료하게 알며, 심향성과 같다고 여실하고 명료하게 알고, 변화한 일과 같다고 여실하고 명료하게 안다면, 곧 능히 무상의 정계바라밀다를 원만하게 하느니라.

이와 같이 정계에 결함이 없고 틈새가 없으며 번민이 없고 번뇌가 없으며 취하고 집착하는 것이 없다면 상응하여 공양받을 수 있고, 지혜로운 자들이 칭찬하는 것이며, 미묘하고 선하게 수지하는 것이고, 미묘하고 선한 구경(究竟)이나니, 이것은 성스러운 무루이고, 이는 출세간의 도지(道支)[1]를 섭수하는 것이니라. 이러한 계율에 안주한다면 받았던 시설계(施設戒)·법이득계(法爾得戒)·율의계(律儀戒)·유표계(有表戒)·무표계(無表戒)·현행계(現行戒)·불현행계(不現行戒)·위의계(威儀戒)·비위의계(非威儀戒) 등을 능히 잘 수지하느니라.

이 보살마하살이 비록 이와 같은 여러 계율을 구족하고 성취하였더라도 취하고 집착하는 마음이 없고, '나는 오히려 이러한 계율로 마땅히 찰제리(刹帝利)의 대종족에 태어나서 부귀(富貴)하고 자재(自在)하겠다. 혹은 바라문의 대종족에 태어나서 부귀하고 자재하겠다. 혹은 장자의 대종족에 태어나서 부귀하고 자재하겠다. 혹은 거사의 대종족에 태어나서 부귀

---

1) 정도(正道)를 다르게 부르는 말이다.

하고 자재하겠다.'라고 이렇게 생각도 짓지 않느니라. '나는 오히려 이러한 계율로 마땅히 소왕(小王)이 되거나, 혹은 대왕(大王)이 되거나, 혹은 전륜왕이 되어서 부귀하고 자재하겠다.'라고 이렇게 생각도 짓지 않느니라.

'나는 오히려 이러한 계율로 마땅히 사대왕중천(四大王衆天)에 태어나거나, 혹은 삼십삼천에 태어나거나, 혹은 야마천(夜摩天)에 태어나거나, 혹은 도사다천(覩史多天)에 태어나거나, 혹은 낙변화천(樂變化天)에 태어나거나, 혹은 타화자재천(他化自在天)에 태어나서 부귀하고 자재하겠다.'라고 이렇게 생각도 짓지 않느니라. '나는 오히려 이러한 계율로 마땅히 범중천(梵衆天)에 태어나거나, 혹은 범보천(梵輔天)에 태어나거나, 혹은 범회천(梵會天)에 태어나거나, 혹은 대범천(大梵天)에 태어나서 부귀하고 자재하겠다.'라고 이렇게 생각도 짓지 않느니라.

'나는 오히려 이러한 계율로 마땅히 광천(光天)에 태어나거나, 혹은 소광천(少光天)에 태어나거나, 혹은 무량광천(無量光天)에 태어나거나, 혹은 극광천(極光天)에 태어나서 부귀하고 자재하겠다.'라고 이렇게 생각도 짓지 않느니라. '나는 오히려 이러한 계율로 마땅히 정천(淨天)에 태어나거나, 혹은 소정천(少淨天)에 태어나거나, 혹은 무량정천(無量淨天)에 태어나거나, 혹은 변정천(遍淨天)에 태어나서 부귀하고 자재하겠다.'라고 이렇게 생각도 짓지 않느니라. '나는 오히려 이러한 계율로 마땅히 광천(廣天)에 태어나거나, 혹은 소광천(少廣天)에 태어나거나, 혹은 무량광천(無量廣天)에 태어나거나, 혹은 광과천(廣果天)에 태어나서 부귀하고 자재하겠다.'라고 이렇게 생각도 짓지 않느니라.

'나는 오히려 이러한 계율로 마땅히 무번천(無繁天)에 태어나거나, 혹은 무열천(無熱天)에 태어나거나, 혹은 선현천(善現天)에 태어나거나, 혹은 선견천(善見天)에 태어나거나, 혹은 색구경천(色究竟天)에 태어나서 부귀하고 자재하겠다.'라고 이렇게 생각도 짓지 않느니라. '나는 오히려 이러한 계율로 마땅히 공무변처(空無邊處)에 태어나거나, 혹은 식무변처(識無邊處)에 태어나거나, 혹은 무소유처(無所有處)에 태어나거나, 혹은 비상비비상처(非想非非想處)에 태어나서 부귀하고 자재하겠다.'라고 이렇게 생각도 짓지 않느니라.
 '나는 오히려 이러한 계율로 마땅히 예류과를 얻거나, 혹은 일래과를 얻거나, 혹은 불환과를 얻거나, 혹은 아라한과를 얻거나, 혹은 독각의 보리를 얻거나, 혹은 보살의 정성이생에 들어가거나, 혹은 보살의 무생법인을 얻거나, 혹은 무상정등보리를 증득하겠다.'라고 이렇게 생각도 짓지 않느니라.
 이와 같이 선현이여. 보살마하살은 반야바라밀다를 수행하여 무상한 정계바라밀다를 빠르고 능히 원만하게 하고 보살의 정성이생에 증득하면서 들어가느니라. 이미 보살의 정성이생에 들어갔다면 다시 보살의 무생법인을 증득하고, 이미 보살의 무생법인을 증득하였다면 도상지를 수행하여 일체상지(一切相智)에 나아가서 이숙인 5신통을 증득하며, 다시 5백의 삼마지문을 증득하고 역시 5백의 다라니문을 증득하느니라. 이 가운데에 안주하여 다시 능히 4무애해를 증득하고, 한 불국토에서 다른 한 불국토에 이르면서 제불·세존께 공양하고 공경하며 존중하고 찬탄하며, 유정을 성숙시키고 불국토를 청정하게 장엄하느니라.
 이 보살마하살은 유정들을 교화하기 위하여 비록 여러 세계를 유전(流傳)하면서 생사를 나타내더라도, 그렇지만 그들의 번뇌와 업보(業報)의 여러 장애에 염오되지 않느니라. 비유한다면 변화한 사람이 비록 다니고 멈추고 앉고 눕는 일 등을 나타내더라도, 그렇지만 진실로 왕래하는 등의 법이 없는 것과 같이, 비록 여러 종류로 유정을 요익하게 하였더라도, 유정과 그 시설에서 모두 얻는 것이 없느니라. 소선다(蘇扇多)라고 이름하였던 여래·응공·정등각이 계셨고, 무상정등보리를 증득하셨으므로 미묘한 법륜을 굴리면서 무량한 유정을 헤아리고 생사에서 해탈시키고 열반을 증득하게 하셨으나, 그렇지만 유정이 다음에 무상정등보리를 증득한다는 수기를 받은 자가 없었던 것과 같으니라.
 이때 그 여래께서는 변화한 여래(化佛)를 변화로 지으셨고 오랫동안 세상에 머무르게 하셨으며, 스스로가 목숨과 수행(壽行)을 버리시고 무여의반열반계(無餘依般涅槃界)에 들어가셨느니라. 그 변화한 여래의 색신은

한 겁(劫)을 머무셨으며 한 보살에게 무상정등보리의 수기를 주시고서 비로소 열반에 들어가셨느니라.

그 변화한 여래의 색신은 비록 여러 종류로 유정들을 요익하게 하는 일을 지으셨으나, 얻는 것이 없었는데 이를테면, 색을 얻지 못하였고, 수·상·행·식을 얻지 못하였으며, 안처를 얻지 못하였고, 이·비·설·신·의처를 얻지 못하였으며, 색처를 얻지 못하였고, 성·향·미·촉·법처를 얻지 못하였으며, 안계를 얻지 못하였고, 이·비·설·신·의계를 얻지 못하였으며, 색계를 얻지 못하였고, 성·향·미·촉·법계를 얻지 못하였으며, 안식계를 얻지 못하였고, 이·비·설·신·의식계를 얻지 못하였으며, 안촉을 얻지 못하였고, 이·비·설·신·의촉을 얻지 못하였으며, 안촉을 인연으로 생겨난 여러 수를 얻지 못하였고, 이·비·설·신·의촉을 인연으로 생겨난 여러 수를 얻지 못하였으며, 일체의 유루법·무루법과 더불어 유정을 얻지 못했느니라. 이 보살마하살도 역시 다시 이와 같아서 비록 지은 것이 있더라도 얻는 것이 없느니라.

이와 같이 선현이여. 보살마하살이 반야바라밀다를 수행하여 정계바라밀다를 원만하게 하고, 오히려 이러한 정계바라밀다가 원만함을 얻는 까닭으로, 곧 일체의 불법을 능히 섭수하느니라."

"다시 다음으로 선현이여. 보살마하살이 깊은 반야바라밀다를 수행하는 때에, 꿈과 같다고 안주하고, 메아리와 같다고 안주하며, 형상과 같다고 안주하고, 그림자와 같다고 안주하며, 아지랑이와 같다고 안주하고, 환상과 같다고 안주하며, 심향성과 같다고 안주하고, 변화한 일과 같다고 안주하면서, 5취온의 가운데에서 안인바라밀다를 원만하게 하느니라. 이 보살마하살이 이러한 5취온이 꿈과 같다고 여실하고 명료하게 알고, 메아리와 같다고 여실하고 명료하게 알며, 형상과 같다고 여실하고 명료하게 알고, 그림자와 같다고 여실하고 명료하게 알며, 아지랑이와 같다고 여실하고 명료하게 알고, 환상과 같다고 여실하고 명료하게 알며, 심향성과 같다고 여실하고 명료하게 알고, 변화한 일과 같다고 여실하고 명료하게 안다면, 곧 능히 무상의 안인바라밀다를 원만하게 하느니라.

선현이여. 어찌 보살마하살이 이러한 5취온이 꿈과 같다고 여실하고 명료하게 알고, 메아리와 같다고 여실하고 명료하게 알며, 형상과 같다고 여실하고 명료하게 알고, 그림자와 같다고 여실하고 명료하게 알며, 아지랑이와 같다고 여실하고 명료하게 알고, 환상과 같다고 여실하고 명료하게 알며, 심향성과 같다고 여실하고 명료하게 알고, 변화한 일과 같다고 여실하고 명료하게 알고서 곧 능히 무상의 안인바라밀다를 원만하게 하는가? 선현이여. 이 보살마하살은 이 5취온이 진실로 상이 없다고 여실하고 명료하게 알았던 까닭으로 두 종류의 안인을 수행하여 곧 능히 무상의 안인바라밀다를 원만하게 하느니라.

무엇 등이 두 가지인가? 첫째는 안수인(安受忍)이고, 둘째는 관찰인(觀察忍)이니라. 안수인이라는 것은 이를테면, 제보살마하살이 초발심부터 나아가 미묘한 보리좌(菩提座)에 안좌(安坐)하기까지 그 중간에서 가사 일체의 유정들이 다투어 와서 꾸짖고 헐뜯으며 추악한 말로써 욕하고 꾸짖으며 능욕하거나, 다시 기와·돌·칼·몽둥이로써 가해(加害)할지라도 이 보살마하살은 안인바라밀다를 원만하게 하기 위하여, 나아가 한 생각에 분노와 원한의 마음을 일으키지 않고, 역시 다시 가해를 갚으려는 마음도 일으키지 않으며, '그 여러 유정들은 매우 연민(憐愍)스럽구나. 번뇌를 증가시키고 그 마음이 충돌하여 자재함을 얻지 못하는구나. 나에게 이와 같은 악업을 일으키더라도 나는 지금 그에게 상응하여 성내지 않겠다.'라고 다만 이렇게 생각을 짓느니라. 다시 '오히려 내가 원수(怨家)인 여러 업(蘊)을 섭수하였고, 그 유정들이 나에게 이와 같은 악업을 일으키게 시켰으니, 다만 상응하여 스스로를 꾸짖어야 하고 상응하여 그들을 꾸짖지 않아야 한다.'라고 이렇게 생각을 짓느니라. 보살이 이와 같이 자세히 관찰하는 때에 그 유정들에게 깊은 자비와 연민이 생겨나는데, 이와 같은 등의 부류를 안수인이라고 이름하느니라.

관찰인이라는 것은 이를테면, 제보살마하살이 '제행은 환영과 같아서 허망하고 진실이 아니며 자재함을 얻을 수 없고, 역시 허공이 무아(無我)인 것과 같이 유정(有情)·명자(命者)·생자(生者)·양자(養者)·사부(士夫)·보특가라(補特伽羅)·의생(意生)·유동(孺童)·작자(作者)·수자(受者)·지자(知者)·견자(見者)를 모두 얻을 수 없고, 오직 이것들은 허망한 분별에서 일어난 것인데, 누가 나를 꾸짖고 헐뜯겠는가? 누가 나를 꾸짖고 욕설하겠는가? 누가 나를 능욕하겠는가? 누가 여러 종류의 기와·돌·칼·몽둥이로써 나를 가해하겠는가? 누가 다시 그들에게 훼방과 모욕을 받겠는가? 모두가 이것은 스스로의 마음이 허망하게 분별하였다. 나는 지금 상승하여 어지럽게 집착을 일으키지 않겠나니, 이와 같은 제법은 자성공이고 승의공인 까닭으로 모두 무소유이다.'라고 이와 같이 사유하느니라. 보살이 이와 같이 자세히 관찰하는 때에 제행은 공하고 적정하다고 여실하게 명료하게 알고, 일체법에서 다르다는 생각이 생겨나지 않는데, 이와 같은 등의 부류를 관찰인이라고 이름하느니라.

　이 보살마하살이 이와 같은 두 종류의 안인을 수습(修習)하였던 까닭으로 곧 능히 무상의 안인바라밀다를 원만하게 하고, 오히려 능히 무상의 안인바라밀다가 원만하게 하였으므로, 나아가 곧 능히 무생법인을 획득(獲得)하느니라."

　그때 구수 선현이 세존께 아뢰어 말하였다.
　"세존이시여. 무엇을 무생법인이라고 이름합니까? 이것으로 무엇을 단절합니까? 다시 이것은 무슨 지혜입니까?"
　세존께서 말씀하셨다.
　"선현이여. 오히려 이러한 세력으로, 나아가 적은 분량의 악한 불선법(不善法)도 생겨나지 못하느니라. 이러한 까닭으로 무생법인이라고 이름하느니라. 이것은 일체의 아(我)·아소(我所)·오만(慢) 등의 번뇌를 구경(究竟)에 적멸(寂滅)하게 하고, 제법이 꿈과 같고 메아리와 같으며 형상과 같고 그림자와 같으며 아지랑이와 같고 환영의 일과 같으며 심향성과 같고 변화한 일과 같다고 여실하게 안인을 받아들이는데, 이것을 안인의 지혜라 이름하고, 이러한 지혜를 얻은 까닭으로 무생법인을 획득했다고 이름하여 설하느니라."

그때 구수 선현이 세존께 아뢰어 말하였다.

"세존이시여. 성문·독각의 무생법인과 보살마하살의 무생법인은 무슨 차별이 있습니까?"

세존께서 말씀하셨다.

"선현이여. 여러 예류자(預流者)들의 만약 지혜이거나, 만약 단절을 역시 보살마하살의 안인이라고 이름하고, 여러 일래자(一來者)들의 만약 지혜이거나, 만약 단절을 역시 보살마하살의 안인이라고 이름하며, 여러 아라한의 만약 지혜이거나, 만약 단절을 역시 보살마하살의 안인이라고 이름하고, 여러 독각의 만약 지혜이거나, 만약 단절을 역시 보살마하살의 안인이라고 이름하느니라. 다시 보살마하살의 안인이 있는데 이를테면, 제법이 반드시 결국에는 태어나지 않는다고 안인한다면, 이것으로 차별을 삼느니라. 선현이여. 제보살마하살은 이와 같이 수승한 안인을 성취하는 까닭으로 일체의 성문·독각을 초월하여 수승하느니라.

선현이여. 이 보살마하살은 이와 같이 수승한 이숙의 무생인(無生忍)의 가운데에서 안주하고 보살도를 수행하면서 능히 도상지를 원만하게 하느니라. 오히려 능히 도상지를 원만하게 하는 까닭으로 항상 4념주를 멀리 벗어나지 않고 역시 4정단·4신족·5근·5력·7등각지·8성도지를 멀리 벗어나지 않으며, 역시 공·무상·무원해탈문을 멀리 벗어나지 않고, 역시 이숙의 신통을 멀리 벗어나지 않느니라. 이 보살마하살은 오히려 이숙의 신통을 멀리 벗어나지 않는 까닭으로 한 불국토에서 다른 한 불국토에 이르면서 제불·세존께 공양하고 공경하며, 유정들을 성숙시키고 불국토를 청정하게 장엄하느니라.

이 보살마하살은 오히려 유정을 성숙시키고 불국토를 청정하게 장엄하며 원만함을 획득하는 까닭으로, 한 찰나에 상응(相應)하는 미묘한 지혜로써 무상정등보리를 증득하느니라. 이와 같이 선현이여. 보살마하살은 반야바라밀다를 수행하여 빠르고 능히 무상(無相)의 안인바라밀다를 원만하게 하고, 무상의 안인바라밀다를 원만하게 하는 까닭으로 곧 능히 일체지지를 증득하여 일체의 불법을 모두 원만하게 하느니라."

"다시 다음으로 선현이여. 보살마하살이 깊은 반야바라밀다를 수행하는 때에, 꿈과 같다고 안주하고, 메아리와 같다고 안주하며, 형상과 같다고 안주하고, 그림자와 같다고 안주하며, 아지랑이와 같다고 안주하고, 환상과 같다고 안주하며, 심향성과 같다고 안주하고, 변화한 일과 같다고 안주하면서, 5취온의 가운데에서 안주하고, 이러한 5취온이 꿈과 같다고 여실하고 명료하게 알고, 메아리와 같다고 여실하고 명료하게 알며, 형상과 같다고 여실하고 명료하게 알고, 그림자와 같다고 여실하고 명료하게 알며, 아지랑이와 같다고 여실하고 명료하게 알고, 환상과 같다고 여실하고 명료하게 알며, 심향성과 같다고 여실하고 명료하게 알고, 변화한 일이 실상(實相)이 없는 것과 같다고 여실하고 명료하게 알았다면, 용맹스럽게 몸과 마음의 정진을 일으키느니라.

이 보살마하살은 용맹스럽게 몸의 정진을 일으킨 까닭으로 수승하고 신속(迅速)한 신통을 이끌어서 일으키고, 오히려 이러한 신통으로 시방세계(十方世界)로 가서 제불·세존께 공양하고 공경하며 존중하고 찬탄하면서 제불의 처소에서 여러 공덕의 근본(德本)을 심고 무량한 유정을 이익되고 안락하게 하며, 역시 여러 종류의 불국토를 청정하게 장엄하느니라. 이 보살마하살은 오히려 몸의 정진으로 유정들을 성숙시키고, 그 마땅한 것을 따라서 방편으로 3승법에 안립(安立)시켜서 각자 구경(究竟)에 이르게 하느니라. 이와 같이 선현이여. 보살마하살은 반야바라밀다를 수행하면서 오히려 몸의 정진으로 무상의 안인바라밀다를 빠르게 능히 원만하게 하느니라.

선현이여. 이 보살마하살은 용맹스럽게 마음의 정진을 일으키는 까닭으로 여러 성스러운 무루도지(無漏道支)에 섭수되는 정진을 일으키고, 정진바라밀다를 원만하게 하느니라. 그 가운데에서 구족된 여러 선법을 능히 섭수하는데 이를테면, 4념주·4정단·4신족·5근·5력·7등각지·8성도지이고, 공·무상·무원해탈문이며, 4정려·4무량·4무색정이고, 8해탈·8승처·9차제정·10변처이며, 고·집·멸·도성제이고, 보시·정계·안인·정진·정려·반야바라밀다이며, 5안·6신통이고, 삼마지문·다라니문이며,
 극희지·이구지·발광지·염혜지·극난승지·현전지·원행지·부동지·선혜지·법운지이고, 내공·외공·내외공·공공·대공·승의공·유위공·무위공·필경공·무제공·산공·무변이공·본성공·일체법공·불가득공·무성공·자성공·무성자성공이며, 진여·법계·법성·불허망성·불변이성·평등성·이생성·법정·법주·실제·허공계·부사의계이고, 여래의 10력·4무소외·4무애해·대자·대비·대희·대사·18불불공법이며, 무망실법·항주사성이고, 일체지·도상지·일체상지이니라.
 이 보살마하살은 이 가운데에 안주하여 능히 일체상지를 원만하게 하느니라. 오히려 일체상지를 원만하게 하는 까닭으로 일체 습기의 상속을 영원히 단절하고, 오히려 일체 습기의 상속을 영원히 단절하는 까닭에 제상(諸相)·수호(隨好)2)를 성취하여 원만하게 하느니라. 오히려 제상·수호를 성취하여 원만하게 하는 까닭으로 무상정등보리를 증득하여 대광명(大光明)을 내뿜어서 삼천대천세계를 두루 비추고, 여러 세계를 여섯 종류로 진동하게 하며, 정법륜을 굴리면서 12상(十二相)을 구족하게 하느니라. 오히려 이것으로 삼천대전세계의 제유정의 부류들이 광명을 접하고 이러한 변동(變動)을 보며 정법의 소리를 듣고서 모두 3승법에서 불퇴전(不退轉)을 증득하느니라.
 이와 같이 선현이여. 보살마하살은 반야바라밀다를 수행하여 정진바라밀다를 원만하게 하느니라. 이 보살마하살은 정진바라밀다에 안주하여 능히 스스로와 다른 사람에게 많이 요익한 일을 성취하고서 일체의 불법을 빠르게 능히 원만하게 하고, 무상정등보리를 증득하느니라."

 "다시 다음으로 선현이여. 보살마하살이 깊은 반야바라밀다를 수행하는 때에, 꿈과 같다고 안주하고, 메아리와 같다고 안주하며, 형상과 같다고

---
2) 앞에서 설하는 32대사상과 80수호를 가리킨다.

안주하고, 그림자와 같다고 안주하며, 아지랑이와 같다고 안주하고, 환상과 같다고 안주하며, 심향성과 같다고 안주하고, 변화한 일과 같다고 안주하면서, 5취온의 가운데에서 정려바라밀다를 원만하게 하느니라. 선현이여. 어찌 보살마하살이 깊은 반야바라밀다를 수행하는 때에, 꿈과 같다고 안주하고, 메아리와 같다고 안주하며, 형상과 같다고 안주하고, 그림자와 같다고 안주하며, 아지랑이와 같다고 안주하고, 환상과 같다고 안주하며, 심향성과 같다고 안주하고, 변화한 일과 같다고 안주하고서 정려바라밀다를 원만하게 하는가?

선현이여. 보살마하살이 반야바라밀다를 수행하는 때에, 5취온이 꿈과 같다고 여실하고 명료하게 알고, 메아리와 같다고 여실하고 명료하게 알며, 형상과 같다고 여실하고 명료하게 알고, 그림자와 같다고 여실하고 명료하게 알며, 아지랑이와 같다고 여실하고 명료하게 알고, 환상과 같다고 여실하고 명료하게 알며, 심향성과 같다고 여실하고 명료하게 알고, 변화한 일이 실상이 없는 것과 같다고 여실하고 명료하게 알았다면, 초정려에 들어가서 구족하고 안주하며, 제2·제3·제4정려에 들어가서 구족하고 안주하며, 자무량에 들어가서 구족하고 안주하며, 비·희·사무량에 들어가서 구족하고 안주하며, 공무변처정에 들어가서 구족하고 안주하며, 식무변처정·무소유처정·비상비비상처정에 들어가서 구족하고 안주하느니라.

공삼마지를 수행하고, 무상·무원삼마지를 수행하며, 여전삼마지(如電三摩地)를 수행하고, 성정삼마지(聖正三摩地)를 수행하며, 금강유삼마지(金剛喩三摩地)를 수행하고서 금강유삼마지의 가운데에 안주하느니라. 여래의 삼마지를 제외하고서 여러 나머지의 일체의 삼마지인 만약 성문과 공유하는 삼마지이거나, 만약 독각과 공유하는 삼마지거나, 만약 나머지의 무량한 삼마지이거나, 이와 같은 일체를 모두 능히 몸으로 증득하고서 구족하고 안주하느니라. 그렇지만 이와 같은 정려·무량·무색정 등의 여러 삼마지에 맛보고 집착하는 마음이 생겨나지 않고, 역시 그것에서 얻어지는 과보도 집착하지 않느니라.

왜 그러한가? 이 보살마하살은 정려·무량·무색정 등의 여러 삼마지와 더불어 일체법은 모두 실상(實相)이 없다고 여실하고 명료하게 알고, 모두 무성(無性)으로써 자성(自性)을 삼나니, 상응하여 무상(無相)한 법으로써 무상한 법을 맛보고 집착하지 않으며, 역시 상응하여 무성으로써 자성의 법을 삼나니, 상응하여 무성으로써 자성을 삼고서 맛보고 집착하지 않느니라. 오히려 삼마지를 맛보고 집착하지 않는 까닭으로 이 보살마하살은 결국 정려·무량·무색정 등의 여러 삼마지의 세력에 수순하지 않으므로, 색계이거나 무색계에 태어나지 않느니라.

왜 그러한가? 이 보살마하살은 일체의 세계에서 모두 얻을 수 없고, 입정하는 자(入定者)·입정하는 것(所入定)·오히려 이러한 입정(入定)도 역시 얻을 수 없느니라. 이 보살마하살은 일체법에서 모두 얻는 것이 없는 까닭으로 무사의 정려바라밀다를 빠르게 능히 원만하게 하고, 오히려 이러한 정려바라밀다로 여러 성문·독각지를 초월하느니라."

그때 구수 선현이 세존께 아뢰어 말하였다.
"세존이시여. 이 보살마하살은 어찌 무상의 정려바라밀다를 원만하게 하고, 여러 성문·독각지를 초월합니까?"
세존께서 말씀하셨다.
"선현이여. 이 보살마하살은 내공을 잘 수학한 까닭이고, 외공·내외공·공공·대공·승의공·유위공·무위공·필경공·무제공·산공·무변이공·본성공·자상공·공상공·일체법공·불가득공·무성공·자성공·무성자성공을 잘 수학한 까닭이니라. 이 보살마하살은 이 여러 공의 가운데에서 일체법을 얻지 못하고, 이 가운데에 안주하여 예류과를 증득하지 못하며, 일래·불환·아라한과·독각의 보리를 증득하지 못하고, 일체의 보살마하살의 행을 증득하지 못하며, 제불의 무상정등보리를 증득하지 못하느니라. 왜 그러한가? 이러한 여러 공성(空性)도 역시 모두 공한 까닭이니라. 이 보살마하살은 오히려 이러한 공에 안주하므로 일체의 성문·독각지를 초월하여 보살의 정성이생(正性離生)에 들어가느니라."

그때 구수 선현이 세존께 아뢰어 말하였다.

"세존이시여. 보살마하살은 무엇으로써 생겨남을 삼습(爲)니까? 무엇으로써 생겨남을 벗어남으로 삼습니까?"

세존께서 말씀하셨다.

"선현이여. 보살마하살은 일체의 얻을 수 있는 것으로써 생겨남을 삼고, 일체의 얻을 수 없는 것으로써 생겨남을 벗어남으로 삼느니라."

그때 구수 선현이 세존께 아뢰어 말하였다.

"세존이시여. 보살마하살은 무엇으로써 얻는 것을 삼습니까? 무엇으로써 얻을 수 없는 것을 삼습니까?"

세존께서 말씀하셨다.

"선현이여. 보살마하살은 일체법으로써 얻을 것이 있다고 생각하는데, 이를테면, 보살마하살은 색으로써 얻을 것이 있다고 생각하고 수·상·행·식으로써 얻을 것이 있다고 생각하느니라. 보살마하살은 안처로써 얻을 것이 있다고 생각하고 이·비·설·신·의처로써 얻을 것이 있다고 생각하느니라. 보살마하살은 색처로써 얻을 것이 있다고 생각하고 성·향·미·촉·법처로써 얻을 것이 있다고 생각하느니라. 보살마하살은 안계로써 얻을 것이 있다고 생각하고 이·비·설·신·의계로써 얻을 것이 있다고 생각하느니라.

보살마하살은 색계로써 얻을 것이 있다고 생각하고 성·향·미·촉·법계로써 얻을 것이 있다고 생각하느니라. 보살마하살은 안식계로써 얻을 것이 있다고 생각하고 이·비·설·신·의식계로써 얻을 것이 있다고 생각하느니라. 보살마하살은 안촉으로써 얻을 것이 있다고 생각하고 이·비·설·신·의촉으로써 얻을 것이 있다고 생각하느니라. 보살마하살은 안촉을 인연으로 생겨난 여러 수로써 얻을 것이 있다고 생각하고 이·비·설·신·의촉을 인연으로 생겨난 여러 수로써 얻을 것이 있다고 생각하느니라.

보살마하살은 지계로써 얻을 것이 있다고 생각하고 수·화·풍·공·식계로써 얻을 것이 있다고 생각하느니라. 보살마하살은 인연으로써 얻을 것이 있다고 생각하고 등무간연·소연연·증상연으로써 얻을 것이 있다고 생각하느니라. 보살마하살은 무명으로써 얻을 것이 있다고 생각하고 행·식·명색·육처·촉·수·애·취·유·생·노사의 수탄고우뇌로써 얻을 것이 있다고 생각하느니라. 보살마하살은 보시바라밀다로써 얻을 것이 있다고 생각하고 정계·안인·정진·정려·반야바라밀다로써 얻을 것이 있다고 생각하느니라.

보살마하살은 내공으로써 얻을 것이 있다고 생각하고 외공·내외공·공공·대공·승의공·유위공·무위공·필경공·무제공·산공·무변이공·본성공·자상공·공상공·일체법공·불가득공·무성공·자성공·무성자성공으로써 얻을 것이 있다고 생각하느니라. 보살마하살은 4념주로써 얻을 것이 있다고 생각하고 4정단·4신족·5근·5력·7등각지·8성도지로써 얻을 것이 있다고 생각하느니라. 보살마하살은 공해탈문으로써 얻을 것이 있다고 생각하고 무상·무원해탈문으로써 얻을 것이 있다고 생각하느니라. 보살마하살은 고성제로써 얻을 것이 있다고 생각하고 집·멸·도성제로써 얻을 것이 있다고 생각하느니라.

보살마하살은 4정려로써 얻을 것이 있다고 생각하고 4무량·4무색정으로써 얻을 것이 있다고 생각하느니라. 보살마하살은 8해탈로써 얻을 것이 있다고 생각하고 8승처·9차제정·10변처로써 얻을 것이 있다고 생각하느니라. 보살마하살은 일체의 삼마지문으로써 얻을 것이 있다고 생각하고 일체의 다라니문으로써 얻을 것이 있다고 생각하느니라. 보살마하살은 극희지로써 얻을 것이 있다고 생각하고 이구지·발광지·염혜지·극난승지·현전지·원행지·부동지·선혜지·법운지로써 얻을 것이 있다고 생각하느니라.

보살마하살은 5안으로써 얻을 것이 있다고 생각하고 6신통으로써 얻을 것이 있다고 생각하느니라. 보살마하살은 여래의 10력으로써 얻을 것이 있다고 생각하고 4무소외·4무애해·대자·대비·대희·대사·18불불공법으로써 얻을 것이 있다고 생각하느니라. 보살마하살은 무망실법으로써 얻을 것이 있다고 생각하고 항주사성으로써 얻을 것이 있다고 생각하느니라. 보살마하살은 일체지로써 얻을 것이 있다고 생각하고 도상지·일체상지로써 얻을 것이 있다고 생각하느니라.

보살마하살은 예류과로써 얻을 것이 있다고 생각하고 일래·불환·아라한과·독각의 보리로써 얻을 것이 있다고 생각하느니라. 보살마하살은 일체의 보살마하살의 행으로써 얻을 것이 있다고 생각하고 제불의 무상정등보리로써 얻을 것이 있다고 생각하느니라. 보살마하살은 이와 같은 등의 얻을 것이 있는 것으로써 태어난다고 생각하느니라.

선현이여. 얻을 것이 없다는 것은 이를테면, 보살마하살은 이와 같은 일체법에서 행(行)하는 것이 없고 얻을(得) 것이 없으며 설(說)하는 것이 없고 보여주는(示) 것이 없느니라. 이를테면, 보살마하살이 색에서 행하는 것이 없고 얻을 것이 없으며 설하는 것이 없고 보여주는 것이 없으며, 수·상·행·식에서도 행하는 것이 없고 얻을 것이 없으며 설하는 것이 없고 보여주는 것이 없느니라. 왜 그러한가? 색의 자성, 나아가 식의 자성이 모두 행하는 것이 없고 얻을 것이 없으며 설하는 것이 없고 보여주는 것이 없는 까닭이니라.

보살마하살은 안처에서 행하는 것이 없고 얻을 것이 없으며 설하는 것이 없고 보여주는 것이 없으며, 이·비·설·신·의처에서도 행하는 것이 없고 얻을 것이 없으며 설하는 것이 없고 보여주는 것이 없느니라. 왜 그러한가? 안처의 자성, 나아가 의처의 자성이 모두 행할 수 없고 얻을 수 없으며 말할 수 없고 보여줄 수 없는 까닭이니라. 보살마하살은 색처에서 행하는 것이 없고 얻을 것이 없으며 설하는 것이 없고 보여주는 것이 없으며, 성·향·미·촉·법처에서도 행하는 것이 없고 얻을 것이 없으며 설하는 것이 없고 보여주는 것이 없느니라. 왜 그러한가? 색처의 자성, 나아가 법처의 자성이 모두 행할 수 없고 얻을 수 없으며 말할 수 없고 보여줄 수 없는 까닭이니라.

보살마하살은 안계에서 행하는 것이 없고 얻을 것이 없으며 설하는 것이 없고 보여주는 것이 없으며, 이·비·설·신·의계에서도 행하는 것이 없고 얻을 것이 없으며 설하는 것이 없고 보여주는 것이 없느니라. 왜 그러한가? 안계의 자성, 나아가 의계의 자성이 모두 행할 수 없고 얻을 수 없으며 말할 수 없고 보여줄 수 없는 까닭이니라. 보살마하살은 색계에서 행하는 것이 없고 얻을 것이 없으며 설하는 것이 없고 보여주는 것이 없으며, 성·향·미·촉·법계에서도 행하는 것이 없고 얻을 것이 없으며 설하는 것이 없고 보여주는 것이 없느니라. 왜 그러한가? 색계의 자성, 나아가 법계의 자성이 모두 행할 수 없고 얻을 수 없으며 말할 수 없고 보여줄 수 없는 까닭이니라.

보살마하살은 안식계에서 행하는 것이 없고 얻을 것이 없으며 설하는 것이 없고 보여주는 것이 없으며, 이·비·설·신·의식계에서도 행하는 것이 없고 얻을 것이 없으며 설하는 것이 없고 보여주는 것이 없느니라. 왜 그러한가? 안식계의 자성, 나아가 의식계의 자성이 모두 행할 수 없고 얻을 수 없으며 말할 수 없고 보여줄 수 없는 까닭이니라. 보살마하살은 안촉에서 행하는 것이 없고 얻을 것이 없으며 설하는 것이 없고 보여주는 것이 없으며, 이·비·설·신·의촉에서도 행하는 것이 없고 얻을 것이 없으며 설하는 것이 없고 보여주는 것이 없느니라. 왜 그러한가? 안촉의 자성, 나아가 의촉의 자성이 모두 행할 수 없고 얻을 수 없으며 말할 수 없고 보여줄 수 있는 *까닭*이니라."

마하반야바라밀다경 제379권

67. 무잡법의품(無雜法義品)(2)

"보살마하살은 안촉을 인연으로 생겨난 여러 수에서 행하는 것이 없고 얻을 것이 없으며 설하는 것이 없고 보여주는 것이 없으며, 이·비·설·신·의촉을 인연으로 생겨난 여러 수에서도 행하는 것이 없고 얻을 것이 없으며 설하는 것이 없고 보여주는 것이 없느니라. 왜 그러한가? 안촉을 인연으로 생겨난 여러 수의 자성, 나아가 의촉을 인연으로 생겨난 여러 수의 자성이 모두 행할 수 없고 얻을 수 없으며 말할 수 없고 보여줄 수 없는 까닭이니라. 보살마하살은 지계에서 행하는 것이 없고 얻을 것이 없으며 설하는 것이 없고 보여주는 것이 없으며, 수·화·풍·공·식계에서도 행하는 것이 없고 얻을 것이 없으며 설하는 것이 없고 보여주는 것이 없느니라. 왜 그러한가? 지계의 자성, 나아가 식계의 자성이 모두 행할 수 없고 얻을 수 없으며 말할 수 없고 보여줄 수 없는 까닭이니라.
보살마하살은 인연에서 행하는 것이 없고 얻을 것이 없으며 설하는 것이 없고 보여주는 것이 없으며, 등무간연·소연연·증상연에서도 행하는 것이 없고 얻을 것이 없으며 설하는 것이 없고 보여주는 것이 없느니라. 왜 그러한가? 인연의 자성, 나아가 증상연의 자성이 모두 행할 수 없고 얻을 수 없으며 말할 수 없고 보여줄 수 없는 까닭이니라. 보살마하살은 무명에서 행하는 것이 없고 얻을 것이 없으며 설하는 것이 없고 보여주는 것이 없으며, 행·식·명색·육처·촉·수·애·취·유·생·노사의 수탄고우뇌에서도 행하는 것이 없고 얻을 것이 없으며 설하는 것이 없고 보여주는 것이 없느니라. 왜 그러한가? 무명의 자성, 나아가 노사의 수탄고우뇌의 자성이 모두 행할 수 없고 얻을 수 없으며 말할 수 없고 보여줄 수 없는 까닭이니라.

보살마하살은 보시바라밀다에서 행하는 것이 없고 얻을 것이 없으며 설하는 것이 없고 보여주는 것이 없으며, 정계·안인·정진·정려·반야바라밀다에서도 행하는 것이 없고 얻을 것이 없으며 설하는 것이 없고 보여주는 것이 없느니라. 왜 그러한가? 보시바라밀다의 자성, 나아가 반야바라밀다의 자성이 모두 행할 수 없고 얻을 수 없으며 말할 수 없고 보여줄 수 없는 까닭이니라. 보살마하살은 내공에서 행하는 것이 없고 얻을 것이 없으며 설하는 것이 없고 보여주는 것이 없으며, 외공·내외공·공공·대공·승의공·유위공·무위공·필경공·무제공·산공·무변이공·본성공·자상공·공상공·일체법공·불가득공·무성공·자성공·무성자성공에서도 행하는 것이 없고 얻을 것이 없으며 설하는 것이 없고 보여주는 것이 없느니라. 왜 그러한가? 내공의 자성, 나아가 무성자성공의 자성이 모두 행할 수 없고 얻을 수 없으며 말할 수 없고 보여줄 수 없는 까닭이니라.

보살마하살은 4념주에서 행하는 것이 없고 얻을 것이 없으며 설하는 것이 없고 보여주는 것이 없으며, 4정단·4신족·5근·5력·7등각지·8성도지에서도 행하는 것이 없고 얻을 것이 없으며 설하는 것이 없고 보여주는 것이 없느니라. 왜 그러한가? 4념주의 자성, 나아가 8성도지의 자성이 모두 행할 수 없고 얻을 수 없으며 말할 수 없고 보여줄 수 없는 까닭이니라. 보살마하살은 공해탈문에서 행하는 것이 없고 얻을 것이 없으며 설하는 것이 없고 보여주는 것이 없으며, 무상·무원해탈문에서도 행하는 것이 없고 얻을 것이 없으며 설하는 것이 없고 보여주는 것이 없느니라. 왜 그러한가? 공해탈문의 자성, 나아가 무원해탈문의 자성이 모두 행할 수 없고 얻을 수 없으며 말할 수 없고 보여줄 수 없는 까닭이니라.

보살마하살은 고성제에서 행하는 것이 없고 얻을 것이 없으며 설하는 것이 없고 보여주는 것이 없으며, 집·멸·도성제에서도 행하는 것이 없고 얻을 것이 없으며 설하는 것이 없고 보여주는 것이 없느니라. 왜 그러한가?

고성제의 자성, 나아가 도성제의 자성이 모두 행할 수 없고 얻을 수 없으며 말할 수 없고 보여줄 수 없는 까닭이니라. 보살마하살은 4정려에서 행하는 것이 없고 얻을 것이 없으며 설하는 것이 없고 보여주는 것이 없으며, 4무량·4무색정에서도 행하는 것이 없고 얻을 것이 없으며 설하는 것이 없고 보여주는 것이 없느니라. 왜 그러한가? 4정려의 자성, 나아가 4무색정의 자성이 모두 행할 수 없고 얻을 수 없으며 말할 수 없고 보여줄 수 없는 까닭이니라.

보살마하살은 8해탈에서 행하는 것이 없고 얻을 것이 없으며 설하는 것이 없고 보여주는 것이 없으며, 8승처·9차제정·10변처에서도 행하는 것이 없고 얻을 것이 없으며 설하는 것이 없고 보여주는 것이 없느니라. 왜 그러한가? 8해탈의 자성, 나아가 10변처의 자성이 모두 행할 수 없고 얻을 수 없으며 말할 수 없고 보여줄 수 없는 까닭이니라. 보살마하살은 일체의 삼마지문에서 행하는 것이 없고 얻을 것이 없으며 설하는 것이 없고 보여주는 것이 없으며, 일체의 다라니문에서도 행하는 것이 없고 얻을 것이 없으며 설하는 것이 없고 보여주는 것이 없느니라. 왜 그러한가? 일체의 삼마지문의 자성, 나아가 일체의 다라니문의 자성이 모두 행할 수 없고 얻을 수 없으며 말할 수 없고 보여줄 수 없는 까닭이니라.

보살마하살은 극희지에서 행하는 것이 없고 얻을 것이 없으며 설하는 것이 없고 보여주는 것이 없으며, 이구지·발광지·염혜지·극난승지·현전지·원행지·부동지·선혜지·법운지에서도 행하는 것이 없고 얻을 것이 없으며 설하는 것이 없고 보여주는 것이 없느니라. 왜 그러한가? 극희지의 자성, 나아가 법운지의 자성이 모두 행할 수 없고 얻을 수 없으며 말할 수 없고 보여줄 수 없는 까닭이니라. 보살마하살은 5안에서 행하는 것이 없고 얻을 것이 없으며 설하는 것이 없고 보여주는 것이 없으며, 6신통에서도 행하는 것이 없고 얻을 것이 없으며 설하는 것이 없고 보여주는 것이 없느니라. 왜 그러한가? 5안의 자성, 나아가 6신통의 자성이 모두 행할 수 없고 얻을 수 없으며 말할 수 없고 보여줄 수 없는 까닭이니라.

보살마하살은 여래의 10력에서 행하는 것이 없고 얻을 것이 없으며 설하는 것이 없고 보여주는 것이 없으며, 4무소외·4무애해·대자·대비·대희·대사·18불불공법에서도 행하는 것이 없고 얻을 것이 없으며 설하는 것이 없고 보여주는 것이 없느니라. 왜 그러한가? 여래의 10력의 자성, 나아가 18불불공법의 자성이 모두 행할 수 없고 얻을 수 없으며 말할 수 없고 보여줄 수 없는 까닭이니라. 보살마하살은 무망실법에서 행하는 것이 없고 얻을 것이 없으며 설하는 것이 없고 보여주는 것이 없으며, 항주사성에서도 행하는 것이 없고 얻을 것이 없으며 설하는 것이 없고 보여주는 것이 없느니라. 왜 그러한가? 무망실법의 자성, 나아가 항주사성의 자성이 모두 행할 수 없고 얻을 수 없으며 말할 수 없고 보여줄 수 없는 까닭이니라.

　보살마하살은 일체지에서 행하는 것이 없고 얻을 것이 없으며 설하는 것이 없고 보여주는 것이 없으며, 도상지·일체상지에서도 행하는 것이 없고 얻을 것이 없으며 설하는 것이 없고 보여주는 것이 없느니라. 왜 그러한가? 일체지의 자성, 나아가 일체상지의 자성이 모두 행할 수 없고 얻을 수 없으며 말할 수 없고 보여줄 수 없는 까닭이니라. 보살마하살은 예류과에서 행하는 것이 없고 얻을 것이 없으며 설하는 것이 없고 보여주는 것이 없으며, 일래·불환·아라한과·독각의 보리에서도 행하는 것이 없고 얻을 것이 없으며 설하는 것이 없고 보여주는 것이 없느니라. 왜 그러한가? 일래과의 자성, 나아가 독각의 보리의 자성이 모두 행할 수 없고 얻을 수 없으며 말할 수 없고 보여줄 수 없는 까닭이니라.

　보살마하살은 일체의 보살마하살의 행에서 행하는 것이 없고 얻을 것이 없으며 설하는 것이 없고 보여주는 것이 없으며, 제불의 무상정등보리에서도 행하는 것이 없고 얻을 것이 없으며 설하는 것이 없고 보여주는 것이 없느니라. 왜 그러한가? 일체의 보살마하살의 행의 자성, 나아가 제불의 무상정등보리의 자성이 모두 행할 수 없고 얻을 수 없으며 말할 수 없고 보여줄 수 없는 까닭이니라.

　선현이여. 이것이 보살마하살의 생겨나거나, 생겨남을 벗어나는 것이니, 제보살마하살은 정성이생의 지위를 증득하여 들어가고서 일체의 정려·해탈·등지(等持)·등지(等至)를 원만하게 하느니라. 이 보살마하살은 오히려 선정의 세력을 따라서 태어나지 않는데, 하물며 탐욕 등의 번뇌의 세력을 따르겠는가? 이 보살마하살이 만약 이러한 가운데에 머무르면서 여러 업을 조작(造作)하고, 오히려 업의 세력으로 4정려가 생겨나며, 여러 세계(趣)를 유전(流傳)하는 이러한 처소는 있지 않느니라.

이 보살마하살은 비록 환영과 같은 제행(諸行)의 집합(聚)에 머무르면서 제유정을 여실하게 요익하게 하는 일을 짓더라도, 환영과 제유정을 얻을 수 없느니라. 이 보살마하살은 이와 같은 일에서 얻을 것이 없는 때에 유정을 성숙시키고 불국토를 청정하게 장엄하며 빠르게 무상정등보리를 증득하여 미묘한 법륜을 굴리면서 무량한 중생을 제도하느니라.

이와 같이 선현이여. 보살마하살이 반야바라밀다를 수행하여 무상의 정려바라밀다를 빠르게 능히 원만하게 하고, 오히려 이러한 정려바라밀다를 빠르게 원만하게 하는 까닭으로 무상정등보리를 빠르게 증득하여 미묘한 법륜을 굴리면서 무량한 중생을 제도하느니라. 이와 같은 법륜을 얻을 수 없는 것이라고 이름하며, 역시 공·무상·무원을 삼는다고 이름하는데, 유정들에게 무상(無上)한 요익(饒益)을 짓느니라.

다시 다음으로 선현이여. 보살마하살이 깊은 반야바라밀다를 수행하는 때에, 꿈과 같다고 안주하고, 메아리와 같다고 안주하며, 형상과 같다고 안주하고, 그림자와 같다고 안주하며, 아지랑이와 같다고 안주하고, 환상과 같다고 안주하며, 심향성과 같다고 안주하고, 변화한 일과 같다고 안주하면서, 5취온의 가운데에서 반야바라밀다를 원만하게 하느니라.

이 보살마하살은 일체법이 모두 꿈과 같다고 여실하고 명료하게 알고, 메아리와 같다고 여실하고 명료하게 알며, 형상과 같다고 여실하고 명료하게 알고, 그림자와 같다고 여실하고 명료하게 알며, 아지랑이와 같다고 여실하고 명료하게 알고, 환상과 같다고 여실하고 명료하게 알며, 심향성과 같다고 여실하고 명료하게 알고, 변화한 일과 같다고 여실하고 명료하게 알았다면, 곧 능히 무상의 반야바라밀다를 원만하게 하느니라."

그때 구수 선현이 세존께 아뢰어 말하였다.

"세존이시여. 어찌 일체법이 모두 꿈과 같다고 여실하고 명료하게 알고, 메아리와 같다고 여실하고 명료하게 알며, 형상과 같다고 여실하고 명료하게 알고, 그림자와 같다고 여실하고 명료하게 알며, 아지랑이와 같다고 여실하고 명료하게 알고, 환상과 같다고 여실하고 명료하게 알며, 심향성과 같다고 여실하고 명료하게 알고, 변화한 일과 같다고 여실하고 명료하게 알 수 있습니까?"

세존께서 말씀하셨다.

"선현이여. 보살마하살이 반야바라밀다를 수행하는 때라면, 꿈을 보지 않고 꿈을 보는 자(者)를 보지 않으며, 메아리를 듣지 않고 메아리 듣는 자를 보지 않으며, 형상을 보지 않고 형상 보는 자를 보지 않으며, 그림자를 보지 않고 그림자를 보는 자를 보지 않으며, 아지랑이를 보지 않고 아지랑이를 보는 자를 보지 않으며, 환영을 보지 않고 환영을 보는 자를 보지 않으며, 심향성을 보지 않고 심향성을 보는 자를 보지 않으며, 변화한 일을 보지 않고 변화한 일을 보는 자를 보지 않느니라. 왜 그러한가? 꿈과 꿈을 보는 자, 메아리와 메아리를 듣는 자, 형상과 형상을 보는 자, 그림자와 그림자를 보는 자, 아지랑이와 아지랑이를 보는 자, 환영과 환영을 보는 자, 심향성과 심향성을 보는 자, 변화한 일과 변화한 일을 보는 자는 모두 이것이 어리석은 범부인 이생(異生)들이 전도(顚倒)되어 집착하는 것인 까닭이니라.

제아라한·독각·보살과 더불어 제여래·응공·정등각은 모두가 꿈을 보지 않고 꿈을 보는 자(者)를 보지 않으며, 메아리를 듣지 않고 메아리를 듣는 자를 보지 않으며, 형상을 보지 않고 형상을 보는 자를 보지 않으며, 그림자를 보지 않고 그림자를 보는 자를 보지 않으며, 아지랑이를 보지 않고 아지랑이를 보는 자를 보지 않으며, 환영을 보지 않고 환영을 보는 자를 보지 않으며, 심향성을 보지 않고 심향성을 보는 자를 보지 않으며, 변화한 일을 보지 않고 변화한 일을 보는 자를 보지 않느니라. 왜 그러한가? 일체법은 모두 무성으로써 자성을 삼았으므로 성취(成)가 아니고 진실(實)

도 아니며, 무상(無相)이고 무위(無爲)이며, 비실유성(非實有性)이므로 열반과 함께 평등하느니라.

만약 일체법은 모두 무성으로써 자성을 삼았으므로 성취가 아니고 진실도 아니며, 무상이고 무위이며, 진실로 있지 않은 성품이므로 열반과 함께 평등하다면, 어찌 보살마하살이 반야바라밀다를 수행하는 때에 일체법에서 유성상(有性想)·성상(成想)·실상(實想)·유상(有想)이 유위(有爲)이고 진실로 유성상이며 적멸(寂滅)이 아니라는 생각을 일으키겠는가? 만약 이러한 생각을 일으켰다는 이러한 처소는 없느니라. 왜 그러한가? 만약 일체법에 적은 자성이 있거나, 성취가 있거나, 진실이 있거나, 유상(有相)이거나, 유위(有爲)이거나, 진실한 성품이 있고, 적멸이 아니므로 얻을 수 있는 것이라면, 곧 수행하였던 것인 매우 깊은 반야바라밀다는 반야바라밀다가 아닌 것에 상응하느니라.

이와 같이 보살마하살은 깊은 반야바라밀다를 수행하는 때에 색에 집착하지 않고 수·상·행·식에 집착하지 않으며, 안처에 집착하지 않고 이·비·설·신·의처에 집착하지 않으며, 색처에 집착하지 않고 성·향·미·촉·법처에 집착하지 않으며 안계에 집착하지 않고 이·비·설·신·의계에 집착하지 않으며, 색계에 집착하지 않고 성·향·미·촉·법계에 집착하지 않으며, 안식계에 집착하지 않고 이·비·설·신·의식계에 집착하지 않으며, 안촉에 집착하지 않고 이·비·설·신·의촉에 집착하지 않으며, 안촉을 인연으로 생겨난 여러 수에 집착하지 않고 이·비·설·신·의촉을 인연으로 생겨난 여러 수에 집착하지 않느니라.

지계에 집착하지 않고 수·화·풍·공·식계에 집착하지 않으며, 인연에 집착하지 않고 등무간연·소연연·증상연에 집착하지 않으며, 인연을 따라서 생겨난 제법에 집착하지 않으며, 무명에 집착하지 않고 행·식·명색·육처·촉·수·애·취·유·생·노사의 수탄고우뇌에 집착하지 않으며, 욕계에 집착하지 않고 색계·무색계에 집착하지 않으며, 4정려에 집착하지 않고 4무량·4무색정에 집착하지 않으며, 4념주에 집착하지 않고 4정단·4신족·5근·5력·7등각지·8성도지에 집착하지 않느니라.

공해탈문에 집착하지 않고 무상·무원해탈문에 집착하지 않으며, 고성제에 집착하지 않고 집·멸·도성제에 집착하지 않으며, 보시바라밀다에 집착하지 않고 정계·안인·정진·정려·반야바라밀다에 집착하지 않으며, 내공에 집착하지 않고 외공·내외공·공공·대공·승의공·유위공·무위공·필경공·무제공·산공·무변이공·본성공·자상공·공상공·일체법공·불가득공·무성공·자성공·무성자성공에 집착하지 않으며, 진여에 집착하지 않고 법계·법성·불허망성·불변이성·평등성·이생성·법정·법주·실제·허공계·부사의계에 집착하지 않느니라.

8해탈에 집착하지 않고 8승처·9차제정·10변처에 집착하지 않으며, 일체의 삼마지문에 집착하지 않고, 일체의 다라니문에 집착하지 않으며, 극희지에 집착하지 않고 이구지·발광지·염혜지·극난승지·현전지·원행지·부동지·선혜지·법운지에 집착하지 않으며, 5안에 집착하지 않고 6신통에 집착하지 않으며, 여래의 10력에 집착하지 않고, 4무소외·4무애해·대자·대비·대희·대사·18불공법에 집착하지 않으며, 무망실법에 집착하지 않고, 항주사성에 집착하지 않느니라.

일체지에 집착하지 않고 도상지·일체상지에 집착하지 않으며, 예류과에 집착하지 않고 일래·불환·아라한과·독각의 보리에 집착하지 않으며, 일체의 보살마하살의 행에 집착하지 않고 제불의 무상정등보리에 집착하지 않느니라. 이 보살마하살은 반야바라밀다를 수행하는 때에 오히려 집착하지 않는 까닭으로 초지(初地)를 능히 원만하게 할 수 있고, 그 가운데에서 탐착(貪著)이 생겨나지 않느니라.

왜 그러한가? 이 보살마하살은 초지를 얻지 못하였는데, 어찌 그 가운데에서 탐착을 일으키겠는가? 오히려 집착하지 않는 까닭으로 제2·제3·제4·제5·제6·제7·제8·제9·제10지를 능히 원만하게 할 수 있고, 그 가운데에서 탐착이 생겨나지 않느니라. 왜 그러한가? 이 보살마하살은 제2지, 나아가 제10지를 얻지 못하였는데, 어찌 그 가운데에서 탐착을 일으키겠는가? 이 보살마하살은 비록 반야바라밀다를 수행하더라도 반야바라밀다를 얻지 못하고, 오히려 반야바라밀다를 얻지 못하는 까닭으로 역시 일체법도 얻지 못하느니라.

비록 반야바라밀다가 일체법을 섭수한다고 관찰할지라도 이러한 법에서 모두 얻을 것이 없느니라. 왜 그러한가? 이와 같은 제법은 반야바라밀다와 함께 무이(無二)이고 차별도 없느니라. 그 까닭은 무엇인가? 일체의 법성은 분별할 수 없으므로 진여를 삼는다고 설하고, 법계·법성·불허망성·불변이성·평등성·이생성·법정·법주·실제·허공계·부사의계를 삼는다고 설하며, 제법은 잡염이 없고 차별이 없는 까닭이니라."

그때 구수 선현이 세존께 아뢰어 말하였다.

"세존이시여. 만약 일체의 법성이 모두 잡염이 없고 차별이 없다면, 어찌 '이것은 선하고 이것은 선하지 않으며, 이것은 유루이고 이것은 무루이며, 이것은 세간이고 이것은 출세간이며, 이것은 유위이고 이것은 무위이며, 여러 이와 같은 것 등의 무량한 법문이다.'라고 설할 수 있습니까?"

세존께서 말씀하셨다.

"선현이여. 그대의 뜻은 어떠한가? 일체법의 진실한 성품의 가운데에서 법이 있더라도, '이것은 선하고 이것은 선하지 않으며, 이것은 유루이고 이것은 무루이며, 이것은 세간이고 이것은 출세간이며, 이것은 유위이고 이것은 무위이며, 이와 같이 나아가 이것은 예류과이고 이것은 일래과이며 이것은 불환과이고 이것은 아라한과이며 이것은 독각의 보리이고 이것은 제보살마하살의 행이며, 이것은 무상정등보리이다.'라고 설할 수 있겠는가?"

선현이 대답하여 말하였다.

"아닙니다. 세존이시여. 아닙니다. 선서시여."

세존께서 말씀하셨다.

"선현이여. 오히려 이러한 인연으로 일체법은 잡염이 없고 차별이 없으며 무상(無相)이고 생겨남이 없고 소멸도 없으며 장애가 없고 설(說)함도 없으며 보여주는 것도 없다고 마땅히 알아야 하느니라. 선현이여. 내가 본래 보살도를 수행하던 때에 법에서 자성을 모두 얻은 것이 없다고 마땅히 알아야 하는데 이를테면, 만약 색이거나, 만약 수·상·행·식이거나, 만약 안처이거나, 만약 이·비·설·신·의처이거나, 만약 색처이거나, 만약 성·향·미·촉·법처의 영역이거나,

 만약 안계이거나, 만약 이·비·설·신·의계이거나, 만약 색계이거나, 만약 성·향·미·촉·법계이거나, 만약 안식계이거나, 만약 이·비·설·신·의식계이거나, 만약 안촉이거나, 만약 이·비·설·신·의촉이거나, 만약 안촉을 인연으로 생겨난 여러 수이거나, 만약 이·비·설·신·의촉을 인연으로 생겨난 여러 수이거나, 만약 지계이거나, 만약 수·화·풍·공·식계이거나, 만약 인연이거나, 만약 등무간연·소연연·증상연이거나, 만약 인연에서 생겨난 법이거나,

 만약 무명이거나, 만약 행·식·명색·육처·촉·수·애·취·유·생·노사의 수탄고우뇌이거나, 만약 욕계이거나, 만약 색계·무색계거나, 만약 선하거나, 만약 선하지 않거나, 만약 유루이거나, 만약 무루이거나, 만약 세간이거나, 만약 출세간이거나, 만약 유위이거나, 만약 무위이거나, 이와 같이 나아가 만약 예류과이거나, 만약 일래·불환·아라한과·독각의 보리이거나, 만약 제보살마하살의 행이거나, 만약 제불의 무상정등보리이거나, 이와 같은 것 등의 제법에서 자성을 모두 얻을 수 없느니라.

 이와 같이 선현이여. 보살마하살이 반야바라밀다를 수행하여 초발심부터 미묘한 보리좌에 안좌하기까지 장차 무상정등보리를 증득하고자 한다면 항상 상응하여 제법의 자성을 잘 알아야 하느니라. 만약 제법의 자성을 능히 잘 안다면, 곧 대보리도(大菩提道)를 능히 청정하게 할 수 있고, 역시 여러 보살행을 원만하게 하며, 유정을 성숙시키고, 불국토를 청정하게 장엄하며, 이 법에 안주하여 무상정등보리를 빠르게 증득하고, 미묘한 법륜을 굴리면서 3승의 방편으로써 제유정들을 조복시키며, 삼계에서 빠르게 해탈을 얻게 하느니라.

 이와 같이 선현이여. 보살마하살은 얻을 수 없는 것으로서 방편으로 삼아서 상응하여 반야바라밀다를 수학한다면, 일체의 불법을 빠르게 능히 원만하게 하느니라."

68. 제공덕상품(諸功德相品)(1)

그때 구수 선현이 세존께 아뢰어 말하였다.
"세존이시여. 어찌하여 꿈과 같고 메아리와 같으며 형상과 같고 그림자와 같으며 아지랑이와 같고 환영과 같으며 심향성과 같고 변화한 일과 같은 제법은 모두 진실한 일이 없어서 모두 무성으로써 자성을 삼으며, 자상(自相)이 모두 공한데 어찌 '이것은 선하고 이것은 선하지 않으며, 이것은 유루이고 이것은 무루이며, 이것은 세간이고 이것은 출세간이며, 이것은 유위이고 이것은 무위이며, 이와 같이 나아가 이것은 예류과이고 이것은 일래과이며 이것은 불환과이고 이것은 아라한과이며 이것은 독각의 보리이고 이것은 제보살마하살의 행이며, 이것은 무상정등보리이다.'라고 안립시킬 수 있습니까?"

세존께서 말씀하셨다.
"선현이여. 세간의 어리석은 범부이고 들은 것이 없는 이생들은 꿈을 얻고 꿈을 보는 자(者)를 얻으며, 메아리를 얻고 메아리 듣는 자를 얻으며, 형상을 얻고 형상 보는 자를 얻으며, 그림자를 얻고 그림자를 보는 자를 얻으며, 아지랑이를 얻고 아지랑이를 보는 자를 얻으며, 환영을 얻고 환영을 보는 자를 얻으며, 심향성을 얻고 심향성을 보는 자를 얻으며, 변화한 일을 얻고 변화한 일을 얻느니라.

세간의 어리석은 범부이고 들은 것이 없는 이생들은 꿈을 얻고 꿈을 보는 자(者)를 얻고서, 메아리를 얻고 메아리를 듣는 자를 얻고서, 형상을 얻고 형상을 보는 자를 얻고서, 그림자를 얻고 그림자를 보는 자를 얻고서, 아지랑이를 얻고 아지랑이를 보는 자를 얻고서, 환영을 얻고 환영을 보는 자를 얻고서, 심향성을 얻고 심향성을 보는 자를 얻고서, 변화한 일을 얻고 변화한 일을 보는 자를 얻고서, 전도되고 집착하면서 신(身)·구(口)·의(意)의 선행(善行)이거나 선하지 않은 행을 조작(造)하거나, 신·구·의의 복덕의 행이거나 복덕이 아닌 행이거나, 동요하지 않는 행을 조작하며, 오히려 제행을 까닭으로 생사를 왕래하고 유전(流轉)이 끝이 없느니라.
　제보살마하살은 깊은 반야바라밀다를 수행하면서 필경공(畢竟空)과 무제공(無際空)의 두 가지를 관찰하고, 필경공과 무제공의 두 가지에 안주하면서 유정들을 위하여 정법을 널리 설(宣說)하는데 이를테면, 이와 같이 말을 짓느니라.
　'그대들은 마땅히 아십시오. 색(色)은 이것이 공(空)이고 무아(無我)이며 아소(我所)가 없고, 수(受)·상(想)·행(行)·식(識)도 공이고 무아이며 아소가 없습니다. 안처(眼處)는 이것이 공이고 무아이며 아소가 없고, 이(耳)·비(鼻)·설(舌)·신(身)·의처(意處)도 공이고 무아이며 아소가 없습니다. 색처(色處)는 이것이 공이고 무아이며 아소가 없고, 성(聲)·향(香)·미(味)·촉(觸)·법처(法處)도 공이고 무아이며 아소가 없습니다.
　안계(眼界)는 이것이 공이고 무아이며 아소가 없고, 이(耳)·비(鼻)·설(舌)·신(身)·의계(意界)도 공이고 무아이며 아소가 없습니다. 색계(色界)는 이것이 공이고 무아이며 아소가 없고, 성(聲)·향(香)·미(味)·촉(觸)·법계(法界)도 공이고 무아이며 아소가 없습니다. 안식계(眼識界)는 이것이 공이고 무아이며 아소가 없고, 이(耳)·비(鼻)·설(舌)·신(身)·의식계(意識界)도 공이고 무아이며 아소가 없습니다.
　안촉(眼觸)은 이것이 공이고 무아이며 아소가 없고, 이(耳)·비(鼻)·설(舌)·신(身)·의촉(意觸)도 공이고 무아이며 아소가 없습니다. 안촉(眼觸)을 인연으로 생겨난 여러 수(受)는 이것이 공이고 무아이며 아소가 없고, 이(耳)·비(鼻)·설(舌)·신(身)·의촉(意觸)을 인연으로 생겨난 여러 수도 공이고 무아이며 아소가 없습니다. 지계(地界)는 이것이 공이고 무아이며 아소가 없고, 수(水)·화(火)·풍(風)·공(空)·식계(識界)도 공이고 무아이며 아소가 없습니다.
　인연(因緣)은 이것이 공이고 무아이며 아소가 없고, 등무간연(等無間緣)·소연연(所緣緣)·증상연(增上緣)도 공이고 무아이며 아소가 없습니다. 이러한 제연(諸緣)을 따라서 생겨나는 제법도 이것이 공이고 무아이며 아소가 없습니다. 무명(無明)은 이것이 공이고 무아이며 아소가 없고,

행(行)·식(識)·명색(名色)·육처(六處)·촉(觸)·수(受)·애(愛)·취(取)·유(有)·생(生)·노사(老死)의 수탄고우뇌(愁歎苦憂惱)도 공이고 무아이며 아소가 없습니다.

유루법(有漏法)은 이것이 공이고 무아이며 아소가 없고, 무루법(無漏法)도 공이고 무아이며 아소가 없습니다. 유위법(有爲法)은 이것이 공이고 무아이며 아소가 없고, 무위법(無爲法)도 공이고 무아이며 아소가 없습니다.'

또한 이렇게 말을 짓느니라.

'그대들은 마땅히 아십시오. 색은 꿈과 같아서 모두 무성(無性)이고, 수·상·행·식도 꿈과 같아서 모두 무성이며, 색은 메아리와 같고 형상과 같으며 그림자와 같고 아지랑이와 같으며 환영과 같고 심향성과 같으며 변화한 일과 같아서 모두 무성이고, 수·상·행·식도 메아리와 같고, 나아가 변화한 일과 같아서 모두 무성입니다. 안처는 꿈과 같아서 모두 무성이고, 이·비·설·신·의처도 꿈과 같아서 모두 무성이며, 안처는 메아리와 같고 형상과 같으며 그림자와 같고 아지랑이와 같으며 환영과 같고 심향성과 같으며 변화한 일과 같아서 모두 무성이고, 이·비·설·신·의처도 메아리와 같고, 나아가 변화한 일과 같아서 모두 무성입니다.

색처는 꿈과 같아서 모두 무성이고, 성·향·미·촉·법처도 꿈과 같아서 모두 무성이며, 색처는 메아리와 같고 형상과 같으며 그림자와 같고 아지랑이와 같으며 환영과 같고 심향성과 같으며 변화한 일과 같아서 모두 무성이고, 성·향·미·촉·법처도 메아리와 같고, 나아가 변화한 일과 같아서 모두 무성입니다. 안계는 꿈과 같아서 모두 무성이고, 이·비·설·신·의계도 꿈과 같아서 모두 무성이며, 안계는 메아리와 같고 형상과 같으며 그림자와 같고 아지랑이와 같으며 환영과 같고 심향성과 같으며 변화한 일과 같아서 모두 무성이고, 이·비·설·신·의계도 메아리와 같고, 나아가 변화한 일과 같아서 모두 무성입니다.

색계는 꿈과 같아서 모두 무성이고, 성·향·미·촉·법계도 꿈과 같아서 모두 무성이며, 색계는 메아리와 같고 형상과 같으며 그림자와 같고 아지랑이와 같으며 환영과 같고 심향성과 같으며 변화한 일과 같아서 모두 무성이고, 성·향·미·촉·법계도 메아리와 같고, 나아가 변화한 일과 같아서 모두 무성입니다. 안식계는 꿈과 같아서 모두 무성이고, 이·비·설·신·의식계도 꿈과 같아서 모두 무성이며, 안식계는 메아리와 같고 형상과 같으며 그림자와 같고 아지랑이와 같으며 환영과 같고 심향성과 같으며 변화한 일과 같아서 모두 무성이고, 이·비·설·신·의식계도 메아리와 같고, 나아가 변화한 일과 같아서 모두 무성입니다.

안촉은 꿈과 같아서 모두 무성이고, 이·비·설·신·의촉도 꿈과 같아서 모두 무성이며, 안촉은 메아리와 같고 형상과 같으며 그림자와 같고 아지랑이와 같으며 환영과 같고 심향성과 같으며 변화한 일과 같아서 모두 무성이고, 이·비·설·신·의촉도 메아리와 같고, 나아가 변화한 일과 같아서 모두 무성입니다. 안촉을 인연으로 생겨난 여러 수는 꿈과 같아서 모두 무성이고, 이·비·설·신·의촉을 인연으로 생겨난 여러 수도 꿈과 같아서 모두 무성이며, 안촉을 인연으로 생겨난 여러 수는 메아리와 같고 형상과 같으며 그림자와 같고 아지랑이와 같으며 환영과 같고 심향성과 같으며 변화한 일과 같아서 모두 무성이고, 이·비·설·신·의촉을 인연으로 생겨난 여러 수도 메아리와 같고, 나아가 변화한 일과 같아서 모두 무성입니다.

지계는 꿈과 같아서 모두 무성이고, 수·화·풍·공·식계도 꿈과 같아서 모두 무성이며, 지계는 메아리와 같고 형상과 같으며 그림자와 같고 아지랑이와 같으며 환영과 같고 심향성과 같으며 변화한 일과 같아서 모두 무성이고, 수·화·풍·공·식계도 메아리와 같고, 나아가 변화한 일과 같아서 모두 무성입니다. 인연은 꿈과 같아서 모두 무성이고, 등무간연·소연연·증상연도 꿈과 같아서 모두 무성이며, 인연은 메아리와 같고 형상과 같으며 그림자와 같고 아지랑이와 같으며 환영과 같고 심향성과 같으며 변화한 일과 같아서 모두 무성이고, 등무간연·소연연·증상연도 메아리와 같고, 나아가 변화한 일과 같아서 모두 무성입니다.

무명은 꿈과 같아서 모두 무성이고, 행·식·명색·육처·촉·수·애·취·유·생·노사의 수탄고우뇌도 꿈과 같아서 모두 무성이며, 무명은 메아리와 같고 형상과 같으며 그림자와 같고 아지랑이와 같으며 환영과 같고 심향성과 같으며 변화한 일과 같아서 모두 무성이고, 행, 나아가 노사의 수탄고우뇌도 메아리와 같고, 나아가 변화한 일과 같아서 모두 무성입니다. 유루법은 꿈과 같아서 모두 무성이고, 무루법도 꿈과 같아서 모두 무성이며, 유루법은 메아리와 같고 형상과 같으며 그림자와 같고 아지랑이와 같으며 환영과 같고 심향성과 같으며 변화한 일과 같아서 모두 무성이고, 무루법도 메아리와 같고, 나아가 변화한 일과 같아서 모두 무성입니다.

유위법은 꿈과 같아서 모두 무성이고, 무위법도 꿈과 같아서 모두 무성이며, 유위법은 메아리와 같고 형상과 같으며 그림자와 같고 아지랑이와 같으며 환영과 같고 심향성과 같으며 변화한 일과 같아서 모두 무성이고, 무위법도 메아리와 같고, 나아가 변화한 일과 같아서 모두 무성입니다.'

또한 이렇게 말을 짓느니라.

'그대들은 마땅히 아십시오. 이 가운데에서는 색이 없고 역시 수·상·행·식도 없으며, 안처가 없고 역시 이·비·설·신·의처도 없으며, 색처가 없고 역시 성·향·미·촉·법처도 없으며, 안계가 없고 역시 이·비·설·신·의계도 없으며, 색계가 없고, 성·향·미·촉·법계도 없으며, 안식계가 없고 역시 이·비·설·신·의식계도 없으며, 안촉이 없고 역시 이·비·설·신·의촉도 없으며, 안촉을 인연으로 생겨난 여러 수가 없고 역시 이·비·설·신·의촉을 인연으로 생겨난 여러 수도 없으며, 지계가 없고 역시 수·화·풍·공·식계도 없으며, 인연이 없고 역시 등무간연·소연연·증상연도 없으며,

여러 연을 따라서 생겨나는 제법도 없으며, 무명이 없고 역시 행·식·명색·육처·촉·수·애·취·유·생·노사의 수탄고우뇌도 없으며, 유루법이 없고 역시 무루법도 없으며, 유위법이 없고 역시 무위법도 없으며, 꿈이 없고 꿈을 보는 자도 없으며, 메아리가 없고 메아리를 듣는 자도 없으며, 형상이 없고 형상을 보는 자도 없으며, 그림자가 없고 그림자를 보는 자도 없으며, 아지랑이가 없고 아지랑이를 보는 자도 없으며, 환영이 없고 환영을 보는 자도 없으며, 심향성이 없고 심향성을 보는 자도 없으며,

변화한 일이 없고 변화한 일을 보는 자도 없습니다.'
또한 이렇게 말을 짓느니라.
'그대들은 마땅히 아십시오. 이러한 일체법은 모두 진실로 일이 없으나, 모두가 무성으로써 자성을 삼습니다. 그대들은 분별력(分別力)을 까닭으로 색이 없는 가운데에서 색이 있다고 보고 수·상·행·식이 없는 가운데에서 수·상·행·식이 있다고 보며, 안처가 없는 가운데에서 안처가 있다고 보고 이·비·설·신·의처가 없는 가운데에서 이·비·설·신·의처가 있다고 보며, 색처가 없는 가운데에서 색처가 있다고 보고 성·향·미·촉·법처가 없는 가운데에서 성·향·미·촉·법처가 있다고 보며,

안계가 없는 가운데에서 안계가 있다고 보고 이·비·설·신·의계가 없는 가운데에서 이·비·설·신·의계가 있다고 보며, 색계가 없는 가운데에서 색계가 있다고 보고 성·향·미·촉·법계가 없는 가운데에서 성·향·미·촉·법계가 있다고 보며, 안촉이 없는 가운데에서 안촉이 있다고 보고 이·비·설·신·의촉이 없는 가운데에서 이·비·설·신·의촉이 있다고 보며,

안촉을 인연으로 생겨난 여러 수가 없는 가운데에서 안촉을 인연으로 생겨난 여러 수가 있다고 보고 이·비·설·신·의촉을 인연으로 생겨난 여러 수가 없는 가운네에서 이·비·설·신·의촉을 인연으로 생겨난 여러 수가 있다고 보며, 지계가 없는 가운데에서 지계가 있다고 보고 수·화·풍·공·식계가 없는 가운데에서 수·화·풍·공·식계가 있다고 보며, 인연이 없는 가운데에서 인연이 있다고 보고 등무간연·소연연·증상연이 없는 가운데에서 등무간연·소연연·증상연이 있다고 보며,

여러 연을 따라서 생겨나는 제법이 없는 가운데에서 여러 연을 따라서 생겨나는 제법이 있다고 보며, 무명이 없는 가운데에서 무명이 있다고 보고 행·식·명색·육처·촉·수·애·취·유·생·노사의 수탄고우뇌가 없는 가운데에서 행, 나아가 노사의 수탄고우뇌가 있다고 보며, 유루법이 없는 가운데에서 유루법이 있다고 보고 무루법이 없는 가운데에서 무루법이 있다고 보며, 유위법이 없는 가운데에서 유위법이 있다고 보고 무위법이 없는 가운데에서 무위법이 있다고 봅니다.'

또한 이렇게 말을 짓느니라.
'그대들은 마땅히 아십시오. 온(蘊)·처(處)·계(界) 등의 일체의 법성(法性)은 모두가 여러 연(緣)이 화합하여 건립(建立)되고, 전도되어 일어난 것이 여러 업의 이숙에 그것이 섭수되었던 것이니라. 그대 등은 어찌 이러한 허망하고 진실이 없는 일의 법에서 진실한 일이라는 생각을 일으키는가?'

이때 보살마하살은 반야바라밀다의 방편선교를 수행하면서 만약 제유정들이 간탐(慳貪)이 있는 자라면, 방편으로 발제(拔濟)시켜서 간탐을 벗어나게 하고, 이 제유정이 간탐을 벗어났다면 보시바라밀다를 수행하게 가르치는데, 이 제유정들이 오히려 보시하는 까닭으로 큰 재물과 지위를 얻고서 부귀(富貴)하고 자재함을 얻게 되느니라. 다시 이 처소에서 방편으로 발제시켜서 정계바라밀다를 수행하게 가르치는데, 이 제유정들은 오히려 정계를 까닭으로 선한 세계(趣)에 태어나서 존귀(尊貴)하고 자재함을 얻게 되느니라.

다시 이 처소에서 방편으로 발제시켜서 안인바라밀다를 수행하게 가르치는데, 이 제유정들은 오히려 안인을 까닭으로 무생법인(無生法忍)을 빠르게 능히 획득하느니라. 다시 이 처소에서 방편으로 발제시켜서 정진바라밀다를 수행하게 가르치는데, 이 제유정들은 오히려 정진을 까닭으로 나아가 무상정등보리에 이르기까지 여러 선법에서 다시 불퇴전하지 않느니라.

다시 이 처소에서 방편으로 발제시켜서 정려바라밀다를 수행하게 가르치는데, 이 제유정들은 오히려 정려를 까닭으로 범세(梵世)에 태어나서 초정려에 안주하여 자재하고, 초정려를 쫓아서 방편으로 발제시켜서 다시 제2정려에 안주하게 하고, 제2정려를 쫓아서 방편으로 발제시켜서 다시 제3정려에 안주하게 하며, 제3정려를 쫓아서 방편으로 발제시켜서 다시 제4정려에 안주하게 하고, 제4정려를 쫓아서 방편으로 발제시켜서 다시 공무변처정에 안주하게 하며, 공무변처정을 쫓아서 방편으로 발제시켜서 다시 식무변처정에 안주하게 하고, 식무변처정을 쫓아서 방편으로 발제시켜서 다시 무소유처정에 안주하게 하며, 무소유처정을 쫓아서 방편으로 발제시켜서 다시 비상비비상처정에 안주하게 하느니라.

다시 이 처소에서 방편으로 발제시켜서 3승에 안주하게 하고, 혹은 4념주·4정단·4신족·5근·5력·7등각지·8성도지에 안주하게 하며, 혹은 공·무상·무원해탈문에 안주하게 하고, 혹은 8해탈·8승처·9차제정·10변처에 안주하게 하며, 혹은 다라니문·삼마지문에 안주하게 하고, 혹은 고·집·멸·도성제에 안주하게 하며, 혹은 보시·정계·안인·정진·정려·반야바라밀다에 안주하게 하고, 혹은 내공·외공·내외공·공공·대공·승의공·유위공·무위공·필경공·무제공·산공·무변이공·본성공·자상공·공상공·일체법공·불가득공·무성공·자성공·무성자성공에 안주하게 하며, 혹은 진여·법계·법성·불허망성·불변이성·평등성·이생성·법정·법주·실제·허공계·부사의계에 안주하게 하고, 혹은 극희지·이구지·발광지·염혜지·극난승지·현전지·원행지·부동지·선혜지·법운지에 안주하게 하며, 혹은 5안·6신통에 안주하게 하고, 혹은 여래의 10력·4무소외·4무애해·대자·대비·대희·대사·18불불공법에 안주하게 하며, 혹은 무망실법·항주사성에 안주하게 하고, 혹은 일체지·도상지·일체상지에 안주하게 하느니라.

이 보살마하살은 반야바라밀다의 방편선교를 수행하면서, 만약 제유정들이 유위(有爲)로 보시와 과보를 탐착(貪著)한다면 여러 방편으로써 안위(安慰)하고 발제시켜서 무여의열반계에 안주하게 하고, 만약 제유정들이 유위로 정계와 과보를 탐착한다면 여러 방편으로써 안위하고 발제시켜서 무여의열반계에 안주하게 하며, 만약 제유정들이 유위로 안인과 과보를 탐착한다면 여러 방편으로써 안위하고 발제시켜서 무여의열반계에 안주하게 하고, 만약 제유정들이 유위로 정진과 과보를 탐착한다면 여러 방편으로써 안위하고 발제시켜서 무여의열반계에 안주하게 하며, 만약 제유정들이 유위로 정려와 과보를 탐착한다면 여러 방편으로써 안위하고 발제시켜서 무여의열반계에 안주하게 하고, 만약 제유정들이 유위로 반야와 과보를 탐착한다면 여러 방편으로써 안위하고 발제시켜서 무여의

열반계에 안주하게 하느니라.

 만약 제유정들이 유위로 4념주·4정단·4신족·5근·5력·7등각지·8성도지를 탐착한다면 여러 방편으로써 안위하고 발제시켜서 무여의열반계에 안주하게 하고, 만약 제유정들이 유위로 공·무상·무원해탈문을 탐착한다면 여러 방편으로써 안위하고 발제시켜서 무여의열반계에 안주하게 하며, 만약 제유정들이 유위로 8해탈·8승처·9차제정·10변처를 탐착한다면 여러 방편으로써 안위하고 발제시켜서 무여의열반계에 안주하게 하고, 만약 제유정들이 유위로 다라니문·삼마지문을 탐착한다면 여러 방편으로써 안위하고 발제시켜서 무여의열반계에 안주하게 하며, 만약 제유정들이 유위로 4성제·공(空) 등의 관법을 탐착한다면 여러 방편으로써 안위하고 발제시켜서 무여의열반계에 안주하게 하고, 만약 제유정들이 유위로 4정려·4무량·4무색정을 탐착한다면 여러 방편으로써 안위하고 발제시켜서 무여의열반계에 안주하게 하며, 만약 제유정들이 유위로 보살의 10지를 탐착한다면 여러 방편으로써 안위하고 발제시켜서 무여의열반계에 안주하게 하고, 만약 제유정들이 유위로 5안·6신통을 탐착한다면 여러 방편으로써 안위하고 발제시켜서 무여의열반계에 안주하게 하며, 만약 제유정들이 유위로 여래의 10력·4무소외·4무애해·대자·대비·대희·대사·18불불공법을 탐착한다면 여러 방편으로써 안위하고 발제시켜서 무여의열반계에 안주하게 하고, 만약 제유정들이 유위로 무망실법·항주사성을 탐착한다면 여러 방편으로써 안위하고 발제시켜서 무여의열반계에 안주하게 하며, 만약 제유정들이 유위로 일체지·도상지·일체상지를 탐착한다면 여러 방편으로써 안위하고 발제시켜서 무여의열반계에 안주하게 하느니라.

 이 보살마하살이 반야바라밀다의 방편선교를 수행하면서, 색이 없고 볼 수 없으며 마주할 수 없는 진실한 무루법을 성취하고서 그 가운데에 안주하고서, 만약 제유정들이 상응하여 예류과를 증득한 자라면 방편으로 발제시켜서 예류과에 안주하게 하고, 만약 제유정들이 상응하여 일래과를 증득한 자라면 방편으로 발제시켜서 일래과에 안주하게 하며, 만약 제유정들이 상응하여 불환과를 증득한 자라면 방편으로 발제시켜서 불환과에 안주하게 하고, 만약 제유정들이 상응하여 아라한과를 증득한 자라면 방편으로 발제시켜서 아라한과에 안주하게 하며, 만약 제유정들이 상응하여 독각의 보리를 증득한 자라면 방편으로 발제시켜서 독각의 보리에 안주하게 하고, 만약 제유정들이 상응하여 무상정등보리를 증득한 자라면 방편으로 발제시키고 여러 종류의 대보리도(大菩提道)를 설하여 무상정등보리에 안주하게 하느니라.

이와 같이 선현이여. 보살마하살은 깊은 반야바라밀다를 수행하면서 필경공과 무제공의 두 가지를 관찰하여 필경공과 무제공의 두 가지에 안주하느니라. 비록 제법이 꿈과 같고 메아리와 같으며 형상과 같고 그림자와 같으며 아지랑이와 같고 환영과 같으며 심향성과 같고 변화한 일과 같아서 모두 진실로 있지 않았더라도, 모두가 무성으로써 자성을 삼았으므로 자상이 모두 공하더라도, 능히 '이것은 선하고 이것은 선하지 않으며, 이것은 유루이고 이것은 무루이며, 이것은 세간이고 이것은 출세간이며, 이것은 유위이고 이것은 무위이며, 이것은 예류과이고 이것은 일래과이며, 이것은 불환과이고 이것은 아라한과이며, 이것은 독각의 보리이고 이깃은 제불의 무상성능보리이며, 이것은 제불의 무상정등보리를 능히 증득하였다.'라고 안립시키더라도, 모두 잡스러움과 어지러움이 없게 하느니라."

그때 구수 선현이 세존께 아뢰어 말하였다.
"세존이시여. 제보살마하살은 매우 기이(奇異)하고 희유(希有)합니다. 깊은 반야바라밀다를 수행하면서 필경공과 무제공의 두 가지를 관찰하고, 필경공과 무제공의 두 가지에 안주하여 제법이 꿈과 같고 메아리와 같으며 형상과 같고 그림자와 같으며 아지랑이와 같고 환영과 같으며 심향성과 같고 변화한 일과 같아서 모두 진실로 있지 않았더라도, 모두가 무성으로써 자성을 삼았으므로 자상이 모두 공하더라도, 능히 '이것은 선하고 이것은 선하지 않으며, 이것은 유루이고 이것은 무루이며, 이것은 세간이고 이것은 출세간이며, 이것은 유위이고 이것은 무위이다.'라고 안립시키더라도, 모두 잡스러움과 어지러움이 없게 합니다."

　세존께서 말씀하셨다.
　"선현이여. 그와 같으니라. 그와 같으니라. 그대가 말한 것과 같이 보살마하살은 매우 기이하고 희유하므로, 비록 제법이 모두가 필경공성(畢竟空性)이고 무제공성(無際空性)이라고 알았더라도, 능히 선한 것과 선하지 않는 것 등을 안립시키더라도 서로가 잡스러움과 어지러움이 없게 하느니라. 선현이여. 그대들이 만약 제보살마하살이 깊은 반야바라밀다를 수행하는 때에 소유한 매우 기이하고 희유한 법을 알았을지라도, 성문·독각들은 모두가 소유하지 못한 것이고 능히 측량(測量)하지 못하느니라. 그대들 일체의 성문·독각들이 보살마하살의 변론(辯)에 오히려 능히 대답할 수 없는데, 하물며 나머지의 유정들이 능히 마주하고서 대답하겠는가?"

마하반야바라밀다경 제380권

68. 제공덕상품(諸功德相品)(2)

그때 구수 선현이 세존께 아뢰어 말하였다.
"세존이시여. 무엇 등을 보살마하살이 깊은 반야바라밀다를 수행하는 때에, 소유한 매우 기이하고 희유한 법이라고 이름하고, 성문·독각은 모두 소유하지 않는 것입니까?"
세존께서 말씀하셨다.
"선현이여. 자세히 듣고, 그것을 잘 사념(思念)하라. 내가 마땅히 그대들을 위하여 보살마하살이 깊은 반야바라밀다를 수행하는 때에 소유한 매우 기이하고 희유한 법을 분별하여 해설(解說)하겠노라.
선현이여. 보살마하살이 깊은 반야바라밀다를 수행하는 때에 이숙(異熟)으로 생겨나는 보시·정계·안인·정진·정려·반야바라밀다와 5신통·37보리분법·다라니문·삼마지문·4정려·4무량·4무색정·4무애해·8해탈·8승처·9차제정·10변처·공·무상·무원삼마지 등 무량한 공덕에 안주하고서, 시방세계로 가서 만약 제유정들에게 상응하여 보시로써 섭수하여 요익하게 하려는 자는 곧 보시로써 섭수하여 그들을 요익하게 하고, 상응하여 정계로써 섭수하여 요익하게 하려는 자는 곧 정계로써 섭수하여 그들을 요익하게 하며, 상응하여 안인으로써 섭수하여 요익하게 하려는 자는 곧 안인으로써 섭수하여 그들을 요익하게 하고, 상응하여 정진으로써 섭수하여 요익하게 하려는 자는 곧 정진으로써 섭수하여 그들을 요익하게 하며, 상응하여 정려로써 섭수하여 요익하게 하려는 자는 곧 정려로써 섭수하여 그들을 요익하게 하고, 상응하여 반야로써 섭수하여 요익하게 하려는 자는 곧 반야로써 섭수하여 그들을 요익하게 하느니라.

상응하여 초정려로써 섭수하여 요익하게 하려는 자는 곧 초정려로써 섭수하여 그들을 요익하게 하고, 상응하여 제2·제3·제4정려로써 섭수하여 요익하게 하려는 자는 곧 제2·제3·제4정려로써 섭수하여 그들을 요익하게 하며, 상응하여 공무변처정으로써 섭수하여 요익하게 하려는 자는 곧 공무변처정으로써 섭수하여 그들을 요익하게 하고, 상응하여 식무변처정·무소유처정·비상비비상처정으로써 섭수하여 요익하게 하려는 자는 곧 식무변처정·무소유처정·비상비비상처정으로써 섭수하여 그들을 요익하게 하며, 상응하여 자무량으로써 섭수하여 요익하게 하려는 자는 곧 자무량으로써 섭수하여 그들을 요익하게 하고, 상응하여 비·희·사무량으로써 섭수하여 요익하게 하려는 자는 곧 비·희·사무량으로써 섭수하여 그들을 요익하게 하느니라.

상응하여 4념주로써 섭수하여 요익하게 하려는 자는 곧 4념주로써 섭수하여 그들을 요익하게 하고, 상응하여 4정단·4신족·5근·5력·7등각지·8성도지로써 섭수하여 요익하게 하려는 자는 곧 4정단, 나아가 8성도지로써 섭수하여 그들을 요익하게 하며, 상응하여 공삼마지으로써 섭수하여 요익하게 하려는 자는 곧 공삼마지로써 섭수하여 그들을 요익하게 하고, 상응하여 무상·무원삼마지로써 섭수하여 요익하게 하려는 자는 곧 무상·무원삼마지로써 섭수하여 그들을 요익하게 하며, 상응하여 여러 나머지의 선법으로써 섭수하여 요익하게 하려는 자는 곧 여러 나머지의 선법으로써 섭수하여 그들을 요익하게 하느니라."

그때 구수 선현이 세존께 아뢰어 말하였다.

"세존이시여. 어찌 보살마하살이 깊은 반야바라밀다를 수행하는 때에 이숙으로 생겨나는 보시·정계·안인·정진·정려·반야바라밀다와 5신통·37보리분법·다라니문·삼마지문·4정려·4무량·4무색정·4무애해·8해탈·8승처·9차제정·10변처·공·무상·무원삼마지 등의 무량한 공덕에 안주하여 보시 등으로써 유정들을 섭수하여 요익하게 합니까?"

세존께서 말씀하셨다.

"선현이여. 보살마하살이 깊은 반야바라밀다를 수행하는 때에 제유정들이 필요한 물건이라는 것을 보시하는데, 음식(食)이 필요하면 음식을 보시하고, 마실 것(飮)이 필요하면 마실 것을 보시하며, 옷이 필요하면 옷을 보시하고, 수레(車)가 필요하면 수레를 보시하며, 향과 꽃(香花)이 필요하면 향과 꽃을 보시하고, 당기(幢)·번기(幡)·일산(蓋)이 필요하면 당기·번기·일산을 보시하고, 좌구(坐具)·와구(臥具)가 필요하면 와구를 보시하며, 영락(瓔珞)이 필요하면 영락을 보시하며, 사택(舍宅)이 필요하면 사택을 보시하고, 등불(燈明)이 필요하면 등불을 보시하고, 기악(伎樂)이 필요하면 기악을 보시하며, 의약품(醫藥)이 필요하면 의약품을 보시하고, 여러 필요한 것이라는 많은 종류의 자구(資具)를 모두 부족한 것이 없게 보시하여 주느니라.

여래·응공·정등각들께 여러 공양구를 보시하는 것과 같이 제독각들께 보시하는 것도 역시 그와 같고, 독각들께 여러 공양구를 보시하는 것과 같이 아라한들께 보시하는 것도 역시 그와 같으며, 아라한들께 여러 공양구를 보시하는 것과 같이 여러 불환들께 보시하는 것도 역시 그와 같고, 불환들께 여러 공양구를 보시하는 것과 같이 여러 일래들께 보시하는 것도 역시 그와 같으며, 일래들께 여러 공양구를 보시하는 것과 같이 예류들께 보시하는 것도 역시 그와 같으니라.

예류들께 여러 공양구를 보시하는 것과 같이 여러 정지정행(正至正行)들께 보시하는 것도 역시 그와 같고, 정지정행들께 여러 공양구를 보시하는 것과 같이 지계자(施持戒)들께 보시하는 것도 역시 그와 같으며, 지계자들께 여러 공양구를 보시하는 것과 같이 범계자(犯戒者)에게 여러 공양구를 보시하는 것도 역시 그와 같고, 범계자에게 여러 공양구를 보시하는 것과 같이 여러 외도에게 보시하는 것도 역시 그와 같으며, 외도에게 여러 공양구를 보시하는 것과 같이 나머지의 인간세계(人趣)에 보시하는 것도 역시 그와 같고, 인간세계에 여러 공양구를 보시하는 것과 같이 여러 비인(非人)들에게 보시하는 것도 역시 그와 같으며, 비인들에게 여러 공양구를 보시하는 것과 같이 여러 방생(傍生)에게 보시하는 것도 역시 그와 같으니라.

제유정들에게 그 마음이 평등하여 차별하는 생각이 없게 보시를 행하고, 위로는 제불부터 아래로는 방생에 이르기까지 평등하면서 분별이 없느니라. 왜 그러한가? 모든 보살마하살은 제법과 제유정의 자상이 모두 공하여 모두 차별이 없는 까닭으로 다르다는 생각이 없고 분별하는 것이 없게 보시를 행하느니라. 이 보살마하살은 오히려 다르다는 생각이 없고 분별하는 것이 없게 보시를 행하는 까닭으로 마땅히 다름이 없는 과보를 얻고 분별이 없는 과보를 얻는데 이를테면, 일체상지와 나머지의 무량한 제불의 공덕이 원만함을 얻느니라.

선현이여. 만약 보살마하살이 구걸(乞丐)하는 자를 보고서 '만약 이 자가 여래·응공·정등각이라면 이 자가 복전(福田)인 까닭으로 내가 마땅히 공양하고 공경하겠으며, 만약 방생 등이라면 복전이 아닌 까닭으로 필요한 자구를 구하는 것에 상응하여 보시하지 않겠다.'라고 곧 이렇게 생각을 일으켰다면 이 보살마하살은 이와 같은 마음을 일으켰으므로 보살법이 아니니라. 왜 그러한가?

선현이여. 제보살마하살이 보리심을 일으키고 무상정등보리를 구하면서 나아간다면, 반드시 스스로가 마음이 청정해야 비로소 복전이 청정하니라. 여러 구걸하는 자를 보고서 '이와 같은 유정은 내가 상응하여 보시한다면 요익을 짓게 되고, 이와 같은 유정은 내가 상응하여 보시하지 않더라도, 요익을 짓지 않는다.'라고 상응하여 생각하고 말하지 않을 것이니, 본래 일으켰던 보리심과 어긋나는 까닭이니라.

이를테면, 제보살은 '나는 유정들을 위하여 마땅히 의지(依怙)·주저(洲渚)[1]·사택(舍宅)의 구호하는 처소가 되겠다.'라고 보리심을 일으키나니, 구걸하는 자들을 본다면 '지금 이 유정들은 빈궁하고 고독(孤露)하므로,

---

1) 파도가 밀려와서 마주하는 물가를 가리킨다.

내가 마땅히 보시로써 섭수하여 그들을 요익하게 하겠다.'라고 상응하여 생각하면서 말을 짓느니라. 그는 오히려 이러한 인연으로 역시 능히 전전하면서 보시하고 욕심이 적어서 기쁘게 만족하며 살아있는 목숨 끊는 것을 벗어나고 주지 않았으나 취하는 것을 벗어나며 삿된 행을 벗어나고 헛된 거짓말을 벗어나며 이간하는 말을 벗어나고 추악한 말을 벗어나며 잡스럽고 지저분한 말을 벗어나고 역시 탐욕·진에·삿된 견해를 벗어나느니라.

오히려 이러한 인연으로 찰제리 대종족에 태어나거나, 혹은 거사의 대종족에 태어나거나, 혹은 나머지의 하나인 부귀한 처소에 태어나서 재물과 보배가 풍요로워서 여러 선업을 닦느니라. 혹은 오히려 이러한 보시로 요익한 인연을 섭수하여 점차로 삼승에 의지하여 도탈(度脫)하여 해탈을 얻나니 이를테면, 성문·독각·무상승(無上乘)의 세 가지에 들어가서 무여의열반계(無餘依涅槃界)에 나아가느니라.

다시 다음으로 선현이여. 만약 보살마하살이 나머지의 원적(怨敵)이거나, 제유정들이 그 처소에 와서 손해를 끼치려는 까닭이거나, 혹은 결핍(匱乏)한 까닭으로 구하면서 찾는 것이 있더라도, 이 보살마하살은 '이 자는 상응하여 보시하여 주어야겠다. 이것은 상응하는 보시가 아니다.'라고 결국 다른 마음(異心)으로 분별을 일으키지 않고, 다만 항상 평등한 마음을 일으켜서 구하면서 찾는 것을 따라서 모두 보시하느니라.

그 까닭은 무엇인가? 이 보살마하살은 제유정들을 널리 이익되고 안락하게 하기 위한 까닭으로 무상정등보리를 구하면서 나아가나니, 만약 '이 자에게 상응하게 보시하겠고, 이 자는 상응하게 보시하지 않겠다.'라고 마땅히 분별하여 다른 마음을 일으켰다면 곧 여래·응공·정등각과 제보살·독각·성문·세간·천상·아소락 등이 '누가 그대들에게 보리심을 일으키도록 요청(要請)하였는가? 제유정의 부류들에게 널리 이익되고 안락하게 널리 서원하면서 의지가 없는 자에게 귀의를 짓게 하였고, 구호가 없는 자에게 구호를 짓게 하였으며, 집이 없는 자에게 집을 짓게 하였고, 주저(洲渚)가 없는 자에게는 주저를 짓게 하였으며, 지금 보시하는 것과 보시하지 않는 것을 분별하게 하였는가?'라고 모두에게 꾸짖느니라.
 다시 다음으로 선현이여. 만약 보살마하살이 깊은 반야바라밀다를 수행하는 때에 인간이나 비인이 찾아와서 그의 처소에 이르렀고 몸의 부분인 손·발·팔·다리를 구하면서 찾았는데, 이 보살마하살이 두 가지의 마음을 일으키어 '보시할 것인가? 보시하지 않을 것인가?'라고 두 가지의 마음을 일으키지 않고, 오직 '구하고 찾는 것을 따라서 모두 마땅히 그에게 보시하겠다.'라고 이렇게 생각을 짓느니라. 왜 그러한가? 이 보살마하살은 항상 '나는 제유정들의 이익과 안락을 위한 까닭으로 이 몸을 받았으므로, 여러 유정들이 와서 구한다면 결정적으로 마땅히 보시하겠고 상응하여 보시하지 않지 않겠다.'라고 항상 이렇게 생각을 짓느니라.
 그러므로 구걸하는 자를 본다면 '지금의 내 몸은 본래 다른 사람을 위하여 받았으므로, 그들이 와서 취하지 않더라도 오히려 스스로가 상응하여 보내야 하는데, 하물며 와서 구하면서 찾는데 마땅히 주어야 하지 않겠는가!'라고 곧 이러한 마음을 일으키느니라. 이렇게 생각을 짓고서 환희(歡喜)하고 용약(踊躍)하면서 스스로가 지절(支節)을 분해하여 그에게 주느니라. 다시 스스로가 '지금 큰 이익을 획득하였다.'라고 기뻐하면서 말하느니라. 선현이여. 보살마하살이 깊은 반야바라밀다를 수행하는 때에 상응하여 이와 같이 수학해야 하느니라.

 다시 다음으로 선현이여. 만약 보살마하살이 구걸하는 자를 본다면 '지금 이 가운데서 누가 보시하는가? 누가 보시를 받는가? 보시하는 것은 무슨 물건인가?, 오히려 무엇하려고 보시하는가? 무엇을 위하여 보시하는가? 어찌하여 보시하는가? 제법의 자성을 모두 얻을 수 없다.'라고 곧 이렇게 생각을 짓느니라. 그 까닭은 무엇인가? 이와 같은 제법은 모두 필경공이고 공한 법의 가운데에는 주는 것이 없고 빼앗는 것도 있지 않느니라.
 선현이여. 보살마하살이 깊은 반야바라밀다를 수행하는 때에 상응하여 이와 같이 제법은 모두 공하다고 수학하는데 이를테면, 혹은 오히려 내공이 공한 까닭으로 공하고, 혹은 오히려 외공이 공한 까닭으로 공하며, 혹은 오히려 내외공이 공한 까닭으로 공하고, 혹은 오히려 공공이 공한 까닭으로 공하며, 혹은 오히려 대공이 공한 까닭으로 공하고, 혹은 오히려 승의공이 공한 까닭으로 공하며, 혹은 오히려 유위공이 공한 까닭으로 공하고, 혹은 오히려 무위공이 공한 까닭으로 공하며, 혹은 오히려 필경공이 공한 까닭으로 공하고, 혹은 오히려 무제공이 공한 까닭으로 공하며,

혹은 오히려 산공이 공한 까닭으로 공하고, 혹은 오히려 무변이공이 공한 까닭으로 공하며, 혹은 오히려 본성공이 공한 까닭으로 공하고, 혹은 오히려 자상공이 공한 까닭으로 공하며, 혹은 오히려 공상공이 공한 까닭으로 공하고, 혹은 오히려 일체법공이 공한 까닭으로 공하며, 혹은 오히려 불가득공이 공한 까닭으로 공하고, 혹은 오히려 무성공이 공한 까닭으로 공하며, 혹은 오히려 자성공이 공한 까닭으로 공하고, 혹은 오히려 무성자성공이 공한 까닭으로 공하느니라.

이 보살마하살은 이러한 공의 가운데에 안주하고 항상의 때에 끊임없이 보시를 행하면서 보시바라밀다를 원만하게 하느니라. 오히려 보시바라밀다가 원만함을 얻는 까닭으로 다른 사람을 위하여 내(內)·외신(外身)의 물건을 베고 자르는 때에도 그는 모두 성냄과 원망으로 분별하는 마음이 없으며, 다만 '유정과 법이 일체가 모두 공(空)한 것인데 누가 나를 베고 자르는가? 누가 베임과 자름을 받는가? 누가 다시 공을 관찰하는가?'라고 이렇게 생각을 짓느니라.

다시 다음으로 선현이여. 내가 불안(佛眼)으로써 시방의 무량한 긍가사 등의 세계를 관찰하건대, 제보살마하살이 제유정의 부류들을 이익되고 안락하게 하기 위하여 고의적인 사유로써 대지옥에 들어가고, 이미 들어 갔다면 세 종류를 일으켜서 보여주고 인도(示導)하느니라. 무엇 등이 세 종류인가? 첫째는 신통한 변화(神變)를 보여주고 인도하는 것이고, 둘째는 수기를 설하면서 보여주고 인도하는 것이며, 셋째는 교계(敎誡)하여 보여주고 인도하는 것이니라.

이 보살마하살은 신통한 변화로써 보여주고 인도하면서 지옥의 끓는

물·불·칼 등의 고통스러운 도구를 소멸시켜서 제거하여 주고, 수기를 설하는 것으로써 보여주고 인도하면서 그 유정들이 마음으로 생각하는 것을 위하여 설법하여 주며, 교계로써 보여주고 인도하면서 그들에게 대자·대비·대희·대사를 일으키는 것을 설법해 주고, 그 지옥에 있는 제유정의 부류들에게 보살의 처소에서 생겨나는 청정한 마음을 일으키게 시키며, 오히려 이러한 인연으로 지옥에서 벗어나서 천상에 태어나거나, 혹은 인간의 가운데에 태어나서 점차로 3승에 의지하여 고통의 변제(苦邊際)를 짓게 하느니라.

다시 다음으로 선현이여. 내가 불안(佛眼)으로써 시방의 무량한 긍가사 등의 세계를 관찰하건대, 제보살마하살은 제불·세존들을 받들어 섬기고 공양하느니라. 이 보살마하살들이 제불·세존들을 받들어 섬기고 공양하는 때에 깊은 마음으로 환희하고 환희하지 않는 것이 없으며, 깊은 마음으로 애락(愛樂)하고 애락하지 않는 것이 없으며, 깊은 마음으로 공경하고 공경하지 않는 것이 없느니라.

이 보살마하살들은 제여래·응공·정등각께서 설하셨던 것인 정법을 공경하면서 자세하게 듣고서 수지(受持)하고 독송(讀誦)하며, 나아가 무상정등보리를 결국 잊어버리지 않고, 들었던 것의 법을 따라서 능히 유정들을 위하여 전도가 없게 해설(解說)하여 수승한 이익과 안락을 획득하게 하며, 나아가 무상정등보리에서 항상 게으름(懈)과 멈춤(廢)이 없느니라.

다시 다음으로 선현이여. 내가 불안으로써 시방의 무량한 긍가사 등의 세계를 관찰하건대, 제살마하살은 방생취(傍生趣)의 가운데에서 제유정들을 요익되게 하기 위하여 스스로가 몸과 목숨을 버리느니라. 이 보살마하살은 여러 방생들이 굶주린 불꽃에 핍박받아서 서로를 잔인하게 해치려는 것을 보았다면, 자비와 연민의 마음을 일으켜서 스스로가 몸의 부분을 베고 여러 지절을 절단하며 시방으로 흩어지게 던져서 먹게 하느니라. 여러 방생의 부류들이 이 보살의 몸과 살을 먹은 자라면 모두가 보살을 깊이 사랑하고 공경하며 참괴(慚愧)하는 마음을 일으키느니라.

오히려 이러한 인연으로 방생취를 벗어나서 천상에 태어나거나, 혹은 인간의 가운데에 태어나고, 여래·응공·정등각을 만나서 정법을 설하는 것을 듣고 이치와 같이 수행하면서 점차로 3승에 의지하여 제도되어 해탈을 증득하는데 이를테면 성문승·독각승과 무상승의 세 가지를 따라서 증득하고서 무여의열반계에 들어가느니라. 이와 같이 선현이여. 제보살마하살은 세간을 위하여 짓기 어려운 일을 짓고서 많이 요익하게 하는데 이를테면, 제유정들을 이익되고 안락하게 하려는 까닭으로, 스스로가 무상정등각심(無上正等覺心)을 일으키고, 역시 다른 사람들도 생사를 싫어하고 벗어나게 하면서 보리심을 구하는 마음을 일으키게 하며, 스스로가 여러 종류의 여실한 정행(正行)을 수행하고, 역시 다른 사람들도 수행하게 하면서 점차로 3승의 반열반계(般涅槃界)에 들어가게 하느니라.

다시 다음으로 선현이여. 내가 불안으로써 시방의 무량한 긍가사 등의 세계를 관찰하건대, 제보살마하살이 귀계의 제유정들의 부류를 요익하게 하기 위하여 고의적인 사유로써 발원하고 그들의 세계에 가서 방편으로 목마름 등의 고통을 멈추게 하고 제거하여 주느니라. 그 여러 아귀(餓鬼)들은 여러 고통이 멈춘다면 보살을 깊이 사랑하고 공경하며 참괴하는 마음을 일으키나니, 이 선근을 타고서 아귀의 세계(餓鬼趣)를 벗어나서 천상에 태어나거나, 혹은 인간의 가운데에 태어나고, 여래·응공·정등각을 만나서 공경하고 공양하며 정법의 소리를 듣고 점차로 3승의 정행(正行)을 수행하고, 나아가 세 가지를 따라서 증득하고서 반열반계에 들어가느니라.

이와 같이 선현이여. 제보살마하살은 유정의 부류들을 안주시키고 무변한 방편선교를 일으켜서 발제하며 3승의 열반에 들어가게 하고서 반드시 결국에는 안락하게 하느니라.

다시 다음으로 선현이여. 내가 불안으로써 시방의 무량한 긍가사 등의 세계를 관찰하건대, 제보살마하살이 혹은 사대왕중천을 위하여 정법을 널리 설(宣說)하고, 혹은 33천을 위하여 정법을 널리 설하며, 혹은 야마천을 위하여 정법을 널리 설하고, 혹은 도사다천을 위하여 정법을 널리 설하며, 혹은 낙변화천을 위하여 정법을 널리 설하고, 혹은 타화자재천을 위하여 정법을 널리 설하느니라. 이 여러 천상의 대중들은 보살의 처소에서 정법을 듣고서 점차로 3승에 의지하여 정근하면서 3승의 정행(正行)을 수행하고, 상응하여 세 가지를 따라서 증득하고서 무여의열반계에 들어가느니라.

선현이여. 천상 대중의 가운데에 천자(天子)들이 있어서 천상의 5욕락(五欲樂)2)과 기거하고 있는 여러 보배의 궁전에 탐착(貪著)하느니라. 이 보살마하살은 불이 일어나서 그 궁전을 태우는 것을 나타내어 보여주어서 싫증과 두려움을 생겨나게 하였던 인연으로 설법하면서 '여러 천자들이여. 상응하고 자세하게 살피시오. 재행(諸行)은 무상(無常)하고 괴로우며 공하고 내가 없으므로, 보호하고 믿을 수 없소. 누가 지혜가 있는 자라면 이것에서 즐겁게 탐착하겠는가?'라고 이렇게 말을 짓느니라.

이때 여러 천자들이 이러한 법음(法音)을 듣고서 모두가 오욕락에서 깊은 싫증이 생겨나서 벗어나고 스스로가 '몸과 목숨은 헛되고 거짓이며 무상하여 오히려 파초(芭蕉)·번갯불(電光)·아지랑이(陽焰)와 같소.'라고 관찰하고, 여러 궁전도 비유한다면 감옥(牢獄)과 같다고 관찰하느니라. 이렇게 관찰을 짓고서 점차로 3승에 의지하여 정근하면서 정행을 수행하여 멸도(滅度)3)를 취(取)하느니라.

다시 다음으로 선현이여. 내가 장애가 없는 청정한 불안으로써 시방의 무량한 긍가사 등의 세계를 관찰하건대, 제보살마하살들이 여러 범천이 여러 견취(見趣)에 집착하는 것을 보고, 방편으로 교화하고 인도하여 그들에게 멀리 벗어나게 하면서, '천인(天仙)들이여. 그대들은 어찌 공하고 무상이며 허망하고 진실하지 않은 일체법의 가운데에서 이와 같은 여러 악한 견취를 일으키는가? 마땅히 빠르게 그것을 버리고서 정법을 믿고 수지하시오. 그대들이 무상(無上)의 감로(甘露)를 얻게 하겠소.'라고 알려 말하느니라.

이와 같이 선현이여. 제보살마하살은 대비(大悲)에 안주하여 제유정들

---

2) 범부가 추구하는 다섯 가지의 욕망인 '재물욕(財)', '색욕(色)', '명예욕(名)', '식욕(食)', '수면욕(睡)' 등을 가리킨다.
3) 열반을 다르게 부르는 말이다.

을 위하여 정법을 설하느니라. 선현이여. 이것이 보살마하살이 소유한 매우 기이(奇異)하고 희유(希有)한 법이니라.

다시 다음으로 선현이여. 내가 불안으로써 시방의 무량한 긍가사 등의 세계를 관찰하건대, 제보살마하살은 4섭사(攝事)로써 제유정들을 섭수하느니라. 무엇 등이 네 가지인가? 첫째는 보시(布施)이고, 둘째는 애어(愛語)이며, 셋째는 이행(利行)이고, 넷째는 동사(同事)이니라. 선현이여. 무엇이 보살마하살이 능히 보시로써 제유정을 섭수하는 것인가? 선현이여. 보살마하살이 두 종류의 보시로써 제유정을 섭수하느니라. 무엇 등이 두 가지인가? 첫째는 재물의 보시(財施)이고, 둘째는 법의 보시(法施)이니라.

선현이여. 무엇이 보살마하살이 재물의 보시로써 제유정을 섭수하는 것인가? 선현이여. 보살마하살이 깊은 반야바라밀다를 수행하는 때에 능히 여러 종류의 금(金)·은(銀)·진주(眞珠)·마니(末尼)·산호(珊瑚)·폐유리보(吠琉璃寶)·파지가보(頗胝迦寶)4)·가패(珂貝)·벽옥(璧玉)·제청(帝靑)·대청(大靑)·석장(石藏)·저장(杵藏)5)·홍련보(紅蓮寶) 등과 같이 색깔이 생겨나서 염오시킬 수 있는 것을 제유정에게 보시하느니라.

혹은 여러 종류의 의복·음식·전각(殿閣)·누대(樓臺)·방사(房舍)·와구(臥具)·수레·향과 꽃(香花)·등불(燈明)·음악·보배로운 당기·번기·일산·영락(瓔珞) 등으로써 제유정들에게 보시하고, 혹은 아내(妻)·첩(妾)·남노비·여노비·어린 노비(僮僕)와 시위자(侍衛者) 등으로써 제유정들에게 보시하며, 혹은 코끼리·말·소·양·노새 등의 여러 방생으로써 제유정들에게 보시하고, 혹은 여러 재물(財物)·창고(庫藏)·성읍(城邑)·취락(聚落)과 왕의 지위 등으로써 제유정들에게 보시하며, 혹은 몸의 부분인 손·발·지절(支節)·머리·눈·골수·뇌 등으로써 제유정들에게 보시하느니라.

이 보살마하살은 이러한 여러 종류의 물건을 네 거리(四衢)에 내려놓고 높은 누대에 올라가서 '일체의 유정들이여. 필요한 것이 있는 자는 마음대로 와서 취하면서 의심이나 어려움이 생겨나지 않게 하고, 스스로가

---

4) 산스크리트어 Sphaṭika의 음사이고, '파리(玻璃)'로 한역하고 있다.
5) 『혜림음의(慧琳音義)』 2권에서는 '마노(瑪瑙)'라고 주석하고 있다.

물건을 취하는 것과 같이 다른 생각을 짓지 마십시오.'라고 이와 같이 외쳐서 말하느니라.

이 보살마하살은 제유정들에게 필요한 물건을 보시하였다면, 다시 불·법·승보에 귀의하라고 권유하고, 혹은 근사오계(近事五戒)[6]를 수지(受持)하라고 권유하며, 혹은 근주팔계(近住八戒)[7]를 수지하라고 권유하고, 혹은 십선업도(十善業道)[8]를 수지하라고 권유하며, 혹은 초정려(初靜慮)를 수행하라고 권유하고, 혹은 제2·제3·제4정려를 수행하라고 권유하며, 혹은 자무량을 수행하라고 권유하고, 혹은 비·희·사무량을 수행하라고 권유하며, 혹은 공무변처정을 수행하라고 권유하고, 혹은 식무변처정·무소유처정·비상비비상처정을 수행하라고 권유하느니라.

불수념(佛隨念)을 수행하라고 권유하고, 법수념(法隨念)·승수념(僧隨念)·계수념(戒隨念)·사수념(捨隨念)·천수념(天隨念)을 수행하라고 권유하며, 혹은 부정관(不淨觀)을 수행하라고 권유하고, 혹은 지식관(持息想)을 수행하라고 권유하며, 무상상(無常想)을 수행하라고 권유하고, 무상고상(無常苦想)·고무아상(苦無我想)·부정상(不淨想)·염식상(厭食想)·일체세간불가락상(一切世間不可樂想)·사상(死想)·단상(斷想)·이상(離想)·멸상(滅想)을 수행하라고 권유하느니라.

혹은 4념주를 수행하라고 권유하고, 혹은 4정단·4신족·5근·5력·7등각지·8성도지를 수행하라고 권유하며, 혹은 공삼마지를 수행하라고 권유하고, 혹은 무상·무원삼마지를 수행하라고 권유하며, 혹은 공해탈문을 수행하라고 권유하고, 혹은 무상·무원해탈문을 수행하라고 권유하며, 혹은 8해탈을 수행하라고 권유하고, 혹은 8승처·9차제정·10변처를 수행하라고 권유하며, 혹은 보시바라밀다를 수행하라고 권유하고, 혹은 정계·안인

---

6) 재가오계(在家五戒)를 가리킨다.
7) 팔관재계(八關齋戒)를 가리킨다.
8) 산스크리트어 dasa kusalakammapatha의 번역이고, 불살생(不殺生)·불투도(不偸盜)·불사음(不邪淫)·불망어(不妄語)·불양설(不兩舌)·불악구(不惡口)·불기어(不綺語)·무탐욕(無貪慾)·무진에(無瞋恚)·정견(正見) 등이 있다.

·정진·정려·반야바라밀다를 수행하라고 권유하며, 혹은 고성제에 안주하라고 권유하고, 혹은 집·멸·도성제에 안주하라고 권유하느니라.

혹은 내공에 안주하라고 권유하고, 혹은 외공·내외공·공공·대공·승의공·유위공·무위공·필경공·무제공·산공·무변이공·본성공·자상공·공상공·일체법공·불가득공·무성공·자성공·무성자성공에 안주하라고 권유하며, 혹은 진여에 안주하라고 권유하고, 혹은 법계·법성·불허망성·불변이성·평등성·이생성·법정·법주·실제·허공계·부사의계에 안주하라고 권유하며, 혹은 일체의 다라니문을 수행하라고 권유하고, 혹은 일체의 삼마지문을 수행하라고 권유하며, 혹은 극희지를 수행하라고 권유하고, 혹은 이구지·발광지·염혜지·극난승지·현전지·원행지·부동지·선혜지·법운지를 수행하라고 권유하느니라.

혹은 5안을 수행하라고 권유하고, 혹은 6신통을 수행하라고 권유하며, 혹은 여래의 10력을 수행하라고 권유하고, 혹은 4무소외·4무애해·18불불공법을 수행하라고 권유하며, 혹은 대자·대비·대희·대사를 수행하라고 권유하고, 혹은 무망실법을 수행하라고 권유하며, 혹은 항주사성을 수행하라고 권유하고, 혹은 일체지를 수행하라고 권유하며, 혹은 도상지·일체상시를 수행하라고 권유하고, 혹은 32대사상을 수행하라고 권유하며, 혹은 80수호를 수행하라고 권유하고, 혹은 예류과를 수행하라고 권유하며, 혹은 일래·불환·아라한과·독각의 보리를 수행하라고 권유하고, 혹은 일체의 보살마하살의 행을 수행하라고 권유하며, 혹은 제불의 무상정등보리를 수행하라고 권유하느니라.

이와 같이 선현이여. 제보살마하살이 깊은 반야바라밀다를 수행하는 때에 방편선교로써 제유정들에게 재물의 보시를 행하고서, 다시 제유정의 부류들을 잘 안립(安立)시켜서 그들에게 무상(無上)하고 안은(安隱)한 법의 가운데에 안주하게 하며, 나아가 일체지지를 얻게 하느니라. 선현이여. 이것이 보살마하살이 깊은 반야바라밀다를 수행하는 때에 소유하는 매우 기이하고 희유한 법이니라.

선현이여. 어찌하여 보살마하살은 깊은 반야바라밀다를 수행하는 때에 능히 법의 보시로써 제유정들을 섭수하는 것인가? 선현이여. 보살마하살의 법의 보시에 두 가지가 있느니라. 무엇 등이 두 가지인가? 첫째는 세간의 법의 보시이고, 둘째는 출세간의 법의 보시이니라. 선현이여. 무엇을 보살마하살의 세간의 법의 보시라고 이름하는가?

선현이여. 보살마하살이 깊은 반야바라밀다를 수행하는 때에 제유정들을 위하여 세간의 제법을 널리 설하고 열어서 보여주며 분별하고 명료하게 드러내는데 이를테면, 만약 부정관이거나, 만약 지식관이거나, 만약 4정려이거나, 4범주(四梵住)이거나, 만약 4무색정이거나, 만약 나머지의 세간의 이생(異生)들과 공유하는 법이니, 이와 같다면 세간의 법의 보시라고 이름하느니라.

선현이여. 이 보살마하살은 세간의 법의 보시를 행하고서 여러 종류의 방편으로 유정들을 교화하여 인도하여 그들에게 세간의 제법을 멀리 벗어나게 하고, 여러 종류의 방편으로 유정들을 교화하여 인도하여 그들에게 성스러운 법과 성스러운 법의 과보에 머무르게 하느니라.

선현이여. 무엇이 성스러운 법과 성스러운 법의 과보인가? 선현이여. 성스러운 법이라는 것은 4념주·4정단·4신족·5근·5력·7등각지·8성도지, 공·무상·무원해탈문, 보시·정계·안인·정진·정려·반야바라밀다, 8해탈·9차제정·10변처, 다라니문·삼마지문, 보살의 10지, 5안·6신통, 여래의 10력·4무소외·4무애해·대자·대비·대희·대사·18불불공법, 무망실법·항주성품, 일체지·도상지·일체상지 등과 같은 여러 번뇌가 없는 법이니라. 선현이여. 성스러운 법의 과보라는 것은 이를테면, 예류과·일래과·불환과·아라한과·독각의 보리·제불의 무상정등보리이니라.

다시 다음으로 선현이여. 보살마하살의 성스러운 법이라는 것은 예류과의 지혜·일래과의 지혜·불환과의 지혜·아라한과의 지혜·독각의 보리의 지혜·제불의 무상정등보리의 지혜, 4념주의 지혜와 4정단·4신족·5근·5력·7등각지·8성도지의 지혜, 공해탈문의 지혜와 무상·무원해탈문의 지혜, 4정려의 지혜와 4무량·4무색정의 지혜, 8해탈의 지혜와 8승처·9차제정·10변처의 지혜, 보시바라밀다의 지혜와 정계·안인·정진·정려·반야바라밀다의 지혜, 일체의 다라니문의 지혜와 일체의 삼마지문의 지혜, 고성제의 지혜와 집·멸·도성제의 지혜, 내공의 지혜와 외공·내외공·공공·대공·승의공·유위공·무위공·필경공·무제공·산공·무변이공·본성공·자상공·공상공·일체법공·불가득공·무성공·자성공·무성자성공의 지혜, 진여의 지혜와 법계·법성·불허망성·불변이성·평등성·이생성·법정·법주·실제·허공계·부사의계의 지혜, 보살의 10지의 지혜, 5안·6신통의 지혜, 여래의 10력의 지혜와 4무소외·4무애해·대자·대비·대희·대사·18불불공법의 지혜, 무망실법·항주사성의 지혜, 일체지지·도상지·일체상지의 지혜, 나머지의 일체의 세간법·출세간법의 지혜, 유루법·무루법의 지혜, 유위법·무위법의 지혜이나니, 이것들을 성스러운 법이라고 이름하느니라. 성스러운 법의 과보라는 것은 이를테면, 일체의 번뇌와 습기의 상속함을 영원히 단절하는 것이니, 이것을 성스러운 법의 과보라고 이름하느니라."

그때 구수 선현이 세존께 아뢰어 말하였다.
"세존이시여. 보살마하살도 역시 능히 일체상지를 증득합니까?"
세존께서 말씀하셨다.
"선현이여. 그와 같으니라. 그와 같으니라. 보살마하살도 역시 능히 일체상지를 증득하느니라."
선현이 세존께 아뢰어 말하였다.
"세존이시여. 만약 보살마하살이 역시 능히 일체상지라는 것을 증득한다면 제여래·응공·정등각과 무슨 차별이 있습니까?"
세존께서 말씀하셨다.
"선현이여. 보살마하살은 수순하여 일체상지를 증득하였다고 이름하고, 일체의 여래·응공·정등각은 이미 일체상지를 증득하였다고 이름하느니라. 그 까닭은 무엇인가? 제보살마하살의 마음이 제여래·응공·정등각과 뚜렷하게 차이가 없는데 이를테면, 제보살마하살들은 제여래·응공·정등각과 함께 제법의 차별이 없는 성품을 구족하고 안주하느니라. 여러 법상(法相)에서 정변지(正遍知)를 구하면서 보살마하살을 대중으로 삼고, 만약 구경(究竟)에 이른다면 여래·응공·정등각이라고 이름하느니라.

일체법의 자상(自相)과 공상(公相)을 명료하게 비추어 어둠이 없는 청정함을 구족하고 안주하는데, 인위(因位)9)에 안주하는 때에는 보살마하살의 대중이라고 이름하고, 만약 과위(果位)에 이른다면 여래·응공·정등각이라고 이름하느니라. 이러한 까닭으로 보살마하살과 제여래·응공·정등각은 비록 다 함께 일체상지를 증득하더라도 차별은 있느니라. 선현이여. 이것이 보살마하살의 세간의 법의 보시이니라.

제보살마하살은 이와 같은 세간의 법의 보시를 인연으로 다시 능히 출세간의 법의 보시를 수행하는데 이를테면, 제보살마하살은 깊은 반야바라밀다의 방편선교를 수행하여 먼저 유정들에게 세간의 선법을 가르치고, 뒤에 세간의 선법을 벗어나서 출세간의 무루인 성스러운 법에 머물게 하며, 나아가 일체지지를 증득하게 하느니라.

선현이여. 무엇 등이 출세간의 성스러운 법인가? 제보살마하살이 제유정들을 위하여 널리 설하고 열어서 보여주며 분별하고 명료하게 드러내면서 설하는 것을 법의 보시라고 이름하느니라. 선현이여. 일체의 이생(異生)들의 선법과 공유하지 않는데, 만약 바르게 수습(修習)한다면 제유정들에게 세간을 초월하고 안은하게 안주하는 까닭으로 출세간이라고 이름하느니라. 이를테면, 4념주·4정단·4신족·5근·5력·7등각지·8성도지, 세 가지의 해탈문, 8해탈·9차제정·10변처, 4성제(四聖諦)의 지혜, 바라밀다, 여러 공(空) 등의 지혜, 보살의 10지, 5안·6신통, 여래의 10력·4무소외·4무애해·18불불공법·대자·대비·대희·대사, 32대사상·80수호, 일체의 다라니문·일체의 삼마지문, 여러 이와 같은 등의 무루인 선법의 일체를 모두 출세간의 성스러운 법이라고 이름하느니라.

선현이여. 무엇을 4념주라고 이름하는가? 선현이여. 이를테면, 내신(內身)에서 순신관(循身觀)에 머무르고, 외신(外身)에서 순신관에 머무르며,

---

9) 여래의 계위에 이르기 위하여 수행하는 과정을 말한다.

내외신(內外身)에서 순신관에 머무르면서 정근(正勤)·정지(正知)·정념(正念)을 구족하고 세간의 탐욕과 근심을 제거하고, 신집관(身集觀)과 신멸관(身滅觀)에 머무느니라. 오히려 그가 순신관에 머무르고, 신집관에 머무르며, 신멸관에 머무르므로, 의지하는 것이 없어지고 여러 세간에서 집착하고 받아들이는 것이 없어지는데, 이것을 첫째로 삼느니라.

내수(內受)에서 순수관(循受觀)에 머무르고, 외수(外受)에서 순수관에 머무르며, 내외수(內外受)에서 순수관에 머무르면서 정근·정지·정념을 구족하고 세간의 탐욕과 근심을 제거하고, 수집관(受集觀)과 수멸관(受滅觀)에 머무느니라. 오히려 그가 순수관에 머무르고, 수집관에 머무르며, 수멸관에 머무르므로, 의지하는 것이 없어지고 여러 세간에서 집착하고 받아들이는 것이 없어지는데, 이것을 둘째로 삼느니라.

내심(內心)에서 순심관(循心觀)에 머무르고, 외심(外心)에서 순심관에 머무르며, 내외심(內外心)에서 순심관에 머무르면서 정근·정지·정념을 구족하고 세간의 탐욕과 근심을 제거하고, 심집관(心集觀)과 심멸관(心滅觀)에 머무느니라. 오히려 그가 순심관에 머무르고, 심집관에 머무르며, 심멸관에 머무르므로, 의지하는 것이 없어지고 여러 세간에서 집착하고 받아들이는 것이 없어지는데, 이것을 셋째로 삼느니라.

내법(內法)에서 순법관(循法觀)에 머무르고, 외법(外法)에서 순법관에 머무르며, 내외법(內外法)에서 순법관에 머무르면서 정근·정지·정념을 구족하고 세간의 탐욕과 근심을 제거하고, 법집관(法集觀)과 법멸관(法滅觀)에 머무느니라. 오히려 그가 순법관에 머무르고, 법집관에 머무르며, 법멸관에 머무르므로, 의지하는 것이 없어지고 여러 세간에서 집착하고 받아들이는 것이 없어지는데, 이것을 넷째로 삼느니라. 선현이여. 이것을 4념주라고 이름하느니라.

선현이여. 무엇을 4정단이라고 이름하는가? 선현이여. 아직 생겨나지 않은 악한 불선법(不善法)을 생겨나지 않게 하기 위한 까닭으로 욕망(欲)을 일으키고 정근하면서 정진을 일으켜서 마음을 경책(策)하고 마음을 수지(持)하는 이것이 첫째가 되느니라. 이미 생겨난 불선법을 단절하기 위한 까닭으로 욕망을 일으키고 정근하면서 정진을 일으켜서 마음을 경책하고 마음을 수지하는 이것이 둘째가 되느니라. 선현이여. 아직 생겨나지 않은 선법(善法)을 생겨나게 하기 위한 까닭으로 욕망을 일으키고 정근하면서 정진을 일으켜서 마음을 경책하고 마음을 수지하는 이것이 셋째가 되느니라. 이미 생겨난 선법에 굳게 안주하여 잊어버리지 않고 수행하여 원만함을 두 배로 증장시키며, 큰 지혜를 짓고 증득하기 위한 까닭으로 욕망을 일으키고 정근하면서 정진을 일으켜서 마음을 경책하고 마음을 수지하는 이것이 넷째가 되느니라. 선현이여. 이것을 4정단이라고 이름하느니라.

선현이여. 무엇을 4신족이라고 이름하는가? 선현이여. 욕삼마지(欲三摩地)를 단절하는 행을 성취하여 신족(神足)을 수습하고, 의지(依止)를 싫어하고, 의지를 벗어나며, 의지를 소멸시켜 버리는 것(捨)에 회향(廻向)한다면 이것이 첫째가 되느니라. 근삼마지(勤三摩地)를 단절하는 행을 성취하여 신족을 수습하고, 의지를 싫어하고, 의지를 벗어나며, 의지를 소멸시켜 버리는 것에 회향한다면 이것이 둘째가 되느니라. 심삼마지(心三摩地)를 단절하는 행을 성취하여 신족을 수습하고, 의지를 싫어하고, 의지를 벗어나며, 의지를 소멸시켜 버리는 것에 회향한다면 이것이 셋째가 되느니라. 관삼마지(觀三摩地)를 단절하는 행을 성취하여 신족을 수습하고, 의지를 싫어하고, 의지를 벗어나며, 의지를 소멸시켜 버리는 것에 회향한다면 이것이 넷째가 되느니라. 선현이여. 이것을 4신족이라고 이름하느니라.

선현이여. 무엇을 5근이라고 이름하는가? 선현이여. 신근(信根)·정진근(精進根)·염근(念根)·정근(定根)·혜근(慧根)이니라. 선현이여. 이것을 5근이라고 이름하느니라. 선현이여. 무엇을 5력이라고 이름하는가? 선현이여. 신력(信力)·정진력(精進力)·염력(念力)·정력(定力)·혜력(慧力)이니라. 선현이여. 이것을 5력이라고 이름하느니라. 선현이여. 무엇을 7등각지라고 이름하는가? 선현이여. 염등각지(念等覺支)·택법등각지(擇法等覺支)·정진등각지(精進等覺支)·희등각지(喜等覺支)·경안등각지(輕安等覺

支)·정등각지(定等覺支)·사등각지(捨等覺支)이니라. 선현이여. 이것을 7등각지라고 이름하느니라. 선현이여. 무엇을 8성도지라고 이름하는가? 선현이여. 정견(正見)·정사유(正思惟)·정어(正語)·정업(正業)·정명(正命)·정정진(正精進)·정념(正念)·정정(正定)이니라. 선현이여. 이것을 8성도지라고 이름하느니라.

선현이여. 무엇을 3해탈문이라고 이름하는가? 선현이여. 공해탈문·무상해탈문·무원해탈문이니라. 선현이여. 이것을 3해탈문이라고 이름하느니라. 선현이여. 무엇을 공해탈문이라고 이름하는가? 선현이여. 만약 공의 행상(行相)이거나, 무아(無我)의 행상이거나, 허위(虛僞)의 행상이거나, 무자성(無自性)의 행상이거나, 마음의 한 경계의 자성이니라. 선현이여. 이것을 공해탈문이라고 이름하느니라. 선현이여. 무엇을 무상해탈문이라고 이름하는가? 선현이여. 만약 소멸(滅)의 행상이거나, 적정(寂靜)의 행상이거나, 멀리 벗어난(遠離) 행상이거나, 마음의 한 경계의 자성이니라. 선현이여. 이것을 무상해탈문이라고 이름하느니라. 선현이여. 무엇을 무원해탈문이라고 이름하는가? 선현이여. 만약 고통(苦)의 행상이거나, 무상(無相)의 행상이거나, 전도(顚倒)의 행상이거나, 마음의 한 경계의 자성이니라. 선현이여. 이것을 무원해탈문이라고 이름하느니라.

선현이여. 무엇을 8해탈이라고 이름하는가? 선현이여. 색이 있어서 여러 색을 관찰하면 이것이 첫째의 해탈이니라. 내신은 색이라는 생각(色想)이 없고, 외신의 여러 색을 관찰하면 이것이 둘째의 해탈이니라. 청정하고 수승하게 이해하는 몸(淨勝解身)을 짓고서 증득한다면 이것이 셋째의 해탈이니라. 일체의 색이라는 생각을 초월하여 대상이 있다는 생각을 소멸시키고, 여러 종류의 생각을 사유하지 않으며, 무변공(無邊空)에 들어가서 공무변처정(空無邊處定)에 구족하고서 안주한다면, 이것이 넷째의 해탈이니라. 일체의 공무변처를 초월하여 무변식(無邊識)에 들어가 식무변처정에 구족하고서 안주한다면, 이것이 다섯째의 해탈이니라.

일체의 식무변처를 초월하여 무소유에 들어가서 무소유처정(無所有處定)에 구족하고서 안주한다면, 이것이 여섯째의 해탈이니라. 일체의 무소유처를 초월하여 비상비비상처정(非想非非想處定)에 들어가서 구족하고서 안주한다면, 이것이 일곱째의 해탈이니라. 일체의 비상비비상처를 초월하여 상수멸정(想受滅定)에 들어가서 구족하고서 안주한다면, 이것이 여덟째의 해탈이니라. 선현이여. 이것을 8해탈이라고 이름하느니라.

선현이여. 무엇을 9차제정이라고 이름하는가? 선현이여. 이를테면, 한 부류가 욕심과 악한 불선법을 벗어났고, 유심유사의 이생희락이라면 초정려에 구족하고서 안주하는데, 이것이 첫째가 되느니라. 다시 한 부류가 심사(尋伺)가 적정하고, 내신 등이 청정하며, 마음은 하나로 나아가는 성품이고 무심무사의 정생이락이라면 제2정려에 들어가서 구족하고서 안주하는데, 이것이 둘째가 되느니라. 다시 한 부류가 있어서 기쁨(喜)을 벗어나고 버림(捨)에 머무르며 정념(正念)과 정지(正知)로 몸의 즐거움을 받으며, 오직 여러 성자(聖者)들이 상응하여 버리라고 능히 설하는 염락주(念樂住)를 구족한다면 제3정려를 구족하고서 안주하는데, 이것이 셋째가 되느니라.

다시 한 부류가 있어서 즐거움이 단절되고 괴로움도 단절되며 먼저의 기쁨과 근심도 사라져서 괴롭지도 않고 즐겁지도 않으며, 버렸으므로 생각이 청정해진다면 제4정려에 들어가서 구족하고서 안주하는데, 이것이 넷째가 되느니라. 다시 한 부류가 있어서 일체의 색이라는 생각을 초월하여 대상이 있다는 생각을 소멸시키고, 여러 종류의 생각을 사유하지 않으며, 무변공에 들어가서 공무변처정에 구족하고서 안주한다면, 이것이 다섯째가 되느니라. 다시 한 부류가 있어서 일체의 공무변처를 초월하여 무변식에 들어가 식무변처정에 구족하고서 안주한다면 이것이 여섯째가 되느니라.

다시 한 부류가 있어서 일체의 식무변처를 초월하여 무소유에 들어가서 무소유처정에 구족하고서 안주한다면 이것이 일곱째가 되느니라. 다시 한 부류가 있어서 일체의 무소유처를 초월하여 비상비비상처에 들어가서 구족하고서 안주한다면 이것이 여덟째가 되느니라. 다시 한 부류가 있어서 일체의 비상비비상처를 초월하여 상수멸정에 들어가서 구족하고서 안주한다면 이것이 아홉째가 되느니라. 선현이여. 이것을 9차제정이라고 이름하느니라.

선현이여. 무엇을 4성제의 지혜라고 이름하는가? 선현이여. 고지(苦智)·집지(集智)·멸지(滅智)·도지(道智)이니라. 선현이여. 이것을 4성제의 지혜라고 이름하느니라. 선현이여. 무엇을 바라밀다라고 이름하는가? 선현이여. 보시·정계·안인·정진·정려·반야·방편선교·묘원(妙願)·력(力)·지바라밀다(智波羅密多)이니라. 선현이여. 이것을 바라밀다라고 이름하느니라.

선현이여. 무엇을 여러 공 등의 지혜로 삼는다고 이름하는가? 선현이여. 내공의 지혜·외공의 지혜·내외공의 지혜·공공의 지혜·대공의 지혜·승의공의 지혜·유위공의 지혜·무위공의 지혜·필경공의 지혜·무제공의 지혜·산공의 지혜·무변이공의 지혜·본성공의 지혜·자상공의 지혜·공상공의 지혜·일체법공의 지혜·불가득공의 지혜·무성공의 지혜·자성공의 지혜·무성자성공의 지혜이거나, 혹은 진여의 지혜·법계의 지혜·법성의 지혜·불허망성의 지혜·불변이성의 지혜·평등성의 지혜·이생성의 지혜·법정의 지혜·법주의 지혜·실제의 지혜·허공계의 지혜·부사의계의 지혜이니라. 선현이여. 이것을 여러 공 등의 지혜라고 이름하느니라.

선현이여. 무엇을 보살의 10지라고 이름하는가? 선현이여. 극희지·이구지·발광지·염혜지·극난승지·현전지·원행지·부동지·선혜지·법운지이니라. 선현이여. 이것을 보살의 10지라고 이름하느니라. 선현이여. 무엇을 5안이라고 이름하는가? 선현이여. 육안(肉眼)·천안(天眼)·혜안(慧眼)·법안(法眼)·불안(佛眼)이니라. 선현이여. 이것을 5안이라고 이름하느니라. 선현이여. 무엇을 6신통이라고 이름하는가? 선현이여. 신경지증통(神境智證通)·천안지증통(天眼智證通)·천이지증통(天耳智證通)·타심지증통(他心智證通)·숙주수념지증통(宿住隨念智證通)·누진지증통(漏盡智證通)이니라. 선현이여. 이것을 6신통이라고 이름하느니라.

선현이여. 무엇을 여래의 10력이라고 이름하는가? 선현이여. 일체의 여래·응공·정등각은 이러한 처소를 여실(如實)하게 이러한 처소라고 알고, 처소가 아니라면 여실하게 처소가 아니라고 아는데, 이것을 첫째로 삼느니라. 일체의 여래·응공·정등각은 제유정들에서 과거·현재·미래의 여러 업과 제법을 받을 처소의 인연의 이숙(異熟)을 모두 여실하게 아는데, 이것을 둘째로 삼느니라. 일체의 여래·응공·정등각은 여러 세간에서 한 경계가 아니고 여러 종류의 경계라고 모두 여실하게 아는데, 이것을 셋째로 삼느니라.

일체의 여래·응공·정등각은 여러 세간에서 하나의 수승한 해탈이 아니고 여러 종류의 수승한 해탈이라고 모두 여실하게 아는데, 이것을 넷째로 삼느니라. 일체의 여래·응공·정등각은 여러 유정들의 보특가라에서 여러 근(根)이 수승하고 열등하다고 모두 여실하게 아는데, 이것을 다섯째로 삼느니라. 일체의 여래·응공·정등각은 일체의 두루 나아가는 행(遍趣行)을 모두 여실하게 아는데, 이것을 여섯째로 삼느니라. 일체의 여래·응공·정등각은 여러 근(根)·력(力)·각지(覺支)·도지(道支)·정려·해탈·등지(等持)·등지(等至)·잡염(雜染)·청정(淸淨)을 모두 여실하게 아는데, 이것을 일곱째로 삼느니라.

일체의 여래·응공·정등각은 청정한 천안(天眼)이 인간을 초월(超過)하므로 제유정들의 죽는 때와 태어나는 때의 여러 선하고 악한 일을 보느니라. 이와 같이 유정들이 신(身)·구(口)·의(意)의 세 종류의 악행을 인연으로, 여러 삿된 견해를 인연으로, 성현들을 비방한 인연으로, 여러 악한 세계(惡趣)에 떨어지는 것을 보며, 이와 같이 유정들이 신·구·의의 세 종류의 미묘한 행을 인연으로, 여러 정견(正見)을 인연으로, 성현들을 찬탄한 인연으로, 여러 선한 세계(善趣)에 상승하여 여러 천상의 가운데에 태어나는 것을 보느니라. 청정한 천안이 인간을 초월하므로 제유정들이 죽을 때와 태어나는 때의 좋은 색(色)과 나쁜 색을 보며, 이곳을 쫓아서 다시 선한 세계와 악한 세계에 태어나거나, 제유정들이 업의 세력(勢力)을 따라서 선한 세계와 악한 세계에 태어나는 것을 모두 여실하게 아는데, 이것을 여덟째로 삼느니라.

일체의 여래·응공·정등각은 제유정들에서 과거의 무량한 여러 숙주(宿

住)¹⁰⁾의 일을 아는데, 혹은 한 생(生)이거나, 혹은 백 생이거나, 혹은 천 생이거나, 혹은 백천 생이거나, 혹은 한 구지(俱胝)의 생이거나, 혹은 백 구지의 생이거나, 혹은 천 구지의 생이거나, 혹은 백천 구지 나유다(那庾多) 생이거나, 혹은 한 겁(劫)이거나, 혹은 백 겁이거나, 혹은 천 겁이거나, 혹은 백천 겁이거나, 혹은 한 구지의 겁이거나, 혹은 백 구지의 겁이거나, 혹은 백천 구지의 겁이거나, 혹은 백천 구지 나유다의 겁이거나, 혹은 나아가 전제(前際)¹¹⁾에 소유한 제행(諸行)·여러 언어(說)·제상(諸相)을 모두 여실하게 아는데, 이것을 아홉째로 삼느니라.

일체의 여래·응공·정등각은 여러 누진(漏盡)의 무루심(無漏心)인 해탈과 무루혜(無漏慧)의 해탈을 모두 여실하게 알고, 스스로가 무루인 진실한 해탈법(解脫法)에서 스스로가 신통의 지혜(通慧)를 증득하며 구족하고 안주하면서, '나는 태어남을 이미 마쳤고, 범행(梵行)은 이미 섰으며, 지을 것은 이미 끝냈으므로 후유(後有)를 받지 않는다.'라고 여실히 깨닫고 받아들이는데, 이것을 열째로 삼느니라. 선현이여. 이것을 여래의 10력이라고 이름하느니라."

---

10) 지금의 세상에 태어나기 이전의 전생을 가리킨다.
11) 지금의 세상에 태어나기 이전의 생애(生涯)를 이른다.

마하반야바라밀다경 제381권

68. 제공덕상품(諸功德相品)(3)

 "선현이여. 무엇을 4무소외라고 이름하는가? 선현이여. 일체의 여래·응공·정등각은 스스로가 '나는 정등각자(正等覺者)이다.'라고 말(稱)하느니라. 설사 사문이거나, 만약 바라문이거나, 만약 천인(天人)·마군(魔軍)·범왕(梵王) 등이 만약 나머지의 세간의 법에 의지하여 '여래는 이 법에서 정등각이 아니다.'라고 힐난(難)을 세우면서 억념(憶念)시키더라도, 나는 그들이 힐난할 인연이 없다고 바르게 보느니라. 그들이 힐난할 인연이 없다고 바르게 보는 까닭으로써 안은(安隱)함을 얻고 공포가 없고 두려움이 없는 것에 안주하면서 스스로가 '나의 처소는 대선(大仙)의 존중되는 지위이고 대중의 가운데에서 사자후(獅子吼)로 대범륜(大梵輪)을 굴리고 있으나, 일체의 사문이거나, 만약 바라문이거나, 만약 천인·마군·범왕 등이 만약 나머지의 세간은 결정적으로 능히 여법하게 굴리는 자가 없다.'라고 말하느니라. 이것을 첫째로 삼느니라.
 일체의 여래·응공·정등각은 스스로가 '나는 이미 여러 번뇌를 영원히 끝마쳤다.'라고 설하느니라. 설사 사문이거나, 만약 바라문이거나, 만약 천인·마군·범왕 등이 만약 나머지의 세간의 법에 의지하여 '여래는 이 법에서 번뇌를 영원히 끝마치지 못하였다.'라고 힐난을 세우면서 억념시키더라도, 나는 그들이 힐난할 인연이 없다고 바르게 보느니라. 그들이 힐난할 인연이 없다고 바르게 보는 까닭으로써 안은함을 얻고 공포가 없고 두려움이 없는 것에 안주하면서 스스로가 '나의 처소는 대선의 존중되는 지위이고 대중의 가운데에서 사자후로 대범륜을 굴리고 있으나, 일체의 사문이거나, 만약 바라문이거나, 만약 천인·마군·범왕 등이 만약 나머지의 세간은 결정적으로 능히 여법하게 굴리는 자가 없다.'라고 말하느니라. 이것을 둘째로 삼느니라.

  일체의 여래·응공·정등각은 스스로가 '나는 여러 제자들이 대중을 위하여 능히 장애하는 법에 염오된다면 반드시 장애가 된다.'라고 설하느니라. 설사 사문이거나, 만약 바라문이거나, 만약 천인·마군·범왕 등이 만약 나머지의 세간의 법에 의지하여 '이 법에 염오가 있더라도 능히 장애되지 않는다.'라고 힐난을 세우면서 억념시키더라도, 나는 그들이 힐난할 인연이 없다고 바르게 보느니라. 그들이 힐난할 인연이 없다고 바르게 보는 까닭으로써 안은함을 얻고 공포가 없고 두려움이 없는 것에 안주하면서 스스로가 '나의 처소는 대선의 존중되는 지위이고 대중의 가운데에서 사자후로 대범륜을 굴리고 있으나, 일체의 사문이거나, 만약 바라문이거나, 만약 천인·마군·범왕 등이 만약 나머지의 세간은 결정적으로 능히 여법하게 굴리는 자가 없다.'라고 말하느니라. 이것을 셋째로 삼느니라.

  일체의 여래·응공·정등각은 스스로가 '나는 여러 제자들의 대중을 위하여 출리도(出離道)를 설하면서 여러 성자가 결정적으로 출리를 수습(修習)한다면, 결정적으로 통달하고 곧 여러 고통을 끝마치며 고통의 변제를 지을 것이다.'라고 설하느니라. 설사 사문이거나, 만약 바라문이거나, 만약 천인·마군·범왕 등이 만약 나머지의 세간의 법에 의지하여 '이 법에서 수습이 있더라도 바른 출리가 아니고 바른 통달이 아니며 고통을 끝마치는 것이 아니고 고통의 변제를 짓는 것도 아니다.'라고 힐난을 세우면서 억념시키더라도, 나는 그들이 힐난할 인연이 없다고 바르게 보느니라. 그들이 힐난할 인연이 없다고 바르게 보는 까닭으로써 안은함을 얻고 공포가 없고 두려움이 없는 것에 안주하면서 스스로가 '나의 처소는 대선의 존중되는 지위이고 대중의 가운데에서 사자후로 대범륜을 굴리고 있으나, 일체의 사문이거나, 만약 바라문이거나, 만약 천인·마군·범왕 등이 만약 나머지의 세간은 결정적으로 능히 여법하게 굴리는 자가 없다.'라고 말하느니라. 이것을 넷째로 삼느니라. 선현이여. 이것을 4무소외라고 이름하느니라.

선현이여. 무엇을 4무애해라고 이름하는가? 선현이여. 의무애해(義無碍解)·법무애해(法無碍解)·사무애해(詞無碍解)·변무애해(辯無碍解)이니라. 선현이여. 무엇이 의무애해인가? 이를테면, 뜻의 인연에서 장애가 없는 지혜이니라. 선현이여. 무엇이 법무애해인가? 이를테면, 법의 인연에서 장애가 없는 지혜이니라. 선현이여. 무엇이 사무애해인가? 이를테면, 말의 인연에서 장애가 없는 지혜이니라. 선현이여. 무엇이 변무애해인가? 이를테면, 변재의 인연에서 장애가 없는 지혜이니라.

선현이여. 무엇을 18불불공법(十八佛不共法)이라고 이름하는가? 선현이여. 일체의 여래·응공·정등각은 오류와 실수가 없으신데, 이것이 여래의 첫째 불공법(不共法)이고, 일체의 여래·응공·정등각은 갑자기 사나운 음성이 없으신데, 이것이 여래의 둘째 불공법이며, 일체의 여래·응공·정등각은 잊어버리는 생각(忘失念)이 없으신데, 이것이 여래의 셋째 불공법이고, 일체의 여래·응공·정등각은 모두 안정되지 않은 마음이 없으신데, 이것이 여래의 넷째 불공법이며, 일체의 여래·응공·정등각은 여러 종류의 생각(想)이 없으신데, 이것이 여래의 다섯째 불공법이고, 일체의 여래·응공·정등각은 간택(擇)하고 버리지(捨) 않는 것이 없으신데, 이것이 여래의 여섯째 불공법이며,

일체의 여래·응공·정등각은 의지와 욕망에서 물러나지 않으시는데, 이것이 여래의 일곱째 불공법이고, 일체의 여래·응공·정등각은 정진에서 물러나지 않으시는데, 이것이 여래의 여덟째 불공법이며, 일체의 여래·응공·정등각은 억념(憶念)에서 물러나지 않으시는데, 이것이 여래의 아홉째 불공법이고, 일체의 여래·응공·정등각은 반야에서 물러나지 않으시는데, 이것이 여래의 열째 불공법이며, 일체의 여래·응공·정등각은 해탈에서 물러나지 않으시는데, 이것이 여래의 열한째 불공법이고, 일체의 여래·응공·정등각은 해탈지견에서 물러나지 않으시는데, 이것이 여래의 열두째

불공법이며,

일체의 여래·응공·정등각은 만약 지혜이거나, 만약 견해로 과거의 세상에 집착하지 않고 장애가 없으신데, 이것이 여래의 열셋째 불공법이고, 일체의 여래·응공·정등각은 만약 지혜이거나, 만약 견해로 현재의 세상에 집착하지 않고 장애가 없으신데, 이것이 여래의 열넷째 불공법이며, 일체의 여래·응공·정등각은 만약 지혜이거나, 만약 견해로 미래의 세상에 집착하지 않고 장애가 없으신데, 이것이 여래의 열다섯째 불공법이고,

일체의 여래·응공·정등각은 일체의 신업(身業)에서 지혜로 전도(前導)[1]로 삼고 지혜를 따라서 전전하시는데, 이것이 여래의 열여섯째 불공법이며, 일체의 여래·응공·정등각은 일체의 어업(語業)에서 지혜로 전도로 삼고 지혜를 따라서 전전하시는데, 이것이 여래의 열일곱째 불공법이고, 일체의 여래·응공·정등각은 일체의 의업(意業)에서 지혜로 전도로 삼고 지혜를 따라서 전전하시는데, 이것이 여래의 열여덟째 불공법이니라. 선현이여. 이것을 18불불공법이라고 이름하느니라.

선현이여. 무엇을 32대사상이라고 이름하는가? 선현이여. 세존의 발바닥에는 평평하고 원만한 상(相)이 있어서 미묘하고 잘 안주하므로 오히려 경대(奩)[2]의 밑바닥과 같고, 땅이 비록 높고 낮더라도 발로 밟는 곳을 따라서 모두가 평탄해져서 동등하게 접촉하지 않은 곳이 없는데, 이것을 제1로 삼느니라. 세존의 발바닥에는 천폭륜문(千輻輪文)과 망곡(輞轂)[3]의 여러 상이 원만하지 않은 것이 없는데, 이것을 제2로 삼느니라. 세존의 손과 발이 모두 유연(柔軟)하고 도라면(覩羅綿)[4]과 같이 수승하여 일체를

---

1) '앞길을 인도한다.'는 뜻이다.
2) 여인들이 몸을 단장하고 치장하면서 필요한 화장품과 화장 도구 및 비녀와 같은 장신구 등을 보관하던 소형의 목가구이다.
3) 수레의 바퀴인 '륜(輪)'은 바퀴 테두리인 '망(輞)'과 바퀴살인 '폭(輻)', 바퀴통인 '곡(轂)'과 굴대인 '축(軸)'으로 이루어진다. 따라서 전 개의 바퀴(輪)의 모양들이 있고 그 바퀴에 다시 바퀴테와 바퀴통을 두루 갖추고 있는 모습이라는 뜻이다.
4) 산스크리트어 tūla의 음사이고, 매우 부드러운 솜을 가리킨다.

초월하는데, 이것을 제3으로 삼느니라.

세존의 손과 발은 하나하나의 손가락과 발가락의 사이에 오히려 기러기 왕과 같이 만망(鞔網)5)이 있고 금색(金色)이 교차하고 혼합되어 무늬가 비단의 그림과 같으신데, 이것을 제4로 삼느니라. 세존은 손과 발이 소유한 여러 손가락과 발가락은 원만하고 가늘고 길어서 매우 애락(愛樂)하신데, 이것을 제5로 삼느니라. 세존은 발꿈치(足跟)가 넓고 길며 원만하고 발등의 모습이 서로 대칭되어 다른 유정들보다 수승하신데, 이것을 제6으로 삼느니라. 세존은 발등이 길고 높으며 충만하고 부드러우며 미묘하고 좋아서 발꿈치와 서로 대칭이신데, 이것을 제7로 삼느니라.

세존은 두 장딴지(膞)가 점차로 가늘어지고 원만하시며, 예니야선(瑿泥耶仙)6) 사슴왕과 같으신데, 이것을 제8로 삼느니라. 세존은 두 팔은 길고 곧으시며 균등하고 원만하시며, 코끼리왕의 코와 같이 평평하고 서 있으면서 무릎을 어루만지시는데, 이것을 제9로 삼느니라. 세존의 음상(陰相)인 세봉(勢峰)이 은밀하게 감추어지셨으므로 그것은 오히려 용이나 말과 같고 역시 코끼리와 같으신데, 이것을 제10으로 삼느니라. 세존의 털구멍은 각각 하나의 터럭이 생겨나서 부드럽고 매끄러우며 감청(紺靑)7)색이고 오른쪽으로 완만하게 휘어지는데, 이것을 제11로 삼느니라.

세존은 머리카락과 터럭의 끝이 모두 위로 휘어졌고 오른쪽으로 완만하게 회전하고 부드러우며 윤택하고 검푸르며 금색으로 장엄되신 색신은 매우 애락하신데, 이것을 제12로 삼느니라. 세존의 몸과 피부는 가늘고 엷으시며 윤택하고 매끄러우시며 티끌·먼지·물이 모두 붙어 있지 않는데, 이것을 제13으로 삼느니라. 세존의 몸과 피부는 진금색(眞金色)이고 광채가 맑고 환하게 빛나므로 미묘한 황금의 무대(金臺)를 여러 보배로 장엄하

---

5) 산스크리트어 jālāvanaddha-hasta-pāda의 번역이고, 기러기왕의 물갈퀴와 비슷하다는 뜻이다.
6) 산스크리트어 aineya의 음사이고, 영양의 한 종류이며, 고대부터 사슴의 왕으로 번역되었다.
7) 산뜻하고 짙은 남색(藍色)을 가리킨다.

면 대중들이 모두 보고서 즐거워하는 것과 같은데, 이것을 제14로 삼느니라. 세존은 두 발·두 손바닥의 가운데·목(頸)·두 어깨의 일곱 곳이 충만하신데, 이것을 제15로 삼느니라.

　세존은 어깨와 목이 원만하고 수승하며 미묘하신데, 이것을 제16으로 삼느니라. 세존은 어깨뼈(髆)와 겨드랑이(腋)가 모두 충실하신데, 이것을 제17로 삼느니라. 세존은 용모와 위의가 원만하고 단정하고 곧으신데, 이것을 제18로 삼느니라. 세존은 몸의 모습(身相)이 길고 넓으며 단엄(端嚴)하신데, 이것을 제19로 삼느니라. 세존은 신체의 모습(體相)의 가로와 세로의 분량이 균등하시고 주위가 두루(周帀) 원만하시므로 약구타(諾瞿陀)[8]와 같으신데, 이것을 제20으로 삼느니라. 세존은 턱(頷)과 가슴(臆), 아울러 몸에 상체(上半)의 위의와 용모가 광대하시어 사자와 같으신데, 이것을 제21로 삼느니라. 세존의 항상하는 광명(常光)은 4방으로 각각 1심(尋)[9]이신데, 이것을 제22로 삼느니라.

　세존의 치아(齒)는 40개이고 가지런하며 평평하고 청정하며 조밀하고 뿌리가 깊고 희어서 옥(珂)과 눈(雪)을 뛰어넘는데, 이것을 제23으로 삼느니라. 세존의 네 개의 어금니는 곱고 희며 뾰족하고 날카로우신데, 이것을 제24로 삼느니라. 세존께서는 항상 맛 가운데 최상의 맛을 얻으시고, 목구멍의 맥이 곧은 까닭으로 능히 몸 가운데의 여러 지절(指節)이 소유한 최상의 맛으로 이끌며, 풍열(風熱)과 가래(痰病)가 능히 섞이지 못하느니라. 오히려 그것들은 핏줄(脈)이 가라앉고 들뜨며 느리고 촉박하

---

8) 산스크리트어 nyagrodha의 음사이고, '니구율수(尼拘律樹)', '니구타수(尼拘陀樹)' 등으로도 음사하며, '무절(無節)', '사유(四維)', '다근(多根)' 등으로 한역한다. 뱅골보리수를 가리키는데, 상록교목으로 인도가 원산지이며 높이가 30m까지 자라고, 둘레가 16m에 달한다. 열매는 무화과처럼 2개씩 열리고 식용이 가능하며 잎은 코끼리의 사료 또는 접시 대용으로 쓰기도 하며, 가지에서 공기뿌리가 많이 나와 넓게 퍼지는데, 가지가 사방으로 뻗어나가고 줄기에서 수많은 기근이 자라나 땅속에 박히면 다시 뿌리가 되며, 줄기가 땅에 닿아 뿌리를 내리기 때문에 줄기 둘레가 10~20m나 되는 것도 있다.
9) 고대의 길이 단위로서 대략 8척(尺)을 가리키는데, 1척은 33.3㎝이므로, 약 226㎝에 해당한다.

며 손괴(壞損)되고 염증(癰)이 생기며 굽어(曲)지는 등의 허물에 섞이지 않으며, 능히 바르게 삼키고 목구멍의 진액(津液)이 통하면서 흐르므로 몸과 마음이 쾌적하고 즐거워서 항상 최상의 맛을 얻으시는데, 이것을 제25로 삼느니라.

세존의 혀의 모습(舌相)이 얇고 청정하시고 넓고 길어서 능히 얼굴 둘레를 덮고서 귀와 머리카락 사이까지 이르시는데, 이것을 제26으로 삼느니라. 세존의 범음(梵音)인 말씨와 음운은 넓고 아름다워서 대중이 많고 적음을 따라서 모두 평등하지 않음이 없으므로 듣는다면, 그 소리가 널리 진동하여 오히려 천상의 북(天鼓)을 치는 것과 같고, 말씀을 일으키면 완곡하고 함축적이므로 빈가(頻迦)[10]의 소리와 같으신데, 이것을 제27로 삼느니라.

세존의 속눈썹은 오히려 우왕(牛王)과 같아서 감청색이고 가지런하여 섞이고 어지럽지 않으시는데, 이것을 제28로 삼느니라. 세존의 눈동자는 감청색이고 매우 희며 분홍색 고리가 사이를 장식하여 희고 맑으며 분명하신데, 이것을 제29로 삼느니라. 세존의 얼굴 모양은 그것이 오히려 보름달과 같고, 눈썹의 모습이 희고 청정하여 오히려 제석천의 활과 같으신데, 이것을 제30으로 삼느니라.

세존의 미간(眉間)에 백호상(白毫相)이 있으며 오른쪽으로 감아졌고 유연하여 도라면(睹羅綿)과 같으며 매우 희고 광채가 청정하여 희어서 옥과 눈을 뛰어넘는데, 이것을 제31로 삼느니라. 세존의 정수리 위에 오슬니사(烏瑟膩沙)가 높이 나타나서 두루 원만하며 오히려 천상(天上) 일산과 같으신데, 이것을 제32로 삼느니라. 선현이여. 이것이 32대사상이니라.

선현이여. 무엇을 80수호라고 이름하는가? 선현이여. 세존의 손톱이 좁고 길며 얇고 윤택하며 광채가 맑고 선명하며 청정하여 빛나는 구리(花赤

---

10) 가릉빈가(迦陵頻伽)의 줄임말로 산스크리트어 kalaviṅka의 음사이다. '묘음조(妙音鳥)', '애란(哀鸞)' 등으로 번역한다. 머리와 팔은 사람의 모습이고 몸은 새의 모습을 하고 있다고 알려져 있다.

銅)와 같으신데, 이것을 제1로 삼느니라. 세존의 손가락과 발가락은 둥글고 가늘고 길며, 장딴지는 곧고 부드러우며, 뼈마디가 나타나지 않으시는데, 이것을 제2로 삼느니라. 세존의 손과 발 등은 각각 차별이 없고 여러 손가락과 발가락 사이가 모두가 충만하고 세밀하신데, 이것을 제3으로 삼느니라.

세존의 손과 발은 뜻과 같이 원만하고 유연하시며 청정하고 빛나는 색깔이 연꽃과 같으신데, 이것을 제4로 삼느니라. 세존의 힘줄과 핏줄은 이리저리 얽혀서 견고하시고 깊이 감춰져서 나타나지 않으시는데, 이것을 제5로 삼느니라. 세존의 두 복사뼈(踝)는 함께 감춰져서 나타나지 않으시는데, 이것을 제6으로 삼느니라. 세존의 걸음걸이는 곧게 나아가시고 침착하며 안정되셨으므로 용이나 코끼리왕과 같으신데, 이것을 제7로 삼느니라. 세존의 걸음걸이는 위의와 용모가 가지런하시고 엄숙하여 사자왕과 같으신데, 이것을 제8로 삼느니라.

세존의 걸음걸이는 평안(平安)하고 침착하고 차례가 있으시므로, 지나치지도 않고 부족하지도 않으시므로 우왕(牛王)과 같으신데, 이것을 제9로 삼느니라. 세존의 걸음걸이는 나아가고 멈추는 위의가 우아하여 거위왕(鵝王)과 같으신데, 이것을 제10으로 삼느니라. 세존이 돌아보신다면 반드시 오른편으로 보시므로 용이나 코끼리왕과 같이 몸을 따라서 돌리시는데, 이것을 제11로 삼느니라. 세존의 지절(支節)은 점차로 균등하게 둥글고 미묘하며 좋고 안정적으로 분포되셨는데, 이것을 제12로 삼느니라.

세존의 뼈마디는 교차하고 연결되어 틈새가 없어서 오히려 용반(龍盤)[11])과 같으신데, 이것을 제13으로 삼느니라. 세존의 무릎(膝輪)은 미묘하고 좋고 안정적으로 분포하여 견고하고 원만하신데, 이것을 제14로 삼느니라. 세존의 감춰진 곳(隱處)은 문양이 미묘하고 좋으시며 위세를 구족하고 원만하며 청정하신데, 이것을 제15로 삼느니라. 세존의 색신(身)의 지절은

---

11) '용(龍)이 머무른다.'는 뜻으로, 호걸(豪傑)이 민간에 숨어 있음을 이르는 말이다.

윤택하고 매끄러우며 유연하며 빛나고 즐거우며 선명하고 청정하며 티끌과 먼지(塵垢)가 묻지 않으시는데, 이것을 제16으로 삼느니라.

세존의 색신과 용모는 둥글고 엄숙하며 두려움이 없고 항상 겁내고 나약하지 않으시는데, 이것을 제17로 삼느니라. 세존의 색신의 지절은 견고하고 조밀(稠密)12)하여 서로가 잘 부착되어 있으신데, 이것을 제18로 삼느니라. 세존의 색신의 지절은 안정(安定)되고 진중(敦重)하므로 일찍이 흔들리지 않고 움직이지 않으며 원만하고 무너짐이 없으신데, 이것을 제19로 삼느니라.

세존의 색신의 모습은 오히려 선인의 왕(仙王)과 같아서 널리 두루 단엄하고 빛나며 청정하고 감추어짐을 벗어나셨는데, 이것을 제20으로 삼느니라. 세존의 색신에는 널리 두루 원광(圓光)이 있어서 다니는 등의 때에도 항상 스스로를 비추시는데, 이것을 제21로 삼느니라. 세존의 배의 모습(腹形)은 네모지고 반듯하며 결함이 없고 유연하며 나타나지 않는 여러 모습으로 장엄하셨는데, 이것을 제22로 삼느니라.

세존의 배꼽은 깊고 오른쪽으로 휘어졌으며 원만하고 미묘하며 청정하고 광택이 있으신데, 이것을 제23으로 삼느니라. 세존의 배꼽은 두텁고 우묵하지도 않으며 뾰족하지도 않아 널리 두루 미묘하고 좋으신데, 이것을 제24로 삼느니라. 세존의 피부는 개선(疥癬)13)이 없고 역시 검정 사마귀(黶)·점(點)·사마귀(疣)·혹(贅) 등의 허물도 없으신데, 이것을 제25로 삼느니라. 세존의 손바닥은 충만하고 유연하며, 발바닥은 안정하고 평평하신데, 이것을 제26으로 삼느니라.

세존의 손금(手文)은 깊고 길며 밝고 곧으며 윤택하고 끊어지지 않으신데, 이것을 제27로 삼느니라. 세존의 입술 색깔은 빛나고 윤택하며 붉고 선명하며, 빈바(頻婆)14)의 열매와 같고 위와 아래가 서로 알맞으신데,

---

12) 틈새이거나, 간격 등이 매우 좁거나 작은 것을 가리킨다.
13) 옴진드기가 기생하여 일으키는 피부병인 옴을 가리킨다.
14) 산스크리트어 bimba의 음사이고, 인도에서 자생하는 덩굴풀로서 흰 꽃이 피며, 빨간색의 열매가 맺는다.

이것을 제28로 삼느니라. 세존의 입(面門)은 길지 않고 짧지도 않으며, 크지 않고 작지도 않아서 알맞게 단엄하신데, 이것을 제29로 삼느니라. 세존의 혀의 모습은 부드럽고 얇으며 넓고 길어서 붉은 구리의 빛과 같으신데, 이것을 제30으로 삼느니라.

세존께서 소리를 일으킨다면 위엄으로 울리면서 깊고 멀어서 코끼리왕의 소리가 명랑하고 맑게 이르는 것과 같으신데, 이것을 제31로 삼느니라. 세존의 음운(音韻)은 아름다움과 미묘함을 구족하여 깊은 골짜기의 메아리 같으신데, 이것을 제32로 삼느니라. 세존의 코는 높고 길며 또한 곧으시고 구멍이 드러나지 않으신데, 이것을 제33으로 삼느니라.

세존은 여러 치아(齒)가 반듯하게 가지런하고(方整) 선명하게 희신데, 이것을 제34로 삼느니라. 세존의 여러 어금니는 둥글고 희며 빛나고 맑으며 점차로 뾰족하고 날카로우신데, 이것을 제35로 삼느니라. 세존의 눈은 맑고 푸른 곳과 흰 곳이 분명(分明)하신데, 이것을 제36으로 삼느니라. 세존의 눈매(眼相)는 길고 넓으므로 비유한다면 청연화(靑蓮華)와 같아서 매우 애락하신데, 이것을 제37로 삼느니라.

세존의 속눈썹(眼睫)은 위·아래가 가지런하고 조밀하며 희지 않으신데, 이것을 제38로 삼느니라. 세존의 두 눈썹은 길고 희지는 않으며 빽빽하여 가늘고 부드러우신데, 이것을 제39로 삼느니라. 세존의 두 눈썹은 화려하고 아름다우며(綺靡) 순차(循次)로 짙은 남색(紺)의 유리색(瑠璃色)이신데, 이것을 제40으로 삼느니라. 세존의 두 눈썹은 높이 드러났고 빛나며 윤택하고 형상이 초승달과 같으신데, 이것을 제41로 삼느니라.

세존의 귀는 두껍고 넓으며 크고 길어서 귓바퀴와 귓볼(輪埵)을 성취하시는데, 이것을 제42로 삼느니라. 세존의 두 귀는 아름답고 수려하며 가지런하고 평평하여서 여러 허물을 벗어나시는데, 이것을 제43으로 삼느니라. 세존의 용모와 위의는 능히 보는 자에게 손해가 없게 하고 염오가 없게 하며 모두가 사랑하고 공경하는 마음을 생겨나게 하시는데, 이것을 제44로 삼느니라.

세존의 이마는 넓고 원만하고 평정(平正)하고 형태와 모습이 수승하며 미묘하신데, 이것을 제45로 삼느니라. 세존의 색신의 부분인 상체(上半)는 원만하여 사자왕의 위엄(威嚴)에 상대가 없는 것과 같으신데, 이것을 제46으로 삼느니라. 세존의 머리카락은 길고 감청색이며 조밀하고 하얗지 않은데, 이것을 제47로 삼느니라. 세존의 머리카락은 향기롭고 맑으며 가늘고 부드러우며 윤택하고 둥그렇게 휘어져 있으신데, 이것을 제48로 삼느니라.

세존의 머리카락은 가지런하게 정리되었고 어지러움이 없으며 역시 뒤섞이지도 않으신데, 이것을 제49로 삼느니라. 세존의 머리카락은 견고하여 끊어지지 않으므로 영원히 벗겨져서 떨어지지 않으시는데, 이것을 제50으로 삼느니라. 세존의 머리카락은 빛나고 매끄러우며 수승하고 미묘하여서 티끌과 먼지가 붙지 않으신데, 이것을 제51로 삼느니라. 세존의 색신의 부분은 견고하고 충실하여 나라연(那羅延)15)을 초월하시는데, 이것을 제52로 삼느니라.

세존의 색신(身體)은 장대(張大)하고 단엄하며 곧으신데, 이것을 제53으로 삼느니라. 세존은 여러 구멍(竅)이 청정하고 둥글며 좋으신데, 이것을 제54로 삼느니라. 세존의 색신의 지절은 세력이 수승하고 함께 동등한 자가 없으신데, 이것을 제55로 삼느니라. 세존의 색신의 모습은 대중들이 관상(觀賞)하기를 좋아하여 싫증이 없는데, 이것을 제56으로 삼느니라. 세존의 얼굴은 길이와 넓이가 알맞고 희고 맑으며 빛나고 청정하며 매우 보름달과 같으신데, 이것을 제57로 삼느니라.

세존의 얼굴과 용모는 넓고 광채가 있으며 말씀하시기 이전에 웃음을 머금으시고 오직 향하면서 등지는 것이 없으신데, 이것을 제58로 삼느니라.

세존의 얼굴과 용모는 광택(光澤)이 있고 화기애애(熙怡)하므로 찡그림과 얼굴을 붉히는 것 등의 허물들을 멀리 벗어나시는데, 이것을 제59로

---

15) 산스크리트어 Nārāyaṇa의 음사이고, 제석천(帝釋天)의 권속(眷屬)으로, 집금강(執金剛)의 하나이며, 밀적금강(密迹金剛)과 함께 이천(二天)이라고 하는데, 그 힘이 코끼리의 백만 배나 된다고 알려져 있다.

삼느니라. 세존의 색신과 피부는 청정하고 때가 없으며 항상 냄새와 더러움이 없으신데, 이것을 제60으로 삼느니라. 세존께서 소유한 여러 털구멍(毛孔)에서는 항상 여의(如意)한 미묘한 향기가 뿜어나오시는데, 이것을 제61로 삼느니라. 세존의 입에서는 항상 최상의 수승한 향기를 내뿜으시는데, 이것을 제62로 삼느니라.

세존의 머리의 모습(首相)은 두루 원만하고 미묘하며 좋아서 말달나(末達那)16)와 같고 역시 천상의 일산(天蓋)과 같으신데, 이것을 제63으로 삼느니라. 세존의 색신의 모발은 감청색이고 빛나며 청정하여 공작(孔雀)의 목과 같이 분홍빛으로 빛나고 아름답게 장엄되었으며 빛깔은 붉은 구리의 부류와 같으신데, 이것을 제64로 삼느니라. 세존의 법음(法音)은 대중이 많거나 적거나 늘어나지 않거나 줄어들지 않더라도 이치에 상응하여 차별이 없으신데, 이것을 제65로 삼느니라.

세존의 정수리의 모습은 능히 보는 자가 없는데, 이것을 제66으로 삼느니라. 세존의 손가락과 발가락은 부드럽고 분명하게 장엄되었고 미묘하게 좋아서 붉은 구리색과 같으신데, 이것을 제67로 삼느니라. 세존께서 다니실 때에는 땅에서 네 손가락 두께를 솟아나서 다니시더라도 인문(印文)17)을 나타내시는데, 이것을 제68로 삼느니라. 세존은 스스로를 수지하시고 다른 사람의 시위(侍衛)를 받지 않으시며 색신을 기울이면서 움직이지 않고 역시 구부리고 웅크리지 않으시는데, 이것을 제69로 삼느니라.

세존의 위덕(威德)은 멀리 펼쳐지므로 일체의 악심(惡心)인 자가 본다면 기뻐하고 두려운 자가 본다면 안심하는데, 이것을 제70으로 삼느니라. 세존의 음성(音聲)은 높지도 않고 낮지도 않으며 대중을 따라서 뜻이 생겨나서 화합하고 기쁘게 함께 말씀하시는데, 이것을 제71로 삼느니라. 세존께서는 능히 제유정 부류들의 말과 음성의 의요(意樂)를 따라서 설법

---

16) 산스크리트어 Madana의 음시이고, 취과(醉果)로 번역되는데 이 열매를 먹으면 취한다고 한다.
17) 도장(圖章)을 찍은 흔적(形跡)을 가리킨다.

하시는데, 이것을 제72로 삼느니라. 세존께서는 한 음성으로 정법을 연설(演說)하시면서 제유정의 부류들에게 각자 이해를 얻게 하시는데, 이것을 제73으로 삼느니라.

세존의 설법은 모두가 차례에 의지하고 반드시 인연이 있으며 선(善)하지 않은 말씀은 없으신데, 이것을 제74로 삼느니라. 세존은 제유정의 부류들을 관찰하면서 선을 칭찬하고 악을 꾸짖더라도 사랑과 미움이 없어서 평등하신데, 이것을 제75로 삼느니라. 세존의 하실 것을 먼저 관찰하고 뒤에 지으시며 궤범(軌範)을 구족하시고 좋고 청정함을 알게 하시는데, 이것을 제76으로 삼느니라. 세존의 상호는 일체의 유정이 관찰하지 못하는데, 이것을 제77로 삼느니라.

세존의 정수리의 뼈는 견실(堅實)하고 원만하신데, 이것을 제78로 삼느니라. 세존의 얼굴과 용모는 항상 젊어서 늙지 않고, 옛 처소의 순행(巡行)을 좋아하시는데, 이것을 제79로 삼느니라. 세존의 손과 발과 가슴의 앞에는 함께 길상희선(吉祥喜旋)18)의 덕상(德相)이 있으시고 문양은 비단의 그림과 같으며 색깔은 주단(朱丹)19)과 같으신데, 이것을 제80으로 삼느니라. 선현이여. 이것을 80수호라고 이름하느니라.

선현이여. 여래·응공·정등각은 이와 같은 여러 상호를 성취한 까닭으로 몸의 광명이 자유롭게 운행되므로(任運) 삼천대천세계를 능히 비추면서 편만(遍滿)하지 않는 것이 없나니, 만약 작의(作意)하는 때라면 곧 능히 무량(無量)하고 무수(無數)이며 무변(無邊)한 세계를 널리 비추느니라. 그렇지만 제유정을 연민(憐愍)하시는 까닭으로 광명을 섭수하여 항상 얼굴에 각각 1심(一尋)을 비추느니라.

만약 색신의 광명을 풀어놓는다면, 곧 해와 달 등이 소유한 광명이 모두 항상 나타나지 않고, 제유정들의 부류가 밤·낮·보름(半月)·달(月)·계절(時)·년(歲)의 수효를 알지 못하며, 지었던 것의 사업이 성취되지 않느니라. 세존(佛)의 소리도 자유롭게 운행되므로 삼천대천세계에 편만하나니,

---

18) '만(卍)'자를 가리키고, '길상해운(吉祥海雲)'이라고도 말한다.
19) '곱고 붉은 빛깔'이라는 뜻이다.

만약 작의하는 때라면 곧 능히 무량하고 무수이며 무변한 세계에 편만하느니라. 그렇지만 제유정을 이익되고 안락하게 하려는 까닭으로 음성을 대중의 숫자를 따라서 줄이지도 않고 늘리지도 않느니라.

선현이여. 이와 같은 공덕의 수승한 이익을 나는 먼저 보살위(菩薩位)에서 반야바라밀다를 수행하는 때에 이미 능히 성취(成辦)하였던 까닭으로 상호가 원만하게 장엄되어서 일체의 유정이 보는 자는 환희하므로 모두가 수승한 이익과 안락을 획득하느니라. 이와 같이 선현이여. 보살마하살은 깊은 반야바라밀다를 수행하는 때에 재물과 법의 두 가지의 보시로써 제유정들을 섭수하나니, 이것이 매우 기이하고 희유한 법이니라.

선현이여. 무엇이 보살마하살이 능히 애어(愛語)로써 제유정을 섭수하는 것인가? 선현이여. 보살마하살이 깊은 반야바라밀다를 수행하는 때에 유연(柔軟)한 음성으로 유정의 부류들을 위하여 보시바라밀다를 설하여 방편으로 섭수하고, 다음으로 정계바라밀다를 설하여 방편으로 섭수하며, 다음으로 안인바라밀다를 설하여 방편으로 섭수하고, 다음으로 정진바라밀다를 설하여 방편으로 섭수하며, 다음으로 정려바라밀다를 설하여 방편으로 섭수하고, 다음으로 반야바라밀다를 설하여 방편으로 섭수하느니라.

선현이여. 보살마하살이 깊은 반야바라밀다를 수행하는 때에 부드러운 음성으로써 이러한 6바라밀다를 설하여 유정의 부류들을 섭수하느니라. 왜 그러한가? 오히려 이 6바라밀다가 널리 여러 선법을 섭수하는 까닭이니라. 선현이여. 무엇이 보살마하살이 능히 이행(利行)으로써 제유정을 섭수하는 것인가? 선현이여. 보살마하살이 깊은 반야바라밀다를 수행하는 때에 장야(長夜)의 가운데에서 여러 종류의 방편으로 제유정들에게 정근하면서 보시·정계·안인·정진·정려·반야바라밀다와 나머지의 여러 종류의 수승한 좋은 법을 수습하게 권유하면서 항상 게으름과 멈춤(廢)이 없는 것이니라.

선현이여. 무엇이 보살마하살이 능히 동사(同事)로써 제유정을 섭수하는 것인가? 선현이여. 보살마하살이 깊은 반야바라밀다를 수행하는 때에 수승한 신통과 큰 원력으로써 지옥·방생·귀계·인간·천상 등의 가운데에 나타나서 같이 그들의 사업을 방편으로 섭수하여 수승한 이익과 안락을 얻게 하느니라. 선현이여. 보살마하살이 능히 이와 같은 보시·애어·이행·동사로써 제유정들을 섭수하는데, 이것은 매우 기이하고 희유한 법이니라."

다시 다음으로 선현이여. 내가 불안으로써 시방의 무량한 긍가사 등의 세계를 두루 관찰하건대, 제보살마하살이 깊은 반야바라밀다를 수행하면서 여러 나머지의 보살들을 교수(敎授)하고 교계(敎誡)하면서 이렇게 말을 짓느니라.

'선남자들이여. 그대들은 상응하여 여러 글자의 다라니문(陀羅尼門)을 이끌어 일으키는 것을 잘 수학해야 하는데. 이를테면, 상응하여 1자(字)·2자·3자·4자·5자·6자·7자·8자·9자·10자, 이와 같아서 나아가 20자·30자·40자·50자·60자·70자·80자·90자·100자·1000자, 나아가 무수(無數)인 글자를 이끌어 일으키면서 자재(自在)해야 합니다.

또한 상응하여 일체의 언어(語言)가 모두 1자에 들어가고, 혹은 2자에 들어가며, 혹은 3자에 들어가고, 혹은 4자에 들어가며, 혹은 5자에 들어가고, 혹은 6자에 들어가며, 혹은 7자에 들어가고, 혹은 8자에 들어가며, 혹은 9자에 들어가고, 혹은 10자에 들어가며, 이와 같이, 나아가 20자에 들어가고, 30·40·50·60·70·80·90·100·1000, 나아가 무수에 들어가고 이끌어 일으키면서 자재해야 하고 잘 수학해야 합니다.

또한 상응하여 1자의 가운데에서 일체의 자를 섭수하고 이끌어 일으키면서 자재해야 하고, 또한 1자가 능히 42자를 섭수하고 42자가 능히 1자를 섭수하고 이끌어 일으키면서 자재해야 하고 잘 수학해야 합니다.'

선현이여. 이 보살마하살들은 이와 같이 42자가 1자에 들어가고, 1자가 42자에 들어간다고 잘 수학해야 하고, 이와 같이 수학하였다면 여러 글자의 가운데서 선교(善巧)를 이끌어 일으키고, 다시 글자 없는 것에서 선교를 이끌어 일으키느니라. 제여래·응공·정등각께서 법에서 선교이고, 글자에서 선교이며, 제법과 여러 글자에서 선교인 까닭으로 글자 없는 가운데에서 역시 선교를 얻고, 오히려 선교를 까닭으로 능히 유정들을 위하여 글자가 있는 법을 설하시고, 글자가 없는 법을 위하여 글자가 있는 법을 설하시는 것과 같으니라.

그 까닭은 무엇인가? 선현이여. 글자를 벗어났거나 글자가 없는 것이 불법과 다르지 않나니, 일체의 글자를 초월한다면 진실한 불법이라고 이름하느니라. 왜 그러한가? 일체법과 일체의 유정이 모두 필경공(畢竟空)이고, 무제공(無際空)인 까닭이니라."

그때 구수 선현이 세존께 아뢰어 말하였다.
"세존이시여. 만약 일체법과 일체의 유정이 모두 필경공이고, 무제공인 까닭으로 여러 글자를 초월한 자라면 곧 일체법과 일체의 유정들의 자성을 반드시 결국에는 모두 얻을 수 없습니다. 어찌 보살마하살이 반야바라밀다를 수행하고, 정려바라밀다·정진바라밀다·안인바라밀다·정계바라밀다·보시바라밀다를 수행합니까? 어찌 보살마하살이 4정려를 수행하고, 4무량·4무색정을 수행합니까? 어찌 보살마하살이 4념주를 수행하고, 4정단·4신족·5근·5력·7등각지·8성도지를 수행합니까?

어찌 보살마하살이 공해탈문을 수행하고, 무상·무원해탈문을 수행합니까? 어찌 보살마하살이 내공에 안주하고, 외공·내외공·공공·대공·승의공·유위공·무위공·필경공·무제공·산공·무변이공·본성공·자상공·공상공·일체법공·불가득공·무성공·자성공·무성자성공에 안주합니까? 어찌 보살마하살이 진여에 안주하고, 법계·법성·불허망성·불변이성·평등성·이생성·법정·법주·실제·허공계·부사의계에 안주합니까? 어찌 보살마하살이 고성제에 안주하고, 집·멸·도성제에 안주합니까?

어찌 보살마하살이 8해탈을 수행하고, 8승처·9차제정·10변처를 수행합니까? 어찌 보살마하살이 일체의 다라니문을 수행하고, 일체의 삼마지문을 수행합니까? 어찌 보살마하살이 극희지를 수행하고, 이구지·발광지·염혜지·극난승지·현전지·원행지·부동지·선혜지·법운지를 수행합니까? 어찌 보살마하살이 5안을 수행하고, 6신통을 수행합니까? 어찌 보살마하살이 여래의 10력을 수행하고, 4무소외·4무애해·18불불공법을 수행합니까?

어찌 보살마하살이 대자를 수행하고, 대비·대희·대사를 수행합니까? 어찌 보살마하살이 무망실법을 수행하고, 항주사성을 수행합니까? 어찌 보살마하살이 일체지를 수행하고, 도상지와 일체상지를 수행합니까? 어찌 보살마하살이 32대사상을 수행하고, 80수호를 수행합니까? 어찌 보살마하살이 이숙(異熟)에서 생겨나는 6신통에 안주하고 제유정들을 위하여 정법을 널리 설합니까?

세존이시여. 일체의 유정은 모두 얻을 수 없고, 일체 유정의 시설(施設)도 얻을 수 없으며, 일체의 유정을 얻을 수 없는 까닭으로 색(色)을 얻을 수 없고, 수(受)·상(想)·행(行)·식(識)도 얻을 수 없습니다. 일체의 유정을 얻을 수 없는 까닭으로 안처(眼處)를 얻을 수 없고, 이(耳)·비(鼻)·설(舌)·신(身)·의처(意處)도 얻을 수 없습니다.

일체의 유정을 얻을 수 없는 까닭으로 색처(色處)를 얻을 수 없고, 성(聲)·향(香)·미(味)·촉(觸)·법처(法處)도 얻을 수 없습니다. 일체의 유정을 얻을 수 없는 까닭으로 안계(眼界)를 얻을 수 없고, 이(耳)·비(鼻)·설(舌)·신(身)·의계(意界)도 얻을 수 없습니다. 일체의 유정을 얻을 수 없는 까닭으로 색계(色界)를 얻을 수 없고, 성(聲)·향(香)·미(味)·촉(觸)·법계(法界)도 얻을 수 없습니다.

일체의 유정을 얻을 수 없는 까닭으로 안식계(眼識界)를 얻을 수 없고, 이(耳)·비(鼻)·설(舌)·신(身)·의식계(意識界)도 얻을 수 없습니다. 일체의 유정을 얻을 수 없는 까닭으로 안촉(眼觸)을 얻을 수 없고, 이(耳)·비(鼻)·설(舌)·신(身)·의촉(意觸)도 얻을 수 없습니다. 일체의 유정을 얻을 수 없는 까닭으로 안촉(眼觸)을 인연으로 생겨난 여러 수(受)를 얻을 수 없고, 이(耳)·비(鼻)·설(舌)·신(身)·의촉(意觸)을 인연으로 생겨난 여러 수도 얻을 수 없습니다.

일체의 유정을 얻을 수 없는 까닭으로 지계(地界)를 얻을 수 없고, 수(水)·화(火)·풍(風)·공(空)·식계(識界)도 얻을 수 없습니다. 일체의 유정을 얻을 수 없는 까닭으로 인연(因緣)을 얻을 수 없고, 등무간연(等無間緣)· 소연연(所緣緣)·증상연(增上緣)도 얻을 수 없습니다. 일체의 유정을 얻을 수 없는 까닭으로 일체의 인연을 따라서 생겨난 법을 모두 얻을 수 없습니다. 일체의 유정을 얻을 수 없는 까닭으로 무명(無明)을 얻을 수 없고, 행(行)·식(識)·명색(名色)·육처(六處)·촉(觸)·수(受)·애(愛)·취(取)·유(有)·생(生)·노사(老死)의 수탄고우뇌(愁歎苦憂惱)도 얻을 수 없습니다.

일체의 유정을 얻을 수 없는 까닭으로 보시바라밀다(布施波羅蜜多)를 얻을 수 없고, 정계(淨戒)·안인(安忍)·정진(精進)·정려(靜慮)·반야바라밀다(般若波羅蜜多)도 얻을 수 없습니다. 일체의 유정을 얻을 수 없는 까닭으로 4정려(四靜慮)를 얻을 수 없고, 4무량(四無量)·4무색정(四無色定)도 얻을 수 없습니다. 일체의 유정을 얻을 수 없는 까닭으로 4념주(四念住)를 얻을 수 없고, 4정단(四正斷)·4신족(四神足)·5근(五根)·5력(五力)·7등각지(七等覺支)·8성도지(八聖道支)도 얻을 수 없습니다.

일체의 유정을 얻을 수 없는 까닭으로 공해탈문(空解脫門)을 얻을 수 없고, 무상(無相)·무원해탈문(無願解脫門)도 얻을 수 없습니다. 일체의 유정을 얻을 수 없는 까닭으로 내공(內空)을 얻을 수 없고, 외공(外空)·내외공(內外空)·공공(空空)·대공(大空)·승의공(勝義空)·유위공(有爲空)·무위공(無爲空)·필경공(畢竟空)·무제공(無際空)·산공(散空)·무변이공(無變異空)·본성공(本性空)·자상공(自相空)·공상공(共相空)·일체법공(一切法空)·불가득공(不可得空)·무성공(無性空)·자성공(自性空)·무성자성공(無性自性空)도 얻을 수 없습니다.

일체의 유정을 얻을 수 없는 까닭으로 진여(眞如)를 얻을 수 없고, 법계(法界)·법성(法性)·불허망성(不虛妄性)·불변이성(不變異性)·평등성(平等性)·이생성(離生性)·법정(法定)·법주(法住)·실제(實際)·허공계(虛空界)·부사의계(不思議界)도 얻을 수 없습니다. 일체의 유정을 얻을 수 없는 까닭으로 고성제(苦聖諦)를 얻을 수 없고, 집(集)·멸(滅)·도성제(道聖諦)도 얻을 수 없습니다. 일체의 유정을 얻을 수 없는 까닭으로 8해탈(八解脫)을 얻을 수 없고, 8승처(八勝處)·9차제정(九次第定)·10변처(十遍處)도 얻을 수 없습니다.

　일체의 유정을 얻을 수 없는 까닭으로 일체(一切)의 다라니문(陀羅尼門)을 얻을 수 없고, 일체의 삼마지문(三摩地門)도 얻을 수 없습니다. 일체의 유정을 얻을 수 없는 까닭으로 극희지(極喜地)를 얻을 수 없고, 이구지(離垢地)·발광지(發光地)·염혜지(焰慧地)·극난승지(極難勝地)·현전지(現前地)·원행지(遠行地)·부동지(不動地)·선혜지(善慧地)·법운지(法雲地)도 얻을 수 없습니다.

　일체의 유정을 얻을 수 없는 까닭으로 5안(五眼)을 얻을 수 없고, 6신통(六神通)도 얻을 수 없습니다. 일체의 유정을 얻을 수 없는 까닭으로 여래(佛)의 10력(十力)을 얻을 수 없고, 4무소외(四無所畏)·4무애해(四無礙解)·18불불공법(十八佛不共法)도 얻을 수 없습니다. 일체의 유정을 얻을 수 없는 까닭으로 대자(大慈)를 얻을 수 없고, 대비(大悲)·대희(大喜)·대사(大捨)도 얻을 수 없습니다. 일체의 유정을 얻을 수 없는 까닭으로 무망실법(無忘失法)을 얻을 수 없고, 항주사성(恒住捨性)도 얻을 수 없습니다.

　일체의 유정을 얻을 수 없는 까닭으로 일체지(一切智)를 얻을 수 없고, 도상지(道相智)·일체상지(一切相智)도 얻을 수 없습니다. 일체의 유정을 얻을 수 없는 까닭으로 여래(佛)의 예류과(預流果)를 얻을 수 없고, 일래(一來)·불환(不還)·아라한과(阿羅漢果)·독각(獨覺)의 보리(菩提)도 얻을 수 없습니다. 일체의 유정을 얻을 수 없는 까닭으로 일체의 보살마하살(菩薩摩訶薩)의 행(行)을 얻을 수 없고, 제불(諸佛)의 무상정등보리(無上正等菩提)도 얻을 수 없습니다.

　세존이시여. 얻을 수 없는 가운데에서는 유정이 없고 유정의 시설(施設)도 없으며, 색이 없고 색의 시설도 없으며, 수·상·행·식이 없고 수·상·행·식의 시설도 없으며, 안처가 없고 안처의 시설도 없으며, 이·비·설·신·의처가 없고 이·비·설·신·의처의 시설도 없으며 색처가 없고 색처의 시설도 없으며, 성·향·미·촉·법처가 없고 성·향·미·촉·법처의 시설도 없으며, 안계가 없고 안계의 시설도 없으며, 이·비·설·신·의계가 없고 이·비·설·

신·의계의 시설도 없으며, 색계가 없고 색계의 시설도 없으며, 성·향·미·촉·법계가 없고 성·향·미·촉·법계의 시설도 없으며, 안식계가 없고 안식계의 시설도 없으며, 이·비·설·신·의식계가 없고 이·비·설·신·의식계의 시설도 없습니다.

안촉이 없고 안촉의 시설도 없으며, 이·비·설·신·의촉이 없고 이·비·설·신·의촉의 시설도 없으며, 안촉을 인연으로 생겨난 여러 수가 없고 안촉을 인연으로 생겨난 여러 수의 시설도 없으며, 이·비·설·신·의촉을 인연으로 생겨난 여러 수가 없고 이·비·설·신·의촉을 인연으로 생겨난 여러 수의 시설도 없으며, 지계가 없고 지계의 시설도 없으며, 수·화·풍·공·식계가 없고 수·화·풍·공·식계의 시설도 없으며, 인연이 없고 인연의 시설도 없으며, 등무간연·소연연·증상연이 없고 등무간연·소연연·증상연의 시설도 없으며, 여러 인연에서 생겨난 제법도 없고 모든 인연에서 생겨난 제법의 시설도 없습니다.

무명이 없고 무명의 시설도 없으며, 행·식·명색·육처·촉·수·애·취·유·생·노사의 수탄고우뇌도 없고 행, 나아가 노사의 수탄고우뇌의 시설도 없으며, 보시바라밀다가 없고 보시바라밀다의 시설도 없으며, 정계·안인·정진·정려·반야비라밀다가 있고 정계, 나아가 반야바라밀다의 시설도 없으며, 4정려가 없고 4정려의 시설도 없으며, 4무량·4무색정이 없고 4무량·4무색정의 시설도 없으며, 4념주가 없고 4념주의 시설도 없으며, 4정단·4신족·5근·5력·7등각지·8성도지가 없고 4정단, 나아가 8성도지의 시설도 없으며, 공해탈문이 없고 공해탈문의 시설도 없으며, 무상·무원해탈문이 없고 무상·무원해탈문의 시설도 없습니다.

내공이 없고 내공의 시설도 없으며, 외공·내외공·공공·대공·승의공·유위공·무위공·필경공·무제공·산공·무변이공·본성공·자상공·공상공·일체법공·불가득공·무성공·자성공·무성자성공도 없고 외공, 나아가 무성자성공의 시설도 없으며, 진여가 없고 진여의 시설도 없으며, 법계·법성·불허망성·불변이성·평등성·이생성·법정·법주·실제·허공계·부사의계가 없고 법계, 나아가 부사의계의 시설도 없으며, 고성제가 없고 고성제의 시설도 없으며, 집·멸·도성제가 없고 집·멸·도성제의 시설도 없으며, 8해탈이 없고 8해탈의 시설도 없으며, 8승처·9차제정·10변처가 없고 8승처·9차제정·10변처의 시설도 없으며, 다라니문이 없고 다라니문의 시설도 없으며, 삼마지문이 없고 삼마지문의 시설도 없습니다.

극희지가 없고 극희지의 시설도 없으며, 이구지·발광지·염혜지·극난승지·현전지·원행지·부동지·선혜지·법운지가 없고 이구지, 나아가 법운지의 시설도 없으며, 5안이 없고 5안의 시설도 없으며, 6신통이 없고 6신통의 시설도 없으며, 여래의 10력이 없고 여래의 10력의 시설도 없으며, 4무소외·4무애해·18불불공법이 없고 4무소외·4무애해·18불불공법의 시설도 없으며, 대자가 없고 대자의 시설도 없으며, 대비·대희·대사가 없고 대비·대희·대사의 시설도 없습니다. 무망실법이 없고 무망실법의 시설도 없으며, 항주사성이 없고 항주사성의 시설도 없으며, 일체지가 없고 일체지의 시설도 없으며, 도상지·일체상지가 없고 도상지·일체상지의 시설도 없습니다.

예류과가 없고 예류과의 시설도 없으며, 일래·불환·아라한과·독각의 보리가 없고 일래과·불환과·아라한과·독각의 보리의 시설도 없으며, 일체의 보살마하살의 행도 없고 일체의 보살마하살의 행의 시설도 없으며, 제불의 무상정등보리가 없고 제불의 무상정등보리의 시설도 없으며 32대사상이 없고 32대사상의 시설도 없으며, 80수호가 없고 80수호의 시설도 없습니다.

세존이시여. 일체의 유정과 법의 시설을 이미 얻을 수 없다면 모두가 무소유(無所有)인데, 어찌하여 보살마하살은 깊은 반야바라밀다를 수행하는 때에 제유정들을 위하여 제법을 널리 설합니까? 세존이시여. 제보살마하살은 스스로 정법이 아니라면 안주하지 않아야 하고, 제유정을 위하여 정법이 아니라면 설하지 않아야 하며, 제유정들에게 정법이 아니라면 안주하라고 권유하지 않아야 하고, 전도된 법으로써 유정들을 안립(安立)시키지 않아야 합니다. 왜 그러한가? 세존이시여. 보살마하살이 깊은 반야바라밀다를 수행하는 때에 오히려 보리를 얻을 수 없는데, 하물며 보리분법을 얻을 수 있겠으며, 오히려 보살마하살을 얻을 수 없는데, 하물며 보살마하살의 법을 얻을 수 있겠습니까?"

세존께서 선현에게 알리셨다.

"그와 같으니라. 그와 같으니라. 그대가 말한 것과 같이 일체의 유정을 모두 얻을 수 없고 일체의 유정의 시설도 얻을 수 없으며, 일체법을 얻을 수 없고 일체법의 시설도 얻을 수 없느니라. 오히려 얻을 수 없는 까닭으로 모두 무소유이고, 무소유인 까닭으로 내공이라고 마땅히 알아야 하고 외공·내외공·공공·대공·승의공·유위공·무위공·필경공·무제공·산공·무변이공·본성공·자상공·공상공·일체법공·불가득공·무성공·자성공·무성자성공이라고 마땅히 알아야 하며,

진여가 공이라고 마땅히 알아야 하고 법계·법성·불허망성·불변이성·평등성·이생성·법정·법주·실제·허공계·부사의계가 공이라고 마땅히 알아야 하며, 고성제가 공이라고 마땅히 알아야 하고 집·멸·도성제가 공이라고 마땅히 알아야 하며, 색이 공이라고 마땅히 알아야 하고 수·상·행·식이 공이라고 마땅히 알아야 하며, 안처가 공이라고 마땅히 알아야 하고 이·비·설·신·의처가 공이라고 마땅히 알아야 하며, 색처가 공이라고 마땅히 알아야 하고 성·향·미·촉·법처가 공이라고 마땅히 알아야 하며,

안계가 공이라고 마땅히 알아야 하고 이·비·설·신·의계가 공이라고 마땅히 알아야 하며, 색계가 공이라고 마땅히 알아야 하고 성·향·미·촉·법계가 공이라고 마땅히 알아야 하며, 안식계가 공이라고 마땅히 알아야 하고 이·비·설·신·의식계가 공이라고 마땅히 알아야 하며, 안촉이 공이라고 마땅히 알아야 하고 이·비·설·신·의촉이 공이라고 마땅히 알아야 하며, 안촉을 인연으로 생겨난 여러 수가 공이라고 마땅히 알아야 하고 이·비·설·신·의촉을 인연으로 생겨난 여러 수가 공이라고 마땅히 알아야 하며,

지계가 공이라고 마땅히 알아야 하고 수·화·풍·공·식계가 공이라고 마땅히 알아야 하며, 인연이 공이라고 마땅히 알아야 하고 등무간연·소연

연·증상연이 공이라고 마땅히 알아야 하며, 여러 인연에서 생겨난 제법이 공이라고 마땅히 알아야 하며, 무명이 공이라고 마땅히 알아야 하고 행·식·명색·육처·촉·수·애·취·유·생·노사의 수탄고우뇌도 공이라고 마땅히 알아야 하며,

아(我)가 공이라고 마땅히 알아야 하고 유정(有情)·명자(命者)·생자(生者)·양자(養者)·사부(士夫)·보특가라(補特伽羅)·의생(意生)·유동(孺童)·작자(作者)·사작자(使作者)·기자(起者)·사기자(使起者)·수자(受者)·사수자(使受者)·지자(知者)·견자(見者)가 공이라고 마땅히 알아야 하며, 보시바라밀다가 공이라고 마땅히 알아야 하고 정계·안인·정진·정려·반야바라밀다가 공이라고 마땅히 알아야 하며, 4정려가 공이라고 마땅히 알아야 하고 4무량·4무색정이 공이라고 마땅히 알아야 하며,

4념주가 공이라고 마땅히 알아야 하고 4정단·4신족·5근·5력·7등각지·8성도지가 공이라고 마땅히 알아야 하며, 공해탈문이 공이라고 마땅히 알아야 하고 무상·무원해탈문이 공이라고 마땅히 알아야 하며, 8해탈이 공이라고 마땅히 알아야 하고 8승처·9차제정·10변처가 공이라고 마땅히 알아야 하며, 일체의 다라니문이 공이라고 마땅히 알아야 하고 일체의 삼마지문이 공이라고 마땅히 알아야 하며, 극희지가 공이라고 마땅히 알아야 하고 이구지·발광지·염혜지·극난승지·현전지·원행지·부동지·선혜지·법운지가 공이라고 마땅히 알아야 하며,

5안이 공이라고 마땅히 알아야 하고 6신통이 공이라고 마땅히 알아야 하며, 여래의 10력이 공이라고 마땅히 알아야 하고, 4무소외·4무애해·18불불공법이 공이라고 마땅히 알아야 하며, 대자가 공이라고 마땅히 알아야 하고 대비·대희·대사가 공이라고 마땅히 알아야 하며, 무망실법이 공이라고 마땅히 알아야 하고 항주사성이 공이라고 마땅히 알아야 하며, 일체지가 공이라고 마땅히 알아야 하고 도상지·일체상지가 공이라고 마땅히 알아야 하며,

예류과가 공이라고 마땅히 알아야 하고 일래·불환·아라한과·독각의 보리가 공이라고 마땅히 알아야 하며, 일체의 보살마하살의 행이 공이라

고 마땅히 알아야 하고 제불의 무상정등보리가 공이라고 마땅히 알아야 하며, 32대사상이 공이라고 마땅히 알아야 하고 80수호가 공이라고 마땅히 알아야 하느니라.

　선현이여. 보살마하살이 깊은 반야바라밀다를 수행하는 때에 일체법이 모두 공하다고 보았다면 제유정들을 위하여 제법을 널리 설하여 전도를 벗어나게 하느니라. 비록 유정들을 위하여 제법을 널리 설하더라도 유정들에게 모두 얻는 것이 없고 일체법에서 얻는 것도 없으며, 여러 공상(空相)에서 증장하지도 않고 소멸하지도 않으며, 취하는 것이 없고 버리는 것도 없느니라. 오히려 이러한 인연으로 비록 제법을 설하더라도 설하는 것이 없느니라.

　선현이여. 이 보살마하살은 일체법에서 이와 같이 관찰하는 때에 일체법에서 장애가 없는 지혜(無障智)를 증득하느니라. 오히려 이러한 지혜를 까닭으로 제법을 무너뜨리지 않고 두 가지로 분별함이 없으며, 제유정들을 위하여 여실하게 널리 설하여 망상(妄想)과 전도(顚倒)된 집착을 벗어나고 그 상응하는 것을 따라서 삼승의 과위(三乘果)에 나아가느니라."

마하반야바라밀다경 제382권

68. 제공덕상품(諸功德相品)(4)

"다시 다음으로 선현이여. 만약 여래·응공·정등각이 있어 변화시켜서 한 여래(佛)를 지으셨고, 이 여래께서 다시 무량한 백천 구지(俱胝)·나유다(那庾多)의 많은 대중을 능히 변화시켜 지었던 때에, 그 변화시켰던 여래께서 이 변화시켰던 대중들을 교화하셨으며, 혹은 보시바라밀다를 수행하게 하셨고, 혹은 정계바라밀다를 수행하게 하셨으며, 혹은 안인바라밀다를 수행하게 하셨고, 혹은 정진바라밀다를 수행하게 하셨으며, 혹은 정려바라밀다를 수행하게 하셨고, 혹은 반야바라밀다를 수행하게 하셨으며, 혹은 4정려를 수행하게 하셨고, 혹은 4무량·4무색정을 수행하게 하셨으며,

혹은 4념주를 수행하게 하셨고, 혹은 4정단·4신족·5근·5력·7등각지·8성도지를 수행하게 하셨으며, 혹은 공해탈문을 수행하게 하셨고, 혹은 무상·무원해탈문을 수행하게 하셨으며, 혹은 내공에 안주하게 하셨고, 혹은 외공·내외공·공공·대공·승의공·유위공·무위공·필경공·무제공·산공·무변이공·본성공·자상공·공상공·일체법공·불가득공·무성공·자성공·무성자성공에 안주하게 하셨으며, 혹은 진여에 안주하게 하셨고, 혹은 법계·법성·불허망성·불변이성·평등성·이생성·법정·법주·실제·허공계·부사의계에 안주하게 하셨으며, 혹은 고성제에 안주하게 하며, 혹은 집·멸·도성제에 안주하게 하셨으며,

혹은 8해탈을 수행하게 하셨고, 혹은 8승처·9차제정·10변처를 수행하

게 하셨으며, 혹은 일체의 다라니문을 수행하게 하셨고, 혹은 일체의 삼마지문을 수행하게 하셨으며, 혹은 극희지를 수행하게 하셨고, 혹은 이구지·발광지·염혜지·극난승지·현전지·원행지·부동지·선혜지·법운지를 수행하게 하셨으며, 혹은 5안을 수행하게 하셨고, 혹은 6신통을 수행하게 하셨으며, 혹은 여래의 10력을 수행하게 하셨고, 혹은 4무소외·4무애해·18불불공법을 수행하게 하셨으며, 혹은 대자를 수행하게 하셨고, 혹은 대비·대희·대사를 수행하게 하셨으며,

혹은 무망실법을 수행하게 하셨고, 혹은 항주사성을 수행하게 하셨으며, 혹은 일체지를 수행하게 하셨고, 혹은 도상지·일체상지를 수행하게 하셨으며, 혹은 32대사상을 수행하게 하셨고, 혹은 80수호를 수행하게 하셨으며, 혹은 예류과를 증득하게 하셨고, 혹은 일래·불환·아라한과·독각의 보리를 증득하게 하셨으며, 혹은 보살의 수승한 지위를 증득하게 하셨고, 혹은 제불의 무상정등보리를 증득하게 하셨다면, 선현이여. 그대의 뜻은 어떠한가? 이때의 변화시켰던 여래와 변화시켰던 대중들이 특히 제법에서 분별하는 것이 있고 파괴하는 것이 있겠는가?"

선현이 대답하여 말하였다.

"없습니다. 세존이시여. 없습니다. 선서시여. 여러 변화시켰던 것은 분별이 없는 까닭입니다."

세존께서 말씀하셨다.

"선현이여. 오히려 이러한 인연으로 보살마하살도 역시 이와 같이 깊은 반야바라밀다를 수행하여 제유정들을 위하여 상응하게 설법하고, 비록 법상(法相)을 분별하거나 무너뜨리지 않더라도 능히 유정들을 여실하게 안립시켜서 그들에게 상응하여 안주할 지위(地)에 안주하게 하며, 비록 유정과 일체법에서 모두 얻는 것이 없더라도 유정들에게 망상(妄想)과 전도(顚倒)된 집착(執著)에서 해탈(解脫)시켜서 계박(繫縛)도 없고 해탈도 없는 것으로 방편을 삼았던 까닭이라고 마땅히 알아야 하느니라.

그 까닭은 무엇인가? 선현이여. 색의 본성(本性)은 계박이 없고 해탈이 없으며 수·상·행·식의 본성도 역시 계박이 없고 해탈이 없나니, 색의

본성이 계박이 없고 해탈도 없다면 곧 색이 아니고 수·상·행·식의 본성도 역시 계박이 없고 해탈도 없다면 곧 수·상·행·식이 아니니라. 왜 그러한가? 색, 나아가 식은 반드시 결국에는 청정한 까닭이니라.

　선현이여. 안처의 본성은 계박이 없고 해탈이 없으며 이·비·설·신·의처의 본성도 역시 계박이 없고 해탈이 없나니, 안처의 본성이 계박이 없고 해탈도 없다면 곧 안처가 아니고 이·비·설·신·의처의 본성도 역시 계박이 없고 해탈도 없다면 곧 이·비·설·신·의처가 아니니라. 왜 그러한가? 안처, 나아가 의처는 반드시 결국에는 청정한 까닭이니라.

　선현이여. 색처의 본성은 계박이 없고 해탈이 없으며 성·향·미·촉·법처의 본성도 역시 계박이 없고 해탈이 없나니, 색처의 본성이 계박이 없고 해탈도 없다면 곧 색처가 아니고 성·향·미·촉·법처의 본성도 역시 계박이 없고 해탈도 없다면 곧 성·향·미·촉·법처가 아니니라. 왜 그러한가? 색처, 나아가 법처는 반드시 결국에는 청정한 까닭이니라.

　선현이여. 안계의 본성은 계박이 없고 해탈이 없으며 이·비·설·신·의계의 본성도 계박이 없고 해탈이 없나니, 안계의 본성이 계박이 없고 해탈도 없다면 곧 안계가 아니고 이·비·설·신·의계의 본성도 역시 계박이 없고 해탈도 없다면 곧 이·비·설·신·의계가 아니니라. 왜 그러한가? 안계, 나아가 의계는 반드시 결국에는 청정한 까닭이니라.

　선현이여. 색계의 본성은 계박이 없고 해탈이 없으며 성·향·미·촉·법계의 본성도 역시 계박이 없고 해탈이 없나니, 색계의 본성이 계박이 없고 해탈도 없다면 곧 색계가 아니고 성·향·미·촉·법계의 본성도 역시 계박이 없고 해탈도 없다면 곧 성·향·미·촉·법계가 아니니라. 왜 그러한가? 색계, 나아가 법계는 반드시 결국에는 청정한 까닭이니라.

　선현이여. 안식계의 본성은 계박이 없고 해탈이 없으며 이·비·설·신·의식계의 본성도 역시 계박이 없고 해탈이 없나니, 안식계의 본성이 계박이 없고 해탈도 없다면 곧 안식계가 아니고 이·비·설·신·의식계의 본성도 역시 계박이 없고 해탈도 없다면 곧 이·비·설·신·의식계가 아니니라. 왜 그러한가? 안식계, 나아가 의식계는 반드시 결국에는 청정한 까닭이니라.

선현이여. 안촉의 본성은 계박이 없고 해탈이 없으며 이·비·설·신·의촉의 본성도 역시 계박이 없고 해탈이 없나니, 안촉의 본성이 계박이 없고 해탈도 없다면 곧 안촉이 아니고 이·비·설·신·의촉의 본성도 역시 계박이 없고 해탈도 없다면 곧 이·비·설·신·의촉이 아니니라. 왜 그러한가? 안촉, 나아가 의촉은 반드시 결국에는 청정한 까닭이니라.

선현이여. 안촉을 인연으로 생겨난 여러 수의 본성은 계박이 없고 해탈이 없으며 이·비·설·신·의촉을 인연으로 생겨난 여러 수의 본성도 역시 계박이 없고 해탈이 없나니, 안촉을 인연으로 생겨난 여러 수의 본성이 계박이 없고 해탈도 없다면 곧 안촉을 인연으로 생겨난 여러 수가 아니고 이·비·설·신·의촉을 인연으로 생겨난 여러 수의 본성도 역시 계박이 없고 해탈도 없다면 곧 이·비·설·신·의촉을 인연으로 생겨난 여러 수가 아니니라. 왜 그러한가? 안촉을 인연으로 생겨난 여러 수, 나아가 의촉을 인연으로 생겨난 여러 수는 반드시 결국에는 청정한 까닭이니라.

선현이여. 지계의 본성은 계박이 없고 해탈이 없으며 수·화·풍·공·식계의 본성도 역시 계박이 없고 해탈이 없나니, 지계의 본성이 계박이 없고 해탈도 없다면 곧 지계가 아니고 수·화·풍·공·식계의 본성도 역시 계박이 없고 해탈도 없다면 곧 수·화·풍·공·식계가 아니니라. 왜 그러한가? 지계, 나아가 식계는 반드시 결국에는 청정한 까닭이니라.

선현이여. 인연의 본성은 계박이 없고 해탈이 없으며 등무간연·소연연·증상연의 본성도 역시 계박이 없고 해탈이 없나니, 인연의 본성이 계박이 없고 해탈도 없다면 곧 인연이 아니고 등무간연·소연연·증상연의 본성도 역시 계박이 없고 해탈도 없다면 곧 등무간연·소연연·증상연이 아니니라. 왜 그러한가? 인연, 나아가 증상연은 반드시 결국에는 청정한 까닭이니라.

선현이여. 여러 인연을 따라서 생겨난 법의 본성은 계박과 해탈이 없나니, 여러 인연을 따라서 생겨난 법의 본성이 계박이 없고 해탈도 없다면 곧 여러 인연을 따라서 생겨난 법이 아니니라. 왜 그러한가? 여러 인연을 따라서 생겨난 법은 반드시 결국에는 청정한 까닭이니라.

선현이여. 무명의 본성은 계박이 없고 해탈이 없으며 행·식·명색·육처·촉·수·애·취·유·생·노사의 수탄고우뇌의 본성도 역시 계박이 없고 해탈이 없나니, 무명의 본성이 계박이 없고 해탈도 없다면 곧 무명이 아니고 행, 나아가 노사의 수탄고우뇌의 본성도 역시 계박이 없고 해탈도 없다면 곧 행, 나아가 노사의 수탄고우뇌가 아니니라. 왜 그러한가? 무명, 나아가 노사의 수탄고우뇌는 반드시 결국에는 청정한 까닭이니라.

선현이여. 보시바라밀다의 본성은 계박이 없고 해탈이 없으며 정계·안인·정진·정려·반야바라밀다의 본성도 역시 계박이 없고 해탈이 없나니, 보시바라밀다의 본성이 계박이 없고 해탈도 없다면 곧 보시바라밀다가 아니고 정계·안인·정진·정려·반야바라밀다의 본성도 역시 계박이 없고 해탈도 없다면 곧 정계·안인·정진·정려·반야바라밀다가 아니니라. 왜 그러한가? 보시바라밀다, 나아가 반야바라밀다는 반드시 결국에는 청정한 까닭이니라.

선현이여. 4정려의 본성은 계박이 없고 해탈이 없으며 4무량·4무색정의 본성도 역시 계박이 없고 해탈이 없나니, 4정려의 본성이 계박이 없고 해탈도 없다면 곧 4정려가 아니고 4무량·4무색정의 본성도 역시 계박이 없고 해탈도 없다면 곧 4무량·4무색정이 아니니라. 왜 그러한가? 4정려, 나아가 4무색정은 반드시 결국에는 청정한 까닭이니라.

선현이여. 4념주의 본성은 계박이 없고 해탈이 없으며 4정단·4신족·5근·5력·7등각지·8성도지의 본성도 역시 계박이 없고 해탈이 없나니, 4념주의 본성이 계박이 없고 해탈도 없다면 곧 4념주가 아니고 4정단, 나아가 8성도지의 본성도 역시 계박이 없고 해탈도 없다면 곧 4정단·4신족·5근·5력·7등각지·8성도지가 아니니라. 왜 그러한가? 4념주, 나아가 8성도지는 반드시 결국에는 청정한 까닭이니라.

선현이여. 공해탈문의 본성은 계박이 없고 해탈이 없으며 무상·무원해탈문의 본성도 역시 계박이 없고 해탈이 없나니, 공해탈문의 본성이 계박이 없고 해탈도 없다면 곧 공해탈문이 아니고 무상·무원해탈문의 본성도 역시 계박이 없고 해탈도 없다면 곧 무상·무원해탈문이 아니니라.

왜 그러한가? 공해탈문, 나아가 무원해탈문은 반드시 결국에는 청정한 까닭이니라.

선현이여. 내공의 본성은 계박이 없고 해탈이 없으며 외공·내외공·공공·대공·승의공·유위공·무위공·필경공·무제공·산공·무변이공·본성공·자상공·공상공·일체법공·불가득공·무성공·자성공·무성자성공의 본성도 역시 계박이 없고 해탈이 없나니, 내공의 본성이 계박이 없고 해탈도 없다면 곧 내공이 아니고 외공, 나아가 무성자성공의 본성도 역시 계박이 없고 해탈도 없다면 곧 외공, 나아가 무성자성공이 아니니라. 왜 그러한가? 내공, 나아가 무성자성공은 반드시 결국에는 청정한 까닭이니라.

선현이여. 고성제의 본성은 계박이 없고 해탈이 없으며 집·멸·도성제의 본성도 역시 계박이 없고 해탈이 없나니, 고성제의 본성이 계박이 없고 해탈도 없다면 곧 고성제가 아니고 집·멸·도성제의 본성도 역시 계박이 없고 해탈도 없다면 곧 집·멸·도성제가 아니니라. 왜 그러한가? 고성제, 나아가 도성제는 반드시 결국에는 청정한 까닭이니라.

선현이여. 8해탈의 본성은 계박이 없고 해탈이 없으며 8승처·9차제정·10변처의 본성도 역시 계박이 없고 해탈이 없나니, 8해탈의 본성이 계박이 없고 해탈도 없다면 곧 8해탈이 아니고 8승처·9차제정·10변처의 본성도 역시 계박이 없고 해탈도 없다면 곧 8승처·9차제정·10변처가 아니니라. 왜 그러한가? 8해탈, 나아가 10변처는 반드시 결국에는 청정한 까닭이니라.

선현이여. 일체의 다라니문의 본성은 계박이 없고 해탈이 없으며 일체의 삼마지문의 본성도 역시 계박이 없고 해탈이 없나니, 일체의 다라니문의 본성이 계박이 없고 해탈도 없다면 곧 일체의 다라니문이 아니고 일체의 삼마지문의 본성도 역시 계박이 없고 해탈도 없다면 곧 일체의 삼마지문이 아니니라. 왜 그러한가? 일체의 다라니문과 일체의 삼마지문은 반드시 결국에는 청정한 까닭이니라.

선현이여. 극희지의 본성은 계박이 없고 해탈이 없으며 이구지·발광지·염혜지·극난승지·현전지·원행지·부동지·선혜지·법운지의 본성도 역시 계박이 없고 해탈이 없나니, 극희지의 본성이 계박이 없고 해탈도 없다면 곧 극희지가 아니고 이구지, 나아가 법운지의 본성도 역시 계박이 없고 해탈도 없다면 곧 이구지, 나아가 법운지가 아니니라. 왜 그러한가? 극희지, 나아가 법운지는 반드시 결국에는 청정한 까닭이니라.

선현이여. 5안의 본성은 계박이 없고 해탈이 없으며 6신통의 본성도 역시 계박이 없고 해탈이 없나니, 5안의 본성이 계박이 없고 해탈도 없다면 곧 5안이 아니고 6신통의 본성도 역시 계박이 없고 해탈도 없다면 곧 6신통이 아니니라. 왜 그러한가? 5안과 6신통은 반드시 결국에는 청정한 까닭이니라.

선현이여. 여래의 10력의 본성은 계박이 없고 해탈이 없으며 4무소외·4무애해·18불불공법의 본성도 역시 계박이 없고 해탈이 없나니, 여래의 10력의 본성이 계박이 없고 해탈도 없다면 곧 여래의 10력이 아니고 4무소외·4무애해·18불불공법의 본성도 역시 계박이 없고 해탈도 없다면 곧 4무소외·4무애해·18불불공법이 아니니라. 왜 그러한가? 여래의 10력, 나아가 18불불공법은 반드시 결국에는 청정한 까닭이니라.

선현이여. 대자의 본성은 계박이 없고 해탈이 없으며 대비·대희·대사의 본성도 역시 계박이 없고 해탈이 없나니, 대자의 본성이 계박이 없고 해탈도 없다면 곧 대자가 아니고 대비·대희·대사의 본성도 역시 계박이 없고 해탈도 없다면 곧 대비·대희·대사가 아니니라. 왜 그러한가? 대자, 나아가 대사는 반드시 결국에는 청정한 까닭이니라.

선현이여. 무망실법의 본성은 계박이 없고 해탈이 없으며 항주사성의 본성도 역시 계박이 없고 해탈이 없나니, 무망실법의 본성이 계박이 없고 해탈도 없다면 곧 무망실법이 아니고 항주사성의 본성도 역시 계박이 없고 해탈도 없다면 곧 항주사성이 아니니라. 왜 그러한가? 무망실법과 항주사성은 반드시 결국에는 청정한 까닭이니라.

선현이여. 일체지의 본성은 계박이 없고 해탈이 없으며 도상지·일체상지의 본성도 역시 계박이 없고 해탈이 없나니, 일체지의 본성이 계박이 없고 해탈도 없다면 곧 일체지가 아니고 도상지·일체상지의 본성도 역시 계박이 없고 해탈도 없다면 곧 도상지·일체상지가 아니니라. 왜 그러한가? 일체지, 나아가 일체상지는 반드시 결국에는 청정한 까닭이니라.

선현이여. 32대사상의 본성은 계박이 없고 해탈이 없으며 80수호의 본성도 역시 계박이 없고 해탈이 없나니, 32대사상의 본성이 계박이 없고 해탈도 없다면 곧 32대사상이 아니고 80수호의 본성도 역시 계박이 없고 해탈도 없다면 곧 80수호가 아니니라. 왜 그러한가? 32대사상과 80수호는 반드시 결국에는 청정한 까닭이니라.

선현이여. 예류과의 본성은 계박이 없고 해탈이 없으며 일래·불환·아라한과·독각의 보리의 본성도 역시 계박이 없고 해탈이 없나니, 예류과의 본성이 계박이 없고 해탈도 없다면 곧 예류과가 아니고 일래·불환·아라한과·독각의 보리의 본성도 역시 계박이 없고 해탈도 없다면 곧 일래·불환·아라한과·독각의 보리가 아니니라. 왜 그러한가? 예류과, 나아가 독각의 보리는 반드시 결국에는 청정한 까닭이니라.

선현이여. 일체의 보살마하살의 행의 본성은 계박이 없고 해탈이 없으며 제불의 무상정등보리의 본성도 역시 계박이 없고 해탈이 없나니, 일체의 보살마하살의 행의 본성이 계박이 없고 해탈도 없다면 곧 일체의 보살마하살의 행이 아니고 제불의 무상정등보리의 본성도 역시 계박이 없고 해탈도 없다면 곧 제불의 무상정등보리가 아니니라. 왜 그러한가? 일체의 보살마하살의 행과 제불의 무상정등보리는 반드시 결국에는 청정한 까닭이니라.

선현이여. 세간법의 본성은 계박이 없고 해탈이 없으며 출세간법의 본성도 역시 계박이 없고 해탈이 없나니, 세간법의 본성이 계박이 없고 해탈도 없다면 곧 세간법이 아니고 출세간법의 본성도 역시 계박이 없고 해탈도 없다면 곧 출세간법이 아니니라. 왜 그러한가? 세간법과 출세간법은 반드시 결국에는 청정한 까닭이니라.

선현이여. 유루법의 본성은 계박이 없고 해탈이 없으며 무루법의 본성도 역시 계박이 없고 해탈이 없나니, 유루법의 본성이 계박이 없고 해탈도 없다면 곧 유루법이 아니고 무루법의 본성도 역시 계박이 없고 해탈도 없다면 곧 무루법이 아니니라. 왜 그러한가? 유루법과 무루법은 반드시 결국에는 청정한 까닭이니라.

선현이여. 유위법의 본성은 계박이 없고 해탈이 없으며 무위법의 본성도 역시 계박이 없고 해탈이 없나니, 유위법의 본성이 계박이 없고 해탈도 없다면 곧 유위법이 아니고 무위법의 본성도 역시 계박이 없고 해탈도 없다면 곧 무위법이 아니니라. 왜 그러한가? 유위법과 무위법은 반드시 결국에는 청정한 까닭이니라.

이와 같이 선현이여. 보살마하살이 깊은 반야바라밀다를 수행하는 때에, 비록 유정을 위하여 제법을 널리 설하더라도, 유정들과 제법에서 모두 얻는 것이 없느니라. 왜 그러한가? 제유정들과 일체법으로써 얻을 수 없는 까닭이니라.

다시 다음으로 선현이여. 보살마하살이 깊은 반야바라밀다를 수행하는 때에, 안주(安住)함이 없는 것으로써 방편을 삼는 까닭으로 일체법의 얻는 것이 없는 가운데에서 안주하는데 이를테면, 안주함이 없는 것으로써 방편을 삼는 까닭으로 색의 공(空)에 안주하고 안주함이 없는 것으로써 방편을 삼는 까닭으로 수·상·행·식의 공에 안주하며, 안주함이 없는 것으로써 방편을 삼는 까닭으로 안처의 공에 안주하고 안주함이 없는 것으로써 방편을 삼는 까닭으로 이·비·설·신·의처의 공에 안주하며, 안주함이 없는 것으로써 방편을 삼는 까닭으로 색처의 공에 안주하고 안주함이 없는 것으로써 방편을 삼는 까닭으로 성·향·미·촉·법처의 공에 안주하느니라.

안주함이 없는 것으로써 방편을 삼는 까닭으로 안계의 공에 안주하고 안주함이 없는 것으로써 방편을 삼는 까닭으로 이·비·설·신·의계의 공에 안주하며, 안주함이 없는 것으로써 방편을 삼는 까닭으로 색계의 공에 안주하고 안주함이 없는 것으로써 방편을 삼는 까닭으로 성·향·미·촉·법계의 공에 안주하며, 안주함이 없는 것으로써 방편을 삼는 까닭으로 안식계의 공에 안주하고 안주함이 없는 것으로써 방편을 삼는 까닭으로 이·비·설·신·의식계의 공에 안주하며, 안주함이 없는 것으로써 방편을 삼는 까닭으로 안촉의 공에 안주하고 안주함이 없는 것으로써 방편을 삼는 까닭으로 이·비·설·신·의촉의 공에 안주하며, 안주함이 없는 것으로써 방편을 삼는 까닭으로 안촉을 인연으로 생겨난 여러 수의 공에 안주하고 안주함이 없는 것으로써 방편을 삼는 까닭으로 이·비·설·신·의촉을 인연으로 생겨난 여러 수의 공에 안주하느니라.

 안주함이 없는 것으로써 방편을 삼는 까닭으로 지계의 공에 안주하고 안주함이 없는 것으로써 방편을 삼는 까닭으로 수·화·풍·공·식계의 공에 안주하며, 안주함이 없는 것으로써 방편을 삼는 까닭으로 인연의 공에 안주하고 안주함이 없는 것으로써 방편을 삼는 까닭으로 등무간연·소연연·증상연의 공에 안주하며, 안주함이 없는 것으로써 방편을 삼는 까닭으로 무명의 공에 안주하고 안주함이 없는 것으로써 방편을 삼는 까닭으로 행·식·명색·육처·촉·수·애·취·유·생·노사의 수탄고우뇌의 공에 안주하며, 안주함이 없는 것으로써 방편을 삼는 까닭으로 보시바라밀다의 공에 안주하고 안주함이 없는 것으로써 방편을 삼는 까닭으로 정계·안인·정진·정려·반야바라밀다의 공에 안주하며, 안주함이 없는 것으로써 방편을 삼는 까닭으로 4정려의 공에 안주하고 안주함이 없는 것으로써 방편을 삼는 까닭으로 4무량·4무색정의 공에 안주하느니라.

 안주함이 없는 것으로써 방편을 삼는 까닭으로 4념주의 공에 안주하고 안주함이 없는 것으로써 방편을 삼는 까닭으로 4정단·4신족·5근·5력·7등각지·8성도지의 공에 안주하며, 안주함이 없는 것으로써 방편을 삼는 까닭으로 공해탈문의 공에 안주하고 안주함이 없는 것으로써 방편을 삼는 까닭으로 무상·무원해탈문의 공에 안주하며, 안주함이 없는 것으로써 방편을 삼는 까닭으로 내공의 공에 안주하고 안주함이 없는 것으로써 방편을 삼는 까닭으로 외공·내외공·공공·대공·승의공·유위공·무위공·필경공·무제공·산공·무변이공·본성공·자상공·공상공·일체법공·불가득공·무성공·자성공·무성자성공의 공에 안주하며, 안주함이 없는 것으로써 방편을 삼는 까닭으로 고성제의 공에 안주하고 안주함이 없는 것으로써 방편을 삼는 까닭으로 집·멸·도성제의 공에 안주하느니라.

　안주함이 없는 것으로써 방편을 삼는 까닭으로 8해탈의 공에 안주하고 안주함이 없는 것으로써 방편을 삼는 까닭으로 8승처·9차제정·10변처의 공에 안주하며, 안주함이 없는 것으로써 방편을 삼는 까닭으로 일체의 다라니문의 공에 안주하고 안주함이 없는 것으로써 방편을 삼는 까닭으로 일체의 삼마지문의 공에 안주하며, 안주함이 없는 것으로써 방편을 삼는 까닭으로 극희지의 공에 안주하고 안주함이 없는 것으로써 방편을 삼는 까닭으로　이구지·발광지·염혜지·극난승지·현전지·원행지·부동지·선혜지·법운지의 공에 안주하며, 안주함이 없는 것으로써 방편을 삼는 까닭으로 5안의 공에 안주하고 안주함이 없는 것으로써 방편을 삼는 까닭으로 6신통의 공에 안주하며, 안주함이 없는 것으로써 방편을 삼는 까닭으로 여래의 10력의 공에 안주하고 안주함이 없는 것으로써 방편을 삼는　까닭으로　4무소외·4무애해·18불불공법의　공에　안주하느니라.

　안주함이 없는 것으로써 방편을 삼는 까닭으로 대자의 공에 안주하고 안주함이 없는 것으로써 방편을 삼는 까닭으로 대비·대희·대사의 공에 안주하며, 안주함이　없는 것으로써 방편을 삼는 까닭으로 무망실법의 공에 안주하고 안주함이 없는 것으로써 방편을 삼는 까닭으로 항주사성의 공에 안주하며, 안주함이 없는 것으로써 방편을 삼는 까닭으로 일체지의 공에 안주하고 안주함이 없는 것으로써 방편을 삼는 까닭으로 도상지·일체상지의 공에 안주하며, 안주함이 없는 것으로써 방편을 삼는 까닭으로 32대사상의 공에 안주하고 안주함이 없는 것으로써 방편을 삼는 까닭으로 80수호의 공에 안주하며, 안주함이 없는 것으로써 방편을 삼는 까닭으로 예류과의 공에 안주하고 안주함이 없는 것으로써 방편을 삼는 까닭으로 일래·불환·아라한과·독각의 보리의 공에 안주하느니라.

　안주함이 없는 것으로써 방편을 삼는 까닭으로 일체의 보살마하살의 행의 공에 안주하고 안주함이 없는 것으로써 방편을 삼는 까닭으로 제불의 무상정등보리의 공에 안주하며, 안주함이 없는 것으로써 방편을 삼는 까닭으로 세간법의 공에 안주하고 안주함이 없는 것으로써 방편을 삼는 까닭으로 출세간법의 공에 안주하며, 안주함이 없는 것으로써 방편을 삼는 까닭으로 유루법의 공에 안주하고 안주함이 없는 것으로써 방편을 삼는 까닭으로 무루법의 공에 안주하며, 안주함이 없는 것으로써 방편을 삼는 까닭으로 유위법의 공에 안주하고 안주함이 없는 것으로써 방편을 삼는 까닭으로 무위법의 공에 안주하느니라.

선현이여. 색은 안주(安住)하는 것이 없고 수·상·행·식도 안주하는 것이 없으며, 색의 공(空)은 안주하는 것이 없고, 수·상·행·식의 공도 안주하는 것이 없느니라. 왜 그러한가? 선현이여. 색은 자성(自性)이 없으므로 얻을 수 없고 수·상·행·식도 역시 자성이 없으므로 얻을 수 없으며, 색의 공은 자성이 없으므로 얻을 수 없고 수·상·행·식의 공도 역시 자성이 없으므로 얻을 수 없느니라. 자성이 없어서 얻을 수 없는 법이므로, 안주하는 것도 있지 않은 까닭이니라.

선현이여. 안처는 안주하는 것이 없고 이·비·설·신·의처도 안주하는 것이 없으며, 안처의 공은 안주하는 것이 없고, 이·비·설·신·의처의 공도 안주하는 것이 없느니라. 왜 그러한가? 선현이여. 안처는 자성이 없으므로 얻을 수 없고 이·비·설·신·의처도 역시 자성이 없으므로 얻을 수 없으며, 안처의 공은 자성이 없으므로 얻을 수 없고 이·비·설·신·의처의 공도 역시 자성이 없으므로 얻을 수 없느니라. 자성이 없어서 얻을 수 없는 법이므로, 안주하는 것도 있지 않은 까닭이니라.

선현이여. 색처는 안주하는 것이 없고 성·향·미·촉·법처도 안주하는 것이 없으며, 색처의 공은 안주하는 것이 없고, 성·향·미·촉·법처의 공도 안주하는 것이 없느니라. 왜 그러한가? 선현이여. 색처는 자성이 없으므로 얻을 수 없고 성·향·미·촉·법처도 역시 자성이 없으므로 얻을 수 없으며, 색처의 공은 자성이 없으므로 얻을 수 없고 성·향·미·촉·법처의 공도 역시 자성이 없으므로 얻을 수 없느니라. 자성이 없어서 얻을 수 없는 법이므로, 안주하는 것도 있지 않은 까닭이니라.

선현이여. 안계는 안주하는 것이 없고 이·비·설·신·의계도 안주하는 것이 없으며, 안계의 공은 안주하는 것이 없고, 이·비·설·신·의계의 공도 안주하는 것이 없느니라. 왜 그러한가? 선현이여. 안계는 자성이 없으므로 얻을 수 없고 이·비·설·신·의계도 역시 자성이 없으므로 얻을 수 없으며, 안계의 공은 자성이 없으므로 얻을 수 없고 이·비·설·신·의계의 공도 역시 자성이 없으므로 얻을 수 없느니라. 자성이 없어서 얻을 수 없는 법이므로, 안주하는 것도 있지 않은 까닭이니라.

선현이여. 색계는 안주하는 것이 없고 성·향·미·촉·법계도 안주하는 것이 없으며, 색계의 공은 안주하는 것이 없고, 성·향·미·촉·법계의 공도 안주하는 것이 없느니라. 왜 그러한가? 선현이여. 색계는 자성이 없으므로 얻을 수 없고 성·향·미·촉·법계도 역시 자성이 없으므로 얻을 수 없으며, 색계의 공은 자성이 없으므로 얻을 수 없고 성·향·미·촉·법계의 공도 역시 자성이 없으므로 얻을 수 없느니라. 자성이 없어서 얻을 수 없는 법이므로, 안주하는 것도 있지 않은 까닭이니라.

선현이여. 안식계는 안주하는 것이 없고 이·비·설·신·의식계도 안주하는 것이 없으며, 안식계의 공은 안주하는 것이 없고, 이·비·설·신·의식계의 공도 안주하는 것이 없느니라. 왜 그러한가? 선현이여. 안식계는 자성이 없으므로 얻을 수 없고 이·비·설·신·의식계도 역시 자성이 없으므로 얻을 수 없으며, 안식계의 공은 자성이 없으므로 얻을 수 없고 이·비·설·신·의식계의 공도 역시 자성이 없으므로 얻을 수 없느니라. 자성이 없어서 얻을 수 없는 법이므로, 안주하는 것도 있지 않은 까닭이니라.

선현이여. 안촉은 안주하는 것이 없고 이·비·설·신·의촉도 안주하는 것이 없으며, 안촉의 공은 안주하는 것이 없고, 이·비·설·신·의촉의 공도 안주하는 것이 없느니라. 왜 그러한가? 선현이여. 안촉은 자성이 없으므로 얻을 수 없고 이·비·설·신·의촉도 역시 자성이 없으므로 얻을 수 없으며, 안촉의 공은 자성이 없으므로 얻을 수 없고 이·비·설·신·의촉의 공도 역시 자성이 없으므로 얻을 수 없느니라. 자성이 없어서 얻을 수 없는 법이므로, 안주하는 것도 있지 않은 까닭이니라.

선현이여. 안촉을 인연으로 생겨난 여러 수는 안주하는 것이 없고 이·비·설·신·의촉을 인연으로 생겨난 여러 수도 안주하는 것이 없으며, 안촉을 인연으로 생겨난 여러 수의 공이 안주하는 것이 없고, 이·비·설·신·의촉을 인연으로 생겨난 여러 수의 공도 안주하는 것이 없느니라. 왜 그러한가? 선현이여. 안촉을 인연으로 생겨난 여러 수는 자성이 없으므로 얻을 수 없고 이·비·설·신·의촉을 인연으로 생겨난 여러 수도 역시 자성이 없으므로 얻을 수 없으며, 안촉을 인연으로 생겨난 여러 수의 공은 자성이 없으므로 얻을 수 없고 이·비·설·신·의촉을 인연으로 생겨난 여러 수의 공도 역시 자성이 없으므로 얻을 수 없느니라. 자성이 없어서 얻을 수 없는 법이므로, 안주하는 것도 있지 않은 까닭이니라.

선현이여. 지계는 안주하는 것이 없고 수·화·풍·공·식계도 안주하는 것이 없으며, 지계의 공은 안주하는 것이 없고, 수·화·풍·공·식계의 공도 안주하는 것이 없느니라. 왜 그러한가? 선현이여. 지계는 자성이 없으므로 얻을 수 없고 수·화·풍·공·식계도 역시 자성이 없으므로 얻을 수 없으며, 지계의 공이 자성이 없으므로 얻을 수 없고 수·화·풍·공·식계의 공도 역시 자성이 없으므로 얻을 수 없느니라. 자성이 없어서 얻을 수 없는 법이므로, 안주하는 것도 있지 않은 까닭이니라.

선현이여. 인연은 안주하는 것이 없고 등무간연·소연연·증상연도 안주하는 것이 없으며, 인연의 공은 안주하는 것이 없고, 등무간연·소연연·증상연의 공도 안주하는 것이 없느니라. 왜 그러한가? 선현이여. 인연은 자성이 없으므로 얻을 수 없고 등무간연·소연연·증상연도 역시 자성이 없으므로 얻을 수 없으며, 인연의 공은 자성이 없으므로 얻을 수 없고 등무간연·소연연·증상연의 공도 역시 자성이 없으므로 얻을 수 없느니라. 자성이 없어서 얻을 수 없는 법이므로, 안주하는 것도 있지 않은 까닭이니라.

선현이여. 무명은 안주하는 것이 없고 행·식·명색·육처·촉·수·애·취·유·생·노사의 수탄고우뇌도 안주하는 것이 없으며, 무명의 공은 안주하는 것이 없고, 행, 나아가 노사의 수탄고우뇌의 공도 안주하는 것이 없느니라. 왜 그러한가? 선현이여. 무명은 자성이 없으므로 얻을 수 없고 행, 나아가 노사의 수탄고우뇌도 역시 자성이 없으므로 얻을 수 없으며, 무명의 공은 자성이 없으므로 얻을 수 없고 행, 나아가 노사의 수탄고우뇌의 공도 역시 자성이 없으므로 얻을 수 없느니라. 자성이 없어서 얻을 수 없는 법이므로, 안주하는 것도 있지 않은 까닭이니라.

선현이여. 보시바라밀다는 안주하는 것이 없고 정계·안인·정진·정려·반야바라밀다도 안주하는 것이 없으며, 보시바라밀다의 공은 안주하는 것이 없고, 정계·안인·정진·정려·반야바라밀다의 공도 안주하는 것이 없느니라. 왜 그러한가? 선현이여. 보시바라밀다는 자성이 없으므로 얻을 수 없고 정계·안인·정진·정려·반야바라밀다도 역시 자성이 없으므로 얻을 수 없으며, 보시바라밀다의 공은 자성이 없으므로 얻을 수 없고 정계·안인·정진·정려·반야바라밀다의 공도 역시 자성이 없으므로 얻을 수 없느니라. 자성이 없어서 얻을 수 없는 법이므로, 안주하는 것도 있지 않은 까닭이니라.

선현이여. 4정려는 안주하는 것이 없고 4무량·4무색정도 안주하는 것이 없으며, 4정려의 공은 안주하는 것이 없고, 4무량·4무색정의 공도 안주하는 것이 없느니라. 왜 그러한가? 선현이여. 4정려는 자성이 없으므로 얻을 수 없고 4무량·4무색정도 역시 자성이 없으므로 얻을 수 없으며, 4정려의 공은 자성이 없으므로 얻을 수 없고 4무량·4무색정의 공도 역시 자성이 없으므로 얻을 수 없느니라. 자성이 없어서 얻을 수 없는 법이므로, 안주하는 것도 있지 않은 까닭이니라.

선현이여. 4념주는 안주하는 것이 없고 4정단·4신족·5근·5력·7등각지·8성도지도 안주하는 것이 없으며, 4념주의 공은 안주하는 것이 없고, 4정단, 나아가 8성도지의 공도 안주하는 것이 없느니라. 왜 그러한가? 선현이여. 4념주는 자성이 없으므로 얻을 수 없고 4정단, 나아가 8성도지도 역시 자성이 없으므로 얻을 수 없으며, 4념주의 공은 자성이 없으므로 얻을 수 없고 4정단, 나아가 8성도지의 공도 역시 자성이 없으므로 얻을 수 없느니라. 자성이 없어서 얻을 수 없는 법이므로, 안주하는 것도 있지 않은 까닭이니라.

선현이여. 공해탈문은 안주하는 것이 없고 무상·무원해탈문도 안주하는 것이 없으며, 공해탈문의 공은 안주하는 것이 없고, 무상·무원해탈문의 공도 안주하는 것이 없느니라. 왜 그러한가? 선현이여. 공해탈문은 자성이 없으므로 얻을 수 없고 무상·무원해탈문도 역시 자성이 없으므로 얻을 수 없으며, 공해탈문의 공은 자성이 없으므로 얻을 수 없고 무상·무원해탈문의 공도 역시 자성이 없으므로 얻을 수 없느니라. 자성이 없어서 얻을 수 없는 법이므로, 안주하는 것도 있지 않은 까닭이니라.

선현이여. 내공은 안주하는 것이 없고 외공·내외공·공공·대공·승의공·유위공·무위공·필경공·무제공·산공·무변이공·본성공·자상공·공상공·일체법공·불가득공·무성공·자성공·무성자성공도 안주하는 것이 없으며, 내공의 공은 안주하는 것이 없고, 외공, 나아가 무성자성공의 공도 안주하는 것이 없느니라. 왜 그러한가? 선현이여. 내공은 자성이 없으므로 얻을 수 없고 외공, 나아가 무성자성공도 역시 자성이 없으므로 얻을 수 없으며, 내공의 공은 자성이 없으므로 얻을 수 없고 외공, 나아가 무성자성공의 공도 역시 자성이 없으므로 얻을 수 없느니라. 자성이 없어서 얻을 수 없는 법이므로, 안주하는 것도 있지 않은 까닭이니라.

선현이여. 고성제는 안주하는 섯이 없고 집·멸·도성제도 안주하는 것이 없으며, 고성제의 공은 안주하는 것이 없고, 집·멸·도성제의 공도 안주하는 것이 없느니라. 왜 그러한가? 선현이여. 고성제는 자성이 없으므로 얻을 수 없고 집·멸·도성제도 역시 자성이 없으므로 얻을 수 없으며, 고성제의 공은 자성이 없으므로 얻을 수 없고 집·멸·도성제의 공도 역시 자성이 없으므로 얻을 수 없느니라. 자성이 없어서 얻을 수 없는 법이므로, 안주하는 것도 있지 않은 까닭이니라.

선현이여. 8해탈은 안주하는 것이 없고 8승처·9차제정·10변처도 안주하는 것이 없으며, 8해탈의 공은 안주하는 것이 없고, 8승처·9차제정·10변처의 공도 안주하는 것이 없느니라. 왜 그러한가? 선현이여. 8해탈은 자성이 없으므로 얻을 수 없고 8승처·9차제정·10변처도 역시 자성이 없으므로 얻을 수 없으며, 8해탈의 공은 자성이 없으므로 얻을 수 없고 8승처·9차제정·10변처의 공도 역시 자성이 없으므로 얻을 수 없느니라. 자성이 없어서 얻을 수 없는 법이므로, 안주하는 것도 있지 않은 까닭이니라.

선현이여. 일체의 다라니문은 안주하는 것이 없고 일체의 삼마지문도 안주하는 것이 없으며, 일체의 다라니문의 공은 안주하는 것이 없고, 일체의 삼마지문의 공도 안주하는 것이 없느니라. 왜 그러한가? 선현이여. 일체의 다라니문은 자성이 없으므로 얻을 수 없고 일체의 삼마지문도 역시 자성이 없으므로 얻을 수 없으며, 일체의 다라니문의 공은 자성이 없으므로 얻을 수 없고 일체의 삼마지문의 공도 역시 자성이 없으므로 얻을 수 없느니라. 자성이 없어서 얻을 수 없는 법이므로, 안주하는 것도 있지 않은 까닭이니라.

선현이여. 극희지는 안주하는 것이 없고 이구지·발광지·염혜지·극난승지·현전지·원행지·부동지·선혜지·법운지도 안주하는 것이 없으며, 극희지의 공은 안주하는 것이 없고, 이구지, 나아가 법운지의 공도 안주하는 것이 없느니라. 왜 그러한가? 선현이여. 극희지는 자성이 없으므로 얻을 수 없고 이구지, 나아가 법운지도 역시 자성이 없으므로 얻을 수 없으며, 극희지의 공은 자성이 없으므로 얻을 수 없고 이구지, 나아가 법운지의 공도 역시 자성이 없으므로 얻을 수 없느니라. 자성이 없어서 얻을 수 없는 법이므로, 안주하는 것도 있지 않은 까닭이니라.

선현이여. 5안은 안주하는 것이 없고 6신통도 안주하는 것이 없으며, 5안의 공이 안주하는 것이 없고, 6신통의 공도 안주하는 것이 없느니라. 왜 그러한가? 선현이여. 5안은 자성이 없으므로 얻을 수 없고 6신통도 역시 자성이 없으므로 얻을 수 없으며, 5안의 공은 자성이 없으므로 얻을 수 없고 6신통의 공도 역시 자성이 없으므로 얻을 수 없느니라. 자성이 없어서 얻을 수 없는 법이므로, 안주하는 것도 있지 않은 까닭이니라.

선현이여. 여래의 10력은 안주하는 것이 없고 4무소외·4무애해·18불불공법도 안주하는 것이 없으며, 여래의 10력의 공은 안주하는 것이 없고, 4무소외·4무애해·18불불공법의 공도 안주하는 것이 없느니라. 왜 그러한가? 선현이여. 여래의 10력은 자성이 없으므로 얻을 수 없고 4무소외·4무애해·18불불공법도 역시 자성이 없으므로 얻을 수 없으며, 여래의 10력의 공은 자성이 없으므로 얻을 수 없고 4무소외·4무애해·18불불공법의 공도 역시 자성이 없으므로 얻을 수 없느니라. 자성이 없어서 얻을 수 없는 법이므로, 안주하는 것도 있지 않은 까닭이니라.

선현이여. 대자는 안주하는 것이 없고 대비·대희·대사도 안주하는 것이 없으며, 대자의 공은 안주하는 것이 없고, 대비·대희·대사의 공도 안주하는 것이 없느니라. 왜 그러한가? 선현이여. 대자는 자성이 없으므로 얻을 수 없고 대비·대희·대사도 역시 자성이 없으므로 얻을 수 없으며, 대자의 공은 자성이 없으므로 얻을 수 없고 대비·대희·대사의 공도 역시 자성이 없으므로 얻을 수 없느니라. 자성이 없어서 얻을 수 없는 법이므로, 안주하는 것도 있지 않은 까닭이니라.

선현이여. 무망실법은 안주하는 것이 없고 항주사성도 안주하는 것이 없으며, 무망실법의 공은 안주하는 것이 없고, 항주사성의 공도 안주하는 것이 없느니라. 왜 그러한가? 선현이여. 무망실법은 자성이 없으므로 얻을 수 없고 항주사성도 역시 자성이 없으므로 얻을 수 없으며, 무망실법의 공은 자성이 없으므로 얻을 수 없고 항주사성의 공도 역시 자성이 없으므로 얻을 수 없느니라. 자성이 없어서 얻을 수 없는 법이므로, 안주하는 것도 있지 않은 까닭이니라.

선현이여. 일체지는 안주하는 것이 없고 도상지·일체상지도 안주하는 것이 없으며, 일체지의 공은 안주하는 것이 없고, 도상지·일체상지의 공도 안주하는 것이 없느니라. 왜 그러한가? 선현이여. 일체지는 자성이 없으므로 얻을 수 없고 도상지·일체상지도 역시 자성이 없으므로 얻을 수 없으며, 일체지의 공은 자성이 없으므로 얻을 수 없고 도상지·일체상지의 공도 역시 자성이 없으므로 얻을 수 없느니라. 자성이 없어서 얻을 수 없는 법이므로, 안주하는 것도 있지 않은 까닭이니라.

선현이여. 32대사상은 안주하는 것이 없고 80수호도 안주하는 것이 없으며, 32대사상의 공은 안주하는 것이 없고, 80수호의 공도 안주하는 것이 없느니라. 왜 그러한가? 선현이여. 32대사상은 자성이 없으므로 얻을 수 없고 80수호도 역시 자성이 없으므로 얻을 수 없으며, 32대사상의 공은 자성이 없으므로 얻을 수 없고 80수호의 공도 역시 자성이 없으므로 얻을 수 없느니라. 자성이 없어서 얻을 수 없는 법이므로, 안주하는 것도 있지 않은 까닭이니라.

선현이여. 예류과는 안주하는 것이 없고 일래·불환·아라한과·독각의 보리도 안주하는 것이 없으며, 예류과의 공은 안주하는 것이 없고, 일래·불환·아라한과·독각의 보리의 공도 안주하는 것이 없느니라. 왜 그러한가? 선현이여. 예류과는 자성이 없으므로 얻을 수 없고 일래·불환·아라한과·독각의 보리도 역시 자성이 없으므로 얻을 수 없으며, 예류과의 공은 자성이 없으므로 얻을 수 없고 일래·불환·아라한과·독각의 보리의 공도 역시 자성이 없으므로 얻을 수 없느니라. 자성이 없어서 얻을 수 없는 법이므로, 안주하는 것도 있지 않은 까닭이니라.

선현이여. 일체의 보살마하살의 행은 안주하는 것이 없고 제불의 무상정등보리도 안주하는 것이 없으며, 일체의 보살마하살의 행의 공은 안주하는 것이 없고, 제불의 무상정등보리의 공도 안주하는 것이 없느니라. 왜 그러한가? 선현이여. 일체의 보살마하살의 행은 자성이 없으므로 얻을 수 없고 제불의 무상정등보리도 역시 자성이 없으므로 얻을 수 없으며, 일체의 보살마하살의 행의 공은 자성이 없으므로 얻을 수 없고 제불의 무상정등보리의 공도 역시 자성이 없으므로 얻을 수 없느니라. 자성이 없어서 얻을 수 없는 법이므로, 안주하는 것도 있지 않은 까닭이니라.

선현이여. 세간법은 안주하는 것이 없고 출세간법도 안주하는 것이 없으며, 세간법의 공이 안주하는 것이 없고, 출세간법의 공도 안주하는 것이 없느니라. 왜 그러한가? 선현이여. 세간법은 자성이 없으므로 얻을 수 없고 출세간법도 역시 자성이 없으므로 얻을 수 없으며, 세간법의 공은 자성이 없으므로 얻을 수 없고 출세간법의 공도 역시 자성이 없으므로 얻을 수 없느니라. 자성이 없어서 얻을 수 없는 법이므로, 안주하는 것도 있지 않은 까닭이니라.

선현이여. 유루법은 안주하는 것이 없고 무루법도 안주하는 것이 없으며, 유루법의 공은 안주하는 것이 없고, 무루법의 공도 안주하는 것이 없느니라. 왜 그러한가? 선현이여. 유루법은 자성이 없으므로 얻을 수 없고 무루법도 역시 자성이 없으므로 얻을 수 없으며, 유루법의 공은 자성이 없으므로 얻을 수 없고 무루법의 공도 역시 자성이 없으므로 얻을 수 없느니라. 자성이 없어서 얻을 수 없는 법이므로, 안주하는 것도 있지 않은 까닭이니라.

선현이여. 유위법은 안주하는 것이 없고 무위법도 안주하는 것이 없으며, 유위법의 공은 안주하는 것이 없고, 무위법의 공도 안주하는 것이 없느니라. 왜 그러한가? 선현이여. 유위법은 자성이 없으므로 얻을 수 없고 무위법도 역시 자성이 없으므로 얻을 수 없으며, 유위법의 공은 자성이 없으므로 얻을 수 없고 무위법의 공도 역시 자성이 없으므로 얻을 수 없느니라. 자성이 없어서 얻을 수 없는 법이므로, 안주하는 것도 있지 않은 까닭이니라.

선현이여. 무성법(無性法)이 무성법에 머무르는 것이 아니고 유성법(有性法)이 유성법에 머무르는 것이 아니며, 무성법이 유성법에 머무르는 것이 아니고 유성법이 무성법에 머무르는 것이 아니며, 자성법(自性法)이 자성법에 머무르는 것이 아니고 타성법(他性法)이 타성법에 머무르는 것이 아니며, 자성법이 타성법에 머무르는 것이 아니고 타성법이 자성법에 머무르는 것이 아니니라.

왜 그러한가? 이러한 일체법은 모두가 얻을 수 없는데, 얻을 수 없는 법이 마땅히 어느 것에 머무르겠는가? 이와 같이 선현이여. 보살마하살이 깊은 반야바라밀다를 수행하는 때에는, 이러한 여러 공으로써 제법을 수행하여 떠나보내고, 역시 유정들에게 능히 여실하게 설하면서 보여주느니라.

선현이여. 만약 보살마하살이 능히 이와 같이 깊은 반야바라밀다를 수행한다면 여래·보살·독각·성문의 일체 성중(聖衆)들께 모두 과실(過失)

이 없느니라. 왜 그러한가? 제불·보살·독각·성문의 일체의 성중들은 이러한 법성(法性)에서 모두가 능히 수순하여 깨달으셨고, 이미 따라서 깨달으셨다면 제유정들을 위하여 전도가 없이 설하시느니라. 비록 유정들을 위하여 제법을 널리 설하시더라도 법성에서 전전(展轉)함이 없고, 초월(超越)함도 없느니라.

왜 그러한가? 선현이여. 제법의 진실한 자성(實性)은 이러한 법계(法界)·진여(眞如)·실제(實際)에 나아가는데(卽), 이러한 법계·진여·실제는 모두가 전전할 수 없고 초월할 수 없는 까닭이니라. 그 까닭은 무엇인가? 이와 같은 법계·진여·실제는 모두가 전전할 수 있고 초월할 수 있는 자성이 없느니라."

마하반야바라밀다경 제383권

68. 제공덕상품(諸功德相品)(5)

그때 구수 선현이 세존께 아뢰어 말하였다.

"세존이시여. 만약 법계·진여·실제가 실제(實際)로 전전함이 없고, 초월함도 없다면 색이 법계·진여·실제와 다른 것이 있습니까? 수·상·행·식이 법계·진여·실제와 다른 것이 있습니까? 세존이시여. 안처가 법계·진여·실제와 다른 것이 있습니까? 이·비·설·신·의처가 법계·진여·실제와 다른 것이 있습니까? 세존이시여. 색처가 법계·진여·실제와 다른 것이 있습니까? 성·향·미·촉·법처가 법계·진여·실제와 다른 것이 있습니까? 세존이시여. 안계가 법계·진여·실제와 다른 것이 있습니까? 이·비·설·신·의계가 법계·진여·실제와 다른 것이 있습니까?

세존이시여. 색계가 법계·진여·실제와 다른 것이 있습니까? 성·향·미·촉·법계가 법계·진여·실제와 다른 것이 있습니까? 세존이시여. 안식계가 법계·진여·실제와 다른 것이 있습니까? 이·비·설·신·의식계가 법계·진여·실제와 다른 것이 있습니까? 세존이시여. 안촉이 법계·진여·실제와 다른 것이 있습니까? 이·비·설·신·의촉이 법계·진여·실제와 다른 것이 있습니까? 세존이시여. 안촉을 인연으로 생겨난 여러 수가 법계·진여·실제와 다른 것이 있습니까? 이·비·설·신·의촉을 인연으로 생겨난 여러 수가 법계·진여·실제와 다른 것이 있습니까?

세존이시여. 지계가 법계·진여·실제와 다른 것이 있습니까? 수·화·풍·공·식계가 법계·진여·실제와 다른 것이 있습니까? 세존이시여. 인연이 법계·진여·실제와 다른 것이 있습니까? 등무간연·소연연·증상연이 법계·진여·실제와 다른 것이 있습니까? 세존이시여. 여러 인연에서 생겨난 제법이 법계·진여·실제와 다른 것이 있습니까? 세존이시여. 무명이 법계·진여·실제와 다른 것이 있습니까? 행·식·명색·육처·촉·수·애·취·유·생·노사의 수탄고우뇌가 법계·진여·실제와 다른 것이 있습니까? 세존이시여. 보시바라밀다가 법계·진여·실제와 다른 것이 있습니까? 정계·안인·정진·정려·반야바라밀다가 법계·진여·실제와 다른 것이 있습니까?

세존이시여. 4정려가 법계·진여·실제와 다른 것이 있습니까? 4무량·4무색정이 법계·진여·실제와 다른 것이 있습니까? 세존이시여. 4념주가 법계·진여·실제와 다른 것이 있습니까? 4정단·4신족·5근·5력·7등각지·8성도지가 법계·진여·실제와 다른 것이 있습니까? 세존이시여. 공해탈문이 법계·진여·실제와 다른 것이 있습니까? 무상·무원해탈문이 법계·진여·실제와 다른 것이 있습니까? 세존이시여. 내공이 법계·진여·실제와 다른 것이 있습니까? 외공·내외공·공공·대공·승의공·유위공·무위공·필경공·무제공·산공·무변이공·본성공·자상공·공상공·일체법공·불가득공·무성공·자성공·무성자성공이 법계·진여·실제와 다른 것이 있습니까?

세존이시여. 고성제가 법계·진여·실제와 다른 것이 있습니까? 집·멸·도성제가 법계·진여·실제와 다른 것이 있습니까? 세존이시여. 8해탈이 법계·진여·실제와 다른 것이 있습니까? 8승처·9차제정·10변처가 법계·진여·실제와 다른 것이 있습니까? 세존이시여. 일체의 다라니문이 법계·진여·실제와 다른 것이 있습니까? 일체의 삼마지문이 법계·진여·실제와 다른 것이 있습니까? 세존이시여. 극희지가 법계·진여·실제와 다른 것이 있습니까? 이구지·발광지·염혜지·극난승지·현전지·원행지·부동지·선혜지·법운지가 법계·진여·실제와 다른 것이 있습니까? 세존이시여. 5안이 법계·진여·실제와 다른 것이 있습니까? 6신통이 법계·진여·실제와 다른 것이 있습니까?

세존이시여. 여래의 10력이 법계·진여·실제와 다른 것이 있습니까? 4무소외·4무애해·18불불공법이 법계·진여·실제와 다른 것이 있습니까?

세존이시여. 대자가 법계·진여·실제와 다른 것이 있습니까? 대비·대희·대사가 법계·진여·실제와 다른 것이 있습니까? 세존이시여. 무망실법이 법계·진여·실제와 다른 것이 있습니까? 항주사성이 법계·진여·실제와 다른 것이 있습니까? 세존이시여. 일체지가 법계·진여·실제와 다른 것이 있습니까? 도상지·일체상지가 법계·진여·실제와 다른 것이 있습니까? 세존이시여. 32대사상이 법계·진여·실제와 다른 것이 있습니까? 80수호가 법계·진여·실제와 다른 것이 있습니까?

세존이시여. 예류과가 법계·진여·실제와 다른 것이 있습니까? 일래·불환·아라한과·독각의 보리가 법계·진여·실제와 다른 것이 있습니까? 세존이시여. 일체의 보살마하살의 행이 법계·진여·실제와 다른 것이 있습니까? 제불의 무상정등보리가 법계·진여·실제와 다른 것이 있습니까? 세존이시여. 세간법이 법계·진여·실제와 다른 것이 있습니까? 출세간법이 법계·진여·실제와 다른 것이 있습니까? 세존이시여. 유루법이 법계·진여·실제와 다른 것이 있습니까? 무루법이 법계·진여·실제와 다른 것이 있습니까? 세존이시여. 유위법이 법계·진여·실제와 다른 것이 있습니까? 무위법이 법계·진여·실제와 다른 것이 있습니까?"

세존께서 말씀하셨다.

"아니니라. 선현이여. 색이 법계·진여·실제와 다르지 않고 수·상·행·식도 역시 법계·진여·실제와 다르지 않으니라. 선현이여. 안처가 법계·진여·실제와 다르지 않고 이·비·설·신·의처도 역시 법계·진여·실제와 다르지 않으니라. 선현이여. 색처가 법계·진여·실제와 다르지 않고 성·향·미·촉·법처도 역시 법계·진여·실제와 다르지 않으니라. 선현이여. 안계가 법계·진여·실제와 다르지 않고 이·비·설·신·의계도 역시 법계·진여·실제와 다르지 않으니라. 선현이여. 색계가 법계·진여·실제와 다르지 않고 성·향·미·촉·법계도 역시 법계·진여·실제와 다르지 않으니라.

선현이여. 안식계가 법계·진여·실제와 다르지 않고 이·비·설·신·의식계도 역시 법계·진여·실제와 다르지 않으니라. 선현이여. 안촉이 법계·진여·실제와 다르지 않고 이·비·설·신·의촉도 역시 법계·진여·실제와 다르지 않으니라. 선현이여. 안촉을 인연으로 생겨난 여러 수가 법계·진여·실제와 다르지 않고 이·비·설·신·의촉을 인연으로 생겨난 여러 수도 역시 법계·진여·실제와 다르지 않으니라. 선현이여. 지계가 법계·진여·실제와 다르지 않고 수·화·풍·공·식계도 역시 법계·진여·실제와 다르지 않으니라. 선현이여. 인연이 법계·진여·실제와 다르지 않고 등무간연·소연연·증상연도 역시 법계·진여·실제와 다르지 않으니라.

선현이여. 여러 인연에서 생겨난 제법이 법계·진여·실제와 다르지 않으니라. 선현이여. 무명이 법계·진여·실제와 다르지 않고 행·식·명색·육처·촉·수·애·취·유·생·노사의 수탄고우뇌도 역시 법계·진여·실제와 다르지 않으니라. 선현이여. 보시바라밀다가 법계·진여·실제와 다르지 않고 정계·안인·정진·정려·반야바라밀다도 역시 법계·진여·실제와 다르지 않으니라. 선현이여. 4정려가 법계·진여·실제와 다르지 않고 4무량·4무색정도 역시 법계·진여·실제와 다르지 않으니라. 선현이여. 4념주가 법계·진여·실제와 다르지 않고 4정단·4신족·5근·5력·7등각지·8성도지도 역시 법계·진여·실제와 다르지 않으니라.

선현이여. 공해탈문이 법계·진여·실제와 다르지 않고 무상·무원해탈문도 역시 법계·진여·실제와 다르지 않으니라. 선현이여. 내공이 법계·진여·실제와 다르지 않고 외공·내외공·공공·대공·승의공·유위공·무위공·필경공·무제공·산공·무변이공·본성공·자상공·공상공·일체법공·불가득공·무성공·자성공·무성자성공도 역시 법계·진여·실제와 다르지 않으니라. 선현이여. 고성제가 법계·진여·실제와 다르지 않고 집·멸·도성제도 역시 법계·진여·실제와 다르지 않으니라. 선현이여. 8해탈이 법계·진여·실제와 다르지 않고 8승처·9차제정·10변처도 역시 법계·진여·실제와 다르지 않으니라.

선현이여. 일체의 다라니문이 법계·진여·실제와 다르지 않고 일체의 삼마지문도 역시 법계·진여·실제와 다르지 않으니라. 선현이여. 극희지가 법계·진여·실제와 다르지 않고 이구지·발광지·염혜지·극난승지·현전지·원행지·부동지·선혜지·법운지도 역시 법계·진여·실제와 다르지 않으니라. 선현이여. 5안이 법계·진여·실제와 다르지 않고 6신통도 역시 법계·진여·실제와 다르지 않으니라. 선현이여. 여래의 10력이 법계·진여·실제와 다르지 않고 4무소외·4무애해·18불불공법도 역시 법계·진여·실제와 다르지 않으니라. 선현이여. 대자가 법계·진여·실제와 다르지 않고 대비·대희·대사도 역시 법계·진여·실제와 다르지 않으니라.

선현이여. 무망실법이 법계·진여·실제와 다르지 않고 항주사성도 역시 법계·진여·실제와 다르지 않으니라. 선현이여. 일체지가 법계·진여·실제와 다르지 않고 도상지·일체상지도 역시 법계·진여·실제와 다르지 않으니라. 선현이여. 32대사상이 법계·진여·실제와 다르지 않고 80수호도 역시 법계·진여·실제와 다르지 않으니라. 선현이여. 예류과가 법계·진여·실제와 다르지 않고 일래·불환·아라한과·독각의 보리도 역시 법계·진여·실제와 다르지 않으니라. 선현이여. 일체의 보살마하살의 행이 법계·진여·실제와 다르지 않고 제불의 무상정등보리도 역시 법계·진여·실제와 다르지 않으니라.

선현이여. 세간법이 법계·진여·실제와 다르지 않고 출세간법도 역시 법계·진여·실제와 다르지 않으니라. 선현이여. 유루법이 법계·진여·실제와 다르지 않고 무루법도 역시 법계·진여·실제와 다르지 않으니라. 선현이여. 유위법이 법계·진여·실제와 다르지 않고 무위법도 역시 법계·진여·실제와 다르지 않으니라."

그때 구수 선현이 세존께 아뢰어 말하였다.
"세존이시여. 만약 색이 법계·진여·실제와 다르지 않고 수·상·행·식도 역시 법계·진여·실제와 다르지 않으며, 세존이시여. 만약 안처가 법계·진여·실제와 다르지 않고 이·비·설·신·의처도 역시 법계·진여·실제와 다르지 않으며, 세존이시여. 만약 색처가 법계·진여·실제와 다르지 않고 성·향·미·촉·법처도 역시 법계·진여·실제와 다르지 않으며, 세존이시여. 만약 안계가 법계·진여·실제와 다르지 않고 이·비·설·신·의계도 역시 법계·진여·실제와 다르지 않으며, 세존이시여. 만약 색계가 법계·진여·실제와 다르지 않고 성·향·미·촉·법계도 역시 법계·진여·실제와 다르지 않으며, 세존이시여. 만약 안식계가 법계·진여·실제와 다르지 않고 이·비·설·

신·의식계도 역시 법계·진여·실제와 다르지 않으며, 세존이시여. 만약 안촉이 법계·진여·실제와 다르지 않고 이·비·설·신·의촉도 역시 법계·진여·실제와 다르지 않으며, 세존이시여. 만약 안촉을 인연으로 생겨난 여러 수가 법계·진여·실제와 다르지 않고 이·비·설·신·의촉을 인연으로 생겨난 여러 수도 역시 법계·진여·실제와 다르지 않으며, 세존이시여. 만약 지계가 법계·진여·실제와 다르지 않고 수·화·풍·공·식계도 역시 법계·진여·실제와 다르지 않으며, 세존이시여. 만약 인연이 법계·진여·실제와 다르지 않고 등무간연·소연연·증상연도 역시 법계·진여·실제와 다르지 않으며, 세존이시여. 만약 여러 인연에서 생겨난 제법이 법계·진여·실제와 다르지 않으며,

　세존이시여. 만약 무명이 법계·진여·실제와 다르지 않고 행·식·명색·육처·촉·수·애·취·유·생·노사의 수탄고우뇌도 역시 법계·진여·실제와 다르지 않으며, 세존이시여. 만약 보시바라밀다가 법계·진여·실제와 다르지 않고 정계·안인·정진·정려·반야바라밀다도 역시 법계·진여·실제와 다르지 않으며, 세존이시여. 만약 4정려가 법계·진여·실제와 다르지 않고 4무량·4무색정도 역시 법계·진여·실제와 다르지 않으며, 세존이시여. 만약 4념주가 법계·진여·실제와 다르지 않고 4정단·4신족·5근·5력·7등각지·8성도지도 역시 법계·진여·실제와 다르지 않으며, 세존이시여. 만약 공해탈문이 법계·진여·실제와 다르지 않고 무상·무원해탈문도 역시 법계·진여·실제와 다르지 않으며,

　세존이시여. 만약 내공이 법계·진여·실제와 다르지 않고 외공·내외공·공공·대공·승의공·유위공·무위공·필경공·무제공·산공·무변이공·본성공·자상공·공상공·일체법공·불가득공·무성공·자성공·무성자성공도 역시 법계·진여·실제와 다르지 않으며, 세존이시여. 만약 고성제가 법계·진여·실제와 다르지 않고 집·멸·도성제도 역시 법계·진여·실제와 다르지 않으며, 8해탈이 법계·진여·실제와 다르지 않고 8승처·9차제정·10변처도 역시 법계·진여·실제와 다르지 않으며, 세존이시여. 만약 일체의 다라니문이 법계·진여·실제와 다르지 않고 일체의 삼마지문도 역시 법계·진여·실제와 다르지 않으며,

세존이시여. 만약 극희지가 법계·진여·실제와 다르지 않고 이구지·발광지·염혜지·극난승지·현전지·원행지·부동지·선혜지·법운지도　역시 법계·진여·실제와 다르지 않으며, 세존이시여. 만약 5안이 법계·진여·실제와 다르지 않고 6신통도 역시 법계·진여·실제와 다르지 않으며, 세존이시여. 만약 여래의 10력이 법계·진여·실제와 다르지 않고 4무소외·4무애해·18불불공법도 역시 법계·진여·실제와 다르지 않으며, 세존이시여. 만약 대자가 법계·진여·실제와 다르지 않고 대비·대희·대사도 역시 법계·진여·실제와 다르지 않으며, 세존이시여. 만약 무망실법이 법계·진여·실제와 다르지 않고 항주사성도 역시 법계·진여·실제와 다르지 않으며,

　세존이시여. 만약 일체지가 법계·진여·실제와 다르지 않고 도상지·일체상지도 역시 법계·진여·실제와 다르지 않으며, 세존이시여. 만약 32대사상이 법계·진여·실제와 다르지 않고 80수호도 역시 법계·진여·실제와 다르지 않으며, 세존이시여. 만약 예류과가 법계·진여·실제와 다르지 않고 일래·불환·아라한과·독각의 보리도 역시 법계·진여·실제와 다르지 않으며, 세존이시여. 만약 일체의 보살마하살의 행이 법계·진여·실제와 다르지 않고 제불의 무상정등보리도 역시 법계·진여·실제와 다르지 않으며, 세존이시여. 만약 세간법이 법계·진여·실제와 다르지 않고 출세간법도 역시 법계·진여·실제와 다르지 않으며,

　세존이시여. 만약 유루법이 법계·진여·실제와 다르지 않고 무루법도 역시 법계·진여·실제와 다르지 않으며, 세존이시여. 만약 유위법이 법계·진여·실제와 다르지 않고 무위법도 역시 법계·진여·실제와 다르지 않다면, 어찌하여 세존께서는 흑법(黑法)[1]은 흑법의 이숙(異熟)으로 감응한다고 안립(安立)시키는데 이를테면, 지옥(地獄)·방생(傍生)·귀계(鬼界)이고, 백법(白法)[2]은 백법의 이숙으로 감응한다고 안립시키는데 이를테면, 인간과 천상이며, 흑·백법(黑白法)은 흑·백법의 이숙으로 감응한다고 안립시키는데 이를테면, 한 부분은 방생과 귀계이고 한 부분은 인간이며, 흑법이

---

1) 외도(外道)의 삿된 법(邪法)을 가리킨다.
2) 세존의 정법(正法)을 가리킨다.

아니고 백법도 아닌 법은 흑법이 아니고 백법도 이숙으로 감응한다고 안립시키는데 이를테면 예류과이거나, 혹은 일래과이거나, 혹은 불환과이거나, 혹은 아라한과이거나, 혹은 독각의 보리이거나, 혹은 무상정등보리입니까?"

세존께서 말씀하셨다.

"선현이여. 세속제(世俗諦)3)에 의지하여 이와 같은 인과의 차별을 안립시키는 것이고, 승의제(勝義諦)4)에 의지하지 않으므로, 승의제의 가운데에서 인과의 차별이 있다고 설하지 않느니라. 그 까닭은 무엇인가? 선현이여. 승의제의 가운데에서 일체의 법성(法性)을 분별할 수 없고, 말할 수 없으며, 보여줄 수 없는데, 어찌 마땅히 인과의 차별이 있겠는가? 선현이여. 승의제의 가운데에서는 색이 생겨남(生)도 없고, 소멸(滅)함도 없으며, 염오(染)도 없고, 청정(淨)함도 없으며, 수·상·행·식도 생겨남도 없고, 소멸함도 없으며, 염오도 없고, 청정함도 없는데, 필경공(畢竟空)으로써(以) 무제공(無際空)인 까닭이니라.

선현이여. 승의제의 가운데에서는 안처가 생겨남도 없고, 소멸함도 없으며, 염오도 없고, 청정함도 없으며, 이·비·설·신·의처도 생겨남도 없고, 소멸함도 없으며, 염오도 없고, 청정함도 없나니, 필경공으로써 무제공인 까닭이니라. 선현이여. 승의제의 가운데에서는 색처가 생겨남도 없고, 소멸함도 없으며, 염오도 없고, 청정함도 없으며, 성·향·미·촉·법처도 생겨남도 없고, 소멸함도 없으며, 염오도 없고, 청정함도 없는데, 필경공으로써 무제공인 까닭이니라.

선현이여. 승의제의 가운데에서는 안계가 생겨남도 없고, 소멸함도 없으며, 염오도 없고, 청정함도 없으며, 이·비·설·신·의계도 생겨남도 없고, 소멸함도 없으며, 염오도 없고, 청정함도 없는데, 필경공으로써 무제공인 까닭이니라. 선현이여. 승의제의 가운데에서는 색계가 생겨남

---

3) 산스크리트어 saṃvṛti-satya의 번역이고, 세상에서 일반적으로 인정하는 진리로, 여러 가지의 차별이 있는 현실의 이치를 말한다.

4) 산스크리트어 paramartha-satya의 번역이고, 제일의(第一義)의 진리인 '열반(涅槃)', '진여(眞如)', '실상(實相)' 등의 진리를 말한다.

도 없고, 소멸함도 없으며, 염오도 없고, 청정함도 없으며, 성·향·미·촉·법계도 생겨남도 없고, 소멸함도 없으며, 염오도 없고, 청정함도 없는데, 필경공으로써 무제공인 까닭이니라.

선현이여. 승의제의 가운데에서는 안식계가 생겨남도 없고, 소멸함도 없으며, 염오도 없고, 청정함도 없으며, 이·비·설·신·의식계도 생겨남도 없고, 소멸함도 없으며, 염오도 없고, 청정함도 없는데, 필경공으로써 무제공인 까닭이니라. 선현이여. 승의제의 가운데에서는 안촉이 생겨남도 없고, 소멸함도 없으며, 염오도 없고, 청정함도 없으며, 이·비·설·신·의촉도 생겨남도 없고, 소멸함도 없으며, 염오도 없고, 청정함도 없는데, 필경공으로써 무제공인 까닭이니라.

선현이여. 승의제의 가운데에서는 안촉을 인연으로 생겨난 여러 수가 생겨남도 없고, 소멸함도 없으며, 염오도 없고, 청정함도 없으며, 이·비·설·신·의촉을 인연으로 생겨난 여러 수도 생겨남도 없고, 소멸함도 없으며, 염오도 없고, 청정함도 없는데, 필경공으로써 무제공인 까닭이니라. 선현이여. 승의제의 가운데에서는 지계가 생겨남도 없고, 소멸함도 없으며, 염오도 없고, 청정함도 없으며, 수·화·풍·공·식계도 생겨남도 없고, 소멸함도 없으며, 염오도 없고, 청정함두 없는데, 필경공으로써 무세공인 까닭이니라.

선현이여. 승의제의 가운데에서는 인연이 생겨남도 없고, 소멸함도 없으며, 염오도 없고, 청정함도 없으며, 등무간연·소연연·증상연도 생겨남도 없고, 소멸함도 없으며, 염오도 없고, 청정함도 없는데, 필경공으로써 무제공인 까닭이니라. 선현이여. 승의제의 가운데에서는 여러 인연에서 생겨난 제법이 생겨남도 없고, 소멸함도 없으며, 염오도 없고, 청정함도 없는데, 필경공으로써 무제공인 까닭이니라.

선현이여. 승의제의 가운데에서는 무명이 생겨남도 없고, 소멸함도 없으며, 염오도 없고, 청정함도 없으며, 행·식·명색·육처·촉·수·애·취·유·생·노사의 수탄고우뇌도 생겨남도 없고, 소멸함도 없으며, 염오도 없고, 청정함도 없는데, 필경공으로써 무제공인 까닭이니라. 선현이여. 승의제의 가운데에서는 보시바라밀다가 생겨남도 없고, 소멸함도 없으며, 염오도 없고, 청정함도 없으며, 정계·안인·정진·정려·반야바라밀다도 생겨남도 없고, 소멸함도 없으며, 염오도 없고, 청정함도 없는데, 필경공으로써 무제공인 까닭이니라.

선현이여. 승의제의 가운데에서는 4정려가 생겨남도 없고, 소멸함도 없으며, 염오도 없고, 청정함도 없으며, 4무량·4무색정도 생겨남도 없고, 소멸함도 없으며, 염오도 없고, 청정함도 없는데, 필경공으로써 무제공인 까닭이니라. 선현이여. 승의제의 가운데에서는 4념주가 생겨남도 없고, 소멸함도 없으며, 염오도 없고, 청정함도 없으며, 4정단·4신족·5근·5력·7등각지·8성도지도 생겨남도 없고, 소멸함도 없으며, 염오도 없고, 청정함도 없는데, 필경공으로써 무제공인 까닭이니라.

선현이여. 승의제의 가운데에서는 공해탈문이 생겨남도 없고, 소멸함도 없으며, 염오도 없고, 청정함도 없으며, 무상·무원해탈문도 생겨남도 없고, 소멸함도 없으며, 염오도 없고, 청정함도 없는데, 필경공으로써 무제공인 까닭이니라. 선현이여. 승의제의 가운데에서는 내공이 생겨남도 없고, 소멸함도 없으며, 염오도 없고, 청정함도 없으며, 4외공·내외공·공공·대공·승의공·유위공·무위공·필경공·무제공·산공·무변이공·본성공·자상공·공상공·일체법공·불가득공·무성공·자성공·무성자성공도 생겨남도 없고, 소멸함도 없으며, 염오도 없고, 청정함도 없는데, 필경공으로써 무제공인 까닭이니라.

선현이여. 승의제의 가운데에서는 고성제가 생겨남도 없고, 소멸함도 없으며, 염오도 없고, 청정함도 없으며, 집·멸·도성제도 생겨남도 없고, 소멸함도 없으며, 염오도 없고, 청정함도 없는데, 필경공으로써 무제공인 까닭이니라. 선현이여. 승의제의 가운데에서는 8해탈이 생겨남도 없고, 소멸함도 없으며, 염오도 없고, 청정함도 없으며, 8승처·9차제정·10변처도 생겨남도 없고, 소멸함도 없으며, 염오도 없고, 청정함도 없는데, 필경공으로써 무제공인 까닭이니라.

선현이여. 승의제의 가운데에서는 일체의 다라니문이 생겨남도 없고, 소멸함도 없으며, 염오도 없고, 청정함도 없으며, 일체의 삼마지문도 생겨남도 없고, 소멸함도 없으며, 염오도 없고, 청정함도 없는데, 필경공으로써 무제공인 까닭이니라. 선현이여. 승의제의 가운데에서는 극희지가 생겨남도 없고, 소멸함도 없으며, 염오도 없고, 청정함도 없으며, 이구지·발광지·염혜지·극난승지·현전지·원행지·부동지·선혜지·법운지도 생겨남도 없고, 소멸함도 없으며, 염오도 없고, 청정함도 없는데, 필경공으로써 무제공인 까닭이니라.

선현이여. 승의제의 가운데에서는 5안이 생겨남도 없고, 소멸함도 없으며, 염오도 없고, 청정함도 없으며, 6신통도 생겨남도 없고, 소멸함도 없으며, 염오도 없고, 청정함도 없는데, 필경공으로써 무제공인 까닭이니라. 선현이여. 승의제의 가운데에서는 여래의 10력이 생겨남도 없고, 소멸함도 없으며, 염오도 없고, 청정함도 없으며, 4무소외·4무애해·18불불공법도 생겨남도 없고, 소멸함도 없으며, 염오도 없고, 청정함도 없는데, 필경공으로써 무제공인 까닭이니라.

선현이여. 승의제의 가운데에서는 대자가 생겨남도 없고, 소멸함도 없으며, 염오도 없고, 청정함도 없으며, 대비·대희·대사도 생겨남도 없고, 소멸함도 없으며, 염오도 없고, 청정함도 없는데, 필경공으로써 무제공인 까닭이니라. 선현이여. 승의제의 가운데에서는 무망실법이 생겨남도 없고, 소멸함도 없으며, 염오도 없고, 청정함도 없으며, 항주사성도 생겨남도 없고, 소멸함도 없으며, 염오도 없고, 청정함도 없는데, 필경공으로써 무제공인 까닭이니라.

선현이여. 승의제의 가운데에서는 일체지가 생겨남도 없고, 소멸함도 없으며, 염오도 없고, 청정함도 없으며, 도상지·일체상지도 생겨남도 없고, 소멸함도 없으며, 염오도 없고, 청정함도 없는데, 필경공으로써 무제공인 까닭이니라. 선현이여. 승의제의 가운데에서는 32대사상이 생겨남도 없고, 소멸함도 없으며, 염오도 없고, 청정함도 없으며, 80수호도 생겨남도 없고, 소멸함도 없으며, 염오도 없고, 청정함도 없는데, 필경공으로써 무제공인 까닭이니라.

선현이여. 승의제의 가운데에서는 예류과가 생겨남도 없고, 소멸함도 없으며, 염오도 없고, 청정함도 없으며, 일래·불환·아라한과·독각의 보리도 생겨남도 없고, 소멸함도 없으며, 염오도 없고, 청정함도 없는데,

필경공으로써 무제공인 까닭이니라. 선현이여. 승의제의 가운데에서는 일체의 보살마하살의 행이 생겨남도 없고, 소멸함도 없으며, 염오도 없고, 청정함도 없으며, 제불의 무상정등보리도 생겨남도 없고, 소멸함도 없으며, 염오도 없고, 청정함도 없는데, 필경공으로써 무제공인 까닭이니라.

선현이여. 승의제의 가운데에서는 세간법이 생겨남도 없고, 소멸함도 없으며, 염오도 없고, 청정함도 없으며, 출세간법도 생겨남도 없고, 소멸함도 없으며, 염오도 없고, 청정함도 없는데, 필경공으로써 무제공인 까닭이니라. 선현이여. 승의제의 가운데에서는 유루법이 생겨남도 없고, 소멸함도 없으며, 염오도 없고, 청정함도 없으며, 무루법도 생겨남도 없고, 소멸함도 없으며, 염오도 없고, 청정함도 없는데, 필경공으로써 무제공인 까닭이니라. 승의제의 가운데에서는 유위법이 생겨남도 없고, 소멸함도 없으며, 염오도 없고, 청정함도 없으며, 무위법도 생겨남도 없고, 소멸함도 없으며, 염오도 없고, 청정함도 없는데, 필경공으로써 생겨남인 까닭이니라."

그때 구수 선현이 세존께 아뢰어 말하였다.

"세존이시여. 만약 세속제에 의지하는 까닭으로 인과의 차별을 안립시키는 것이고, 승의제에 의지하지 않는 것이라면, 곧 일체의 우부(愚夫)와 이생(異生)들이 모두 예류과에 상응하여 있거나, 혹은 일래과에 상응하여 있거나, 불환과에 상응하여 있거나, 아라한과에 상응하여 있거나, 아뇩다라삼먁삼보리에 상응하여 있습니까?"

세존께서 말씀하셨다.

"선현이여. 그대의 뜻은 어떠한가? 일체의 우부와 이생들이 세속제와 승의제를 여실하게 알겠는가? 만약 여실하게 알았다면 그들이 예류과에 상응하여 있거나, 혹은 일래과에 상응하여 있거나, 불환과에 상응하여 있거나, 아라한과에 상응하여 있거나, 아뇩다라삼먁삼보리에 상응하여 있느니라. 그렇지만 일체의 우부와 이생들은 세속제와 승의제를 여실하게 알 수 없으므로, 성스러운 도(道)가 없고 성스러운 도의 수행이 없는데, 그들에게 어찌 성스러운 과보의 차별이 있겠는가? 오직 여러 성자(聖者)들은 능히 세속제와 승의제를 여실하게 알 수 있으므로, 성스러운 도가 있고 성스러운 도의 수행이 있느니라. 이러한 까닭으로 성스러운 과보(聖果)의 차별을 얻을 수 있느니라."

그때 구수 선현이 세존께 아뢰어 말하였다.

"세존이시여. 만약 성스러운 도를 수행한다면 성스러운 과보를 얻을 수 있습니까?"

세존께서 말씀하셨다.

"아니니라. 선현이여. 성스러운 도를 수행하여 능히 성스러운 과보를 얻는 것이 아니고, 역시 성스러운 도를 수행하지 않아서 능히 성스러운 도를 얻는 것도 아니며, 성스러운 도를 벗어나서 능히 성스러운 과보를 얻는 것도 아니고, 역시 성스러운 도에 머물러서 능히 성스러운 과보를 얻는 것도 아니니라. 왜 그러한가? 선현이여. 승의제의 가운데에서 도와 도의 과보를 얻을 수 없는 까닭이니라. 이와 같이 선현이여. 보살마하살이 깊은 반야바라밀다를 수행하는 때에, 비록 유정들을 위하여 성스러운 과보의 여러 종류를 차별할지라도 이와 같은 성스러운 과보는 유위계(有爲界)에 있고, 혹은 무위계(無爲界)에도 있다고 차별하여 안립시켜서 분별(分別)하지 않느니라."

그때 구수 선현이 세존께 아뢰어 말하였다.

"세존이시여. 만약 이와 같은 성스러운 과보가 유위계에도 있고, 혹은 무위계에도 있다고 차별하여 안립시켜서 분별하지 않는다면, 어찌 세존께서는 3결(三結)[5]을 단절하면 예류과라고 이름하고, 욕망·탐욕·진애가 얇아진다면 일래과라고 이름하며, 순하오분결(順下五分結)[6]을 단절하여

---

[5] 산스크리트어 trīni sajyojanāni의 번역이고, 첫째는 오온(五蘊)은 일시적(一時的)인 가립의 화합(和合)에 지나지 않으며, 신체에는 불변(不變)하는 자아(自我)가 있고, 또한 오온(五蘊)은 자아(自我)의 소유라는 그릇된 견해(見解)인 유신삼결(有身三結)이고, 둘째는 오류의 계율(戒律)이나, 오류의 법(法)을 바르다고 생각하고 허망(虛妄)하게 집착(執着)하고 믿는 그릇된 견해(見解)인 계금취결(戒禁取結)이며, 셋째는 바른 이치(理致)나 정법(正法)을 듣고도 믿지 않고, 의심(疑心)하는 그릇된 견해(見解)인 의결(疑結) 등이다.

영원히 끝마친다면 불환과라고 이름하고, 순상오분결(順上五分結)7)을 단절하여 영원히 끝마친다면 아라한과라고 이름하며, 소유한 집적한 법(集法)을 모두 소멸시키는 법을 성취한다면 독각의 보리라고 이름하고, 일체의 습기(習氣)의 상속(相續)을 영원히 단절하면 무상정등보리라고 이름하십니까? 세존이시여. 제가 어찌 세존께서 설하신 뜻인 이를테면, 이와 같은 성스러운 과보는 유위계에 있고, 혹은 무위계에도 있다고 차별하여 안립시켜서 분별하지 않는다는 것을 알겠습니까?"

세존께서 말씀하셨다.

"선현이여. 그대의 뜻은 어떠한가? 설하였던 것인 예류·일래·아라한과·독각의 보리·제불의 무상정등보리 등의 이와 같은 성스러운 과위는 이것이 유위가 되겠는가? 무위가 되겠는가?"

선현이 대답하여 말하였다.

"이와 같은 성스러운 과위는 모두 이것은 무위이고, 이것은 유위가 아닙니다."

세존께서 선현에게 알리셨다.

"무위법의 가운데에서 분별이 있겠는가?"

선현이 대답하여 말하였다.

"아닙니다. 세존이시여. 아닙니다. 선서시여."

세존께서 말씀하셨다.

"선현이여. 그대의 뜻은 어떠한가? 만약 선남자와 선여인 등이 일체의 유위와 무위가 모두 동일(同一)한 상(相)인 이를테면, 무상(無相)이라고 통달하였다면, 이 선남자와 선여인 등이 마땅히 그때 제법에서 '이것은 유위이고, 혹은 무위법이다.'라고 소유하는 분별이 있겠는가?"

---

6) 산스크리트어 pañca-āvarabhāgīya-sajyojanāni의 번역이고, 첫째는 유신견(有身見)이고, 둘째는 계금취견(戒禁取見)이며, 셋째는 의심(疑)이고, 넷째는 욕탐(欲貪)이며, 다섯째는 진에(瞋恚)를 말한다.

7) 산스크리트어 pañcaūrdhvabhāgīya-sajyojanāni의 번역이고, 다섯 종류의 번뇌인 색탐(色貪)·무색탐(無色貪)·도거(掉擧)·만(慢)·무명(無明) 등을 말한다.

선현이 대답하여 말하였다.

"아닙니다. 세존이시여. 아닙니다. 선서시여."

세존께서 말씀하셨다.

"선현이여. 보살마하살도 역시 이와 같아서 깊은 반야바라밀다를 수행하는 때에, 비록 유정들을 위하여 제법을 널리 설하더라도, 법상(法相)을 설하였던 것을 분별하지 않았는데 이를테면, 내공인 까닭이고, 외공인 까닭이며, 내외공인 까닭이고, 공공인 까닭이며, 대공인 까닭이고, 승의공인 까닭이며, 유위공인 까닭이고, 무위공인 까닭이며, 필경공인 까닭이고, 무제공인 까닭이며, 산공인 까닭이고, 무변이공인 까닭이며, 본성공인 까닭이고, 자상공인 까닭이며, 공상공인 까닭이고, 일체법공인 까닭이며, 불가득공인 까닭이고, 무성공인 까닭이며, 자성공인 까닭이고, 무성자성공인 까닭이니라.

선현이여. 이 보살마하살은 스스로가 제법에서 집착하는 것이 없고, 역시 능히 다른 사람들을 교계하여 제법에 집착하지 않게 하는데 이를테면, 보시·정계·안인·정진·정려·반야바라밀다이거나, 만약 4정려·4무량·4무색정이거나, 만약 4념주·4정단·4신족·5근·5력·7등각지·8성도지이거나, 만약 내공·외공·내외공·공공·대공·승의공·유위공·무위공·필경공·무제공·산공·무변이공·본성공·자상공·공상공·일체법공·불가득공·무성공·자성공·무성자성공이거나, 만약 진여, 나아가 부사의계이거나, 만약 고·집·멸·도성제이거나, 만약 공·무상·무원해탈문이거나, 만약 8해탈·8승처·9차제정·10변처이거나, 만약 일체의 다라니문·삼마지문이거나, 만약 보살의 10지이거나, 만약 5안과 6신통이거나, 만약 여래의 10력·4무소외·4무애해·대자·대비·대희·대사·18불불공법이거나, 만약 무망실법·항주사성이거나, 만약 일체지·도상지·일체상지 등에 모두 집착함이 없느니라.

집착이 없는 까닭으로 일체의 처소에서 모두 무애(無碍)를 얻었으므로, 제여래·응공·정등각께서 변화시킨 자가 비록 보시·정계·안인·정진·정려·반야바라밀다를 수행하더라도 그 과보를 받지도 않고 집착하지 않는데, 오직 유정들을 열반시키려는 까닭이고, 비록 4정려·4무량·4무색정을 수행하더라도 그 과보를 받지도 않고 집착하지도 않는데, 오직 유정들을 열반시키려는 까닭이며, 비록 4념주·4정단·4신족·5근·5력·7등각지·8성도지를 수행하더라도 그 과보를 받지도 않고 집착하지도 않는데, 오직 유정들을 열반시키려는 까닭이고,

비록 내공·외공·내외공·공공·대공·승의공·유위공·무위공·필경공·무제공·산공·무변이공·본성공·자상공·공상공·일체법공·불가득공·무성공·자성공·무성자성공을 수행하더라도 그 과보를 받지도 않고 집착하지도 않는데, 오직 유정들을 열반시키려는 까닭이며, 비록 진여, 나아가 부사의계를 행하나 그 과보를 받지도 않고 집착하지도 않는데, 오직 유정들을 열반시키려는 까닭이고, 비록 고·집·멸·도성제를 수행하더라도 그 과보를 받지도 않고 집착하지도 않는데, 오직 유정들을 열반시키려는 까닭이며, 비록 공·무상·무원해탈문을 수행하더라도 그 과보를 받지도 않고 집착하지도 않는데, 오직 유정들을 열반시키려는 까닭이고,

비록 8해탈·8승처·9차제정·10변처를 수행하더라도 그 과보를 받지도 않고 집착하지도 않는데, 오직 유정들을 열반시키려는 까닭이며, 비록 일체의 다라니문·일체의 삼마지문을 수행하더라도 그 과보를 받지도 않고 집착하지도 않는데, 오직 유정들을 열반시키려는 까닭이고, 비록 보살의 10지를 수행하더라도 그 과보를 받지도 않고 집착하지도 않는데, 오직 유정들을 열반시키려는 까닭이며, 비록 5안과 6신통을 수행하더라도 그 과보를 받지도 않고 집착하지도 않는데, 오직 유정들을 열반시키려는 까닭이고,

비록 여래의 10력·4무소외·4무애해·대자·대비·대희·대사·18불불공법을 수행하더라도 그 과보를 받지도 않고 집착하지도 않는데, 오직 유정들을 열반시키려는 까닭이며, 비록 무망실법과 항주사성을 수행하더라도 그 과보를 받지도 않고 집착하지도 않는데, 오직 유정들을 열반시키려는 까닭이고, 비록 일체지·도상지·일체상지를 수행하더라도 그 과보를 받지도 않고 집착하지도 않는데, 오직 유정들을 열반시키려는 까닭인 것과 같으니라.

선현이여, 보살마하살도 역시 이와 같아서 깊은 반야바라밀다를 수행하는 때에 일체법의 만약 세간이거나, 만약 출세간이거나, 만약 유루이거나, 만약 무루이거나, 만약 유위이거나, 만약 무위이더라도 모두 머무르는

것이 없고 장애되는 것도 없느니라. 왜 그러한가? 제법이 실상(實相)과 같다고 잘 통달한 까닭이니라."

69. 제법평등품(諸法平等品)(1)

그때 구수 선현이 세존께 아뢰어 말하였다.
"세존이시여. 무엇이 보살마하살이 깊은 반야바라밀다를 수행하는 때에 일체법에서 실상(實相)을 잘 통달하는 것입니까?"
세존께서 말씀하셨다.
"선현이여. 제여래·응공·정등각께서 변화시켰던 자는 탐욕(貪)에서 수행하지 않고, 진에(瞋)에서 수행하지 않으며, 우치(癡)에서 수행하지 않느니라. 색에서 수행하지 않고, 수·상·행·식에서 수행하지 않으며, 안처에서 수행하지 않고, 이·비·설·신·의처에서 수행하지 않으며, 색처에서 수행하지 않고 성·향·미·촉·법처에서 수행히지 않으며, 안계에서 수행하지 않고 이·비·설·신·의계에서 수행하지 않으며, 색계에서 수행하지 않고 성·향·미·촉·법계에서 수행하지 않으며, 안식계에서 수행하지 않고 이·비·설·신·의식계에서 수행하지 않으며, 안촉에서 수행하지 않고 이·비·설·신·의촉에서 수행하지 않으며,

안촉을 인연으로 생겨난 여러 수에서 수행하지 않고 이·비·설·신·의촉을 인연으로 생겨난 여러 수에서 수행하지 않으며, 지계에서 수행하지 않고, 수·화·풍·공·식계에서 수행하지 않으며, 인연에서 수행하지 않고 등무간연·소연연·증상연에서 수행하지 않으며, 여러 인연에서 생겨난 제법에서 수행하지 않으며, 무명에서 수행하지 않고 행·식·명색·육처·촉·수·애·취·유·생·노사의 수탄고우뇌에서 수행하지 않으며, 보시바라밀다에서 수행하지 않고 정계·안인·정진·정려·반야바라밀다에서 수행하지 않으며,

4정려에서 수행하지 않고 4무량·4무색정에서 수행하지 않으며, 4념주에서 수행하지 않고 4정단·4신족·5근·5력·7등각지·8성도지에서 수행하지 않으며, 공해탈문에서 수행하지 않고 무상·무원해탈문에서 수행하지 않으며, 내공에서 수행하지 않고, 외공·내외공·공공·대공·승의공·유위공·무위공·필경공·무제공·산공·무변이공·본성공·자상공·공상공·일체법공·불가득공·무성공·자성공·무성자성공에서 수행하지 않으며, 진여, 나아가 부사의계에서 수행하지 않으며, 고성제에서 수행하지 않고 집·멸·도성제에서 수행하지 않으며, 8해탈에서 수행하지 않고 8승처·9차제정·10변처에서 수행하지 않으며,

일체의 다라니문에서 수행하지 않고 일체의 삼마지문에서 수행하지 않으며, 극희지에서 수행하지 않고 이구지·발광지·염혜지·극난승지·원행지·부동지·선혜지·법운지에서 수행하지 않으며, 5안에서 수행하지 않고 6신통에서 수행하지 않으며, 여래의 10력에서 수행하지 않고, 4무소외·4무애해·18불불공법에서 수행하지 않으며, 대자에서 수행하지 않고 대비·대희·대사에서 수행하지 않으며, 무망실법에서 수행하지 않고 항주사성에서 수행하지 않으며, 일체지에서 수행하지 않고 도상지·일체상지에서 수행하지 않으며, 32대사상에서 수행하지 않고 80수호에서 수행하지 않으며,

예류과에서 수행하지 않고 일래·불환·아라한과·독각의 보리에서 수행하지 않으며, 일체의 보살마하살의 행에서 수행하지 않고 제불의 무상정등보리에서 수행하지 않으며, 내법(內法)에서 수행하지 않고 외법(外法)에서 수행하지 않으며, 수면(隨眠)에서 수행하지 않고 전결(纏結)에서 수행하지 않으며, 세간법에서 수행하지 않고, 출세간법에서 수행하지 않으며, 유루법에서 수행하지 않고 무루법에서 수행하지 않으며, 유위법에서 수행하지 않고 무위법에서 수행하지 않으며, 도(道)에서 수행하지 않고 도의 과보(道果)에서 수행하지 않느니라.

선현이여. 보살마하살이 깊은 반야바라밀다를 수행하는 때에도 이와 같아서 일체법에서 모두 수행하는 것이 없느니라. 이것이 제법의 실상을 잘 통달하는 것인데 이를테면, 법성(法性)에는 분별하는 것이 없느니라."

그때 구수 선현이 다시 세존께 아뢰어 말하였다.

"세존이시여. 무엇이 여래·응공·정등각께서 변화시켰던 자가 성스러운 도(聖道)를 수행하여 나타내는 것입니까?"

세존께서 말씀하셨다.

"선현이여. 그 제여래·응공·정등각께서 변화시켰던 자가 성스러운 도에 의지하여 수행한다면 염오(染汚)되지 않고 부정(不淨)하지 않으며, 역시 5취(五趣)8)의 생사를 윤회(輪迴)하지도 않느니라."

구수 선현이 다시 세존께 아뢰어 말하였다.

"세존이시여. 어찌 보살마하살이 깊은 반야바라밀다를 수행하는 때에 제법이 모두 진실한 일(眞事)이 없다고 통달합니까?"

세존께서 말씀하셨다.

"선현이여. 그대의 뜻은 어떠한가? 제여래·응공·정등각께서 변화시켰던 자가 진실한 일을 하였던 것이 있었는가? 이러한 진실한 일에 의지하여 염오가 있고 부정이 있으며, 더불어 5취를 윤회하였던 일이 있었는가?"

선현이 대답하여 말하였다.

"아닙니다. 세존이시여. 아닙니다. 선서시여. 제여래·응공·정등각께서 변화시켰던 자가 그러한 일에 의지하여 염오가 있지 않았고 부정이 있지 않으며, 역시 5취의 생사를 윤회하지도 않았습니다."

세존께서 말씀하셨다.

"선현이여. 보살마하살이 깊은 반야바라밀다를 수행하는 때에 일체법에서 실상을 잘 통달하는 것도 역시 이와 같아서 제법을 통달하였어도 모두 진실한 일이 없느니라."

그때 구수 선현이 세존께 아뢰어 말하였다.

"세존이시여. 일체의 색은 모두 변화되었던 것과 같습니까? 일체의 수·상·행·식도 역시 변화되었던 것과 같습니까? 일체의 안처는 모두 변화되었던 것과 같습니까? 일체의 이·비·설·신·의처도 역시 변화되었던

---

8) 중생(衆生)이 선악(善惡)의 업보(業報)에 따라서 윤회하는 세계인 천도(天道)·인도(人道)·축생도(畜生道)·아귀도(餓鬼道)·지옥도(地獄道) 등을 가리킨다.

것과 같습니까? 일체의 색처는 모두 변화되었던 것과 같습니까? 일체의 성·향·미·촉·법처도 역시 변화되었던 것과 같습니까? 일체의 안계는 모두 변화되었던 것과 같습니까? 일체의 이·비·설·신·의계도 역시 변화되었던 것과 같습니까? 일체의 색계는 모두 변화되었던 것과 같습니까? 일체의 성·향·미·촉·법계도 역시 변화되었던 것과 같습니까?

일체의 안식계는 모두 변화되었던 것과 같습니까? 일체의 이·비·설·신·의식계도 역시 변화되었던 것과 같습니까? 일체의 안촉은 모두 변화되었던 것과 같습니까? 일체의 이·비·설·신·의촉도 역시 변화되었던 것과 같습니까? 일체의 안촉을 인연으로 생겨난 여러 수는 모두 변화되었던 것과 같습니까? 일체의 이·비·설·신·의촉을 인연으로 생겨난 여러 수도 역시 변화되었던 것과 같습니까? 일체의 지계는 모두 변화되었던 것과 같습니까? 일체의 수·화·풍·공·식계도 역시 변화되었던 것과 같습니까?

일체의 인연은 모두 변화되었던 것과 같습니까? 일체의 등무간연·소연연·증상연도 역시 변화되었던 것과 같습니까? 일체의 인연에서 생겨난 제법도 역시 변화되었던 것과 같습니까?

일체의 무명은 모두 변화되었던 것과 같습니까? 일체의 행·식·명색·육처·촉·수·애·취·유·생·노사의 수탄고우뇌도 역시 변화되었던 것과 같습니까? 이와 같이, 나아가 일체의 세간법은 모두 변화되었던 것과 같습니까? 일체의 출세간법도 역시 변화되었던 것과 같습니까? 일체의 유루법은 모두 변화되었던 것과 같습니까? 일체의 무루법도 역시 변화되었던 것과 같습니까? 일체의 유위법은 모두 변화되었던 것과 같습니까? 일체의 무위법도 모두 변화되었던 것과 같습니까?"

세존께서 선현에게 알리셨다.

"그와 같으니라. 그와 같으니라. 그대가 말한 것과 같이 일체법은 모두 변화된 것과 같으니라."

마하반야바라밀다경 제384권

69. 제법평등품(諸法平等品)(2)

그때 구수 선현이 세존께 아뢰어 말하였다.
"세존이시여. 만약 일체법이 모두가 변화한 것(化者)과 같다면 여러 변화된 것은 모두 진실한 색이 없고, 역시 진실한 수·상·행·식도 없으며, 여러 변화된 것은 모두 진실한 안처가 없고, 역시 진실한 이·비·설·신·의처도 없으며, 여러 변화된 것은 모두 진실한 색처가 없고, 역시 진실한 성·향·미·촉·법처도 없으며, 여러 변화된 것은 모두 진실한 안계가 없고, 역시 진실한 이·비·설·신·의계도 없으며, 여러 변화된 것은 모두 진실한 색계가 없고, 역시 진실한 성·향·미·촉·법계도 없으며, 여러 변화된 것은 모두 진실한 안식계가 없고, 역시 진실한 이·비·설·신·의식계도 없으며,

여러 변화된 것은 모두 진실한 안촉이 없고, 역시 진실한 이·비·설·신·의촉도 없으며, 여러 변화된 것은 모두 진실한 안촉을 인연으로 생겨난 여러 수가 없고, 역시 진실한 이·비·설·신·의촉을 인연으로 생겨난 여러 수도 없으며, 여러 변화된 것은 모두 진실한 지계가 없고, 역시 진실한 수·화·풍·공·식계도 없으며, 여러 변화된 것은 모두 진실한 인연이 없고, 역시 진실한 등무간연·소연연·증상연도 없으며, 여러 변화된 것은 모두 진실한 여러 인연으로 생겨난 제법이 없고, 여러 변화된 것은 모두 진실한 무명이 없고, 역시 진실한 행·식·명색·육처·촉·수·애·취·유·생·노사의 수탄고우뇌도 없으며,

여러 변화된 것은 모두 진실한 세간법이 없고, 역시 진실한 출세간법도

없으며, 여러 변화된 것은 모두 진실한 유루법이 없고, 진실한 무루법도 없으며, 여러 변화된 것은 모두 진실한 유위법이 없고, 역시 진실한 무위법도 없으며, 여러 변화된 것은 모두 진실한 잡염법(雜染法)이 없고, 역시 진실한 청정법(淸淨法)도 없으며, 여러 변화된 것은 모두 진실한 5취(五趣)의 생사(生死)를 윤회(輪廻)함이 없고, 역시 진실한 5취의 생사를 벗어남도 없는데, 어찌 보살마하살은 제유정에서 수승한 장부(勝士)의 작용이 있습니까?"

세존께서 선현에게 알리셨다.

"그대의 뜻은 어떠한가? 제보살마하살이 본래 보살도를 수행하는 때에 유정들을 지옥·방생·귀계에서 많이 해탈시켜서 인간·천상으로 나아가게 할 수 있겠는가?"

선현이 대답하여 말하였다.

"아닙니다. 세존이시여. 아닙니다. 선서시여."

세존께서 선현에게 알리셨다.

"그와 같으니라. 그와 같으니라. 제보살마하살이 본래 보살도를 수행하는 때에 유정들이 삼계에서 벗어날 수 있다고 보지 않느니라. 왜 그러한가? 제보살마하살이 일체법에서 알았고 보았으며 통달하였더라도 모두 환영의 변화와 같아서 모두 실유(實有)[1]가 아니니라."

그때 구수 선현이 세존께 아뢰어 말하였다.

"세존이시여. 만약 보살마하살이 일체법에서 알았고 보았으며 통달하였더라도 모두 환영의 변화와 같아서 모두 실유가 아니라면 보살마하살은 무슨 일을 위한 까닭으로 보시·정계·안인·정진·정려·반야바라밀다를 수행하고, 무슨 까닭으로 4정려·4무량·4무색정을 수행하며, 무슨 일을 위한 까닭으로 4념주·4정단·4신족·5근·5력·7등각지·8성도지를 수행하고, 무슨 일을 위한 까닭으로 공·무상·무원해탈문을 수행하며, 무슨 일을

---

[1] 일체의 유위법(有爲法)은 삼세(三世)에 걸쳐 그 체(體), 곧 자성(自性)이 실제로 존재한다는 것이다.

위한 까닭으로 8해탈·8승처·9차제정·10변처를 수행하고, 무슨 일을 위한 까닭으로 일체의 다라니문·일체의 삼마지문을 수행하며,

　무슨 일을 위한 까닭으로 극희지·이구지·발광지·염혜지·극난승지·현전지·원행지·부동지·선혜지·법운지를 수행하고, 무슨 일을 위한 까닭으로 5안·6신통을 수행하며, 무슨 일을 위한 까닭으로 여래의 10력·4무소외·4무애해·대자·대비·대희·대사·18불불공법을 수행하며, 무슨 일을 위한 까닭으로 무망실법·항주사성을 수행하고, 무슨 일을 위한 까닭으로 일체지·도상지·일체상지를 수행하며, 무슨 일을 위한 까닭으로 일체의 보살마하살의 행을 수행하고, 무슨 일을 위한 까닭으로 제불의 무상정등보리를 수행하며, 무슨 일을 위한 까닭으로 불국토를 청정하게 장엄하고, 무슨 일을 위한 까닭으로 유정들을 성숙시킵니까?"

　세존께서 선현에게 알리셨다.

　"만약 제유정들이 일체법에서 모두가 능히 스스로가 환영의 변화와 같아서 모두 실유가 아니라고 명료하게 알았다면, 곧 보살마하살은 상응하여 무수(無數)한 겁에 제유정들을 위하여 보살도를 수행하지 않을 것이나, 제유정으로써 능히 스스로가 환영의 변화와 같아서 모두 실유가 아니라고 명료하게 알지 못하느니라. 이러한 까닭으로 보살마하살은 무수한 겁에 제유정들을 위하여 보살도를 수행하느니라.

　다시 다음으로 선현이여. 제보살마하살이 일체법에서 모두가 능히 스스로가 환영의 변화와 같아서 모두 실유가 아니라고 명료하게 알지 못한다면, 곧 상응하여 무수한 겁에 제유정들을 위하여 보살도를 수행하지 못하고 불국토를 청정하게 장엄하지 못하며 유정들을 성숙시키지 못하지만, 보살마하살이 일체법에서 모두가 능히 스스로가 환영의 변화와 같아서 모두 실유가 아니라고 명료하게 아는 까닭으로, 곧 상응하여 무수한 겁에 제유정들을 위하여 보살도를 수행하고 불국토를 청정하게 장엄하며 유정들을 성숙시키느니라."

　그때 구수 선현이 세존께 아뢰어 말하였다.

"세존이시여. 만약 일체법이 꿈(夢)과 같고 환영(幻)과 같으며 메아리(響)와 같고 형상(像)과 같으며 그림자(光影)와 같고 아지랑이(陽焰)와 같으며 변화한 일(變化事)과 같고 심향성(尋香城)과 같다면, 교화할 유정들은 어느 곳에 머무르고 있으며, 제보살마하살이 깊은 반야바라밀다를 수행하여 발제(拔濟)하여 출리(出離)시켜야 합니까?"

세존께서 말씀하셨다.

"선현이여. 교화할 유정들은 명자(名)와 상(相)의 허망(虛妄)한 분별(分別)에 머무르고 있으므로, 제보살마하살이 깊은 반야바라밀다를 수행하여 발제하여 출리시켜야 하느니라."

구수 선현이 다시 세존께 아뢰어 말하였다.

"세존이시여. 무엇을 명자로 삼는다고 말하고, 무엇을 상으로 삼는다고 말합니까?"

세존께서 말씀하셨다.

"선현이여. 명자는 모두가 객(客)이고, 모두가 가립(假立)이며, 모두가 시설(施設)에 속(屬)하나니 이를테면, 이것은 색이라고 이름하고 이것은 수·상·행·식이라고 이름하며, 이것은 안처라고 이름하고 이것은 이·비·설·신·의처라고 이름하며, 이것은 색처라고 이름하고 이것은 성·향·미·촉·법처라고 이름하며, 이것은 안계라고 이름하고 이것은 이·비·설·신·의계라고 이름하며, 이것은 색계라고 이름하고 이것은 성·향·미·촉·법계라고 이름하며, 이것은 안식계라고 이름하고 이것은 이·비·설·신·의식계라고 이름하며, 이것은 안촉이라고 이름하고 이것은 이·비·설·신·의촉이라고 이름하며,

이것은 안촉을 인연으로 생겨난 여러 수라고 이름하고 이것은 이·비·설·신·의촉을 인연으로 생겨난 여러 수라고 이름하며, 이것은 남자라고 이름하고 이것은 여자라고 이름하며, 이것은 작다고 이름하고 이것은 크다고 이름하며, 이것은 지옥이라고 이름하고 이것은 방생이라고 이름하며, 이것은 귀계라고 이름하고 이것은 인간이라고 이름하며, 이것은 천상이라고 이름하며, 이것은 세간법이라고 이름하고 이것은 출세간법이라고

이름하며, 이것은 유루법이라고 이름하고 이것은 무루법이라고 이름하며, 이것은 무위법이라고 이름하고 이것은 무위법이라고 이름하며,

이것은 예류과라고 이름하고 이것은 일래과라고 이름하며, 이것은 불환과라고 이름하고 이것은 아라한과라고 이름하며, 이것은 일체의 보살마하살의 행이라고 이름하며, 이것은 제불의 무상정등보리라고 이름하고 이것은 출세간법이라고 이름하며, 이것은 이생(異生)이라고 이름하고 이것은 성문이라고 이름하며, 이것은 독각이라고 이름하고 이것은 보살이라고 이름하며, 이것은 여래라고 이름하느니라.

선현이여. 이와 같은 일체의 명자들은 모두가 가립이고, 여러 의취(義)를 표현하기 위하여 시설한 여러 명자인 까닭으로 일체의 명자는 모두 실유가 아니므로, 여러 유위법도 역시 다만 명자가 있고 오히려 이러한 무위법도 역시 실유가 아닌데, 어리석은 범부와 중생은 그 가운데에서 허망하게 집착하느니라. 보살마하살이 깊은 반야바라밀다를 수행하는 때에 선교방편으로 교계하여 멀리 벗어나게 하면서 '명자인 이것은 분별하는 망상에서 일어나는 것이고, 역시 이것은 여러 인연이 화합한 가립이므로, 그대들은 상응하여 그 가운데에 집착하지 마십시오. 명자는 진실한 일이 없고 자성이 모두가 공하므로 지혜가 있는 자가 아니라면 공한 법(空法)을 집착합니다.'라고 이와 같이 말을 짓느니라. 선현이여. 이것이 깊은 반야바라밀다를 수행하는 때에 선교방편으로 제유정들을 위하여 명자를 벗어나는 법을 설하는 것이니라. 선현이여. 이것을 이를테면, 명자로 삼느니라.

무엇을 상(相)으로 삼는가? 선현이여. 상은 두 종류가 있고 어리석은 범부와 이생들은 그 가운데에서 집착하느니라. 무엇을 두 종류로 삼는가? 첫째는 유색상(有色相)이고 둘째는 무색상(無色相)이니라. 무엇을 유색상이라고 말하는가? 선현이여. 여러 소유한 색이 만약 과거이거나, 만약 미래이거나, 만약 현재이거나, 만약 내신이거나, 만약 외신이거나, 만약 거칠거나, 만약 세밀하거나, 만약 열등하거나, 만약 수승하거나, 만약 멀거나, 만약 가까웠으며, 이러한 찰나의 여러 공한 법(空法)의 가운데에서

어리석은 범부와 이생들은 불별하고 집착하였다면, 이것을 유색상이라고 이름하느니라. 무엇을 무색상이라고 말하는가? 선현이여. 이를테면, 여러 소유한 색이 무색법의 가운데에서 어리석은 범부와 이생들은 상을 취하면서 분별하므로 여러 번뇌가 생겨났다면, 이것을 무색상이라고 이름하느니라.

보살마하살이 깊은 반야바라밀다를 수행하는 때에 선교방편으로 제유정들을 교계하여 두 가지의 상을 멀리 벗어나게 하고, 다시 무상계(無相界)의 가운데에 안주하게 하느니라. 비록 무상계의 가운데에 안주하게 하더라도, 그렇지만 그들이 두 가지의 변집(邊執)에 떨어져서 '이것은 상이다, 이것은 무상이다.'라고 말하지 않게 하느니라. 이와 같이 선현이여. 보살마하살은 깊은 수행하는 때에 선교방편으로 제유정들이 여러 상을 멀리 벗어나게 하고, 무상계에 안주하게 하며 집착이 없게 하느니라."

그때 구수 선현이 세존께 아뢰어 말하였다.
"세존이시여. 만약 일체법은 다만 명자와 상이 있고, 소유한 명자와 상이 모두 가립이며 분별하여 일어난 것이며 진실로 자성이 있지 않다면, 어찌하여 보살마하살이 깊은 반야바라밀다를 수행하는 때에 여러 선법에서 능히 스스로를 증진(增進)시키고, 역시 능히 다른 사람들에게 선법을 증진시키며, 오히려 스스로가 선법에서 증진을 얻는 까닭으로 능히 여러 지위를 점차 원만하게 하고, 역시 능히 제유정의 부류들을 안립시키며, 그것에 상응하는 것을 따라서 삼승의 과보를 얻게 합니까?"

세존께서 말씀하셨다.
"선현이여. 만약 제법의 가운데에서 진실한 일이 있었고, 다만 가립(假立)하였던 명자와 상이 있지 않았다면, 곧 보살마하살이 깊은 반야바라밀다를 수행하는 때에 상응하여 선법에서 스스로를 증진시키지 못하고, 역시 다른 사람들에게 선법을 증진시키지 못하느니라. 선현이여. 제법 가운데에서 작은 진실한 일이라도 없고, 다만 가립하였던 명자와 상이 있느니라.

이러한 까닭으로 보살마하살이 깊은 반야바라밀다를 수행하는 때에 무상(無相)으로써 방편을 삼고서 능히 반야바라밀다를 원만하게 하고, 무상으로써 방편을 삼고서 정려바라밀다를 원만하게 하며, 무상으로써 방편을 삼고서 정진바라밀다를 원만하게 하고, 무상으로써 방편을 삼고서 안인바라밀다를 원만하게 하며, 무상으로써 방편을 삼고서 정계바라밀다를 원만하게 하고, 무상으로써 방편을 삼고서 보시바라밀다를 원만하게 하며,

무상으로써 방편을 삼고서 4정려·4무량·4무색정을 원만하게 하고, 무상으로써 방편을 삼고서 4념주·4정단·4신족·5근·5력·7등각지·8성도지를 원만하게 하며, 무상으로써 방편을 삼고서 공·무상·무원해탈문을 원만하게 하고, 무상으로써 방편을 삼고서 내공·외공·내외공·공공·대공·승의공·유위공·무위공·필경공·무제공·산공·무변이공·본성공·자상공·공상공·일체법공·불가득공·무성공·자성공·무성자성공을 원만하게 하며,

무상으로써 방편을 삼고서 진여·법계·법성·불허망성·불변이성·평등성·이생성·법정·법주·실제·허공계·부사의계를 원만하게 하고, 무상으로써 방편을 삼고서 고·집·멸·도성제를 원만하게 하며, 무상으로써 방편을 삼고서 8해탈·8승처·9차제정·10변처를 원만하게 하고, 무상으로써 방편을 삼고서 일체의 다라니문·일체의 삼마지문을 원만하게 하며, 무상으로써 방편을 삼고서 극희지·이구지·발광지·염혜지·극난승지·현전지·원행지·부동지·선혜지·법운지를 원만하게 하고, 무상으로써 방편을 삼고서 5안·6신통을 원만하게 하며,

무상으로써 방편을 삼고서 여래의 10력·4무소외·4무애해·대자·대비·대희·대사·18불불공법을 원만하게 하고, 무상으로써 방편을 삼고서 무망실법·항주사성을 원만하게 하며, 무상으로써 방편을 삼고서 일체지·도상지·일체상지를 원만하게 하고, 무상으로써 방편을 삼고서 여러 선법을 스스로가 원만하게 하고서 다른 사람들에게도 선법을 원만하게 하느니라.

이와 같이 선현이여. 일체법으로써 적은 진실한 일이라도 없더라도, 다만 가립하였던 명자(名字)와 상(相)이 있다면, 제보살마하살은 그 가운

데에서 전도된 집착을 일으키지 않고, 여러 선법에 능히 스스로를 증진시키고, 역시 다른 사람들도 선법에서 증진시키느니라.

다시 다음으로 선현이여. 만약 제법의 가운데에서 터럭 끝자락의 분량인 진실한 법상(法相)인 것이 있다면, 곧 보살마하살이 깊은 반야바라밀다를 수행하는 때에, 일체법에서 무상(無相)이고 무념(無念)이며 역시 작의(作意)가 없는 무루의 자성을 상응하여 깨달아서 알지 못하고 무상정등보리를 상응하여 증득하지 못하며, 유정들을 무루법에 상응하여 안립시키지 못하느니라.

왜 그러한가? 선현이여. 여러 무루법은 모두가 무상이고 무념이며 역시 작의가 없는 까닭이니라. 이와 같이 선현이여. 보살마하살이 깊은 반야바라밀다를 수행하는 때에 유정들을 무루법에서 안립시킨다면, 비로소 진실하게 다른 사람의 일을 요익하게 한다고 이름하느니라."

그때 구수 선현이 세존께 아뢰어 말하였다.

"세존이시여. 만약 일체법이 진실로 무루의 성품이므로 무상이고 무념이며 역시 작의가 없다면, 무슨 인연으로 세존께서는 일찍이 '이것은 세간법이고, 이것은 출세간법이며, 이것은 유루법이고, 이것은 무루법이며, 이것은 유위법이고, 이것은 무위법이며, 이것은 유죄법(有罪法)이고, 이것은 무죄법(無罪法)이며, 이것은 유쟁법(有諍法)이고, 이것은 무쟁법(無諍法)이며, 이것은 유전법(流轉法)이고, 이것은 환멸법(還滅法)이며, 이것은 공법(共法)이고, 이것은 불공법(不共法)이며, 이것은 성문법(聲聞法)이고, 이것은 독각법(無諍法)이며, 이것은 보살법(菩薩法)이고, 이것은 여래법(如來法)이다.'라고 이와 같이 헤아리(數)셨습니까?"

세존께서 선현에게 알리셨다.

"그대의 뜻은 어떠한가? 세간 등의 법과 무상 등과 무루의 법성(法性)이 다른 것은 있는가?"

선현이 대답하여 말하였다.

"없습니다. 세존이시여. 없습니다. 선서시여."

세존께서 선현에게 알리셨다.

"그대의 뜻은 어떠한가? 성문 등의 법과 무상 등과 무루의 법성이 다른 것은 있는가?"

선현이 대답하여 말하였다.

"없습니다. 세존이시여. 없습니다. 선서시여."

세존께서 선현에게 알리셨다.

"세간 등의 법은 어찌 이것은 무상이고 무념 등이며, 무루의 법성으로 나아가지(卽) 않겠는가?"

"그와 같습니다. 세존이시여. 그와 같습니다. 선서시여."

세존께서 선현에게 알리셨다.

"만약 예류과이거나, 만약 일래과이거나, 만약 불환과이거나, 만약 아라한과이거나, 만약 독각의 보리이거나, 만약 여러 보살마하살의 법이거나, 만약 여래(佛)의 무상정등보리가 어찌 이것은 무상이고 무념 등이며, 무루의 법성으로 나아가지 않겠는가?"

"그와 같습니다. 세존이시여. 그와 같습니다. 선서시여."

세존께서 말씀하셨다.

"선현이여. 오히려 이것을 인연으로 일체법은 모두 이것이 무상 등이라고 마땅히 알아야 하느니라. 선현이여. 보살마하살은 일체법이 모두 이것은 무상이고 무념이며 작의가 없다고 수학하는 때에, 항상 능히 선법을 수행하는 것을 증익(增益)시키는데 이를테면, 보시·정계·안인·정진·정려·반야바라밀다이거나, 만약 4정려·4무량·4무색정이거나, 만약 4념주·4정단·4신족·5근·5력·7등각지·8성도지이거나, 만약 내공·외공·내외공·공공·대공·승의공·유위공·무위공·필경공·무제공·산공·무변이공·본성공·자상공·공상공·일체법공·불가득공·무성공·자성공·무성자성공이거나,

만약 진여·법계·법성·불허망성·불변이성·평등성·이생성·법정·법주·실제·허공계·부사의계이거나, 만약 고·집·멸·도성제이거나, 만약 공·무상·무원해탈문이거나, 만약 8해탈·8승처·9차제정·10변처이거나, 만

약 일체의 다라니문·일체의 삼마지문이거나, 만약 극희지·이구지·발광지·염혜지·극난승지·현전지·원행지·부동지·선혜지·법운지이거나, 만약 5안·6신통이거나, 만약 여래의 10력·4무소외·4무애해·18불불공법이거나, 만약 대자·대비·대희·대사이거나, 만약 무망실법·항주사성이거나, 만약 일체지·도상지·일체상지 등이니라.

여러 이와 같은 일체 불법은 모두가 무상이고 무념이며 작의가 없다면 증익을 획득하느니라. 그 까닭은 무엇인가? 선현이여. 보살마하살은 공·무상·무원해탈문을 제외하고서 다시 나머지의 수학할 법이 필요가 없느니라. 왜 그러한가? 3해탈문은 능히 일체의 미묘한 선법을 섭수하는 까닭이니라. 그 까닭은 무엇인가? 선현이여. 공해탈문에서 일체법의 자상(自相)이 모두가 공하다고 관찰하고, 무상해탈문에서 일체법이 여러 상을 멀리 벗어났다고 관찰하며, 무원해탈문에서 일체법의 발원하는 것을 멀리 벗어났다고 관찰하느니라. 오히려 이러한 3해탈문은 능히 일체의 미묘한 선법을 섭수하고, 이러한 3해탈문은 벗어나서 상응하여 수습(修習)하는 수승한 선법은 생장(生長)하지 않는 까닭이니라.

다시 다음으로 선현이여. 만약 보살마하살이 능히 이와 같은 3해탈문을 수학한다면, 곧 능히 5온(五蘊)을 수학할 수 있고, 역시 능히 12처(十二處)를 수학할 수 있으며, 역시 능히 18계(十八界)를 수학할 수 있고, 역시 능히 6계(六界)를 수학할 수 있고, 역시 능히 4성제(四聖諦)를 수학할 수 있으며, 역시 능히 4연(四緣)을 수학할 수 있고, 역시 능히 인연에서 생겨난 여러 법을 수학할 수 있으며, 역시 능히 12연기(十二緣起)를 수학할 수 있고,

역시 능히 내공·외공·내외공·공공·대공·승의공·유위공·무위공·필경공·무제공·산공·무변이공·본성공·자상공·공상공·일체법공·불가득공·무성공·자성공·무성자성공을 수학할 수 있으며, 역시 능히 진여·법계·법성·불허망성·불변이성·평등성·이생성·법정·법주·실제·허공계·부사의계를 수학할 수 있고, 역시 능히 보시·정계·안인·정진·정려·반야·방편·묘원·력·지 바라밀다를 수학할 수 있으며, 역시 능히 극희지·이구지·발

광지·염혜지·극난승지·현전지·원행지·부동지·선혜지·법운지를 수학할 수 있고, 역시 능히 4념주·4정단·4신족·5근·5력·7등각지·8성도지를 수학할 수 있으며,

역시 능히 4정려·4무량·4무색정을 수학할 수 있고, 역시 능히 8해탈·8승처·9차제정·10변처를 수학할 수 있으며, 역시 능히 일체의 다라니문·일체의 삼마지문을 수학할 수 있고, 역시 능히 5안·6신통을 수학할 수 있으며, 역시 능히 여래의 10력·4무소외·4무애해·18불불공법을 수학할 수 있고, 역시 능히 대자·대비·대희·대사를 수학할 수 있으며, 역시 능히 무망실법·항주사성을 수학할 수 있고, 역시 능히 일체지·도상지·일체상지를 수학할 수 있으며, 역시 능히 불국토를 청정하게 장엄할 수 있고, 유정을 성숙시킬 수 있으며, 역시 능히 여러 나머지 무량하고 무변한 불법을 수학할 수 있느니라."

그때 구수 선현이 세존께 아뢰어 말하였다.
"세존이시여. 어찌 보살마하살이 반야바라밀다를 수행하는 때에 능히 5온을 수학할 수 있습니까?"
세존께서 신현에게 알리셨다.
"만약 보살마하살이 반야바라밀다를 수행하는 때에 색(色)·수(受)·상(想)·행(行)·식(識)을 여실하게 알았다면, 이것으로 능히 5온을 수학할 수 있느니라. 선현이여. 무엇이 보살마하살이 반야바라밀다를 수행하는 때에 여실하게 색을 아는 것인가? 만약 보살마하살이 반야바라밀다를 수행하는 때에 여실하게 색의 상(相)을 알고, 여실하게 색의 생겨남(生)을 알며, 여실하게 색의 소멸함(滅)을 알고, 여실하게 색의 진여(眞如)를 알았다면, 이것이 여실하게 색을 아는 것이니라.

선현이여. 무엇이 보살마하살이 반야바라밀다를 수행하는 때에 여실하게 색의 상을 아는 것인가? 선현이여. 만약 보살마하살이 반야바라밀다를 수행하는 때에 색은 반드시 결국에는 구멍이 있고 반드시 결국에는 틈새가 있는데, 오히려 거품의 성품이 견고하지 않은 것과 같다고 여실하게

알았다면, 선현이여. 이것을 여실하게 색의 상을 아는 것이라고 이름하느니라.

선현이여. 무엇이 보살마하살이 반야바라밀다를 수행하는 때에 여실하게 색의 생겨남을 아는 것인가? 선현이여. 만약 보살마하살이 반야바라밀다를 수행하는 때에 색이 왔더라도 따라서 왔던 것이 없고, 떠나갔더라도 나아가는 것이 없으며, 비록 왔던 것이 없고 떠나감도 없으나 생겨나는 법에 상응(相應)한다고 여실하게 알았다면, 선현이여. 이것을 여실하게 색의 생겨남을 아는 것이라고 이름하느니라.

선현이여. 무엇이 보살마하살이 반야바라밀다를 수행하는 때에 여실하게 색의 소멸함을 아는 것인가? 선현이여. 만약 보살마하살이 반야바라밀다를 수행하는 때에, 색이 왔더라도 따라서 왔던 것이 없고, 떠나갔더라도 나아가는 것이 없으며, 비록 왔던 것이 없고 떠나감도 없으나 소멸하는 법에 상응한다고 여실하게 알았다면, 선현이여. 이것을 여실하게 색의 소멸함을 아는 것이라고 이름하느니라.

선현이여. 무엇이 보살마하살이 반야바라밀다를 수행하는 때에 여실하게 색의 진여를 아는 것인가? 선현이여. 만약 보살마하살이 반야바라밀다를 수행하는 때에, 색의 진여는 생겨남이 없고 소멸함도 없으며 왔던 것이 없고 떠나감도 없으며 염오가 없고 청정함도 없으며 증장함이 없고 감소함도 없으며, 항상 그 자성과 같고 허망하지 않으며 변하지 않는 까닭으로 진여라고 이름하느니라. 선현이여. 이것을 여실하게 색의 진여를 아는 것이라고 이름하느니라.

선현이여. 무엇이 보살마하살이 반야바라밀다를 수행하는 때에 여실하게 수를 아는 것인가? 만약 보살마하살이 반야바라밀다를 수행하는 때에 여실하게 색의 상을 알고, 여실하게 수의 생겨남을 알며, 여실하게 수의 소멸함을 알고, 여실하게 수의 진여를 알았다면, 이것이 여실하게 수를 아는 것이니라.

선현이여. 무엇이 보살마하살이 반야바라밀다를 수행하는 때에 여실하게 수의 상을 아는 것인가? 선현이여. 만약 보살마하살이 반야바라밀다를 수행하는 때에 수는 반드시 결국에는 종기(癰)와 같고 반드시 결국에는 화살(箭)과 같으며, 오히려 만약 거품처럼 거짓되고 머무르지 않으며 빠르게 일어나고 빠르게 소멸한다고 여실하게 알았다면, 선현이여. 이것을 여실하게 수의 상을 아는 것이라고 이름하느니라.

선현이여. 무엇이 보살마하살이 반야바라밀다를 수행하는 때에 여실하게 수의 생겨남을 아는 것인가? 선현이여. 만약 보살마하살이 반야바라밀다를 수행하는 때에 수는 왔더라도 따라서 왔던 것이 없고, 떠나갔더라도 나아가는 것이 없으며, 비록 왔던 것이 없고 떠나감도 없으나 생겨나는 법에 상응한다고 여실하게 알았다면, 선현이여. 이것을 여실하게 수의 생겨남을 아는 것이라고 이름하느니라.

선현이여. 무엇이 보살마하살이 반야바라밀다를 수행하는 때에 여실하게 수의 소멸함을 아는 것인가? 선현이여. 만약 보살마하살이 반야바라밀다를 수행하는 때에, 수는 왔더라도 따라서 왔던 것이 없고, 떠나갔더라도 나아가는 것이 없으며, 비록 왔던 것이 없고 떠나감도 없으나 소멸하는 법에 상응한다고 여실하게 알았다면, 선현이여. 이것을 여실하게 수의 소멸함을 아는 것이라고 이름하느니라.

선현이여. 무엇이 보살마하살이 반야바라밀다를 수행하는 때에 여실하게 수의 진여를 아는 것인가? 선현이여. 만약 보살마하살이 반야바라밀다를 수행하는 때에, 수의 진여는 생겨남이 없고 소멸함도 없으며 왔던 것이 없고 떠나감도 없으며 염오가 없고 청정함도 없으며 증장함이 없고 감소함도 없으며, 항상 그 자성과 같고 허망하지 않으며 변하지 않는 까닭으로 진여라고 이름하느니라. 선현이여. 이것을 여실하게 수의 진여를 아는 것이라고 이름하느니라.

선현이여. 무엇이 보살마하살이 반야바라밀다를 수행하는 때에 여실하게 상을 아는 것인가? 만약 보살마하살이 반야바라밀다를 수행하는 때에 여실하게 상의 상을 알고, 여실하게 상의 생겨남을 알며, 여실하게 상의 소멸함을 알고, 여실하게 상의 진여를 알았다면, 이것이 여실하게 상을 아는 것이니라.

선현이여. 무엇이 보살마하살이 반야바라밀다를 수행하는 때에 여실하게 상의 상을 아는 것인가? 선현이여. 만약 보살마하살이 반야바라밀다를 수행하는 때에 오히려 아지랑이에는 물을 얻을 수 없는 것과 같이, 허망한 갈애(渴愛)로 이러한 상을 일으키더라도 가립(假立)으로 시설하여 있고 가립으로 언설(言說)을 일으켰다고 여실하게 알았다면, 선현이여. 이것을 여실하게 상의 상을 아는 것이라고 이름하느니라.

선현이여. 무엇이 보살마하살이 반야바라밀다를 수행하는 때에 여실하게 상의 생겨남을 아는 것인가? 선현이여. 만약 보살마하살이 반야바라밀다를 수행하는 때에 상은 왔더라도 따라서 왔던 것이 없고, 떠나갔더라도 나아가는 것이 없으며, 비록 왔던 것이 없고 떠나감도 없으나 생겨나는 법에 상응한다고 여실하게 알았다면, 선현이여. 이것을 여실하게 상의 생겨남을 아는 것이라고 이름하느니라.

선현이여. 무엇이 보살마하살이 반야바라밀다를 수행하는 때에 여실하게 상의 소멸함을 아는 것인가? 선현이여. 만약 보살마하살이 반야바라밀다를 수행하는 때에, 상은 왔더라도 따라서 왔던 것이 없고, 떠나갔더라도 나아가는 것이 없으며, 비록 왔던 것이 없고 떠나감도 없으나 소멸하는 법에 상응한다고 여실하게 알았다면, 선현이여. 이것을 여실하게 상의 소멸함을 아는 것이라고 이름하느니라.

선현이여. 무엇이 보살마하살이 반야바라밀다를 수행하는 때에 여실하게 상의 진여를 아는 것인가? 선현이여. 만약 보살마하살이 반야바라밀다를 수행하는 때에, 상의 진여는 생겨남이 없고 소멸함도 없으며 왔던 것이 없고 떠나감도 없으며 염오가 없고 청정함도 없으며 증장함이 없고 감소함도 없으며, 항상 그 자성과 같고 허망하지 않으며 변하지 않는 까닭으로 진여라고 이름하느니라. 선현이여. 이것을 여실하게 상의 진여를 아는 것이라고 이름하느니라.

선현이여. 무엇이 보살마하살이 반야바라밀다를 수행하는 때에 여실하게 행을 아는 것인가? 만약 보살마하살이 반야바라밀다를 수행하는 때에 여실하게 행의 상을 알고, 여실하게 행의 생겨남을 알며, 여실하게 행의 소멸함을 알고, 여실하게 행의 진여를 알았다면, 이것이 여실하게 행을 아는 것이니라.

 선현이여. 무엇이 보살마하살이 반야바라밀다를 수행하는 때에 여실하게 행의 상을 아는 것인가? 선현이여. 만약 보살마하살이 반야바라밀다를 수행하는 때에 오히려 만약 파초(芭蕉)의 잎과 잎을 잘라서 없애더라도 실제를 얻을 수 없는 것과 같이, 명(明)과 무명(無明) 등이 여러 인연으로 이루어진 것이고, 업과 번뇌 등이 가립으로 화합하였다고 여실하게 알았다면, 선현이여. 이것을 여실하게 행의 상을 아는 것이라고 이름하느니라.

 선현이여. 무엇이 보살마하살이 반야바라밀다를 수행하는 때에 여실하게 행의 생겨남을 아는 것인가? 선현이여. 만약 보살마하살이 반야바라밀다를 수행하는 때에 행은 왔더라도 따라서 왔던 것이 없고, 떠나갔더라도 나아가는 것이 없으며, 비록 왔던 것이 없고 떠나감도 없으나 생겨나는 법에 상응한다고 여실하게 알았다면, 선현이여. 이것을 여실하게 행의 생겨남을 아는 것이라고 이름하느니라.

 선현이여. 무엇이 보살마하살이 반야바라밀다를 수행하는 때에 여실하게 행의 소멸함을 아는 것인가? 선현이여. 만약 보살마하살이 반야바라밀다를 수행하는 때에, 행은 왔더라도 따라서 왔던 것이 없고, 떠나갔더라도 나아가는 것이 없으며, 비록 오는 것이 없고 떠나감도 없으나 소멸하는 법에 상응한다고 여실하게 알았다면, 선현이여. 이것을 여실하게 행의 소멸함을 아는 것이라고 이름하느니라.

 선현이여. 무엇이 보살마하살이 반야바라밀다를 수행하는 때에 여실하게 행의 진여를 아는 것인가? 선현이여. 만약 보살마하살이 반야바라밀다를 수행하는 때에, 행의 진여는 생겨남이 없고 소멸함도 없으며 왔던 것이 없고 떠나감도 없으며 염오가 없고 청정함도 없으며 증장함이 없고 감소함도 없으며, 항상 그 자성과 같고 허망하지 않으며 변하지 않는 까닭으로 진여라고 이름하느니라. 선현이여. 이것을 여실하게 행의 진여를 아는 것이라고 이름하느니라.

 선현이여. 무엇이 보살마하살이 반야바라밀다를 수행하는 때에 여실하게 식을 아는 것인가? 만약 보살마하살이 반야바라밀다를 수행하는 때에 여실하게 식의 상을 알고, 여실하게 식의 생겨남을 알며, 여실하게 식의 소멸함을 알고, 여실하게 식의 진여를 알았다면, 이것이 여실하게 식을 아는 것이니라.

선현이여. 무엇이 보살마하살이 반야바라밀다를 수행하는 때에 여실하게 식의 상을 아는 것인가? 선현이여. 만약 보살마하살이 반야바라밀다를 수행하는 때에 식은 오히려 환영의 일과 같아서 여러 인연이 화합하고 가립으로 시설되어 있으므로 실제를 얻을 수 없는데 이를테면, 마술사(幻師)와 그의 제자가 네거리의 도로(道路)에서 4군(四軍)인 이를테면, 상군(象軍)·마군(馬軍)·차군(車軍)·보군(步軍)을 요술로 지었거나, 혹은 다시 여러 나머지의 색의 부류(色類)를 지었고, 서로가 비록 있는 것과 비슷할지라도 그 실제는 없으므로, 식도 역시 이와 같아서 실제를 얻을 수 없다고 여실하게 알았다면, 선현이여. 이것을 여실하게 식의 상을 아는 것이라고 이름하느니라.

선현이여. 무엇이 보살마하살이 반야바라밀다를 수행하는 때에 여실하게 식의 생겨남을 아는 것인가? 선현이여. 만약 보살마하살이 반야바라밀다를 수행하는 때에 식은 왔더라도 따라서 왔던 것이 없고, 떠나갔더라도 나아가는 것이 없으며, 비록 왔던 것이 없고 떠나감도 없으나 생겨나는 법에 상응한다고 여실하게 알았다면, 선현이여. 이것을 여실하게 식의 생겨남을 아는 것이라고 이름하느니라.

선현이여. 무엇이 보살마하살이 반야바라밀다를 수행하는 때에 여실하게 식의 소멸함을 아는 것인가? 선현이여. 만약 보살마하살이 반야바라밀다를 수행하는 때에, 행은 왔더라도 따라서 왔던 것이 없고, 떠나갔더라도 나아가는 것이 없으며, 비록 왔던 것이 없고 떠나감도 없으나 소멸하는 법에 상응한다고 여실하게 알았다면, 선현이여. 이것을 여실하게 식의 소멸함을 아는 것이라고 이름하느니라.

선현이여. 무엇이 보살마하살이 반야바라밀다를 수행하는 때에 여실하게 식의 진여를 아는 것인가? 선현이여. 만약 보살마하살이 반야바라밀다를 수행하는 때에, 식의 진여는 생겨남이 없고 소멸함도 없으며 왔던 것이 없고 떠나감도 없으며 염오가 없고 청정함도 없으며 증장함이 없고 감소함도 없으며, 항상 그 자성과 같고 허망하지 않으며 변하지 않는 까닭으로 진여라고 이름하느니라. 선현이여. 이것을 여실하게 식의 진여를 아는 것이라고 이름하느니라."

구수 선현이 세존께 아뢰어 말하였다.
"세존이시여. 어떻게 보살마하살이 반야바라밀다를 수행하는 때라면 12처를 능히 수학할 수 있습니까?"

세존께서 선현에게 알리셨다.
"만약 보살마하살이 반야바라밀다를 수행하는 때에, 안처는 안처의 자성이 공하다고 여실하게 알고 이·비·설·신·의처는 이·비·설·신·의처의 자성이 공하다고 여실하게 알며, 색처는 색처의 자성이 공하다고 여실하게 알고 성·향·미·촉·법처는 성·향·미·촉·법처의 자성이 공하다고 여실하게 알며, 내처(內處)는 내처의 자성이 공하다고 여실하게 알고, 외처(外處)는 외처의 자성이 공하다고 여실하게 알았다면, 이것으로 보살마하살이 반야바라밀다를 수행하는 때에 12처를 능히 수학할 수 있느니라."

구수 선현이 세존께 아뢰어 말하였다.
"세존이시여. 어떻게 보살마하살이 반야바라밀다를 수행하는 때라면 18계를 능히 수학할 수 있습니까?"

세존께서 선현에게 알리셨다.
"만약 보살마하살이 반야바라밀다를 수행하는 때에, 안계(眼界)는 안계의 자성이 공하다고 여실하게 알고 색계(色界)·안식계(眼識界), …… 나아가 …… 안촉(眼觸)·안촉을 인연으로 생겨나는 여러 수(受)는 색계, 나아가 안촉을 인연으로 생겨난 여러 수의 자성이 공하다고 여실하게 알며, 이계(耳界)는 이계의 자성이 공하다고 여실하게 알고 성계(聲界)·이식계(耳識界), …… 나아가 …… 이촉(耳觸)·이촉을 인연으로 생겨나는 여러 수는 성계, 나아가 이촉을 인연으로 생겨난 여러 수의 자성이 공하다고 여실하게 알며, 비계는 비계의 자성이 공하다고 여실하게 알고 향계(香界)·비식계(鼻識界), …… 나아가 …… 비촉(鼻觸)·비촉을 인연으로 생겨나는 여러 수는 향계, 나아가 비촉을 인연으로 생겨난 여러 수의 자성이 공하다고 여실하게 알며,

설계(舌界)는 설계의 자성이 공하다고 여실하게 알고 미계(味界)·설식계(舌識界), …… 나아가 …… 설촉(舌觸)·설촉을 인연으로 생겨나는 여러 수는 미계, 나아가 설촉을 인연으로 생겨난 여러 수의 자성이 공하다고 여실하게 알며, 신계(身界)는 신계의 자성이 공하다고 여실하게 알고 촉계(觸界)·신식계(身識界), …… 나아가 …… 신촉(身觸)·신촉을 인연으로 생겨나는 여러 수는 촉계, 나아가 신촉을 인연으로 생겨난 여러 수의 자성이 공하다고 여실하게 알며, 의계(意界)는 의계의 자성이 공하다고 여실하게 알고 법계(法界)·의식계(意識界), …… 나아가 …… 의촉(意觸)·의촉을 인연으로 생겨나는 여러 수는 법계, 나아가 의촉을 인연으로 생겨난 여러 수의 자성이 공하다고 여실하게 알았다면, 이것으로 보살마하살이 반야바라밀다를 수행하는 때에 18계를 능히 수학할 수 있느니라."

구수 선현이 세존께 아뢰어 말하였다.

"세존이시여. 어떻게 보살마하살이 반야바라밀다를 수행하는 때라면 6계를 능히 수학할 수 있습니까?"

세존께서 선현에게 알리셨다.

"만약 보살마하살이 반야바라밀다를 수행하는 때에, 지계는 지계의 자성이 공하다고 여실하게 알고 수·화·풍·공·식계는 수·화·풍·공·식계의 자성이 공하다고 여실하게 알았다면, 이것으로 보살마하살이 반야바라밀다를 수행하는 때에 6계를 능히 수학할 수 있느니라."

구수 선현이 세존께 아뢰어 말하였다.

"세존이시여. 어떻게 보살마하살이 반야바라밀다를 수행하는 때라면 4성제를 능히 수학할 수 있습니까?"

세존께서 선현에게 알리셨다.

"만약 보살마하살이 반야바라밀다를 수행하는 때에, 고성제의 자성이 공하다고 여실하게 알고 집성제의 자성이 공하다고 여실하게 알며 멸성제의 자성이 공하다고 여실하게 알고 도성제의 자성이 공하다고 여실하게 알았다면, 이것으로 보살마하살이 반야바라밀다를 수행하는 때에 4성제를 능히 수학할 수 있느니라.

선현이여. 무엇이 보살마하살이 반야바라밀다를 수행하는 때에 고성제를 여실하게 아는 것인가? 선현이여. 만약 보살마하살이 반야바라밀다를 수행하는 때에, '괴로움은 이것이 핍박(逼迫)받는 상(相)일지라도 자성은 본래 공하므로 두 가지의 법(二法)을 멀리 벗어난다면 이것이 성자(聖者)의 진리이다. 괴로움은 진여로 나아가고, 진여는 괴로움으로 나아가므로 무이(無二)이고, 차별이 없으나, 오직 진실한 성자가 능히 여실하게 알 수 있다.'라고 여실하게 알았다면, 이것이 고성제를 여실하게 아는 것이라고 이름하느니라.

선현이여. 무엇이 보살마하살이 반야바라밀다를 수행하는 때에 집성제를 여실하게 아는 것인가? 선현이여. 만약 보살마하살이 반야바라밀다를 수행하는 때에 '집착은 이것이 생겨나고 일어나는 상일지라도 자성은 본래 공하므로 두 가지의 법을 멀리 벗어난다면 이것이 성자의 진리이다. 집착은 진여로 나아가고, 진여는 집착으로 나아가므로 무이이고, 차별이 없으나, 오직 진실한 성자가 능히 여실하게 알 수 있다.'라고 여실하게 알았다면, 이것이 집성제를 여실하게 아는 것이라고 이름하느니라.

선현이여. 무엇이 보살마하살이 반야바라밀다를 수행하는 때에 멸성제를 여실하게 아는 것인가? 선현이여. 만약 보살마하살이 반야바라밀다를 수행하는 때에, '소멸은 이것이 적정한 상일지라도 자성은 본래 공하므로 두 가지의 법을 멀리 벗어난다면 이것이 성자의 진리이다. 소멸은 진여로 나아가고, 진여는 소멸로 나아가므로 무이이고, 차별이 없으나, 오직 진실한 성자가 능히 여실하게 알 수 있다.'라고 여실하게 알았다면, 이것이 멸성제를 여실하게 아는 것이라고 이름하느니라.

선현이여. 무엇이 보살마하살이 반야바라밀다를 수행하는 때에 도성제를 여실하게 아는 것인가? 선현이여. 만약 보살마하살이 반야바라밀다를 수행하는 때에, '도는 이것이 출리(出離)하는 상(相)일지라도 자성은 본래 공하므로 두 가지의 법을 멀리 벗어난다면 이것이 성자의 진리이다. 소멸은 진여로 나아가고, 진여는 소멸로 나아가므로 무이이고, 차별이 없으나, 오직 진실한 성자가 능히 여실하게 알 수 있다.'라고 여실하게 알았다면, 이것이 도성제를 여실하게 아는 것이라고 이름하느니라.

선현이여. 이것이 보살마하살이 반야바라밀다를 수행하는 때에 능히 4성제를 수학하는 것이니라."

구수 선현이 세존께 아뢰어 말하였다.

"세존이시여. 어떻게 보살마하살이 반야바라밀다를 수행하는 때라면 4연(四緣)을 능히 수학할 수 있습니까?"

세존께서 선현에게 알리셨다.

"만약 보살마하살이 반야바라밀다를 수행하는 때에, 인연을 여실하게 알고 등무간연을 여실하게 알며 소연연을 여실하게 알고 증상연을 여실하게 알았다면 이것이 4연을 배우는 것이니라. 선현이여. 무엇이 보살마하살이 반야바라밀다를 수행하는 때에 인연을 여실하게 아는 것인가?

선현이여. 만약 보살마하살이 반야바라밀다를 수행하는 때에, '인연은 이것이 종자의 상일지라도 자성은 본래 공하므로 두 가지 법을 멀리 벗어났다.'라고 여실하게 알았다면, 선현이여. 이것은 인연을 여실하게 아는 것이라고 이름하느니라.

선현이여. 무엇이 보살마하살이 반야바라밀다를 수행하는 때에 등무간연을 여실하게 아는 것인가? 선현이여. 만약 보살마하살이 반야바라밀다를 수행하는 때에, '등무간연은 이것이 열어서 일으키는 상일지라도 자성은 본래 공하므로 두 가지 법을 멀리 벗어났다.'라고 여실하게 알았다면, 선현이여. 이것은 등무간연을 여실하게 아는 것이라고 이름하느니라.

선현이여. 무엇이 보살마하살이 반야바라밀다를 수행하는 때에 소연연을 여실하게 아는 것인가? 선현이여. 만약 보살마하살이 반야바라밀다를 수행하는 때에, '소연연은 이것이 감당하여 수지하는 상일지라도 자성은 본래 공하므로 두 가지 법을 멀리 벗어났다.'라고 여실하게 알았다면, 선현이여. 이것은 소연연을 여실하게 아는 것이라고 이름하느니라.

 선현이여. 무엇이 보살마하살이 반야바라밀다를 수행하는 때에 증상연을 여실하게 아는 것인가? 선현이여. 만약 보살마하살이 반야바라밀다를 수행하는 때에, '증상연은 이것이 장애가 없는 상일지라도 자성은 본래 공하므로 두 가지 법을 멀리 벗어났다.'라고 여실하게 알았다면, 선현이여. 이것은 증상연을 여실하게 아는 것이라고 이름하느니라. 선현이여. 이것이 보살마하살이 반야바라밀다를 수행하는 때에 4연을 능히 수학하는 것이니라."

 구수 선현이 세존께 아뢰어 말하였다.

 "세존이시여. 어떻게 보살마하살이 반야바라밀다를 수행하는 때라면 인연을 쫓아서 생겨나는 제법을 능히 수학할 수 있습니까?"

 세존께서 선현에게 알리셨다.

 "만약 보살마하살이 반야바라밀다를 수행하는 때라면 '일체의 인연을 쫓아서 생겨난 법은 생겨나지 않고 소멸하지 않으며 단절하지 않고 영원하지 않으며 동일하지 않고 다르지 않으며 돌아오지 않고 떠나가지 않으며 여러 희론(戲論)이 단절되고 본성이 담박(淡泊)하다.'라고 여실하게 아느니라. 선현이여. 이것이 보살마하살이 반야바라밀다를 수행하는 때에 인연을 쫓아서 생겨나는 제법을 능히 수학하는 것이니라."

 구수 선현이 세존께 아뢰어 말하였다.

 "세존이시여. 어떻게 보살마하살이 반야바라밀다를 수행하는 때라면 12연기(十二緣起)를 능히 수학할 수 있습니까?"

 세존께서 선현에게 알리셨다.

 "만약 보살마하살이 반야바라밀다를 수행하는 때에, '무명은 생겨남이 없고 소멸함이 없으며 염오가 없고 청성함이 없으며 자성이 본래 공하므로 두 가지 법을 멀리 벗어났다.'라고 여실하게 알았고, '행·식·명색·육처·촉·수·애·취·유·생·노사의 수탄고우뇌도 생겨남이 없고 소멸함이 없으며 염오가 없고 청정함이 없으며 자성이 본래 공하므로 두 가지 법을 멀리 벗어났다.'라고 여실하게 알았다면, 선현이여. 이것이 보살마하살이 반야바라밀다를 수행하는 때에 12연기를 능히 수학하는 것이니라."

구수 선현이 세존께 아뢰어 말하였다.

"세존이시여. 어떻게 보살마하살이 반야바라밀다를 수행하는 때라면 내공·외공·내외공·공공·대공·승의공·유위공·무위공·필경공·무제공·산공·무변이공·본성공·자상공·공상공·일체법공·불가득공·무성공·자성공·무성자성공을 능히 수학할 수 있습니까?"

세존께서 선현에게 알리셨다.

"만약 보살마하살이 반야바라밀다를 수행하는 때에, '내공은 무자성(無自性)이므로 얻을 수 없으나, 능히 안주한다.'라고 여실하게 알았고, '외공, 나아가 무성자성공은 무자성이므로 얻을 수 없으나, 능히 안주한다.'라고 여실하게 알았다면, 선현이여. 이것이 보살마하살이 반야바라밀다를 수행하는 때에 내공, 나아가 무성자성공을 능히 수학하는 것이니라."

구수 선현이 세존께 아뢰어 말하였다.

"세존이시여. 어떻게 보살마하살이 반야바라밀다를 수행하는 때라면 진여·법계·법성·불허망성·불변이성·평등성·이생성·법정·법주·실제·허공계·부사의계를 능히 수학할 수 있습니까?"

세존께서 선현에게 알리셨다.

"만약 보살마하살이 반야바라밀다를 수행하는 때에, '진여는 희론이 없고, 분별이 없으나 능히 안주한다.'라고 여실하게 알았고, '법계, 나아가 부사의계는 희론이 없고, 분별이 없으나 능히 안주한다.'라고 여실하게 알았다면, 선현이여. 이것이 보살마하살이 반야바라밀다를 수행하는 때에 진여, 나아가 부사의계를 능히 수학하는 것이니라."

마하반야바라밀다경 제385권

69. 제법평등품(諸法平等品)(3)

구수 선현이 세존께 아뢰어 말하였다.

"세존이시여. 어떻게 보살마하살이 반야바라밀다를 수행하는 때라면 보시·정계·안인·정진·정려·반야·방편·묘원(妙願)·력(力)·지바라밀다(智波羅蜜多)를 능히 수학할 수 있습니까?"

세존께서 선현에게 알리셨다.

"만약 보살마하살이 반야바라밀다를 수행하는 때에, '보시바라밀다는 생겨남이 없고 소멸함이 없으며 염오가 없고 청정함이 없으며 자성이 본래 공하므로 두 가지 법을 멀리 벗어났다.'라고 여실하게 알았고, '정계, 나아가 지바라밀다도 생겨남이 없고 소멸함이 없으며 염오가 없고 청정함이 없으며 자성이 본래 공하므로 두 가지 법을 멀리 벗어났다.'라고 여실하게 알았다면, 선현이여. 이것이 보살마하살이 반야바라밀다를 수행하는 때에 보시, 나아가 지바라밀다를 능히 수학하는 것이니라."

구수 선현이 세존께 아뢰어 말하였다.

"세존이시여. 어떻게 보살마하살이 반야바라밀다를 수행하는 때라면 극희지·이구지·발광지·염혜지·극난승지·현전지·원행지·부동지·선혜지·법운지를 능히 수학할 수 있습니까?"

세존께서 선현에게 알리셨다.

"만약 보살마하살이 반야바라밀다를 수행하는 때에, '극희지는 생겨남이 없고 소멸함이 없으며 염오가 없고 청정함이 없으며 자성이 본래 공하므로 두 가지 법을 멀리 벗어났다.'라고 여실하게 알았고, '이구지, 나아가 법운지도 생겨남이 없고 소멸함이 없으며 염오가 없고 청정함이 없으며 자성이 본래 공하므로 두 가지 법을 멀리 벗어났다.'라고 여실하게 알았다면, 선현이여. 이것이 보살마하살이 반야바라밀다를 수행하는 때에 극희지, 나아가 법운지를 능히 수학하는 것이니라."

구수 선현이 세존께 아뢰어 말하였다.

"세존이시여. 어떻게 보살마하살이 반야바라밀다를 수행하는 때라면 4념주·4정단·4신족·5근·5력·7등각지·8성도지를 능히 수학할 수 있습니까?"

세존께서 선현에게 알리셨다.

"만약 보살마하살이 반야바라밀다를 수행하는 때에, '4념주는 생겨남이 없고 소멸함이 없으며 염오가 없고 청정함이 없으며 자성이 본래 공하므로 두 가지 법을 멀리 벗어났다.'라고 여실하게 알았고, '4정단, 나아가 8성도지도 생겨남이 없고 소멸함이 없으며 염오가 없고 청정함이 없으며 자성이 본래 공하므로 두 가지 법을 멀리 벗어났다.'라고 여실하게 알았다면, 선현이여. 이것이 보살마하살이 반야바라밀다를 수행하는 때에 4념주, 나아가 8성도지를 능히 수학하는 것이니라."

구수 선현이 세존께 아뢰어 말하였다.

"세존이시여. 어떻게 보살마하살이 반야바라밀다를 수행하는 때라면 4정려·4무량·4무색정을 능히 수학할 수 있습니까?"

세존께서 선현에게 알리셨다.

"만약 보살마하살이 반야바라밀다를 수행하는 때에, '4정려는 생겨남이 없고 소멸함이 없으며 염오가 없고 청정함이 없으며 자성이 본래 공하므로 두 가지 법을 멀리 벗어났다.'라고 여실하게 알았고, '4무량·4무색정도 생겨남이 없고 소멸함이 없으며 염오가 없고 청정함이 없으며 자성이 본래 공하므로 두 가지 법을 멀리 벗어났다.'라고 여실하게 알았다면, 선현이여. 이것이 보살마하살이 반야바라밀다를 수행하는 때에 4정려, 나아가 4무색정을 능히 수학하는 것이니라."

구수 선현이 세존께 아뢰어 말하였다.

"세존이시여. 어떻게 보살마하살이 반야바라밀다를 수행하는 때라면 8해탈·8승처·9차제정·10변처를 능히 수학할 수 있습니까?"

세존께서 선현에게 알리셨다.

"만약 보살마하살이 반야바라밀다를 수행하는 때에, '8해탈은 생겨남이 없고 소멸함이 없으며 염오가 없고 청정함이 없으며 자성이 본래 공하므로 두 가지 법을 멀리 벗어났다.'라고 여실하게 알았고, '8승처·9차제정·10변처도 생겨남이 없고 소멸함이 없으며 염오가 없고 청정함이 없으며 자성이 본래 공하므로 두 가지 법을 멀리 벗어났다.'라고 여실하게 알았다면, 선현이여. 이것이 보살마하살이 반야바라밀다를 수행하는 때에 8해탈, 나아가 10변처를 능히 수학하는 것이니라."

구수 선현이 세존께 아뢰어 말하였다.

"세존이시여. 어떻게 보살마하살이 반야바라밀다를 수행하는 때라면 일체의 다라니문·일체의 삼마지문을 능히 수학할 수 있습니까?"

세존께서 선현에게 알리셨다.

"만약 보살마하살이 반야바라밀다를 수행하는 때에, '일체의 다라니문은 생겨남이 없고 소멸함이 없으며 염오가 있고 정정함이 없으며 자성이 본래 공하므로 두 가지 법을 멀리 벗어났다.'라고 여실하게 알았고, '일체의 삼마지문도 생겨남이 없고 소멸함이 없으며 염오가 없고 청정함이 없으며 자성이 본래 공하므로 두 가지 법을 멀리 벗어났다.'라고 여실하게 알았다면, 선현이여. 이것이 보살마하살이 반야바라밀다를 수행하는 때에 일체의 다라니문·일체의 삼마지문을 능히 수학하는 것이니라."

구수 선현이 세존께 아뢰어 말하였다.

"세존이시여. 어떻게 보살마하살이 반야바라밀다를 수행하는 때라면 여래의 10력·4무소외·4무애해·18불불공법을 능히 수학할 수 있습니까?"

세존께서 선현에게 알리셨다.

"만약 보살마하살이 반야바라밀다를 수행하는 때에, '5안은 생겨남이 없고 소멸함이 없으며 염오가 없고 청정함이 없으며 자성이 본래 공하므로 두 가지 법을 멀리 벗어났다.'라고 여실하게 알았고, '4무소외·4무애해·18불불공법도 생겨남이 없고 소멸함이 없으며 염오가 없고 청정함이 없으며 자성이 본래 공하므로 두 가지 법을 멀리 벗어났다.'라고 여실하게 알았다면, 선현이여. 이것이 보살마하살이 반야바라밀다를 수행하는 때에 여래의 10력·4무소외·4무애해·18불불공법을 능히 수학하는 것이니라."

구수 선현이 세존께 아뢰어 말하였다.

"세존이시여. 어떻게 보살마하살이 반야바라밀다를 수행하는 때라면 대자·대비·대희·대사를 능히 수학할 수 있습니까?"

세존께서 선현에게 알리셨다.

"만약 보살마하살이 반야바라밀다를 수행하는 때에, '대자는 생겨남이 없고 소멸함이 없으며 염오가 없고 청정함이 없으며 자성이 본래 공하므로 두 가지 법을 멀리 벗어났다.'라고 여실하게 알았고, '대비·대희·대사도 생겨남이 없고 소멸함이 없으며 염오가 없고 청정함이 없으며 자성이 본래 공하므로 두 가지 법을 멀리 벗어났다.'라고 여실하게 알았다면, 선현이여. 이것이 보살마하살이 반야바라밀다를 수행하는 때에 대자·대비·대희·대사를 능히 수학하는 것이니라."

구수 선현이 세존께 아뢰어 말하였다.

"세존이시여. 어떻게 보살마하살이 반야바라밀다를 수행하는 때라면 무망실법·항주사성을 능히 수학할 수 있습니까?"

세존께서 선현에게 알리셨다.

"만약 보살마하살이 반야바라밀다를 수행하는 때에, '무망실법은 생겨남이 없고 소멸함이 없으며 염오가 없고 청정함이 없으며 자성이 본래 공하므로 두 가지 법을 멀리 벗어났다.'라고 여실하게 알았고, '항주사성도 생겨남이 없고 소멸함이 없으며 염오가 없고 청정함이 없으며 자성이 본래 공하므로 두 가지 법을 멀리 벗어났다.'라고 여실하게 알았다면, 선현이여. 이것이 보살마하살이 반야바라밀다를 수행하는 때에 무망실법·항주사성을 능히 수학하는 것이니라."

구수 선현이 세존께 아뢰어 말하였다.

"세존이시여. 어떻게 보살마하살이 반야바라밀다를 수행하는 때라면 불국토를 청정하게 장엄하고 유정들을 성숙시키는 것을 능히 수학할 수 있습니까?"

세존께서 선현에게 알리셨다.

"만약 보살마하살이 반야바라밀다를 수행하는 때에, '청정하게 장엄하는 것은 생겨남이 없고 소멸함이 없으며 염오가 없고 청정함이 없으며 자성이 본래 공하므로 두 가지 법을 멀리 벗어났다.'라고 여실하게 알았고, '유정들을 성숙시키는 것도 생겨남이 없고 소멸함이 없으며 염오가 없고 청정함이 없으며 자성이 본래 공하므로 두 가지 법을 멀리 벗어났다.'라고 여실하게 알았다면, 선현이여. 이것이 보살마하살이 반야바라밀다를 수행하는 때에 불국토를 청정하게 장엄하고 유정들을 성숙시키는 것을 능히 수학하느니라."

구수 선현이 세존께 아뢰어 말하였다.

"세존이시여. 어떻게 보살마하살이 반야바라밀다를 수행하는 때라면 나머지의 무량하고 무변한 불법을 능히 수학할 수 있습니까?"

세존께서 선현에게 알리셨다.

"만약 보살마하살이 반야바라밀다를 수행하는 때에, '나머지의 무량하고 무변한 불법은 생겨남이 없고 소멸함이 없으며 염오가 없고 청정함이 없으며 자성이 본래 공하므로 두 가지 법을 멀리 벗어났다.'라고 여실하게 알았다면, 선현이여. 이것이 보살마하살이 반야바라밀다를 수행하는 때에 '나머지의 무량하고 무변한 불법을 능히 수학하느니라."

그때 구수 선현이 세존께 아뢰어 말하였다.

"세존이시여. 만약 보살이 반야바라밀다를 수행하는 때에 5온(五蘊) 등의 법이 전전(展轉)하면서 차별(差別)된다고 여실하고 명료하게 알았다면, 어찌 색온(色蘊)으로써 법계(法界)를 무너뜨리지 않겠으며, 역시 수·상·행·식온으로써 법계를 무너뜨리지 않겠습니까? 왜 그러한가? 법계는 무이(無二)이고 차별이 없는 까닭입니다. 어찌 안처로써 법계를 무너뜨리지 않겠고, 역시 이·비·설·신·의처로써 법계를 무너뜨리지 않겠습니까? 왜 그러한가? 법계는 무이이고 차별이 없는 까닭입니다. 어찌 색처로써 법계를 무너뜨리지 않겠고, 역시 성·향·미·촉·법처로써 법계를 무너뜨리지 않겠습니까? 왜 그러한가? 법계는 무이이고 차별이 없는 까닭입니다.

 어찌 안계로써 법계를 무너뜨리지 않겠으며, 역시 이·비·설·신·의계로써 법계를 무너뜨리지 않겠습니까? 왜 그러한가? 법계는 무이이고 차별이 없는 까닭입니다. 어찌 색계로써 법계를 무너뜨리지 않겠고, 역시 성·향·미·촉·법계로써 법계를 무너뜨리지 않겠습니까? 왜 그러한가? 법계는 무이이고 차별이 없는 까닭입니다. 어찌 안식계로써 법계를 무너뜨리지 않겠고, 역시 이·비·설·신·의식계로써 법계를 무너뜨리지 않겠습니까? 왜 그러한가? 법계는 무이이고 차별이 없는 까닭입니다.

 어찌 안촉으로써 법계를 무너뜨리지 않겠고, 역시 이·비·설·신·의촉으로써 법계를 무너뜨리지 않겠습니까? 왜 그러한가? 법계는 무이이고 차별이 없는 까닭입니다. 어찌 안촉을 인연으로 생겨난 여러 수로써 법계를 무너뜨리지 않겠고, 역시 이·비·설·신·의촉을 인연으로 생겨난 여러 수로써 법계를 무너뜨리지 않겠습니까? 왜 그러한가? 법계는 무이이고 차별이 없는 까닭입니다. 어찌 지계로써 법계를 무너뜨리지 않겠고, 역시 수·화·풍·공·식계로써 법계를 무너뜨리지 않겠습니까? 왜 그러한가? 법계는 무이이고 차별이 없는 까닭입니다.

 어찌 고성제로써 법계를 무너뜨리지 않겠고, 역시 집·멸·도성제로써 법계를 무너뜨리지 않겠습니까? 왜 그러한가? 법계는 무이이고 차별이 없는 까닭입니다. 어찌 인연으로써 법계를 무너뜨리지 않겠고, 역시 등무간연·소연연·증상연으로써 법계를 무너뜨리지 않겠습니까? 왜 그러한가? 법계는 무이이고 차별이 없는 까닭입니다. 어찌 여러 인연을 쫓아서 생겨난 여러 종류의 법으로써 법계를 무너뜨리지 않겠습니까? 왜 그러한가? 법계는 무이이고 차별이 없는 까닭입니다.

 어찌 무명으로써 법계를 무너뜨리지 않겠고, 역시 행·식·명색·육처·촉·수·애·취·유·생·노사의 수탄고우뇌로써 법계를 무너뜨리지 않겠습니까? 왜 그러한가? 법계는 무이이고 차별이 없는 까닭입니다. 어찌 내공으로써 법계를 무너뜨리지 않겠고, 역시 외공·내외공·공공·대공·승의공·유위공·무위공·필경공·무제공·산공·무변이공·본성공·자상공·공상공·일체법공·불가득공·무성공·자성공·무성자성공으로써 법계를 무너뜨리지 않겠습니까? 왜 그러한가? 법계는 무이이고 차별이 없는 까닭입니다.

어찌 진여로써 법계를 무너뜨리지 않겠고, 역시 법계·법성·불허망성·불변이성·평등성·이생성·법정·법주·실제·허공계·부사의계로써 법계를 무너뜨리지 않겠습니까? 왜 그러한가? 법계는 무이이고 차별이 없는 까닭입니다. 어찌 보시바라밀다로써 법계를 무너뜨리지 않겠고, 역시 정계·안인·정진·정려·반야·방편·묘원·력·지바라밀다로써 법계를 무너뜨리지 않겠습니까? 왜 그러한가? 법계는 무이이고 차별이 없는 까닭입니다. 어찌 극희지로써 법계를 무너뜨리지 않겠고, 역시 이구지·발광지·염혜지·극난승지·현전지·원행지·부동지·선혜지·법운지로써 법계를 무너뜨리지 않겠습니까? 왜 그러한가? 법계는 무이이고 차별이 없는 까닭입니다.

어찌 4념주로써 법계를 무너뜨리지 않겠고, 역시 4정단·4신족·5근·5력·7등각지·8성도지로써 법계를 무너뜨리지 않겠습니까? 왜 그러한가? 법계는 무이이고 차별이 없는 까닭입니다. 어찌 4정려로써 법계를 무너뜨리지 않겠고, 역시 4무량·4무색정으로써 법계를 무너뜨리지 않겠습니까? 왜 그러한가? 법계는 무이이고 차별이 없는 까닭입니다. 어찌 8해탈로써 법계를 무너뜨리지 않겠고, 역시 8승처·9차제정·10변처로써 법계를 무너뜨리지 않겠습니까? 왜 그러한가? 법계는 무이이고 차별이 없는 까닭입니다.

어찌 일체의 다라니문으로써 법계를 무너뜨리지 않겠고, 역시 일체의 삼마지문으로써 법계를 무너뜨리지 않겠습니까? 왜 그러한가? 법계는 무이이고 차별이 없는 까닭입니다. 어찌 공해탈문으로써 법계를 무너뜨리지 않겠고, 역시 무상·무원해탈문으로써 법계를 무너뜨리지 않겠습니까? 왜 그러한가? 법계는 무이이고 차별이 없는 까닭입니다. 어찌 5안으로써 법계를 무너뜨리지 않겠고, 역시 6신통으로써 법계를 무너뜨리지 않겠습니까? 왜 그러한가? 법계는 무이이고 차별이 없는 까닭입니다.

어찌 여래의 10력으로써 법계를 무너뜨리지 않겠고, 역시 4무소외·4무애해·18불불공법으로써 법계를 무너뜨리지 않겠습니까? 왜 그러한가? 법계는 무이이고 차별이 없는 까닭입니다. 어찌 대자로써 법계를 무너뜨리지 않겠고, 역시 대비·대희·대사로써 법계를 무너뜨리지 않겠습니까? 왜 그러한가? 법계는 무이이고 차별이 없는 까닭입니다. 어찌 무망실법으로써 법계를 무너뜨리지 않겠고, 역시 항주사성으로써 법계를 무너뜨리지 않겠습니까? 왜 그러한가? 법계는 무이이고 차별이 없는 까닭입니다.

어찌 일체지로써 법계를 무너뜨리지 않겠고, 역시 도상지·일체상지로써 법계를 무너뜨리지 않겠습니까? 왜 그러한가? 법계는 무이이고 차별이 없는 까닭입니다. 어찌 불국토를 청정하게 장엄하는 것으로써 법계를 무너뜨리지 않겠고, 역시 유정을 성숙시키는 것으로써 법계를 무너뜨리지 않겠습니까? 왜 그러한가? 법계는 무이이고 차별이 없는 까닭입니다."

세존께서 선현에게 알리셨다.

"만약 법계를 벗어나서 나머지의 법을 얻을 수 있다면 그 법이 능히 법계를 무너뜨릴 수 있다고 말할 수 있겠으나, 그렇지만 법계를 벗어나면 얻을 수 있는 법이 없는 까닭으로 나머지의 법이 능히 법계를 무너뜨릴 수 없느니라. 왜 그러한가? 일체의 여래·응공·정등각과 제보살·독각·성문들은 법계를 벗어나서 법을 얻을 수 없다고 알고, 법계를 벗어난 법이 없다고 이미 알았던 까닭으로 역시 다른 사람들을 위하여 시설하여 널리 설하지 않느니라. 이러한 까닭으로 법계를 능히 파괴할 수 있는 자가 없느니라. 이와 같이 선현이여. 보살마하살이 반야바라밀다를 수행하는 때에 법계는 무이이고 차별이 없으며 파괴할 수 없는 상이라고 상응하여 수학해야 하느니라."

그때 구수 선현이 세존께 아뢰어 말하였다.

"세존이시여. 만약 보살마하살이 법계를 수학하려고 하였다면, 마땅히 무엇에서 수학해야 합니까?"

세존께서 선현에게 알리셨다.

"만약 보살마하살이 법계를 수학하려고 하였다면, 마땅히 일체법에서 수학해야 하느니라. 왜 그러한가? 선현이여. 일체법이 모두 법계에 들어가는 까닭이니라."

구수 선현이 다시 세존께 아뢰어 말하였다.

"세존이시여. 무슨 인연을 까닭으로 일체법이 모두 법계에 들어간다고 설하십니까?"

세존께서 말씀하셨다.

"선현이여. 여래가 세상에 출현하셨거나, 만약 세상에 출현하지 않았더라도 제법의 법은 그와 같아서 모두 법계의 차별이 없는 상에 들어가는 것이고, 오히려 여래는 설하지 않았느니라. 그 까닭은 무엇인가? 선현이여. 일체의 선법이거나, 만약 선하지 않은 법이거나, 만약 유기법(有記法)이거나, 만약 무기법(無記法)이거나, 만약 유루법이거나, 만약 무루법이거나, 만약 세간법이거나, 만약 출세간법이거나, 만약 유위법이거나, 만약 무위법은 모두 무상(無相)이고 무위(無爲)이며 자성이 공(空)한 법계에 들어가지 않는 것이 없느니라. 이러한 까닭으로 선현이여. 보살마하살이 반야바라밀다를 수행하는 때에 법계를 수학하려고 하였다면 마땅히 일체법에서 수학해야 하나니, 만약 일체법을 수학하였다면 법계의 수학으로 나아가느니라."

그때 구수 선현이 세존께 아뢰어 말하였다.

"세존이시여. 만약 일체법이 모두가 법계에 들어가서 무이이고 차별도 없다면 어찌하여 보살마하살은 반야바라밀다를 마땅히 수학해야 하고, 역시 정려·정진·안인·정계·보시바라밀다를 마땅히 수학해야 합니까? 어찌하여 보살마하살은 초정려를 마땅히 수학해야 하고, 역시 제2·제3·제4정려를 마땅히 수학해야 합니까? 어찌하여 보살마하살은 자무량을 마땅히 수학해야 하고, 역시 비·희·사무량을 마땅히 수학해야 합니까?

어찌하여 보살마하살은 공무변처정을 마땅히 수학해야 하고, 역시 식무변처정·무소유처정·비상비비상처정을 마땅히 수학해야 합니까? 어찌하여 보살마하살은 4념주를 마땅히 수학해야 하고, 역시 4정단·4신족·5근·5력·7등각지·8성도지를 마땅히 수학해야 합니까? 어찌하여 보살마하살은 공해탈문을 마땅히 수학해야 하고, 역시 무상·무원해탈문을 마땅히 수학해야 합니까? 어찌하여 보살마하살은 8해탈을 마땅히 수학해야 하고, 역시 8승처·9차제정·10변처를 마땅히 수학해야 합니까? 어찌하여 보살마하살은 일체의 다라니문을 마땅히 수학해야 하고, 역시 일체의 삼마지문을 마땅히 수학해야 합니까?

어찌하여 보살마하살은 내공을 마땅히 수학해야 하고, 역시 외공·내외공·공공·대공·승의공·유위공·무위공·필경공·무제공·산공·무변이공·본성공·자상공·공상공·일체법공·불가득공·무성공·자성공·무성자성공을 마땅히 수학해야 합니까? 어찌하여 보살마하살은 진여를 마땅히 수학해야 하고, 역시 법계·법성·불허망성·불변이성·평등성·이생성·법정·법주·실제·허공계·부사의계를 마땅히 수학해야 합니까? 어찌하여 보살마하살은 고성제를 마땅히 수학해야 하고, 역시 집·멸·도성제를 마땅히 수학해야 합니까?

어찌하여 보살마하살은 5안을 마땅히 수학해야 하고, 역시 6신통을 마땅히 수학해야 합니까? 어찌하여 보살마하살은 여래의 10력을 마땅히 수학해야 하고, 역시 4무소외·4무애해·18불불공법을 마땅히 수학해야 합니까? 어찌하여 보살마하살은 대자를 마땅히 수학해야 하고, 역시 대비·대희·대사를 마땅히 수학해야 합니까? 어찌하여 보살마하살은 무망실법을 마땅히 수학해야 하고, 역시 항주사성을 마땅히 수학해야 합니까? 어찌하여 보살마하살은 일체지를 마땅히 수학해야 하고, 역시 도상지·일체상지를 마땅히 수학해야 합니까?

어찌하여 보살마하살은 32대사상을 마땅히 원만하게 해야 하고, 역시 80수호를 마땅히 원만하게 해야 합니까? 어찌하여 보살마하살은 찰제리의 대종족·바라문의 대종족·장자의 대종족·거사의 종족에 태어나는 것을 마땅히 수학해야 합니까? 어찌하여 보살마하살은 사대왕중천·삼십삼천·야마천·도사다천·낙변화천·타화자재천에 태어나는 것을 마땅히 수학해야 합니까? 어찌하여 보살마하살은 범중천·범보천·범희천·대범천에 태어나는 것을 마땅히 수학해야 합니까?

어찌하여 보살마하살은 광천·소광천·무량광천·극광정천에 태어나는 것을 마땅히 수학해야 합니까? 어찌하여 보살마하살은 정천·소정천·무량정천·변정천에 태어나는 것을 마땅히 수학해야 합니까? 어찌하여 보살마하살은 광천·소광천·무량광천·광과천에 태어나는 것을 마땅히 수학해야 합니까? 어찌하여 보살마하살은 무상유정천(無想有情天)[1]에 태어나는 것을 마땅히 수학할지라도, 그렇지만 그곳에 태어나는 것을 즐거워하지 않아야 합니까?

어찌하여 보살마하살은 무번천(無煩天)·무열천(無熱天)·선현천(善現天)·선견천(善見天)·색구경천(色究竟天)에 태어나는 것을 마땅히 수학할지라도, 그렇지만 그곳에 태어나는 것을 즐거워하지 않아야 합니까? 어찌하여 보살마하살은 공무변처천·식무변처천·무소유처천·비상비비상처천에 태어나는 것을 마땅히 수학할지라도, 그렇지만 그곳에 태어나는 것을 즐거워하지 않아야 합니까? 어찌하여 보살마하살은 초발보리심(初發菩提心)을 마땅히 수학해야 하고, 역시 제2·제3·제4·제5·제6·제7·제8·제9·제10발보리심(第十發菩提心)을 마땅히 수학해야 합니까?

어찌하여 보살마하살은 초보살지(初菩薩地)를 마땅히 수학해야 하고, 역시 제2·제3·제4·제5·제6·제7·제8·제9·제10보살지(第十菩薩地)를 마땅히 수학해야 합니까? 어찌하여 보살마하살은 성문지(聲聞地)를 마땅히 수학하면서 증득을 짓지 않아야 하고, 역시 독각지(獨覺地)를 마땅히 수학하면서 증득을 짓지 않아야 합니까? 어찌하여 보살마하살은 보살의 정성이생(正性離生)을 마땅히 수학해야 하고, 역시 유정을 성숙시키는 것을 마땅히 수학해야 하며, 불국토를 청정하게 장엄하는 것을 마땅히 수학해야 합니까?

어찌하여 보살마하살은 다라니의 장애가 없는 변재를 마땅히 수학해야

---

1) 산스크리트어 Asajñisattvāh의 번역이고, 3계에서 색계의 제4천인 무상천(無想天)을 가리킨다.

하고, 역시 보살마하살의 도(道)와 제불의 무상정등보리를 마땅히 수학해야 합니까? 이와 같이 수학하였다면 일체지지(一切智智)를 증득하고, 일체법과 일체 종류의 상(相)을 알게 됩니까?

   세존이시여. 법계의 가운데에는 이와 같은 여러 종류의 분별이 없습니다. 세존이시여. 장차 보살들이 오히려 이러한 분별로 전도에서 수행하는 것은 없고 희론의 가운데에서 여러 희론을 일으키지 않을 것입니다. 왜 그러한가? 진실한 법계의 가운데에서는 모두 분별과 희론의 일이 없는 까닭입니다.

   세존이시여. 법계는 색이 아니고 색을 벗어나지 않았으며, 법계는 수·상·행·식이 아니고 수·상·행·식을 벗어나지 않았으며, 법계는 곧 색이고 색은 곧 법계이며, 법계는 곧 수·상·행·식이고 수·상·행·식은 곧 법계입니다.

   세존이시여. 법계는 안처가 아니고 안처를 벗어나지 않았으며, 법계는 이·비·설·신·의처가 아니고 이·비·설·신·의처를 벗어나지 않았으며, 법계는 곧 안처이고 안처는 곧 법계이며, 법계는 곧 이·비·설·신·의처이고 이·비·설·신·의처는 곧 법계입니다.

   세존이시여. 법계는 색처가 아니고 색처를 벗어나지 않았으며, 법계는 성·향·미·촉·법처가 아니고 성·향·미·촉·법처를 벗어나지 않았으며, 법계는 곧 색처이고 색처는 곧 법계이며, 법계는 곧 성·향·미·촉·법처이고 성·향·미·촉·법처는 곧 법계입니다.

   세존이시여. 법계는 안계가 아니고 안계를 벗어나지 않았으며, 법계는 이·비·설·신·의계가 아니고 이·비·설·신·의계를 벗어나지 않았으며, 법계는 곧 안계이고 안계는 곧 법계이며, 법계는 곧 이·비·설·신·의계이고 이·비·설·신·의계는 곧 법계입니다.

   세존이시여. 법계는 색계가 아니고 색계를 벗어나지 않았으며, 법계는 성·향·미·촉·법계가 아니고 성·향·미·촉·법계를 벗어나지 않았으며, 법계는 곧 색계이고 색계는 곧 법계이며, 법계는 곧 성·향·미·촉·법계이고 성·향·미·촉·법계는 곧 법계입니다.
　세존이시여. 법계는 안식계가 아니고 안식계를 벗어나지 않았으며, 법계는 이·비·설·신·의식계가 아니고 이·비·설·신·의식계를 벗어나지 않았으며, 법계는 곧 안식계이고 안식계는 곧 법계이며, 법계는 곧 이·비·설·신·의식계이고 이·비·설·신·의식계는 곧 법계입니다.
　세존이시여. 법계는 안촉이 아니고 안촉을 벗어나지 않았으며, 법계는 이·비·설·신·의촉이 아니고 이·비·설·신·의촉을 벗어나지 않았으며, 법계는 곧 안촉이고 안촉은 곧 법계이며, 법계는 곧 이·비·설·신·의촉이고 이·비·설·신·의촉은 곧 법계입니다.
　세존이시여. 법계는 안촉을 인연으로 생겨난 여러 수가 아니고 안촉을 인연으로 생겨난 여러 수를 벗어나지 않았으며, 법계는 이·비·설·신·의촉을 인연으로 생겨난 여러 수가 아니고 이·비·설·신·의촉을 인연으로 생겨난 여러 수를 벗어나지 않았으며, 법계는 곧 안촉을 인연으로 생겨난 여러 수이고 안촉을 인연으로 생겨난 여러 수는 곧 법계이며, 법계는 곧 이·비·설·신·의촉을 인연으로 생겨난 여러 수이고 이·비·설·신·의촉을 인연으로 생겨난 여러 수는 곧 법계입니다.
　세존이시여. 법계는 지계가 아니고 지계를 벗어나지 않았으며, 법계는 수·화·풍·공·식계가 아니고 수·화·풍·공·식계를 벗어나지 않았으며, 법계는 곧 지계이고 지계는 곧 법계이며, 법계는 곧 수·화·풍·공·식계이고 수·화·풍·공·식계는 곧 법계입니다.
　세존이시여. 법계는 인연이 아니고 인연을 벗어나지 않았으며, 법계는 등무간연·소연연·증상연이 아니고 등무간연·소연연·증상연을 벗어나지 않았으며, 법계는 곧 인연이고 인연은 곧 법계이며, 법계는 곧 등무간연·소연연·증상연이고 등무간연·소연연·증상연은 곧 법계입니다. 세존이시여. 법계는 인연을 쫓아서 생겨난 제법이 아니고 인연을 쫓아서 생겨난 제법을 벗어나지 않았으며, 법계는 곧 인연을 쫓아서 생겨난 제법이고 인연을 쫓아서 생겨난 제법은 곧 법계입니다.
　세존이시여. 법계는 무명이 아니고 무명을 벗어나지 않았으며, 법계는 행·식·명색·육처·촉·수·애·취·유·생·노사의 수탄고우뇌가 아니고 행, 나아가 노사의 수탄고우뇌를 벗어나지 않았으며, 법계는 곧 무명이고 무명은 곧 법계이며, 법계는 곧 행, 나아가 노사의 수탄고우뇌이고 행, 나아가 노사의 수탄고우뇌는 곧 법계입니다.

세존이시여. 법계는 보시바라밀다가 아니고 보시바라밀다를 벗어나지 않았으며, 법계는 정계·안인·정진·정려·반야바라밀다가 아니고 정계·안인·정진·정려·반야바라밀다를 벗어나지 않았으며, 법계는 곧 보시바라밀다이고 보시바라밀다는 곧 법계이며, 법계는 정계·안인·정진·정려·반야바라밀다이고 정계·안인·정진·정려·반야바라밀다는 곧 법계입니다.

세존이시여. 법계는 4정려가 아니고 4정려를 벗어나지 않았으며, 법계는 4무량·4무색정이 아니고 4무량·4무색정을 벗어나지 않았으며, 법계는 곧 4정려이고 4정려는 곧 법계이며, 법계는 곧 4무량·4무색정이고 4무량·4무색정은 곧 법계입니다.

세존이시여. 법계는 4념주가 아니고 4념주를 벗어나지 않았으며, 법계는 4정단·4신족·5근·5력·7등각지·8성도지가 아니고 4정단, 나아가 8성도지를 벗어나지 않았으며, 법계는 곧 4념주이고 4념주는 곧 법계이며, 법계는 곧 4정단, 나아가 8성도지이고 4정단, 나아가 8성도지는 곧 법계입니다.

세존이시여. 법계는 공해탈문이 아니고 공해탈문을 벗어나지 않았으며, 법계는 무상·무원해탈문이 아니고 무상·무원해탈문을 벗어나지 않았으며, 법계는 곧 공해탈문이고 공해탈문은 곧 법계이며, 법계는 곧 무상·무원해탈문이고 무상·무원해탈문은 곧 법계입니다.

세존이시여. 법계는 내공이 아니고 내공을 벗어나지 않았으며, 법계는 외공·내외공·공공·대공·승의공·유위공·무위공·필경공·무제공·산공·무변이공·본성공·자상공·공상공·일체법공·불가득공·무성공·자성공·무성자성공이 아니고 외공, 나아가 무성자성공을 벗어나지 않았으며, 법계는 곧 내공이고 내공은 곧 법계이며, 법계는 곧 외공, 나아가 무성자성공이고 외공, 나아가 무성자성공은 곧 법계입니다.

세존이시여. 법계는 고성제가 아니고 고성제를 벗어나지 않았으며, 법계는 집·멸·도성제가 아니고 집·멸·도성제를 벗어나지 않았으며, 법계는 곧 고성제이고 고성제는 곧 법계이며, 법계는 곧 집·멸·도성제이고 집·멸·도성제는 곧 법계입니다.

세존이시여. 법계는 8해탈이 아니고 8해탈을 벗어나지 않았으며, 법계는 8승처·9차제정·10변처가 아니고 8승처·9차제정·10변처를 벗어나지 않았으며, 법계는 곧 8해탈이고 8해탈은 곧 법계이며, 법계는 곧 8승처·9차제정·10변처이고 8승처·9차제정·10변처는 곧 법계입니다.

세존이시여. 법계는 일체의 다라니문이 아니고 일체의 다라니문을 벗어나지 않았으며, 법계는 일체의 삼마지문이 아니고 일체의 삼마지문을 벗어나지 않았으며, 법계는 곧 일체의 다라니문이고 일체의 다라니문은 곧 법계이며, 법계는 곧 일체의 삼마지문이고 일체의 삼마지문은 곧 법계입니다.

세존이시여. 법계는 극희지가 아니고 극희지를 벗어나지 않았으며, 법계는 이구지·발광지·염혜지·극난승지·현전지·원행지·부동지·선혜지·법운지가 아니고 이구지, 나아가 법운지를 벗어나지 않았으며, 법계는 곧 극희지이고 극희지는 곧 법계이며, 법게는 곧 이구지, 나아가 법운지이고 이구지, 나아가 법운지는 곧 법계입니다.

세존이시여. 법계는 5안이 아니고 5안을 벗어나지 않았으며, 법계는 6신통이 아니고 6신통을 벗어나지 않았으며, 법계는 곧 5안이고 5안은 곧 법계이며, 법계는 곧 6신통이고 6신통은 곧 법계입니다.

세존이시여. 법계는 여래의 10력이 아니고 여래의 10력을 벗어나지 않았으며, 법계는 4무소외·4무애해·18불불공법이 아니고 4무소외·4무애해·18불불공법을 벗어나지 않았으며, 법계는 곧 여래의 10력이고 여래의 10력은 곧 법계이며, 법계는 곧 4무소외·4무애해·18불불공법이고 4무소외·4무애해·18불불공법은 곧 법계입니다.

세존이시여. 법계는 대자가 아니고 대자를 벗어나지 않았으며, 법계는 대비·대희·대사가 아니고 대비·대희·대사를 벗어나지 않았으며, 법계는 곧 대자이고 대자는 곧 법계이며, 법계는 곧 대비·대희·대사이고 대비·대희·대사는 곧 법계입니다.

세존이시여. 법계는 무망실법이 아니고 무망실법을 벗어나지 않았으며, 법계는 항주사성이 아니고 항주사성을 벗어나지 않았으며, 법계는 곧 무망실법이고 무망실법은 곧 법계이며, 법계는 곧 항주사성이고 항주사성은 곧 법계입니다.

세존이시여. 법계는 일체지가 아니고 일체지를 벗어나지 않았으며, 법계는 도상지·일체상지가 아니고 도상지·일체상지를 벗어나지 않았으며, 법계는 곧 일체지이고 일체지는 곧 법계이며, 법계는 곧 도상지·일체상지이고 도상지·일체상지는 곧 법계입니다.

세존이시여. 법계는 32대사상이 아니고 32대사상을 벗어나지 않았으며, 법계는 80수호가 아니고 80수호를 벗어나지 않았으며, 법계는 곧 32대사상이고 32대사상은 곧 법계이며, 법계는 곧 80수호이고 80수호는 곧 법계입니다.

세존이시여. 법계는 예류과가 아니고 예류과를 벗어나지 않았으며, 법계는 일래·불환·아라한과·독각의 보리가 아니고 일래·불환·아라한과·독각의 보리를 벗어나지 않았으며, 법계는 곧 예류과이고 예류과는 곧 법계이며, 법계는 곧 일래·불환·아라한과·독각의 보리이고 일래·불환·아라한과·독각의 보리는 곧 법계입니다.

세존이시여. 법계는 일체의 보살의 행이 아니고 일체의 보살의 행을 벗어나지 않았으며, 법계는 제불의 무상정등보리가 아니고 제불의 무상정등보리를 벗어나지 않았으며, 법계는 곧 일체의 보살의 행이고 일체의 보살의 행은 곧 법계이며, 법계는 곧 제불의 무상정등보리이고 제불의 무상정등보리는 곧 법계입니다.

세존이시여. 법계는 세간법이 아니고 세간법을 벗어나지 않았으며, 법계는 출세간법이 아니고 출세간법을 벗어나지 않았으며, 법계는 곧 세간법이고 세간법은 곧 법계이며, 법계는 곧 출세간법이고 출세간법은 곧 법계입니다.

세존이시여. 법계는 유루법이 아니고 유루법을 벗어나지 않았으며, 법계는 무루법이 아니고 무루법을 벗어나지 않았으며, 법계는 곧 유루법이고 유루법은 곧 법계이며, 법계는 곧 무루법이고 무루법은 곧 법계입니다.

세존이시여. 법계는 유위법이 아니고 유위법을 벗어나지 않았으며, 법계는 무위법이 아니고 무위법을 벗어나지 않았으며, 법계는 곧 유위법이고 유위법은 곧 법계이며, 법계는 곧 무위법이고 무위법은 곧 법계입니다."

세존께서 선현에게 알리셨다.

"그와 같으니라. 그와 같으니라. 그대가 말한 것과 같이 진실로 법계의 가운데에서는 일체 종류의 분별과 희론이 없느니라. 선현이여. 색은 법계가 아니고 색을 벗어나서 별도로 법계가 있지 않으며, 수·상·행·식은 법계가 아니고 수·상·행·식을 벗어나서 별도로 법계가 있지 않으며, 색은 곧 법계이고 법계는 곧 색이며, 수·상·행·식은 곧 법계이고 법계는 곧 수·상·행·식이니라.

선현이여. 안처는 법계가 아니고 안처를 벗어나서 별도로 법계가 있지 않으며, 이·비·설·신·의처는 법계가 아니고 이·비·설·신·의처를 벗어나서 별도로 법계가 있지 않으며, 안처는 곧 법계이고 법계는 곧 안처이며, 이·비·설·신·의처는 곧 법계이고 법계는 곧 이·비·설·신·의처이니라.

선현이여. 색처는 법계가 아니고 색처를 벗어나서 별도로 법계가 있지 않으며, 성·향·미·촉·법처는 법계가 아니고 성·향·미·촉·법처를 벗어나서 별도로 법계가 있지 않으며, 색처는 곧 법계이고 법계는 곧 색처이며, 성·향·미·촉·법처는 곧 법계이고 법계는 곧 성·향·미·촉·법처이니라.

선현이여. 안계는 법계가 아니고 안계를 벗어나서 별도로 법계가 있지 않으며, 이·비·설·신·의계는 법계가 아니고 이·비·설·신·의계를 벗어나서 별도로 법계가 있지 않으며, 안계는 곧 법계이고 법계는 곧 안계이며, 이·비·설·신·의계는 곧 법계이고 법계는 곧 이·비·설·신·의계이니라.

선현이여. 색계는 법계가 아니고 색계를 벗어나서 별도로 법계가 있지 않으며, 성·향·미·촉·법계는 법계가 아니고 성·향·미·촉·법계를 벗어나서 별도로 법계가 있지 않으며, 색계는 곧 법계이고 법계는 곧 색처이며,

성·향·미·촉·법계는 곧 법계이고 법계는 곧 성·향·미·촉·법처이니라.
　선현이여. 안식계는 법계가 아니고 안식계를 벗어나서 별도로 법계가 있지 않으며, 이·비·설·신·의식계는 법계가 아니고 이·비·설·신·의식계를 벗어나서 별도로 법계가 있지 않으며, 안식계는 곧 법계이고 법계는 곧 안식계이며, 이·비·설·신·의식계는 곧 법계이고 법계는 곧 이·비·설·신·의식계이니라.
　선현이여. 안촉은 법계가 아니고 안촉을 벗어나서 별도로 법계가 있지 않으며, 이·비·설·신·의촉은 법계가 아니고 이·비·설·신·의촉을 벗어나서 별도로 법계가 있지 않으며, 안촉은 곧 법계이고 법계는 곧 안촉이며, 이·비·설·신·의촉은 곧 법계이고 법계는 곧 이·비·설·신·의촉이니라.
　선현이여. 안촉을 인연으로 생겨난 여러 수는 법계가 아니고 안촉을 인연으로 생겨난 여러 수를 벗어나서 별도로 법계가 있지 않으며, 이·비·설·신·의촉을 인연으로 생겨난 여러 수는 법계가 아니고 이·비·설·신·의촉을 인연으로 생겨난 여러 수를 벗어나서 별도로 법계가 있지 않으며, 안촉을 인연으로 생겨난 여러 수는 곧 법계이고 법계는 곧 안촉을 인연으로 생겨난 여러 수이며, 이·비·설·신·의촉을 인연으로 생겨난 여러 수는 곧 법계이고 법계는 곧 이·비·설·신·의촉을 인연으로 생겨난 여러 수이니라.
　선현이여. 지계는 법계가 아니고 지계를 벗어나서 별도로 법계가 있지 않으며, 수·화·풍·공·식계는 법계가 아니고 수·화·풍·공·식계를 벗어나서 별도로 법계가 있지 않으며, 지계는 곧 법계이고 법계는 곧 지계이며, 수·화·풍·공·식계는 곧 법계이고 법계는 곧 수·화·풍·공·식계이니라.
　선현이여. 인연은 법계가 아니고 인연을 벗어나서 별도로 법계가 있지 않으며, 등무간연·소연연·증상연은 법계가 아니고 등무간연·소연연·증상연을 벗어나서 별도로 법계가 있지 않으며, 인연은 곧 법계이고 법계는 곧 인연이며, 등무간연·소연연·증상연은 곧 법계이고 법계는 곧 등무간연·소연연·증상연이니라. 선현이여. 법계는 인연을 쫓아서 생겨난 제법은 법계가 아니고 법계는 인연을 쫓아서 생겨난 제법을 벗어나서 별도로 법계가 있지 않으며, 인연을 쫓아서 생겨난 제법은 곧 법계이고 법계는 곧 인연을 쫓아서 생겨난 제법이니라.

선현이여. 무명은 법계가 아니고 무명을 벗어나서 별도로 법계가 있지 않으며, 행·식·명색·육처·촉·수·애·취·유·생·노사의 수탄고우뇌는 법계가 아니고 행, 나아가 노사의 수탄고우뇌를 벗어나서 별도로 법계가 있지 않으며, 무명은 곧 법계이고 법계는 곧 무명이며, 행, 나아가 노사의 수탄고우뇌는 곧 법계이고 법계는 곧 행, 나아가 노사의 수탄고우뇌이니라.

선현이여. 보시바라밀다는 법계가 아니고 보시바라밀다를 벗어나서 별도로 법계가 있지 않으며, 정계·안인·정진·정려·반야바라밀다는 법계가 아니고 정계·안인·정진·정려·반야바라밀다를 벗어나서 별도로 법계가 있지 않으며, 보시바라밀다는 곧 법계이고 법계는 곧 보시바라밀다이며, 정계·안인·정진·정려·반야바라밀다는 곧 법계이고 법계는 곧 정계·안인·정진·정려·반야바라밀다이니라.

선현이여. 4정려는 법계가 아니고 4정려를 벗어나서 별도로 법계가 있지 않으며, 4무량·4무색정은 법계가 아니고 4무량·4무색정을 벗어나서 별도로 법계가 있지 않으며, 4정려는 곧 법계이고 법계는 곧 4정려이며, 4무량·4무색정은 곧 법계이고 법계는 곧 4무량·4무색정이니라."

마하반야바라밀다경 제386권

69. 제법평등품(諸法平等品)(4)

"선현이여. 4념주는 법계가 아니고 4념주를 벗어나서 별도로 법계가 있지 않으며, 4정단·4신족·5근·5력·7등각지·8성도지는 법계가 아니고 4정단, 나아가 8성도지를 벗어나서 별도로 법계가 있지 않으며, 4념주는 곧 법계이고 법계는 곧 4념주이며, 4정단, 나아가 8성도지는 곧 법계이고 법계는 곧 4정단, 나아가 8성도지이니라.

선현이여. 공해탈문은 법계가 아니고 공해탈문을 벗어나서 별도로 법계가 있지 않으며, 무상·무원해탈문은 법계가 아니고 무상·무원해탈문을 벗어나서 별도로 법계가 있지 않으며, 공해탈문은 곧 법계이고 법계는 곧 공해탈문이며, 무상·무원해탈문은 곧 법계이고 법계는 곧 무상·무원해탈문이니라.

선현이여. 내공은 법계가 아니고 내공을 벗어나서 별도로 법계가 있지 않으며, 외공·내외공·공공·대공·승의공·유위공·무위공·필경공·무제공·산공·무변이공·본성공·자상공·공상공·일체법공·불가득공·무성공·자성공·무성자성공은 법계가 아니고 외공, 나아가 무성자성공을 벗어나서 별도로 법계가 있지 않으며, 내공은 곧 법계이고 법계는 곧 내공이며, 외공, 나아가 무성자성공은 곧 법계이고 법계는 곧 외공, 나아가 무성자성공이니라.

선현이여. 고성제는 법계가 아니고 고성제를 벗어나서 별도로 법계가 있지 않으며, 집·멸·도성제는 법계가 아니고 집·멸·도성제를 벗어나서 별도로 법계가 있지 않으며, 고성제는 곧 법계이고 법계는 곧 고성제이며, 집·멸·도성제는 곧 법계이고 법계는 곧 집·멸·도성제이니라.

선현이여. 8해탈은 법계가 아니고 8해탈을 벗어나서 별도로 법계가 있지 않으며, 8승처·9차제정·10변처는 법계가 아니고 8승처·9차제정·10변처를 벗어나서 별도로 법계가 있지 않으며, 8해탈은 곧 법계이고 법계는 곧 8해탈이며, 8승처·9차제정·10변처는 곧 법계이고 법계는 곧 8승처·9차제정·10변처이니라.

선현이여. 일체의 다라니문은 법계가 아니고 일체의 다라니문을 벗어나서 별도로 법계가 있지 않으며, 일체의 삼마지문은 법계가 아니고 일체의 삼마지문을 벗어나서 별도로 법계가 있지 않으며, 일체의 다라니문은 곧 법계이고 법계는 곧 일체의 다라니문이며, 일체의 삼마지문은 곧 법계이고 법계는 곧 일체의 삼마지문이니라.

선현이여. 극희지는 법계가 아니고 극희지를 벗어나서 별도로 법계가 있지 않으며, 이구지·발광지·염혜지·극난승지·현전지·원행지·부동지·선혜지·법운지는 법계가 아니고 이구지, 나아가 법운지를 벗어나서 별도로 법계가 있지 않으며, 극희지는 곧 법계이고 법계는 곧 극희지이며, 이구지, 나아가 법운지는 곧 법계이고 법계는 곧 이구지, 나아가 법운지이니라.

선현이여. 5안은 법계가 아니고 5안을 벗어나서 별도로 법계가 있지 않으며, 6신통은 법계가 아니고 6신통을 벗어나서 별도로 법계가 있지 않으며, 5안은 곧 법계이고 법계는 곧 5안이며, 6신통은 곧 법계이고 법계는 곧 6신통이니라.

선현이여. 여래의 10력은 법계가 아니고 여래의 10력을 벗어나서 별도로 법계가 있지 않으며, 4무소외·4무애해·18불불공법은 법계가 아니고 4무소외·4무애해·18불불공법을 벗어나서 별도로 법계가 있지 않으며, 여래의 10력은 곧 법계이고 법계는 곧 여래의 10력이며, 4무소외·4무애해·18불불공법은 곧 법계이고 법계는 곧 4무소외·4무애해·18불불공법이니라.

선현이여. 대자는 법계가 아니고 대자를 벗어나서 별도로 법계가 있지 않으며, 대비·대희·대사는 법계가 아니고 대비·대희·대사를 벗어나서 별도로 법계가 있지 않으며, 대자는 곧 법계이고 법계는 곧 대자이며, 대비·대희·대사는 곧 법계이고 법계는 곧 대비·대희·대사이니라.

선현이여. 무망실법은 법계가 아니고 무망실법을 벗어나서 별도로 법계가 있지 않으며, 항주사성은 법계가 아니고 항주사성을 벗어나서 별도로 법계가 있지 않으며, 무망실법은 곧 법계이고 법계는 곧 무망실법이며, 항주사성은 곧 법계이고 법계는 곧 항주사성이니라.

선현이여. 일체지는 법계가 아니고 일체지를 벗어나서 별도로 법계가 있지 않으며, 도상지·일체상지는 법계가 아니고 도상지·일체상지를 벗어나서 별도로 법계가 있지 않으며, 일체지는 곧 법계이고 법계는 곧 일체지이며, 도상지·일체상지는 곧 법계이고 법계는 곧 도상지·일체상지이니라.

선현이여. 32대사상은 법계가 아니고 32대사상을 벗어나서 별도로 법계가 있지 않으며, 80수호는 법계가 아니고 80수호를 벗어나서 별도로 법계가 있지 않으며, 32대사상은 곧 법계이고 법계는 곧 32대사상이며, 80수호는 곧 법계이고 법계는 곧 80수호이니라.

선현이여. 예류과는 법계가 아니고 예류과를 벗어나서 별도로 법계가 있지 않으며, 일래·불환·아라한과·독각의 보리는 법계가 아니고 일래·불환·아라한과·독각의 보리를 벗어나서 별도로 법계가 있지 않으며, 예류과는 곧 법계이고 법계는 곧 예류과이며, 일래·불환·아라한과·독각의 보리는 곧 법계이고 법계는 곧 일래·불환·아라한과·독각의 보리이니라.

선현이여. 일체의 보살의 행은 법계가 아니고 일체의 보살의 행을 벗어나서 별도로 법계가 있지 않으며, 제불의 무상정등보리는 법계가 아니고 제불의 무상정등보리를 벗어나서 별도로 법계가 있지 않으며, 일체의 보살의 행은 곧 법계이고 법계는 곧 일체의 보살의 행이며, 제불의 무상정등보리는 곧 법계이고 법계는 곧 제불의 무상정등보리이니라.

선현이여. 세간법은 법계가 아니고 세간법을 벗어나서 별도로 법계가 있지 않으며, 출세간법은 법계가 아니고 출세간법을 벗어나서 별도로 법계가 있지 않으며, 세간법은 곧 법계이고 법계는 곧 세간법이며, 출세간법은 곧 법계이고 법계는 곧 출세간법이니라.
　선현이여. 유루법은 법계가 아니고 유루법을 벗어나서 별도로 법계가 있지 않으며, 무루법은 법계가 아니고 무루법을 벗어나서 별도로 법계가 있지 않으며, 유루법은 곧 법계이고 법계는 곧 유루법이며, 무루법은 곧 법계이고 법계는 곧 무루법이니라.
　선현이여. 유위법은 법계가 아니고 유위법을 벗어나서 별도로 법계가 있지 않으며, 무위법은 법계가 아니고 무위법을 벗어나서 별도로 법계가 있지 않으며, 유위법은 곧 법계이고 법계는 곧 유위법이며, 무위법은 곧 법계이고 법계는 곧 무위법이니라.
　선현이여. 보살마하살이 반야바라밀다를 수행하는 때에, 만약 법계를 벗어난 법이 있다고 보았다면, 곧 구하였던 무상정등보리에 바르게 나아가는 것이 아니니라. 선현이여. 보살마하살이 반야바라밀다를 수행하는 때에 일체법이 법계를 벗어나지 않았다고 알아야 하느니라.

　선현이여. 보살마하살이 반야바라밀다를 수행하는 때에 일체법이 법계로 나아간다고 알았다면 방편선교(方便善巧)의 무명(無名)과 법상(法相)으로써 제유정들을 위하여 명자(名字)와 상(相)을 의지하여 설하는데 이를테면, 이것은 색이고 이것은 수·상·행·식이며, 이것은 안처이고 이것은 이·비·설·신·의처이며, 이것은 색처이고 이것은 성·향·미·촉·법처이며, 이것은 안계이고 이것은 이·비·설·신·의계이며, 이것은 색계이고 이것은 성·향·미·촉·법계이며, 이것은 안식계이고 이것은 이·비·설·신·의식계이며, 이것은 안촉이고 이것은 이·비·설·신·의촉이며,
　이것은 안촉을 인연으로 생겨난 여러 수이고 이것은 이·비·설·신·의촉을 인연으로 생겨난 여러 수이며, 이것은 지계이고 이것은 수·화·풍·공·식계이며, 이것은 인연이고 이것은 등무간연·소연연·증상연이며, 이것은 인연을 쫓아서 생겨난 제법이며, 이것은 무명이고 이것은 행·식·명색·육처·촉·수·애·취·유·생·노사의 수탄고우뇌이며, 이것은 세간법이고 이것은 출세간법이며, 이것은 색법(色法)이고 이것은 색법이 아니며, 이것은

유견법(有見法)이고 이것은 무견법(無見法)이며, 이것은 유루법이고 이것은 무루법이며, 이것은 유위법이고 이것은 무위법이며, 이것은 보시바라밀다이고 이것은 정계·안인·정진·정려·반야바라밀다이며,

이것은 4정려이고 이것은 4무량·4무색정이며, 이것은 4념주이고 이것은 4정단·4신족·5근·5력·7등각지·8성도지이며, 이것은 내공이고 이것은 외공·내외공·공공·대공·승의공·유위공·무위공·필경공·무제공·산공·무변이공·본성공·자상공·공상공·일체법공·불가득공·무성공·자성공·무성자성공이며, 이것은 진여이고 이것은 법계·법성·불허망성·불변이성·평등성·이생성·법정·법주·실제·허공계·부사의계이며, 이것은 고성제이고 이것은 집·멸·도성제이며, 이것은 8해탈이고 이것은 8승처·9차제정·10변처이며, 이것은 일체의 다라니문이고 이것은 일체의 삼마지문이며, 이것은 극희지이고 이것은 이구지·발광지·염혜지·극난승지·현전지·원행지·부동지·선혜지·법운지이며,

이것은 5안이고 이것은 6신통이며, 이것은 여래의 10력이고 이것은 4무소외·4무애해·18불불공법이며, 이것은 대자이고 이것은 대비·대희·대사이며, 이것은 무망실법이고 이것은 항주사성이며, 이것은 일체지이고 이것은 도상지·일체상지이며, 이것은 32대사상이고 이것은 80수호이며, 이것은 예류과이고 이것은 일래·불환·아라한과·독각의 보리이며, 이것은 일체의 보살의 행이고 이것은 제불의 무상정등보리이니라.

선현이여. 선교(善巧)의 마술사이거나, 혹은 그의 제자들이 작은 물건을 집어들고 여러 사람의 앞에서 여러 종류의 색의 모습(色相)을 환영(幻影)으로 지은 것과 같은데 이를테면, 혹은 남자·여자·어른·어린아이와 코끼리·말·소·염소·낙타·당나귀·닭 등의 여러 새와 짐승을 환영으로 지었거나, 혹은 다시 성읍(城邑)·취락(聚落)·원림(園林)·연못과 늪지(池沼) 등의 여러 종류를 장엄하고 매우 애락(愛樂)하게 환영으로 지었거나, 혹은 다시 의복·음식·방사(房舍)·와구·향·꽃·영락 등의 여러 종류의 진기한 보배를 환영으로 지었거나, 혹은 다시 무량한 종류의 부류인 기악(伎樂)과 배우(俳

優)들을 환영으로 지어서 무량한 사람들이 환오(歡娛)하고 즐거움을 받게 하였거나,

　혹은 여러 종류 형상을 환영으로 지어서 보시를 행하게 하였거나, 혹은 지계하게 하였거나, 혹은 안인을 수행하게 하였거나, 혹은 정진하게 하였거나, 혹은 정려를 수행하게 하였거나, 혹은 지혜를 수행하게 하였거나, 혹은 다시 찰제리의 대종족에 태어남을 나타내었거나, 혹은 다시 바라문의 대종족에 태어남을 나타내었거나, 혹은 다시 장자의 대종족에 태어남을 나타내었거나, 혹은 다시 거사의 대종족에 태어남을 나타내었거나, 혹은 다시 여러 산·큰 바다·묘고산(妙高山)·윤위산(輪圍山) 등을 환영으로 지었거나,

　혹은 다시 사대왕중천·삽십삼천·야마천·도사다천·낙변화천·타화자재천에 태어남을 나타내었거나, 혹은 다시 범중천·범보천·범회천·대범천에 태어남을 나타내었거나, 혹은 광천·소광천·무량광천·극광정천에 태어남을 나타내었거나, 혹은 다시 정천·소정천·무량정천·변정천에 태어남을 나타내었거나, 혹은 다시 광천·소광천·무량광천·광과천에 태어남을 나타내었거나, 혹은 다시 무상천·무범천·무열천·선현천·선견천·색구경천에 태어남을 나타내었거나, 혹은 다시 공무변처천·식부변처천·무소유처천·비상비비상처천에 태어남을 나타내었거나,

　혹은 다시 예류과·일래과·불환과·아라한과·독각의 보리를 지어서 나타내었거나, 혹은 보살마하살이 초발심부터 보시·정계·안인·정진·정려·반야바라밀다를 수행하였거나, 4정려·4무량·4무색정을 수행하였거나, 4념주·4정단·4신족·5근·5력·7등각지·8성도지를 수행하였거나, 공·무상·무원해탈문을 수행하였거나, 내공·외공·내외공·공공·대공·승의공·유위공·무위공·필경공·무제공·산공·무변이공·본성공·자상공·공상공·일체법공·불가득공·무성공·자성공·무성자성공을 수학하면서 안주하였거나,

　진여·법계·법성·불허망성·불변이성·평등성·이생성·법정·법주·실제·허공계·부사의계를 수학하면서 안주하였거나, 고·집·멸·도성제를 수학하면서 안주하였거나, 보살의 정성이생(正性離生)에 나아가서 들어갔

거나, 극희지·이구지·발광지·염혜지·극난승지·현전지·원행지·부동지·선혜지·법운지를 수행하였거나, 8해탈·8승처·9차제정·10변처에 유희(遊戲)하였거나, 일체의 다라니문·일체의 삼마지문에 유희하였거나, 여러 종류의 수승한 신통을 이끌어서 일으켰거나, 큰 광명을 내뿜어서 여러 세계를 비추거나, 불국토를 청정하게 장엄하거나, 유정들을 성숙시키거나, 여러 종류의 제불의 공덕을 수행하는 것을 환영으로 지었거나,

혹은 다시 여래·응공·정등각의 32대사상·80수호의 원만한 장엄을 구족한 것을 환영으로 지었거나, 여래의 10력·4무소외·4무애해·대자·대비·대희·대사·18불불공법, 무망실법·항주사성, 일체지·도상지·일체상지 등의 무량하고 무변하며 불가사의한 희유(希有)한 공덕을 성취한 것을 환영으로 짓느니라.

선현이여. 이와 같은 마술사이거나, 혹은 그의 제자들이 다른 사람들을 미혹시키기 위하여 여러 사람들의 앞에서 마술로써 이것 등의 여러 환영으로 변화시킨 일을 환영으로 지었다면, 그 가운데에서 지혜가 없는 남자·여자·어른·어린아이들은 이러한 일을 보고서, '기이하구나. 이 사람들은 미묘한 여러 기예(技藝)를 알았으므로 능히 여러 종류의 매우 희유한 일을 능히 지었고, 나아가 여래의 색신과 상호를 장엄하였으며, 구족하셨던 여러 공덕을 능히 지으면서 대중들이 환희하고 즐겁게 하는 기예의 능력을 스스로가 나타내었다.'라고 모두가 놀라고 감탄하면서 말할 것이고, 그 가운데에서 지혜가 있는 이는 이러한 일을 보고서, '매우 기이(奇異)하구나. 어찌하여 이 사람들은 이러한 일을 나타내었는가? 이 가운데에서 진실한 일을 얻을 수 없는데, 여러 사람들을 미혹시키고 속여서 환희하고 즐겁게 하며, 진실한 물건이 없는 것에서 진실한 물건이라는 생각을 일으키게 하는구나.'라고 이렇게 사유를 짓느니라.

선현이여. 보살마하살도 이와 같아서 반야바라밀다를 수행하는 때에, 비록 법이 진실한 법계를 벗어나서 있다고 보지 않고, 역시 법계가 제법을 벗어나서 있다고 보지 않으며, 유정들과 그것을 시설한 진실한 일을 얻을 수 있다고 보지 않을지라도, 능히 여러 종류의 선교방편으로 스스로

가 보시바라밀다를 수행하고, 역시 다른 사람들에게 권유하여 보시바라밀다를 수행하게 하며, 보시바라밀다를 수행하는 법을 전도가 없이 칭찬(稱揚)하고, 보시바라밀다를 수행하는 자를 환희하면서 찬탄하며, 스스로가 정계바라밀다를 수행하고, 역시 다른 사람들에게 권유하여 정계바라밀다를 수행하게 하며, 정계바라밀다를 수행하는 법을 전도가 없이 칭찬하고, 정계바라밀다를 수행하는 자를 환희하면서 찬탄하느니라.

스스로가 안인바라밀다를 수행하고, 역시 다른 사람들에게 권유하여 안인바라밀다를 수행하게 하며, 안인바라밀다를 수행하는 법을 전도가 없이 칭찬하고, 안인바라밀다를 수행하는 자를 환희하면서 찬탄하며, 스스로가 정진바라밀다를 수행하고, 역시 다른 사람들에게 권유하여 정진바라밀다를 수행하게 하며, 정진바라밀다를 수행하는 법을 전도가 없이 칭찬하고, 정진바라밀다를 수행하는 자를 환희하면서 찬탄하며, 스스로가 정려바라밀다를 수행하고, 역시 다른 사람들에게 권유하여 정려바라밀다를 수행하게 하며, 정려바라밀다를 수행하는 법을 전도가 없이 칭찬하고, 정려바라밀다를 수행하는 자를 환희하면서 찬탄하며, 스스로가 반야바라밀다를 수행하고, 역시 다른 사람들에게 권유하여 반야바라밀다를 수행하게 하며, 반야비리밀다를 수행하는 법을 전도가 없이 칭찬하고, 반야바라밀다를 수행하는 자를 환희하면서 찬탄하느니라.

스스로가 십선업도(十善業道)를 수지(受持)하고, 역시 다른 사람들에게 권유하여 십선업도를 수지하게 하며, 십선업도를 수지하는 법을 전도가 없이 칭찬하고, 십선업도를 수지하는 자를 환희하면서 찬탄하며, 스스로가 5계(五戒)를 수지하고, 역시 다른 사람들에게 권유하여 5계를 수지하게 하며, 5계를 수지하는 법을 전도가 없이 칭찬하고, 5계를 수지하는 자를 환희하면서 찬탄하며, 스스로가 8계(八戒)를 수지하고, 역시 다른 사람들에게 권유하여 8계를 수지하게 하며, 8계를 수지하는 법을 전도가 없이 칭찬하고, 8계를 수지하는 자를 환희하면서 찬탄하며, 스스로가 출가계(出家戒)를 수지하고, 역시 다른 사람들에게 권유하여 출가계를 수지하게 하며, 출가계를 수지하는 법을 전도가 없이 칭찬하고, 출가계를 수지하는 자를 환희하면서 찬탄하느니라.

스스로가 4정려·4무량·4무색정을 수행하고, 역시 다른 사람들에게 권유하여 4정려·4무량·4무색정을 수행하게 하며, 4정려·4무량·4무색정을 수행하는 법을 전도가 없이 칭찬하고, 4정려·4무량·4무색정을 수행하는 자를 환희하면서 찬탄하며, 스스로가 4념주·4정단·4신족·5근·5력·7등각지·8성도지를 수행하고, 역시 다른 사람들에게 권유하여 4념주·4정단·4신족·5근·5력·7등각지·8성도지를 수행하게 하며, 4념주·4정단·4신족·5근·5력·7등각지·8성도지를 수행하는 법을 전도가 없이 칭찬하고, 4념주·4정단·4신족·5근·5력·7등각지·8성도지를 수행하는 자를 환희하면서 찬탄하느니라.

스스로가 공·무상·무원해탈문을 수행하고, 역시 다른 사람들에게 권유하여 공·무상·무원해탈문을 수행하게 하며, 공·무상·무원해탈문을 수행하는 법을 전도가 없이 칭찬하고, 공·무상·무원해탈문을 수행하는 자를 환희하면서 찬탄하며, 스스로가 내공·외공·내외공·공공·대공·승의공·유위공·무위공·필경공·무제공·산공·무변이공·본성공·자상공·공상공·일체법공·불가득공·무성공·자성공·무성자성공에 안주하고, 역시 다른 사람들에게 권유하여 내공, 나아가 무성자성공에 안주하게 하며, 내공, 나아가 무성자성공에 안주하는 법을 전도가 없이 칭찬하고, 내공, 나아가 무성자성공에 안주하는 자를 환희하면서 찬탄하느니라.

스스로가 진여·법계·법성·불허망성·불변이성·평등성·이생성·법정·법주·실제·허공계·부사의계에 안주하고, 역시 다른 사람들에게 권유하여 진여, 나아가 부사의계에 안주하게 하며, 진여, 나아가 부사의계에 안주하는 법을 전도가 없이 칭찬하고, 진여, 나아가 부사의계에 안주하는 자를 환희하면서 찬탄하며, 스스로가 고·집·멸·도성제에 안주하고, 역시 다른 사람들에게 권유하여 고·집·멸·도성제에 안주하게 하며, 고·집·멸·도성제에 안주하는 법을 전도가 없이 칭찬하고, 고·집·멸·도성제에 안주하는 자를 환희하면서 찬탄하며, 스스로가 8해탈·8승처·9차제정·10변처를 수행하고, 역시 다른 사람들에게 권유하여 8해탈, 나아가 10변처를 수행하게 하며, 8해탈, 나아가 10변처를 수행하는 법을 전도가 없이 칭찬하고, 8해탈, 나아가 10변처를 수행하는 자를 환희하면서 찬탄하느니라.
　스스로가 일체의 다라니문·일체의 삼마지문을 수행하고, 역시 다른 사람들에게 권유하여 일체의 다라니문·일체의 삼마지문을 수행하게 하며, 일체의 다라니문·일체의 삼마지문을 수행하는 법을 전도가 없이 칭찬하고, 일체의 다라니문·일체의 삼마지문을 수행하는 자를 환희하면서 찬탄하며, 스스로가 보살의 10지를 수행하고, 역시 다른 사람들에게 권유하여 보살의 10지를 수행하게 하며, 보살의 10지를 수행하는 법을 전도가 없이 칭찬하고, 보살의 10지를 수행하는 자를 환희하면서 찬탄하며, 스스로가 5안·6신통을 수행하고, 역시 다른 사람들에게 권유하여 5안·6신통을 수행하게 하며, 5안·6신통을 수행하는 법을 전도가 없이 칭찬하고, 5안·6신통을 수행하는 자를 환희하면서 찬탄하느니라.
　스스로가 여래의 10력·4무소외·4무애해·대자·대비·대희·대사·18불불공법을 수행하고, 역시 다른 사람들에게 권유하여 여래의 10력, 나아가 18불불공법을 수행하게 하며, 여래의 10력, 나아가 18불불공법을 수행하는 법을 전도가 없이 칭찬하고, 여래의 10력, 나아가 18불불공법을 수행하는 자를 환희하면서 찬탄하며, 스스로가 32대사상·80수호를 수행하고, 역시 다른 사람들에게 권유하여 32대사상·80수호를 수행하게 하며, 32대사상·80수호를 수행하는 법을 전도가 없이 칭찬하고, 32대사상·80수호를 수행하는 자를 환희하면서 찬탄하느니라.
　스스로가 무망실법·항주사성을 수행하고, 역시 다른 사람들에게 권유하여 무망실법·항주사성을 수행하게 하며, 무망실법·항주사성을 수행하는 법을 전도가 없이 칭찬하고, 무망실법·항주사성을 수행하는 자를 환희하면서 찬탄하며, 스스로가 일체지·도상지·일체상지를 수행하고, 역시 다른 사람들에게 권유하여 일체지·도상지·일체상지를 수행하게 하며, 일체지·도상지·일체상지를 수행하는 법을 전도가 없이 칭찬하고, 일체지·도상지·일체상지를 수행하는 자를 환희하면서 찬탄하느니라.
　선현이여. 만약 진실한 법계의 처음이거나, 중간이거나, 뒤의 지위에 차별이 있는 것이라면, 곧 제보살마하살이 반야바라밀다를 수행하는 때에 능히 방편선교로 진실한 법계를 설할 수 없고, 유정들을 성숙시킬 수 없으며, 불국토를 청정하게 장엄할 수 없고, 제보살마하살의 행을 수행하여 무상정등보리를 증득할 수 없느니라. 법계의 처음이거나, 중간이거나, 뒤의 지위에 차별이 없는데, 이러한 까닭으로 보살마하살이 반야바라밀다를 수행하는 때에, 능히 방편선교로 진실한 법계를 설하고, 유정들을 성숙시키며, 불국토를 청정하게 장엄하고, 제보살마하살의 행을 수행하여 무상정등보리를 증득하느니라."

70. 불가동품(不可動品)(1)

그때 구수 선현이 세존께 아뢰어 말하였다.

"세존이시여. 만약 제유정들과 유정들의 시설을 모두 반드시 결국에는 얻을 수 없는 것이라면, 제보살마하살은 누구를 위한 까닭으로 반야바라밀다를 수행합니까?"

세존께서 선현에게 알리셨다.

"제보살마하살은 실제(實際)로써 분량을 삼는 까닭으로 반야바라밀다를 수행하느니라. 선현이여. 만약 유정제(有情際)와 실제(實際)가 다른 것이라면, 제보살마하살은 곧 상응하여 반야바라밀다를 수행하지 않을 것이나, 유정제로써 실제는 다르지 않으니라. 이러한 까닭으로 보살마하살은 제유정들을 위하여 반야바라밀다를 수행하느니라. 다시 다음으로 선현이여. 제보살마하살이 반야바라밀다를 수행하는 때에 실제법(實際法)을 무너뜨리지 않는 것으로써 유정들을 실제의 가운데에서 안립(安立)시키느니라."

그때 구수 선현이 세존께 아뢰어 말하였다.

"세존이시여. 만약 유정제가 곧 이것이 실제라면 어찌하여 보살마하살이 반야바라밀다를 수행하는 때에 실제법을 무너뜨리지 않는 것으로써 유정들을 실제의 가운데에서 안립시킵니까? 세존이시여. 만약 보살마하살이 반야바라밀다를 수행하는 때에 유정들을 실제의 가운데에서 안립시키는 것이라면, 곧 실제에서 실제를 안립시키는 것입니다. 세존이시여. 만약 보살마하살이 실제에서 실제를 안립시키는 것이라면, 곧 자성(自性)에서 자성을 안립시키는 것입니다. 그렇지만 상응하여 자성에서 자성을 안립시킬 수 없습니다. 세존이시여. 어찌하여 보살마하살이 반야바라밀다를 수행하는 때에 실제법을 무너뜨리지 않는 것으로써 유정들을 실제의 가운데에서 안립시킨다고 설할 수 있겠습니까?"

세존께서 선현에게 알리셨다.

"실제에서 실제를 안립시킬 수 없고 역시 자성에서 자성을 안립시킬 수 없느니라. 그렇지만 제보살마하살이 반야바라밀다를 수행하는 때에 오히려 이러한 방편선교를 까닭으로 유정들을 실제의 가운데에서 안립시키더라도, 유정제가 실제와 다르지 않으니라. 이와 같이 선현이여. 유정제와 실제는 무이(無二)이고, 두 부분이 없느니라."

구수 선현이 세존께 아뢰어 말하었다.

"세존이시여. 만약 무엇 등을 제보살마하살의 방편선교라고 이름합니까? 제보살마하살이 반야바라밀다를 수행하는 때에 오히려 이러한 방편선교의 힘을 까닭으로 유정들을 실제의 가운데에서 안립시키면서 능히 실제의 상을 무너뜨리지 않습니까?"

세존께서 선현에게 알리셨다.

"제보살마하살이 반야바라밀다를 수행하는 때라면 초발심부터 이와 같은 방편선교를 성취하는데, 오히려 이러한 방편선교의 힘을 까닭으로 유정들을 보시의 가운데에서 안립시키느니라. 이미 안립시켰다면 보시의 전제(前際)·후제(後際)·중제(中際)에 차별이 없는 상(相)으로, '선남자여. 이와 같은 보시는 전제·후제·중제 일체가 모두 공(空)하고, 보시하는 자·보시받는 자·보시로 얻어지는 과보도 역시 다시 모두가 공하며, 이와 같아서 일체가 실제의 가운데에서 모두 무소유(無所有)이고 얻을 수 없습니다. 그대 등은 보시에 다른 것이 있거나, 보시하는 자·보시받는 자·보시의 과보가 있다거나, 실제에도 역시 각각 다른 것이 있다고 집착하지 마십시오. 그대들이 만약 보시하는 자·보시받는 자·보시의 과보·실제가 각각 다른 것이 있다고 능히 집착하지 않는다면, 보시를 수행하였던 복덕은 곧 감로(甘露)로 나아가서 감로과(甘露果)를 획득할 것이고, 반드시 감로로써 후변(後邊)1)을 지을 것입니다.'라고 이렇게 말을 짓느니라.

다시 '선남자들이여. 그대들은 수행하였던 이러한 보시로써 색(色)을 취하지 말고(勿) 수(受)·상(想)·행(行)·식(識)도 취하지 말며, 안처(眼處)를 취하지 말고 이(耳)·비(鼻)·설(舌)·신(身)·의처(意處)도 취하지 말며, 색처(色處)를 취하지 말고 성(聲)·향(香)·미(味)·촉(觸)·법처(法處)도 취하지 말며, 안계(眼界)를 취하지 말고 이(耳)·비(鼻)·설(舌)·신(身)·의계(意界)도 취하지 말며, 색계(色界)를 취하지 말고 성(聲)·향(香)·미(味)·촉(觸)·법계(法界)도 취하지 말며, 안식계(眼識界)를 취하지 말고 이(耳)·비(鼻)·설(舌)·신(身)·의식계(意識界)도 취하지 말며, 안촉(眼觸)을 취하지 말고 이(耳)·비(鼻)·설(舌)·신(身)·의촉(意觸)도 취하지 말며, 안촉(眼觸)을 인연으로 생겨난 여러 수를 취하지 말고 이(耳)·비(鼻)·설(舌)·신(身)·의촉(意觸)을 인연으로 생겨난 여러 수도 취하지 마십시오.

지계(地界)를 취하지 말고 수(水)·화(火)·풍(風)·공(空)·식계(識界)도 취하지 말며, 인연(因緣)을 취하지 말고 등무간연(等無間緣)·소연연(所緣緣)·증상연(增上緣)도 취하지 말며, 인연을 쫓아서 생겨난 제법(諸法)을 취하지 말며, 무명(無明)을 취하지 말고 행(行)·식(識)·명색(名色)·육처(六處)·촉(觸)·수(受)·애(愛)·취(取)·유(有)·생(生)·노사(老死)의 수탄고우뇌(愁歎苦憂惱)도 취하지 말며, 보시바라밀다(布施波羅蜜多)를 취하지 말고 정계(淨戒)·안인(安忍)·정진(精進)·정려(靜慮)·반야바라밀다(般若波羅蜜多)도 취하지 말며, 4정려(四靜慮)를 취하지 말고 4무량(四無量)·4무색정(四無

---

1) '뒤쪽', '배후', '마지막' 등의 뜻이다.

色定)도 취하지 말며, 4념주(四念住)를 취하지 말고 4정단(四正斷)·4신족(四神足)·5근(五根)·5력(五力)·7등각지(七等覺支)·8성도지(八聖道支)도 취하지 마십시오.

공해탈문(空解脫門)을 취하지 말고 무상(無相)·무원해탈문(無願解脫門)도 취하지 말며, 내공(內空)을 취하지 말고 외공(外空)·내외공(內外空)·공공(空空)·대공(大空)·승의공(勝義空)·유위공(有爲空)·무위공(無爲空)·필경공(畢竟空)·무제공(無際空)·산공(散空)·무변이공(無變異空)·본성공(本性空)·자상공(自相空)·공상공(共相空)·일체법공(一切法空)·불가득공(不可得空)·무성공(無性空)·자성공(自性空)·무성자성공(無性自性空)도 취하지 말며, 진여(眞如)를 취하지 말고 법계(法界)·법성(法性)·불허망성(不虛妄性)·불변이성(不變異性)·평등성(平等性)·이생성(離生性)·법정(法定)·법주(法住)·실제(實際)·허공계(虛空界)·부사의계(不思議界)도 취하지 말며, 고성제(苦聖諦)를 취하지 말고 집(集)·멸(滅)·도성제(道聖諦)도 취하지 말며, 4정려(四靜慮)를 취하지 마십시오.

8해탈(八解脫)을 취하지 말고 8승처(八勝處)·9차제정(九次第定)·10변처(十遍處)도 취하지 말며, 일체(一切)의 다라니문(陀羅尼門)을 취하지 말고 일체의 삼마지문(三摩地門)도 취하지 말며, 극희지(極喜地)를 취하지 말고 이구지(離垢地)·발광지(發光地)·염혜지(焰慧地)·극난승지(極難勝地)·현전지(現前地)·원행지(遠行地)·부동지(不動地)·선혜지(善慧地)·법운지(法雲地)도 취하지 말며, 5안(五眼)을 취하지 말고 6신통(六神通)도 취하지 말며, 여래(佛)의 10력(十力)을 취하지 말고 4무소외(四無所畏)·4무애해(四無礙解)·18불불공법(十八佛不共法)도 취하지 말며, 대자(大慈)를 취하지 말고 대비(大悲)·대희(大喜)·대사(大捨)도 취하지 마십시오.

32대사상(三十二大士相)을 취하지 말고 80수호(八十隨好)도 취하지 말며, 일체(一切)의 무망실법(無忘失法)을 취하지 말고 항주사성(恒住捨性)도 취하지 말며, 일체지(一切智)를 취하지 말고 도상지(道相智)·일체상지(一切相智)도 취하지 말며, 예류과(預流果)를 취하지 말고 일래(一來)·불환(不還)·아라한과(阿羅漢果)·독각(獨覺)의 보리(菩提)도 취하지 말며, 일체의 보살마하살(菩薩摩訶薩)의 행(行)을 취하지 말고 제불(諸佛)의 무상정등보리(無上正等菩提)도 취하지 말며, 세간법(世間法)을 취하지 말고 출세간법(出世間法)도 취하지 말며, 유루법(有漏法)을 취하지 말고 무루법(無漏法)도 취하지 말며, 유위법(有爲法)을 취하지 말고 무위법(無爲法)도 취하지 마십시오.

왜 그러한가? 일체의 보시는 보시의 자성이 공하고, 일체의 보시하는 자는 보시하는 자의 자성이 공하며, 일체의 보시받는 자는 보시받는 자의 자성이 공하고, 일체의 보시의 과보는 보시의 과보의 자성이 공합니다. 공의 가운데에서 보시를 얻을 수 없고, 보시하는 자를 얻을 수 없으며, 보시받는 자를 얻을 수 없고, 보시의 과보를 얻을 수 없습니다. 왜 그러한가? 이와 같은 제법과 나머지의 제법이 소유한 자성이 필경공(畢竟空)인 까닭이고, 공의 가운데서는 이와 같은 제법을 얻을 수 없는 까닭입니다.'

다시 다음으로 선현이여. 제보살마하살이 반야바라밀다를 수행하는 때라면 초발심부터 이와 같은 방편선교를 성취하는데, 오히려 이 방편선교의 힘을 까닭으로 유정들을 정계의 가운데에서 안립시키느니라. 이미 안립시켰다면 '선남자들이여. 그대 등은 지금 제유정들에게 깊은 자비와 연민에 상응하여 생명을 끊는 짓을 벗어나고, 주지 않았는데 취하는 것을 벗어나며, 음욕의 삿된 행을 벗어나고, 헛된 거짓말을 벗어나며, 이간하는 말을 벗어나고, 추악한 말을 벗어나며, 잡스럽고 지저분한 말을 벗어나고, 탐욕을 벗어나며, 진에를 벗어나며, 삿된 견해를 벗어나십시오.

왜 그러한가? 선남자들이여. 이와 같은 제법은 모두 자성이 없으므로, 그대들은 상응하여 분별하고 집착하지 마십시오. 그대들은 다시 상응하여 〈무슨 법을 살아있는 그들의 목숨을 끊고자 하였다고 이름하는가? 다시 무슨 인연을 까닭으로 그들의 목숨을 끊는가? 무슨 법을 주지 않았는데 그들의 물건을 취하고자 하였다고 이름하는가? 다시 무슨 인연을 까닭으로 그들의 물건을 취하는가? 무슨 법을 행할 수 있는 삿된 경계에서 삿된 행을 행하고자 하였다고 이름하는가? 다시 무슨 인연을 까닭으로 삿된 행을 행하는가? 무슨 법을 헛된 거짓말에 상응하게 되는 경계에서 헛된 거짓말을 행하고자 하였다고 이름하는가? 다시 무슨 인연을 까닭으로 헛된 거짓말을 하는가? 무슨 법을 이간질에 상응하게 되는 경계에서 이간질을 행하고자 하였다고 이름하는가? 다시 무슨 인연을 까닭으로 이간질하여 말하는가? 무슨 법을 훼자(毁呰)와 모욕에 상응하게 되는 경계에서 훼자와 모욕을 행하고자 하였다고 이름하는가? 다시 무슨 인연을 까닭으로 추악한 말을 하는가? 무슨 법을 여러 잡스럽고 지저분한 일이 되고 잡스럽고 지저분한 일을 행하고자 하였다고 이름하는가? 다시 무슨 인연을 까닭으로 잡스럽고 지저분한 말을 하는가? 무슨 법을 탐내는 물건에 상응하게 되고 탐욕을 일으키고자 하였다고 이름하는가? 다시 무슨 인연을 까닭으로 탐욕을 일으키는가? 무슨 법을 진에와 상응하게 되는 경계에서 진에를 일으키고자 하였다고 이름하는가? 다시 무슨 인연을 까닭으로 진에를 일으키는가? 무슨 법을 삿된 견해에 상응하게 되는 경계에서 삿된 견해를 일으키고자 하였다고 이름하는가? 다시 무슨 인연을 까닭으로 삿된 견해를 일으키는가?)라고 자세히 관찰하였다면, 이와 같은 일체는 자성이 모두 공한 것입니다.'

　선현이여. 이 보살마하살이 반야바라밀다를 수행하는 때에 이와 같은 방편선교를 성취한다면, 능히 제유정의 부류들을 잘 성숙시키는데, 보시와 정계의 과보를 함께 얻을 수 없다고 설하고, 보시와 정계의 과보가 모두 자성이 함께 공하다고 알게 하느니라. 그들이 이미 수행하였던 것인 보시와 정계의 과보가 자성이 공하다고 명료하게 알았다면, 능히 그 가운데에서 집착이 생겨나지 않느니라. 오히려 집착하지 않는 마음이므로 산란(散亂)하지 않고, 산란함이 없는 까닭으로 능히 미묘한 지혜를 일으키며, 오히려 이러한 미묘한 지혜는 수면(隨眠)과 여러 전결(纏結)을 영원히 단절하므로 무여의열반계에 들어가느니라.

　선현이여. 이와 같이 세속제(世俗諦)에 의시하여 설한 것이고, 승의제(勝義諦)에 의지하는 것이 아니니라. 그 까닭은 무엇인가? 공의 가운데에서는 작은 법이라도 얻을 수 없나니, 만약 이미 열반에 들어갔거나, 만약 마땅히 열반에 들어갈 것이거나, 만약 지금 열반에 들어가는 것이거나, 만약 열반한 자이거나, 만약 오히려 이것을 까닭으로 열반을 증득하였더라도, 이와 같은 일체도 모두 무소유(無所有)이므로 반드시 필경공(畢竟空)이고, 필경공의 자성은 이것이 열반으로 나아가므로, 이러한 열반을 벗어나서 별도의 법이 있지 않느니라.

 다시 다음으로 선현이여. 제보살마하살이 반야바라밀다를 수행하는 때라면 초발심부터 이와 같은 방편선교를 성취하는데, 오히려 이러한 방편선교의 힘을 까닭으로 제유정들의 마음에서 진에와 분노(瞋恚)가 많은 것을 보았다면 깊은 자비와 연민이 생겨나서 방편으로 교계(敎誡)하면서, '선남자들이여. 안인에 상응하여 수행하고 안인의 법을 즐거워하며 그 마음을 조복받아서 안인의 행을 수지하십시오. 그대가 진에와 분노하는 법이라는 것의 자성이 모두 공(空)인데, 어찌하여 그 가운데에서 진에와 분노를 일으키는가? 그대들은 다시 상응하여 〈나는 오히려 무슨 법으로 진에와 분노를 일으키는가? 누가 능히 진에하고 분노하는가? 누구에게 진에하고 분노하는가?〉라고 자세하게 관찰하십시오. 이와 같은 제법은 본성(本性)이 모두가 공하고, 본성이 공한 법은 공하지 않은 법이 일찍이 없었습니다.

 이와 같은 공성(空性)은 여래께서 짓지 않았고, 독각들께서 짓지 않았으며, 성문들께서 짓지 않았고, 보살들께서 짓지 않았으며, 역시 천상·용·약차·건달박·아소락·갈로다·긴나락·막호락가·인비인이 짓지 않았고, 역시 사대왕중천·삼십삼천·도사다천·낙변화천·타화자재천이 짓지 않았으며, 역시 범중천·범보천·범회천·대범천이 짓지 않았고, 역시 광천·소광천·무량광천·극광정천이 지은 것이 아니며, 또는 정천·소정천·무량정천·변정천이 짓지 않았으며, 역시 광천·소광천·무량광천·광과천이 짓지 않았고, 역시 무상천이 짓지 않았고, 역시 무번천·무열천·선현천·선견천·색구경천이 짓지 않았으며, 역시 공무변처천·식무변처천·무소유처천·비상비비상처천이 짓지 않았습니다.

 그대들은 다시 〈이와 같은 진에와 분노는 오히려 무엇에서 생겨나는가? 누구에게 속(屬)하게 되었는가? 다시 누구에게 일으키는가? 마땅히 무슨 과보를 획득하는가? 현재에 무슨 이익을 획득하는가?〉라고 상응하여 여실하게 관찰하십시오. 이러한 일체법은 본성이 모두가 공하고, 공성의 가운데에서는 진에와 분노가 있지 않은 까닭이므로, 스스로가 요익으로써 상응하게 안인하십시오.'라고 이렇게 말을 짓느니라.

이와 같이 선현이여. 보살마하살이 반야바라밀다를 수행하는 때에 방편선교로 유정들을 자성이 공한 이치와 자성이 공한 인과(因果)에 안립시키고, 점차 무상정등보리로써 나타내고 보여주며 권유하고 인도하며 찬탄하고 격려하며 축하하고 기뻐하며, 잘 안주시키면서 빠르게 능히 증득하게 시키느니라. 선현이여. 이와 같이 세속제에 의지하여 설한 것이고, 승의제에 의지하는 것이 아니니라. 그 까닭은 무엇인가? 본성이 공한 가운데에서 능히 증득하는 것·증득되는 것·증득하는 처소·증득하는 때 등의 일체가 있지 않느니라.

선현이여. 이것을 실제의 본성이 공한 이치라고 이름하느니라. 제보살마하살은 제유정들을 요익하게 하기 위한 까닭이고, 이러한 실제의 본성이 공한 이치에 의지하여 반야바라밀다를 수행하는 때라면, 유정을 얻지 못하고, 역시 다시 유정의 시설을 얻지 못하느니라. 왜 그러한가? 선현이여. 일체법으로써 유정을 벗어난 까닭이니라.

다시 다음으로 선현이여. 제보살마하살이 반야바라밀다를 수행하는 때라면 초발심부터 이와 같은 방편선교를 성취하는데, 오히려 이러한 방편선교의 힘을 까닭으로 제유정의 몸과 마음이 해태(懈怠)하여 정진에서 퇴실(退失)하는 것을 보았다면, 방편으로 권유하고 인도하면서 그들의 몸과 마음에 정진을 일으키고 여러 선법을 수행하게 하면서 '선남자들이여. 본성이 공한 가운데에서는 해태한 법도 없고 해태한 자도 없으며 해태한 곳도 없고 해태한 때도 없으며 오히려 이러한 일로 발생하는 해태도 없는데, 이러한 일체법은 본성이 공하므로 공의 이치를 초월하지 않습니다.

그대 등은 몸과 마음에 상응하여 정진을 일으키고 여러 해태를 버리고 정근하면서 선법을 수행해야 하는데 이를테면, 만약 보시바라밀다를 수행하거나, 만약 정계바라밀다를 수행하거나, 만약 안인바라밀다를 수행하거나, 만약 정진바라밀다를 수행하거나, 만약 정려바라밀다를 수행하거나, 만약 반야바라밀다를 수행하거나, 만약 4정려·4무량·4무색정을 수행하거나, 만약 4념주·4정단·4신족·5근·5력·7등각지·8성도지를 수행하거나, 만약 공·무상·무원해탈문을 수행하거나, 만약 내공·외공·내외공·공공·대공·승의공·유위공·무위공·필경공·무제공·산공·무변이공·본성공·자상공·공상공·일체법공·불가득공·무성공·자성공·무성자성공에 안주하거나,

만약 진여·법계·법성·불변이성·불허망성·평등성·이생성·법정·법주·실제·허공계·부사의계에 안주하거나, 만약 고·집·멸·도성제에 안주하거나, 만약 8해탈·8승처·9차제정·10변처를 수행하거나, 만약 일체의 다라니문·일체의 삼마지문을 수행하거나, 만약 극희지·이구지·발광지·염혜지·극난승지·현전지·원행지·부동지·선혜지·법운지를 수행하거나, 만약 5안·6신통을 수행하거나, 혹은 여래의 10력·4무소외·18불불공법을 수행하거나, 만약 대자·대비·대희·대사를 수행하거나, 만약 32대사상·80수호를 수행하거나, 만약 무망실법·항주사성을 수행하거나, 만약 일체지·도상지·일체상지를 수행하거나, 만약 여러 나머지의 일체의 불법을 수행하면서 해태가 생겨나지 않게 하십시오. 만약 해태를 일으킨다면 받는 고통이 끝이 없습니다.

여러 선남자들이여. 이러한 일체법의 본성은 모두가 공하므로 여러 장애가 없습니다. 그대들은 본성이 공한 이치이고 장애가 없는 가운데에서는 해태한 법도 없고, 해태한 자도 없으며 해태한 곳도 없고 해태한 때도 없으며 해태한 인연도 역시 얻을 수 없다고 상응하여 관찰하십시오.'라고 이렇게 말을 짓느니라.

선현이여. 이와 같이 제보살마하살이 반야바라밀다를 수행하는 때라면 방편선교로 유정들을 잘 안립시키고 제법의 본성이 공한 이치에 안주하게 시키는데, 비록 안주시키더라도 두 가지의 생각이 없느니라. 그 까닭은 무엇인가? 본성이 공한 이치이므로 무이이고 두 부분이 없으며, 두 가지가 없는 법의 그 가운데에서 두 생각을 지을 수 없느니라."

마하반야바라밀다경 제387권

70. 불가동품(不可動品)(2)

"다시 다음으로 선현이여. 제보살마하살이 반야바라밀다를 수행하는 때라면, 본성공에 의지하여 제유정의 부류들을 교수(教授)하고 교계(教誡)하여 정근하고 정진하게 시키면서 '선남자들이여. 그대들은 선법에서 마땅히 정근하면서 정진하십시오. 만약 보시·정계·안인·정진·정려·반야바라밀다를 수행하는 때에는 이러한 제법에서 두 가지의 상(相)인가? 두 가지의 상이 아닌가를 사유(思惟)하지 말고, 만약 4정려·4무량·4무색정을 수행하는 때에도 이러한 제법에서 두 가지의 상인가? 두 가지의 상이 아닌가를 사유하지 말며, 만약 4념주·4정단·4신족·5근·5력·7등각지·8성도지를 수행하는 때에는 이러한 제법에서 두 가지의 상인가? 두 가지의 상이 아닌가를 사유하지 말고,

만약 공·무상·무원해탈문을 수행하는 때에도 이러한 제법에서 두 가지의 상인가? 두 가지의 상이 아닌가를 사유하지 말며, 만약 내공·외공·내외공·공공·대공·승의공·유위공·무위공·필경공·무제공·산공·무변이공·본성공·자상공·공상공·일체법공·불가득공·무성공·자성공·무성자성공에 안주하는 때에는 이러한 제법에서 두 가지의 상인가? 두 가지의 상이 아닌가를 사유하지 말고, 만약 진여·법계·법성·불허망성·불변이성·평등성·이생성·법정·법주·실제·허공계·부사의계에 안주하는 때에도 이러한 제법에서 두 가지의 상인가? 두 가지의 상이 아닌가를 사유하지 말며,

만약 고·집·멸·도성제에 안주하는 때에는 이러한 제법에서 두 가지의 상인가? 두 가지의 상이 아닌가를 사유하지 말고, 만약 8해탈·8승처·9차제정·10변처를 수행하는 때에도 이러한 제법에서 두 가지의 상인가? 두 가지의 상이 아닌가를 사유하지 말며, 만약 일체의 다라니문·일체의 삼마지문을 수행하는 때에는 이러한 제법에서 두 가지의 상인가? 두 가지의 상이 아닌가를 사유하지 말고, 만약 극희지·이구지·발광지·염혜지·극난승지·현전지·원행지·부동지·선혜지·법운지를 수행하는 때에 이러한 제법에서 두 가지의 상인가? 두 가지의 상이 아닌가를 사유하지 말며,

만약 5안·6신통을 수행하는 때에는 이러한 제법에서 두 가지의 상인가? 두 가지의 상이 아닌가를 사유하지 말고, 만약 여래의 10력·4무소외·4무애해·18불불공법을 수행하는 때에는 이러한 제법에서 두 가지의 상인가? 두 가지의 상이 아닌가를 사유하지 말며, 만약 대자·대비·대희·대사를 수행하는 때에는 이러한 제법에서 두 가지의 상인가? 두 가지의 상이 아닌가를 사유하지 말고, 만약 32대사상·80수호를 수행하는 때에 이러한 제법에서 두 가지의 상인가? 두 가지의 상이 아닌가를 사유하지 말며, 만약 무망실법·항주사성을 수행하는 때에는 이러한 제법에서 두 가지의 상인가? 두 가지의 상이 아닌가를 사유하지 말고,

만약 일체지·도상지·일체상지를 수행하는 때에 이러한 제법에서 두 가지의 상인가? 두 가지의 상이 아닌가를 사유하지 말며, 만약 여러 나머지의 일체의 불법을 수행하는 때에는 이러한 제법에서 두 가지의 상인가? 두 가지의 상이 아닌가를 사유하지 마십시오. 왜 그러한가? 선남자들이여. 이와 같은 제법은 모두가 본성이 공하고, 본성이 공한 이치라면 두 가지의 상인가? 두 가지의 상이 아닌가를 상응하여 사유하지 않아야 하는 까닭입니다.'라고 이렇게 말을 짓느니라.

이와 같이 선현이여. 제보살마하살은 반야바라밀다를 수행하여 방편선교로 보살의 행을 수행하여 유정들을 성숙시키느니라. 제유정들의 부류들이 이미 성숙되었다면 그 상응하는 것을 따라서 점차로 안립시키면서,

혹은 예류과에 안주하게 하고, 혹은 일래과에 안주하게 하며, 혹은 불환과에 안주하게 하고, 혹은 아라한과에 안주하게 하며, 혹은 독각의 보리에 안주하게 하고, 혹은 보살마하살의 지위에 안주하게 하며, 혹은 무상정등보리에 안주하게 하느니라.

다시 다음으로 선현이여. 제보살마하살이 반야바라밀다를 수행하는 때라면 초발심부터 이와 같은 방편선교를 성취하는데, 오히려 이러한 방편선교의 힘을 까닭으로 제유정들의 마음에 산란하고 동요(散動)가 많았고 여러 애욕의 경계에서 능히 적정(寂靜)하지 못하는 것을 보았다면 방편으로 수승한 삼마지에 들어가게 하면서, '오십시오. 선남자들이여. 그대들은 수승한 삼마지를 상응하여 수행하며 산란하고 동요하며 등지(等持)라는 생각을 일으키지 마십시오. 왜 그러한가? 선남자들이여. 이러한 일체법은 모두가 본성이 공하고, 본성이 공한 가운데에서는 산란하고 동요한다고 이름하거나, 한 마음이라 이름하는 법을 얻을 수 없습니다. 그대들이 만약 이러한 수승한 정려에 머무른다면 선한 일을 지었던 것이 모두 빠르고 원만하게 성취될 것이고, 역시 하고자 하였던 것을 따라서 본성공에 안주하는 것입니다.

무엇을 선한 일을 지었던 것이라고 이름하는가? 이를테면, 수승하고 청정하게 일으켰던 신(身)·구(口)·의업(意業)이니, 만약 보시·정계·안인·정진·정려·반야바라밀다를 수행하거나, 만약 4정려·4무량·4무색정을 수행하거나, 만약 4념주·4정단·4신족·5근·5력·7등각지·8성도지를 수행하거나, 만약 공·무상·무원해탈문을 수행하거나, 만약 내공·외공·내외공·공공·대공·승의공·유위공·무위공·필경공·무제공·산공·무변이공·본성공·자상공·공상공·일체법공·불가득공·무성공·자성공·무성자성공에 안주하거나,

만약 진여·법계·법성·불변이성·불허망성·평등성·이생성·법정·법주·실제·허공계·부사의계에 안주하거나, 만약 고·집·멸·도성제에 안주하거나, 만약 8해탈·8승처·9차제정·10변처를 수행하거나, 만약 일체의 다라니문·일체의 삼마지문을 수행하거나, 만약 보살의 정생이생에 나아가

거나, 만약 보살마하살의 지위를 수행하거나, 만약 5안·6신통을 닦거나, 혹은 여래의 10력·4무소외·18불불공법을 수행하거나, 만약 대자·대비·대희·대사를 수행하거나, 만약 32대사상·80수호를 수행하거나, 만약 무망실법·항주사성을 수행하거나, 만약 일체지·도상지·일체상지를 수행하거나,

만약 성문도·독각도·보살도·여래도를 수행하거나, 만약 예류과·일래과·불환과·아라한과·독각의 보리와 여래의 무상정등보리를 수행하거나, 만약 유정들을 성숙시키거나, 만약 불국토를 청정하게 장엄하는 것이니라. 이와 같은 일체의 수승하고 청정한 선법은 오히려 수승한 정려의 힘으로 모두가 빠르게 성취되고, 소원(所願)을 따라서 본성공에 머무릅니다.'라고 이렇게 말을 짓느니라.

이와 같이 선현이여. 보살마하살이 반야바라밀다를 행하여 방편선교로써 모든 유정을 이롭게 하기 위한 까닭에 초발심부터 구경에 이르기까지 선하고 이익되는 일을 구하고 지으면서 항상 중간에 단절이 없고, 제유정들을 요익하게 하기 위한 까닭으로 한 불국토에서 다른 한 국토에 이르면서 제불·세존들께 공양하고 공경하며 존중하고 찬탄하며, 제불의 처소에서 정법을 듣고서 수지하고 몸을 버리고 몸을 받으면서 무수한 겁을 지내면서 나아가 무상정등보리에 이르기까지 그 중간에서 잊어버리지 않느니라.

선현이여. 이 보살마하살은 다라니를 획득하므로 신(身)·구(口)·의근(意根)이 항상 퇴실(退失)이 없고 감소가 없느니라. 왜 그러한가? 이 보살마하살은 항상 일체지지를 잘 수습하여 구족하였고, 여러 지었던 것을 능히 잘 사유하였느니라. 오히려 일체지지를 잘 수습하여 구족하였고, 여러 지었던 것을 능히 잘 사유하였으며, 일체의 도(道)에서 능히 잘 수습하였는데 이를테면, 성문도이거나, 만약 독각도이거나, 만약 보살도이거나, 만약 여래도이거나, 만약 수승한 천도(天道)이거나, 만약 수승한 인도이거나, 만약 제보살마하살의 수승하고 신통한 도이니라. 제보살마하살이 이러한 수승하고 신통한 도를 까닭으로 항상 요익을 지었고 일찍이

퇴실이 없었으며, 이 보살마하살이 수승한 이숙(異熟)인 신통에 안주하여 항상 유정들에게 수승하고 이익되며 안락한 일을 지으면서 비록 여러 세계(趣)에서 생사(生死)를 윤회(輪廻)하며 지낼지라도 수승한 신통은 항상 퇴실이 없고 감소도 없느니라. 이와 같이 선현이여. 제보살마하살이 반야바라밀다를 수행하면서 본성이 공에 머무르고, 방편선교로 능히 제유정의 부류들을 이익되고 안락하게 하느니라.

다시 다음으로 선현이여. 제보살마하살이 반야바라밀다를 수행하는 때라면 초발심부터 이와 같은 방편선교를 성취하는데, 오히려 이러한 방편선교의 힘을 까닭으로 본성공에 머물러서 유정의 부류들이 지혜가 얕고, 우치(愚癡)하고 전도되어 여러 악업을 짓는 것을 보았다면 방편으로 이끌어서 수승한 지혜의 문에 들어가게 하면서 '선남자들이여. 반야바라밀다를 수행하면서 일체법의 본성이 공하고 적정하다고 상응하여 관찰하십시오. 그대들이 만약 이러한 반야바라밀다를 수행하면서 일체법의 본성이 공하고 적정하다고 상응하여 관찰한다면 여러 수행하였던 신·구·의업이 모두 감로로 나아가서 감로과를 획득하고, 반드시 감로로 후변을 지을 것입니다. 여러 선남자들이여. 이것의 일체법은 모두가 본성이 공하고, 본성이 공한 기운데에서는 유징과 밉을 얻을 수 없을지라도 수행하였던 것의 행은 역시 퇴실하지 않습니다.

왜 그러한가? 선남자들이여. 본성이 공한 가운데에서는 증장하는 법이 없고 감소하는 법도 없으며, 증장하는 자가 없고 감소하는 자도 없습니다. 그 까닭은 무엇인가? 본성이 공한 이치는 자성이 있지 않고, 자성이 없지도 않으며, 여러 분별을 벗어나므로 여러 희론을 단절하는 까닭입니다. 이러한 가운데에서는 증장이 없고 감소도 없으며, 오히려 이렇게 지었던 것이라면 결국 퇴실이 없습니다. 이러한 까닭으로 그대들은 반야바라밀다를 본성이 공하다고 상응하여 관찰하고, 지어야 할 것을 상응하여 지으십시오.'라고 이렇게 말을 짓느니라.

이와 같이 선현이여. 제보살마하살은 반야바라밀다를 수행하면서 방편선교로써 제유정의 부류들을 교수하고 교계하여 반야바라밀다를 수행하면서 본성이 공하다고 관찰하게 하고, 여러 선업을 수행하게 하느니라.

선현이여. 이 보살마하살은 유정들에게 이와 같이 교수하고 교계하여 여러 선업을 수행하게 하고 항상 해태와 멈춤이 없게 하는데 이를테면, 스스로가 항상 10선업도(十善業道)를 수행하고 역시 다른 사람에게 권유하여 항상 10선업도를 수행하게 하며, 스스로가 항상 5계(五戒)를 수지(受持)하고 역시 다른 사람에게 권유하여 항상 5계를 수지하게 하며, 스스로가 항상 8계(八戒)를 수지하고 역시 다른 사람에게 권유하여 항상 8계를 수지하게 하며, 스스로가 항상 출가계(出家戒)를 수지하고 역시 다른 사람에게 권유하여 항상 출가계를 수지하게 하며,

스스로가 항상 4정려를 수행하고 역시 다른 사람에게 권유하여 항상 4정려를 수행하게 하며, 스스로가 항상 4무량을 수행하고 역시 다른 사람에게 권유하여 항상 4무량을 수행하게 하며, 스스로가 항상 4무색정을 수행하고 역시 다른 사람에게 권유하여 항상 4무색정을 수행하게 하며, 스스로가 항상 4념주·4정단·4신족·5근·5력·7등각지·8성도지를 수행하고 역시 다른 사람에게 권유하여 항상 4념주·4정단·4신족·5근·5력·7등각지·8성도지를 수행하게 하며, 스스로가 항상 공·무상·무원해탈문을 수행하고 역시 다른 사람에게 권유하여 항상 공·무상·무원해탈문을 수행하게 하며,

스스로가 항상 보시·정계·안인·정진·정려·반야·방편선교·묘원·력·지바라밀다를 수행하고 역시 다른 사람에게 권유하여 항상 보시·정계·안인·정진·정려·반야·방편선교·묘원·력·지바라밀다를 수행하게 하며, 스스로가 항상 내공·외공·내외공·공공·대공·승의공·유위공·무위공·필경공·무제공·산공·무변이공·본성공·자상공·공상공·일체법공·불가득공·무성공·자성공·무성자성공에 안주하고, 역시 다른 사람에게 권유하여 내공, 나아가 무성자성공에 안주하게 하며, 스스로가 항상 진여·법계·법성·불허망성·불변이성·평등성·이생성·법정·법주·실제·허공계·부사의계에 안주하고, 역시 다른 사람에게 권유하여 항상 진여, 나아가 부사의계에 안주하게 하며,

스스로가 항상 고·집·멸·도성제에 안주하고, 역시 다른 사람에게 권유하여 항상 고·집·멸·도성제에 안주하게 하며, 스스로가 항상 8해탈·8승처·9차제정·10변처를 수행하고 역시 다른 사람에게 권유하여 항상 8해탈·8승처·9차제정·10변처를 수행하게 하며, 스스로가 항상 일체의 다라니문·삼마지문을 수행하고 역시 다른 사람에게 권유하여 항상 일체의 다라니문·삼마지문을 수행하게 하며, 스스로가 항상 제보살지를 수행하고 역시 다른 사람에게 권유하여 항상 제보살지를 수행하게 하며,

스스로가 항상 5안·6신통을 수학하고 역시 다른 사람에게 권유하여 항상 5안과 6신통을 수학하게 하며, 스스로가 항상 여래의 10력·4무소외·4무애해·18불불공법을 수학하고 역시 다른 사람에게 여래의 10력·4무소외·4무애해·18불불공법을 수학하게 하며, 스스로가 항상 대자·대비·대희·대사를 수학하고 역시 다른 사람에게 권유하여 항상 대자·대비·대희·대사를 수학하게 하며, 스스로가 항상 32대사상·80수호를 수학하고 역시 다른 사람에게 권유하여 32대사상·80수호를 수학하게 하며, 스스로가 무망실법·항주사성을 수학하고 역시 다른 사람에게 권유하여 항상 무망실법·항주사성을 수학하게 하며,

스스로가 항상 일체지·도상지·일체상지를 수학하고 역시 다른 사람에게 권유하여 항상 일체지·도상지·일체상지를 수학하게 하며, 스스로가 항상 예류과의 지혜를 일으켰더라도 그 가운데에 안주하지 않고 역시 다른 사람에게 권유하여 항상 예류과의 지혜를 일으켰더라도 그 가운데에 안주하지 않게 하며, 스스로가 항상 일래과·불환과·아라한과의 지혜를 일으켰더라도 그 가운데에 안주하지 않고 역시 다른 사람에게 권유하여 항상 일래과·불환과·아라한과의 지혜를 일으켰더라도 그 가운데에 안주하지 않게 하며,

스스로가 항상 독각의 깨달음의 지혜를 일으켰더라도 그 가운데에 안주하지 않고 역시 다른 사람에게 권유하여 독각의 깨달음의 지혜를 일으켰더라도 그 가운데에 안주하지 않게 하며, 스스로가 항상 무상정등보리의 행과 도를 일으키고서 역시 다른 사람에게 권유하여 항상 무상정등

보리의 행과 도를 일으키게 하느니라.
 이와 같이 선현이여. 제보살마하살이 반야바라밀다를 수행하는 때라면 방편선교로 스스로가 선업을 수행하면서 항상 해태와 그만둠이 없고, 제유정의 부류들을 교수하고 교계하여 선업을 수행하게 하면서 항상 해태와 그만둠이 없느니라. 선현이여. 이것이 제보살마하살이 반야바라밀다를 수행하는 때의 방편선교라고 이름하느니라. 제보살마하살이 오히려 이러한 방편선교의 힘을 까닭으로 유정들을 실제의 가운데에 안립시키더라도 능히 실제의 상을 무너뜨리지 않느니라.”

 그때 구수 선현이 세존께 아뢰어 말하였다.
 "세존이시여. 만약 일체법이 모두 본성이 공하다면 본성이 공한 가운데에서는 유정과 법을 모두 얻을 수 없고, 오히려 이러한 가운데서는 역시 비법(非法)도 없는데, 어찌 보살마하살은 제유정들을 위하여 무상정등보리 등의 보리를 구하면서 항상 요익한 일을 짓습니까?"
 세존께서 선현에게 알리셨다.
 "그와 같으니라. 그와 같으니라. 그대가 말한 것과 같이 여러 소유(所有)의 법은 모두 본성이 공하고 본성이 공한 가운데에서는 유정과 법을 모두 얻을 수 없고, 오히려 이러한 가운데서는 역시 비법도 없느니라. 선현이여. 만약 일체법의 본성이 공하지 않다면 제보살마하살이 반야바라밀다를 수행하는 때에 본성이 공한 이치에 상응하여 안주하지 않고, 무상정등보리를 상응하게 수행하여 증득하지 못하며, 유정들을 요익하게 하기 위하여 본성이 공한 법이라고 상응하여 설하지 않느니라.
 선현이여. 일체법으로써 모두 본성이 공하고, 이러한 까닭으로 보살마하살이 반야바라밀다를 수행하는 때에 일체법의 본성이 공한 이치에 상응하여 안주하고, 무상정등보리를 상응하게 수행하여 증득하며, 유정들을 요익하게 하기 위하여 본성이 공한 법이라고 상응하게 설하느니라.
 선현이여. 무엇 등의 제법의 본성이 모두 공(空)하다면, 보살마하살이 반야바라밀다를 수행하는 때에 본성이 공하다고 여실(如實)하고 명료하게 알고서 본성공에 안주하여 다른 사람을 위하여 설하겠는가? 선현이여. 색의 본성이 공하고 수·상·행·식의 본성이 공하므로 보살마하살이 반야바라밀다를 수행하는 때에, 이와 같은 여러 온(蘊)이 본성공이라고 여실하고 명료하게 알았다면, 본성공에 안주하여 제유정들을 위하여 이와 같이 본성공의 법이라고 널리 설하느니라.

선현이여. 안처의 본성이 공하고 이·비·설·신·의처의 본성이 공하며, 색처의 본성이 공하고 성·향·미·촉·법처의 본성이 공하므로 보살마하살이 반야바라밀다를 수행하는 때에, 이와 같은 여러 처(處)가 본성공이라고 여실하고 명료하게 알았다면, 본성공에 안주하여 제유정들을 위하여 이와 같이 본성공의 법이라고 널리 설하느니라.

선현이여. 안계의 본성이 공하고 이·비·설·신·의계의 본성이 공하며, 색계의 본성이 공하고 성·향·미·촉·법처의 본성이 공하며, 안식계의 본성이 공하고 이·비·설·신·의식계의 본성이 공하며, 안촉의 본성이 공하고 이·비·설·신·의촉의 본성이 공하며, 안촉을 인연으로 생겨난 여러 수의 본성이 공하고 이·비·설·신·의촉을 인연으로 생겨난 여러 수의 본성이 공하며, 지계의 본성이 공하고 수·화·풍·공·식계의 본성이 공하므로 보살마하살이 반야바라밀다를 수행하는 때에, 이와 같은 여러 계(界)가 본성공이라고 여실하고 명료하게 알았다면, 본성공에 안주하여 제유정들을 위하여 이와 같이 본성공의 법이라고 널리 설하느니라.

선현이여. 인연의 본성이 공하고 등무간연·소연연·증상연의 본성이 공하며, 여러 인연을 쫓아서 생겨난 제법의 본성이 공하며, 무명의 본성이 공하고 행·식·명색·육처·촉·수·애·취·유·생·노사의 수탄고우뇌의 본성이 공하므로 보살마하살이 반야바라밀다를 수행하는 때에, 이와 같은 연기(緣起)가 본성공이라고 여실하고 명료하게 알았다면, 본성공에 안주하여 제유정들을 위하여 이와 같이 본성공의 법이라고 널리 설하느니라.
선현이여. 보시바라밀다의 본성이 공하고 정계·안인·정진·정려·반야·방편선교·묘원·력·지바라밀다의 본성이 공하므로 보살마하살이 반야바라밀다를 수행하는 때에, 이와 같은 여러 도피안(到彼岸)[1]이 본성공이라고 여실하고 명료하게 알았다면, 본성공에 안주하여 제유정들을 위하여 이와 같이 본성공의 법이라고 널리 설하느니라.

선현이여. 4정려의 본성이 공하고 4무량·4무색정의 본성이 공하므로 보살마하살이 반야바라밀다를 수행하는 때에, 이와 같은 정려·무량·무색이 본성공이라고 여실하고 명료하게 알았다면, 본성공에 안주하여 제유정들을 위하여 이와 같이 본성공의 법이라고 널리 설하느니라. 선현이여. 4념주의 본성이 공하고 4무량·4무색정의 본성이 공하므로 보살마하살이 반야바라밀다를 수행하는 때에, 이와 같은 4념주 등의 보리분법(菩提分法)이 본성공이라고 여실하고 명료하게 알았다면, 본성공에 안주하여 제유정들을 위하여 이와 같이 본성공의 법이라고 널리 설하느니라.

선현이여. 공해탈문의 본성이 공하고 무상·무원해탈문의 본성이 공하므로 보살마하살이 반야바라밀다를 수행하는 때에, 이와 같은 여러 해탈문이 본성공이라고 여실하고 명료하게 알았다면, 본성공에 안주하여 제유정들을 위하여 이와 같이 본성공의 법이라고 널리 설하느니라. 선현이여. 내공의 본성이 공하고 외공·내외공·공공·대공·승의공·유위공·무위공·필경공·무제공·산공·무변이공·본성공·자상공·공상공·일체법공·불가득공·무성공·자성공·무성자성공의 본성이 공하므로 보살마하살이 반야바라밀다를 수행하는 때에, 이와 같은 공성(空性)이 본성공이라고 여실하고 명료하게 알았다면, 본성공에 안주하여 제유정들을 위하여 이와 같이 본성공의 법이라고 널리 설하느니라.

선현이여. 고성제의 본성이 공하고 집·멸·도성제의 본성이 공하므로 보살마하살이 반야바라밀다를 수행하는 때에, 이와 같은 성제(聖諦)가 본성공이라고 여실하고 명료하게 알았다면, 본성공에 안주하여 제유정들을 위하여 이와 같이 본성공의 법이라고 널리 설하느니라. 선현이여. 8해탈의 본성이 공하고 8승처·9차제정·10변처의 본성이 공하므로 보살마하살이 반야바라밀다를 수행하는 때에, 이와 같은 해탈·승처·제정·변

---

1) 산스크리트어 Pāramitā의 번역이고, 일반적으로 바라밀다(波羅蜜多)라는 용어로 통용되고 있다.

처가 본성공이라고 여실하고 명료하게 알았다면, 본성공에 안주하여 제유정들을 위하여 이와 같이 본성공의 법이라고 널리 설하느니라.

선현이여. 일체의 다라니문의 본성이 공하고 일체의 삼마지문의 본성이 공하므로 보살마하살이 반야바라밀다를 수행하는 때에, 이와 같은 다라니문·삼마지문이 본성공이라고 여실하고 명료하게 알았다면, 본성공에 안주하여 제유정들을 위하여 이와 같이 본성공의 법이라고 널리 설하느니라. 선현이여. 극희지의 본성이 공하고 이구지·발광지·염혜지·극난승지·현전지·원행지·부동지·선혜지·법운지의 본성이 공하므로 보살마하살이 반야바라밀다를 수행하는 때에, 이와 같은 보살의 여러 지위가 본성공이라고 여실하고 명료하게 알았다면, 본성공에 안주하여 제유정들을 위하여 이와 같이 본성공의 법이라고 널리 설하느니라.

선현이여. 5안의 본성이 공하고 6신통의 본성이 공하므로 보살마하살이 반야바라밀다를 수행하는 때에, 이와 같은 5안·6신통이 본성공이라고 여실하고 명료하게 알았다면, 본성공에 안주하여 제유정들을 위하여 이와 같이 본성공의 법이라고 널리 설하느니라. 선현이여. 여래의 10력의 본성이 공하고 4무소외·4무애해·18불불공법의 본성이 공하므로 보살마하살이 반야바라밀다를 수행하는 때에, 이와 같은 여러 력·무소외·무애해·불불공법이 본성공이라고 여실하고 명료하게 알았다면, 본성공에 안주하여 제유정들을 위하여 이와 같이 본성공의 법이라고 널리 설하느니라.

선현이여. 대자의 본성이 공하고 대비·대희·대사의 본성이 공하므로 보살마하살이 반야바라밀다를 수행하는 때에, 이와 같은 여러 대무량(大無量)이 본성공이라고 여실하고 명료하게 알았다면, 본성공에 안주하여 제유정들을 위하여 이와 같이 본성공의 법이라고 널리 설하느니라. 선현이여. 32대사상의 본성이 공하고 80수호의 본성이 공하므로 보살마하살이 반야바라밀다를 수행하는 때에, 이와 같은 여러 상·수호가 본성공이라고 여실하고 명료하게 알았다면, 본성공에 안주하여 제유정들을 위하여 이와 같이 본성공의 법이라고 널리 설하느니라.

선현이여. 무망실법의 본성이 공하고 항주사성의 본성이 공하므로 보살마하살이 반야바라밀다를 수행하는 때에, 이와 같은 무망실법·항주사성이 본성공이라고 여실하고 명료하게 알았다면, 본성공에 안주하여 제유정들을 위하여 이와 같이 본성공의 법이라고 널리 설하느니라. 선현이여. 일체지의 본성이 공하고 도상지·일체상지의 본성이 공하므로 보살마하살이 반야바라밀다를 수행하는 때에, 이와 같은 여러 지(智)가 본성공이라고 여실하고 명료하게 알았다면, 본성공에 안주하여 제유정들을 위하여 이와 같이 본성공의 법이라고 널리 설하느니라.

선현이여. 예류과의 본성이 공하고 일래·불환·아라한과·독각의 보리의 본성이 공하므로 보살마하살이 반야바라밀다를 수행하는 때에, 이와 같은 성문승의 과위(聲聞乘果)·독각의 보리가 본성공이라고 여실하고 명료하게 알았다면, 본성공에 안주하여 제유정들을 위하여 이와 같이 본성공의 법이라고 널리 설하느니라. 선현이여. 일체의 보살마하살의 행의 본성이 공하고 제불의 무상정등보리의 본성이 공하므로 보살마하살이 반야바라밀다를 수행하는 때에, 이와 같은 여러 보살행·보리·열반이 본성공이라고 여실하고 명료하게 알았다면, 본성공에 안주하여 제유정들을 위하여 이와 같이 본성공의 법이라고 널리 설하느니라.

다시 다음으로 선현이여. 만약 내공의 자성인 본성이 공하지 않거나, 외공·내외공·공공·대공·승의공·유위공·무위공·필경공·무제공·산공·무변이공·본성공·자상공·공상공·일체법공·불가득공·무성공·자성공·무성자성공이 역시 자성인 본성이 공하지 않는 것이라면, 곧 제보살마하살이 반야바라밀다를 수행하는 때에 제유정을 위하여 일체법이 모두 본성이 공하다고 상응하여 설하지 않을 것인데, 만약 이렇게 지어서 설한다면 본성공을 파괴할 것이니라.

그렇지만 본성이 공하다는 이치는 파괴할 수 없고 항상하지 않으며 단절되지 않느니라. 그 까닭은 무엇인가? 본성이 공하다는 이치는 방위가 없고 처소가 없으며 오는 것이 없고 가는 것도 없는데, 이와 같은 공의 이치를 역시 법주(法住)라고 이름하느니라. 이 가운데에서는 법이 없고,

모여지는 것이 없고, 흩어지는 것도 없으며 감소가 없고 증장도 없으며 생겨남이 없고 소멸함도 없으며 염오가 없고 청정함이 없는데, 이것이 일체법이 본래 머물렀던 것의 자성이니라.

제보살마하살이 그 가운데에 안주하여 무상정등보리를 구하고 나아가면서 제법에 일으키고 나아갈 것이 있다고 보지 않고 일으키고 나아갈 것이 없다고 보지 않는데, 일체법으로써 모두 머무르는 것이 없는 까닭으로 법주(法住)라고 이름하느니라. 제보살마하살이 이 가운데에 안주하여 반야바라밀다를 수행한다면 일체법의 본성이 공하다고 볼 것이므로 결정적으로 무상정등보리에서 퇴전(退轉)하지 않느니라. 그 까닭은 무엇인가? 이 보살마하살은 무슨 법도 능히 장애할 수 있다고 보지 않고, 일체법에 장애가 없다고 보는 까닭으로 곧 무상정등보리에서 의혹이 생겨나지 않으며, 이러한 까닭으로 퇴전하지 않느니라.

다시 다음으로 선현이여. 본성이 공한 가운데에서 나(我)를 얻을 수 없고, 유정(有情)을 얻을 수 없으며, 유정의 시설을 얻을 수 없고, 명자(命者)·생자(生者)·양자(養者)·사부(士夫)·보특가라(補特伽羅)·의생(意生)·유동(孺童)·작자(作者)·사작자(使作者)·기자(起者)·사기자(使起者)·수자(受者)·사수자(使受者)·지자(知者)·견자(見者)도 역시 얻을 수 없느니라. 선현이여. 본성이 공한 가운데에서 색을 얻을 수 없고, 수·상·행·식도 역시 얻을 수 없느니라. 선현이여. 본성이 공한 가운데에서 안처를 얻을 수 없고, 이·비·설·신·의처도 역시 얻을 수 없느니라.

선현이여. 본성이 공한 가운데에서 색처를 얻을 수 없고, 성·향·미·촉·법처도 역시 얻을 수 없느니라. 선현이여. 본성이 공한 가운데에서 안계를 얻을 수 없고, 이·비·설·신·의계도 역시 얻을 수 없느니라. 선현이여. 본성이 공한 가운데에서 색계를 얻을 수 없고, 성·향·미·촉·법계도 역시 얻을 수 없느니라. 선현이여. 본성이 공한 가운데에서 안식계를 얻을 수 없고, 이·비·설·신·의식계도 역시 얻을 수 없느니라. 선현이여. 본성이 공한 가운데에서 안촉을 얻을 수 없고, 이·비·설·신·의촉도 역시 얻을 수 없느니라. 선현이여. 본성이 공한 가운데에서 안촉을 인연으로 생겨난 여러 수를 얻을 수 없고, 이·비·설·신·의촉을 인연으로 생겨난 여러 수도 역시 얻을 수 없느니라.

선현이여. 본성이 공한 가운데에서 지계를 얻을 수 없고, 수·화·풍·공·식계도 역시 얻을 수 없느니라. 선현이여. 본성이 공한 가운데에서 인연을 얻을 수 없고, 등무간연·소연연·증상연도 역시 얻을 수 없느니라. 선현이여. 본성이 공한 가운데에서 인연을 쫓아서 생겨난 제법을 얻을 수 없느니라. 선현이여. 본성이 공한 가운데에서 무명을 얻을 수 없고, 행·식·명색·육처·촉·수·애·취·유·생·노사의 수탄고우뇌도 역시 얻을 수 없느니라. 선현이여. 본성이 공한 가운데에서 보시바라밀다를 얻을 수 없고, 정계·안인·정진·정려·반야바라밀다도 역시 얻을 수 없느니라.

선현이여. 본성이 공한 가운데에서 내공을 얻을 수 없고, 외공·내외공·공공·대공·승의공·유위공·무위공·필경공·무제공·산공·무변이공·본성공·자상공·공상공·일체법공·불가득공·무성공·자성공·무성자성공도 역시 얻을 수 없느니라. 선현이여. 본성이 공한 가운데에서 4념주를 얻을 수 없고, 4정단·4신족·5근·5력·7등각지·8성도지도 역시 얻을 수 없느니라. 선현이여. 본성이 공한 가운데에서 고성제를 얻을 수 없고, 집·멸·도성제도 역시 얻을 수 없느니라. 선현이여. 본성이 공한 가운데에서 4정려를 얻을 수 없고, 4무량·4무색정도 역시 얻을 수 없느니라. 선현이여. 본성이 공한 가운데에서 8해탈을 얻을 수 없고, 8승처·9차제정·10변처도 역시 얻을 수 없느니라.

선현이여. 본성이 공한 가운데에서 공해탈문을 얻을 수 없고, 무상·무원해탈문도 역시 얻을 수 없느니라. 선현이여. 본성이 공한 가운데에서 극희지를 얻을 수 없고, 이구지·발광지·염혜지·극난승지·현전지·원행지·부동지·선혜지·법운지도 역시 얻을 수 없느니라. 선현이여. 본성이 공한 가운데에서 5안을 얻을 수 없고, 6신통도 역시 얻을 수 없느니라. 선현이여. 본성이 공한 가운데에서 4정려를 얻을 수 없고, 4무량·4무색정도 역시 얻을 수 없느니라. 선현이여. 본성이 공한 가운데에서 여래의 10력을 얻을 수 없고, 4무소외·4무애해·대자·대비·대희·대사·18불불공법도 역시 얻을 수 없느니라.

　선현이여. 본성이 공한 가운데에서 무망실법을 얻을 수 없고, 항주사성도 역시 얻을 수 없느니라. 선현이여. 본성이 공한 가운데에서 일체지를 얻을 수 없고, 도상지·일체상지도 역시 얻을 수 없느니라. 선현이여. 본성이 공한 가운데에서 예류과를 얻을 수 없고, 일래·불환·아라한과·독각의 보리도 역시 얻을 수 없느니라. 선현이여. 본성이 공한 가운데에서 일체의 보살의 행을 얻을 수 없고, 제불의 무상정등보리도 역시 얻을 수 없느니라. 선현이여. 본성이 공한 가운데에서 색법(色法)·비색법(非色法)을 얻을 수 없고, 유견(有見)·무견(無見)을 얻을 수 없으며, 유대(有對)·무대(無對)를 얻을 수 없고, 유루(有漏)·무루(無漏)를 얻을 수 없으며, 유위법(有爲法)·무위법(無爲法)도 역시 얻을 수 없느니라. 선현이여. 본성이 공한 가운데에서 32대사상을 얻을 수 없고, 80수호도 역시 얻을 수 없느니라.

　선현이여. 여래께서 변화시켜 지었던 네 부류의 대중인 이를테면, 비구·비구니·우바색가·우바사가에게 가사(假使), 화불(化佛)이신 백천구지·나유다의 겁에 그 네 부류의 대중을 위하여 법요(法要)를 설하신다면, 그대의 뜻은 어떠한가? 이와 같은 변화시켜 지었던 네 부류의 대중들이 능히 예류과를 증득할 수 있거나, 혹은 일래과를 증득할 수 있거나, 혹은 불환과를 증득할 수 있거나, 혹은 아라한과를 증득할 수 있거나, 혹은 독각의 보리를 증득할 수 있거나, 혹은 무상정등보리를 증득할 수 있겠는가?"

　선현이 대답하여 말하였다.

　"아닙니다. 세존이시여. 아닙니다, 선서시여. 왜 그러한가? 이 여러 변화시킨 대중들은 모두 진실한 일이 없고, 진실함이 없는 법은 과보를 얻을 수 없습니다."

　세존께서 말씀하셨다.

　"선현이여. 제법도 그와 같아서 모두 본성이 공하므로 모두 진실한 일이 없는데, 그 가운데에 누구 등의 보살마하살이 누구 등의 유정들을 위하여 무엇 등의 법을 설하여 예류과를 증득하게 하거나, 혹은 일래를 증득하게 하거나, 혹은 불환과를 증득하게 하거나, 혹은 아라한과를 증득하게 하거나, 혹은 독각의 보리를 증득하게 하거나, 혹은 무상정등보리를 증득하게 하겠는가?

선현이여. 제보살마하살이 비록 유정들을 위하여 여러 종류의 본성이 공한 법을 설할지라도 제유정들을 진실로 얻을 수 없으나, 그들이 전도(顚倒)된 법에 떨어졌던 것을 애민하게 생각하는 까닭으로 발제하여 전도가 없는 법에 머무르게 하느니라. 전도가 없다는 것은 이를테면, 분별이 없는 것이고, 분별이 없다는 것은 전도가 없는 까닭이니라. 만약 분별이 있다면 곧 전도가 있는데, 그들은 등류(等流)[2]인 까닭이니라.

선현이여. 여러 분별이 없고 전도가 없는 가운데에서는 아(我)가 없고 유정·명자·생자·양자·사부·보특가라·의생·유동·작자·사작자·기자·사기자·수자·사수자·지자·견자도 없으며, 역시 색이 없고 수·상·행·식도 없으며, 역시 안처가 없고 이·비·설·신·의처도 없으며, 역시 색처가 없고 성·향·미·촉·법처도 없으며, 역시 안계가 없고 이·비·설·신·의계도 없으며, 역시 색계가 없고 성·향·미·촉·법계도 없으며, 역시 안식계가 없고 이·비·설·신·의식계도 없으며, 역시 안촉이 없고 이·비·설·신·의촉도 없으며, 역시 안촉을 인연으로 생겨난 여러 수가 없고 이·비·설·신·의촉을 인연으로 생겨난 여러 수도 없으며, 역시 지계가 없고 수·화·풍·공·식계도 없으며,

역시 인연이 없고 등무간연·소연연·증상연도 없으며, 역시 인연을 쫓아서 생겨난 제법도 없으며, 역시 무명이 없고 행·식·명색·육처·촉·수·애·취·유·생·노사의 수탄고우뇌도 없으며, 역시 보시바라밀다가 없고 정계·안인·정진·정려·반야바라밀다도 없으며, 역시 내공이 없고 외공·내외공·공공·대공·승의공·유위공·무위공·필경공·무제공·산공·무변이공·본성공·자상공·공상공·일체법공·불가득공·무성공·자성공·무성

---

[2] 산스크리트어 niṣyanda의 번역이고, '비슷한 부류'라는 뜻이다.

자성공도 없으며, 역시 4념주가 없고 4정단·4신족·5근·5력·7등각지·8성도지도 없으며, 역시 고성제가 없고 집·멸·도성제도 없으며, 역시 4정려가 없고 4무량·4무색정도 없으며,

역시 8해탈이 없고 8승처·9차제정·10변처도 없으며, 역시 일체의 다라니문이 없고 일체의 삼마지문도 없으며, 역시 공해탈문이 없고 무상·무원해탈문도 없으며, 역시 극희지가 없고 이구지·발광지·염혜지·극난승지·현전지·원행지·부동지·선혜지·법운지도 없으며, 역시 5안이 없고 6신통도 없으며, 역시 여래의 10력이 없고 4무소외·4무애해·대자·대비·대희·대사·18불불공법도 없으며, 역시 무망실법이 없고 항주사성도 없으며, 역시 일체지가 없고 도상지·일체상지도 없으며,

역시 예류과가 없고 일래·불환·아라한과·독각의 보리도 없으며, 역시 일체의 보살의 행이 없고 제불의 무상정등보리도 없으며, 역시 색법이 없고 비색법도 없으며, 역시 유견이 없고 무견도 없으며, 역시 유대가 없고 무대도 없으며, 역시 유루가 없고 무루도 없으며, 역시 유위법이 없고 무위법도 없으며, 역시 32대사상이 없고 80수호도 없느니라.

선현이여. 이러한 무소유(無所有)는 본성공으로 나아가고, 제보살마하살이 반야바라밀다를 수행하는 때라면, 이 가운데에 안주하여 제유정들이 전도된 생각에 떨어진 것을 보고서 방편선교로 해탈(解脫)을 얻게 하나니 이를테면, 무아(無我)를 아(我)라고 생각하는 것에서 해탈하게 하고 유정·명자·생자·양자·사부·보특가라·의생·유동·작자·사작자·기자·사기자·수자·사수자·지자·견자가 없는데 유정, 나아가 견자가 있다고 생각하는 것에서 해탈하게 하며, 역시 색이 없는데 색이 있다고 생각하는 것에서 해탈하게 하고 수·상·행·식도 없는데 수·상·행·식이 있다고 생각하는 것에서 해탈하게 하며,

역시 안처가 없는데 안처가 있다고 생각하는 것에서 해탈하게 하고 이·비·설·신·의처도 없는데 이·비·설·신·의처가 있다고 생각하는 것에서 해탈하게 하며, 역시 색처가 없는데 색처가 있다고 생각하는 것에서

해탈하게 하고 성·향·미·촉·법처도 없는데 성·향·미·촉·법처가 있다고 생각하는 것에서 해탈하게 하며, 역시 안계가 없는데 안계가 있다고 생각하는 것에서 해탈하게 하고 이·비·설·신·의계도 없는데 이·비·설·신·의계가 있다고 생각하는 것에서 해탈하게 하며, 역시 색계가 없는데 색계가 있다고 생각하는 것에서 해탈하게 하고 성·향·미·촉·법계도 없는데 성·향·미·촉·법계가 있다고 생각하는 것에서 해탈하게 하며,

역시 안식계가 없는데 안식계가 있다고 생각하는 것에서 해탈하게 하고 이·비·설·신·의식계도 없는데 이·비·설·신·의식계가 있다고 생각하는 것에서 해탈하게 하며, 역시 안촉이 없는데 안촉이 있다고 생각하는 것에서 해탈하게 하고 이·비·설·신·의촉이 없는데 이·비·설·신·의촉이 있다고 생각하는 것에서 해탈하게 하며, 역시 안촉을 인연으로 생겨난 여러 수가 없는데 안촉을 인연으로 생겨난 여러 수가 있다고 생각하는 것에서 해탈하게 하고 이·비·설·신·의촉을 인연으로 생겨난 여러 수가 없는데 이·비·설·신·의촉을 인연으로 생겨난 여러 수가 있다고 생각하는 것에서 해탈하게 하며,

역시 지계가 없는데 지계가 있다고 생각하는 것에서 해탈하게 하고 수·화·풍·공·식계도 없는데 수·화·풍·공·식계가 있다고 생각하는 것에서 해탈하게 하며, 역시 인연이 없는데 인연이 있다고 생각하는 것에서 해탈하게 하고 등무간연·소연연·증상연도 없는데 등무간연·소연연·증상연이 있다고 생각하는 것에서 해탈하게 하며, 역시 인연을 쫓아서 생겨난 제법이 없는데 인연을 쫓아서 생겨난 제법이 있다고 생각하는 것에서 해탈하게 하며, 역시 무명이 없는데 무명이 있다고 생각하는 것에서 해탈하게 하고 행·식·명색·육처·촉·수·애·취·유·생·노사의 수탄고우뇌도 없는데 행, 나아가 노사의 수탄고우뇌가 있다고 생각하는 것에서 해탈하게 하며,

역시 보시바라밀다가 없는데 보시바라밀다가 있다고 생각하는 것에서 해탈하게 하고 정계·안인·정진·정려·반야바라밀다도 없는데 정계, 나아가 반야바라밀다가 있다고 생각하는 것에서 해탈하게 하며, 역시 내공이

없는데 내공이 있다고 생각하는 것에서 해탈하게 하고 외공·내외공·공공·대공·승의공·유위공·무위공·필경공·무제공·산공·무변이공·본성공·자상공·공상공·일체법공·불가득공·무성공·자성공·무성자성공도 없는데 외공, 나아가 무성자성공이 있다고 생각하는 것에서 해탈하게 하며, 역시 4념주가 없는데 4념주가 있다고 생각하는 것에서 해탈하게 하고 4정단·4신족·5근·5력·7등각지·8성도지도 없는데 4정단, 나아가 8성도지가 있다고 생각하는 것에서 해탈하게 하며,

역시 고성제가 없는데 고성제가 있다고 생각하는 것에서 해탈하게 하고 집·멸·도성제도 없는데 집·멸·도성제가 있다고 생각하는 것에서 해탈하게 하며, 역시 일체의 다라니문이 없는데 일체의 다라니문이 있다고 생각하는 것에서 해탈하게 하고 일체의 삼마지문도 없는데 일체의 삼마지문이 있다고 생각하는 것에서 해탈하게 하며, 역시 공해탈문이 없는데 공해탈문이 있다고 생각하는 것에서 해탈하게 하고 무상·무원해탈문도 없는데 무상·무원해탈문이 있다고 생각하는 것에서 해탈하게 하며, 역시 극희지가 없는데 극희지가 있다고 생각하는 것에서 해탈하게 하고 이구지·발광지·염혜지·극난승지·현전지·원행지·부동지·선혜지·법운지도 없는데 이구지, 나아가 법운지가 있다고 생각하는 것에서 해탈하게 하며,

역시 5안이 없는데 5안이 있다고 생각하는 것에서 해탈하게 하고 6신통도 없는데 6신통이 있다고 생각하는 것에서 해탈하게 하며, 역시 여래의 10력이 없는데 여래의 10력이 있다고 생각하는 것에서 해탈하게 하고 4무소외·4무애해·대자·대비·대희·대사·18불불공법도 없는데 4무소외, 나아가 18불불공법이 있다고 생각하는 것에서 해탈하게 하며, 역시 무망실법이 없는데 무망실법이 있다고 생각하는 것에서 해탈하게 하고 항주사성도 없는데 항주사성이 있다고 생각하는 것에서 해탈하게 하며, 역시 일체지가 없는데 일체지가 있다고 생각하는 것에서 해탈하게 하고 도상지·일체상지도 없는데 도상지·일체상지가 있다고 생각하는 것에서 해탈하게 하며,

역시 예류과가 없는데 예류과가 있다고 생각하는 것에서 해탈하게 하고 일래·불환·아라한과·독각의 보리도 없는데 일래·불환·아라한과·독각의 보리가 있다고 생각하는 것에서 해탈하게 하며, 역시 일체의 보살의 행이 없는데 일체의 보살의 행이 있다고 생각하는 것에서 해탈하게 하고 제불의 무상정등보리도 없는데 제불의 무상정등보리가 있다고 생각하는 것에서 해탈하게 하며, 역시 색법·비색법이 없고 유견·무견도 없으며 유대·무대가 없고 유루·무루도 없으며 유위법·무위법도 없는데 색법, 나아가 무위법이 있다고 생각하는 것에서 해탈하게 하고, 역시 32대사상이 없는데 32대사상이 있다고 생각하는 것에서 해탈하게 하고 80수호도 없는데 80수호가 있다고 생각하는 것에서 해탈하게 하며, 역시 5취온 등의 여러 유루법에서 해탈하게 하며, 역시 4념주 등의 무루법에서 해탈하게 하느니라.

왜 그러한가? 선현이여. 4념주 등 여러 무루법도 역시 수승한 승의제(勝義諦)와 같으므로 생겨남이 없고 소멸함도 없으며 무상(無相)이고 무위(無爲)이며 희론이 없고 분별이 없는 것이 아니고, 역시 상응하여 해탈해야 하느니라. 승의제라는 것은 본성공으로 나아가고, 이러한 본성공은 제불께서 증득하신 것인 무상정등보리로 나아가느니라."

마하반야바라밀다경 제388권

70. 불가동품(不可動品)(3)

"선현이여. 이 가운데에서는 아(我)를 얻을 수 없고 유정·명자·생자·양자·사부·보특가라·의생·유동·작자·사작자·기자·사기자·수자·사수자·지자·견자도 얻을 수 없으며, 역시 색을 얻을 수 없고 수·상·행·식도 얻을 수 없으며, 역시 안처를 얻을 수 없고 이·비·설·신·의처도 얻을 수 없으며, 역시 색처를 얻을 수 없고 성·향·미·촉·법처도 얻을 수 없으며, 역시 안처를 얻을 수 없고 이·비·설·신·의계도 얻을 수 없으며, 역시 색계를 얻을 수 없고 성·향·미·촉·법계도 얻을 수 없으며, 역시 안식계를 얻을 수 있고 이·비·설·신·의식계도 얻을 수 없으며,

역시 안촉을 얻을 수 없고 이·비·설·신·의촉도 얻을 수 없으며, 역시 안촉을 인연으로 생겨난 여러 수를 얻을 수 없고 이·비·설·신·의촉을 인연으로 생겨난 여러 수도 얻을 수 없으며, 역시 지계를 얻을 수 없고 수·화·풍·공·식계도 얻을 수 없으며, 역시 인연을 얻을 수 없고 등무간연·소연연·증상연도 얻을 수 없으며, 역시 인연을 쫓아서 생겨난 제법도 얻을 수 없으며, 역시 무명을 얻을 수 없고 행·식·명색·육처·촉·수·애·취·유·생·노사의 수탄고우뇌도 얻을 수 없으며, 역시 보시바라밀다를 얻을 수 없고 정계·안인·정진·정려·반야바라밀다도 얻을 수 없으며,

역시 내공을 얻을 수 없고 외공·내외공·공공·대공·승의공·유위공·무위공·필경공·무제공·산공·무변이공·본성공·자상공·공상공·일체법공·불가득공·무성공·자성공·무성자성공도 얻을 수 없으며, 역시 4념주를

얻을 수 없고 4정단·4신족·5근·5력·7등각지·8성도지도 얻을 수 없으며, 역시 고성제를 얻을 수 없고 집·멸·도성제도 얻을 수 없으며, 역시 4정려를 얻을 수 없고 4무량·4무색정도 얻을 수 없으며, 역시 8해탈을 얻을 수 없고 8승처·9차제정·10변처도 얻을 수 없으며, 역시 일체의 다라니문을 얻을 수 없고 일체의 삼마지문도 얻을 수 없으며,

역시 공해탈문을 얻을 수 없고 무상·무원해탈문도 얻을 수 없으며, 역시 극희지를 얻을 수 없고 이구지·발광지·염혜지·극난승지·현전지·원행지·부동지·선혜지·법운지도 얻을 수 없으며, 역시 5안을 얻을 수 없고 6신통도 얻을 수 없으며, 역시 여래의 10력을 얻을 수 없고 4무소외·4무애해·대자·대비·대희·대사·18불불공법도 얻을 수 없으며, 역시 무망실법을 얻을 수 없고 항주사성도 얻을 수 없으며, 역시 일체지를 얻을 수 없고 도상지·일체상지도 얻을 수 없으며,

역시 예류과를 얻을 수 없고 일래·불환·아라한과·독각의 보리도 얻을 수 없으며, 역시 일체의 보살의 행을 얻을 수 없고 제불의 무상정등보리도 얻을 수 없으며, 역시 색법을 얻을 수 없고 비색법도 얻을 수 없으며, 역시 유견·무견, 유대·무대, 유루·무루, 유위법·무위법도 얻을 수 없으며, 역시 32대사상을 얻을 수 없고 80수호도 얻을 수 없느니라.

선현이여. 제보살마하살은 무상정등보리의 도를 위하는 까닭으로 무상정등보리를 구하면서 나아가지 않고, 오직 제법의 본성공을 위하여 무상정등보리를 구하면서 나아가느니라.

선현이여. 이 본성공은 앞·뒤·중간이 항상 본성공이므로 일찍이 공하지 않는 것이 없고, 제보살마하살은 본성공의 바라밀다에 안주하면서 제유정의 부류들이 유정상(有情想)·법상(法想)에 집착하는 것을 해탈시키게 하기 위한 까닭으로 도상지를 수행하느니라. 이 보살마하살이 도상지를 수행하는 때라면 곧 일체도로 나아가서 수행하는데, 이를테면 성문도이거나, 만약 독각도이거나, 만약 보살도이거나, 만약 여래도이니라.

선현이여. 이 보살마하살이 일체도에서 원만함을 증득하였다면 능히

교화시킬 유정들을 성숙시키고, 역시 구하였던 것의 불국토를 청정하게 장엄하며, 여러 수행(壽行)에 나아가서 무상정등보리를 증득하느니라. 이미 무상정등보리를 증득하였다면 능히 불안(佛眼)이 항상 단절되고 파괴되지 않게 하느니라. 무엇을 불안이라고 말하는가? 본성공으로 나아간다면 불안이라고 이름하느니라. 선현이여. 과거의 여래·응공·정등각께서 일체의 모두를 본성공으로써 불안으로 삼으셨고, 미래의 여래·응공·정등각께서도 일체의 모두를 본성공으로써 불안으로 삼으실 것이며, 현재의 여래·응공·정등각께서도 일체의 모두를 본성공으로써 불안으로 삼으시느니라.

선현이여. 결정적으로 여래·응공·정등각께서는 본성공을 벗어나서 세상에 출현하신 자가 없나니, 제불께서 출현하신다면 모두가 본성공의 의취를 설하지 않는 것이 없고, 교화되는 유정들도 반드시 여래께 본성공의 이치를 들어야 비로소 성스러운 도에 들어가서 성스러운 도의 과보(聖道果)를 증득하므로, 본성공을 벗어난다면 별도의 방편이 없느니라. 이러한 까닭으로 선현이여. 제보살마하살이 무상정등보리를 증득하고자 한다면 본성공의 이치에 상응하여 바르게 안주하면서 반야바라밀다와 나머지의 보살마하살의 행을 수행해야 하느니라. 만약 본성공의 이치에 바르게 안주하면서 반야바라밀다와 나머지의 보살마하살의 행을 수행한다면 결국 일체지지에서 퇴실(退失)하지 않느니라."

그때 구수 선현이 세존께 아뢰어 말하였다.
"세존이시여. 제보살마하살은 매우 희유합니다. 비록 일체법이 모두 본성공이라고 수행하더라도, 본성공에서 일찍이 퇴실과 파괴가 없었는데 이를테면, 색이 본성공과 다르다고 집착하지 않고 역시 수·상·행·식도 본성공과 다르다고 집착하지 않으며, 안처가 본성공과 다르다고 집착하지 않고 이·비·설·신·의처도 본성공과 다르다고 집착하지 않으며, 색처가 본성공과 다르다고 집착하지 않고 역시 성·향·미·촉·법처도 본성공과 다르다고 집착하지 않으며, 안계가 본성공과 다르다고 집착하지 않고 역시 이·비·설·신·의계도 본성공과 다르다고 집착하지 않으며, 색계가 본성공과 다르다고 집착하지 않고 역시 성·향·미·촉·법계도 본성공과 다르다고 집착하지 않으며,

안식계가 본성공과 다르다고 집착하지 않고 역시 이·비·설·신·의식계도 본성공과 다르다고 집착하지 않으며, 안촉이 본성공과 다르다고 집착하지 않고 역시 이·비·설·신·의촉도 본성공과 다르다고 집착하지 않으며, 안촉을 인연으로 생겨난 여러 수가 본성공과 다르다고 집착하지 않고 역시 이·비·설·신·의촉을 인연으로 생겨난 여러 수도 본성공과 다르다고 집착하지 않으며, 지계가 본성공과 다르다고 집착하지 않고 역시 수·화·풍·공·식계도 본성공과 다르다고 집착하지 않으며, 인연이 본성공과 다르다고 집착하지 않고 역시 등무간연·소연연·증상연도 본성공과 다르다고 집착하지 않으며,

인연을 쫓아서 생겨난 제법이 본성공과 다르다고 집착하지 않으며, 무명이 본성공과 다르다고 집착하지 않고 역시 행·식·명색·육처·촉·수·애·취·유·생·노사의 수탄고우뇌도 본성공과 다르다고 집착하지 않으며, 보시바라밀다가 본성공과 다르다고 집착하지 않고 역시 정계·안인·정진·정려·반야바라밀다도 본성공과 다르다고 집착하지 않으며, 내공이 본성공과 다르다고 집착하지 않고 역시 외공·내외공·공공·대공·승의공·유위공·무위공·필경공·무제공·산공·무변이공·본성공·자상공·공상공·일체법공·불가득공·무성공·자성공·무성자성공도 본성공과 다르다고 집착하지 않으며,

4념주가 본성공과 다르다고 집착하지 않고 역시 4정단·4신족·5근·5력·7등각지·8성도지도 본성공과 다르다고 집착하지 않으며, 고성제가 본성공과 다르다고 집착하지 않고 역시 집·멸·도성제도 본성공과 다르다고 집착하지 않으며, 4정려가 본성공과 다르다고 집착하지 않고 역시 4무량·4무색정도 본성공과 다르다고 집착하지 않으며, 8해탈이 본성공과 다르다고 집착하지 않고 역시 8승처·9차제정·10변처도 본성공과 다르다고 집착하지 않으며, 일체의 다라니문이 본성공과 다르다고 집착하지 않고 일체

의 삼마지문도 본성공과 다르다고 집착하지 않으며,

공해탈문이 본성공과 다르다고 집착하지 않고 역시 무상·무원해탈문도 본성공과 다르다고 집착하지 않으며, 극희지가 본성공과 다르다고 집착하지 않고 역시 이구지·발광지·염혜지·극난승지·현전지·원행지·부동지·선혜지·법운지도 본성공과 다르다고 집착하지 않으며, 5안이 본성공과 다르다고 집착하지 않고 역시 6신통도 본성공과 다르다고 집착하지 않으며, 여래의 10력이 본성공과 다르다고 집착하지 않고 역시 4무소외·4무애해·대자·대비·대희·대사·18불불공법도 본성공과 다르다고 집착하지 않으며, 32대사상이 본성공과 다르다고 집착하지 않고 역시 80수호도 본성공과 다르다고 집착하지 않으며,

무망실법이 본성공과 다르다고 집착하지 않고 역시 항주사성도 본성공과 다르다고 집착하지 않으며, 일체지가 본성공과 다르다고 집착하지 않고 역시 도상지·일체상지도 본성공과 다르다고 집착하지 않으며, 예류과가 본성공과 다르다고 집착하지 않고 역시 일래·불환·아라한과·독각의 보리도 본성공과 다르다고 집착하지 않으며, 일체의 보살의 행이 본성공과 다르다고 집착하지 않고 역시 제불의 무상정등보리도 본성공과 다르다고 집착하지 않습니다.

세존이시여. 색은 곧 이것이 본성공이고 수·상·행·식도 곧 이것이 본성공이며, 안처는 곧 이것이 본성공이고 이·비·설·신·의처도 곧 이것이 본성공이며, 색처는 곧 이것이 본성공이고 성·향·미·촉·법처도 곧 이것이 본성공이며, 안계는 곧 이것이 본성공이고 이·비·설·신·의계도 곧 이것이 본성공이며, 색계는 곧 이것이 본성공이고 성·향·미·촉·법계도 곧 이것이 본성공이며, 안식계는 곧 이것이 본성공이고 이·비·설·신·의식계도 곧 이것이 본성공이며, 안촉은 곧 이것이 본성공이고 이·비·설·신·의촉도 곧 이것이 본성공이며,

안촉을 인연으로 생겨난 여러 수는 곧 이것이 본성공이고 이·비·설·신·의촉을 인연으로 생겨난 여러 수도 곧 이것이 본성공이며, 지계는 곧

이것이 본성공이고 수·화·풍·공·식계도 곧 이것이 본성공이며, 인연은 곧 이것이 본성공이고 등무간연·소연연·증상연도 곧 이것이 본성공이며, 인연을 쫓아서 생겨난 제법은 곧 이것이 본성공이며, 무명은 곧 이것이 본성공이고 행·식·명색·육처·촉·수·애·취·유·생·노사의 수탄고우뇌도 곧 이것이 본성공이며, 보시바라밀다는 곧 이것이 본성공이고 정계·안인·정진·정려·반야바라밀다도 곧 이것이 본성공이며,

내공은 곧 이것이 본성공이고 외공·내외공·공공·대공·승의공·유위공·무위공·필경공·무제공·산공·무변이공·본성공·자상공·공상공·일체법공·불가득공·무성공·자성공·무성자성공도 곧 이것이 본성공이며, 4념주는 곧 이것이 본성공이고 4정단·4신족·5근·5력·7등각지·8성도지도 곧 이것이 본성공이며, 고성제는 곧 이것이 본성공이고 집·멸·도성제도 곧 이것이 본성공이며, 4정려는 곧 이것이 본성공이고 4무량·4무색정도 곧 이것이 본성공이며, 8해탈은 곧 이것이 본성공이고 8승처·9차제정·10변처도 곧 이것이 본성공이며,

일체의 다라니문은 곧 이것이 본성공이고 일체의 삼마지문도 곧 이것이 본성공이며, 공해탈문은 곧 이것이 본성공이고 무상·무원해탈문도 곧 이것이 본성공이며, 극희지는 곧 이것이 본성공이고 이구지·발광지·염혜지·극난승지·현전지·원행지·부동지·선혜지·법운지도 곧 이것이 본성공이며, 5안은 곧 이것이 본성공이고 6신통도 곧 이것이 본성공이며, 여래의 10력은 곧 이것이 본성공이고 4무소외·4무애해·대자·대비·대희·대사·18불불공법도 곧 이것이 본성공이며, 32대사상은 곧 이것이 본성공이고 80수호도 곧 이것이 본성공이며,

무망실법은 곧 이것이 본성공이고 항주사성도 곧 이것이 본성공이며, 일체지는 곧 이것이 본성공이고 도상지·일체상지도 곧 이것이 본성공이며, 예류과는 곧 이것이 본성공이고 일래·불환·아라한과·독각의 보리도 곧 이것이 본성공이며, 일체의 보살의 행은 곧 이것이 본성공이고 제불의 무상정등보리도 곧 이것이 본성공입니다."

세존께서 선현에게 알리셨다.

"그와 같으니라. 그와 같으니라. 그대가 말한 것과 같이 제보살마하살은 매우 희유하나니, 비록 일체법이 모두 본성공이라고 수행하더라도, 본성공에서 일찍이 퇴실하지 않고 파괴하지 않았느니라. 선현이여. 색은 본성공과 다르지 않고, 본성공은 색과 다르지 않으니, 색은 곧 이것이 본성공이고 본성공은 곧 이것이 색이며, 수·상·행·식은 본성공과 다르지 않고, 본성공은 수·상·행·식과 다르지 않으니, 수·상·행·식은 곧 이것이 본성공이고 본성공은 곧 이것이 수·상·행·식이니라.

선현이여. 안처는 본성공과 다르지 않고, 본성공은 안처와 다르지 않으니, 안처는 곧 이것이 본성공이고 본성공은 곧 이것이 안처이며, 이·비·설·신·의처는 본성공과 다르지 않고, 본성공은 이·비·설·신·의처와 다르지 않으니, 이·비·설·신·의처는 곧 이것이 본성공이고 본성공은 곧 이것이 이·비·설·신·의처이니라. 선현이여. 색처는 본성공과 다르지 않고, 본성공은 색처와 다르지 않으니, 색처는 곧 이것이 본성공이고 본성공은 곧 이것이 색처이며, 성·향·미·촉·법처는 본성공과 다르지 않고, 본성공은 성·향·미·촉·법처와 다르지 않으니, 성·향·미·촉·법처는 곧 이것이 본성공이고 본성공은 곧 이것이 성·향·미·촉·법처이니라.

선현이여. 안계는 본성공과 다르지 않고, 본성공은 안계와 다르지 않으니, 안계는 곧 이것이 본성공이고 본성공은 곧 이것이 안계이며, 이·비·설·신·의계는 본성공과 다르지 않고, 본성공은 이·비·설·신·의계와 다르지 않으니, 이·비·설·신·의계는 곧 이것이 본성공이고 본성공은 곧 이것이 이·비·설·신·의계이니라. 선현이여. 색계는 본성공과 다르지 않고, 본성공은 색계와 다르지 않으니, 색계는 곧 이것이 본성공이고 본성공은 곧 이것이 색계이며, 성·향·미·촉·법계는 본성공과 다르지 않고, 본성공은 성·향·미·촉·법계와 다르지 않으니, 성·향·미·촉·법계는 곧 이것이 본성공이고 본성공은 곧 이것이 성·향·미·촉·법처이니라.

선현이여. 안식계는 본성공과 다르지 않고, 본성공은 안식계와 다르지 않으니, 안식계는 곧 이것이 본성공이고 본성공은 곧 이것이 안식계이며, 이·비·설·신·의식계는 본성공과 다르지 않고, 본성공은 이·비·설·신·의식계와 다르지 않으니, 이·비·설·신·의식계는 곧 이것이 본성공이고 본성공은 곧 이것이 이·비·설·신·의식계이니라. 선현이여. 안촉은 본성공과 다르지 않고, 본성공은 안촉과 다르지 않으니, 안촉은 곧 이것이 본성공이고 본성공은 곧 이것이 안촉이며, 이·비·설·신·의촉은 본성공과 다르지 않고, 본성공은 이·비·설·신·의촉과 다르지 않으니, 이·비·설·신·의촉은 곧 이것이 본성공이고 본성공은 곧 이것이 이·비·설·신·의촉이니라.

선현이여. 안촉을 인연으로 생겨난 여러 수는 본성공과 다르지 않고, 본성공은 안촉을 인연으로 생겨난 여러 수와 다르지 않으니, 안촉을 인연으로 생겨난 여러 수는 곧 이것이 본성공이고 본성공은 곧 이것이 안촉을 인연으로 생겨난 여러 수이며, 이·비·설·신·의촉을 인연으로 생겨난 여러 수는 본성공과 다르지 않고, 본성공은 이·비·설·신·의촉을 인연으로 생겨난 여러 수와 다르지 않으니, 이·비·설·신·의촉을 인연으로 생겨난 여러 수는 곧 이것이 본성공이고 본성공은 곧 이것이 이·비·설·신·의촉을 인연으로 생겨난 여러 수이니라.

선현이여. 지계는 본성공과 다르지 않고, 본성공은 지계와 다르지 않으니, 지계는 곧 이것이 본성공이고 본성공은 곧 이것이 지계이며, 수·화·풍·공·식계는 본성공과 다르지 않고, 본성공은 수·화·풍·공·식계와 다르지 않으니, 수·화·풍·공·식계는 곧 이것이 본성공이고 본성공은 곧 이것이 수·화·풍·공·식계이니라. 선현이여. 인연은 본성공과 다르지 않고, 본성공은 인연과 다르지 않으니, 인연은 곧 이것이 본성공이고 본성공은 곧 이것이 인연이며, 등무간연·소연연·증상연은 본성공과 다르지 않고, 본성공은 등무간연·소연연·증상연과 다르지 않으니, 등무간연·소연연·증상연은 곧 이것이 본성공이고 본성공은 곧 이것이 등무간연·소연연·증상연이니라.

선현이여. 인연을 쫓아서 생겨난 제법은 본성공과 다르지 않고, 본성공은 인연을 쫓아서 생겨난 제법과 다르지 않으니, 인연을 쫓아서 생겨난 제법은 곧 이것이 본성공이고 본성공은 곧 이것이 인연을 쫓아서 생겨난 제법이니라. 선현이여. 무명은 본성공과 다르지 않고, 본성공은 무명과 다르지 않으니, 무명은 곧 이것이 본성공이고 본성공은 곧 이것이 무명이며, 행·식·명색·육처·촉·수·애·취·유·생·노사의 수탄고우뇌는 본성공과 다르지 않고, 본성공은 행, 나아가 노사의 수탄고우뇌와 다르지 않으니, 행·식·명색·육처·촉·수·애·취·유·생·노사의 수탄고우뇌는 곧 이것이 본성공이고 본성공은 곧 이것이 행, 나아가 노사의 수탄고우뇌이니라.

선현이여. 보시바라밀다는 본성공과 다르지 않고, 본성공은 보시바라밀다와 다르지 않으니, 보시바라밀다는 곧 이것이 본성공이고 본성공은 곧 이것이 보시바라밀다이며, 정계·안인·정진·정려·반야바라밀다는 본성공과 다르지 않고, 본성공은 정계·안인·정진·정려·반야바라밀다와 다르지 않으니, 정계·안인·정진·정려·반야바라밀다는 곧 이것이 본성공이고 본성공은 곧 이것이 정계·안인·정진·정려·반야바라밀다이니라.

선현이여. 내공은 본성공과 다르지 않고, 본성공은 내공과 다르지 않으니, 내공은 곧 이것이 본성공이고 본성공은 곧 이것이 내공이며, 외공·내외공·공공·대공·승의공·유위공·무위공·필경공·무제공·산공·무변이공·본성공·자상공·공상공·일체법공·불가득공·무성공·자성공·무성자성공은 본성공과 다르지 않고, 본성공은 외공, 나아가 무성자성공과 다르지 않으니, 외공·내외공·공공·대공·승의공·유위공·무위공·필경공·무제공·산공·무변이공·본성공·자상공·공상공·일체법공·불가득공·무성공·자성공·무성자성공은 곧 이것이 본성공이고 본성공은 곧 이것이 외공, 나아가 무성자성공이니라.

선현이여. 4념주는 본성공과 다르지 않고, 본성공은 4념주와 다르지 않으니, 4념주는 곧 이것이 본성공이고 본성공은 곧 이것이 4념주이며, 4정단·4신족·5근·5력·7등각지·8성도지는 본성공과 다르지 않고, 본성공은 4정단, 나아가 8성도지와 다르지 않으니, 4정단·4신족·5근·5력·7등각지·8성도지는 곧 이것이 본성공이고 본성공은 곧 이것이 4정단, 나아가 8성도지이니라. 선현이여. 고성제는 본성공과 다르지 않고, 본성공은 고성제와 다르지 않으니, 고성제는 곧 이것이 본성공이고 본성공은 곧 이것이 고성제이며, 집·멸·도성제는 본성공과 다르지 않고, 본성공은 집·멸·도성제와 다르지 않으니, 집·멸·도성제는 곧 이것이 본성공이고 본성공은 곧 이것이 집·멸·도성제이니라.

선현이여. 4정려는 본성공과 다르지 않고, 본성공은 4정려와 다르지 않으니, 4정려는 곧 이것이 본성공이고 본성공은 곧 이것이 4정려이며, 4무량·4무색정은 본성공과 다르지 않고, 본성공은 4무량·4무색정과 다르지 않으니, 4무량·4무색정은 곧 이것이 본성공이고 본성공은 곧 이것이 4무량·4무색정이니라. 선현이여. 8해탈은 본성공과 다르지 않고, 본성공은 8해탈과 다르지 않으니, 8해탈은 곧 이것이 본성공이고 본성공은 곧 이것이 8해탈이며, 8승처·9차제정·10변처는 본성공과 다르지 않고, 본성공은 8승처·9차제정·10변처와 다르지 않으니, 8승처·9차제정·10변처는 곧 이것이 본성공이고 본성공은 곧 이것이 8승처·9차제정·10변처이니라.

선현이여. 다라니문은 본성공과 다르지 않고, 본성공은 다라니문과 다르지 않으니, 다라니문은 곧 이것이 본성공이고 본성공은 곧 이것이 다라니문이며, 삼마지문은 본성공과 다르지 않고, 본성공은 삼마지문과 다르지 않으니, 삼마지문은 곧 이것이 본성공이고 본성공은 곧 이것이 삼마지문이니라. 선현이여. 공해탈문은 본성공과 다르지 않고, 본성공은 공해탈문과 다르지 않으니, 공해탈문은 곧 이것이 본성공이고 본성공은 곧 이것이 공해탈문이며, 무상·무원해탈문은 본성공과 다르지 않고, 본성공은 무상·무원해탈문과 다르지 않으니, 무상·무원해탈문은 곧 이것이 본성공이고 본성공은 곧 이것이 무상·무원해탈문이니라.

선현이여. 극희지는 본성공과 다르지 않고, 본성공은 극희지와 다르지 않으니, 극희지는 곧 이것이 본성공이고 본성공은 곧 이것이 극희지이며, 이구지·발광지·염혜지·극난승지·현전지·원행지·부동지·선혜지·법운지는 본성공과 다르지 않고, 본성공은 이구지, 나아가 법운지와 다르지 않으니, 이구지·발광지·염혜지·극난승지·현전지·원행지·부동지·선혜지·법운지는 곧 이것이 본성공이고 본성공은 곧 이것이 이구지, 나아가 법운지이니라. 선현이여. 5안은 본성공과 다르지 않고, 본성공은 5안과 다르지 않으니, 5안은 곧 이것이 본성공이고 본성공은 곧 이것이 5안이며, 6신통은 본성공과 다르지 않고, 본성공은 6신통과 다르지 않으니, 6신통은 곧 이것이 본성공이고 본성공은 곧 이것이 6신통이니라.

선현이여. 여래의 10력은 본성공과 다르지 않고, 본성공은 여래의 10력과 다르지 않으니, 여래의 10력은 곧 이것이 본성공이고 본성공은 곧 이것이 여래의 10력이며, 4무소외·4무애해·대자·대비·대희·대사·18불불공법은 본성공과 다르지 않고, 본성공은 4무소외, 나아가 18불불공법과 다르지 않으니, 4무소외·4무애해·대자·대비·대희·대사·18불불공법은 곧 이것이 본성공이고 본성공은 곧 이것이 4무소외, 나아가 18불불공법이니라. 선현이여. 32대사상은 본성공과 다르지 않고, 본성공은 32대사상과 다르지 않으니, 32대사상은 곧 이것이 본성공이고 본성공은 곧 이것이 32대사상이며, 80수호는 본성공과 다르지 않고, 본성공은 80수호와 다르지 않으니, 80수호는 곧 이것이 본성공이고 본성공은 곧 이것이 80수호이니라.

선현이여. 무망실법은 본성공과 다르지 않고, 본성공은 무망실법과 다르지 않으니, 무망실법은 곧 이것이 본성공이고 본성공은 곧 이것이 무망실법이며, 항주사성은 본성공과 다르지 않고, 본성공은 항주사성과 다르지 않으니, 항주사성은 곧 이것이 본성공이고 본성공은 곧 이것이 항주사성이니라. 선현이여. 일체지는 본성공과 다르지 않고, 본성공은 일체지와 다르지 않으니, 일체지는 곧 이것이 본성공이고 본성공은 곧 이것이 일체지이며, 도상지·일체상지는 본성공과 다르지 않고, 본성공은 도상지·일체상지와 다르지 않으니, 도상지·일체상지는 곧 이것이 본성공이고 본성공은 곧 이것이 도상지·일체상지이니라.

선현이여. 예류과는 본성공과 다르지 않고, 본성공은 예류과와 다르지 않으니, 예류과는 곧 이것이 본성공이고 본성공은 곧 이것이 예류과이며, 일래·불환·아라한과·독각의 보리는 본성공과 다르지 않고, 본성공은 일래·불환·아라한과·독각의 보리와 다르지 않으니, 일래·불환·아라한과·독각의 보리는 곧 이것이 본성공이고 본성공은 곧 이것이 일래·불환·아라한과·독각의 보리이니라. 선현이여. 일체의 보살의 행은 본성공과 다르지 않고, 본성공은 일체의 보살의 행과 다르지 않으니, 일체의 보살의 행은 곧 이것이 본성공이고 본성공은 곧 이것이 일체의 보살의 행이며, 제불의 무상정등보리는 본성공과 다르지 않고, 본성공은 제불의 무상정등보리와 다르지 않으니, 제불의 무상정등보리는 곧 이것이 본성공이고 본성공은 곧 이것이 제불의 무상정등보리이니라.

다시 다음으로 선현이여. 만약 색이 본성공과 다르고 본성공이 색과 달라서 색은 본성공이 아니고 본성공은 색이 아니며, 수·상·행·식이 본성공과 다르고 본성공이 수·상·행·식과 달라서 수·상·행·식은 본성공이 아니고 본성공은 수·상·행·식이 아니었거나, 선현이여. 만약 안처가 본성공과 다르고 본성공이 안처와 달라서 안처는 본성공이 아니고 본성공은 안처가 아니며, 이·비·설·신·의처가 본성공과 다르고 본성공이 이·비·설·신·의처와 달라서 이·비·설·신·의처는 본성공이 아니고 본성공은 이·비·설·신·의처가 아니었거나,

선현이여. 만약 색처가 본성공과 다르고 본성공이 색처와 달라서 색처는 본성공이 아니고 본성공은 색처가 아니며, 성·향·미·촉·법처가 본성공과 다르고 본성공이 성·향·미·촉·법처와 달라서 성·향·미·촉·법처는 본성공이 아니고 본성공은 성·향·미·촉·법처가 아니었거나, 선현이여. 만약 안계가 본성공과 다르고 본성공이 안계와 달라서 안계는 본성공이 아니고 본성공은 안계가 아니며, 이·비·설·신·의계가 본성공과 다르고 본성공이 이·비·설·신·의계와 달라서 이·비·설·신·의계는 본성공이 아니고 본성공은 이·비·설·신·의계가 아니었거나,

선현이여. 만약 색계가 본성공과 다르고 본성공이 색계와 달라서 색계는 본성공이 아니고 본성공은 색계가 아니며, 성·향·미·촉·법계가 본성공과 다르고 본성공이 성·향·미·촉·법계와 달라서 성·향·미·촉·법계는 본성공이 아니고 본성공은 성·향·미·촉·법계가 아니었거나, 선현이여. 만약 안식계가 본성공과 다르고 본성공이 안식계와 달라서 안식계는

본성공이 아니고 본성공은 안식계가 아니며, 이·비·설·신·의식계가 본성공과 다르고 본성공이 이·비·설·신·의식계와 달라서 이·비·설·신·의식계는 본성공이 아니고 본성공은 이·비·설·신·의식계가 아니었거나,

선현이여. 만약 안촉이 본성공과 다르고 본성공이 안촉과 달라서 안촉은 본성공이 아니고 본성공은 안촉이 아니며, 이·비·설·신·의촉이 본성공과 다르고 본성공이 이·비·설·신·의촉과 달라서 이·비·설·신·의촉은 본성공이 아니고 본성공은 이·비·설·신·의촉이 아니었거나, 선현이여. 만약 안촉을 인연으로 생겨난 여러 수가 본성공과 다르고 본성공이 안촉을 인연으로 생겨난 여러 수와 달라서 안촉을 인연으로 생겨난 여러 수는 본성공이 아니고 본성공은 안촉을 인연으로 생겨난 여러 수가 아니며, 이·비·설·신·의촉을 인연으로 생겨난 여러 수가 본성공과 다르고 본성공이 이·비·설·신·의촉을 인연으로 생겨난 여러 수와 달라서 이·비·설·신·의촉을 인연으로 생겨난 여러 수는 본성공이 아니고 본성공은 이·비·설·신·의촉을 인연으로 생겨난 여러 수가 아니었거나,

선현이여. 만약 지계가 본성공과 다르고 본성공이 지계와 달라서 지계는 본성공이 아니고 본성공은 지계가 아니며, 수·화·풍·공·식계가 본성공과 다르고 본성공이 수·화·풍·공·식계와 달라서 수·화·풍·공·식계는 본성공이 아니고 본성공은 수·화·풍·공·식계가 아니었거나, 선현이여. 만약 인연이 본성공과 다르고 본성공이 인연과 달라서 인연은 본성공이 아니고 본성공은 인연이 아니며, 등무간연·소연연·증상연은 본성공과 다르고 본성공이 등무간연·소연연·증상연과 달라서 등무간연·소연연·증상연은 본성공이 아니고 본성공은 등무간연·소연연·증상연이 아니었거나,

선현이여. 만약 인연을 쫓아서 생겨난 제법이 본성공과 다르고 본성공이 인연을 쫓아서 생겨난 제법과 달라서 인연을 쫓아서 생겨난 제법은 본성공이 아니고 본성공은 인연을 쫓아서 생겨난 제법이 아니었거나, 선현이여. 만약 무명은 본성공과 다르고 본성공이 무명과 달라서 무명은 본성공이 아니고 본성공은 무명이 아니며, 행·식·명색·육처·촉·수·애·취

·유·생·노사의 수탄고우뇌는 본성공과 다르고 본성공이 행, 나아가 노사의 수탄고우뇌와 달라서 행·식·명색·육처·촉·수·애·취·유·생·노사의 수탄고우뇌는 본성공이 아니고 본성공은 행, 나아가 노사의 수탄고우뇌가 아니었거나,

선현이여. 만약 보시바라밀다가 본성공과 다르고 본성공이 보시바라밀다와 달라서 보시바라밀다는 본성공이 아니고 본성공은 보시바라밀다가 아니며, 정계·안인·정진·정려·반야바라밀다가 본성공과 다르고 본성공이 정계, 나아가 반야바라밀다와 달라서 정계·안인·정진·정려·반야바라밀다는 본성공이 아니고 본성공은 정계, 나아가 반야바라밀다가 아니었거나,

선현이여. 만약 내공이 본성공과 다르고 본성공이 내공과 달라서 내공은 본성공이 아니고 본성공은 내공이 아니며, 외공·내외공·공공·대공·승의공·유위공·무위공·필경공·무제공·산공·무변이공·본성공·자상공·공상공·일체법공·불가득공·무성공·자성공·무성자성공은 본성공과 다르고 본성공이 외공, 나아가 무성자성공과 달라서 외공·내외공·공공·대공·승의공·유위공·무위공·필경공·무제공·산공·무변이공·본성공·자상공·공상공·일체법공·불가득공·무성공·자성공·무성자성공은 본성공이 아니고 본성공은 외공, 나아가 무성자성공이 아니었거나,

선현이여. 만약 4념주가 본성공과 다르고 본성공이 4념주와 달라서 4념주는 본성공이 아니고 본성공은 4념주가 아니며, 4정단·4신족·5근·5력·7등각지·8성도지가 본성공과 다르고 본성공이 4정단, 나아가 8성도지와 달라서 4정단·4신족·5근·5력·7등각지·8성도지는 본성공이 아니고 본성공은 4정단, 나아가 8성도지가 아니었거나, 선현이여. 만약 고성제가 본성공과 다르고 본성공이 고성제와 달라서 고성제는 본성공이 아니고 본성공은 고성제가 아니며, 집·멸·도성제가 본성공과 다르고 본성공이 집·멸·도성제와 달라서 집·멸·도성제는 본성공이 아니고 본성공은 집·멸·도성제가 아니었거나,

선현이여. 만약 4정려가 본성공과 다르고 본성공이 4정려와 달라서 4정려는 본성공이 아니고 본성공은 4정려가 아니며, 4무량·4무색정이

본성공과 다르고 본성공이 4무량·4무색정과 달라서 4무량·4무색정은 본성공이 아니고 본성공은 4무량·4무색정이 아니었거나, 선현이여. 만약 8해탈이 본성공과 다르고 본성공이 8해탈과 달라서 8해탈은 본성공이 아니고 본성공은 8해탈이 아니며, 8승처·9차제정·10변처가 본성공과 다르고 본성공이 8승처·9차제정·10변처와 달라서 8승처·9차제정·10변처는 본성공이 아니고 본성공은 8승처·9차제정·10변처가 아니었거나,

선현이여. 만약 다라니문이 본성공과 다르고 본성공이 다라니문과 달라서 다라니문은 본성공이 아니고 본성공은 다라니문이 아니며, 삼마지문이 본성공과 다르고 본성공이 삼마지문과 달라서 삼마지문은 본성공이 아니고 본성공은 삼마지문이 아니었거나, 선현이여. 만약 극희지가 본성공과 다르고 본성공이 극희지와 달라서 극희지는 본성공이 아니고 본성공은 극희지가 아니며, 이구지·발광지·염혜지·극난승지·현전지·원행지·부동지·선혜지·법운지가 본성공과 다르고 본성공이 이구지, 나아가 법운지와 달라서 이구지·발광지·염혜지·극난승지·현전지·원행지·부동지·선혜지·법운지는 본성공이 아니고 본성공은 이구지, 나아가 법운지가 아니었거나,

선현이여. 만약 5안이 본성공과 다르고 본성공이 5안과 달라서 5안은 본성공이 아니고 본성공은 5안이 아니며, 6신통이 본성공과 다르고 본성공이 6신통과 달라서 6신통은 본성공이 아니고 본성공은 6신통이 아니었거나, 선현이여. 만약 여래의 10력이 본성공과 다르고 본성공이 여래의 10력과 달라서 여래의 10력은 본성공이 아니고 본성공은 여래의 10력이 아니며, 4무소외·4무애해·대자·대비·대희·대사·18불불공법이 본성공과 다르고 본성공이 4무소외, 나아가 18불불공법과 달라서 4무소외·4무애해·대자·대비·대희·대사·18불불공법은 본성공이 아니고 본성공은 4무소외, 나아가 18불불공법이 아니었거나,

선현이여. 만약 32대사상이 본성공과 다르고 본성공이 32대사상과 달라서 32대사상은 본성공이 아니고 본성공은 32대사상이 아니며, 80수호가 본성공과 다르고 본성공이 80수호와 달라서 80수호는 본성공이 아니고

본성공은 80수호가 아니었거나, 선현이여. 만약 무망실법이 본성공과 다르고 본성공이 무망실법과 달라서 무망실법은 본성공이 아니고 본성공은 무망실법이 아니며, 항주사성이 본성공과 다르고 본성공이 항주사성과 달라서 항주사성은 본성공이 아니고 본성공은 항주사성이 아니었거나,

 선현이여. 만약 일체지가 본성공과 다르고 본성공이 일체지와 달라서 일체지는 본성공이 아니고 본성공은 일체지가 아니며, 도상지·일체상지가 본성공과 다르고 본성공이 도상지·일체상지와 달라서 도상지·일체상지는 본성공이 아니고 본성공은 도상지·일체상지가 아니었거나, 선현이여. 만약 예류과가 본성공과 다르고 본성공이 예류과와 달라서 예류과는 본성공이 아니고 본성공은 예류과가 아니며, 일래·불환·아라한과·독각의 보리가 본성공과 다르고 본성공이 일래·불환·아라한과·독각의 보리와 달라서 일래·불환·아라한과·독각의 보리는 본성공이 아니고 본성공은 일래·불환·아라한과·독각의 보리가 아니었거나,

 선현이여. 만약 일체의 보살의 행이 본성공과 다르고 본성공이 일체의 보살의 행과 달라서 일체의 보살의 행은 본성공이 아니고 본성공은 일체의 보살의 행이 아니며, 제불의 무상정등보리가 본성공과 다르고 본성공이 제불의 무상정등보리와 달라서 제불의 무상정등보리는 본성공이 아니고 본성공은 제불의 무상정등보리가 아니었다면, 곧 제보살마하살은 반야바라밀다를 수행하는 때에 일체법이 모두 본성공이라고 상응하여 관찰하지 못하였으므로 무상정등보리를 증득하지 못할 것이니라."

마하반야바라밀다경 제389권

70. 불가동품(不可動品)(4)

"선현이여. 색으로써 본성공과 다르지 않고 본성공이 색과 다르지 않으며, 색은 곧 이것이 본성공이고 본성공은 곧 이것이 색이며, 수·상·행·식은 본성공과 다르지 않고 본성공은 수·상·행·식과 다르지 않으며, 수·상·행·식은 곧 이것이 본성공이고 본성공은 곧 이것이 수·상·행·식이니라.

선현이여. 안처로써 본성공과 다르지 않고 본성공이 안처와 다르지 않으며, 안처는 곧 이것이 본성공이고 본성공은 곧 이것이 안처이며, 이·비·설·신·의처는 본성공과 다르지 않고 본성공은 이·비·설·신·의처와 다르지 않으며, 이·비·설·신·의처는 곧 이것이 본성공이고 본성공은 곧 이것이 이·비·설·신·의처이니라.

선현이여. 색처로써 본성공과 다르지 않고 본성공이 색처와 다르지 않으며, 색처는 곧 이것이 본성공이고 본성공은 곧 이것이 색처이며, 성·향·미·촉·법처는 본성공과 다르지 않고 본성공은 성·향·미·촉·법처와 다르지 않으며, 성·향·미·촉·법처는 곧 이것이 본성공이고 본성공은 곧 이것이 성·향·미·촉·법처이니라.[1]

선현이여. 안계로써 본성공과 다르지 않고 본성공이 안계와 다르지 않으며, 안계는 곧 이것이 본성공이고 본성공은 곧 이것이 안계이며, 이·비·설·신·의계는 본성공과 다르지 않고 본성공은 이·비·설·신·의계

---

[1] 원문에는 결락되어 있으나, 문장의 구조로써 추론하여 삽입하여 번역하였다.

와 다르지 않으며, 이·비·설·신·의계는 곧 이것이 본성공이고 본성공은 곧 이것이 이·비·설·신·의계이니라.

선현이여. 색계로써 본성공과 다르지 않고 본성공이 색계와 다르지 않으며, 색계는 곧 이것이 본성공이고 본성공은 곧 이것이 색계이며, 성·향·미·촉·법계는 본성공과 다르지 않고 본성공은 성·향·미·촉·법계와 다르지 않으며, 성·향·미·촉·법계는 곧 이것이 본성공이고 본성공은 곧 이것이 성·향·미·촉·법계이니라.

선현이여. 안식계로써 본성공과 다르지 않고 본성공이 안식계와 다르지 않으며, 안식계는 곧 이것이 본성공이고 본성공은 곧 이것이 안식계이며, 이·비·설·신·의식계는 본성공과 다르지 않고 본성공은 이·비·설·신·의식계와 다르지 않으며, 이·비·설·신·의식계는 곧 이것이 본성공이고 본성공은 곧 이것이 이·비·설·신·의식계이니라.

선현이여. 안촉으로써 본성공과 다르지 않고 본성공이 안촉과 다르지 않으며, 안촉은 곧 이것이 본성공이고 본성공은 곧 이것이 안촉이며, 이·비·설·신·의촉은 본성공과 다르지 않고 본성공은 이·비·설·신·의촉과 다르지 않으며, 이·비·설·신·의촉은 곧 이것이 본성공이고 본성공은 곧 이것이 이·비·설·신·의촉이니라.

선현이여. 안촉을 인연으로 생겨난 여러 수로써 본성공과 다르지 않고 본성공이 안촉을 인연으로 생겨난 여러 수와 다르지 않으며, 안촉을 인연으로 생겨난 여러 수는 곧 이것이 본성공이고 본성공은 곧 이것이 안촉을 인연으로 생겨난 여러 수이며, 이·비·설·신·의촉을 인연으로 생겨난 여러 수는 본성공과 다르지 않고 본성공은 이·비·설·신·의촉을 인연으로 생겨난 여러 수와 다르지 않으며, 이·비·설·신·의촉을 인연으로 생겨난 여러 수는 곧 이것이 본성공이고 본성공은 곧 이것이 이·비·설·신·의촉을 인연으로 생겨난 여러 수이니라.

선현이여. 지계로써 본성공과 다르지 않고 본성공이 지계와 다르지 않으며, 지계는 곧 이것이 본성공이고 본성공은 곧 이것이 지계이며, 수·화·풍·공·식계는 본성공과 다르지 않고 본성공은 수·화·풍·공·식계와 다르지 않으며, 수·화·풍·공·식계는 곧 이것이 본성공이고 본성공은 곧 이것이 수·화·풍·공·식계이니라.

선현이여. 인연으로써 본성공과 다르지 않고 본성공이 인연과 다르지 않으며, 인연은 곧 이것이 본성공이고 본성공은 곧 이것이 인연이며, 등무간연·소연연·증상연은 본성공과 다르지 않고 본성공은 등무간연·소연연·증상연과 다르지 않으며, 등무간연·소연연·증상연은 곧 이것이 본성공이고 본성공은 곧 이것이 등무간연·소연연·증상연이니라. 선현이여. 인연을 쫓아서 생겨난 제법으로써 본성공과 다르지 않고 본성공이 인연을 쫓아서 생겨난 제법과 다르지 않으며, 인연을 쫓아서 생겨난 제법은 곧 이것이 본성공이고 본성공은 곧 이것이 인연을 쫓아서 생겨난 제법이니라.

선현이여. 무명으로써 본성공과 다르지 않고 본성공이 무명과 다르지 않으며, 무명은 곧 이것이 본성공이고 본성공은 곧 이것이 무명이며, 행·식·명색·육처·촉·수·애·취·유·생·노사의 수탄고우뇌는 본성공과 다르지 않고 본성공은 행, 나아가 노사의 수탄고우뇌와 다르지 않으며, 행·식·명색·육처·촉·수·애·취·유·생·노사의 수탄고우뇌는 곧 이것이 본성공이고 본성공은 곧 이것이 행, 나아가 노사의 수탄고우뇌이니라.

선현이여. 보시바라밀다로써 본성공과 다르지 잃고 본성공이 보시바라밀다와 다르지 않으며, 보시바라밀다는 곧 이것이 본성공이고 본성공은 곧 이것이 보시바라밀다이며, 정계·안인·정진·정려·반야바라밀다는 본성공과 다르지 않고 본성공은 정계·안인·정진·정려·반야바라밀다와 다르지 않으며, 정계·안인·정진·정려·반야바라밀다는 곧 이것이 본성공이고 본성공은 곧 이것이 정계·안인·정진·정려·반야바라밀다이니라.

선현이여. 내공으로써 본성공과 다르지 않고 본성공이 내공과 다르지 않으며, 내공은 곧 이것이 본성공이고 본성공은 곧 이것이 내공이며, 외공·내외공·공공·대공·승의공·유위공·무위공·필경공·무제공·산공·무변이공·본성공·자상공·공상공·일체법공·불가득공·무성공·자성공·무성자성공은 본성공과 다르지 않고 본성공은 외공, 나아가 무성자성공과 다르지 않으며, 외공·내외공·공공·대공·승의공·유위공·무위공·필경공

·무제공·산공·무변이공·본성공·자상공·공상공·일체법공·불가득공·무성공·자성공·무성자성공은 곧 이것이 본성공이고 본성공은 곧 이것이 외공, 나아가 무성자성공이니라.

선현이여. 4념주로써 본성공과 다르지 않고 본성공이 4념주와 다르지 않으며, 4념주는 곧 이것이 본성공이고 본성공은 곧 이것이 4념주이며, 4정단·4신족·5근·5력·7등각지·8성도지는 본성공과 다르지 않고 본성공은 4정단, 나아가 8성도지와 다르지 않으며, 4정단·4신족·5근·5력·7등각지·8성도지는 곧 이것이 본성공이고 본성공은 곧 이것이 4정단, 나아가 8성도지이니라.

선현이여. 고성제로써 본성공과 다르지 않고 본성공이 고성제와 다르지 않으며, 고성제는 곧 이것이 본성공이고 본성공은 곧 이것이 고성제이며, 집·멸·도성제는 본성공과 다르지 않고 본성공은 집·멸·도성제와 다르지 않으며, 집·멸·도성제는 곧 이것이 본성공이고 본성공은 곧 이것이 집·멸·도성제이니라.

선현이여. 4정려로써 본성공과 다르지 않고 본성공이 4정려와 다르지 않으며, 4정려는 곧 이것이 본성공이고 본성공은 곧 이것이 4정려이며, 4무량·4무색정은 본성공과 다르지 않고 본성공은 4무량·4무색정과 다르지 않으며, 4무량·4무색정은 곧 이것이 본성공이고 본성공은 곧 이것이 4무량·4무색정이니라.

선현이여. 8해탈로써 본성공과 다르지 않고 본성공이 8해탈과 다르지 않으며, 8해탈은 곧 이것이 본성공이고 본성공은 곧 이것이 8해탈이며, 8승처·9차제정·10변처는 본성공과 다르지 않고 본성공은 8승처·9차제정·10변처와 다르지 않으며, 8승처·9차제정·10변처는 곧 이것이 본성공이고 본성공은 곧 이것이 8승처·9차제정·10변처이니라.

선현이여. 다라니문으로써 본성공과 다르지 않고 본성공이 다라니문과 다르지 않으며, 다라니문은 곧 이것이 본성공이고 본성공은 곧 이것이 다라니문이며, 삼마지문은 본성공과 다르지 않고 본성공은 삼마지문과 다르지 않으며, 삼마지문은 곧 이것이 본성공이고 본성공은 곧 이것이 삼마지문이니라.

선현이여. 공해탈문으로써 본성공과 다르지 않고 본성공이 공해탈문과 다르지 않으며, 공해탈문은 곧 이것이 본성공이고 본성공은 곧 이것이 공해탈문이며, 무상·무원해탈문은 본성공과 다르지 않고 본성공은 무상·무원해탈문과 다르지 않으며, 무상·무원해탈문은 곧 이것이 본성공이고 본성공은 곧 이것이 무상·무원해탈문이니라.

선현이여. 극희지로써 본성공과 다르지 않고 본성공이 극희지와 다르지 않으며, 극희지는 곧 이것이 본성공이고 본성공은 곧 이것이 극희지이며, 이구지·발광지·염혜지·극난승지·현전지·원행지·부동지·선혜지·법운지는 본성공과 다르지 않고 본성공은 이구지, 나아가 법운지와 다르지 않으며, 이구지·발광지·염혜지·극난승지·현전지·원행지·부동지·선혜지·법운지는 곧 이것이 본성공이고 본성공은 곧 이것이 이구지, 나아가 법운지이니라.

선현이여. 5안으로써 본성공과 다르지 않고 본성공이 5안과 다르지 않으며, 5안은 곧 이것이 본성공이고 본성공은 곧 이것이 5안이며, 6신통은 본성공과 다르지 않고 본성공은 6신통과 다르지 않으며, 6신통은 곧 이것이 본성공이고 본성공은 곧 이것이 6신통이니라.

선현이여. 여래의 10력으로써 본성공과 다르지 않고 본성공이 여래의 10력과 다르지 않으며, 여래의 10력은 곧 이것이 본성공이고 본성공은 곧 이것이 여래의 10력이며, 4무소외·4무애해·대자·대비·대희·대사·18불불공법은 본성공과 다르지 않고 본성공은 4무소외, 나아가 18불불공법과 다르지 않으며, 4무소외·4무애해·대자·대비·대희·대사·18불불공법은 곧 이것이 본성공이고 본성공은 곧 이것이 4무소외, 나아가 18불불공법이니라.

선현이여. 32대사상으로써 본성공과 다르지 않고 본성공이 32대사상과 다르지 않으며, 32대사상은 곧 이것이 본성공이고 본성공은 곧 이것이 32대사상이며, 80수호는 본성공과 다르지 않고 본성공은 80수호와 다르지 않으며, 80수호는 곧 이것이 본성공이고 본성공은 곧 이것이 80수호이니라.

선현이여. 무망실법으로써 본성공과 다르지 않고 본성공이 무망실법과 다르지 않으며, 무망실법은 곧 이것이 본성공이고 본성공은 곧 이것이 무망실법이며, 항주사성은 본성공과 다르지 않고 본성공은 항주사성과 다르지 않으며, 항주사성은 곧 이것이 본성공이고 본성공은 곧 이것이 항주사성이니라.

선현이여. 일체지로써 본성공과 다르지 않고 본성공이 일체지와 다르지 않으며, 일체지는 곧 이것이 본성공이고 본성공은 곧 이것이 일체지이며, 도상지·일체상지는 본성공과 다르지 않고 본성공은 도상지·일체상지와 다르지 않으며, 도상지·일체상지는 곧 이것이 본성공이고 본성공은 곧 이것이 도상지·일체상지이니라.

선현이여. 예류과로써 본성공과 다르지 않고 본성공이 예류과와 다르지 않으며, 예류과는 곧 이것이 본성공이고 본성공은 곧 이것이 예류과이며, 일래·불환·아라한과·독각의 보리는 본성공과 다르지 않고 본성공은 일래·불환·아라한과·독각의 보리와 다르지 않으며, 일래·불환·아라한과·독각의 보리는 곧 이것이 본성공이고 본성공은 곧 이것이 일래·불환·아라한과·독각의 보리이니라.

선현이여. 일체의 보살의 행으로써 본성공과 다르지 않고 본성공이 일체의 보살의 행과 다르지 않으며, 일체의 보살의 행은 곧 이것이 본성공이고 본성공은 곧 이것이 일체의 보살의 행이며, 제불의 무상정등보리는 본성공과 다르지 않고 본성공은 제불의 무상정등보리와 다르지 않으며, 제불의 무상정등보리는 곧 이것이 본성공이고 본성공은 곧 이것이 제불의 무상정등보리이니라. 그러므로 제보살마하살이 반야바라밀다를 수행하는 때에 일체법이 모두가 본성공이라고 관찰한다면 무상정등보리를 증득하느니라.

왜 그러한가? 선현이여. 본성공을 벗어난다면 어느 하나의 법(一法)이라도 이것은 진실이거나, 항상 항상하거나, 무너뜨릴 수 있거나, 단절할 수 있는 것이 없고, 본성공의 가운데에서도 역시 어느 하나의 법이라도 이것은 진실이거나, 항상 항상하거나, 무너뜨릴 수 있거나, 단절할 수 있는 것이 없으나, 오직 여러 어리석은 범부들은 미혹(迷謬)되고 전도되어서 별도의 다른 생각을 일으키는데 이를테면, 색은 본성공과 다르다고 집착하고 혹은 수·상·행·식은 본성공과 다르다고 집착하며, 혹은 안처는 본성공과 다르다고 집착하고 혹은 이·비·설·신·의처는 본성공과 다르다고 집착하며, 혹은 색처는 본성공과 다르다고 집착하고 혹은 성·향·미·촉·법처는 본성공과 다르다고 집착하며, 혹은 안계는 본성공과 다르다고 집착하고 혹은 이·비·설·신·의계는 본성공과 다르다고 집착하며, 혹은 색계는 본성공과 다르다고 집착하고 혹은 성·향·미·촉·법계는 본성공과 다르다고 집착하며,

혹은 안식계는 본성공과 다르다고 집착하고 혹은 이·비·설·신·의식계는 본성공과 다르다고 집착하며, 혹은 안촉은 본성공과 다르다고 집착하고 혹은 이·비·설·신·의촉은 본성공과 다르다고 집착하며, 혹은 안촉을 인연으로 생겨난 여러 수는 본성공과 다르다고 집착하고 혹은 이·비·설·신·의촉을 인연으로 생겨난 여러 수는 본성공과 다르다고 집착하며, 혹은 지계는 본성공과 다르다고 집착하고 혹은 수·화·풍·공·식계는 본성공과 다르다고 집착하며, 혹은 인연은 본성공과 다르다고 집착하고 혹은 등무간연·소연연·증상연은 본성공과 다르다고 집착하며,

혹은 여러 인연을 쫓아서 생겨난 제법은 본성공과 다르다고 집착하며, 혹은 무명은 본성공과 다르다고 집착하고 혹은 행·식·명색·육처·촉·수·애·취·유·생·노사의 수탄고우뇌는 본성공과 다르다고 집착하며, 혹은 보시바라밀다는 본성공과 다르다고 집착하고 혹은 정계·안인·정진·정려·반야바라밀다는 본성공과 다르다고 집착하며, 혹은 내공은 본성공과 다르다고 집착하고 혹은 외공·내외공·공공·대공·승의공·유위공·무위공·필경공·무제공·산공·무변이공·본성공·자상공·공상공·일체법공·불가득공·무성공·자성공·무성자성공은 본성공과 다르다고 집착하며,

혹은 4념주는 본성공과 다르다고 집착하고 혹은 4정단·4신족·5근·5력·7등각지·8성도지는 본성공과 다르다고 집착하며, 혹은 고성제는 본성공과 다르다고 집착하고 혹은 집·멸·도성제는 본성공과 다르다고 집착하며, 혹은 4정려는 본성공과 다르다고 집착하고 혹은 4무량·4무색정은 본성공과 다르다고 집착하며, 혹은 공해탈문은 본성공과 다르다고 집착하고 혹은 무상·무원해탈문은 본성공과 다르다고 집착하며, 혹은 8해탈은

본성공과 다르다고 집착하고 혹은 8승처·9차제정·10변처는 본성공과 다르다고 집착하며,

혹은 다라니문은 본성공과 다르다고 집착하고 혹은 삼마지문은 본성공과 다르다고 집착하며, 혹은 극희지는 본성공과 다르다고 집착하고 혹은 이구지·발광지·염혜지·극난승지·원행지·부동지·선혜지·법운지는 본성공과 다르다고 집착하며, 혹은 5안은 본성공과 다르다고 집착하고, 혹은 6신통에서 수행하지 않으며, 혹은 여래의 10력은 본성공과 다르다고 집착하고, 혹은 4무소외·4무애해·대자·대비·대희·대사·18불불공법은 본성공과 다르다고 집착하며, 혹은 32대사상은 본성공과 다르다고 집착하고 혹은 80수호는 본성공과 다르다고 집착하며,

혹은 무망실법은 본성공과 다르다고 집착하고, 혹은 항주사성은 본성공과 다르다고 집착하며, 일체지는 본성공과 다르다고 집착하고 혹은 도상지·일체상지는 본성공과 다르다고 집착하며, 혹은 예류과는 본성공과 다르다고 집착하고 혹은 일래·불환·아라한과·독각의 보리는 본성공과 다르다고 집착하며, 일체의 보살의 행은 본성공과 다르다고 집착하고 혹은 제불의 무상정등보리는 본성공과 다르다고 집착하느니라.

선현이여. 이러한 여러 어리석은 범부들은 제법이 본성공과 다르다고 집착하므로 색을 여실하게 알지 못하고 수·상·행·식을 여실하게 알지 못하느니라. 오히려 알지 못하는 까닭으로 곧 색을 집착하고 수·상·행·식을 집착하며, 오히려 집착하는 까닭에 곧 색에서 아(我)·아소(我所)를 비교하여 헤아리고(計較) 수·상·행·식에서 아·아소를 비교하여 헤아리느니라. 오히려 망령되게 비교하여 헤아리는 까닭으로 안과 밖의 물건에 집착하여 후신(後身)의 색·수·상·행·식을 받으며, 오히려 이것으로 여러 세계의 생(生)·노(老)·병(病)·사(死)의 근심(愁)·환란(憂)·고통(苦)·번민(惱)을 벗어나지 못하고, 3유(三有)2)를 왕래하면서 끝없이 바퀴처럼 전전하느니라.

---

2) 산스크리트어 trayo-bhava의 번역이고 삼계(三界)를 다르게 부르는 말이다. '욕유(欲有)', '색유(色有)', '무색유(無色有)' 등이 있다.

오히려 이러한 인연으로 제보살마하살은 본성공(本性空) 바라밀다에 머무르고 반야바라밀다를 수행하면서 색을 집수(執受)하지 않고, 역시 색이 만약 공하거나 만약 공하지 않더라도 무너뜨리지 않으며, 수·상·행·식을 집수하지 않고, 역시 수·상·행·식이 만약 공하거나 만약 공하지 않더라도 무너뜨리지 않으며, 안처를 집수하지 않고, 역시 안처가 만약 공하거나 만약 공하지 않더라도 무너뜨리지 않으며, 이·비·설·신·의처를 집수하지 않고, 역시 이·비·설·신·의처가 만약 공하거나 만약 공하지 않더라도 무너뜨리지 않으며,

색처를 집수하지 않고, 역시 색처가 만약 공하거나 만약 공하지 않더라도 무너뜨리지 않으며, 성·향·미·촉·법처를 집수하지 않고, 역시 성·향·미·촉·법처가 만약 공하거나 만약 공하지 않더라도 무너뜨리지 않으며, 안계를 집수하지 않고, 역시 안계가 만약 공하거나 만약 공하지 않더라도 무너뜨리지 않으며, 이·비·설·신·의계를 집수하지 않고, 역시 이·비·설·신·의계가 만약 공하거나 만약 공하지 않더라도 무너뜨리지 않으며,

색계를 집수하지 않고, 역시 색계가 만약 공하거나 만약 공하지 않더라도 무너뜨리지 않으며, 성·향·미·촉·법계를 집수하지 않고, 역시 성·향·미·촉·법계가 만약 공하거나 만약 공하지 않더라도 무너뜨리지 않으며, 안식계를 집수하지 않고, 역시 안식계가 만약 공하거나 만약 공하지 않더라도 무너뜨리지 않으며, 이·비·설·신·의식계를 집수하지 않고, 역시 이·비·설·신·의식계가 만약 공하거나 만약 공하지 않더라도 무너뜨리지 않으며,

안촉을 집수하지 않고, 역시 안촉이 만약 공하거나 만약 공하지 않더라도 무너뜨리지 않으며, 이·비·설·신·의촉을 집수하지 않고, 역시 이·비·설·신·의촉이 만약 공하거나 만약 공하지 않더라도 무너뜨리지 않으며, 안촉을 인연으로 생겨난 여러 수를 집수하지 않고, 역시 안촉을 인연으로 생겨난 여러 수가 만약 공하거나 만약 공하지 않더라도 무너뜨리지 않으며, 이·비·설·신·의촉을 인연으로 생겨난 여러 수를 집수하지 않고, 역시 이·비·설·신·의촉을 인연으로 생겨난 여러 수가 만약 공하거나 만약 공하지 않더라도 무너뜨리지 않으며,

지계를 집수하지 않고, 역시 지계가 만약 공하거나 만약 공하지 않더라도 무너뜨리지 않으며, 수·화·풍·공·식계를 집수하지 않고, 역시 수·화·풍·공·식계가 만약 공하거나 만약 공하지 않더라도 무너뜨리지 않으며, 인연을 집수하지 않고, 역시 인연이 만약 공하거나 만약 공하지 않더라도 무너뜨리지 않으며, 등무간연·소연연·증상연을 집수하지 않고, 역시 등무간연·소연연·증상연이 만약 공하거나 만약 공하지 않더라도 무너뜨리지 않으며,

인연을 쫓아서 생겨난 제법을 집수하지 않고, 역시 인연을 쫓아서 생겨난 제법이 만약 공하거나 만약 공하지 않더라도 무너뜨리지 않으며, 무명을 집수하지 않고, 역시 무명이 만약 공하거나 만약 공하지 않더라도 무너뜨리지 않으며, 행·식·명색·육처·촉·수·애·취·유·생·노사의 수탄고우뇌를 집수하지 않고, 역시 행, 나아가 노사의 수탄고우뇌가 만약 공하거나 만약 공하지 않더라도 무너뜨리지 않으며,

보시바라밀다를 집수하지 않고, 역시 보시바라밀다가 만약 공하거나 만약 공하지 않더라도 무너뜨리지 않으며, 정계·안인·정진·정려·반야바라밀다를 집수하지 않고, 역시 정계·안인·정진·정려·반야바라밀다가 만약 공하거나 만약 공하지 않더라도 무너뜨리지 않으며, 내공을 집수하지 않고, 역시 내공이 만약 공하거나 만약 공하지 않더라도 무너뜨리지 않으며, 외공·내외공·공공·대공·승의공·유위공·무위공·필경공·무제공·산공·무변이공·본성공·자상공·공상공·일체법공·불가득공·무성공·자성공·무성자성공을 집수하지 않고, 역시 외공, 나아가 무성자성공이 만약 공하거나 만약 공하지 않더라도 무너뜨리지 않으며,

4념주를 집수하지 않고, 역시 4념주가 만약 공하거나 만약 공하지 않더라도 무너뜨리지 않으며, 4정단·4신족·5근·5력·7등각지·8성도지를 집수하지 않고, 역시 4정단, 나아가 8성도지가 만약 공하거나 만약 공하지 않더라도 무너뜨리지 않으며, 고성제를 집수하지 않고, 역시 고성제가 만약 공하거나 만약 공하지 않더라도 무너뜨리지 않으며, 집·멸·도성제를 집수하지 않고, 역시 집·멸·도성제가 만약 공하거나 만약 공하지 않더라도

무너뜨리지 않으며,

 4정려를 집수하지 않고, 역시 4정려가 만약 공하거나 만약 공하지 않더라도 무너뜨리지 않으며, 4무량·4무색정을 집수하지 않고, 역시 4무량·4무색정이 만약 공하거나 만약 공하지 않더라도 무너뜨리지 않으며, 8해탈을 집수하지 않고, 역시 8해탈이 만약 공하거나 만약 공하지 않더라도 무너뜨리지 않으며, 8승처·9차제정·10변처를 집수하지 않고, 역시 8승처·9차제정·10변처가 만약 공하거나 만약 공하지 않더라도 무너뜨리지 않으며,

 다라니문을 집수하지 않고, 역시 다라니문이 만약 공하거나 만약 공하지 않더라도 무너뜨리지 않으며, 삼마지문을 집수하지 않고, 역시 삼마지문이 만약 공하거나 만약 공하지 않더라도 무너뜨리지 않으며, 공해탈문을 집수하지 않고, 역시 공해탈문이 만약 공하거나 만약 공하지 않더라도 무너뜨리지 않으며, 무상·무원해탈문을 집수하지 않고, 역시 무상·무원해탈문이 만약 공하거나 만약 공하지 않더라도 무너뜨리지 않으며,

 극희지를 집수하지 않고, 역시 극희지가 만약 공하거나 만약 공하지 않더라도 무너뜨리지 않으며, 이구지·발광지·염혜지·극난승지·현전지·원행지·부동지·선혜지·법운지를 집수하지 않고, 역시 이구지, 나아가 법운지가 만약 공하거나 만약 공하지 않더라도 무너뜨리지 않으며, 5안을 집수하지 않고, 역시 5안이 만약 공하거나 만약 공하지 않더라도 무너뜨리지 않으며, 6신통을 집수하지 않고, 역시 6신통이 만약 공하거나 만약 공하지 않더라도 무너뜨리지 않으며,

 여래의 10력을 집수하지 않고, 역시 여래의 10력이 만약 공하거나 만약 공하지 않더라도 무너뜨리지 않으며, 4무소외·4무애해·대자·대비·대희·대사·18불불공법을 집수하지 않고, 역시 4무소외, 나아가 18불불공법이 만약 공하거나 만약 공하지 않더라도 무너뜨리지 않으며, 32대사상을 집수하지 않고, 역시 32대사상이 만약 공하거나 만약 공하지 않더라도 무너뜨리지 않으며, 80수호를 집수하지 않고, 역시 80수호가 만약 공하거나 만약 공하지 않더라도 무너뜨리지 않으며,

무망실법을 집수하지 않고, 역시 무망실법이 만약 공하거나 만약 공하지 않더라도 무너뜨리지 않으며, 항주사성을 집수하지 않고, 역시 항주사성이 만약 공하거나 만약 공하지 않더라도 무너뜨리지 않으며, 일체지를 집수하지 않고, 역시 일체지가 만약 공하거나 만약 공하지 않더라도 무너뜨리지 않으며, 도상지·일체상지를 집수하지 않고, 역시 도상지·일체상지가 만약 공하거나 만약 공하지 않더라도 무너뜨리지 않으며,

예류과를 집수하지 않고, 역시 예류과가 만약 공하거나 만약 공하지 않더라도 무너뜨리지 않으며, 일래·불환·아라한과·독각의 보리를 집수하지 않고, 역시 항주사성이 만약 공하거나 만약 공하지 않더라도 무너뜨리지 않으며, 일체의 보살의 행을 집수하지 않고, 역시 일체의 보살의 행이 만약 공하거나 만약 공하지 않더라도 무너뜨리지 않으며, 제불의 무상정등보리를 집수하지 않고, 역시 제불의 무상정등보리가 만약 공하거나 만약 공하지 않더라도 무너뜨리지 않느니라.

그 까닭은 무엇인가? 선현이여. 색이 공을 무너뜨리지 않고 공이 색을 무너뜨리지 않으므로 이것은 색이고 이것은 공이라고 말하며, 수·상·행·식이 공을 무너뜨리지 않고 공이 수·상·행·식을 무너뜨리지 않으므로 이것은 수·상·행·식이고 이것은 공이라고 말하느니라. 선현이여. 안처가 공을 무너뜨리지 않고 공이 안처를 무너뜨리지 않으므로 이것은 안처이고 이것은 공이라고 말하며, 이·비·설·신·의처가 공을 무너뜨리지 않고 공이 이·비·설·신·의처를 무너뜨리지 않으므로 이것은 이·비·설·신·의처이고 이것은 공이라고 말하느니라.

선현이여. 색처가 공을 무너뜨리지 않고 공이 색처를 무너뜨리지 않으므로 이것은 색처이고 이것은 공이라고 말하며, 성·향·미·촉·법처가 공을 무너뜨리지 않고 공이 성·향·미·촉·법처를 무너뜨리지 않으므로 이것은 성·향·미·촉·법처이고 이것은 공이라고 말하느니라. 선현이여. 안계가 공을 무너뜨리지 않고 공이 안계를 무너뜨리지 않으므로 이것은 안계이고 이것은 공이라고 말하며, 이·비·설·신·의계가 공을 무너뜨리지 않고 공이 이·비·설·신·의계를 무너뜨리지 않으므로 이것은 이·비·설·신

·의계이고 이것은 공이라고 말하느니라.

　선현이여. 색처가 공을 무너뜨리지 않고 공이 색처를 무너뜨리지 않으므로 이것은 색처이고 이것은 공이라고 말하며, 성·향·미·촉·법처가 공을 무너뜨리지 않고 공이 성·향·미·촉·법처를 무너뜨리지 않으므로 이것은 성·향·미·촉·법처이고 이것은 공이라고 말하느니라. 선현이여. 안식계가 공을 무너뜨리지 않고 공이 안식계를 무너뜨리지 않으므로 이것은 안식계이고 이것은 공이라고 말하며, 이·비·설·신·의식계가 공을 무너뜨리지 않고 공이 이·비·설·신·의식계를 무너뜨리지 않으므로 이것은 이·비·설·신·의식계이고 이것은 공이라고 말하느니라.

　선현이여. 안촉이 공을 무너뜨리지 않고 공이 안촉을 무너뜨리지 않으므로 이것은 안촉이고 이것은 공이라고 말하며, 이·비·설·신·의촉이 공을 무너뜨리지 않고 공이 이·비·설·신·의촉을 무너뜨리지 않으므로 이것은 이·비·설·신·의촉이고 이것은 공이라고 말하느니라. 선현이여. 안촉을 인연으로 생겨난 여러 수가 공을 무너뜨리지 않고 공이 안촉을 인연으로 생겨난 여러 수를 무너뜨리지 않으므로 이것은 안촉을 인연으로 생겨난 여러 수이고 이것은 공이라고 말하며, 이·비·설·신·의촉을 인연으로 생겨난 여러 수가 공을 무너뜨리지 않고 공이 이·비·설·신·의족을 인연으로 생겨난 여러 수를 무너뜨리지 않으므로 이것은 이·비·설·신·의촉을 인연으로 생겨난 여러 수이고 이것은 공이라고 말하느니라.

　선현이여. 지계가 공을 무너뜨리지 않고 공이 지계를 무너뜨리지 않으므로 이것은 지계이고 이것은 공이라고 말하며, 수·화·풍·공·식계가 공을 무너뜨리지 않고 공이 수·화·풍·공·식계를 무너뜨리지 않으므로 이것은 수·화·풍·공·식계이고 이것은 공이라고 말하느니라. 선현이여. 인연이 공을 무너뜨리지 않고 공이 인연을 무너뜨리지 않으므로 이것은 인연이고 이것은 공이라고 말하며, 등무간연·소연연·증상연이 공을 무너뜨리지 않고 공이 등무간연·소연연·증상연을 무너뜨리지 않으므로 이것은 등무간연·소연연·증상연이고 이것은 공이라고 말하느니라.

　선현이여. 인연을 쫓아서 생겨난 제법이 공을 무너뜨리지 않고 공이 인연을 쫓아서 생겨난 제법을 무너뜨리지 않으므로 이것은 인연을 쫓아서 생겨난 제법이고 이것은 공이라고 말하느니라. 선현이여. 무명이 공을 무너뜨리지 않고 공이 무명을 무너뜨리지 않으므로 이것은 무명이고 이것은 공이라고 말하며, 행·식·명색·육처·촉·수·애·취·유·생·노사의 수탄고우뇌가 공을 무너뜨리지 않고 공이 행, 나아가 노사의 수탄고우뇌를 무너뜨리지 않으므로 이것은 행·식·명색·육처·촉·수·애·취·유·생·노사의 수탄고우뇌이고 이것은 공이라고 말하느니라.

선현이여. 보시바라밀다가 공을 무너뜨리지 않고 공이 보시바라밀다를 무너뜨리지 않으므로 이것은 보시바라밀다이고 이것은 공이라고 말하며, 정계·안인·정진·정려·반야바라밀다가 공을 무너뜨리지 않고 공이 정계·안인·정진·정려·반야바라밀다를 무너뜨리지 않으므로 이것은 정계·안인·정진·정려·반야바라밀다이고 이것은 공이라고 말하느니라.

선현이여. 내공이 공을 무너뜨리지 않고 공이 내공을 무너뜨리지 않으므로 이것은 내공이고 이것은 공이라고 말하며, 외공·내외공·공공·대공·승의공·유위공·무위공·필경공·무제공·산공·무변이공·본성공·자상공·공상공·일체법공·불가득공·무성공·자성공·무성자성공이 공을 무너뜨리지 않고 공이 외공, 나아가 무성자성공을 무너뜨리지 않으므로 이것은 외공·내외공·공공·대공·승의공·유위공·무위공·필경공·무제공·산공·무변이공·본성공·자상공·공상공·일체법공·불가득공·무성공·자성공·무성자성공이고 이것은 공이라고 말하느니라.

선현이여. 4념주가 공을 무너뜨리지 않고 공이 4념주를 무너뜨리지 않으므로 이것은 4념주이고 이것은 공이라고 말하며, 4정단·4신족·5근·5력·7등각지·8성도지가 공을 무너뜨리지 않고 공이 4정단, 나아가 8성도지를 무너뜨리지 않으므로 이것은 4정단·4신족·5근·5력·7등각지·8성도지이고 이것은 공이라고 말하느니라. 선현이여. 고성제가 공을 무너뜨리지 않고 공이 고성제를 무너뜨리지 않으므로 이것은 고성제이고 이것은 공이라고 말하며, 집·멸·도성제가 공을 무너뜨리지 않고 공이 집·멸·도성제를 무너뜨리지 않으므로 이것은 집·멸·도성제이고 이것은 공이라고 말하느니라.
　선현이여. 4정려가 공을 무너뜨리지 않고 공이 4정려를 무너뜨리지 않으므로 이것은 4정려이고 이것은 공이라고 말하며, 4무량·4무색정이 공을 무너뜨리지 않고 공이 4무량·4무색정을 무너뜨리지 않으므로 이것은 4무량·4무색정이고 이것은 공이라고 말하느니라. 선현이여. 8해탈이 공을 무너뜨리지 않고 공이 8해탈을 무너뜨리지 않으므로 이것은 8해탈이고 이것은 공이라고 말하며, 8승처·9차제정·10변처가 공을 무너뜨리지 않고 공이 8승처·9차제정·10변처를 무너뜨리지 않으므로 이것은 8승처·9차제정·10변처이고 이것은 공이라고 말하느니라.
　선현이여. 다라니문이 공을 무너뜨리지 않고 공이 다라니문을 무너뜨리지 않으므로 이것은 다라니문이고 이것은 공이라고 말하며, 삼마지문이 공을 무너뜨리지 않고 공이 삼마지문을 무너뜨리지 않으므로 이것은 삼마지문이고 이것은 공이라고 말하느니라. 선현이여. 공해탈문이 공을 무너뜨리지 않고 공이 공해탈문을 무너뜨리지 않으므로 이것은 공해탈문이고 이것은 공이라고 말하며, 무상·무원해탈문이 공을 무너뜨리지 않고 공이 무상·무원해탈문을 무너뜨리지 않으므로 이것은 무상·무원해탈문이고 이것은 공이라고 말하느니라.
　선현이여. 극희지가 공을 무너뜨리지 않고 공이 극희지를 무너뜨리지 않으므로 이것은 극희지이고 이것은 공이라고 말하며, 이구지·발광지·염혜지·극난승지·현전지·원행지·부동지·선혜지·법운지가 공을 무너뜨리지 않고 공이 이구지, 나아가 법운지를 무너뜨리지 않으므로 이것은 이구지·발광지·염혜지·극난승지·현전지·원행지·부동지·선혜지·법운지이고 이것은 공이라고 말하느니라. 선현이여. 5안이 공을 무너뜨리지 않고 공이 5안을 무너뜨리지 않으므로 이것은 5안이고 이것은 공이라고 말하며, 6신통이 공을 무너뜨리지 않고 공이 6신통을 무너뜨리지 않으므로 이것은 6신통이고 이것은 공이라고 말하느니라.
　선현이여. 여래의 10력이 공을 무너뜨리지 않고 공이 여래의 10력을 무너뜨리지 않으므로 이것은 여래의 10력이고 이것은 공이라고 말하며,

4무소외·4무애해·대자·대비·대희·대사·18불불공법이 공을 무너뜨리지 않고 공이 4무소외, 나아가 18불불공법을 무너뜨리지 않으므로 이것은 4무소외·4무애해·대자·대비·대희·대사·18불불공법이고 이것은 공이라고 말하느니라. 선현이여. 32대사상이 공을 무너뜨리지 않고 공이 32대사상을 무너뜨리지 않으므로 이것은 32대사상이고 이것은 공이라고 말하며, 80수호가 공을 무너뜨리지 않고 공이 80수호를 무너뜨리지 않으므로 이것은 80수호이고 이것은 공이라고 말하느니라.

선현이여. 무망실법이 공을 무너뜨리지 않고 공이 무망실법을 무너뜨리지 않으므로 이것은 무망실법이고 이것은 공이라고 말하며, 항주사성이 공을 무너뜨리지 않고 공이 항주사성을 무너뜨리지 않으므로 이것은 항주사성이고 이것은 공이라고 말하느니라. 선현이여. 일체지가 공을 무너뜨리지 않고 공이 일체지를 무너뜨리지 않으므로 이것은 일체지이고 이것은 공이라고 말하며, 도상지·일체상지가 공을 무너뜨리지 않고 공이 도상지·일체상지를 무너뜨리지 않으므로 이것은 도상지·일체상지이고 이것은 공이라고 말하느니라.

선현이여. 예류과가 공을 무너뜨리지 않고 공이 예류과를 무너뜨리지 않으므로 이것은 예류과이고 이것은 공이라고 말하며, 일래·불환·아라한과·독각의 보리가 공을 무너뜨리지 않고 공이 일래·불환·아라한과·독각의 보리를 무너뜨리지 않으므로 이것은 일래·불환·아라한과·독각의 보리이고 이것은 공이라고 말하느니라. 선현이여. 일체의 보살의 행이 공을 무너뜨리지 않고 공이 일체의 보살의 행을 무너뜨리지 않으므로 이것은 일체의 보살의 행이고 이것은 공이라고 말하며, 제불의 무상정등보리가 공을 무너뜨리지 않고 공이 제불의 무상정등보리를 무너뜨리지 않으므로 이것은 제불의 무상정등보리이고 이것은 공이라고 말하느니라.

선현이여. 비유한다면 허공이 허공을 무너뜨리지 못하는 것과 같이 안의 허공계(內虛空界)는 밖의 허공계(外虛空界)를 무너뜨리지 못하고, 밖의 허공계는 안의 허공계를 무너뜨리지 못하느니라. 이와 같이 선현이여. 색이 공을 무너뜨리지 못하고 공이 색을 무너뜨리지 못하며, 수·상·행·

식이 공을 무너뜨리지 못하고 공이 수·상·행·식을 무너뜨리지 못하느니라. 왜 그러한가? 이와 같은 제법은 함께 무자성(無自性)이고 서로가 무너뜨리지 못하므로, 이것은 공이고 이것은 공이 아니라고 말하느니라.

선현이여. 안처가 공을 무너뜨리지 못하고 공이 안처를 무너뜨리지 못하며, 이·비·설·신·의처가 공을 무너뜨리지 못하고 공이 이·비·설·신·의처를 무너뜨리지 못하느니라. 왜 그러한가? 이와 같은 제법은 함께 무자성이고 서로가 무너뜨리지 못하므로, 이것은 공이고 이것은 공이 아니라고 말하느니라.

선현이여. 색처가 공을 무너뜨리지 못하고 공이 색처를 무너뜨리지 못하며, 성·향·미·촉·법처가 공을 무너뜨리지 못하고 공이 성·향·미·촉·법처를 무너뜨리지 못하느니라. 왜 그러한가? 이와 같은 제법은 함께 무자성이고 서로가 무너뜨리지 못하므로, 이것은 공이고 이것은 공이 아니라고 말하느니라.

선현이여. 안계가 공을 무너뜨리지 못하고 공이 안계를 무너뜨리지 못하며, 이·비·설·신·의계가 공을 무너뜨리지 못하고 공이 이·비·설·신·의계를 무너뜨리지 못하느니라. 왜 그러한가? 이와 같은 제법은 함께 무자성이고 서로가 무너뜨리지 못하므로, 이것은 공이고 이것은 공이 아니라고 말하느니라.

선현이여. 색계가 공을 무너뜨리지 못하고 공이 색계를 무너뜨리지 못하며, 성·향·미·촉·법계가 공을 무너뜨리지 못하고 공이 성·향·미·촉·법계를 무너뜨리지 못하느니라. 왜 그러한가? 이와 같은 제법은 함께 무자성이고 서로가 무너뜨리지 못하므로, 이것은 공이고 이것은 공이 아니라고 말하느니라.

선현이여. 안식계가 공을 무너뜨리지 못하고 공이 안식계를 무너뜨리지 못하며, 이·비·설·신·의식계가 공을 무너뜨리지 못하고 공이 이·비·설·신·의식계를 무너뜨리지 못하느니라. 왜 그러한가? 이와 같은 제법은 함께 무자성이고 서로가 무너뜨리지 못하므로, 이것은 공이고 이것은 공이 아니라고 말하느니라.

선현이여. 안촉이 공을 무너뜨리지 못하고 공이 안촉을 무너뜨리지 못하며, 이·비·설·신·의촉이 공을 무너뜨리지 못하고 공이 이·비·설·신·의촉을 무너뜨리지 못하느니라. 왜 그러한가? 이와 같은 제법은 함께 무자성이고 서로가 무너뜨리지 못하므로, 이것은 공이고 이것은 공이 아니라고 말하느니라.

선현이여. 안촉을 인연으로 생겨난 여러 수가 공을 무너뜨리지 못하고 공이 안촉을 인연으로 생겨난 여러 수를 무너뜨리지 못하며, 이·비·설·신·의촉을 인연으로 생겨난 여러 수가 공을 무너뜨리지 못하고 공이 이·비·설·신·의촉을 인연으로 생겨난 여러 수를 무너뜨리지 못하느니라. 왜 그러한가? 이와 같은 제법은 함께 무자성이고 서로가 무너뜨리지 못하므로, 이것은 공이고 이것은 공이 아니라고 말하느니라.

선현이여. 지계가 공을 무너뜨리지 못하고 공이 지계를 무너뜨리지 못하며, 수·화·풍·공·식계가 공을 무너뜨리지 못하고 공이 수·화·풍·공·식계를 무너뜨리지 못하느니라. 왜 그러한가? 이와 같은 제법은 함께 무자성이고 서로가 무너뜨리지 못하므로, 이것은 공이고 이것은 공이 아니라고 말하느니라.

선현이여. 인연이 공을 무너뜨리지 못하고 공이 인연을 무너뜨리지 못하며, 등무간연·소연연·증상연이 공을 무너뜨리지 못하고 공이 등무간연·소연연·증상연을 무너뜨리지 못하느니라. 왜 그러한가? 이와 같은 제법은 함께 무자성이고 서로가 무너뜨리지 못하므로, 이것은 공이고 이것은 공이 아니라고 말하느니라. 선현이여. 인연을 쫓아서 생겨난 제법이 공을 무너뜨리지 못하고 공이 인연을 쫓아서 생겨난 제법을 무너뜨리지 못하느니라. 왜 그러한가? 이와 같은 제법은 함께 무자성이고 서로가 무너뜨리지 못하므로, 이것은 공이고 이것은 공이 아니라고 말하느니라.

선현이여. 무명이 공을 무너뜨리지 못하고 공이 무명을 무너뜨리지 못하며, 행·식·명색·육처·촉·수·애·취·유·생·노사의 수탄고우뇌가 공을 무너뜨리지 못하고 공이 행, 나아가 노사의 수탄고우뇌를 무너뜨리지 못하느니라. 왜 그러한가? 이와 같은 제법은 함께 무자성이고 서로가 무너뜨리지 못하므로, 이것은 공이고 이것은 공이 아니라고 말하느니라.

선현이여. 보시바라밀다가 공을 무너뜨리지 못하고 공이 보시바라밀다를 무너뜨리지 못하며, 정계·안인·정진·정려·반야바라밀다가 공을 무너뜨리지 못하고 공이 정계·안인·정진·정려·반야바라밀다를 무너뜨리지 못하느니라. 왜 그러한가? 이와 같은 제법은 함께 무자성이고 서로가 무너뜨리지 못하므로, 이것은 공이고 이것은 공이 아니라고 말하느니라.

선현이여. 내공이 공을 무너뜨리지 못하고 공이 내공을 무너뜨리지 못하며, 외공·내외공·공공·대공·승의공·유위공·무위공·필경공·무제공·산공·무변이공·본성공·자상공·공상공·일체법공·불가득공·무성공·자성공·무성자성공이 공을 무너뜨리지 못하고 공이 외공, 나아가 무성자성공을 무너뜨리지 못하느니라. 왜 그러한가? 이와 같은 제법은 함께 무자성이고 서로가 무너뜨리지 못하므로, 이것은 공이고 이것은 공이 아니라고 말하느니라.

선현이여. 4념주가 공을 무너뜨리지 못하고 공이 4념주를 무너뜨리지 못하며, 4정단·4신족·5근·5력·7등각지·8성도지가 공을 무너뜨리지 못하고 공이 4정단, 나아가 8성도지를 무너뜨리지 못하느니라. 왜 그러한가? 이와 같은 제법은 함께 무자성이고 서로가 무너뜨리지 못하므로, 이것은 공이고 이것은 공이 아니라고 말하느니라.

선현이여. 고성제가 공을 무너뜨리지 못하고 공이 고성제를 무너뜨리지 못하며, 집·멸·도성제가 공을 무너뜨리지 못하고 공이 집·멸·도성제를 무너뜨리지 못하느니라. 왜 그러한가? 이와 같은 제법은 함께 무자성이고 서로가 무너뜨리지 못하므로, 이것은 공이고 이것은 공이 아니라고 말하느니라.

선현이여. 4정려가 공을 무너뜨리지 못하고 공이 4정려를 무너뜨리지 못하며, 4무량·4무색정이 공을 무너뜨리지 못하고 공이 4무량·4무색정을 무너뜨리지 못하느니라. 왜 그러한가? 이와 같은 제법은 함께 무자성이고 서로가 무너뜨리지 못하므로, 이것은 공이고 이것은 공이 아니라고 말하느니라.

선현이여. 8해탈이 공을 무너뜨리지 못하고 공이 8해탈을 무너뜨리지 못하며, 8승처·9차제정·10변처가 공을 무너뜨리지 못하고 공이 8승처·9차제정·10변처를 무너뜨리지 못하느니라. 왜 그러한가? 이와 같은 제법은 함께 무자성이고 서로가 무너뜨리지 못하므로, 이것은 공이고 이것은 공이 아니라고 말하느니라.

선현이여. 다라니문이 공을 무너뜨리지 못하고 공이 다라니문을 무너뜨리지 못하며, 삼마지문이 공을 무너뜨리지 못하고 공이 삼마지문을 무너뜨리지 못하느니라. 왜 그러한가? 이와 같은 제법은 함께 무자성이고 서로가 무너뜨리지 못하므로, 이것은 공이고 이것은 공이 아니라고 말하느니라.

선현이여. 공해탈문이 공을 무너뜨리지 못하고 공이 공해탈문을 무너뜨리지 못하며, 무상·무원해탈문이 공을 무너뜨리지 못하고 공이 무상·무원해탈문을 무너뜨리지 못하느니라. 왜 그러한가? 이와 같은 제법은 함께 무자성이고 서로가 무너뜨리지 못하므로, 이것은 공이고 이것은 공이 아니라고 말하느니라.

선현이여. 극희지가 공을 무너뜨리지 못하고 공이 극희지를 무너뜨리지 못하며, 이구지·발광지·염혜지·극난승지·현전지·원행지·부동지·선혜지·법운지가 공을 무너뜨리지 못하고 공이 이구지, 나아가 법운지를 무너뜨리지 못하느니라. 왜 그러한가? 이와 같은 제법은 함께 무자성이고 서로가 무너뜨리지 못하므로, 이것은 공이고 이것은 공이 아니라고 말하느니라.

선현이여. 5안이 공을 무너뜨리지 못하고 공이 5안을 무너뜨리지 못하며, 6신통이 공을 무너뜨리지 못하고 공이 6신통을 무너뜨리지 못하느니라. 왜 그러한가? 이와 같은 제법은 함께 무자성이고 서로가 무너뜨리지 못하므로, 이것은 공이고 이것은 공이 아니라고 말하느니라.

선현이여. 여래의 10력이 공을 무너뜨리지 못하고 공이 여래의 10력을 무너뜨리지 못하며, 4무소외·4무애해·대자·대비·대희·대사·18불불공법이 공을 무너뜨리지 못하고 공이 4무소외, 나아가 18불불공법을 무너뜨리지 못하느니라. 왜 그러한가? 이와 같은 제법은 함께 무자성이고 서로가 무너뜨리지 못하므로, 이것은 공이고 이것은 공이 아니라고 말하느니라.

선현이여. 32대사상이 공을 무너뜨리지 못하고 공이 32대사상을 무너뜨리지 못하며, 80수호가 공을 무너뜨리지 못하고 공이 80수호를 무너뜨리지 못하느니라. 왜 그러한가? 이와 같은 제법은 함께 무자성이고 서로가 무너뜨리지 못하므로, 이것은 공이고 이것은 공이 아니라고 말하느니라.

선현이여. 무망실법이 공을 무너뜨리지 못하고 공이 무망실법을 무너뜨리지 못하며, 항주사성이 공을 무너뜨리지 못하고 공이 항주사성을 무너뜨리지 못하느니라. 왜 그러한가? 이와 같은 제법은 함께 무자성이고 서로가 무너뜨리지 못하므로, 이것은 공이고 이것은 공이 아니라고 말하느니라.

선현이여. 일체지가 공을 무너뜨리지 못하고 공이 일체지를 무너뜨리지 못하며, 도상지·일체상지가 공을 무너뜨리지 못하고 공이 도상지·일체상지를 무너뜨리지 못하느니라. 왜 그러한가? 이와 같은 제법은 함께 무자성이고 서로가 무너뜨리지 못하므로, 이것은 공이고 이것은 공이 아니라고 말하느니라.

선현이여. 예류과가 공을 무너뜨리지 못하고 공이 예류과를 무너뜨리지 못하며, 일래·불환·아라한과·독각의 보리가 공을 무너뜨리지 못하고 공이 일래·불환·아라한과·독각의 보리를 무너뜨리지 못하느니라. 왜 그러한가? 이와 같은 제법은 함께 무자성이고 서로가 무너뜨리지 못하므로, 이것은 공이고 이것은 공이 아니라고 말하느니라.

선현이여. 일체의 보살의 행이 공을 무너뜨리지 못하고 공이 일체의 보살의 행을 무너뜨리지 못하며, 제불의 무상정등보리가 공을 무너뜨리지 못하고 공이 제불의 무상정등보리를 무너뜨리지 못하느니라. 왜 그러한가? 이와 같은 제법은 함께 무자성이고 서로가 무너뜨리지 못하므로, 이것은 공이고 이것은 공이 아니라고 말하느니라. 왜 그러한가? 이와 같은 제법은 함께 무자성이고 서로가 무너뜨리지 못하므로, 이것은 공이고 이것은 공이 아니라고 말하느니라."

마하반야바라밀다경 제390권

70. 불가동품(不可動品)(5)

그때 구수 선현이 세존께 아뢰어 말하였다.

"세존이시여. 만약 일체법이 모두 본성공이라면 본성공의 가운데에서는 모두 차별이 없는데, 제보살마하살은 어느 처소에 머무르면서 무상정등각(無上正等覺)의 마음을 일으키고 '나는 마땅히 나아가서 광대한 무상정등보리를 증득하겠다.'라고 이렇게 발원하는 말을 짓겠습니까? 세존이시여. 제불의 무상정등보리는 두 가지의 행상(行相)이 없고, 두 행상이 아닐지라도 능히 무상정등보리를 증득합니다."

세존께서 선현에게 알리셨다.

"그와 같으니라. 그와 같으니라. 그대가 말한 것과 같이 제불의 무상정등보리는 두 가지의 행상이 없고, 두 행상이 아닐지라도 능히 무상정등보리를 증득하느니라. 왜 그러한가? 선현이여. 보리는 무이(無二)이고 역시 분별이 없나니, 만약 보리에서 두 가지의 행상을 행하거나 분별이 있는 자는 반드시 능히 증득하지 못하느니라. 선현이여. 제보살마하살은 보리에서 두 가지의 행상을 수행하지 않고 역시 분별하지 않으며 모두 머무르는 것이 없으면서 무상정등각의 마음을 일으키느니라. 제보살마하살이 일체법에서 두 가지의 행상을 수행하지 않고 역시 분별하지 않으며 모두 머무르는 것이 없다면, 곧 능히 나아가서 광대한 무상정등보리를 증득하느니라. 선현이여. 제보살마하살이 구하였던 것인 무상정등보리는 두 가지의 행상을 수행하지 않는다면 능히 증득하느니라.

선현이여. 제보살마하살은 소유한 보리에서 모두 행하는 것이 없는데 이를테면, 색에서 수행하지 않고, 역시 수·상·행·식에서 수행하지 않으며, 안처에서 수행하지 않고 역시 이·비·설·신·의처에서 수행하지 않으며, 색처에서 수행하지 않고 역시 성·향·미·촉·법처에서 수행하지 않으며, 안계에서 수행하지 않고 역시 이·비·설·신·의계에서 수행하지 않으며, 색계에서 수행하지 않고 역시 성·향·미·촉·법계에서 수행하지 않으며, 안식계에서 수행하지 않고 역시 이·비·설·신·의식계에서 수행하지 않으며,

안촉에서 수행하지 않고 역시 이·비·설·신·의촉에서 수행하지 않으며, 안촉을 인연으로 생겨난 여러 수에서 수행하지 않고 역시 이·비·설·신·의촉을 인연으로 생겨난 여러 수에서 수행하지 않으며, 지계에서 수행하지 않고 역시 수·화·풍·공·식계에서 수행하지 않으며, 인연에서 수행하지 않고 역시 등무간연·소연연·증상연에서 수행하지 않으며, 인연을 쫓아서 생겨난 제법에서 수행하지 않으며, 무명에서 수행하지 않고 역시 행·식·명색·육처·촉·수·애·취·유·생·노사의 수탄고우뇌에서 수행하지 않으며,

보시바라밀다에서 수행하지 않고 역시 정계·안인·정진·정려·반야바라밀다에서 수행하지 않으며, 내공에서 수행하지 않고, 외공·내외공·공공·대공·승의공·유위공·무위공·필경공·무제공·산공·무변이공·본성공·자상공·공상공·일체법공·불가득공·무성공·자성공·무성자성공에서 수행하지 않으며, 4념주에서 수행하지 않고 역시 4정단·4신족·5근·5력·7등각지·8성도지에서 수행하지 않으며, 고성제에서 수행하지 않고 역시 집·멸·도성제에서 수행하지 않으며, 4정려에서 수행하지 않고 역시 4무량·4무색정에서 수행하지 않으며,

8해탈에서 수행하지 않고 역시 8승처·9차제정·10변처에서 수행하지 않으며, 다라니문에서 수행하지 않고 역시 삼마지문에서 수행하지 않으며, 공해탈문에서 수행하지 않고 역시 무상·무원해탈문에서 수행하지 않으며, 극희지에서 수행하지 않고 역시 이구지·발광지·염혜지·극난승지·원행지·부동지·선혜지·법운지에서 수행하지 않으며, 5안에서 수행하지 않고 역시 6신통에서 수행하지 않으며, 여래의 10력에서 수행하지

않고 역시 4무소외·4무애해·대자·대비·대희·대사·18불불공법에서 수행하지 않으며,

32대사상에서 수행하지 않고 역시 80수호에서 수행하지 않으며, 무망실법에서 수행하지 않고 역시 항주사성에서 수행하지 않으며, 일체지에서 수행하지 않고 역시 도상지·일체상지에서 수행하지 않으며, 예류과에서 수행하지 않고 역시 일래·불환·아라한과·독각의 보리에서 수행하지 않으며, 일체의 보살의 행에서 수행하지 않고 역시 제불의 무상정등보리에서 수행하지 않느니라.

왜 그러한가? 선현이여. 제보살마하살의 보리는 명자(名)와 소리(聲)을 인연하여 아(我)·아소(我所)를 집착하지 않는데 이를테면, '나는 색에서 수행하고, 나는 수·상·행·식에서 수행한다.'라고 이렇게 생각을 짓지 않고, '나는 안처에서 수행하고, 나는 이·비·설·신·의처에서 수행한다.'라고 역시 이렇게 생각을 짓지 않으며, '나는 색처에서 수행하고, 나는 성·향·미·촉·법처에서 수행한다.'라고 역시 이렇게 생각을 짓지 않고, '나는 안계에서 수행하고, 나는 이·비·설·신·의계에서 수행한다.'라고 역시 이렇게 생각을 짓지 않으며,

'나는 색계에서 수행하고, 나는 성·향·미·촉·법계에서 수행한다.'라고 역시 이렇게 생각을 짓지 않고, '나는 안식계에서 수행하고, 나는 이·비·설·신·의식계에서 수행한다.'라고 역시 이렇게 생각을 짓지 않으며, '나는 안촉에서 수행하고, 나는 이·비·설·신·의촉에서 수행한다.'라고 역시 이렇게 생각을 짓지 않고, '나는 안촉을 인연으로 생겨난 여러 수에서 수행하고, 나는 이·비·설·신·의촉을 인연으로 생겨난 여러 수에서 수행한다.'라고 역시 이렇게 생각을 짓지 않으며, '나는 지계에서 수행하고, 나는 수·화·풍·공·식계에서 수행한다.'라고 역시 이렇게 생각을 짓지 않고,

'나는 인연에서 수행하고, 나는 등무간연·소연연·증상연에서 수행한다.'라고 역시 이렇게 생각을 짓지 않으며, '나는 인연을 쫓아서 생겨난 제법에서 수행한다.'라고 역시 이렇게 생각을 짓지 않고, '나는 무명에서

수행하고, 나는 행·식·명색·육처·촉·수·애·취·유·생·노사의 수탄고우뇌에서 수행한다.'라고 역시 이렇게 생각을 짓지 않으며, '나는 보시바라밀다에서 수행하고, 나는 정계·안인·정진·정려·반야바라밀다에서 수행한다.'라고 역시 이렇게 생각을 짓지 않고, '나는 내공에서 수행하고, 나는 외공·내외공·공공·대공·승의공·유위공·무위공·필경공·무제공·산공·무변이공·본성공·자상공·공상공·일체법공·불가득공·무성공·자성공·무성자성공에서 수행한다.'라고 역시 이렇게 생각을 짓지 않으며,

'나는 4념주에서 수행하고, 나는 4정단·4신족·5근·5력·7등각지·8성도지에서 수행한다.'라고 역시 이렇게 생각을 짓지 않고, '나는 고성제에서 수행하고, 나는 집·멸·도성제에서 수행한다.'라고 역시 이렇게 생각을 짓지 않으며, '나는 4정려에서 수행하고, 나는 8승처·9차제정·10변처에서 수행한다.'라고 역시 이렇게 생각을 짓지 않고, '나는 다라니문에서 수행하고, 나는 삼마지문에서 수행한다.'라고 역시 이렇게 생각을 짓지 않으며, '나는 공해탈문에서 수행하고, 나는 무상·무원해탈문에서 수행한다.'라고 역시 이렇게 생각을 짓지 않고,

'나는 극희지에서 수행하고, 나는 이구지·발광지·염혜지·극난승지·원행지·부동지·선혜지·법운지에서 수행한다.'라고 역시 이렇게 생각을 짓지 않으며, '나는 5안에서 수행하고, 나는 6신통에서 수행한다.'라고 역시 이렇게 생각을 짓지 않고, '나는 여래의 10력에서 수행하고, 나는 4무소외·4무애해·대자·대비·대희·대사·18불불공법에서 수행한다.'라고 역시 이렇게 생각을 짓지 않으며, '나는 32대사상에서 수행하고, 나는 80수호에서 수행한다.'라고 역시 이렇게 생각을 짓지 않고,

'나는 무망실법에서 수행하고, 나는 항주사성에서 수행한다.'라고 역시 이렇게 생각을 짓지 않으며, '나는 일체지에서 수행하고, 나는 도상지·일체상지에서 수행한다.'라고 역시 이렇게 생각을 짓지 않고, '나는 예류과에서 수행하고, 나는 일래·불환·아라한과·독각의 보리에서 수행한다.'라고 역시 이렇게 생각을 짓지 않으며, '나는 일체의 보살의 행에서 수행하고, 나는 제불의 무상정등보리에서 수행한다.'라고 역시 이렇게 생각을 짓지

않느니라. 다시 다음으로 선현이여. 제보살마하살의 소유한 보리를 취하려는 까닭으로 수행하는 것이 아니고, 버리려는 까닭으로 수행하는 것도 아니니라."

구수 선현이 세존께 아뢰어 말하였다.
"세존이시여. 만약 보살마하살의 소유한 보리를 취하려는 까닭으로 수행하는 것이 아니고, 버리려는 까닭으로 수행하는 것도 아니라면 제보살마하살의 소유한 보리는 마땅히 어느 처소에서 수행합니까?"
세존께서 선현에게 알리셨다.
"그대의 생각은 어떠한가? 제불의 화신(化身)께서 제보살마하살의 소유한 보리는 마땅히 어느 처소에서 수행하겠는가? 취하려는 까닭으로 수행하겠는가? 버리려는 까닭으로 수행하겠는가?"
선현이 대답하여 말하였다.
"아닙니다. 세존이시여. 아닙니다. 선서시여. 제불의 화신은 진실로 무소유인데, 어찌 소유한 보리가 수행할 처소가 있겠고 만약 취하거나 만약 버린다라고 설할 수 있겠습니까?"
세존께서 선현에게 알리셨다.
"그대의 생각은 어떠한가? 제아라한(諸阿羅漢)들의 꿈의 가운데에서 보리는 마땅히 어느 처소에서 수행하겠는가? 취하기 위한 까닭으로 수행하겠는가? 버리기 위한 까닭으로 수행하겠는가?"
선현이 대답하여 말하였다.
"아닙니다. 세존이시여. 아닙니다. 선서시여. 제아라한들은 여러 번뇌가 영원히 끝마쳐서 혼침(惛沈)·수면(睡眠)·개전(蓋纏)1)이 함께 소멸되어 반드시 결국에는 꿈이 없는데, 어찌 꿈의 가운데에서 보리가 수행할 처소가 있겠고 만약 취하거나 만약 버린다고 설할 수 있겠습니까?"
세존께서 선현에게 알리셨다.

---

1) 번뇌를 다르게 부르는 말이고, 5개(五蓋)와 10전(十纏)이 있다.

"제보살마하살이 반야바라밀다를 수행하는 때에 소유한 보리도 이와 같아서 취하려는 까닭으로 수행하는 것이 아니고, 버리려는 까닭으로 수행하는 것도 아니므로, 모두 수행할 처소가 없는데, 본성이 공한 까닭이니라."

그때에 구수 선현이 세존께 아뢰어 말하였다.
"세존이시여. 만약 보살마하살이 반야바라밀다를 수행하는 때에 소유한 보리는 취하려는 까닭으로 수행하는 것이 아니고, 버리려는 까닭으로 수행하는 것도 아니므로 모두 수행할 처소가 없는데 이를테면, 색에서 수행하지 않고, 역시 수·상·행·식에서 수행하지 않으며, 안처에서 수행하지 않고 역시 이·비·설·신·의처에서 수행하지 않으며, 색처에서 수행하지 않고 역시 성·향·미·촉·법처에서 수행하지 않으며, 안계에서 수행하지 않고 역시 이·비·설·신·의계에서 수행하지 않으며, 색계에서 수행하지 않고 역시 성·향·미·촉·법계에서 수행하지 않으며,

안식계에서 수행하지 않고 역시 이·비·설·신·의식계에서 수행하지 않으며, 안촉에서 수행하지 않고 역시 이·비·설·신·의촉에서 수행하지 않으며, 안촉을 인연으로 생겨난 여러 수에서 수행하지 않고 역시 이·비·설·신·의촉을 인연으로 생겨난 여러 수에서 수행하지 않으며, 인연에서 수행하지 않고 역시 등무간연·소연연·증상연에서 수행하지 않으며, 인연을 쫓아서 생겨난 제법에서 수행하지 않으며, 무명에서 수행하지 않고 역시 행·식·명색·육처·촉·수·애·취·유·생·노사의 수탄고우뇌에서 수행하지 않으며,

보시바라밀다에서 수행하지 않고 역시 정계·안인·정진·정려·반야바라밀다에서 수행하지 않으며, 내공에서 수행하지 않고, 외공·내외공·공공·대공·승의공·유위공·무위공·필경공·무제공·산공·무변이공·본성공·자상공·공상공·일체법공·불가득공·무성공·자성공·무성자성공에서 수행하지 않으며, 4념주에서 수행하지 않고 역시 4정단·4신족·5근·5력·7등각지·8성도지에서 수행하지 않으며, 고성제에서 수행하지 않고 역시

집·멸·도성제에서 수행하지 않으며, 4정려에서 수행하지 않고 역시 4무량·4무색정에서 수행하지 않으며,

8해탈에서 수행하지 않고 역시 8승처·9차제정·10변처에서 수행하지 않으며, 다라니문에서 수행하지 않고 역시 삼마지문에서 수행하지 않으며, 공해탈문에서 수행하지 않고 역시 무상·무원해탈문에서 수행하지 않으며, 극희지에서 수행하지 않고 역시 이구지·발광지·염혜지·극난승지·원행지·부동지·선혜지·법운지에서 수행하지 않으며, 5안에서 수행하지 않고 역시 6신통에서 수행하지 않으며, 여래의 10력에서 수행하지 않고 역시 4무소외·4무애해·대자·대비·대희·대사·18불불공법에서 수행하지 않으며,

32대사상에서 수행하지 않고 역시 80수호에서 수행하지 않으며, 무망실법에서 수행하지 않고 항주사성에서 수행하지 않으며, 일체지에서 수행하지 않고 역시 도상지·일체상지에서 수행하지 않으며, 예류과에서 수행하지 않고 역시 일래·불환·아라한과·독각의 보리에서 수행하지 않으며, 일체의 보살의 행에서 수행하지 않고 역시 제불의 무상정등보리에서 수행하지 않습니다.

세존이시여, 어찌 보살마하살은 보시바라밀다를 수행하지 않고 정계·안인·정진·정려·반야바라밀다를 수행하지 않으며, 내공을 수행하지 않고 외공·내외공·공공·대공·승의공·유위공·무위공·필경공·무제공·산공·무변이공·본성공·자상공·공상공·일체법공·불가득공·무성공·자성공·무성자성공을 수행하지 않으며, 4념주를 수행하지 않고 4정단·4신족·5근·5력·7등각지·8성도지를 수행하지 않고 고성제를 수행하지 않으며, 집·멸·도성제를 수행하지 않고, 4정려를 수행하지 않고 4무량·4무색정을 수행하지 않으며,

8해탈을 수행하지 않고 8승처·9차제정·10변처를 수행하지 않고 일체의 다라니문을 수행하지 않고 일체의 삼마지문을 수행하지 않으며, 공해탈문을 수행하지 않고 무상·무원해탈문을 수행하지 않으며, 보살의 정성이생(正性離生)에 들어가지 않으며, 극희지를 수행하지 않고 이구지·발광

지·염혜지·극난승지·현전지·원행지·부동지·선혜지·법운지를 수행하지 않으며, 5안을 수행하지 않고 6신통을 수행하지 않으며, 여래의 10력을 수행하지 않고 4무소외와 4무애해와 대자·대비·대희·대사와 18불불공법을 수행하지 않으며,

 32대사상을 수행하지 않고 80수호를 수행하지 않으며, 무망실법을 수행하지 않고 항주사성을 수행하지 않으며, 일체지를 수행하지 않고 도상지·일체상지를 수행하지 않더라도, 보살의 수승한 신통에 안주하고 유정들을 성숙시키며 불국토를 청정하게 장엄하고 무상정등보리를 증득하지 않습니까?"

 세존께서 말씀하셨다.

 "아니니라. 선현이여. 제보살마하살의 보리는 비록 수행하는 처소는 없으나, 그렇지만 보살마하살은 반드시 보시·정계·안인·정진·정려·반야바라밀다를 수행하고, 반드시 내공·외공·내외공·공공·대공·승의공·유위공·무위공·필경공·무제공·산공·무변이공·본성공·자상공·공상공·일체법공·불가득공·무성공·자성공·무성자성공을 수행하며, 반드시 4념주·4정단·4신족·5근·5력·7등각지·8성도지를 수행하고, 고·집·멸·도성제를 수행하고, 반드시 4정려·4무량·4무색정을 수행하며, 반드시 8해탈·8승처·9차제정·10변처를 수행하고, 일체의 다라니문·일체의 삼마지문을 수행하고,

 반드시 보살의 정성이생에 들어가며, 반드시 극희지·이구지·발광지·염혜지·극난승지·현전지·원행지·부동지·선혜지·법운지를 수행하고, 반드시 5안·6신통을 수행하며, 반드시 여래의 10력·4무소외·4무애해·대자·대비·대희·대사·18불불공법을 수행하고, 반드시 32대사상·80수호를 수행하며, 반드시 무망실법·항주사성을 수행하고, 반드시 일체지·도상지·일체상지를 수행하며, 반드시 보살의 수승한 신통에 안주하고 유정들을 성숙시키며 불국토를 청정하게 장엄하고 무상정등보리를 증득하느니라."

그때 구수 선현이 세존께 아뢰어 말하였다.

"세존이시여. 제보살마하살이 소유한 보리가 만약에 수행할 처소가 없다면 보살마하살은 보시바라밀다에 안주하지 않고 정계·안인·정진·정려·반야바라밀다에도 안주하지 않아서 오랫동안 수행하여 원만하게 할 수 없고, 내공에 안주하지 않고 외공·내외공·공공·대공·승의공·유위공·무위공·필경공·무제공·산공·무변이공·본성공·자상공·공상공·일체법공·불가득공·무성공·자성공·무성자성공에도 안주하지 않아서 오랫동안 수행하여 원만하게 할 수 없으며, 4념주에 안주하지 않고 4정단·4신족·5근·5력·7등각지·8성도지에도 안주하지 않아서 오랫동안 수행하여 원만하게 할 수 없고,

고성제에 안주하지 않고 집·멸·도성제에도 안주하지 않아서 오랫동안 수행하여 원만하게 할 수 없으며, 4정려에 안주하지 않고 4무량·4무색정에도 안주하지 않아서 오랫동안 수행하여 원만하게 할 수 없고, 8해탈에 안주하지 않고 8승처·9차제정·10변처에도 안주하지 않아서 오랫동안 수행하여 원만하게 할 수 없으며, 일체의 다라니문에 안주하지 않고 일체의 삼마지문에도 안주하지 않아서 오랫동안 수행하여 원만하게 할 수 없고, 공해탈문에 안주하지 않고 무상·무원해탈문에도 안주하지 않아서 오랫동안 수행하여 원만하게 할 수 없으며,

보살의 정성이생에 들어가지 않으며, 극희지에 안주하지 않고 이구지·발광지·염혜지·극난승지·현전지·원행지·부동지·선혜지·법운지에도 안주하지 않아서 오랫동안 수행하여 원만하게 할 수 없고, 5안에 안주하지 않고 6신통에도 안주하지 않아서 오랫동안 수행하여 원만하게 할 수 없으며, 여래의 10력에 안주하지 않고 4무소외·4무애해·대자·대비·대희·대사·18불불공법에도 안주하지 않아서 오랫동안 수행하여 원만하게 할 수 없고, 32대사상에 안주하지 않고 80수호에도 안주하지 않아서 오랫동안 수행하여 원만하게 할 수 없으며,

무망실법에 안주하지 않고 항주사성에도 안주하지 않아서 오랫동안 수행하여 원만하게 할 수 없고, 일체지에 안주하지 않고 도상지·일체상지

에도 안주하지 않아서 오랫동안 수행하여 원만하게 할 수 없는데, 보살의 수승한 신통에 안주하고 유정들을 성숙시키며 불국토를 청정하게 장엄하고 무상정등보리를 증득하지 않습니까?"

세존께서 말씀하셨다.

"아니니라. 선현이여. 제보살마하살의 보리는 비록 수행하는 처소는 없으나, 그렇지만 보살마하살은 반드시 보시·정계·안인·정진·정려·반야바라밀다에 안주하고 오랫동안 수행하여 원만하게 할 수 있고, 반드시 내공·외공·내외공·공공·대공·승의공·유위공·무위공·필경공·무제공·산공·무변이공·본성공·자상공·공상공·일체법공·불가득공·무성공·자성공·무성자성공에 안주하고 오랫동안 수행하여 원만하게 할 수 있으며, 반드시 4념주·4정단·4신족·5근·5력·7등각지·8성도지에 안주하고 오랫동안 수행하여 원만하게 할 수 있고,

고·집·멸·도성제에 안주하고 오랫동안 수행하여 원만하게 할 수 있으며, 반드시 4정려·4무량·4무색정에 안주하고 오랫동안 수행하여 원만하게 할 수 있으며, 반드시 8해탈·8승처·9차제정·10변처에 안주하고 오랫동안 수행하여 원만하게 할 수 있고, 일체의 다라니문·일체의 삼마지문에 안주하고 오랫동안 수행하여 원만하게 할 수 있으며, 반드시 보살의 정성이생에 들어가며, 반드시 극희지·이구지·발광지·염혜지·극난승지·현전지·원행지·부동지·선혜지·법운지에 안주하고 오랫동안 수행하여 원만하게 할 수 있고,

반드시 5안·6신통에 안주하고 오랫동안 수행하여 원만하게 할 수 있으며, 반드시 여래의 10력·4무소외·4무애해·대자·대비·대희·대사·18불불공법에 안주하고 오랫동안 수행하여 원만하게 할 수 있고, 반드시 32대사상·80수호에 안주하고 오랫동안 수행하여 원만하게 할 수 있으며, 반드시 무망실법·항주사성에 안주하고 오랫동안 수행하여 원만하게 할 수 있고, 반드시 일체지·도상지·일체상지에 안주하고 오랫동안 수행하여 원만하게 할 수 있으며, 반드시 보살의 수승한 신통에 안주하고 유정들을 성숙시키며 불국토를 청정하게 장엄하고 무상정등보리를 증득하느니라.

선현이여. 만약 보살마하살이 여러 선근을 수행하여 지극히 원만하게 하지 못한다면 결국에는 능히 구하였던 것인 무상정등보리를 증득하지 못하느니라.

다시 다음으로 선현이여. 만약 보살마하살이 무상정등보리를 증득하고자 하였다면 색의 본성공에 상응하여 안주하고 수·상·행·식의 본성공에 상응하여 안주하며, 안처의 본성공에 상응하여 안주하고 이·비·설·신·의처의 본성공에 상응하여 안주하며, 색처의 본성공에 상응하여 안주하고 성·향·미·촉·법처의 본성공에 상응하여 안주하며, 안계의 본성공에 상응하여 안주하고 이·비·설·신·의계의 본성공에 상응하여 안주하며, 색계의 본성공에 상응하여 안주하고 성·향·미·촉·법계의 본성공에 상응하여 안주하며, 안식계의 본성공에 상응하여 안주하고 역시 이·비·설·신·의식계의 본성공에 상응하여 안주하며,

안촉의 본성공에 상응하여 안주하고 이·비·설·신·의촉의 본성공에 상응하여 안주하며, 안촉을 인연으로 생겨난 여러 수의 본성공에 상응하여 안주하고 이·비·설·신·의촉을 인연으로 생겨난 여러 수의 본성공에 상응하여 안주하며, 지계의 본성공에 상응하여 안주하고 수·화·풍·공·식계의 본성공에 상응하여 안주하며, 인연의 본성공에 상응하여 안주하고 등무간연·소연연·증상연의 본성공에 상응하여 안주하며, 인연을 쫓아서 생겨난 제법의 본성공에 상응하여 안주하며, 무명의 본성공에 상응하여 안주하고 행·식·명색·육처·촉·수·애·취·유·생·노사의 수탄고우뇌의 본성공에 상응하여 안주하며,

보시바라밀다의 본성공에 상응하여 안주하고 정계·안인·정진·정려·반야바라밀다의 본성공에 상응하여 안주하며, 내공의 본성공에 상응하여 안주하고 외공·내외공·공공·대공·승의공·유위공·무위공·필경공·무제공·산공·무변이공·본성공·자상공·공상공·일체법공·불가득공·무성공·자성공·무성자성공의 본성공에 상응하여 안주하며, 4념주의 본성공에 상응하여 안주하고 4정단·4신족·5근·5력·7등각지·8성도지의 본성공에

상응하여 안주하며, 고성제의 본성공에 상응하여 안주하고 집·멸·도성제의 본성공에 상응하여 안주하며,

4정려의 본성공에 상응하여 안주하고 4무량·4무색정의 본성공에 상응하여 안주하며, 8해탈의 본성공에 상응하여 안주하고 8승처·9차제정·10변처의 본성공에 상응하여 안주하며, 다라니문의 본성공에 상응하여 안주하고 삼마지문의 본성공에 상응하여 안주하며, 공해탈문의 본성공에 상응하여 안주하고 무상·무원해탈문의 본성공에 상응하여 안주하며, 극희지의 본성공에 상응하여 안주하고 이구지·발광지·염혜지·극난승지·원행지·부동지·선혜지·법운지의 본성공에 상응하여 안주하며, 5안의 본성공에 상응하여 안주하고 6신통의 본성공에 상응하여 안주하며,

여래의 10력의 본성공에 상응하여 안주하고 4무소외·4무애해·대자·대비·대희·대사·18불불공법의 본성공에 상응하여 안주하며, 32대사상의 본성공에 상응하여 안주하고 80수호의 본성공에 상응하여 안주하며, 무망실법의 본성공에 상응하여 안주하고 항주사성의 본성공에 상응하여 안주하며, 일체지의 본성공에 상응하여 안주하고 도상지·일체상지의 본성공에 상응하여 안주하며, 예류과의 본성공에 상응하여 안주하고 일래·불환·아라한과·독각의 보리의 본성공에 상응하여 안주하며, 일체의 보살의 행의 본성공에 상응하여 안주하고 제불의 무상정등보리의 본성공에 상응하여 안주하며, 일체법의 본성공에 상응하여 안주하고, 일체의 유정의 본성공에 상응하여 안주하며, 여러 공덕을 수행하여 원만하게 하였다면, 곧 무상정등보리를 증득하느니라.

선현이여. 이 제법의 본성공과 유정들의 본성공은 최고로 지극하게 적정(寂靜)하여서 작은 법이라도 능히 증장함이 없고, 능히 감소함이 없으며, 능히 생겨남이 없고, 능히 소멸함이 없으며, 능히 단절됨이 없고, 능히 항상함이 없으며, 능히 염오가 없고, 능히 청정함도 없으며, 능히 과보를 얻음도 없고, 능히 현관(現觀)함도 없느니라. 선현이여. 보살마하살은 세속의 언설(言說)에 의지하여 법을 시설하는 까닭으로, 반야바라밀다를 수행하여 여실하고 명료하게 본성공을 알고서 설하나니, 무상정등보

리를 증득하였더라도 진실한 승의(勝義)가 아니라고 마땅히 알아야 하느니라.

왜 그러한가? 진실한 승의의 가운데에서는 색을 얻을 수 없고 역시 수·상·행·식을 얻을 수 없으며, 안처를 얻을 수 없고 역시 이·비·설·신·의처를 얻을 수 없으며, 색처를 얻을 수 없고 역시 성·향·미·촉·법처를 얻을 수 없으며, 안계를 얻을 수 없고 역시 이·비·설·신·의계를 얻을 수 없으며, 색계를 얻을 수 없고 역시 성·향·미·촉·법계를 얻을 수 없으며, 안식계를 얻을 수 없고 역시 이·비·설·신·의식계를 얻을 수 없으며,

안촉을 얻을 수 없고 역시 이·비·설·신·의촉을 얻을 수 없으며, 안촉을 인연으로 생겨난 여러 수를 얻을 수 없고 역시 이·비·설·신·의촉을 인연으로 생겨난 여러 수를 얻을 수 없으며, 지계를 얻을 수 없고 역시 수·화·풍·공·식계를 얻을 수 없으며, 인연을 얻을 수 없고 역시 등무간연·소연연·증상연을 얻을 수 없으며, 인연을 쫓아서 생겨난 제법을 얻을 수 없으며, 무명을 얻을 수 없고 역시 행·식·명색·육처·촉·수·애·취·유·생·노사의 수탄고우뇌를 얻을 수 없으며,

보시바라밀다를 얻을 수 없고 역시 정계·안인·정진·정려·반야바라밀다를 얻을 수 없으며, 내공을 얻을 수 없고 역시 외공·내외공·공공·대공·승의공·유위공·무위공·필경공·무제공·산공·무변이공·본성공·자상공·공상공·일체법공·불가득공·무성공·자성공·무성자성공의 본성공을 얻을 수 없으며, 4념주를 얻을 수 없고 역시 4정단·4신족·5근·5력·7등각지·8성도지를 얻을 수 없으며, 고성제를 얻을 수 없고 역시 집·멸·도성제를 얻을 수 없으며,

4정려를 얻을 수 없고 역시 4무량·4무색정을 얻을 수 없으며, 8해탈을 얻을 수 없고 역시 8승처·9차제정·10변처를 얻을 수 없으며, 다라니문을 얻을 수 없고 역시 삼마지문을 얻을 수 없으며, 공해탈문을 얻을 수 없고 역시 무상·무원해탈문을 얻을 수 없으며, 극희지를 얻을 수 없고 역시 이구지·발광지·염혜지·극난승지·원행지·부동지·선혜지·법운지를 얻을 수 없으며, 5안을 얻을 수 없고 역시 6신통을 얻을 수 없으며,

여래의 10력을 얻을 수 없고 역시 4무소외·4무애해·대자·대비·대희·대사·18불불공법을 얻을 수 없으며, 32대사상을 얻을 수 없고 역시 80수호를 얻을 수 없으며, 무망실법을 얻을 수 없고 역시 항주사성을 얻을 수 없으며, 일체지를 얻을 수 없고 역시 도상지·일체상지를 얻을 수 없으며, 예류과를 얻을 수 없고 역시 일래·불환·아라한과·독각의 보리를 얻을 수 없으며, 일체의 보살의 행을 얻을 수 없고 역시 제불의 무상정등보리를 얻을 수 없느니라.

선현이여. 이와 같은 제법은 모두 세속의 언설에 의지하여 시설한 것이고, 승의에 의지하지 않았느니라. 선현이여. 제보살마하살이 반야바라밀다를 수행하면서 초발심부터 비록 매우 용맹하게 제유정들을 위하여 보리행(菩提行)을 수행할지라도, 이러한 마음에서는 모두 얻을 것이 없고, 제유정에서도 역시 얻을 것이 없으며, 대보리(大菩提)에서도 역시 얻을 것이 없으며, 여래와 보살들에서도 역시 얻을 것이 없느니라."

그때 구수 선현이 세존께 아뢰어 말하였다.

"세존이시여. 만약 일체법이 모두 무소유이고 모두 얻을 수 없다면, 어찌하여 보살마하살은 보리행을 행하고, 어떻게 능히 무상보리를 증득합니까?"

세존께서 선현에게 알리셨다.

"그대의 뜻은 어떠한가? 그대는 이전의 때에 단절의 경계에 의지하여 여러 번뇌를 단절하였고, 무루근(無漏根)을 얻었으며, 무간정(無間定)[2]에 안주하여 예류과이거나, 만약 일래과이거나, 만약 불환과이거나, 만약 아라한과를 증득하였는데, 그대는 그때 유정들의 만약 마음이거나, 만약 도이거나, 만약 여러 도과(道果)를 얻을 수 있다고 많이 보았는가?"

선현이 대답하여 말하였다.

"아닙니다. 세존이시여. 아닙니다. 선서시여."

---

2) 유식설에서 사선근위(四善根位)의 세제일법위(世第一法位)에서 소취(所取)·능취(能取)도 공(空)하여 없다고 인정하는 선정을 뜻한다.

세존께서 선현에게 알리셨다.

"만약 그대가 그때 모두 얻은 것이 없었다면 어찌 아라한을 증득하였다고 말하는가?"

선현이 대답하여 말하였다.

"세속에 의지하여 말한 것이고, 승의에 의지하지 않았습니다."

세존께서 선현에게 알리셨다.

"그와 같으니라. 그와 같으니라. 그대가 말한 것과 같으니라. 제보살마하살도 역시 그와 같아서 세속에 의지하여 보리행을 수행한다고 설하고, 더불어 무상정등보리를 증득한다고 설하며, 승의에 의지하지 않느니라. 선현이여. 세속에 의지하는 까닭으로 색이 있다고 시설하고 수·상·행·식이 있다고 시설하며, 세속에 의지하는 까닭으로 안처가 있다고 시설하고 이·비·설·신·의처가 있다고 시설하며, 세속에 의지하는 까닭으로 색처가 있다고 시설하고 성·향·미·촉·법처가 있다고 시설하며, 세속에 의지하는 까닭으로 안계가 있다고 시설하고 이·비·설·신·의계가 있다고 시설하며, 세속에 의지하는 까닭으로 색계가 있다고 시설하고 성·향·미·촉·법계가 있다고 시설하며,

세속에 의지하는 까닭으로 안식계가 있다고 시설하고 이·비·설·신·의식계가 있다고 시설하며, 세속에 의지하는 까닭으로 안촉이 있다고 시설하고 이·비·설·신·의촉이 있다고 시설하며, 세속에 의지하는 까닭으로 안촉을 인연으로 생겨난 여러 수가 있다고 시설하고 이·비·설·신·의촉을 인연으로 생겨난 여러 수가 있다고 시설하며, 세속에 의지하는 까닭으로 지계가 있다고 시설하고 수·화·풍·공·식계가 있다고 시설하며, 세속에 의지하는 까닭으로 인연이 있다고 시설하고 등무간연·소연연·증상연이 있다고 시설하며,

세속에 의지하는 까닭으로 인연을 쫓아서 생겨난 제법이 있다고 시설하며, 세속에 의지하는 까닭으로 무명이 있다고 시설하고 행·식·명색·육처·촉·수·애·취·유·생·노사의 수탄고우뇌가 있다고 시설하며, 세속에 의지하는 까닭으로 보시바라밀다가 있다고 시설하고 정계·안인·정진·정려·

반야바라밀다가 있다고 시설하며, 세속에 의지하는 까닭으로 내공이 있다고 시설하고 외공·내외공·공공·대공·승의공·유위공·무위공·필경공·무제공·산공·무변이공·본성공·자상공·공상공·일체법공·불가득공·무성공·자성공·무성자성공이 있다고 시설하며,

세속에 의지하는 까닭으로 4념주가 있다고 시설하고 4정단·4신족·5근·5력·7등각지·8성도지가 있다고 시설하며, 세속에 의지하는 까닭으로 고성제가 있다고 시설하고 집·멸·도성제가 있다고 시설하며, 세속에 의지하는 까닭으로 4정려가 있다고 시설하고 4무량·4무색정이 있다고 시설하며, 세속에 의지하는 까닭으로 8해탈이 있다고 시설하고 8승처·9차제정·10변처가 있다고 시설하며, 세속에 의지하는 까닭으로 다라니문이 있다고 시설하고 삼마지문이 있다고 시설하며, 세속에 의지하는 까닭으로 공해탈문이 있다고 시설하고 무상·무원해탈문이 있다고 시설하며,

세속에 의지하는 까닭으로 극희지가 있다고 시설하고 이구지·발광지·염혜지·극난승지·현전지·원행지·부동지·선혜지·법운지가 있다고 시설히며, 세속에 의지하는 까닭으로 5안이 있다고 시설하고 6신통이 있다고 시설하며, 세속에 의지하는 까닭으로 여래의 10력이 있다고 시설하고 4무소외·4무애해·대자·대비·대희·대사·18불불공법이 있다고 시설하며, 세속에 의지하는 까닭으로 32대사상이 있다고 시설하고 80수호가 있다고 시설하며, 세속에 의지하는 까닭으로 무망실법이 있다고 시설하고 항주사성이 있다고 시설하며,

세속에 의지하는 까닭으로 일체지가 있다고 시설하고 도상지·일체상지가 있다고 시설하며, 세속에 의지하는 까닭으로 예류과가 있다고 시설하고 일래·불환·아라한과·독각의 보리가 있다고 시설하며, 세속에 의지하는 까닭으로 일체의 보살마하살의 행이 있다고 시설하고 제불의 무상정등보리가 있다고 시설하며, 세속에 의지하는 까닭으로 유정이 있다고 시설하고 보살과 제불·세존께서 있다고 시설할지라도, 승의에 의지하지 않느니라.

선현이여. 제보살마하살은 능히 무상정등보리에서 증장함이 있고,

감소함이 있으며 이익이 있고 손해가 있는 법이 있다고 보지 않는데, 일체법으로써 본성공인 까닭이니라.

선현이여. 제보살마하살이 일체법에서 본성공을 관찰하더라도 오히려 얻을 수 없는데 하물며 초발심을 증득할 수 있겠는가! 하물며 보시바라밀다를 수행하여 증득할 수 있겠는가! 하물며 정계·안인·정진·정려·반야바라밀다를 수행하여 증득할 수 있겠는가! 하물며 내공·외공·내외공·공공·대공·승의공·유위공·무위공·필경공·무제공·산공·무변이공·본성공·자상공·공상공·일체법공·불가득공·무성공·자성공·무성자성공에 안주하여 증득할 수 있겠는가! 하물며 4념주를 수행하여 증득할 수 있겠는가!

하물며 4정단·4신족·5근·5력·7등각지·8성도지를 수행하여 증득할 수 있겠는가! 하물며 고성제에 안주하여 증득할 수 있겠는가! 집·멸·도성제에 안주하여 증득할 수 있겠는가! 하물며 4정려를 수행하여 증득할 수 있겠는가! 4무량·4무색정을 수행하여 증득할 수 있겠는가! 하물며 8해탈을 수행하여 증득할 수 있겠는가! 8승처·9차제정·10변처를 수행하여 증득할 수 있겠는가! 하물며 다라니문을 수행하여 증득할 수 있겠는가! 하물며 삼마지문을 수행하여 증득할 수 있겠는가!

하물며 공해탈문을 수행하여 증득할 수 있겠는가! 하물며 무상·무원해탈문을 수행하여 증득할 수 있겠는가! 하물며 극희지를 수행하여 증득할 수 있겠는가! 하물며 이구지·발광지·염혜지·극난승지·현전지·원행지·부동지·선혜지·법운지를 수행하여 증득할 수 있겠는가! 하물며 5안을 수행하여 증득할 수 있겠는가! 하물며 여래의 10력을 수행하여 증득할 수 있겠는가! 하물며 4무소외·4무애해·대자·대비·대희·대사·18불불공법을 수행하여 증득할 수 있겠는가!

하물며 32대사상을 수행하여 증득할 수 있겠는가! 하물며 80수호를 수행하여 증득할 수 있겠는가! 하물며 무망실법을 수행하여 증득할 수 있겠는가! 하물며, 항주사성을 수행하여 증득할 수 있겠는가! 하물며 일체지를 수행하여 증득할 수 있겠는가! 하물며 도상지·일체상지를 수행하여 증득할 수 있겠는가! 하물며 일체의 보살의 행을 수행하여 증득할 수 있겠는가! 하물며 제불의 무상정등보리를 수행하여 증득할 수 있겠는가!

    선현이여. 제보살마하살이 수행하고 안주하는 것에서 일체법을 얻을 수 있다는 이러한 처소는 있지 않느니라. 이와 같이 선현이여. 제보살마하살은 무상정등보리를 수행하고 무상정등보리를 증득하여 유정들을 요익하게 하면서 항상 틈새나 단절이 없느니라."

71. 성숙유정품(成熟有情品)(1)

    그때 구수 선현이 세존께 아뢰어 말하였다.

    "세존이시여. 만약 보살마하살이 보시바라밀다를 수행하고 정계·안인·정진·정려·반야바라밀다를 수행하며, 내공에 안주하고 외공·내외공·공공·대공·승의공·유위공·무위공·필경공·무제공·산공·무변이공·본성공·자상공·공상공·일체법공·불가득공·무성공·자성공·무성자성공에 안주하며, 4념주를 수행하고 4정단·4신족·5근·5력·7등각지·8성도지를 수행하며, 고성제에 안주하고 집·멸·도성제에 안주하며, 4정려를 수행하고 4무량·4무색정을 수행하며, 8해탈을 수행하고 8승처·9차제정·10변처를 수행하며,

    다라니문을 수행하고 삼마지문을 수행하며, 공해탈문을 수행하고 무상·무원해탈문을 수행하며, 극희지를 수행하고 이구지·발광지·염혜지·극난승지·현전지·원행지·부동지·선혜지·법운지를 수행하며, 5안을 수행하고 6신통을 수행하며, 여래의 10력을 수행하고 4무소외·4무애해·대자·대비·대희·대사·18불불공법을 수행하며, 32대사상을 수행하고 80수호를 수행하며, 무망실법을 수행하고 항주사성을 수행하며, 일체지를 수행하고 도상지·일체상지를 수행하며, 일체의 보살의 행을 수행하고 제불의 무상정등보리를 수행하며,

보살도를 수행하면서 만약 원만하지 못하였다면 구하였던 것인 무상정등보리를 능히 증득하지 못합니다. 세존이시여. 무엇이 보살마하살이 보살도를 수행하는 것을 원만하게 하고, 능히 무상정등보리를 증득하게 합니까?"

세존께서 선현에게 알리셨다.

"만약 보살마하살이 반야바라밀다를 수행하여 방편선교(方便善巧)로 보시바라밀다를 수행하는 때라도 보시를 얻을 수 없고, 능히 보시하는 자를 얻을 수 없으며, 보시하였던 것을 얻을 수 없고, 보시하려는 것을 얻을 수 없으나, 역시 이와 같은 제법을 멀리 벗어나지 않고 보시바라밀다를 수행한다면 이 보살마하살은 곧 능히 보살도를 원만하게 수행할 것이니라.

선현이여. 만약 보살마하살이 반야바라밀다를 수행하여 방편선교로 정계·안인·정진·정려·반야바라밀다를 수행하는 때라도 보시를 얻을 수 없고, 능히 보시하는 자를 얻을 수 없으며, 보시하였던 것을 얻을 수 없고, 보시하려는 것을 얻을 수 없으나, 역시 이와 같은 제법을 멀리 벗어나지 않고 정계·안인·정진·정려·반야바라밀다를 수행한다면 이 보살마하살은 곧 능히 보살도를 원만하게 수행할 것이니라. 이와 같이 선현이여. 제 보살마하살이 반야바라밀다를 수행하면서 방편선교로 보살도를 수행하여 원만함을 얻는다면, 능히 무상정등보리를 증득하느니라.

선현이여. 만약 보살마하살이 반야바라밀다를 수행하여 방편선교로 내공에 안주하는 때라도 내공을 얻을 수 없고, 능히 안주하는 자를 얻을 수 없으며, 안주하였던 것을 얻을 수 없고, 안주하려는 것을 얻을 수 없으나, 역시 이와 같은 제법을 멀리 벗어나지 않고 내공에 안주한다면 이 보살마하살은 곧 능히 보살도를 원만하게 수행할 것이니라.

선현이여. 만약 보살마하살이 반야바라밀다를 수행하여 방편선교로 외공·내외공·공공·대공·승의공·유위공·무위공·필경공·무제공·산공·무변이공·본성공·자상공·공상공·일체법공·불가득공·무성공·자성공·무성자성공에 안주하는 때라도 외공, 나아가 무성자성공을 얻을 수 없고, 능히 안주하는 자를 얻을 수 없으며, 안주하였던 것을 얻을 수 없고,

안주하려는 것을 얻을 수 없으나, 역시 이와 같은 제법을 멀리 벗어나지 않고 외공, 나아가 무성자성공에 안주한다면 이 보살마하살은 곧 능히 보살도를 원만하게 수행할 것이니라. 이와 같이 선현이여. 제보살마하살이 반야바라밀다를 수행하면서 방편선교로 보살도를 수행하여 원만함을 얻는다면, 능히 무상정등보리를 증득하느니라.

선현이여. 만약 보살마하살이 반야바라밀다를 수행하여 방편선교로 4념주를 수행하는 때라도 4념주를 얻을 수 없고, 능히 수행하는 자를 얻을 수 없으며, 수행하였던 것을 얻을 수 없고, 수행하려는 것을 얻을 수 없으나, 역시 이와 같은 제법을 멀리 벗어나지 않고 4념주를 수행한다면 이 보살마하살은 곧 능히 보살도를 원만하게 수행할 것이니라.

선현이여. 만약 보살마하살이 반야바라밀다를 수행하여 방편선교로 4정단·4신족·5근·5력·7등각지·8성도지를 수행하는 때라도 4정단, 나아가 8성도지를 얻을 수 없고, 수행하는 자를 얻을 수 없으며, 능히 수행하는 자를 얻을 수 없으며, 수행하였던 것을 얻을 수 없고, 수행하려는 것을 얻을 수 없으나, 역시 이와 같은 제법을 멀리 벗어나지 않고 4정단, 나아가 8성도지를 수행한다면 이 보살마하살은 곧 능히 보살도를 원만하게 수행할 것이니라. 이와 같이 선현이여. 제 보살마하살이 반야바라밀다를 수행하면서 방편선교로 보살도를 수행하여 원만함을 얻는다면, 능히 무상정등보리를 증득하느니라."

漢譯 | **현장(玄奘)**

중국 당나라 사문으로 하남성(河南省) 낙양(洛陽) 구씨현(緱氏縣)에서 출생하였고, 속성은 진씨(陳氏), 이름은 위(褘)이다. 10세에 낙양 정토사(淨土寺)에 귀의하였고, 경(經)·율(律)·논(論) 삼장(三藏)에 밝아서 삼장법사라고 불린다. 627년 인도로 구법을 떠나서 나란다사(那爛陀寺)에 들어가 계현(戒賢)에게 수학하였다. 641년 520질 657부(部)에 달하는 불경들을 가지고 귀국길에 올라 645년 정월 장안으로 돌아왔으며, 인도 여행기인 『대당서역기(大唐西域記)』 12권을 저술하였다. 번역한 삼장으로는 경장인 『대반야바라밀다경(大般若波羅蜜多經)』 600권, 율장인 『보살계본(菩薩戒本)』 2권, 논장인 『유가사지론(瑜伽師地論)』 100권, 『아비달마대비바사론(阿毘達磨大毘婆沙論)』 200권 등이 있다. 번역한 경전은 76부 1,347권에 이르는 매우 중요한 대승불교 경전들이 상당수 포함되어 있으며, 문장과 단어에 충실하여 문장의 우아함은 부족하더라도 어휘의 정확도는 매우 진전되었다. 구마라집 등의 구역(舊譯)과 차별을 보여주고 있어 신역(新譯)이라 불리고 있다.

國譯 | **釋 普雲(末法燁)**

대한불교조계종 제2교구본사 용주사에서 출가하였고, 문학박사이다. 현재 대한불교조계종 교육아사리(계율)이고, 죽림불교문화연구원에서 연구와 번역을 병행하고 있다.

논저 | 논문으로 「통합종단 이후 불교의례의 변천과 향후 과제」 등 다수. 저술로 『신편 승가의범』, 『승가의궤』가 있으며, 번역서로 『마하반야바라밀다경 1~12』, 『팔리율』(Ⅰ~Ⅴ), 『마하승기율』(상·중·하), 『십송율』(상·중·하), 『보살계본소』, 『근본설일체유부비나야』(상·하), 『근본설일체유부비나야약사』, 『근본설일체유부비나야파승사』, 『근본설일체유부비나야잡사』(상·하), 『근본설일체유부필추니비나야』, 『근본설일체유부백일갈마 외』, 『안락집』 등이 있다.

마하반야바라밀다경 13 摩訶般若波羅蜜多經 13

三藏法師 玄奘 漢譯 | 釋 普雲 國譯

2025년 3월 31일 초판 1쇄 발행

펴낸이·오일주
펴낸곳·도서출판 혜안
등록번호·제22-471호
등록일자·1993년 7월 30일

주　소·㉾ 04052 서울시 마포구 와우산로 35길3(서교동) 102호
전　화·3141-3711~2 / 팩시밀리·3141-3710
E-Mail·hyeanpub@daum.net

ISBN 978-89-8494-733-7 03220

값 45,000 원